刘天然/编著

《易经》全解

【第一卷】

华龄出版社

图书在版编目（CIP）数据

《易经》全解 / 刘天然编著 . -- 北京 : 华龄出版社，2022.5

ISBN 978-7-5169-2218-7

Ⅰ . ①易… Ⅱ . ①刘… Ⅲ . ①《周易》—研究 Ⅳ . ① B221.5

中国版本图书馆 CIP 数据核字 (2022) 第 055719 号

策划编辑	冯　强	责任印制	李未圻
责任编辑	郑建军	封面设计	韩海静

书　名	《易经》全解	作　者	刘天然
出　版 发　行	华龄出版社 HUALING PRESS		
社　址	北京市东城区安定门外大街甲 57 号	邮　编	100011
发　行	（010）58122255	传　真	（010）84049572
承　印	德富泰（唐山）印务有限公司		
版　次	2022 年 8 月第 1 版	印　次	2022 年 8 月第 1 次印刷
规　格	640 mm x 910 mm	开　本	1/16
印　张	64	字　数	600 千字
书　号	ISBN 978-7-5169-2218-7		
定　价	498.00 元（全四册）		

前　言

《易经》也称《周易》，约形成于西周初年，这一人类文明轴心期产生的经典，正如其他文化元典一样具有跨越时空的力量。其中寄寓着深邃的哲学原理及思维方法，使得《易经》生发和影响了整个中国文化。中国传统文化中的六经及所有天文、地理、数学、历法、中医、体育、文学、艺术、建筑、军事等，无不与《易经》有着密切的联系。它还是我们历代智者"进德修业"和"安身立命"的宝典，融知识、信仰、实践于一体。

《易经》在我国被尊为"六经之首，大道之源"，是受老子、孔子等古圣先贤和历代伟人、哲人推崇，并为近现代国内外思想家、科学家、艺术家和经济学家、企业家等重视的蕴藏了万事万物发展变化规律的大成智慧之书。

《易经》让人心如明镜，让人对世界上的万事万物、千奇百怪的现象都看得清、想得明，不再陷于困惑之中，不再经常有惊奇或是愤慨。有一篇教人创业的文章说，如果这个世界时不时地带给你一些惊喜，请不要创业，因为你的阅历还不够。其实比阅历更重要的是智慧，只要有足够的智慧，就有了创业的能力。《易经》讲透了万事万物的现象，也讲透了万事万物的道理，一切都在变，没有什么是不可能发生的；但变是有规律的，所以很多事情又都是可以预测、可以把握的。

孔子说："始作《易》者，其有忧患乎？"人生是离不开忧患的。《易经》时代的先民，面临着极其险恶的生存环境，他们要有足够的智慧才能生存和发展。生活在现代的我们，忧患也并不少，科技的发达、经济的发展虽然增强了人对自然的掌控，但人类生存和发展的基本问题却依然如故。诸如人与自然的关系，人与人的关系，以及成功、幸福、爱情、生死。这些问题不但没有解决，反而更显咄咄逼人。在这个世界上，由于地域、宗教、种族、阶层、观念、体制的不同，每时每刻都在发生着冲突、对立、斗争；但是致力于共同生存和发展的人们也在合作、让步、妥协，为和谐而努力。人们还面临着诸如气候变暖、资源消耗等共同的问题，对于这些忧患，我们都可以从《易经》中找到相应的智慧。

《易经》是洁静精微的学说。我们知道，莲藕生长在淤泥之中，可莲花却洁静美丽，生活的现实红尘滚滚，但生活的真理却洁静精微。《易经》能帮助我们在人世的红尘和泥泞中找出洁静的真理，在浮躁、粗俗的社会现象中呈现精微的智慧。《易经》六十四卦，可以视为社会、人生中的六十四种宏观变化，代表了世界万事万象的典型，它们喻示了特定的时间、特定的环境条件下的自然、社会、人生的规律，并提出了解决相应问题的明智对策。

《易经》问世两千多年了，但是它的一句句箴言、一条条对策，好像是针对我们眼前的问题写的，好像是先人为我们预先配下的一把把解开问题之门的金钥匙，真的是经典永远有用，经典永远年轻。

目 录

上篇 《周易》基础知识

下篇 《周易》六十四卦详解

上篇　《周易》基础知识

一 《周易》是本什么样的书

解读中国文化的万能钥匙

《四库全书》有个《总目提要》，它是这样介绍《周易》的：“易道广大，无所不包，旁及天文、地理、乐律、兵法、韵学、算术，以逮方外之炉火，皆可援易以为说。”

《周易》的哲学思想渗透到了中华文化的方方面面，它是一个大筐，把什么往里装都能装得下。它可以解释和运用于中医、军事、政治、艺术、男女爱情……

中医的理论基础就是《周易》。中医追求的医疗效果是人体的阴阳平衡，中医的方法是阴阳五行、辨证施治，所谓“医易同源”，要想深究医理，就要深究《易》理。

中国的军事、政治、经济无一不通于《易》理。中国的儒、释、道也都与《周易》密切相关。《周易》是儒家的第一经典，自不必说，道教从一开始便胎息于《周易》的体系之中，佛教虽然来自印度，但在传入中国之后，历经魏、晋、隋、唐，也与《周易》的思想相融。总之，《周易》的智慧为中华传统文化的儒、道、墨、法、兵、名等诸子百家和武术、书画、医学、建筑、百工提供了足够的思想支持。

《周易》是人生的智慧书

自强不息，是学业、事业成功的前提；厚德载物，是处事为人成功的基础。以上两句成了清华大学的校训。

在六十四卦中，只有谦卦是六爻皆吉，“谦受益”，如此之重要，令人深思。

《周易》里面讲述了深刻的做人的道理、做事的原则。乾卦爻辞就系统地论述了一个做事业的人发展的原则，数千年来一直被政治家们奉为圭臬。临卦说的是管理的智慧，观卦讲的是执政的原则，益卦则讲的是社会与人生的利益得失的深刻道理。

《周易》对我们的人生有很多具体的启示，都是最平凡的真理：

1. 人生要奋斗。在奋斗过程中要掌握发展的规律。在自己弱小的时候，要低调做人，踏实做事。在有了些成绩之后，会有新的危机，此时更要勤于努力。在大有成就之后，更要谦虚谨慎，以防亢龙有悔。

2. 要正确对待好事和坏事。这就是泰卦告诉人们的泰极生否、否尽泰来的事物互相转化的道理。人不可能永远

《周易》讲述了深刻的做人的道理。

一帆风顺，事物也不可能总是滞于困顿，人要处泰思危，处否奋进，总要抱持希望，永远看到光明。

3. 要做谦谦君子。谦卦是六十四卦中唯一一个六爻皆吉的卦，它的卦象是下艮上坤，山在大地之中，也就是大地包容了高山，这是多么大的容量啊！所谓谦谦君子，不是谨小慎微、过于谦恭的那种小气，而是一种大气，一种“有容乃大”的大气，有了这种大气，就会有人缘、人气旺。

4. 这里还要提到咸卦，所谓“咸”就是“感”，阴阳二气交相感应。这一卦象是泽润于上，山承于下，说的是少男少女相互交感的情形。爱情的基点是两情相悦。爱心真诚纯正自然会尊重对方，随着感情的深入和升华而“憧憧往来”。这是提出了一个男女爱情的原则——“止而说（悦）”。止这一原则可以适用于一切人际关系。“止而说”，要“止”于人，就是要给人留下实实在在的益处；“说”（悦）是让人快乐！如果一个人什么都没有留下，而且从来不能令人悦服，那是谈不到给人感动的。

周易最重“中”和“正”

在《周易》的思想体系中，最受尊重的是卦德中的“中”和“正”。中，就是右面内卦中的第二爻和上面外卦中的第五爻。阳爻处在阳位（初、三、五），阴爻处在阴位（二、四、上）为正。

在卦象中，既中又正的情况是很吉利的。实际上，在人生的做人和做事上做到中和正也是很吉利的。

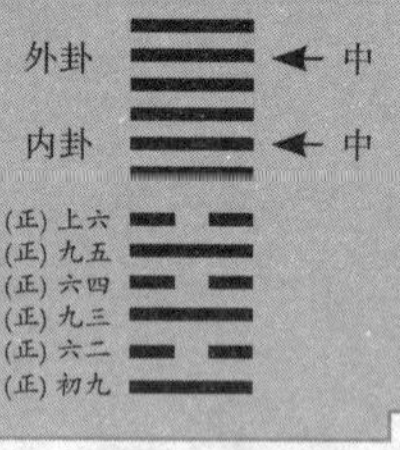

《周易》的内容就是经和传

《周易》以神秘莫测、复杂深奥著称，读者往往觉得繁杂万端。其实，《周易》的内容只不过是“经”和“传”两部分。

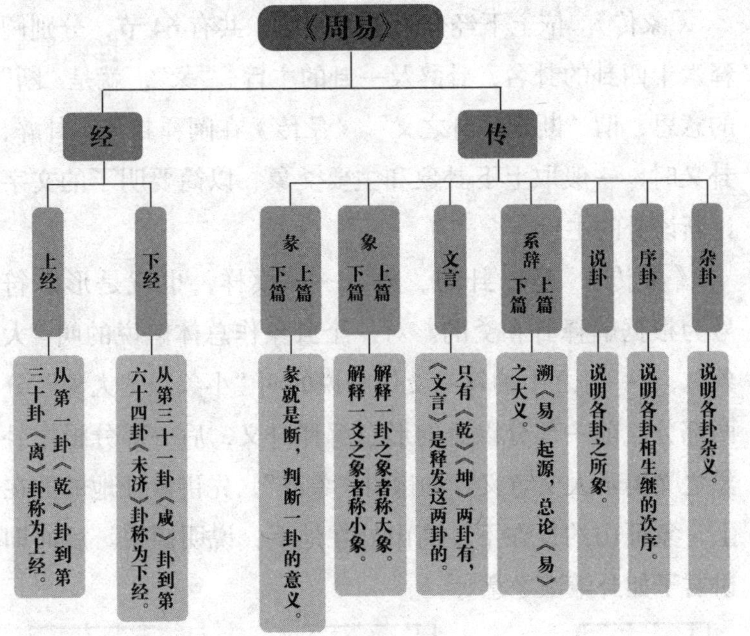

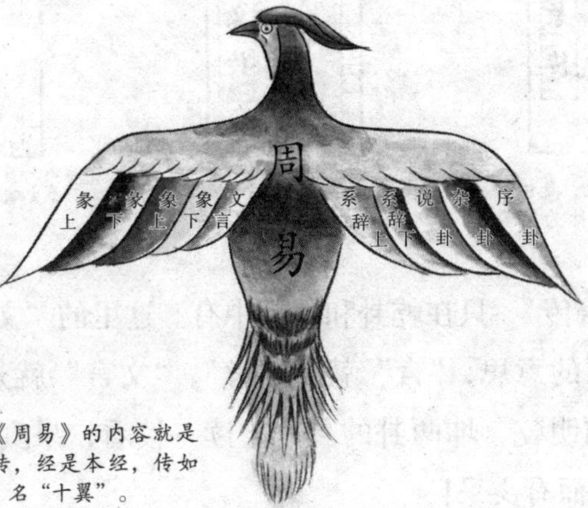

认识《周易》的内容就是经和传，经是本经，传如羽翼，名“十翼”。

《周易》“经”的部分包含六十四卦的卦形符号和卦爻辞，“传”的部分包含阐释《周易》经文的十篇专著，又称《十翼》。经是本体，传是解经的十翼，就是经的十个羽翼。

《彖传》依上下经分为上下两篇，共有64节，分别阐释六十四卦的卦名、卦辞及一卦的主旨。“彖”，就是“断”的意思，谓“断定一卦之义”。《彖传》在阐释卦名、卦辞、卦义时，一般取上下卦象和主要爻象，以简要明了的文字论断该卦的主旨。

《象传》是以卦的“象”——模样，也就是形态符号为根据解释卦和爻的。对一个卦象作总体解说的叫“大象”。对一卦之中的每一爻作解说的叫“小象”。“大象”分两部分，前一部分以卦的形态解释卦义，后一部分根据卦象之义揭示人文意义。如谦卦“象辞”，先讲象征地的坤在上，象征山的艮在下，高山处在地下，说明谦道。后面即讲君子如卦谦谦之意。

《周易》中以“彖曰”开始的部分称为《彖传》。

“大象”偏重揭示人事，“小象”则解各爻之义。

《文言》富于文采。

《文言传》只在乾卦和坤卦中有。这里的“文言”是修饰、发明的意思，“言”就是“辞”，“文言”就是很生动、美妙地阐明乾、坤两卦的卦辞。读一读看，果真是非常博大、深厚而有文采！

《系辞传》是联结“卦”和“爻”的“辞”。系辞是系统地从六十四卦和384爻（乾坤两卦分别多出“用九”“用六”文辞，所以总计有386条文辞）的总体上、根本上讲《易》的思想的。《系辞传》讲了爻辞的变化原理、自然哲理、人生哲学，对理、象、数及占筮等都作了系统的说明。所以汉代以后《系辞传》又被称为“易大全”。“太极”“道”等中国哲学的主要概念正是从《系辞传》中发明出来的。

《说卦传》主要说明三爻卦中八个卦的“象”和象征意义。全文先讲述《易》的演卦历史，再讲八卦的两种排列方位（宋代人分别称为“先天”和“后天”方位），最后系统说明了八卦的取象特征，这已经成为《周易》六十四卦象征义理中必用的象喻条例。

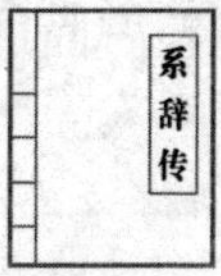

是《系辞传》形成了《周易》的系统理论。

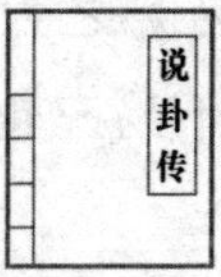

《说卦传》说的是三爻卦。

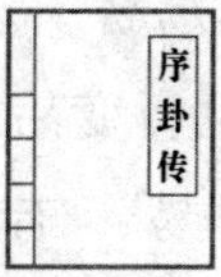

《序卦传》讲六十四卦排序寓意。

把《杂卦传》最后的《夬》卦上六去掉就接近《乾》卦，归位如初。

《序卦传》说明了六十四卦的排列根据，按卦序表明思想体系，揭示各卦相承相受的意义。六十四卦排列的顺序本身象征着自然和人间社会变化的过程。从象征天地的乾卦和坤卦起始，至第30卦离卦结束上篇，主要记述自然的发展过程。以象征青年男女恋爱关系的咸卦开始，以未济卦完结的下篇，主要是象征地记述了人世间的事。终了一卦，不是象征完成的既济卦，而是象征未完成的未济卦，形象地表现了易道生生不息的哲学思想。

《杂卦传》与周易六十四卦的排列方式不一样，是使意思相反的一对成为一卦。以乾坤开始，以夬卦结束。“杂”卦就是“杂糅众卦，错综其义”的意思，通过文中对举的两卦或“错”或“综”，揭示事物发展过程中正反相对的变化规律。

《易》有三义：变易、不易、简易

《周易》的“周”，就是周代。

唐代孔颖达《周易正义》中说《周易》是“因代以称周”。

汉代郑玄《易赞》云：“《易》之为名也，一名而含三义：易简一也，变易二也，不易三也。”

《周易》的“易”，有三义：

“易”的“三义”，就是：(一）变易；(二）不易；(三）简易。这“三义”可以说包含了中国文化的全部智慧，也是人类文明中的大智慧。我们先说《周易》的第一

蜥易（蜴），会随着环境变化而变化颜色。

义——“变易”。

许慎《说文解字》认为，“易”是“蜥易”的名字，是个象形字。蜥易（蜴）是一种能够随着环境而变色的动物，《周易》以“易”为名，是说它是讲万事万物的变化之理。

在甲骨文被发现之后，有很多学者根据甲骨文字及其演变得出了新的结论，认为“易”字是个象形字，像用手把一个器皿中的水注入另一个器皿中之形。这个字形后来经过不断的变化，变成了现在的“易”字。依照这种结论，易的本义为给与，又有交换、更换、改变之意。

总之，宇宙万物永远变动不居，但四季更替，寒来暑往，岁月流逝，人事代谢，一切又都在变化之中，这是《周易》告诉我们的一个大道理。

欧美各国特别重视对《周易》的研究，多年以来有大量的《周易》译本，书名多译作《变化的书》（*The Book of Changes*），译意十分确切。

再来说“不易”。

“不易”，就是永恒不变的道理。我们研究宇宙万物的真理，就是要在纷繁错杂的万事万象中发现其中的基本规律。我们如果掌握了这两种道理，就能把世界上一切的事情看明白，也能把世界上一切的事情做得更好。

最后说“简易”。

把复杂的问题简单化，抓住要点（主要矛盾），加以解决，这才是智慧。所以，有哲人说过，简要是智慧之魂。《周易》用阴阳和六十四卦来象征宇宙的万事万物，以简驭繁，这种“简易”，是大智慧。

谁是《周易》的作者

根据汉代司马迁《史记》中的说法，伏羲“始作八卦”，文王“演《周易》”，孔子作《彖》《象》《系辞》《文言》之属十篇。三位都是圣人，经历了三古时代，即“伏羲为上古，文王为中古，孔子为下古”。这就是汉代学者所说的《周易》“人更三圣，世历三古”的说法。

相传上古时代，黄河中有龙马出现，伏羲氏惊奇地见到龙马背上的图案，立刻画了下来，这就是流传后世的八卦。

商纣王时代，周伯姬昌被纣拘囚于羑里，于是将八卦重为六十四卦，并写成卦辞，这就是“文王拘而演《周易》”。

春秋末年，孔子读《易》“韦编三绝”。晚年撰写了《易传》十篇，传于后世，这就是对孔子作《十翼》的记载。

河图洛书

“河图”“洛书”是两种图表。先秦时代就有“河图”“洛书”之名，而其图像则始出于宋代。历代学人用“河图”“洛书”来探讨《周易》八卦的起源。

《易传·系辞传》云：“是故，天生神物，圣人则之；天地变化，圣人效之；天垂象，见吉凶，圣人象之；河出图，洛出书，圣人则之。”

据说，远古时从黄河里钻出一匹神马，其毛旋自然形成一组图案，称为“河图”；后来又从原洛水中钻出一只神龟，龟壳上也有一些奇妙的条纹图案，称为“洛书”，这些都被看作是上天为了启迪人类智慧而展示的“玄机”图符，传说伏羲氏就是根据相应的“玄机”创制了“八卦”。

河图

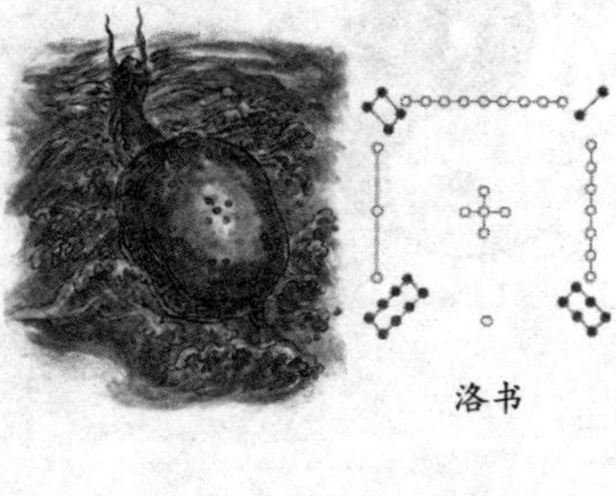

洛书

二　学习《周易》的门径

两 仪

两仪指具有阴阳对立与并存性质的两种因素或事物。其所指天地、男女、昼夜等，或说为阴阳、或说为奇偶、或说为刚柔、或说为乾坤，总之是说宇宙间一切可以二分的事物。

太极生两仪。

天为阳。

阳爻

地为阴。

阴爻

《易·系辞上》："是故易有太极，是生两仪。"两仪一般意义上就可以理解为阴阳，且阴中有阳，阳中有阴。在"周易"中，"阳"用"—"表示，称"阳爻"；"阴"用"- -"表示，称阴爻。

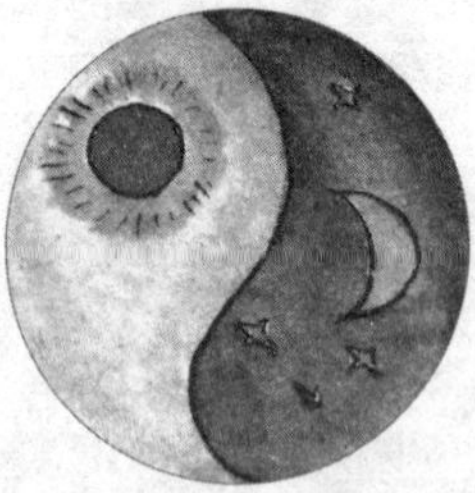

日为阳，月为阴。

《庄子·天下篇》明确指出“易以道阴阳”。《周易》把世界所有事物及其性质、状态概括为阴和阳两类，表明世界是由阴阳两种物象构成的，喻示了自然界和人类社会中一切“刚”“柔”事物，体现了“阴阳二气”交感消长、互相对立而又相互依存的关系。

男为阳，女为阴。男有阳刚之气，女有阴柔之美。

君子为阳。

小人为阴。

朱熹说，天地之间，您去观察任何事物，没有一个不具备阴阳现象或属性的，万物的一动一静，人的一作一息，都包含阴阳的至理。

自然和社会的阴阳事例：

天为阳，地为阴。日为阳，月为阴。

昼为阳，夜为阴。明为阳，暗为阴。

我们再来看阴阳与地理：

在我国的地名中有一个约定俗成的称法：山之南，水之北为阳，如洛阳即洛水之北；山之北，水之南为阴，如华阴就是华山的北部。

阴阳与人事：男为阳，女为阴。君子为阳，小人为阴。

阴阳与其他：上为阳，下为阴。动为阳，静为阴。

人们往往把人的性格和审美取向分别称为“阳刚”与“阴柔”。

《周易》六十四卦共有384爻，其中阳爻192，阴爻192，分别喻示着自然和社会的一切“阴”“阳”和“刚”“柔”现象，演示着万事万物的发展情状。而且这三千年前问世的经典，对现代的科学都是适用的，比如阴电、阳电，正极、负极，正数、负数。

四 象

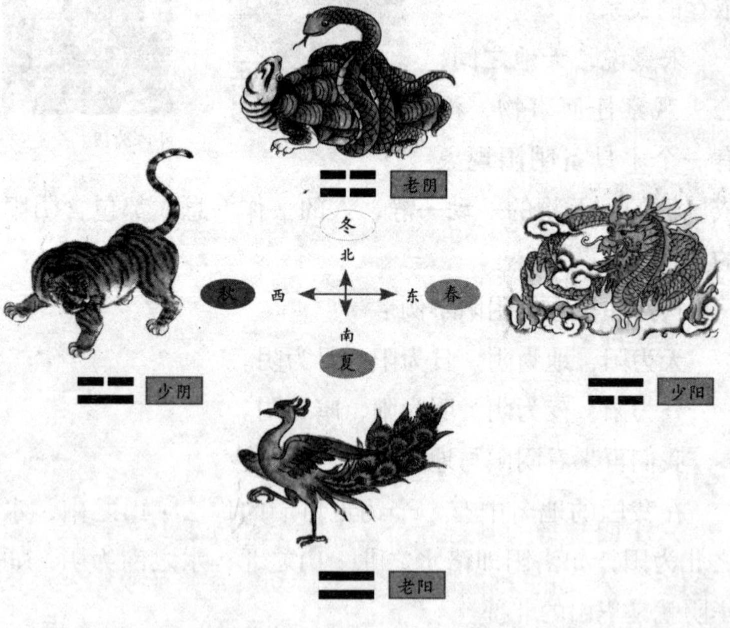

四象是指阴阳消长的四个特征，分别是老阳⚌、老阴⚏、

少阳⚎、少阴⚍。少阳、老阳、少阴、老阴四象分别代表春、夏、秋、冬和东、南、西、北。望、朔、上弦、下弦，青龙、白虎、玄武、朱雀也经常被称为四象。四象是《周易》中由阴阳到八卦的中间环节和过渡性事物。

爻、爻象、爻位

爻

六十四卦的每一卦，都有六层线条，这些线条称为“爻”，音 yáo。《说文解字》解释“爻”，意思就是相交。如果把万事万物的无穷信息比喻成一个无边的网，那么一个“爻”就是网上的一个交叉点。阳爻都用数字“九”代表，阴爻都用数字“六”代表。六爻相交成卦，其所表示的事物形象、形迹称为爻象。每爻所居的位次称为爻位，爻位各有各的处境和含义。

爻象

爻象即阴爻和阳爻象征的事物及其性质。阳爻象征日、天、男子、君子、刚健等；阴爻象征月、地、女子、阴柔等。

爻位

六十四卦每一卦有六个爻，六个爻分处六个等级，称“爻位”。六爻的爻位是自下而上排列的，象征事物发展的规律是从低级向高级进行。这些不同等级的爻位都有专称，就是爻名，下面举《乾》《坤》两卦为例：

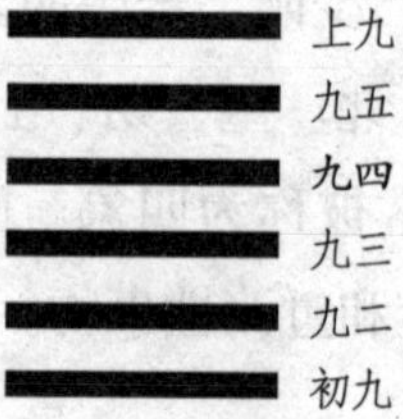

《乾》卦

《坤》卦

爻位表现了一切事物自低而高、自小及大的发展变化规律，也表现了空间的天、地、人和时间的过去、现在、未来，《周易》爻序的精妙与合理，令人叹服！

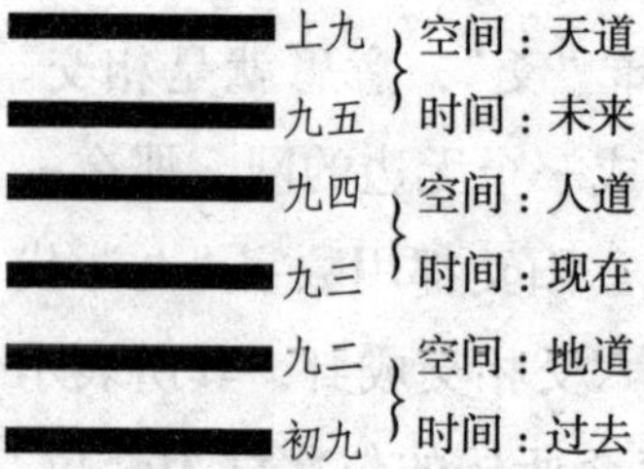

《乾》卦

《坤》卦

爻位还可以象征事物发展过程中所处的贵贱、先后、地位和阶段，以古代社会为喻，初为庶民，二为士人，三为大夫，四为公侯，五为天子，上为已离职的太上皇。

六爻一卦，下三爻称“下卦”，又称“内卦”；上三爻称“上卦”，又称“外卦”。

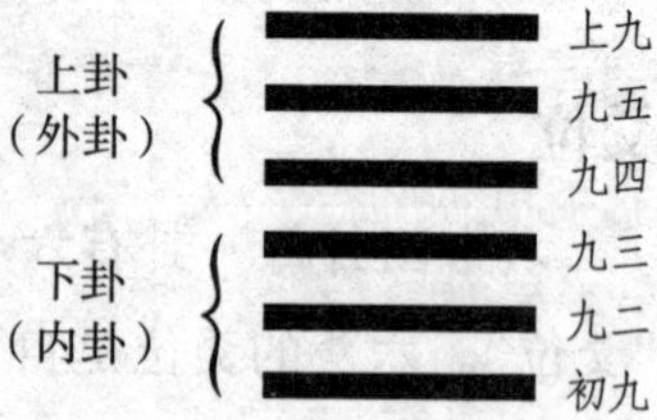

《乾》卦

八卦符号由阴阳爻画三叠而成，前人告诉我们上画象征天，下画象征地，中画象征人，天、地、人即为

“三才”。而在重卦中，则以上、五两爻象征天，初、二两爻象征地，三、四两爻象征人，亦具“三才”之义，别称“三材”。

卦、卦名、卦象

卦，有单卦和重卦之分。由三个爻重叠组成的称为单卦或小成卦，如：

《乾》卦

由六个爻重叠组成的卦称为重卦，或大成卦，又称“复卦”，如：

《乾》卦

每一卦都有名称，也就是卦名，如乾、坎、艮、震等。每一卦都有象征和寓意作用，如乾象征天，艮象征山，震表示雷，坎表示水，等等。

单卦有八种，称为“八卦”。

八卦是：乾、坎、艮、震、巽、离、坤、兑。

乾☰象征天；坎☵象征水；艮☶象征山；震☳象征雷

巽☴象征风；离☲象征火；坤☷象征地；兑☱象征泽

八卦取象

八卦的取象，是天、地、水、火、风、雷、山、泽。天和地，一上一下，一阴一阳；水和火，一个往上升一个往下流；风和雷都是运动之象，山和泽是静止之象。风和雷一刚一柔，山泽一凸一凹。风和雷在天，山和泽在地；风雷中有电火明灭，山泽之中有水气沉浮：八卦错综变化，构成了这个生机勃勃、多彩多姿的世界。

再对比一下八卦的卦画和它们象征的事物，也令人觉得十分微妙：由三个阴爻组成的“坤”，又极像虚怀若谷，厚积、重负的大地之德；“离”卦如同火焰，刚中有柔；“坎”卦恰似水流，柔中带刚；“巽”卦像是晴空下流动的风；“震”卦像是载着雨水的雷；“艮”卦像山外干而内湿；“兑”卦像湖泊下干而上润。

乾☰象征天

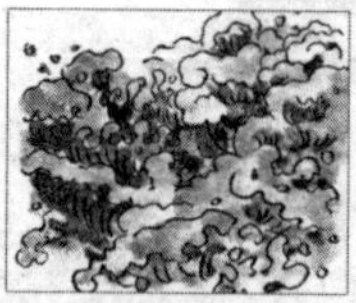
坎☵象征水

艮☶象征山

震☳象征雷

巽☴象征风

离☲象征火

坤☷象征地

兑☱象征泽

六十四卦

八卦两两相重，排列组合而成六十四卦，这六十四卦卦名有三种情形：

第一，自相重叠而成的卦，名称不变。例如：乾☰与乾☰上下重叠而成䷀，仍称“乾”。坤☷与坤☷上下重叠而成䷁，仍称“坤”。依此类推，兑上兑下䷹仍称兑，离上离下䷝仍称离，坎上坎下䷜仍称坎……

第二，异卦上下重叠而成的卦，卦名多取卦爻辞中代表性的为之。如：坎下艮上，而成䷃，该卦爻辞为“童蒙求我”，所以称为蒙卦。

第三，以现象或事理命名的卦，卦名不见于卦爻辞，如“大有”“中孚”“既济”等。

了解完八卦的象征，还要熟练背诵《八卦取象歌》和《卦名次序歌》。

朱熹的《周易本义》一书中有一首《八卦取象歌》和一首《卦名次序歌》，希望读者能够背诵：

八卦取象歌

☰乾三连，☷坤六断；

☳震仰盂，☶艮覆碗；

☲离中虚，☵坎中满；

☱兑上缺，☴巽下断。

卦名次序歌

乾坤屯蒙需讼师，比小畜兮履泰否。

同人大有谦豫随，蛊临观兮噬嗑贲。

剥复无妄大畜颐，大过坎离三十备。

咸恒遁兮及大壮，晋与明夷家人睽。

蹇解损益夬姤萃，升困井革鼎震继。

艮渐归妹丰旅巽，兑涣节兮中孚至。

小过既济兼未济，是为下经三十四。

卦序

卦序是指卦象的排列次序。八卦的排列方式有两种，一种是按乾、坤、震、巽、坎、离、艮、兑的顺序排列，称为“文王八卦次序”，又称为“后天八卦次序”；另一种按乾、兑、离、震、巽、坎、艮、坤的顺序排列，称为“伏羲八卦次序”，又称“先天八卦次序”。

今本六十四卦的排列次序从《乾》《坤》两卦开始，到《既济》《未济》卦终篇。

先天八卦的卦序称为乾一、兑二、离三、震四、巽五、坎六、艮七、坤八。六十四卦卦序称为乾卦第一、坤卦第二……未济卦第六十四。

☰	☱	☲	☳	☴	☵	☶	☷
乾卦	兑卦	离卦	震卦	巽卦	坎卦	艮卦	坤卦
一	二	三	四	五	六	七	八

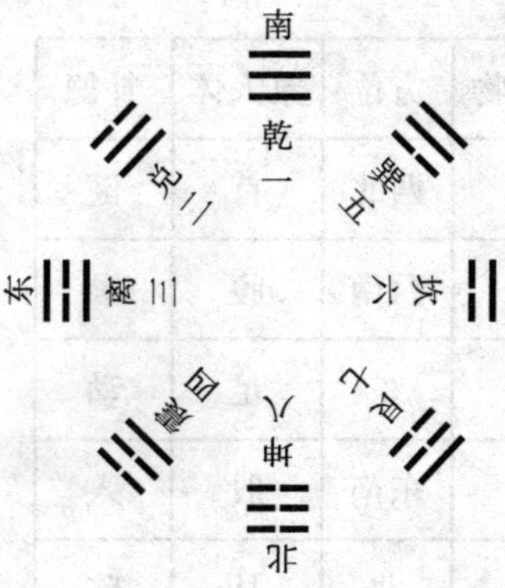

先天八卦方位
八卦表示八方：乾正南，坤正北，离正东，坎正西，震东北，兑东南，艮西北，巽西南。这种方位排列法称“先天八卦方位”，又称“伏羲八卦方位”。

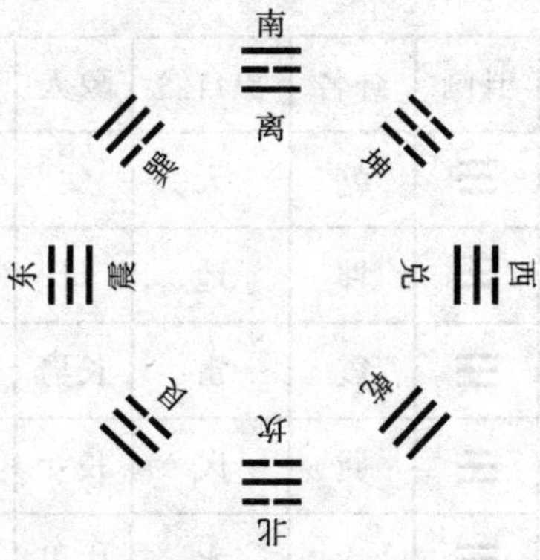

后天八卦方位
离正南，坎正北，震正东，兑正西，艮东北，巽东南，乾西北，坤西南。这种方位排列法称“后天八卦方位”，又称“文王八卦方位”。

卦象与卦德

卦象的符号是一定的，如单卦☰、☷，重卦䷀、䷁等，但是每卦的象征物除了天、地、风、雷……以外，还可以是具有相近属性的各种事物。卦的属性称为卦德。象征物为“卦象”，象征意义即属性称为“卦德”。例如：乾卦象征天，“天行健，君子以自强不息”，这就是乾卦的卦德；坤卦象征地，“地势坤，君子以厚德载物”，这就是坤卦的卦德。又比如：震卦象征雷，其卦德为动；巽卦象征风，其卦德为入。

卦象与卦德表

卦画	卦名	象自然	象人	象动物	方位	象人体	卦德
☰	乾	天	父	马	西北	首	健
☷	坤	地	母	牛	西南	腹	顺
☳	震	雷	长男	龙	东	足	动
☴	巽	风	长女	鸡	东南	股	入
☵	坎	水	中男	豕	北	耳	陷
☲	离	火	中女	雉	南	目	丽
☶	艮	山	少男	狗	东北	手	止
☱	兑	泽	少女	羊	西	口	悦

《周易》中的爻位

当位与不当位

卦象六爻的位次有奇、偶之分，即阴、阳之别。初、三、五是奇位，也就是阳位；二、四、上为偶位，也就是阴位。阳爻居阳位，阴爻居阴位，都称为当位，又称“得位”。古人认为得位之爻象征事物发展符合规律或人处在相宜的地位、环境，具有发展前途。

阳爻居阴位，或阴爻居阳位，称为不当位，又称“失正”“不得位”。如恒卦，初六、六五两爻为阴爻居阳位，故不当位；九二、九四两爻为阳爻居阴位，故失正。不当位之爻象征事物发展背离正道、违反规律或是人处在不相宜的地位和时间。

咸卦

如咸卦，六二、上六两爻为阴爻居阴位，所以是当位；九三、九五两爻为阳爻居阳位，也是得位。

在《周易》中，得位之爻多吉利，失位之爻多不吉利，但也不是绝对如此，要看具体情况的变化。当位时要注意守正防凶，不当位时要努力趋正求吉。

中、中正

中国文化推崇“中”，《周易》即十分典型地强调“中”的思想。

六爻中的二爻和五爻分别居下卦之中和上卦之中，这都称为中位。爻处中位谓之“得中”“居中”，简言为“中”，中位象征着人和事物坚持中道，不偏不倚，无过无不及，恰到好处。得中优于得正，故《周易》中二爻、五爻多吉利之象。

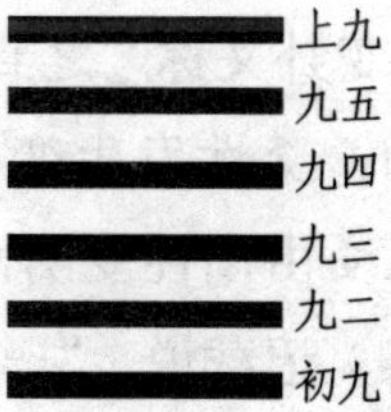

乾卦

如乾卦，九二、九五两爻得中，而且九五阳爻处于阳位既“中”且“正”，这在《周易》爻中是最美善的象征。

刚指阳，柔指阴。凡阳爻居中位，谓之刚中，象征具有刚健而适中之德；阴爻居中位，谓之柔中，象征具有柔顺而适中之德。

如果阴爻居二位，阳爻居五位，既得“中”又得“正”，称为“中正”。在《周易》中，中正之爻尤为善美，象征事物发展到最佳状态，具备最为良好的发展条件。

李光地《周易折中·义例》云：“刚柔中正不中正之谓德。刚柔各有善不善，时当用刚，则以刚为善也；时当用柔，则以柔为善也。唯中与正，则无有不善者。然正尤不如中之善，故程子曰：‘正未必中，中则无不正也。’六爻当位者未必皆吉，而二五之中，则吉者独多，以此故尔。”

本卦、变卦和变爻、静卦

运用时最初所得到的卦即为本卦，或称正卦、原卦，古人也叫贞卦。如《左传·庄公二十二年》记载说：“周史有以《周易》见陈侯者，陈侯使筮之，遇观之否。”陈侯最初所得观卦即为本卦。

变卦又称“之卦”“动卦”，指一个卦因一爻或多爻的爻动，爻性发生变化，而成为另一个卦象。例如，乾卦九二爻由阳性变阴性，即变为同人卦。再如《左传·闵公元年》记载说：“毕万筮仕于晋，遇屯之比。”比卦即为屯卦的变卦。

变爻也称为“动爻”，指本卦中具有可变性的爻，或称老阳爻、老阴爻。某一爻或几爻由阳变阴，或由阴变阳，卦象也随之改变，即为变卦。例如，屯变比，就是因初九爻由阳变阴而成，初九爻即为变爻。

如果所占得卦象中没有变爻，各爻都是静止不动的，就是静卦。

错卦

把一个卦中各个爻的阴阳性质反转过来（阴变阳，阳变阴）所得的卦就是错卦。错卦又称为“对卦”，也称为“旁通”。《周易》六十四卦中根据旁通关系排列在一起的卦有：乾䷀与坤䷁、颐䷚与大过䷛，坎䷜与离䷝，中孚䷼与小过䷽。

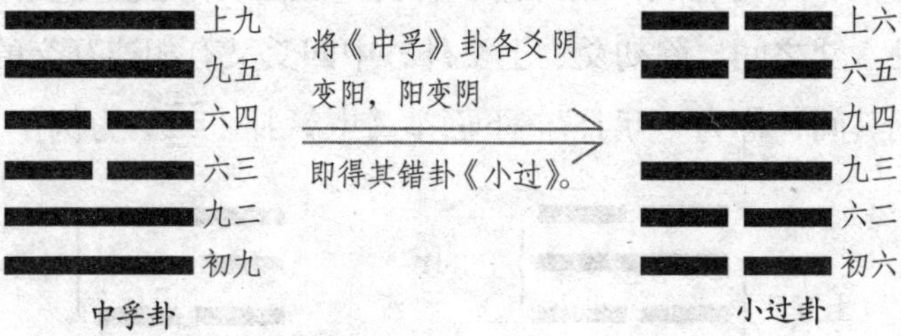

综卦

一个别卦的卦象从下到上颠倒过来，成为另一个卦象，称为综卦，又称“覆卦”“反卦”。例如，屯卦䷂，倒过来即为蒙的卦象䷃；泰卦䷊，倒过来即为否的卦象䷋。反之亦然。《周易》六十四卦中共有二十八对覆卦，也就是说，有五十六个卦可以颠倒过来成为另外一个卦象。由于两卦卦象互为颠倒关系，所以覆卦又叫反对之象、反卦。卦象“反对”之卦在《周易》六十四卦中均两两相邻而排在一起。

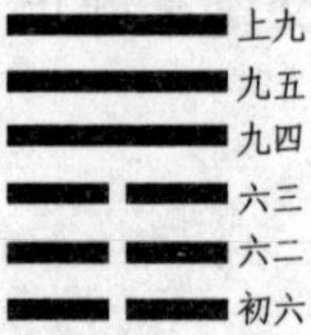

否卦

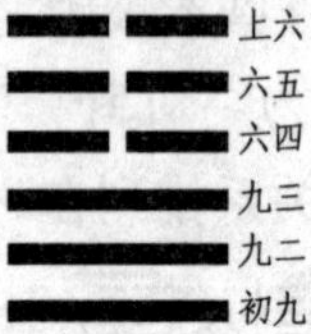

泰卦

综卦（覆卦）的简单识别方法是：先看一个卦象，然后到对面（身体转180度）再看这个卦象就是综卦了。

互卦

一个卦除初爻和上爻外，取其二爻、三爻、四爻组成一个单卦做内卦，称为“下互”，再取三爻、四爻、五爻组成一个外卦，称为“上互”。也就是说，《易》卦六爻之间，除初爻、上爻外，中四爻又有相连互交的卦包涵其间，称为“互卦”。下面举《屯》卦（䷂）为例：

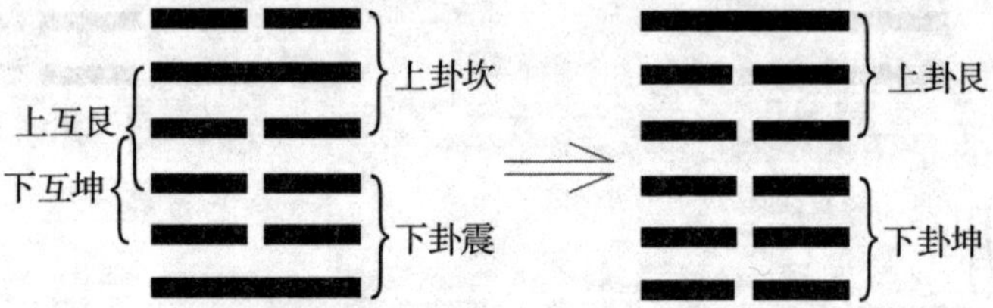

屯卦　　剥卦

卦主

《周易》六十四卦的每卦六爻中，有为主之爻，即一卦中构成一卦特征或决定一卦大义的主爻。例如，复卦䷗，初九为卦主；乾卦䷀，九五为卦主；坤卦䷁，六二为卦主。此类情形前人或称为主卦之主。成卦之主、主卦之主都可以有两爻，如泰卦䷊中九二、六五两爻既是成卦之主，也是主卦之主。六十四卦的《彖传》中一般能揭示出卦主所在。

李光地《周易折中·义例》云："凡所谓卦主者，有成卦之主焉，有主卦之主焉。成卦之主，则卦之所由以成者。无论位之高下，德之善恶，若卦义因之而起，则皆得为卦主也。主卦之主，必皆德之善，而得时、得位者为之，故取于五位者为多，而它爻亦间取焉。其成卦之主，即为主卦之主，必其德之善，而兼得时位者也。"

两爻的承、乘、比、应

在卦的六爻之间的相互关系中，由于各个爻的位次、距离和性质不同，会出现承、乘、比、应等不同的相互关系，这里先来讲承和乘。

凡是下爻紧靠着上爻时称为"承"，就是以下承上，指的是下者对上的关系，有承受、顺从之意，主要讲的是阴爻上承阳爻的情况。此时，阴阳"当位"之爻相承多吉，"不当位"之爻相承多凶。

凡是上爻凌驾下爻叫做"乘"，一般指阴爻位于阳爻之上的情形，阴乘阳，象征小人欺凌君子，女子凌驾于男子之上。乘刚的阴爻多不吉利。

"比"是指六爻之间的两爻相邻的关系。如初爻与二爻比，二爻与三爻比，三爻与四爻比，四爻与五爻比，五爻与上爻比。两爻相比，象征着事物之间的相互联系和影响。两爻相比有时也呈现出"承"和"乘"的现象。

"应"是指六爻之间处在下卦的三爻与处在上卦的三爻

两两交感对应现象。对应的两爻，如果是一阴一阳，可以两相交感，称为“有应”；如果对应的两爻都是阴爻或都是阳爻，这样就无法交感，称为无应。这很像物理学中电磁学的“同性相斥，异性相吸”现象。

乘　阴爻位于阳爻之上，称为“乘刚”，象征小人乘凌君子，女子凌驾男子，爻义往往不吉。

比　两爻相邻称为“比”，象征事物处在邻近环境中的作用与反作用，可通过两爻的承乘关系加以分析。

承　阴爻位于阳爻之下，称为“承”，象征卑微者（柔顺者）顺承尊高者（刚强者）。

应　“应”是指六爻之间处在下卦的三爻与处在上卦的三爻两两交感对应。象征着事物之间的和谐、统一与矛盾、对立的运动规律。

生生不息的“易理”

下图清晰地展示了太极生两仪，两仪生四象，四象生八卦，八卦演成六十四卦，如此生生不息，表达了万事万物不断发展的事理。

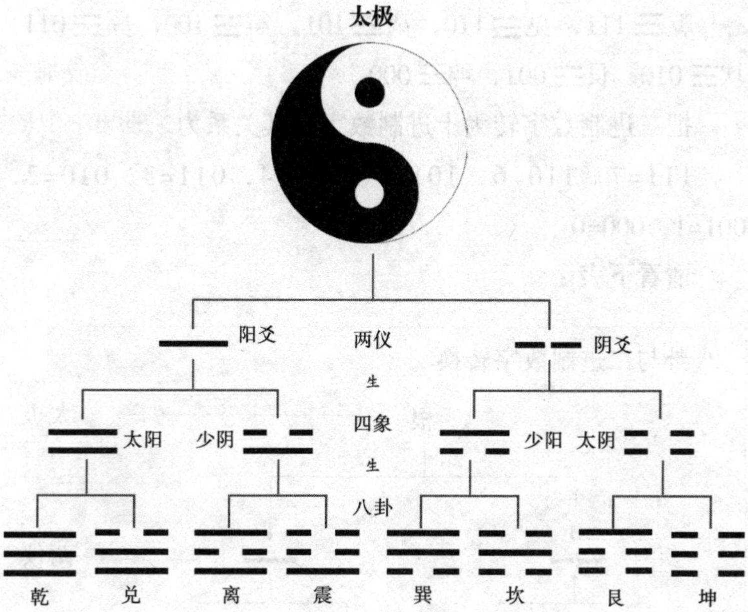

六十四卦数理与数学二进制

德国数学家莱布尼茨发明了数学二进制，他指出，中国的《周易》六十四卦就蕴含着二进制数理，其排列组合非常奇妙。

“伏羲六十四卦”的排列确实符合二进制数理。如果用二进位数字 0 和 1 来代表阴爻和阳爻，那么乾卦☰可记为 111111，坤卦☷可记为 000000……那么“伏羲六十四卦”由坤而剥，而比，而观，而豫，一直到乾，正是按 0，1，2，3，4……63 这样的顺序排列的。

八卦的排序也符合二进制数理。如果用二进位数字 0 和 1 来表示阴爻和阳爻，则八卦可分别转写为：

乾☰ 111，兑☱ 110，离☲ 101，震☳ 100，巽☴ 011，坎☵ 010，艮☶ 001，坤☷ 000

把二进制数字转为十进制数字，其关系为：

111=7，110=6，101=5，100=4，011=3，010=2，001=1，000=0

请看下表：

八卦与二进制数字转换

五行相生图

根据《周易》的变化和简易的原则，古人将天下万物看做是由五类元素组成的，分别是金、木、水、火、土，并认为它们彼此之间存在着相生相克的关系。

相生

“相生”说的是木生火、火生土、土生金、金生水、水生木的生生之链，即木、火、土、金、水五气依次生出对方。这是古人观察自然，然后总结规律的结果，例如：

木生火：古人为了得到火，将木与木相互摩擦产生火，木生火就这样发生了。

火生土：物质如果燃烧，留下的是灰，灰便是土。火生土乃是自然之理。

土生金：矿物、金属之类多埋藏于土中，所以说土生出金属，即土生金。

金生水：金属融化，变为液态，所以说金生水。

水生木：一切植物（即木气）均由水生，如果没有水，草木将枯死，故木乃由水所生。

相克

相生是依次生出对方，与之相反的相克，则说的是木、火、土、金、水依次克制对方。即木克土、土克水、水克火、火克金、金克木，如此循环往复。

木克土：就是扎根于土地里，使土地固结和破碎，这就是所谓木克土。

土克水：土能够阻塞、固结水，即所谓土克水。

水克火：水能灭火，即所谓水克火。

火克金：火能销融金属，即所谓火克金。

金克木：金属能削制木材，即所谓金克木。

可见，所谓相生，就是按照木、火、土、金、水的顺序，五元素依次生成对方，相克则是按照木、土、水、火、金的顺序，五元素依次克制对方。

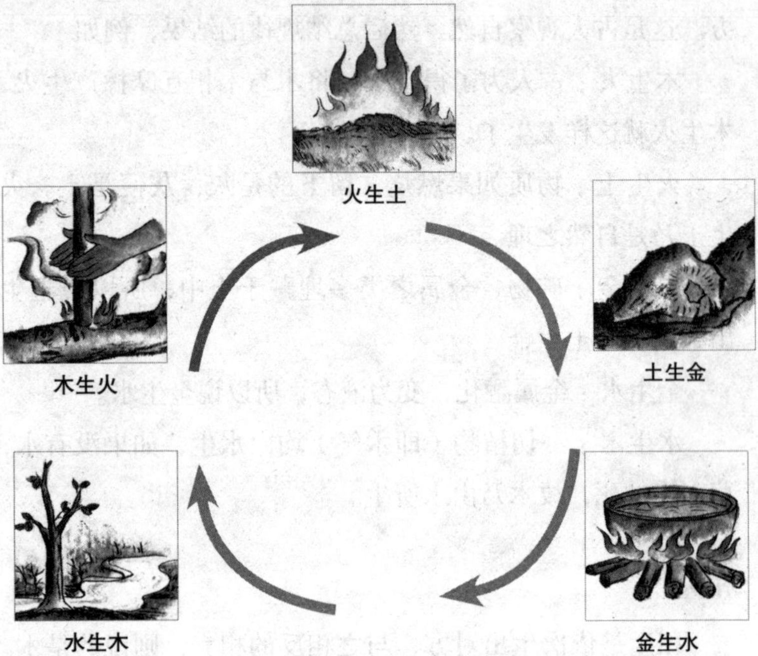

学习《周易》的重要书籍

自《易经》问世以来，历代研究《易经》的著作可谓汗牛充栋，现将易学史上比较重要的古籍版本和现代学者影响较大的著作介绍如下，以供读者参考。

《京氏易传》

西汉京房撰写，三卷。其书以乾、坤为根本，以坎、离为性命，统摄六十四卦，用世应、飞伏、游魂、归魂等解说爻、卦之关系，是为象数之学。本书以阴阳五行之说，把自然界之灾变现象附会成人事变化中祸福之征兆，宣扬“天人感应”。后世以钱卜卦的方法，即源出于此。有清乾隆五十六年金溪王氏重刊《汉魏丛书》本、天一阁刊本、沈果堂校本。

《周易正义》

唐孔颖达奉太宗之命编撰《五经正义》，《周易正义》为其中之一，十卷。其书初名《周易义赞》，后奉诏改为《周易正义》。所谓“正义”，是就一家之经注作疏解，因其为朝廷颁行天下学校之讲义，故称“正义”。孔颖达编撰《周易正义》，采用魏王弼《周易注》之本进行整理删定，写成此书。其书原为单疏本，后为阅读方便，将《周易》经文、王弼注文和孔颖达义疏合刻为一本，又依王《注》编为十卷，收入《十三经注疏》（以影印阮刻本为佳）、《四库易学丛刊》（1989年上海古籍出版社出版）。

孔颖达像

《康节说易全书》

系宋代邵雍阐述《易经》易理的名著。在哲学史上，邵雍的主要贡献是综合了河洛之学、先天之学与《易经》象数之学，并且将玄奥的易学内容化繁为简、化难为易。这套书囊括了邵雍的主要著述即《河洛真数》《梅花易数》《紫微斗数》《铁板神数》《邵子神数》《皇极经世书》和《伊川击壤集》，上海学林出版社在2003年出版了本书。

程颐像

《程氏易传》

宋程颐撰，四卷，亦名《伊川易传》。其书只解上下经文、《彖》《象》《文言》，用王弼注本，将《序卦》分置诸卦之首。程颐继承王弼、胡瑗以义理解易之宗旨，摒弃象数，借《周易》卦爻辞阐明义理。有《二程集》本（1981年中华书局校订）、同治金陵书局刻本，《四库易学丛刊》（1989年上海古籍出版社出版）、《易学精华》（1990年齐鲁书社出版）亦收入。北京图书馆出版社有2004年中华再造善本影印本。

朱熹像

《周易本义》

南宋朱熹撰。此书未照王弼所注《周易》的结构，而是以吕祖谦所定《古周易》为基础来诠释本义。全书十二卷。以上下经为二卷，《十翼》自为十卷。卷首载有《九图》，卷末有《周易五赞》和《筮仪》。南宋咸淳中，董楷撰《周易传义附录》，将《周易本义》散附于《伊川易传》之下，而《伊川易传》编次依据的是王弼《易》注，这就使朱熹的《周易本义》面貌全失了。明永乐年间所修《五经大全》即搬用董书。后人又依据《五经大全》刻成四卷本《周易本义》，书的编次仍然是《伊川易传》框架，不得见朱熹原作之真。《四库全书》收入此书时，采用宋咸淳年间吴革刻本的摹刻本，以存其旧。近年中国书店、上海古籍出版社、山东齐鲁书社均影印出版了《四库全书》本的《周易本义》。

《周易折中》

清李光地等人奉敕撰，二十二卷。其经文与传文分开编排，依从古本。以程颐《伊川易传》、朱熹《周易本义》为主，博纳历代易学经典要言，不偏主一家。凡实足以发明经义者，皆兼收并采，而玄幻逞臆之说，尽皆不录。有各省翻本、浙局刊本。1989 年上海古籍出版社出版的《四库易学丛刊》亦将本书收入。

李光地像

《周易尚氏学》

现代易学家尚秉和（1870—1950），字节之，学者称槐轩先生。河北省行唐县城西南滋河北岸伏流村人。晚清进士，博学多才，易学造诣极为深厚，颇多创见，其运用筮法预测事物之能力，为易学界历来所罕见，是象数派易学的代表人物之一。自民国以来，其易学理论对易学界一直有着很大的影响。尚秉和著述甚丰，主要著作有《周易尚氏学》《周易古筮考》《焦氏易林注》等。

《周易大传今注》

高亨（1900—1986），初名仙翘，字晋生，吉林双阳人，教授，著名古文字学家、先秦文化史研究和古籍校勘考据专家、易学家。

高亨先生的注《易》原则是：以经观经，以传观传。他还明确提出了“讲《易经》不必受《易传》的束缚，谈《易传》不必以《易经》为归宿”的主张。其主要易学著作有《周易古经今注》和《周易大传今注》。

研习《易经》的流派

《四库全书提要》中指出，古代研习《易经》者主要分两派，即象数学派和义理学派。

象数学派

象和数的含义是不一样的，象是形状，数是数目和计算。比如人的男、女、老、少、美、丑等表现出来就是象。《易经》的象有三个方面的含义：一是指易中的八卦、六十四卦及三百八十四爻的形状，如卦象、爻象；二是指八卦所象征的事物，如乾卦象征天，坤卦象征地，兑卦象征泽，震卦象征雷等；三是指卦辞、爻辞中所说的具体事物，如乾卦卦辞中的龙，坤卦卦辞中的牝马等。这三层含义统称为易象。

孟喜

京房

焦延寿

邵雍

而所谓象数学派，就是注重于对《易经》卦象、卦变的研究，以其所理解的道理而推导人事的学术派别。象数学派的代表人物有汉代的孟喜、京房、焦延寿，宋代的陈抟、邵雍等人。

义理学派

义理学派就是注重发掘《周易》的卦名、卦爻辞和卦爻象中所蕴涵的意义和道理的学术派别。

义理学派的创始人是三国魏时的王弼。王弼是魏山阳人，据《魏志·钟会传》记载，他是一个“神童”，聪明过人，能言善辩，年十岁就特别喜欢老子的著作。他在短短二十四年的人生历程中，既注释《老子》，又注释《周易》，是魏晋玄学的代表人物。

胡援

程颐

王弼后的义理学派代表人物是胡援、程颐、李光和杨万里。胡援本人无著作传世。程颐的著作有《程氏易传》。李光、杨万里为南宋人，他们易学的突出特点是“引史证经”。这个引史证经不是从《周易》形成时的历史环境中去探寻《周易》本义，而是在解释经文时引述古今王朝兴替的历史事件，来证明义理学派的儒理是正确的。

李光

杨万里

这是依《四库全书提要》的分类对易学各派的简述。近现代以来，易学又有了很大的发展，可以归纳为三个方面：一是现代历史学研究中出现的疑古潮流，影响到易学，彻底否定《周易》原文的价值；二是肯定《易传》及易学中的义理学派对《周易》的研究而形成的哲学思想；三是从象数上深入研究《周易》在预测学上的价值。

下篇 《周易》六十四卦详解

一 乾——万物之父

䷀

《周易》六十四卦，每卦六爻，每个六爻卦都是由上下两个三爻卦组合而成。乾卦属八纯卦之一，由上下两个三爻的乾卦（☰）重叠成为一个六爻的卦画䷀，这个卦画符号也称作卦图。因为卦图的顺序是从下向上，所以传统上对卦图的组合称作乾下、乾上。又因为乾的基本卦象是天，故在八宫卦里称作乾为天。

《序卦》说："有天地，然后万物生焉。"意思是说，乾是天，坤是地，有天地万物才能化生，天地是万物的父母，乾坤二卦就是六十四卦的父母。《杂卦》说："乾刚坤柔。"意为乾的特性是刚健，坤的特性是柔顺。综合《序卦》《杂卦》的意思，乾就是刚健的天道。从《周易》学原理上讲，乾是纯阳之气，坤是纯阴之气，阴阳二气的交感流通，是宇宙产生的根源，万物无不由此而生，这是《周易》的宇宙发生论。但阴阳二气太抽象，所以《周易》的作者用直观的天地作表象，把它昭示出来，便于人们作具象的认识。

因为天地阴阳是万事万物产生的基因，所以《周易》首列乾坤两卦。至于为什么乾要放在坤之前，有人认为这可能是由母系制社会发展到父系制社会的思想反映。据说在《归藏》易里，是坤在乾的前边，到了《周易》才把乾放在首位。其实更重要的原因，是《周易》作者对天地阴阳具有主次观念，天的阳气是主动的，地的阴气是从动的，两者虽然都是宇宙之源，但并不相同，有主次之分。

应当说宋人在揭示易理方面，高出前人一筹。王宗传在《童溪易传》中说："窃原《周易》之始作也，则亦本诸一奇一偶而已矣。天下之理，有动必有静，有刚必有柔，有屈必有伸，有消必有长，盖亦未有无对待而能无穷者，故曰'一阴一阳之谓道'。圣人得其说，据依之以为《周易》，故一奇一偶立，而阴阳兴，阴阳兴而动静、刚柔、屈伸、消长之理在是矣。"这段话具有深刻的哲理意义。用今天的哲学道理讲，等于说宇宙万事万物无不一分为二，《周易》的作者就是用一阴一阳表示宇宙对立的两个方面，对立双方的矛盾运动，形成了宇宙运动的基本规律。

朱震在《汉上易传》中说："乾为马，六爻皆以龙言，何也？乾体本坤，阳以阴为基也。自震变而为乾，震变乾，则乾为龙；乾交震，则震为马，故震其究为健。”朱震提出“乾体本坤，阳以阴为基”，这就揭示了宇宙运动的基本方式是既对立又统一。对立表现在阴阳的迭互消长上，统一表现在对立双方的互基互根上。可惜宋人没有注意到易理在卦变中的表现。

乾坤两卦是《周易》的父母卦，两卦是《周易》的基本构架。《系辞·上》说：“乾坤其《周易》之蕴邪？乾坤成列，而《周易》立乎其中矣。”前人多指出了乾坤与其他六子卦的关系，其实父母加上六子，只成为八卦，还不足以成为六十四卦的父母。这句话更深层的意思在于，乾坤是六十四卦卦变的基础。乾与坤的迭互消长形成了十二消息卦，又由十二消息卦变为六十四卦。在十二消息卦中，乾表现了阳长阴消的六卦，坤表现了阴长阳消的六卦。乾卦以坤卦为基础，坤卦以乾卦为基础。坤卦是阴气极盛时期，阴极阳生，乾卦就是在坤卦的基础上逐爻生长而成。坤卦六爻皆阴，下生一阳为复䷗，下生二阳为临䷒，下生三阳为泰䷊，下生四阳为大壮䷡，下生五阳为夬䷪，六阳生成即为乾䷀。乾卦的爻辞正是反映了这种变化。从卦变上讲，乾卦从坤卦变来。这种变化，表现了阴阳对立、双方互基互根的统一性和迭互消长的对立性，直观地图示了宇宙运动的对立统一规律。

乾，元、亨、利、贞。

【译文】

乾卦，创始、通顺、适宜、正固。

【精解导读】

乾是卦名。六十四卦都是在卦图之后，先标出卦图的名称。六个刚爻组成的卦图☰，用文字标名称作乾。据说伏羲只画出卦图，文字的标名都是由周文王完成的。“元、亨、利、贞”是卦辞，最早称作彖辞，是一卦的断语，附在卦名之后。后来人们习惯把孔子写的彖传称作彖辞，为了便于区别，我们只称卦辞。前人把“元、亨、利、贞”称作卦的四德，按《子夏传》的讲法：“元，始也；亨，通也；利，和也；贞，正也。”“元”与“原”字互通，是原始的意思，在乾卦里，是说乾具有创始万物的功能。因为天是纯阳，它与纯阴的坤交感流通而创造万物。“亨”是通顺畅达，因为天道的运行刚健雄强，周而复始，永动而不止息，无处不在，无时不有，永远不会受到阻碍。天道是万物的大法，可以说“顺天者昌，逆天者亡”，就因为天道是通的，逆天道是不通的。“利”是有利，指天道的运行适宜于万物的生存，普遍地把利益带给万物。《子夏传》说“利，和也”，是指文言中的“义之和”，指天的运行得宜，适合于万物。“贞”是正固，正是指天道运行永无偏差，固指天道守正不变。天无情无欲，永不衰竭，没有任何偏私，从不破坏自己的运动规律，是一切法则的准极，最正不过，永恒不变。人以及万物的运动如果偏离了天道，迟早会受到惩罚。从取象上讲，“元、亨、利、贞”在这一卦里取象于乾为天。从意义上说，天道就是自然法则。

初九：潜龙勿用。

【译文】

潜伏的龙，不可发挥作用。

【精解导读】

“初九”是爻序，六十四卦每卦的最下一爻称初，刚爻称九。刚爻也称阳爻，阴阳爻分老少，老变少不变，《周易》之前的《归藏》《连山》，占筮用少不用老，《周易》用老不用少。揲筮得九为老阳，六为老阴，七为少阳，八为少阴。得出的老阴或老阳那一爻的爻辞才用来取断。而爻辞都是备以取断的，即使在平常占筮中不是老，但总会有是老的时候。因为只有在为老爻时爻辞才起作用，所以刚爻都称九、柔爻都称六。陆绩说：“阳在初称初九，去初之二称九二，则初复七；阴在初则称初六，去初之二称六二，则初复八矣。卦画七八，经书九六，七八为彖，九六为爻，四者互明，圣人之妙意也。”意思是说，老阳在初爻，初爻就是初九。老阳在二爻，二爻就是九二，初爻实际上是少阳，是初七了。老阴在初爻，初爻就是初六。老阴在二爻，二爻就是六二，初爻实际上是少阴，是初八了，卦画是七八，而经书上标九六，是为了突出老阴老阳取以为用。少阳少阴就去看卦辞，老阴老阳去看爻辞，四者互相证发，这是《周易》作者的巧妙之处。陆绩要说明的就是为什么刚爻都要称作九。“潜龙勿用”就是初九的爻辞。就是说，如果筮得乾卦，又正好是初爻为老阳，那就用“潜龙勿用”取断。爻辞与卦辞都可称为系辞，为了便于与《系辞传》区别，我们只称作爻辞。爻辞一般分为两个部分，一部分为爻象，一部分为占辞。爻象说明爻所显示的象，占辞说明在这种爻象下所显示的吉凶或应当如何行动。爻象都有象上的依据，占辞则是作者据象所下的断语。初九的象辞是“潜龙”，依据是乾卦从坤卦变来。初九是变的第一爻，即坤䷁下生一阳为复䷗，初九在复的下卦震（☳）里，震为龙，上有五个柔爻，如同在盛阴之下的潜伏之龙，故称“潜龙”，这是爻象。潜龙就是蛰伏的龙，这种爻象所显示的意义是不可发挥作用，故占辞是“勿用”。地冻三尺，一阳初复那么一点阳气，当然管不了多大事，这就是初九所处的时势，在这样的时势下要崭露头角、飞黄腾达，都不可能，轻举妄动只能自讨苦吃。作者告诉人们，筮得这一爻要懂得自己所处的是“潜龙”一样的处境和条件，要顺应这种时势，静守待时，不要徒劳妄动。

九二：见龙在田，利见大人。

【译文】

龙出现在田地之上，宜于见大人。

【精解导读】

“九二”也是爻序号。一卦六爻，最下一爻称初，最上一爻称上爻，中间四爻从二至五按顺序数称呼，只是顺序数放在九或六的后边。刚爻故称九，在第二位故称二（下同）。“见”用如“现”。“见龙在田”是爻象，《系辞·下》说：“《周易》之为书也，广大悉备，有天道焉，有人道焉，有地道焉。兼三才而两之，故六。六者非它也，三才之道也。”意思是说，一卦六爻，下两爻为地，中两爻为人，上两爻为天。在下两爻中，初位为地下，二位为地表。从坤变乾，阳长到二爻，卦变为临䷒，九二在临卦互震（九二→䷒>互震）里，震为龙，龙已出现在地表之上，故为“见龙在田”。从地下到地上，虽只一位之差，但已是离潜出隐，崭露头角，龙德显扬，济物利民了，故“利见大人”。大人是圣德兼备的人，用今天的话讲就是伟大人物。“利见大人”是指导人们该如何行动的占辞。爻辞的意思是说，九二是处在一个真龙出现、济物利民的时势之下，正如具有龙德的大人出世。故筮得这一爻，适宜于去见大人，而有所作为，该是积极行动的时候了。

九三：君子终日乾乾，夕惕若厉，无咎。

【译文】

君子终日精进不休，自强不息，晚上也戒惧谨慎如有危厉，没有咎害。

【精解导读】

乾是健，“乾乾”意为健进不息，“惕”是戒惧警省，小心谨慎。三位于三才为人道，《周易》例刚爻为君子，柔爻为小人，九三刚爻故言君子。六爻卦由两个三爻卦上下重叠而成，三位是下卦之终，乾为昼，坤为夜，故言“终日”，上乾下乾，九三在两乾交接之处，故为“乾乾”。从坤变乾，阳长到九三为泰☷卦。泰，下乾上坤，昼夜之交，故为“夕”，在上还是下的关键部位，故有“厉”而“惕”。“无咎”是占辞。爻辞意为，筮得九三这一爻，位置不上不下，功业未就，有半途而废的可能。君子应当自强自立，健进不休，终日不懈，晚上也要戒惧警省。如能常以危厉自警，虽处危地，最终不会有咎害。

九四：或跃在渊，无咎。

【译文】

龙或飞跃上天，或在渊中，没有咎害。

【精解导读】

《文言》说："或之者，疑之也。"意为或是举棋不定的意思。故"或跃在渊"应当理解为"或跃，或在渊"。这一爻仍在讲"龙"，龙可飞跃上天，也可处身深渊。从象上讲，九四已跃入上卦，故言"跃"。从坤变乾，刚爻长到四位，卦成大壮䷡，大壮上卦为震，故为龙（䷡>震，震为龙），在互卦兑里（䷡>互兑），兑为大泽、为渊，故言"在渊"。九四已接近天位（五位），故可上飞。与九三相比，九四进退有据。九三位在上卦之下，下卦之上，不上不下，位置尴尬；九四进入上卦，上可飞天，下可入渊，龙入深渊也是得其所，故上下均无咎害。但两者相比，入渊不如飞天，然而还未到天位，故游移未定。爻辞的意思是说，九四处在一个上下有据的时势中，可以跃身一试，跃与不跃都没有咎害。如筮得这一爻，不妨试一试自己的身手。跃是飞跃，九五言"飞"，九四言"跃"，换词避复，意思相同。

九五：飞龙在天，利见大人。

【译文】

龙飞上天，宜于见大人。

【精解导读】

朱震说："自震变而为乾，震变乾，则乾为龙。"意思是说，龙取震象，不过是从震变乾的过程中取象。乾为天，五位于三才中又属天位，龙到天上，故言"飞"。龙飞上天，行云布雨，大显身手。正如人当上皇帝，纵横施为，泽被下民。成语"九五之尊"，指的就是皇帝的尊位，来源就是乾卦九五这一爻。爻辞的意思是说，九五处在龙飞上天可以纵横施为的时势中，条件极为优越，可以任意施展自己的才能。用人的处境比喻，是君子位登大宝，成为大人，权势在握，能够替天行道。有志于成就功业的人，宜于进见大人去施展自己的抱负。这一爻是《周易》中最好的一爻。

上九：亢龙有悔。

【译文】

龙飞得太高，有忧悔。

【精解导读】

上九是爻序号，六十四卦最上一爻都称上。"亢"是高极的意思，"悔"与"吝"都是"凶之小者"。《周易》的基本哲学思想是对立统一，物极必反，周而复始。这里突出的是物极必反。上九是全卦最上，也是最后的一爻，到了极处，无可再上，故言“亢龙”。物不可极，到了极处就置身于穷困地位，动辄有悔，如同处在穷途末路，失去任何回旋余地。爻辞的意思是说，上九是龙飞到极高处被困起来的时势，筮得这一爻，要居高思危，自我戒惧，不能再追求过分的满足，自我膨胀，而要克制自己的欲望，收敛节制，不然就悔之无及了。

用九，见群龙无首，吉。

【译文】

用老阳之数九，见群龙无首无尾，吉祥。

【精解导读】

六十四卦只有乾卦与坤卦多出“用九”“用六”两句，这两句既不是爻辞，也不是卦辞，而是说明《周易》占筮的体例。意思是说，用《周易》占筮的时候，要取用老阳之数，不用少阳。老阳在哪一爻，就用这一爻的爻辞占断。老阳可以在六位中的任何一位，周流六虚，无头也无尾。《左传》昭公二十九年里提到用九说：“秋，龙见于绛郊，魏献子问于蔡墨曰：‘……今何故无之?’对曰：……‘不然，《周易》有之：在乾䷀之姤䷫，曰潜龙勿用。其同人䷌曰见龙在田，其大有䷍曰飞龙在天。其夬䷪曰亢龙有悔。其坤䷁曰见群龙无首，吉。坤之剥☷曰龙战于野，若不朝夕见，谁能物之。’”意思是说，昭公二十九年秋天在绛地的郊外出现了一条龙。魏献之问蔡墨说：“（龙这种神物到底有没有？）现在怎么见不到？”蔡墨回答说：“（怎么会没有呢？）不然，《周易》里写得清清楚楚，乾初九是潜龙勿用，九二是见龙在田，九五是飞龙在天，上九是亢龙有悔，用九是见群龙无首，吉。坤的上六是龙战于野。如果不是朝夕能见到龙，谁能描摹它的形状？”蔡墨与魏献子讨论的是有没有龙，不是在占筮。蔡墨把“用九”称作是“其坤”，意思是乾卦六爻全变成坤卦，就是说用九指的是六爻全变。朱熹据此认为六爻全变就以“用九”的命辞占断，这样讲颇有窒碍，六十四卦仅乾坤两卦才有“用九”“用六”，其他卦六爻全变该怎么办？其实蔡墨讲的“乾之姤”，指乾卦初爻为老阳，是动爻；“其同人”是乾卦九二为老阳，是动爻；“其大有”是乾九五为老阳，是动爻；“其夬”是乾上九为老阳，是动爻；“其坤”是乾各爻都是老阳，为动爻。显然是以老阳的动爻称呼爻序。“用九”不是爻序名，是指乾的六爻任何一爻都可能是老阳而成为动爻，故用“其坤”这个全变的可能称呼。《周易》用老阳不用少阳，这在大量的用例中屡见不鲜，乾坤两卦发凡起例，故于两卦说明《周易》的使用方法。“群龙无首”一般理解为没有首领，但从《周易》的哲学观上分析，其基本意思是周而复始，循环无端，天道运行，如斗柄旋转，四时更替，日出日落，等等，都是首尾回环。人能效法天道，穷则变，变则通，就会吉祥。《周易》用老阳变爻占筮，也是取效法天道，以求吉祥之意。

以上讲的是乾卦的经文。《周易》除经文外，还有传为孔子所作的七篇易传，即彖传、象传、文言、系辞传、说卦、序卦、杂卦，因为彖传、象传、系辞传各分为上下篇，前人把这十篇易传合称为十翼。《三国志·魏书·高贵乡公曹髦传》："帝又问曰：'孔子作彖、象，郑玄作注，虽圣贤不同，其所释经义一也。今彖、象不与经文相连，而注连之，何也？'（博士淳于）俊对曰：'郑玄合彖、象于经者，欲使学者寻省易了也。'"根据这段记载，可知古代经与传各自成篇，到东汉郑玄才把经、传合在一起，便于人们翻检。直到三国魏时，仍有经、传各自成篇的本子。我们现在见到的传本，大多是经、传合在一起的本子。它的基本模式是：把彖传、象传逐条分开，卦辞之后附彖传，标以"彖曰"，彖传之后列象传，标以"象曰"；每爻爻辞之后附各爻的象传，也标以"象曰"。为了便于区别，卦的象传称大象，爻的象传称小象。文言附在乾坤两卦之后。其他易传还单独成篇。只有乾卦，为了保存原貌，把经、传分开，先列经，后附传。以下是乾卦的传文。

彖曰：大哉乾元，万物资始乃统天。云行雨施，品物流形；大明终始，六位时成；时乘六龙以御天。乾道变化，各正性命，保合太和乃利贞。首出庶物，万国咸宁。

【译文】

乾阳的创始功能太伟大了，万物都依赖它才开始具有了自己的生命，乃至能统御天体。行云布雨，各类事物才流变化生出各自的形体；贯通大明的终始，六个时位才得以形成；按时乘驾着六条飞龙统御天体的运行。乾道运行造成各种变化，万物才能够获得相宜的性命。常保永聚乾阳赋予的元气处于大的和谐状态中就是“利贞”。乾阳首先创生出众物，万国都得到安宁。

【精解导读】

彖传是解释卦辞的，卦辞原来叫作彖辞，正如甲骨占卜中称作繇辞一样，是对卜筮所下的断语。彖传以“彖曰”标目，意为彖辞的意思是说。后来人们习惯上把彖传称作彖辞，我们也沿用这个习惯称呼。卦辞是观象系辞，除占断语外，一般有卦象作依据，所以研究卦辞不能离开卦象。而彖辞是解释卦辞的，有时说明卦象，有时则直接讲道理，故研究彖辞不能拘于卦象，这是首先要分辨清楚的。乾卦的彖辞分四个方面说明卦辞“元、亨、利、贞”。

象曰：天行健，君子以自强不息。

【译文】

天的运行刚健不息，君子从中得到启示，要自强不息。

【精解导读】

象也是易传，用以解经。象可分为大象、小象，大象解释卦辞，小象解释爻辞，都用“象曰”标目。除乾卦外，大象附在卦辞的彖传之后，小象附在爻辞之后。人们习惯上把它称作象辞，我们沿用了这种称呼。以上几句就是乾卦的大象。“象曰”意为象上的意思是说。“天行健”意为天的运行刚健不息。这是说明乾卦由上下两个三爻的乾卦组成，乾为天，乾为健，卦象显示出的意义就是天运行刚健。“君子以自强不息”，是说君子要效法天刚健运行的特性，加强自己的道德修养，培养自强不息的精神。大象辞一般都是先从上下卦组合上分析出卦所显示的意义，然后把这个意义推演到人在道德修养上所应当效法的内容方面。天的刚健，主要体现在永无止息的运动上，日出月落，冬去春来，这种运动不止的永恒性就是刚健。君子从中受到启示，也要使自己的行为永不停步。应当注意的是，作者在用乾坤表示天地运动时，用的是十二爻，而不仅是六爻。刚爻从初位长到上爻，全卦成乾，但它的运动并没有停止，还要从初爻再退至上爻，直到全卦成坤，这才是一个循环。观察卦象一定要注意这种周流不息的变化。

潜龙勿用，阳在下也。见龙在田，德施普也。终日乾乾，反复道也。或跃在渊，进无咎也。飞龙在天，大人造也。亢龙有悔，盈不可久也。用九，天德不可为首也。

【译文】

初九爻辞“潜龙勿用”，是因为这个阳爻在全卦的最下位；九二爻辞“见龙在田，利见大人”，是因为恩德施及普遍；九三爻辞“终日乾乾”，是因为在道上反复；九四爻辞“或跃在渊”，是因为跃进没有咎害；九五爻辞“飞龙在天”，是因为大人在兴旺时期；上九爻辞“亢龙有悔”，是因为盈满不能久保；用九数占筮，是因为天的德行不能为首。

【精解导读】

这一段就是乾卦的小象辞。小象辞解释爻的取象，一般是从爻象变化中说明爻辞，有时也兼释词义。这一段共用了七个判断句，分别说明六爻爻辞和“用九”命辞。第一句是说：为什么初九爻辞要说“潜龙勿用”呢？这是因为初九这个阳爻在全卦的最下边。阳气潜伏在下，正如冬至时一阳初复，还发挥不了作用。至于为什么要说“龙”，下是不是地下，都没有讲。要正确理解这句话，还要联系《说卦》所说的“震为龙”和《系辞·下》所说的“有天道焉，有人道焉，有地道焉，兼三才而两之，故六”。此外还得懂得卦变之说，知道阴阳互根。坤变乾，初爻变为复，复下卦为震，震为龙；一卦六爻，下二爻为地，初爻为地下，故说潜龙尚处地下，还发挥不了作用。“阳在下也”只是提示性的说明而已。以下按小象的内容讲解，深入分析请参考卦爻辞的辨证。“见龙在田，德施普也”，解释九二爻辞。“德施普”就是恩德施及普遍广大。这是为了同时解释“利见大人”。真龙出现，泽被下民，伟人出现，恩德普遍，一语双关，注意小象引用爻辞有省略。“终日乾乾，反复道也”，解释九三爻辞。“反复道”是从下卦三爻的小循环取象，老子讲“一生二，二生三”。三是一个小极数，也可代表众多，三爻卦就是以三为终极，故言反复。至于为什么说在道上反复，这也是一语双关，与“君子”“夕惕若厉”联系在一起讲的，卦上指在乾天的道上反复，从君子的道德修养上说，是在道德上反复修炼。“或跃在渊，进无咎也”，解释九四爻辞。重点强调“跃”无咎，到了九四可以前进，不是九三那样要反复，跃就是进。“飞龙在天，大人造也”，解释九五爻辞。“造”是有造化、有运气。《诗·周颂·闵予小子》：“闵予小子，遭家不造。”“不造”是时运不佳，碰上倒霉的时候。《文选·潘安仁·寡妇赋》：“嗟余生之不造兮，哀天难之匪忱。”“不造”也是指生不逢时，古人把生辰八字称“命造”，“造”指造化。“大人造也”，是说大人遇上走运的时候，换言之就是大人处于兴旺时期。

显然也在解释为什么“利见大人”。从这一句象辞和九二“德施普”中看，“利见大人”是指利于进见大人。“亢龙有悔，盈不可久也”解释上九爻辞，意为亢龙有悔是因为盈满就不能久保。把亢讲成满极。满招损，谦受益，物极必反，满极就坚持不了多久，故有忧悔。这显然是强调上九爻位到了穷极之处。“用九，天德不可为首也”，解释“见群龙无首，吉”。“首”与“尾”是相对的一组概念，有首就必然要有尾，有首有尾就必然有终止的时候，没有首也就无所谓尾，无首无尾才符合天道刚健运行不止的德性。天的德性不能有首。天如果停止运转，宇宙就毁了，世界有了末日，还有什么吉祥可言？但卦从初到上，天从早晨到晚上，都有起止，有起止就有首尾。有首尾怎么办？让首尾接起来，像天那样首尾循环，变有首为无首。所以《周易》要用老阳这个变数九，以表现天道运行无首无尾，从而也没有止息的德性。

二 坤——万物之母

䷁

坤卦的卦画组合是下面一个三爻的坤（☷）卦，上面重叠一个三爻的坤卦，合起来成为一个纯坤的六爻卦，传统称作坤下坤上，在八宫卦的序列中称作坤为地。《序卦》说："有天地，然后万物生焉。"天指的是乾，地指的就是坤。因为乾的基本法象是天，坤的基本法象是地。天地化生万物，把天地的化生功能寄寓在《周易》里，就是乾坤两卦演生六十四卦，六十四卦的爻策表示万物。《杂卦》说"乾刚坤柔"，指出乾的特性是刚健，坤的特性是柔顺。那么坤就是柔顺的大地。从易学原理上讲，乾是纯阳之气，坤是纯阴之气，坤阴是与乾阳对立并列的另一面。它的作用与乾同等重要，乾是万物之父，坤是万物之母。

乾天坤地、乾父坤母，这是《周易》作者为了使读者通晓易理而拟出的一种直观具象。从哲理上讲，它却并不是这样截然不同的关系。《周易》讲"太极生两仪，两仪生四象"。太极是宇宙的原体，是由混沌的元气组成的浑然一体的宇宙，两仪不过是太极的正面与反面或阴面与阳面，并不是人为地强分出来。比如地球，它本来是一个整体，但分开来看，面向太阳的一面就是阳面，背向太阳的一面就是阴面，这就是两仪。有了阴阳的定位，左右也就可以分出来，阴阳左右就是四象。宇宙就是这样一个浑囵的圆体，说这个浑囵的圆体就是太极，说它的正反面就是阴阳两仪，说它的正反左右就是四象。这并不是说太极是一样东西，两仪变成两样东西，四象又变成四样东西。这样就割裂了宇宙的统一性，不符合中国古代哲学的世界观，也无法解释为什么会一分为二，二分为四。我们见到的太极图就是在一个浑囵的圆体上画出了阴面与阳面。然而，有了两仪就有了阴阳的不同，虽未分裂为两种东西，但阴与阳所具有的性质不同了。比如一个苹果，向阳的一面要变红早熟，背阴的一面则发青晚熟，虽然都是一个苹果，但有了正与反的区别，统一之中有了对立，这就是一分为二。并不是非要把苹果切开才能一分为二，而是在统一体中的一分为二。然而，既然有了性质上的不同，这种性质发展到极端就会发生质变，变成一种新质游离出来，就成为不同的两种东西，到这时候才有太极的分化作用，变出天和地，成为截然不同的两样物体。从宇宙的原体讲，太极的两仪是相互转化的，因为宇宙是一个运动的整体，正与反不是绝对的，阴可变阳，阳可变阴。乾坤不过是阴阳两极的代表符号，天地也只是阴阳的一种比喻性拟象。抛开这些具象，深入到哲理中去观察，阴与阳就不能机械分割，而是要相互转化。比如地球的运转，既不能硬指东半球为阳、西半球为阴，也不能硬指西半球为阳、东半球为阴，而是阴阳要不断转化，这就是阴阳互根的原理。阴阳互根的原理在卦变中的表现，就是乾卦由坤卦变来，坤卦又由乾卦变来。没有绝对的界限，既不是谁生谁的问题，也没有先有阴还是先有阳的问题。阴阳都是从太极中生出，太极运动，阴阳互根，如此而已。乾卦六爻皆刚，阳盛到极端，下生一柔为姤䷫，下生二柔为遁䷠，下生三柔为否䷋，下生四柔为观䷓，下生五柔为剥䷖，六个柔爻生成就是坤䷁。这种变化模拟了太极也即宇宙的运动。《九家易》讲坤卦时说："此卦本乾，阴始消阳。"指的就是这种卦象上的变化。干宝讲坤卦初六说"自姤来也"，讲六二时说"自遁来也"，讲六三时说"自否来也"，讲六四时说"自观来也"，讲六五时说"自剥来也"，讲上六时说"卦成于乾"，较为正确地揭示了坤卦从乾卦变来的易理。观察坤卦的卦象，一定要注意这种卦爻的运动变化。

坤，元亨，利牝马之贞。君子有攸往，先迷后得主。利西南得朋，东北丧朋。安贞吉。

【译文】

始生，亨通。有利于母马一般的正固。君子有所行动，倡先会迷失方向，随后则会得到主人。西南方有得到朋友的利，东北方有丧失朋友的利。安定守正吉祥。

象曰：至哉坤元，万物资生，乃顺承天。坤厚载物，德合无疆。含弘光大，品物咸亨。牝马地类，行地无疆，柔顺利贞。君子攸行，先迷失道，后顺得常。西南得朋，乃与类行；东北丧朋，乃终有庆。安贞之吉，应地无疆。

【译文】

至大无际呵，坤的始生作用，万物都借助它才能生成。顺应天道的运行，坤地深厚负载万物，道德博大与天相合，无边无际。包容无限而广大，各类事物都亨通。母马属地类，驰行大地没有疆界。柔顺利于正固。君子有所行动，倡先会迷失道路，在后随顺会得到常规法则。西南方得到朋友，是伴随同类而行；东北方丧失朋友，最终会有喜庆。安定守正的吉祥，是与无边无际的地道相应。

象曰：地势坤，君子以厚德载物。

【译文】

地的形势就是坤卦。君子效法大地的品德，以深厚的道德负载万物。

【精解导读】

从坤卦开始，彖传与大象辞附在卦辞之后。坤是《周易》的第二卦，地位仅次于乾。从卦象讲，乾为天、为父；坤为地、为母，是万物始生的根源。乾有元、亨、利、贞四德，坤也有元、亨、利、贞四德。不同的是，乾是先导，坤是随顺。因此卦辞上稍有不同。乾的元是创始，坤的元是生成。乾的创始，如同动物从父体那里得到精气，坤的生成则如同在母体中孕育成形。又如植物的化生，乾的创始是种子入地，坤的生成是生长出来。万物从乾那里得到的是性命，从坤那里得到的是生命。比如一粒谷子种在地里，谷子绝不可能长成豆子，这种本质的特性和决定性的发展趋势就是性命。谷粒活了，发芽长出来，这才成为生命。万物性命与生命的获得来源于乾坤。故乾的元始是创始，坤的元始是生成。乾的亨通是天道运行的畅通无阻，从而使万物得以顺利成长；坤的亨通则是契合无间地随顺天道运行，把天的化生功能变成现实，使万物顺利成长，故乾亨通，坤也亨通。乾的利是“不言所利”，也即无所不利。而坤的利有了限制，是“利牝马之贞”。《说卦》讲：“乾为马。”乾男坤女，乾牡坤牝，坤与乾相对，从乾变来，故坤为牝马，牝马即母马。彖辞说“牝马地类”，地类就是阴类，从象上讲是“利牝马之贞”，从取义上说就是利于阴类的正固。因为阳是主动，阴是从动，阴要随顺阳才能阴阳和，不随顺就失去了和，而利就是义之和，失去和就没有利。所以要限定在利于阴类的正固上，贞就是正固。乾的正固是指天道运行没有偏差，永久不变；坤的正固是指与天保持一致，永远契合无间。所以坤的“贞”又多了一层守常道而永久不变的意义。“君子有攸往，先迷后得主”中，“攸”用如“所”，意为君子筮得这一卦，如果有所前往，要像坤那样有所遵循，不能倡先行动，而要跟着去做。自己带头会迷失方向道路，随后跟着去做就能找到可遵循的主使人，也就是找到可遵循的法则，因为你筮得的是坤卦，坤卦本身就有只能遵循、不能倡先的特性。“利西南得朋，东北丧朋”，是说坤卦东南西北都有利，但利的内容不同，西南方有得到朋友的利，东北方有丧失朋友的利。失去朋友有什么利？彖辞说：“东北丧朋，乃终有庆。”是最终会有喜庆的利。什么样的喜庆？是得主的喜庆。坤阴不能为主倡先，西南是阴方，与同类相伴，有朋友，但都是阴类，还是没有主心骨；而东北是阳方，失去同类朋友，却可得到阳为主人。比如一个女孩子，有一大批女朋友当然是利，如果找到一个合心的丈夫，那更是喜莫大焉。虽然离开了女友，还是有利。当然，这也不过是个比喻，对男的也是如此，比如你有一个企业，要找一些合伙人，那就到西南方去找，假如你的企业不大景气，想找一个可以作为依托的公司，那就得到东北方去找。为什么说西南是阴方，东北是阳方？按照西汉孟喜的卦气说，朱震在《汉上易传》根据北斗运行与月令变化，列出一个“斗建乾坤终始图”，形象地配上十二消息卦，反映了古人对一年四季阴阳消长规律表现在方位上的认识，并引用荀爽、干宝的话作了具体说明。

其中，坎、离、震、兑四卦表示四正，即坎是正北，震是正东，离是正南，兑是正西。斗建指北斗星斗柄所指。从图中十二消息卦中，可以清楚地看到阴阳消长的顺序。乾阳的成长，斗柄从正北坎方、十二辰的子（十一月冬至日）位起，一阳初生，从北向东运转，经历复、临、泰三卦，长成三阳，所谓三阳开泰；再经历大壮、夬、乾三卦，六阳长成，成为纯阳的乾卦。坤阴的成长，斗柄从正南离方、十二辰的午位（五月夏至日）起，一阴生出，从南向西运转，经历姤、遁、否三卦，长成三阴；再经历观、剥、坤三卦，六阴长成，成为纯阴的坤卦。从时令上讲，农历的十一月至五月是阳长阴退，五月至十一月是阴长阳退。从方位上讲，从北至东是阳长阴退，是乾阳渐次取得地位的过程；从南至西是阴长阳退，是坤阴渐次取得地位的过程。所以阴在西南方是伴随同类而行，会得到朋友的支持。到了东北方，阴处在被取代的地位，所以在东北方是丧失同类朋友，而阴以阳为主，丧朋却可得主。“安贞吉”是就坤具有柔顺、安静的特性讲的，乾动坤静，坤要安；乾刚坤顺，坤要守正，故安定守正才能吉。

彖辞从六个方面解释卦辞。（一）“至哉坤元，万物资生，乃顺承天”，解释卦辞“元”。“至”是极其、达到顶点的意思，彖辞称赞乾的创始功能是“大哉”，称赞坤的生成功能是“至哉”，前后意思都是对天地化生万物功能的高度赞叹之词。要从语气的层面上区别，“大哉”是太伟大了，“至哉”是太了不起了。从语意上讲，“至哉坤元”就是至大无际呵，坤的生成作用！“万物资生”是说万物都从大地的功能中获得生命。“乃顺承天”是说地是随顺天的运行而运行，它的生成功能也是顺承天的创始功能。这一句最重要的一点是“万物资生”与乾卦“万物资始”的区别。“资始”是万物赖以创始，“资生”是万物赖以生成。“元”虽然都是始，但有了主从的区别。（二）“坤厚载物，德合无疆。含弘光大，品物咸亨”，解释卦辞“亨”。坤为什么具有亨通的特性？因为坤是地，深厚的大地能把万物负载起来，地的德与天相合，无边无际。“弘”是大，“光”用如“广”，“含弘”是有巨大的包容量，“光大”是广阔远大，因此各类事物才能在大地上顺利生长。“亨”就是亨通顺利。（三）“牝马地类，行地无疆，柔顺利贞”，解释卦辞“利牝马之贞”。从象上说，先点明牝马取象于坤，从意义上讲，是说不仅对母马的贞有利，而且对所有的地类也即阴类都有利，举牝马以代其类。为什么举母马代阴类？因为马是世界上最善行走的动物，与大地的无边无界配得上。“柔顺利贞”，阐明为什么坤的利要受到限制，是因为坤的特性是柔顺，柔顺的坤有利于守正。（四）“君子攸行，先迷失道，后顺得常”，解释卦辞“君子有攸往，先迷后得主”。意思是说，君子有所行动，要效法坤的柔顺特性，倡先会迷失道路，随后行动就找到了领路人，行动才会得到常规法则。后是因为要顺应。（五）“西南得朋，乃与类行；东北丧朋，乃终有庆”，解释卦辞“利西南得朋，东北丧朋”。西南方是伴随同类而行，故有得朋之利。东北方最终会得主，故有喜庆之利。朱震讲这句时说：“得君者，臣之庆；得亲者，子之庆；得夫者，妇之庆。庆者，未有不离其朋类而得者也。”彖辞这一句讲得十分关键，如果没有彖辞的解释，人们会以为丧朋是一件坏事，也不会搞清坤卦东北方也有利。乾周流六虚，无往不利，坤也是周流六虚，怎么会在东北半部不利呢？只是利的情况受到一些限制罢了。（六）“安贞之吉，应地无疆”，解释卦辞“安贞吉”。意为坤卦所以安贞才吉祥，是因为合于无边大地安静、纯正、贞固的特性。“应”是合的意思。

大象先解释上下卦的组合。因为上卦是坤，下卦也是坤，坤为地，故言“地势坤”。“地势坤”与“天行健”互文见义，知道天行健，可以推知“地势坤”；知道“地势坤”也可推知“天行健”。《周易》里这种错综成文，意义上相互证发的修辞方式用得较为普遍。所以“地势坤”一是说坤是地卦，另一层意思是说地的形势顺。朱震讲这一句说：“天高西北，地倾东南以顺之。”意为昆仑山是天极，在西北方，西北天高，大地就向东南倾斜，变得越往东南越低。这样讲太拘板。“天行”“地势”是就天动地静讲的。天体运动，大地顺应这种运动而变化，这就是地势顺。君子要从大地受到启示，学习大地负载万物的精神，把大地的深厚变成自己道德修养上的深厚，以其博大深厚的道德去承担负载万物的责任。这样就从大地那里学到了最应该学到的东西。大象辞总是从卦象上提示人应当从中学习什么，突出《周易》对人的道德修养所具有的社会意义，从而指导人们去如何行动。

初六：履霜，坚冰至。

【译文】

脚下踏着霜，当知会有坚冰到来。

象曰：履霜坚冰，阴始凝也。驯致其道，至坚冰也。

【译文】

脚下踏着霜，当知会有坚冰到来，是因为霜是阴气刚开始凝聚的产物。循着阴气凝聚的形势发展下去，就会有坚冰出现。

【精解导读】

“履”是脚踏上去。爻辞意为，脚下已经踏着霜了，不久就会踏在坚冰上。从象上讲，坤卦由乾卦变来，初六是乾渐次变为坤的第一爻，乾卦下生一阴为姤，即乾☰下生一阴，上通一阳，变䷫姤。初六在姤的初位，依据易例，初爻为足，故言“履”。初六是盛阳之下刚刚凝聚而出的一点阴气，还不足以结冰，故言“霜”。由乾变坤阴气要上长，故言“至”。上卦乾（䷫>乾），乾为寒、为冰，故言“坚冰”。象辞解释说，踩在霜上，不久会出现坚冰，是因为霜是阴气刚开始凝聚，沿着阴气凝聚的规律向前发展，坚冰必然会出现。“驯”是循着、沿着。“致”是使……到来。这是告诫人们要见微知著。乾变坤从一阴始凝开始，最后会发展到盛阴代阳的地步，人应当善察几微，早做准备。同时也说明了卦变的方式。把这一爻的象辞与乾卦初九象辞“阳在下也”联系起来看，可以察知乾从坤变来，坤又从乾变来的卦变规律。

六二：直、方、大，不习无不利。

【译文】

正直、四方、广大，不重复，没有不利。

象曰：六二之动，直以方也；不习无不利，地道光也。

【译文】

六二的运动，正直而四方；不重复没有不利，是因为地道广大。

【精解导读】

古人认为天是圆的，地是方的；天的运动是圆环状，地的运行是直线状。天大地也大，故地的特性是正直、四方、广大。“习”是重复，“不习”是不重复，意思是一个地方一个样。“无不利”是无所不利，大地载负容蓄万物，对什么都有利。王弼认为每卦都有一个最主要的一爻，“为一卦之主”，这种提法有合理性，可把这一爻称作主爻。乾卦是天，九五是天位，五位是乾本位，九五是主爻。坤卦是地，二位是地位，是坤本位，六二是主爻，代表地的特性。从乾变坤，变至六二，地的本位出现，故取地的“直、方、大，不习无不利”为象。象辞说“六二之动，直以方也”，是指从初爻变起，变动到六二，到了地的本位，故有大地“直、方、大”的特性。“不习无不利，地道广也”是说不重复没有不利，是因为地道广大无边。从取义上说，“直”是理直，“方”是方正，“大”是博大。“不习无不利”是各具特色，没有不利。

六三：含章可贞。或从王事，无成有终。

【译文】

蕴含文采，可守正固。或跟从君王做事，不以成功自居，最终会有好结果。

象曰：含章可贞，以时发也；或从王事，知光大也。

【译文】

蕴含文采以守正固，要待时而发；或跟从君王做事，不以功自居会有好结果，是智慧广大的表现。

【精解导读】

“章”是美丽的文采。“含”是含蓄而不显耀。“从王事”是跟随君王做事。“无成”是不以成功自居。全句意为，道德有文采之美但不要显示，这样可以恪守正道。如果跟随君王干大事业，会取得成就，但不能以功自居，这样才会有好结果。要求人要谦逊、内向，万不能张狂，能充分注意这一点，就是吉的。从象上讲，卦变到三爻，全卦成否☷，下卦已成为坤（☷>坤），坤为文，文即章，故言“章”。下卦为内卦，文采在内卦，故言“含章”。“包”“含”义同，否卦六三爻辞“包羞”，换言“包”。上乾为君，下坤为臣，乾刚坤柔，故言“或从王事”。六爻的坤卦虽未成，但下卦已变到终点，故言“无成有终”。象辞说：“含章可贞，以时发也。”“以”是按的意思，意为有美德不显耀，是要待时而发，时不到不可发。“发”是发动。乾的九三是“终日乾乾”，要格外努力；坤的六三是“含章可贞”，不能显耀。三位是个待时而动的时势。“或从王事，知光大也”，句中有省略，说全了应是“或从王事，无成有终，知光大也”。“知光大”主要解释为什么“有终”。意为，为什么会“或从王事，无成有终”呢？是因为有审时度势的大智慧，知道不以成功自居的道理。易理是辩证的，总是告诫人们怎样做才有利，背后还有潜台词，不这样做就不利。不能只看吉凶，不管该怎样做。问个吉凶，想怎么干就怎么干，那就违背了易理。《周易》是以天道哲理指导人的行动，这与后世的算命术有本质区别。

六四：括囊，无咎无誉。

【译文】

扎起口袋，没有咎害，也没有荣誉。

象曰：括囊无咎，慎不害也。

【译文】

扎起口袋没有咎害，是因为谨慎能让人远离危害。

【精解导读】

“囊”是口袋，“括”是结扎，“括囊”是把口袋扎住口。“咎”是害，“誉”是荣誉。“无咎无誉”是没有害处也没有好处。从象上讲，变至四爻，全卦成观䷓，观下卦为坤，坤为布帛、为虚，故为囊。上卦巽（☴>巽），巽为绳。六四互为艮卦（六四→☶>互艮），艮为手，手用绳子把口袋束扎起来，故言“括囊”。“无咎无誉”是占辞。象辞说：“括囊无咎，慎不害也。”强调指出这一爻要谨慎。那么括囊是取守口如瓶的意思，谨言慎行，韬光养晦，可保无咎无誉，平平安安。成语“囊括天下”从“括囊”引申发展而成，但意义不同。

六五：黄裳元吉。

【译文】

黄色的下衣，大吉大利。

象曰：黄裳元吉，文在中也。

【译文】

黄色的下衣，大吉大利，是因为文采恰当。

【精解导读】

“衣”与“裳”析言有别，衣是上衣，裳是下衣。“元”是大，《周易》里讲“元吉”是大吉大利，是最上等的吉。元是始、是首，首是头号的，故元可讲成大。如“临卦”卦辞“元、亨、利、贞”，彖辞换言“大亨以正”，就是把元讲成大。不过《周易》里还有“大吉”，而“元吉”比“大吉”还要好。“黄裳元吉”里含有古人特殊的文化意识，《左传》昭公十二年里提到过这句话。当时鲁国的南蒯想搞叛乱，占了一卦，遇坤䷁之比䷇，曰“黄裳元吉”，以为大吉也，示子服惠伯，曰：“即欲有事，何如?”惠伯曰：“吾尝学此矣，忠信之事则可，不然，必败。外强内温，忠也；和以率贞，信也。故曰‘黄裳元吉’。黄，中之色也；裳，下之饰也；元，善之长也。中不忠，不得其色；下不共，不得其饰；事不善，不得其极。外内倡和为忠，率事以信为共，供养三德为善，非此三者弗当。且夫《周易》不可以占险，将何事也？且可饰乎？中美能黄，上美为元，下美则裳，参成可筮。犹有阙也，筮虽吉，未也。”把这段话译述出来，是说南蒯筮的是坤卦，六五是变爻，故之卦（变卦）是比。坤六五爻辞是“黄裳元吉”，南蒯以为是吉利，拿给子服惠伯去看，说：“我想办件大事，你看得到这么个断语怎么样?”惠伯说：“我曾学过《周易》，如果是忠信的事情是可以吉的，不然必定失败。外刚强内温顺，这是忠诚，直率坦诚又能和顺，这才是信用，所以才说‘黄裳元吉’。黄是中的颜色，裳是下身的修饰，元是最大的善。心中不忠，算不得黄色；在下而不恭敬，算不得有修饰；事情不是出于为善，也算不得长。外与内和谐一致是忠，率真诚信做事是恭，诚敬培养这种品德才叫善，要不是这三种品德就不吉。再说《周易》不能用来占卜冒险的事，你要干什么？况且是不是自我修美？中美才是黄，上美才是元，下美才是裳，三样都具备才合筮辞。假如有缺失，占筮虽吉利，还是不行的。”按子服惠伯的解释，黄是中美，是忠；裳是下美，是恭；元是上美，是善。这三项是吉的条件。子服惠伯可能已经觉察出南蒯不是想干好事，所以有点借题发挥，但从中可以了解古人的文化意识。说黄是中之色，是依据我国古代的五行说。东方木青色，南方火红色，西方金白色，北方水黑色，中央土黄色。裳是古人穿的裙裤，位在下体，穿上裳，不仅可以遮羞，下身也得到美化，所以裳是一种修饰。那么“黄裳”的取义是中正美好，不单纯是穿黄色裙裳的问题。从象上讲，坤为裳，中色黄。卦变至五爻，全卦成“剥”卦，下卦为坤，六五占据中位，故言“黄裳”。剥卦将要把阳灭尽，故取坤裳为象，突出在下守中之意。从象上看，这一爻确有保持在下恭顺、善自修饰、守中不逆才能大吉大利的意思。象辞说：“黄裳元吉，文在中也。”强调了中位，取义上突出内心的修美。文是美丽的文采。

上六：龙战于野，其血玄黄。

【译文】

龙在郊野交战，其血青黄混杂。

象曰：龙战于野，其道穷也。

【译文】

龙在郊野交战，是因为到了穷途末路。

【精解导读】

上六的卦象较为清晰，象辞也交待得比较明确。从乾变坤，发展到上爻，到达最上一位，坤盛到六爻皆阴的极处，无可再变，路走尽了。乾上九爻辞称“亢”，坤上六象辞称“穷”。联系起来看，上位是极位，穷是终尽极困之位。《周易》的设计是六爻相互推荡运动，总的运动方向是从初爻向上爻运动。从上爻隐去，退出来，经历一段重生的过程，再从初爻长出来。如同天体运行，太阳从东边升起来，西行一个白昼，从西边落下；月亮从东边升出运行一个夜晚；太阳经过一夜的新生，再从东边出来。对于人的生命，古人也这样认识，卦书里讲十二宫，把人生命的过程看成是一个循环：长生、沐浴、冠带、临官、帝旺、衰、病、死、墓、绝、胎、养，首尾循环。其他万事万物无不如此。卦图上六爻表示出来的仅是可见的一面，如同太阳从出到落。余下的一段仍在运动推荡，只是隐在背后罢了。坤的上六到了极处，处在坤卦又要逐爻退出去的形势下，前进一步就是一阳复苏，面临的是阴阳交战，争夺生存地位的斗争，故言“龙战于野”。龙指的是刚爻，野指的是乾（见后）。上六这一爻形势不利，大势已不可逆转，会受伤，故言“血”。坤为地，乾为天，天色青苍为玄，地土颜色为黄。《千字文》第一句“天地玄黄”，就是源于《周易》。乾坤交战，故言“其血玄黄”。象辞说“其道穷也”，交待了“龙战于野”的原因。《系辞·下》说：“穷则变，变则通，通则久。”宇宙运动没有停滞的时候，阴阳消长，更代无穷，会永远延续下去。阴到了穷极时，阴阳对立的一面突出出来，阳要息长。形势一变，运行的道路才能通畅。反过来也是如此。这是《周易》告诉人们的事物运动规律。学习《周易》，不能死守穷极不放，穷极不变，上天不佑，也就是要受到宇宙规律的惩罚。变是痛苦的，我们常把这种情况比作婴儿新生时的阵痛，《周易》用“龙战于野，其血玄黄”来说明，意思是相同的。

用六，利永贞。

【译文】

用老阴之数六，利于永守正固。

象曰：用六永贞，以大终也。

【译文】

用老阴之数六，永守正固，是因为坤是大终。

【精解导读】

"用六"如同乾卦的"用九"，是说明筮例的。朱熹说："用六，言凡得阴爻者，皆用六而不用八，亦通例也。"这一句讲对了。《周易》以奇数一、三、五、七、九为阳数，以偶数二、四、六、八、十为阴数。占筮时只用六、七、八、九。七、九为阳数，六、八为阴数。阳数顺序，故七为少阳，九为老阳。阴数逆序，故八为少阴，六为老阴。占筮时看变爻，筮得老阳或老阴才叫变爻。所以"用九"是指用老阳之数九作为变爻，取该爻爻辞下断。"用六"是说用老阴之数六确定变爻，取该爻爻辞下断。这是在《周易》开篇的乾坤两卦说明占筮的通例。"用九"下说"见群龙无首"，是告诉筮卦的人，变爻可以在六爻中的任何一爻，它是可以流动的，没头也没尾。"用六"下说"利永贞"，是告诉筮卦的人，变爻只要确定在哪一爻上，就不能动了，一定要取这一爻的爻辞下断，不能随便从卦里去挑选。这样占筮才有利。因为这是结合乾动坤静的特性讲的，所以才附加上乾的流动和坤的正固意义。这里体现了《周易》动静的辩证法。从变爻会出现在哪一爻的可能上讲，它是动的、变的，不能定死。从具体到一次占筮中，变爻出现在某一爻上，那就定死不能动了。"利永贞"在揭示筮例上说，就是利于长久定在某爻上不动。取义上是说，要效法坤道永久正固的特性才有利。象辞说："用六永贞，以大终也。""以"是因为，"大终"

是坤地的特性。《系辞·上》说："乾知大始，坤作成物。"《文言》说："地道无成，而代有终也。"地是把天所创始的大业作成功，所以地的作用是大终。"用六"是用坤地的特性，发挥地的大终作用，所以才永久正固，所以才用六。这是从义理说明"用六"的原因。简言之，"用九"是用乾天，"用六"是用坤地，九与六里含有天地作用的深层意义，不是随便定的。正如乾文言所讲，用九是"以见天则"，用六是"以见地则"。这就是《周易》在编制中使用九数和六数的理性意义。

三 屯——万事起头难

䷂

屯卦的卦画结构是下面一个三爻的震（☳）卦，上面一个坎（☵）卦，坎为水，震为雷，故传统称作震下坎上，水雷屯。《序卦》说：“有天地，然后万物生焉。盈天地之间者惟万物，故受之以屯。屯者，盈也。”意思是说：有了天地，然后万物才能生出来，充满天地之间的是万物，故在表示天地的乾坤两卦之后接着是屯卦。屯是盈满的意思。《杂卦》说：“屯见而不失其居，蒙杂而著。”意为，屯是万物刚刚出现，各自占据了一席之地。蒙是杂乱而著明。《说文》说：“屯，难也。像草木之初生，屯然而难。从屮贯一。一，地也。尾曲。《易》曰：‘屯，刚柔始交而难生。’”屯是难的意思。意为像草木刚从地下生长出头来，难于破土而出的样子。屮是草木之苗，一是地。从字形上说，画的是一棵幼苗顶出地面时的初生状态，尾部根系还未伸展，两片芽叶刚刚吐出（）。据以上说解，屯主要是万物始生的意思。始生不易，故有艰难的意思；始生还未伸展开，故有团聚的意思；万物始生，从无到有，故有充满的意思。

依据卦变的体例，屯卦从临卦变来。即临䷒九二与六五换位，变屯䷂。临卦是十二消息卦之一。临卦变屯，是乾坤互为消长变出十二消息卦，十二消息卦演变为众卦的具体表现之一。不知卦交，就难以明白《系辞》中讲的“乾坤，其《周易》之蕴耶？乾坤成列，而《周易》立乎其中矣”“乾坤，其《周易》之门耶”这些话的具体所指。仅用乾坤生六子，六子组成众卦，解释不了彖辞中有关卦交的大量提示。分析屯卦，一定要注意它从临卦交来的爻位移动。

屯，元、亨、利、贞。勿用有攸往。利建侯。

【译文】

屯卦，开始亨通，有利于正固。不要有所前往。利于树立侯王。

彖曰：屯，刚柔始交而难生。动乎险中，大亨贞。雷雨之动满盈。天造草昧，宜建侯而不宁。

【译文】

屯卦，刚爻与柔爻开始交流，事物进展得很艰难。下卦震为动，上卦坎为险，在险难中运动，大为亨通而正固。震为雷，坎为雨，雷雨发动，天地满盈。天地草创，适宜于树立侯王，天下还未安宁。

象曰：云雷屯，君子以经纶。

【译文】

上卦坎为云，下卦震为雷。云与雷组成屯卦。君子从中得到启示，要努力经营组织。

【精解导读】

“元、亨、利、贞”习惯上被称作卦的四德，“元”是开始，“亨”是通顺畅达，“利”是有利、适宜去做，“贞”是正固不变。乾卦是万物之父，四德齐备；坤卦为万物之母，顺承于乾，在四德上有了一定条件的限制。除乾坤之外，四德俱全的还有屯、随、无妄、革四卦。这四卦的四德与乾坤四德的取义稍有不同，用王宗传的话说，就是“具体而微”，四德的大体是具备的，但在普遍性、永恒性方面要小一些、差一等。象辞对它们的解释有了区别。“元”是开始而不是创始。“亨”是运动的顺利发展，不是永久性的亨通。“利”是对自身有利，不再是对万物普遍性的利益。“贞”是守正固定，不是永久的正确不变。“勿用有攸往”，是说刚刚开始经营自己的生存空间，扎根未牢，不要急着发展。“利建侯”是说在人类社会刚开始组建的时候，最适宜先树立一个首领。从象上说，屯卦总的时势是万物刚刚开始出生，有了繁息的基础，发展下去会欣欣向荣，故有元、亨、利、贞的特点。下卦震为足、为行，上卦坎为险，涉足人险，不可轻动，故言“勿用有攸往”。“往”是前进、前往，有所行动。象上指爻从下向上的运动。“有攸往”就是有所往。虞翻说震为诸侯。《白虎通义》也说：“震雷万里，诸侯之象。”《系辞·上》说：“震一君二民。”《说卦》说：“帝出乎震。”把这些话联系起来分析，说震为帝王、为诸侯，虽是逸象，还比较可信。但从卦变中看，九五是君王位，卦辞“利建侯”是从九五爻位的推移取象。

彖辞分为四个方面对卦辞作了解释。（一）解释卦名的意义。“屯，刚柔始交而难生。”这句话第一层意思是说，屯卦是乾卦与坤卦（也就是天与地）相互交感流通产生的万物的初始阶段。“刚”指刚爻，乾卦纯是刚爻；“柔”指柔爻，坤卦纯是柔爻。屯卦紧接在乾坤两卦之后，“刚柔始交”是讲乾坤两卦刚、柔爻的流动刚刚开始。按《周易》的宇宙发生论说，就是阴气与阳气刚开始流通。第二层意思是说，万物刚刚开始出生，有始生的艰难，卦名有难的意思。交是交接流通，难生，是难于出生。（二）从上下卦特性的组合上解释卦辞“元、亨、利、贞”。“动乎险中，大亨贞”，是说在险难中动，所以“大亨贞”。“大”是副词，“大亨贞”是说很亨通，很合正道。在险难中动为什么还“大亨贞”？向深处挖掘一下就有了哲理意义。比如胎儿出生，母亲有临盆的阵痛，婴儿有出生的险难，然而无论多么险难也得使劲产下来，这是动乎险中。婴儿出世，从无生命到有生命，有了本质的变化，再向大长就容易了，这就是大亨。创生万物是天地正道，这就是大贞。不独人的诞生如此，万物的始生都是如此，要“动乎险中”，才能获得生命。这里应当注意，彖辞除把“元”讲成始，还讲成大。（三）从上下卦象的组合解释，卦名“屯”还有满盈的意思。“雷雨之动满盈”，是说下卦震为雷、为动，上卦坎为雨，上下卦组合在一起是雷雨发动。古人认为雷有振起的作用，唤醒万物从冬眠中振作起来。雨有滋润作用，哺育万物生长。雷雨一动，万物就要苏醒而生长，于是蠢蠢而动，万物齐出，天地之间盈满了。（四）解释卦辞“利建侯”。“天造草昧，宜建侯而不宁”，“天”指天地，“造”是创造，“草”是初步草创，“昧”是昏昧。“宜建侯而不宁”意思是说，天地初创，人类还不能安宁，最合宜的是先建立侯王做带头人，把人们组织起来。彖辞与卦象联系较紧密。比如“刚柔始交”，在象上指的是临卦变屯卦，九二刚爻与六五柔爻的相互置换的流动。

大象与彖辞有一个基本的分工：彖辞解释卦辞。大象解释卦象给人类的启示。这是一般体例。大象总是先说明上下卦象的组合。“云雷屯”，是说上卦坎，坎为云，下卦震，震为雷，云与雷组合在一起就是屯卦。接着推演人们从这个卦象中应当学习哪些天地之道。“君子以经纶”，是说正人君子应当从云与雷这个卦象中，体悟天地广生之道，把人类社会努力经营组织起来，使人们能平安顺利发展。“经纶”本指理出丝绪，编织成物。这里是经营组织的意思。象辞与彖辞取象的角度稍有区别。彖辞“雷雨之动”，以坎为雨，强调的是满盈。象辞讲“云雷”，以坎为云，强调的是云在聚集，屯结未解，屯是屯聚。联系解䷧卦看一下，就会了解作者的用意。解卦也是由坎与震组成，只是上下换了位置，解卦象辞说“雷雨解”，以坎为雨。这里讲“云”，就是要突出难而未解，尚在聚结。君子看到这种卦象，要承担起解难散结的责任，把初创时的纷乱理出头绪，使人类社会步入正常轨道。意思与彖辞“利建侯”相呼应。

此外，全卦上卦是坎，坎为水、为坎陷，下卦是震，震为行，是水流行入坎陷之地而回旋，故各爻都有徘徊回旋之象。

初九：盘桓，利居贞，利建侯。

【译文】

徘徊难进，利于居正，宜于树立侯王。

象曰：虽盘桓，志行正也；以贵下贱，大得民也。

【译文】

虽徘徊难进，但前进的心愿合于正道；高贵而谦处卑贱之下，从而广泛得到民众拥护。

【精解导读】

盘桓是连绵词，不能拆开讲，意思是徘徊盘旋。是说有阻力、有困难，不能直线前进，只能回环前进。从卦象上讲，下震（☳>震）是行，上坎（☵>坎）为水、为陷，水流遇到低洼的地形，只能徘徊回环而进。“利居贞”是说利于居守正位。初九是刚爻，初位是刚位，刚爻居刚位是位正。初九与六四是正应，居于正位，要守正而不偏斜，这样才会有利。“利建侯”，是说最宜于建立侯王做领导，取象是下卦震为诸侯，初九是震的主爻。但这个侯不是封建制所说的诸侯，因为是天地初创，人群刚刚开始组建，只能是原始社会酋长一类的头头。象辞说“虽盘桓，志行正也”，意思是虽然徘徊回环着前进，但前进的心愿合乎正道。万物始生，困难阻力很多，但天地有生生之德，生长虽然艰难，但合乎天地正道。这一句，同时也提示“利居贞”的“贞”就是正的意思。“志”指初九与六四阴阳正应的关系，故应有上进的心愿。“正”是位正，应爻六四柔爻居柔位，位也正。上下正位相应，故行也正。从取义上讲，是说合乎正理，不悖天理人情，应当这样做。从象辞的话里可以看出“居贞”不是不让动，而是说前进要居守于正道。“以贵下贱，大得民也”，解释爻辞“利建侯”。《周易》例，刚爻（也就是阳爻）为贵，柔爻（也就是阴爻）为贱。从象上看初九在三个柔爻之下，是具有尊贵身份的阳爻降到卑贱的阴爻之下，有谦恭敬人的美德，礼贤下士，深得人心。互卦坤（☷>互坤）为民，取得了广大民众的信赖，适合做民众的首领，故适宜于被拥戴为侯王。这一爻意思是说：前进艰难迟缓一些，但合乎正道就有利。推选民众的首领最合时宜。

六二：屯如邅如，乘马班如。匪寇婚媾。女子贞不字，十年乃字。

【译文】

坎坷难进，骑着马团团打转。不是贼寇，是来求婚的。女子贞定自守，不生育，十年才能生育。

象曰：六二之难，乘刚也；十年乃字，反常也。

【译文】

六二这一爻的难，是因为乘驾在刚爻之上。十年才能生育，需要返回常道。

【精解导读】

“屯”是难。“邅”，马融讲作“难行不进之貌”。“屯邅”后来变成一个词，也作“迍邅”，是命运坎坷，不顺利的意思，就是来源于《周易》。“如”是形容性词尾，相当于什么什么的样子。“班”义同“盘”，是团团转、盘旋难进的样子。“匪”同“非”。“婚媾”是婚姻，“字”是怀孕生育。从象上讲，六二从临五位推移，下乘刚爻，前临互艮（䷂>互艮），艮为阻。应爻在九五，九五是上卦坎的主爻（九五→䷂>坎），坎为险难。前进艰难险阻，困难重重，故为“屯如邅如”。全卦都是水流行于低洼坑陷之处，而呈回旋盘环之象，六二也会团团打转。震为“作足马”（抬足而动的马），故为“乘马班如”。九五在坎中，坎为寇盗，但九五刚爻在上卦中位，六二柔爻在下卦中位，上下阴阳正应，婚姻匹配正合，故言“匪寇婚媾”。坤为女，六二在互坤（六二→䷂>互坤）里，处下卦中位，二是柔位，六是柔爻，应正，位也正，故云“女子贞”。震为“反生稼”，稼是禾稼，反生就是该生不生，不该生而生；该向上生而向下生，该向下生而向上生。六二与九五匹配中正该生，而六二却在震里，反生，故“不字”。“字”是生育。《说文》：“字，乳也。从子在宀下。”《说文·叙》又说：“字者，言孳乳而浸多也。”字就是繁衍孳生，简单讲就是生孩子。反生就是不生孩子。坤数十，六二在互坤中，故言“十年乃字”。象辞说：“六二之难，乘刚也。”首先把爻辞“屯邅”讲成“难”。意为六二所以会遭际坎坷，盘旋难进，是因为乘刚。乘刚是《周易》例，凡柔爻位在刚爻之上就称乘刚。六二之下紧接着刚爻初九，下来乘驾在刚爻之上，故言乘刚。“十年乃字，反常也。”是说十年才能生孩子，是因为返回常道。象辞解释爻象，总是抓取一两点最突出的地方作出示范，不作全面详细的讲解。屯卦由临卦变来（临䷒二与五换位），六二原是临的六五，与九二正应，然而却是刚爻在下，柔爻在上，违反常道。两爻换位返回常道，故言“反常”。

六三：即鹿无虞，惟入于林中。君子几不如舍，往吝。

【译文】

挨近了野鹿，却没有猎官做向导，只会迷失在山林之中。君子前进不如舍弃，前往有灾吝。

象曰：即鹿无虞，以从禽也。君子舍之，往吝穷也。

【译文】

挨近了野鹿没有猎官做向导，坚持去追赶野兽。君子舍弃，是因为前往会被困住。

【精解导读】

象辞提示，“即”是从，“鹿”是禽，“舍”是舍弃，“吝”是穷。据象的讲法分析，“即”是就、挨近。“从”是从后面跟上来，就是挨近了去追赶。“鹿”是野兽。王肃与虞翻把鹿讲成山麓，与象辞讲法不合。《白虎通义》：“禽者何？鸟兽之总名。”古代飞禽走兽都可称禽，不仅指飞禽。“虞”是古代的猎官，虞翻也说：“虞谓虞人，掌禽兽者。”《尚书》中有“尔作朕虞”。虞人指的是古代管理山林的官，贵族去打猎，虞人负责做向导，故为掌鸟兽的官。“即鹿无虞”，是说打猎追逐野鹿，却没有猎官做向导。“惟入于林中”，是说没人领路，只会盲目地钻进深山老林中去。“君子几不如舍”，“几”是几微，指事情未发生前所显示出的细微征兆。君子知几，从没有虞人做向导，前面又是深山老林这些现象能看出，狩猎不会有收获，故不如舍弃而不去追赶。“往吝”是前往会有吝难。从象上看，坤为田、地，故为田猎；艮为山，坎为丛棘、为林。鹿的象，《说卦》没有列出，虞翻说震为麋鹿。震为行，鹿善走，这样取象不矛盾。六三在互坤中（六三→䷂>互坤），又在下卦震里，是田猎逐鹿之象。正应在上六，而上六也是柔爻，相敌不应，无虞之象，故云“即鹿无虞”。前临互艮（六三→䷂>互艮），上卦为坎，前往会进入艮山坎林之中，故云“惟入于林中”。“君子”指卜筮的人，看到这样的爻象要知几，舍弃追赶的野兽，前往会有灾困。全爻是说：不要去追逐猎物，否则不但得不到，反而会陷入困境，明智的人应当放弃。

六四：乘马班如，求婚媾，往吉，无不利。

【译文】

骑着马团团打转，去求婚的话，前往吉祥，没有不利。

象曰：求而往，明也。

【译文】

为求婚而前往，是明智的做法。

【精解导读】

震为“作足马”，六四在下卦震之上，故言乘马。在下震上坎之中，水流行于坎陷，故与六二同象，乘马来回盘旋。应爻在初，初九是阳爻，与六四阴阳正应，男女相悦，婚姻好合，可以喜结伉俪。如初九来求婚，前往吉祥，没有不利。象辞说：“明也。”主要是指六四与九五紧邻，六四不能上合九五。九五虽是阳爻，但正应在六二。六四能舍五从初，是明智的选择。这一爻是说，前往盘旋难进，合婚吉利，有人来求婚最美满。

九五：屯其膏，小贞吉，大贞凶。

【译文】

膏泽屯聚，占问小事吉祥，大事凶。

象曰：屯其膏，施未光也。

【译文】

膏泽屯聚，是因为施布不广。

【精解导读】

“膏”是膏泽、油脂，引申为恩惠、恩泽。“屯”是团聚不散，犹如“屯货居奇”的屯。象辞说“施未光也”，此“施”是施舍散布，“光”用如“广”。施舍不广泛，显然是把屯讲成聚。从象上说，兑为泽，故可为膏泽。九五从临卦九二升上来，在临卦时九二在下卦兑中（临䷒$_{>\text{兑}}$），升到九五变为屯卦，进入坎中（屯^{九五}䷂$^{>\text{坎}}$）。坎为云，聚结为云，还未变成雨向下施布，这是大泽蒸发成云气之象，故言“屯其膏”。下有六二阴阳正应，应的范围小，故“小贞吉”。五位不仅是上卦的中位，也是全卦的中位，象辞称作尊位（见大有卦），是天子之位。天子只与六二相应，心有所私，恩泽不能广布，故“大贞凶”。“小贞吉，大贞凶”，在象上指九五位正，局限于六二这个小范围吉祥，对各爻这个大范围讲凶，“贞”指位正、应正。取义则是占问小事吉祥，占问大事凶，“贞”是占问。《周易》里这种取象与取义意义不同的现象很多。象辞“屯其膏，施未光也”，是提示九五的坎为屯聚的云，没有下雨，犹如天子的恩泽未能广被下民。

上六：乘马班如，泣血涟如。

【译文】

骑着马团团打转，哭泣得血泪涟涟。

象曰：泣血涟如，何可长也。

【译文】

哭泣得血泪涟涟，怎么能长久呢！

【精解导读】

上六在全卦的最上位，是一卦之末。《周易》例以上位为穷极之位，穷是困，极是尽，到了顶点，前进就是下坡路。穷极是指走到了穷途末路。从象上分析，上六在九五之上，乘刚与六二相同，比六二更糟的是没有发展余地，坎为“美脊马”，虽有马可乘，但无路可走，全卦各爻都在回旋，上六更是团团打转，故云“乘马班如”。六二上有九五为应，有应是有应援可救。上六应在六三，六三也是阴爻，敌而不应，毫无出路。坎为水、为血，故先泣为眼泪，继之以血出，故云“泣血涟如”。这一爻在全《周易》里也是比较凶的。爻辞的意思是说，上六这一爻毫无出路，血泪涟涟也无用。象辞说“何可长也”，是说筮得上六这一爻，无可挽救地要灭亡，日子不会太长了。

【提示】

《周易》建立了一个自然观与社会观统一论的体系。在每一卦里，先揭示卦所表示的天地自然之道，及该卦在自然之道中所处的时势。然后把这个道与时势，作为对人类社会的一个大的制约，从而决定人们应当怎样去行动。中国古代典籍把这种自然规律与社会规律的统一性，称作是“天人感应”，要人们去究天人之际。屯卦讲自然界天地始生万物，时势艰难，犹如人类社会的开辟阶段，正从蛮荒向文明发展，也是艰难困苦时期，故提出要建立首领，分群立国，把人类先组织起来，才能生存发展。所以象辞说君子要努力去经营组织。作者是把人看作万物之一，同万物一样要受天地之道的支配。社会规律应当受到自然规律的制约，自然规律是一切规律中最基本的规律。

屯卦的初爻，在《左传》里有两次用例，下面摘引出来，看看古人怎样筮卦。闵公元年：初，毕万筮仕于晋，遇屯䷂之比䷇。辛廖占之，曰：“吉。屯固比入，吉孰大焉？其必蕃昌。震为土，车从马。足居之，兄长之，母覆之，众归之。六体不易，合而能固，安而能杀，公侯之卦也。公侯之子孙，必复其始。”毕万是毕公高的后人，毕公高做过诸侯，后来失了国。毕万这次占筮的目的，是想预测一下到晋国去做官的后果如何。周大夫辛寥来给他占筮，遇到的是屯卦，即屯䷂初九爻动，刚爻变为柔爻，成比䷇卦。然后判断说：“吉利。屯卦初九爻辞‘利居贞’，贞是地位巩固。比卦初九爻辞说‘有孚比之’。比是亲比，这是能得到亲信而进入权力核心。哪能比这更吉利呢？一定会昌盛起来。初九不变，屯的下卦是震（☳震），初九一变为比，比的下卦是坤（☷坤），这是震变为坤。震为雷，坤为土，这是震雷变成坤土。震为马，坤为大舆、为车，车马相从。震是足、是兄，有震在先，能站住脚，有兄长来培养。坤是母、是众，有坤在后，是有母亲来庇护，民众来归附他。马、车、足、兄、母、众，卦体的六象先后不可移易。比卦是比，屯卦是固，比合又能巩固。震是雷，有杀威；坤是土，能安居。安居而有杀威，这是做公侯的卦。你又是毕公高的子孙，一定能恢复始祖的地位。”后来毕万在为晋献公做车右，灭掉耿、霍、魏三个小国后，果然，献公把魏赐给毕万，成了诸侯。

《左传》昭公七年：“卫襄公夫人姜氏无子，嬖人婤姶（zhōu yǎn）生孟絷。孔成子梦康叔谓己：‘立元，余使羁之孙圉与史苟相之。’史朝亦梦康叔谓己：‘余将命而子苟与孔烝钼（jǔ）之曾孙圉相之。'史朝见成子，告之梦，梦协。晋韩宣子为政，聘于诸侯之岁，婤姶生子，名之曰元。孟縶之足不良能行。孔成子以《周易》筮之，曰：'元尚享卫国，主其社稷？'遇屯䷂。又曰：'余尚立縶，尚克嘉之？'遇屯䷂之比䷇。以示朝。史朝曰：'元亨，又何疑焉！'成子曰：'非长之谓乎？'对曰：'康叔名之，可谓长矣。孟非人也，将不列于宗，不可谓长。'且其繇曰：'利建侯。嗣吉何建？建非嗣也。二卦皆云，子其建之。康叔命之，二卦告之。筮袭于梦，武王所用也，弗从何为？弱足者居，侯主社稷，临祭祀，奉民人，事鬼神，从会朝，又焉得居？各以所利，不亦可乎？'故孔成子立灵公。”这一段的意思是说，卫国国君襄公死了，要确定该立谁为国王，为此而占筮了一卦。当时正宫娘娘姜氏没有生儿子。襄公的宠姬婤姶先生一个叫孟縶的孩子，脚上有残疾，虽然也能走路，但不大利索。执政的大夫孔烝钼梦见卫国的始祖康叔对自己说：“要立元做继位的人，我将让你儿子孔羁的孙子孔圉和史朝的儿子史苟两人来辅佐他。”正好史朝也梦见康叔对自己说：“我要让你儿子苟和孔烝钼的曾孙孔圉来辅佐元。”史朝找到孔烝钼，告诉他自己做的梦，两人的梦一致。在晋国执政大夫韩宣子到卫国聘问的那一年，宠姬婤姶又生了一个孩子，起名叫元。这样就得在孟縶与元两人中间挑选出一个继位人。于是孔烝钼用《周易》先给元起了一卦，祝告说：“让元来享祀卫国列祖列宗，主持国政，怎么样?”得到的是屯卦。又为孟絷起了一卦，祝告说：“我们要是立孟絷享祀列祖列宗，赞成不赞成?”得到的是屯之比。即屯卦初九爻动，变卦是比。孔烝钽把结果拿给史朝去看，史朝分析说：“屯卦卦辞说得明明白白，是‘元亨’，元亨就是元享。当然是立元，还怀疑什么?”孔烝钽说：“元是善之长，这个元莫不是指长子孟絷吧?”史朝回答说：“元是康叔给他定的名字，元可以说就是长。孟絷是残疾人，不能列为宗子，不能称长。况且屯卦卦辞说‘利建侯’，要是让孟絷接班，那是嗣位，还谈得上什么建呢?要说重新建立，就不是按长幼嗣位，比卦卦象辞也说‘建万国’，两卦都讲建，先生还是建立吧！康叔在梦里有命令，两卦又这样告诉，卦和梦相承一致，这是武王采用过的，不从该怎么办?脚上有残疾的人利于闲居，与屯卦初九爻辞‘利居贞’相合。立侯王要主持国家，亲临祭祀，奉养百姓，事奉鬼神，参加会见朝拜，又怎么能闲居呢?各人按照他有利的去做，不也是可以的吗?”所以孔烝钽就立元做了卫灵公。

从以上两例可以看出，古人占筮，先要把自己占筮的意图祝告一遍，这叫作“命辞”，然后才筮卦。筮卦主要看的是动爻，取遇卦卦辞与动爻爻辞与自己占筮目的有联系的那一部分，作为分析的基础，然后联系之卦变爻爻辞灵活分析，从遇卦到之卦所显示出的变化中抽取其预示的征兆。这种分析要因事而异。毕万仕晋遇屯之比，大吉，可做大官；而孟絷继位遇屯之比，却不能继位，这主要是看卦爻辞内含的意义与自己占筮的目的合还是不合。“建侯”是要重新建立侯王。毕万原来不是侯王，就利建侯；孟縶原来就是长子，按正常发展会成为侯王，就不利建侯。可见，对卦爻辞的正确理解，具有决定性的意义。当然占筮中这种卦爻辞与占筮目的暗合的情况比较少见，有时还要把卦爻辞的意义故意做些曲解，这在《左传》的筮例中也不少，这主要是为了适合占筮需要，而让卦爻辞做些迁就，从而得到一些说明。这种曲解也必须是有一定根据才可以的。比如“元亨”讲成“元享”，这是因为古代亨与享本来就是一个字。

四　蒙——蒙昧蛮荒

䷃

蒙卦的卦画结构是下面一个三爻的坎（☵）卦，上面一个三爻的艮（☶）卦，艮为山，坎为水，传统称为坎下艮上，山水蒙。《序卦》说："物生必蒙，故受之以蒙。蒙者，蒙也，物之稚也。"意为，万物刚生长出来必然是幼稚蒙昧的，所以在表示始生的屯卦之后接着是蒙卦。蒙是蒙昧，物的幼稚状态。《杂卦》说："屯见而不失其居，蒙杂而著。"意为，屯是万物刚刚出现，各自占据了一席之地；蒙是杂乱蒙茸，显示出来了。按《序卦》《杂卦》的讲法，蒙是幼稚蒙杂、成长显著的意思。用植物来比喻，屯是刚长出萌芽，蒙是乱蓬蓬地成长。这是对天地开辟后的一种具象认识。人类在他的蛮荒蒙昧时期，心智未得到开发，需要教育。赵彦肃说："有万物乃立君、师，屯寓君道，蒙寓师道。"意思是，万物生出来要有首领，有教师，屯卦讲的是君道，蒙卦讲的是师道。这一卦确实讲的是人类的启蒙教育问题。

孔颖达在《序卦》下疏："六十四卦，二二相偶，非覆即变。覆者，表里视之遂成两卦，屯、蒙，需、讼，师、比之类是也；变者，反覆惟成一卦，则变以对之，乾、坤，坎、离，大过、颐，中孚、小过之类是也。"意思是说，六十四卦的排列方式，都是两卦组成一对。两卦的关系，不是卦图的覆象，就是卦图的变象。覆象是从上向下看，再倒过来从下向上看，于是成为两卦。比如屯䷂卦与蒙䷃卦，需䷄卦与讼䷅卦，师䷆卦与比䷇卦，这一类都是如此。变象是正看倒看都一样，那么就用变的方式来配对，比如乾䷀卦与坤䷁卦，坎䷜卦与离䷝卦，大过䷛卦与颐䷚卦，中孚䷼卦与小过䷽卦，这一类都是这样。孔颖达揭示的"非覆即变"这一规律，确实是《周易》排卦的顺序。前面讲过的乾与坤就是变的关系，而蒙与屯则是覆的关系。即屯䷂整卦倒过来看，就成为蒙䷃卦。《周易》这样有意识地排序，显然是要提示一种卦象上的联系。从卦变上讲，蒙又是十二消息卦中观卦的变化形态，即观䷓六二与九五交换位置，变䷃蒙。故分析蒙卦，不能脱离它与屯卦和观卦之间的联系。

蒙，亨。匪我求童蒙，童蒙求我。初筮告，再三渎，渎则不告。利贞。

【译文】

蒙卦亨通。不是我去求蒙昧的儿童，而是蒙昧的儿童来求我。初次占筮，可以告诉他。两次三次地占筮就是亵渎，亵渎就不告诉他。利于守正。

彖曰：蒙，山下有险，险而止，蒙。蒙亨，以亨行时中也。匪我求童蒙，童蒙求我，志应也。初筮告，以刚中也。再三渎，渎则不告，渎蒙也。蒙以养正，圣功也。

【译文】

蒙卦，上卦是艮，艮为山、为止，下卦是坎，坎为险。山下有险，遇险而止，这就是蒙卦。蒙卦亨通，是通顺地行进在时序和中道上。不是我去求蒙昧的儿童，而是蒙昧的儿童来求我，这是因为心志相应。初次占筮可以告诉他，是因为他具备中道，刚毅能断。两次三次地占筮就是亵渎，亵渎就不能告诉他，是因为他亵渎而蒙昧。蒙昧可用以培养正道，这是修养成为圣人的功业。

象曰：山下出泉，蒙。君子以果行育德。

【译文】

上卦艮为山，下卦坎为泉，山下流出清泉，这就是蒙卦的卦象。君子从中受到启示，要行动果毅，培养道德。

【精解导读】

屯卦是万物刚刚生出幼芽，蒙卦是杂乱蒙茸地长起来，生命力很强，发展旺盛，故亨通。蒙卦的主爻是九二，从来源上说，蒙卦是屯卦的覆象，屯卦的九五倒过来成为九二；从卦变上看，是观卦的九五来到二位成为九二。五位是上卦中位，二位是下卦中位，主爻始终都能保持不离中位，它的运动符合中正之道。本身又是刚爻，这就是彖传讲的“行中”“刚中”。由屯卦到蒙卦，万物从始生到了成长时期，适宜于发展到旺盛的地步，这是天时提供的大好条件，九二能顺应时势而变化，这就是彖辞讲的“行时”。因此蒙卦所显示的卦象是亨通无阻。“匪我求童蒙，童蒙求我”中，“匪”与“非”同义，“童蒙”是蒙昧的儿童。不懂事的孩子要开发心智，接受启蒙教育，这不是老师有求于蒙童，而是蒙童有求于老师，蒙童要主动去求师学道。从象上讲，六五是蒙童（见六五爻辞），九二是启蒙老师、是我，刚爻在五位为君（见屯卦），在二位为师（见师卦）。九二无求于六五，是六五有求于九二。因为九二是刚爻，高明能断；六五是柔爻，柔暗蒙昧。六五与九二在相应的位置上，去求九二顺理成章，九二也应当给予帮助。但六五是为了决疑断惑，求得指教，因此要具有诚意，不能疑信参半。正如占筮一样，有疑惑求助于占筮，占筮一次有了答案，就要按答案去做。如果觉得答案不如意，翻来覆去地占筮，那等于不相信占筮而相信自己，失去了占筮的意义。所以“初筮告，再三渎，渎则不告”。“渎”是亵渎。《礼记·表记》里说：“子曰：‘无辞不相接也，无礼不相见也，欲民之毋相亵也。’《周易》曰：‘初筮告，再三渎，渎则不告。’”意为，人与人的往来要注意说话的用语和方式，要讲究礼貌，为的是相互尊重，不要互相亵渎。孔子把渎讲成亵渎。亵渎是带着一种不尊重、不严肃的态度对人的轻慢行为。古人认为师生之间是很严肃、很尊重的关系，师道尊严，师不尊道尊，不能轻慢对待。也同占筮一样，占筮是向冥冥中的神灵求教，也不能轻慢，三番五次地占筮，把占筮得到的结果不当话，那就不必再告诉他。从象上讲，六五来求教于九二，上下正应，相互信任，要为他启蒙；六三、六四与九二不是正应，没有孚信，心不诚，意不坚，告诉他没有用，不能告诉。所谓“渎蒙”是说六三、六四态度亵渎而又蒙昧。“利贞”是有利于正固，就是说不能三心二意，游移不决，贞固自守才有利。

彖辞从六个方面解释卦辞。（一）从上下卦象的组合上解释卦名。“蒙，山下有险，险而止，蒙。”意思是说，蒙卦是上卦艮，下卦坎，艮为山、为止，坎为险。卦象的组合是山下有险，外有山阻挡不通，内有险难又居处不得，不知该怎么办，蒙住了，卦名的意思是蒙顿不明。（二）从九二爻的推移解释卦辞“亨”。“蒙亨，以亨行时中也”，意为蒙卦所以亨通，是九二顺应时势发展而不离开中道行动，故能亨通。“时”指蒙卦是蓬勃发展的时势，“中”指九二无论原在五位还是运动到二位，都属中位。（三）从九二与六五相应的关系上解释卦辞“匪我求童蒙，童蒙求我”。“志应也”，是说六五是柔爻，九二是刚爻，处在相应的位置上，阴阳正应，心意相互应合，故可相求。六五是童蒙，九二是我，是六五求九二。（四）“以刚中也”解释卦辞“初筮告”。九二居下卦中位，又是刚爻，有中庸之道又刚毅能断，具备给予正确指教的条件，故可告。从象上说，坎为筮（见后），九二是坎的中爻，故以占筮比喻启蒙教育。（五）“渎蒙也”解释卦辞“再三渎，渎则不告”。意思是说，一而再、再而三地占筮，这是蒙昧而又亵渎的做法，所以不能告诉他。（六）解释卦辞“利贞”。“蒙以养正，圣功也”，从哲理上做了推广。中国古代哲学讲的“道”，是让自己的行为能返回初始的自然状态，与自然融为一体，与自然规律保持一致而运动。能够与自然协和无间，就能达到正道的境界而成为圣人，因此在道德修养上，要尽力去掉人为的造作，返回原始自然上来。童蒙比成人的成见与偏执要少得多，如果从这种天真蒙昧的状态向正道去靠近，那要快得多，所以说“蒙以养正”，“正”就是纯正而不偏执的天性。把这种天性培养到合于正道的境界，就修成了圣人的功夫，所以说是“圣功也”。“利贞”就是从童蒙开始守住正道最有利，要是等到形成偏执和成见再去养正，那就十分难了。

象辞也从上下卦象组合上解释蒙卦，只是换了取象的角度。上卦取艮为山，下卦取坎为泉，卦象是山下流出泉水。泉水从山下流出，也是成长之象，故为蒙卦。山泉虽小，但清澈不杂，可汇为江河。人的道德修养也要真纯清澈，由小而大积聚为圣功。所以君子从中受到启示，要像主爻九二一样刚毅能断，果敢行动，养育成自己的道德。象辞主要取山泉纯净与成长壮大为义。

初六：发蒙，利用刑人，用说桎梏，以往吝。

【译文】

启蒙，宜于给人树立规范，用以脱去桎梏，前往有吝难。

象曰：利用刑人，以正法也。

【译文】

宜于给人树立规范，是为了正法。

【精解导读】

“发蒙”就是启蒙，就是开发蒙童的教育。“刑人”是用一定的规范去塑造人。蒙卦是人的成长时期，最宜于塑造。“刑人”是动宾词组，“刑”是“型”的古文，就是古代制造陶器用的坯模或铸器用的沙范。“刑人”是指用一定的模式把人培养成器，“刑”是规范的意思。当然规范就要有约束力，有强制的成分，要让人知戒，这就要有刑罚。刑罚是规范的手段，故刑有刑罚的意思，但刑罚是扩展义，基本义是规范。《诗经·大雅·思齐》：“刑于寡妻。”是给妻子树立规范，绝不是成天打老婆。“用”是“以”的意思，“说”同“脱”，而“桎梏”是刑具。“在足曰桎，在手曰梏。”梏是手枷，如同今天的手铐；桎是足枷，如同今天的脚镣。“用说桎梏”，是说以一定的规范把人塑造成才，以此来脱掉童蒙的刑具。人受到教育，行为合乎规范，就不会触犯法律，也就没有牢狱之灾，可以免去刑具的惩罚。“以往吝”，取义是说，如果让童蒙不受教育，自己去发展，就如同是一棵树不加整修，一定会长出许多疯杈来，将来会遭受斧斤之灾，必然会遭遇吝难。吝是“言乎其小疵也”，就是小的灾难。从象上讲，初六是全卦的初爻，又在下卦坎里，坎为水，法平如水，故坎为法。“正法”是使法正，是为了保证教育的进行，故言“发蒙，利用刑人”。蒙卦从九二至上九是个缩小了的颐卦（即蒙  颐），颐是桎梏之象（见噬嗑卦），初六在颐卦的外面，故言“用说桎梏”。初六不能向上前进，前往会进入颐卦之中，故言“以往吝”。象辞说：“利用刑人，以正法也。”意思是对人进行处罚教育，是为了端正法规。法规是进行教育的保证手段，必须维护。触犯就应处罚。这是这一爻的基本意思，至于说这一爻有对罪犯进行处置的意思，那就是基本义的扩展了。

九二：包蒙，吉。纳妇，吉。子克家。

【译文】

包容蒙昧，吉祥。娶妇吉祥。儿子能持家。

象曰：子克家，刚柔接也。

【译文】

儿子能持家，是刚爻与柔爻相接的缘故。

【精解导读】

“包”与“纳”互文见义，“包”是包含容纳。“纳”是纳进，这里是娶进的意思。“克”是能。爻辞意为，包含容纳蒙昧的人，娶媳妇吉祥，儿子能治理好家。从象上说，全卦两个刚爻，上九位处外界，九二从观卦的九五来到二位，刚健处中，为一卦之主，在蒙昧的时局中，犹如中流砥柱，成为众柔爻崇拜的偶像。虞翻说九二“应五据初……包养四阴，故包蒙吉”。与六五阴阳正应，六五柔爻中正，故“纳妇吉”。九二在互震里（九二→☳>互震），震为长子。封建制社会诸侯的封地称国，大夫的采邑称家，按爻的职位讲，五是天子位，为君；二是大夫位，故称家，长子居于家位，故言“子克家”。象辞说：“子克家，刚柔接也。”“接”是交接，指明九二从观卦五位下到柔爻群里，上下都是柔爻，九二以刚健居中，与温顺的四个柔爻相交接，刚柔相济，故有吉象。

六三：勿用取女，见金夫，不有躬，无攸利。

【译文】

不要娶这个女子，见到有财势的男子就会失身，无所利。

象曰：勿用取女，行不顺也。

【译文】

不要娶这个女子，因为她的行为不顺理。

【精解导读】

“取”与“娶”是古今字。“金”指财势。“躬”是自身。“攸”义同“所”。这一爻主要从应爻取象。六三与上九是阴阳正应，理当从上九。但六三近比九二，九二是众望所归，势众富有，故为金夫。六三又阴居阳位不正，位处上下卦之际，上下犹豫不定，贪慕财势，见利忘义，取悦九二，苟且失身。这样的女子行为不端，故“勿用取女”。“躬”即自身，坤为身、为躬，六三所在的下卦坤变为坎，故云“不有躬”。象辞说：“行不顺也。”指六三乘刚，柔爻凌驾于刚爻九二之上。《周易》例，柔乘刚为不顺。这一爻是说，六三这个女子不可娶为妻子，见到有财势的人会失身贪求，娶这样的女子没有好处。

六四：困蒙，吝。

【译文】

被困在蒙昧中，有吝难。

象曰：困蒙之吝，独远实也。

【译文】

被困在蒙昧中的吝难，是因为远离刚爻。

【精解导读】

“困”是处在困境中难以自拔。《周易》例，柔爻为虚，刚爻为实，全卦四个柔爻，初六与九二比邻，六三与上九为正应，六五与九二为正应，只有六四这一爻与全卦的两个刚爻毫无关系，处在蒙的大局之中。既无依傍，又无救援，故为困蒙而有吝难。象辞指出“独远实也”，正是说六四与刚爻相离独远。吝是小疵，比咎还轻一些，不算灾，但有困难。

六五：童蒙，吉。

【译文】

蒙昧的儿童，吉祥。

象曰：童蒙之吉，顺以巽也。

【译文】

蒙昧儿童的吉祥，是因为柔顺且居于中位。

【精解导读】

六五是从观卦的六二升上来的，（即：观六二→䷓六二与九五换位，变六五→䷃蒙），在观卦里，五在上卦巽中（䷓>巽），二在下卦坤中（䷓>坤），六二升到五位，五位所显示的卦象变化又是上巽变为互坤（䷃>坤）。巽为入，坤为顺，六五能柔顺地进入尊位，始终不离中正，正是彖辞讲的“蒙以养正，圣功也”，所以吉祥。象辞说“顺以巽也”，明确提出由巽卦变来。取义则是柔顺而入尊位，与彖辞的“圣功”互为补充。这一爻虽是童蒙，但却是了道入圣的好爻。

上九：击蒙。不利为寇，利御寇。

【译文】

用打的方式启蒙。做寇盗不利，抵御寇盗有利。

象曰：利用御寇，上下顺也。

【译文】

抵御寇盗有利，是因为上下顺从。

【精解导读】

上九刚爻，位置亢极。在上卦艮里，艮为手。处蒙昧的大局中，刚亢而以手来发蒙，故为“击蒙”。应在六三，六三在下卦坎中，坎为盗寇。六三“见金夫，不有躬”，不应上九。盗寇不应，故“不利为寇”。上九在全卦外界，下有互坤，坤为众、为顺，有众人顺从，故“利用御寇”。象辞说：“利用御寇，上下顺也。”意为上九下有互坤为顺。“上”指上九，“下”指互坤，象上说的是在上位，下有顺。取义是上下都顺。

【提示】

《周易》要求人们在道德修养上要符合“时”“中”。这个“中”即孔子讲的中庸之道。所谓中庸，实际上指的是在天地自然之道的正中运行，用古人的话讲是“无过、无不及”；用现代的话讲就是既不左倾，也不右倾，始终保持正确路线，这是一种比较高的道德境界。孟子对孔子才称“圣之时者也”“圣之中者也”。所谓“时”，实际上是指与时势一致。天地自然的运动有它的时序，时序的不同阶段所形成的时势就不同，时势是随时序而变化的。人要顺应天道，就必须按照时势经常调整自己的行为，使自己的言行与时势保持协调一致，简言之，就是要顺时应变。古人甚至在政策法令上都要考虑天时。比如春天是万物生养的时期，政令上就鼓励种植繁殖，禁止捕猎，让万物滋生；秋冬是肃杀季节，则安排收割捕猎，征讨处决，助成天地的肃杀之功。人处在复杂多变的社会时势中，要识时务，随形势的变化而变化，不能墨守成规。能时能中，人的行为才符合天地自然之道，保持正确，从而可以趋吉避凶。

五 需——摄取营养

䷄

需卦的卦画结构是下面一个三爻的乾（☰）卦，上面一个三爻的坎（☵）卦，坎为水，乾为天，传统称为乾下坎上，水天需。《序卦》说：“物稚不可以不养，故受之以需。需者，饮食之道也。”意为，万物在幼稚时期，不能不养育，所以在表示万物幼稚成长时期的蒙卦之后，接着是需卦。需是饮食长养之道。《杂卦》说：“履不处也，需不进也。”意为，履是行进而不安处，需是等待而不前进。据以上解释，可知屯是万物始生的婴儿时期，蒙是幼稚成长时期，而需则是养育等待长成时期。养育需要营养，故为饮食之道。饮食是为了让万物吸收充足的营养，充分发育。需的整体时势是还未长成要等待。故彖辞说：“需，须也。”需是须的意思，须是等待的意思。现代汉语中这个义项不常用，古代汉语里须是等待。如《诗·风·匏有苦叶》：“人涉卬否，卬须我友。”卬是我，意为，人都渡过河去了，我的朋友还没来，我留下来等着他一起渡过河去。须就是等待。需卦是等待万物吸取营养成长发育。《杂卦》说“需不进也”，“不进”是不要有所作为，等待条件成熟，不是不发展。

需卦与下一卦讼成为一组，两组之间也是“覆”的关系。即：需（䷄）上下颠倒，为䷅讼。从卦变上说，需是大壮卦的变化形态。

虞翻说：“大壮四之五。”意思是说，大壮卦的九四上升到五位，当然大壮的六五就被推到了四位。即：大壮六五九四䷡九四与六五交换位置，变䷄需。这样，需卦与讼卦、大壮卦就存在一定联系。

需，有孚，光亨，贞吉。利涉大川。

【译文】

需卦，有孚信，光辉亨通，守正吉祥。有利于渡过大川险阻。

彖曰：需，须也。险在前也。刚健而不陷，其义不困穷矣。需有孚，光亨，贞吉。位乎天位，以正中也。利涉大川，往有功也。

【译文】

需是等待的意思。有险难在前面。性格刚健而不会陷于险难，从道理上讲不会困穷。需卦有孚信，光辉亨通，守正吉祥。是居于天位，又正又中。有利于涉过大川险阻，前往会成功。

象曰：云上于天，需。君子以饮食宴乐。

【译文】

上卦坎为云，下卦乾为天，云上到天上就是需卦。君子从中受到启示，要饮食宴乐。

【精解导读】

“孚”是信的意思，内心诚实，被人信服。《周易》例，凡有异性爻来亲近应合为有孚。需卦从大壮变来，九五升入尊位，上下有两个柔爻亲比相合，故为“有孚”。“亨”是通顺。《周易》例，凡阴阳不交为闭塞，阴阳相交为亨通。大壮卦（䷡）四阳在下，二阴在上，壁垒森严。变为需卦，五四换位，阴阳交流，故为亨通。互卦有离（䷄>互离），离为光明，故为“光亨”。“贞吉”指九五居于尊位，得位而正中，守正吉祥。“利涉大川”，意为渡过大川险阻，成就大功，正是有利的时机。卦象上指上坎为水、为川，下乾为健，有刚健的特性，能够涉川历险，战胜艰难困苦。

彖辞从四个方面解释卦辞。（一）“需，须也。险在前也。”解释卦名的含义是等待，需是须的意思，须作等待讲。因为上卦是坎，坎为险。上为前，下为后，有险在前，不得不等待排除险难，然后再进。（二）“刚健而不陷，其义不困穷矣。”从上下卦特性的组合上解释卦辞“亨”。意为，上卦坎为险、为陷，下卦乾为健，刚健可以突破险难，不会被陷于困境。这从道理上讲没有被困住的理由。“义”是义理。（三）“需有孚，光亨，贞吉。位乎天位，以正中也。”解释需卦为什么会“有孚、光亨、贞吉”。天位指五位。五位在上卦之中，又是刚位，九五刚爻居刚位，位正，又中又正，行为符合中正之道，都是从九五是尊位上加以说明。（四）解释卦辞“利涉大川”。“利涉大川，往有功也”，意为，有利于涉过大川险阻，前往会成就大的功业。大川是上卦坎，“往有功”是因为下卦乾为刚健，有大川阻挡不住。

象辞说明上下卦象。“云上于天，需。”指的是上卦坎，下卦乾。坎为水，乾为天，这里说“云”，是因为坎水来源于兑泽，卦从大壮变来。大壮是下乾互兑（互兑 乾），兑为泽，泽水上天化为云气，云气在天上即为需卦。云到天上酝酿时雨，故为盼望下雨的时期。君子要了解时势，既然处于等待雨露滋润的时期，就要耐心等待，安心饮食宴乐，养气待时，不要冒进，迟早会有机会来临。饮食宴乐不是为了满足口腹之欲，然而时势未至，也不可勉强而为，尽可享受饮食宴乐的乐趣。时可则进，时不可要安心静养，蓄积精锐。

初九：需于郊，利用恒，无咎。

【译文】

在郊外等待，有利于守常，没有咎害。

象曰：需于郊，不犯难行也；利用恒，无咎，未失常也。

【译文】

在郊外等待，是不冒险前进；有利于守常，没有咎害，是未失去常态。

【精解导读】

尚秉和先生《周易尚氏学》认为“乾为郊”，虽是逸象，考之各卦，比较可信。《说卦》以乾为天，天远称郊可通。同人䷌上九爻辞说“同人于郊”，也以上乾为郊。《尔雅》里讲：“邑外谓之郊，郊外谓之野。”郊是城邑之外。初九在下卦乾下（初九→䷄>乾），又在需卦，故言“需于郊”。全卦各爻都处在等待的大局中，大川大险在上卦，从初爻到上坎，由远及近，步步靠近坎险，初九距坎险最远，是在郊远处等待。“恒”是长久不变，“利用恒”是说利于长久不变。初九在乾卦是“潜龙勿用”，不宜动，故言“利用恒”。“无咎”意为只要守常不动，不会有咎害发生。吝是难，咎是害，凶是灾，三者的凶险程度不同。初九没有咎灾是因为距险尚远，咎害还一时危及不到，可以保持正常。象辞说：“利用恒，无咎，未失常也。”首先说明“恒”是常的意思。意思就是指距坎险尚远，保持常态即可。在“需于郊，不犯难行也”一句里，已明确指出初九等待的位置比较安全。“犯难”义同冒险，“犯”“冒”同义。干宝认为这一爻是周武王伐纣，到了朝歌的北郊，等待进攻。如果是举例说明，这样讲可以，但要说爻辞的普遍意义，还是要理解成在远离坎险的地方等待。总之，这句爻辞是提示人们不宜行动，要远远地等着。

九二：需于沙，小有言，终吉。

【译文】

在沙滩上等待，有些小的口舌是非，最终吉祥。

象曰：需于沙，衍在中也；虽小有言，以终吉也。

【译文】

在沙滩上等待，是因为沙衍在水中；虽有些小的口舌是非，最后会变得吉祥。

【精解导读】

虞翻说："沙谓五，水中之阳，称沙也。"意指沙的象在九五，上卦坎为水，九五是水中的阳爻，故为水中的沙洲。就是说九二是从应爻取沙象，应在九五，故称"需于沙"。九二比初九靠近坎水一步，到了水边的沙滩。"言"在《周易》里或指口舌是非，或指有人说闲话，或指受到言语责难。从象上讲，互兑为言（䷄>互兑），九二在坎险之外，有言伤害不大，故为"小有言"。处下卦中位，行为适中而不斜曲，故最终吉祥。象辞说"需于沙，衍在中也"，"中"指中位，"衍"是水中沙。《周易尚氏学》引《穆天子传》说："天子遂东征，南绝沙衍。"证明衍是水中有沙。这样讲与上卦坎象合。"虽小有言，以终吉也"，意为虽有些口舌是非，但影响不大，最终结果吉祥。这一爻小有纠缠，不要去理它，最终是好的。

九三：需于泥，致寇至。

【译文】

在泥沼中等待，招来了寇盗。

象曰：需于泥，灾在外也。自我致寇，敬慎不败也。

【译文】

在泥沼中等待，是因为外边有灾难。自己招来了寇盗，只要谨慎小心，不会陷于祸败。

【精解导读】

九三紧邻坎险，如同靠近坎水，居于河边泥沼。这一爻从卦变取象，需从大壮变来，九四上升为九五，大壮的上二爻原为柔爻，九五升入两个柔爻之中，有如在坤（☷）中加入一个刚爻而变坎（☵），坤为地、为土，坎为水，水入土中为泥。九三紧接在这种卦象变化之下，故为“需于泥”。坎为寇盗，九四升入九五，九三所处的位置无可回避地面临上坎，致使寇盗来临，故言“致寇至”。象辞说“需于泥，灾在外也”，“灾”指的是外卦坎（九三→䷄>坎）为险难，故有灾。“自我致寇，敬慎不败也”，是说虽然招来了寇盗，只要自己谨慎小心，就会免除祸败。这是指九三在下卦乾中，乾为健，有自卫能力。象辞强调“自我致寇”，指上卦坎为寇盗，九三与坎的上六正应，自己去应合寇盗，故有自我招来寇盗之嫌。总之，爻辞意思是说，有寇盗在觊觎，潜伏着灾祸，小心可免，如狂妄自大会招致祸败。

六四：需于血，出自穴。

【译文】

在血泊中等待，从洞穴中逃出来。

象曰：需于血，顺以听也。

【译文】

在血泊中等待，要柔顺而听从。

【精解导读】

需卦上三爻进入坎卦。《说卦》：“坎为血卦。”又云：“坎，陷也。”陷可看成陷阱，陷阱就是地下之穴。由大壮变需，主要是四爻与五爻交换了位置。六四从五位出来(䷄)，故称“出”，上卦变坎，故称“穴”，爻辞从爻位的推移中取象。象辞说“需于血，顺以听也”，也是指九五如同在坤卦中夹入一个刚爻，上卦变坎，坤为顺，坎为耳，故云“顺以听也”。这一爻意为，在血泊中等待，最后从洞穴中逃了出来，是大难不死，血泊逃生的意思。

九五：需于酒食，贞吉。

【译文】

在酒食宴乐中等待，守正吉祥。

象曰：酒食贞吉，以中正也。

【译文】

在酒食宴乐中等待，是因为中正。

【精解导读】

“酒食”也即彖辞讲的饮食宴乐。九五是全卦主爻，从大壮的九四升上来，原在大壮的互兑中（九四→䷡>互兑），兑为口，进入九五上卦成坎，坎为水、为酒，故有饮食之象。君子安命知时，时须等待，饮食善处，在患难中泰然处之，行为不失中正之道，就会吉庆相随。象辞说“酒食贞吉，以中正也”，指九五在上卦中位，刚爻居刚位，位正，能得需的中正之道，故能获吉。这是全卦最吉祥的一爻。以酒食自娱是因为时势如此，一俟转机，便可成就大功。

上六：入于穴，有不速之客三人来，敬之终吉。

【译文】

进入洞穴中，有三位客人不请自来，尊敬他们，最后会得到吉祥。

象曰：不速之客来，敬之终吉；虽不当位，未大失也。

【译文】

不请自到的客人来时，要尊敬他们，最终会得到吉祥；上六虽然位置不当，但没有大的过失。

【精解导读】

大壮上卦原不是坎，故不是穴。九四升为九五，六五下为六四。而上六未动，上卦成坎，坎才是穴。故六四为“出自穴”，而上六是变入穴中，故云“入于穴”。上卦坎为大川，下卦乾为刚健，上六在上极之位，处需待之极，等到了尽头，到了“利涉大川”的时候，故乾卦三个刚爻要上，于是“有不速之客三人来”。“速”是召请，不请自到为“不速”，态度强硬，让来也来，不让来也要来，这样的客人就是“不速之客”。但上六与九三是正应，九三是“自招”，上六是“不召”，显然是从应爻取象。既为正应，只要诚意相待，尊敬他们，最终会得到吉祥。象辞说：“虽不当位，未大失也。”“不当位”主要指上六下乘刚爻九五不顺，其次是指上六处在全卦穷极之位，已经等到最后，不能再等，该下乾强渡大川了。“未大失”，意思是还不是大错，象辞上指上六与九三还有阴阳正应关系。九三象辞说“敬慎不败”，上六象辞说“敬之终吉”，上下呼应，可以合作，敬则两利，不敬则两伤，一在坎险，一在刚健涉险，势处敌对，意在应合，故能“敬之终吉”。势敌故称“不速”，意合故称“客”。总之，这一爻是告诉人们，处在不利退避之时，要恭谨适变，充分利用优势，化凶为吉。

【提示】

王弼在《周易略例·辨位》中提出：“象无初、上得位、失位之文。又《系辞》但论三五、二四同功异位，亦不及初、上，何乎？唯乾上九文言云‘贵而无位’，需上六云‘虽不当位’。若以上为阴位邪？则需上六不得云‘不当位’也。若以上为阳位邪？则乾上九不得云‘贵而无位’也。阴阳处之，皆云非位，而初亦不说当位失位也。然则，初、上者是事之终始，无阴阳定位也。”王氏的意思是说初爻与上爻没有阴阳的定位。举出的证据是乾卦上九文言说“贵而无位”，需卦上六象辞说“不当位”。上位如果是阴位，需卦上六是阴爻，就不能说不当位；上位如果是阳位，乾卦上九是阳爻，就不该说贵而无位。用王氏的提法去分析爻位，弊病太多，不得不加以辨别。既然说“无位”，说“不当位”，当然就存在着位的问题，如果没有位的问题，就不会扯到位上来讲。位肯定是有的，关键是“位”究竟指的是什么？《周易》例，位的内容很多，有阴阳位，有乘承比应位，有三才位，有上下卦内外始终前后位，有中位，有职位，有方位，有卦际之位，还有穷极之位，等等。需卦上六讲的“不当位”，无非是说位置不合适，指的并不一定是阴阳位。屯卦六二象辞说“六二之难，乘刚也”。柔爻应当在刚爻之下，居于刚爻之上就是位不当。“不当位”指的是乘承位。王氏把“当位”“不当位”全部用阴阳位作衡量标准，所以不能自圆其说。这样，他提出的“初上无阴阳定位”的条例就难以成立。《周易》例，一、三、五、七、九等奇数为阳数，二、四、六、八、十等偶数为阴数。一三五为阳位，二四六为阴位，初为一，上为六，怎么能排除在阴阳之外？只不过有取有不取而已。

程颐在讲噬嗑卦时说：“初居最下，无位者也；上处尊位之上，过于尊位，亦无位者也。以为无阴阳之位，阴阳系于奇偶，岂容无也？然诸卦初上不言当位不当位者，盖初终之义为大。临之初九则以位为正。若需上六云不当位，乾上九云无位，爵位之位，非阴阳之位也。”程颐也不同意“初上无阴阳定位”的说法。

六　讼——生存竞争

䷅

讼卦的卦画结构是下面一个三爻的坎（☵）卦，上面一个三爻的乾卦（☰），传统称作坎下乾上，天水讼。《序卦》说：“饮食必有讼，故受之以讼。”意为，饮食必然会产生争讼，所以在表示饮食的需卦之后，接着是讼卦。这句话今人不大容易理解，应当联系上古的物质条件。饮食是人类生存必需的物质条件。这个条件对今人来说比较容易满足，但上古时期物质不丰富，不能满足每个人的需要，这就要争夺，争夺起来就要打官司，讼是争讼、打官司的诉讼。《杂卦》说：“讼，不亲也。”意为讼卦是人与人之间不相亲爱、亲近。还指争讼、打官司。《序卦》与《杂卦》对卦名讼的解释比较一致。

讼是需的覆卦，即需（䷄）倒过来看就是讼卦䷅。需卦从大壮卦变化而来，讼卦则是从大壮卦的覆卦遁变来。象辞说“刚来而得中”，提示了这种变化运动。虞翻说：“遁三之二也。”意为遁卦的三爻与二爻交换了爻位，即遁三爻二爻⇄䷠→两爻交换位置，变䷅讼。从九二这一爻位置的推移上看，就是“刚来而得中”。有人只相信《系辞传》提到的乾坤生六子，六子重叠为六十四卦；不承认乾坤变化为十二消息卦，十二消息卦变为六十四卦，所以总是不能自圆其说。对彖辞中讲到的“小往大来”（泰）、“刚来而下柔”（随）、“柔来而文刚，分刚上而文柔”（贲）、“刚自外来而主于内”（无妄）、“刚来而不穷，柔得位乎外而上同”（涣）等多处提示，视而不见，实在不足取法。其实彖辞解《周易》，比《系辞传》更直接，更具权威性。《系辞传》的主题是揭示易理，对《周易》的常识言之甚少，从彖辞中分析卦爻的变化不能忽视。所以分析讼卦，一定要注意它与遁卦、需卦的联系。

讼，有孚，窒惕，中吉，终凶。利见大人，不利涉大川。

【译文】

讼卦，有之成信，窒塞戒惧，中间吉，最后凶。宜于见大人，不利渡大川险阻。

彖曰：讼，上刚下险，险而健，讼。讼有孚，窒惕，中吉，刚来而得中也。终凶，讼不可成也。利见大人，尚中正也；不利涉大川，入于渊也。

【译文】

讼卦，上卦乾为刚健，下卦坎为险，阴险而又刚健，争讼。讼有征信，窒塞戒惧，中间吉祥，是刚爻来到下卦而居于中位。最后凶，是争讼不可以完成。宜于见大人，是崇尚中正。不利涉过大川险阻，会进入深渊之中。

象曰：天与水违行，讼。君子以做事谋始。

【译文】

上卦乾为天，下卦坎为水，天向上，水向下，天西转，水东流，背道而驰，这就是讼卦。君子做事情要从中得到启示，开始时就应当谋划好。

【精解导读】

按彖辞“刚来而得中”的提示，讼卦的九二是很关键的一爻。九二来到下卦中位，上下有两个柔爻相合，故有“孚”。孚是信，在别的卦里多指诚信。讼卦是打官司。信是凭信，有证据，有孚是有征信。窒是窒塞，与亨通意义相反，在讼卦里是指心中郁闷窒塞。从象上讲是因为“天与水违行”。需卦是水蒸发到天上，上下流通。讼卦是水从天上落在地下，天高出水上，水返回地下，背道而行，越离越远，上下由交流又恢复到不交流，故窒塞不通。惕是有所担心而做好戒备，指九二在坎中。《说卦》说“坎为加忧人”，有忧虑，故戒惧。中吉，象上指九二在下卦中位，有中庸之德，故吉祥。取义是说，打官司最好适可而止，中途能停止就吉祥。终凶是说打官司本身就是凶事，不能健讼不止。从象上说，外卦乾为刚健，内卦坎为险，一个人内心阴险，外表刚健，是个讼棍坯子，打官司没完没了，最后结果肯定是凶多吉少。“利见大人”指九五，乾卦九五爻辞为“飞龙在天，利见大人”。大人在尊位，耿耿清正，刚明能断，有冤枉向大人告状最有利。“不利涉大川”，从象上讲，需是内刚健、外大川，讼卦与需卦相反，是大川在内，刚健在外，大川在内为险阻，又有刚健的力量在外堵截，不易过去。卦辞的意思是说：打官司有证据，心中憋闷窒塞，担心戒惧，中途结束案子吉祥，打到底有凶。找大人诉冤有利，但不要冒险去贪功立业，时机不允许。

彖辞从五个方面解释卦辞：（一）从上下卦的组合上解释卦名。“讼，上刚下险，险而健，讼。”意思是说，讼卦，上卦是乾，乾为刚健，下卦是坎，坎为险，组合在一起是险恶而刚健。这种人到处都会发生争执，打官司是必然的，因此构成讼卦。（二）从卦变上解释卦辞“有孚，窒惕，中吉”。“讼有孚，窒惕，中吉，刚来而得中也”，意思是说讼卦是由遁卦变来的，遁卦的九三下到二位，居于下卦之中，成为两个柔爻的主心骨，两个柔爻依附相合，故为有孚。下卦变坎，坎为加忧，为险阻，故窒惕。居于中位，行不失中，故中吉。"刚来而得中"显然指爻的运动。（三）从义理上解释卦辞"终凶"。"终凶，讼不可成也。""成"是完成，意为打官司不能逞强好胜，纠缠不休，得理不让人。拖延到最后，会有凶险。这样把"中吉"的意思也作了解释。古人认为一世不进公门就是福，公门指的就是上公堂打官司。打官司是不得已的事，要适可而止。（四）解释卦辞"利见大人"。"利见大人，尚中正也"中，"尚"从词义上讲是推尚，断案推尚中正公平。从象上讲，"尚"与"上"义同，指上卦的九五。五位是全卦的尊位，九五刚爻居刚位，位正；在上卦之中，故为中正。刚爻居五位是大人得位，故"利见大人"。（五）"入于渊也"解释卦辞"不利涉大川"。指全卦的主爻九二进入下卦坎中，坎为水，故言"入于渊也"。入渊有灭顶之灾，故"不利涉大川"。这是针对九二爻变说明卦象。

象辞讲上下卦象组合。"天与水违行，讼"，意为上卦乾为天，下卦坎为水，天在上，水润下，上下分离，相背而行，故有争讼。君子从中得到启示，要从做事一开始的时候就想到，背离不合会起事端，应早做谋划，防止事情会背离不合，故云"君子以作事谋始"，为的是避免陷入争讼之中。

初六：不永所事，小有言，终吉。

【译文】

不把事情办到底，有小的口舌是非，最终吉祥。

象曰：不永所事，讼不可长也；虽小有言，其辩明也。

【译文】

不把事情办到底，是因为争讼的事情不可以长期坚持；虽有小的口舌是非，但可以辩别明白。

【精解导读】

这一爻主要取象于初位。卦是讼卦，爻是初爻，初六是争讼的初始阶段，只要不坚持把官司长期打下去，虽然小的口舌争执免不了，但最终会吉祥。“永”是长，“事”是诉讼的事端，“言”是诉讼的口舌是非。从爻所处的卦象讲，初六所在的下卦坎为耳，前临互离（初六→䷅>互离）为明，上有九四为正应，耳朵一听就明明白白，不会长期纠缠下去。象辞作了提示，“不永所事，讼不可长也”，把“永”解为长，把“事”解为讼事。“虽小有言，其辩明也”是说，没有是非口舌，就用不着去辩。辩就是有口舌是非。显然是把“言”讲成必须去辩的原因。总之，爻辞是说：有争讼的事端，不要长期纠缠；有是非口舌，无大妨害，最终是好的。麻烦免不了，要有思想准备，但也不必担心，最后吉祥。打官司千万不可好勇斗狠，要是办别的事情会半途而废。

九二：不克讼，归而逋，其邑人三百户，无眚。

【译文】

官司败诉，回来躲起来，他采邑中的三百户人就不会牵连受灾。

象曰：不克讼，归逋窜也；自下讼上，患至掇也。

【译文】

官司败诉，回来躲避起来。在下边告上边，这是自寻祸患。

【精解导读】

这一爻主要从敌应取象。爻与爻相应的关系是初与四应，二与五应，三与上应。《周易》例：相应的两爻如果是一刚一柔，即为阴阳正应。正应是上下应援，心志相合。如果相应的两爻全是刚爻或全是柔爻，即为敌应。敌应是上下不能应合而敌对。这种敌应、正应的爻象，来源于古人对阴阳之间异性相吸、同性相斥的认识。在别的卦里，敌应影响不大。在讼卦，敌应就成为诉讼的两造。九二与九五是敌应关系，九五在尊位，是大人得位，九二与九五相敌，肯定会败诉，故云“不克讼”。“克”是胜，“不克讼”是说官司打不胜。“逋”（bū）是逃窜，“邑”是大夫的采邑，即大夫的“家”。按封建制规定，诸侯受封有国，大夫受封有家，大夫的封地就是采邑，也可以收取自己封地中的赋税。三百户是下大夫之制，二位是大夫位，故云“邑人三百户”。“眚”是灾难。郑玄说：“异自内生曰眚，自外曰祥，害物曰灾。”意为，灾异从内部产生叫眚，从外部产生叫祥，伤害人或物才叫灾。“归而逋”是说逃窜回家躲避起来。从象上说，九二是从遁卦的九三下到二位（遁九三→䷠。九三来到二位，变䷅讼），使下卦成坎，坎是在坤（☷）的中间夹了一个刚爻，坤为土地、为国邑（见《九家易》），大夫入于邑中成坎，坎为隐伏，故为“归而逋”。坎为多眚，九二入大夫邑，居中位，名分相当又不失中，故“无眚”。象辞解释说：“不克讼，归逋窜也。”也是说败诉下来，逃窜回去躲起来。象辞把“逋”讲成窜。“自下讼上，患至掇也”，解释为什么“不克讼”。下指九二在下位，上指九五在上位，居于下位还要与上级打官司，故不能胜诉。“掇”是拾取，“患至掇也”，是说祸患的到来是自己找的。象辞把“眚”讲成患。九二这一爻在下卦中位，本可平安自保，但以下犯上，打官司要输，要逃窜才能保住自己封邑中的人口，也只是没有灾患罢了。

六三：食旧德，贞厉，终吉。或从王事，无成。

【译文】

吃祖宗留下的余荫，守正有危厉，但最终吉祥。或随从君王做事，没有成就。

象曰：食旧德，从上吉也。

【译文】

吃祖宗留下的余荫，随从上面吉祥。

【精解导读】

"旧德"是世袭制社会里祖宗给儿孙留下的余荫。祖先立了功，封了官爵，有封地封号，死后儿孙可以继承下来。只要后代不犯国法被废除，还可以吃祖宗留下的饭，这就是"食旧德"。"德"指祖先的恩德。祖宗的余荫并不容易保得住。《左传》里讲："君子之泽，五世而斩。"意思是说这种祖荫最多能守上五代，随时都有被褫夺的可能。守旧德要坚持正道，常常有一种危厉感，注意不要张狂，最后才会吉祥。如果随从君王办事，也不要自居有功，贪图封赏，保住祖先的封地封号就不错了。从象上说，三是公位，有祖先的余荫，坎为饮食，乾为旧德（见虞翻说）。六三在下卦坎里，上承乾卦，故云"食旧德"。下坎为险，上乾刚健有险不能出，故“贞厉”，有上九作正应，上九在全卦之终，六三在下卦之终，故“终吉”。上乾为君，从遁二变为讼三，遁是柔灭刚为逆，变三互为巽卦（䷸>互巽），巽为随顺，由逆变顺，故言“或从王事”。乘承皆刚故“无成”。象辞说“食旧德，从上吉也”，取义是说吃祖先的福荫，要顺从上面的君王。象上指六三与上九为正应，上九在乾里，乾为君。

九四：不克讼，复即命，渝安贞，吉。

【译文】

不能胜诉，返回到自己命定的分限，变得安分守正，吉祥。

象曰：复即命，渝安贞，吉，不失也。

【译文】

返回自己命定的分限，变得安分守正，吉祥，无大的失误。

【精解导读】

九五爻辞“讼，元吉”，是讼卦之主。九二与九五争讼“不克讼”，九四与九五争讼，也是“不克讼”，同样会败诉。“复”是返回来，“即”是就，义同“到”，“命”是自身的命运。“复即命”是返回到自己本身命定的分限之中，也就是顺从天命，没有非分之想。“渝”是变，“安贞”是安定正固。从取义上说，是处在争讼的大局之中，免不了与人争讼打官司，但官司不胜诉，能变得安分守正，顺从天命，就会吉祥。九四在上乾和互巽里（九四→☰>互巽），乾为天，巽为命（古人认为巽为风，风是传送上天信息，故以巽为命），有天命。又在诸侯位上，能守定自己命定的分限，安命知命，不做违背天命的事，可获吉。象辞用“不失也”解释“复即命，渝安贞”，就是指九四天命如此，没有失误，虽然讼卦会败诉，不致造成损害而吉祥。

九五：讼，元吉。

【译文】

诉讼，大吉大利。

象曰：讼，元吉，以中正也。

【译文】

诉讼大吉大利，是因为既中又正。

【精解导读】

“元”是首，引申为头号的、大的，“元吉”是头等的吉，是大吉大利。九五刚爻，五是刚位，位正；五是上卦中位，位中；五是天位、尊位，刚爻占据五位是大人得位，拥有统治权，可用自己的道治理天下。有权有势，行为不失中道，办事又公正，不激不偏，清正廉明，能理枉断曲，故“讼元吉”。象辞用“以中正也”解释“讼，元吉”，孔颖达的《正义》解释说：“‘以中正也’者，释‘元吉’之义。所以讼得大吉者，以九五处中而得正位。中则不有过差，正则不有邪曲，中正为德，故元吉。”孔氏把“元吉”讲成大吉，对“中正”的阐释都较正确。

上九：或锡之鞶带，终朝三褫之。

【译文】

或赐给官服大带，但一天之内会被三次剥夺。

象曰：以讼受服，亦不足敬也。

【译文】

因为争讼而得到官位，并不值得敬佩。

【精解导读】

“锡”用同“赐”。“鞶带”是大带。古代朝廷任命官员，按等级颁赐不同的官服，鞶带是官服中很重要的一部分，尤其是带钩和带上镶嵌的饰物，可以区别官职的等级，有金质、玉质、角质、木质种种不同。古装戏里还可看到一些遗制，如金带、玉带等。赐给大带，实际上就是赐给官服，所以爻辞说“锡之鞶带”，象辞则说“受服”。赐给官服，实际上就是授给官职。“朝”是日，“终朝”即终日，就是一天之内。“褫”是夺。爻辞的意思是说，官司打赢了，争讼得到好处，朝廷赐给官服，授给官职，但却长不了，一天之间就被三次贬谪，夺去爵位。从象辞上分析：乾为衣、为金、为玉，金玉为服，最明显的是鞶带，故有鞶带之象。乾为白昼，故为“终朝”。共三爻，故言“三”。上九位处穷极，有剥退之象，故云“终朝三褫之”。放在讼卦这个大环境里，就是打官司能因争讼而得官，高兴那么一阵子，但积怨太深，长不了，迟早会垮台。象辞说：“以讼受服，亦不足敬也。”“不足敬”是不值得敬重。靠争讼取得职位，而不是凭贤能和政绩，得之非道，故“不足敬”。言外之意是说，一天之间被贬谪三次，那是理所当然的。

【提示】

《周易》里不时提到“命”，对命的认识与今天的说法不尽相同，要注意按《周易》的思想体系去理解。《周易》讲的命是与时位相关的一个范畴，即在天地造成的时势中所处的特定位置，这是一种客观条件的局限，谁也不能超越。在客观条件允许的情况下去行动，就是顺应天命，即可获吉，绝不是让人们坐等好运的到来。不顾客观条件盲目行动，就是逆天命，逆天命就会遭凶。既反对盲动，又鼓励人们顺应规律去活动。知道自己所处的时势地位和应当如何活动的规律，这就是知天命。实际上命是客观条件对人的限定，自然与社会法则对人的制约。今天讲的命定论，不是《周易》的命所含的基本内容。中国有句古话，称作“知天命，尽人事”，对待命运的态度是比较积极的。

七　师——聚伍纷战

䷆

师卦的卦画组合是下面一个三爻的坎（☵）卦，上面一个三爻的坤（☷）卦，坤地，坎水，所以传统称作坎下坤上，地水师。《序卦》云："讼必有众起，故受之以师。师者，众也。"意为争讼必定会有众人起来相斗，故在讼卦之后接着是师卦。师是众的意思。《杂卦》说："比乐师忧。"比卦喜乐，师卦忧苦。师是古代军队的一级编制，名称沿用到现在。按《周官·大司马》记载，古代军队的编制是藏兵于农，每户出一人，五人为一伍，由下士任伍长；五伍为一两（二十五人），由中士任两司马；四两为一卒（一百人），由上士任卒长；五卒为一旅（五百人），由下大夫任旅帅；五旅为一师（二千五百人），由中大夫任师帅；五师为一军（一万二千五百人），由卿任军帅。师有二千五百人，故有众多的意思。师是军队的编制，故有军队的意思。军队用以作战，故师有战争的意思。战争给人们带来的是灾难，故有忧苦的意思。《序卦》讲的"众起"，《杂卦》讲的“师忧”，以及彖辞讲的“毒天下”，都是在师作为军队一级编制这个意义上引申出来的。

按卦变之例，师卦是在复卦的基础上变化了的形态。复卦的初九上升到二位就成为师卦。即：复䷗→初九与六二交换位置，变䷆师。按《序卦》排序，师卦与比卦构成一组正覆卦，师卦的卦画上下倒置就成为比卦，即师(䷆)上下颠倒，为䷇比卦。分析师卦要顾及这种爻的推移和卦的变化。

师，贞，丈人吉，无咎。

【译文】

师卦，众而正，丈人吉祥，没有咎害。

彖曰：师，众也；贞，正也。能以众正，可以王矣。刚中而应，行险而顺，以此毒天下，而民从之，吉，又何咎矣。

【译文】

师是众的意思，贞是正的意思。能带领民众走正路，可以为王了。九二刚爻中正，与六五正应。下卦坎为险，上卦坤为顺，行进在险难中还能顺顺当当，用这种做法去治理天下，而民众顺从他，吉祥，又会有什么咎害呢？

象曰：地中有水，师。君子以容民畜众。

【译文】

上卦坤为地，下卦坎为水，地中有水就是师卦。君子从中得到启示，要容纳人民，蓄聚群众。

【精解导读】

“贞”是正的意思，彖辞作了解释。“丈人”是有威望尊严、可以信托的长者。汉代的本子都作“丈人”，只有《子夏传》作“大人”。彖辞说“可以王矣”，可见还不是王，有待升迁，“丈人”比较符合身份。卦辞是针对九二这一爻下的断语。全卦只有九二一个刚爻，统帅五个柔爻，位在下卦中位，众望所归，居中不偏，为一卦核心，故言“贞”。位在下卦，被众柔爻簇拥，在群众中享有极高声望，故言“丈人吉”。然而师为忧苦之事，对一般人来说，仅能“无咎”而已。

彖辞从五个方面解释卦辞。（一）解释卦名及“贞”的意思。“师，众也”，“贞，正也”，都是判断句。卦名“师”是众多的意思。卦辞“贞”是正的意思。师卦是拥有民众又行不失正。（二）“能以众正，可以王矣”，指出“丈人吉”的第一个理由。能带领民众走正路，这样的人有做君王的素质，可以成为王者。从下卦中位到上卦中位，不离中道，故言“能以众正”。“以”是带领。意为现在虽不是王者，但具备为王的条件。（三）“刚中而应”，指出“丈人吉”的另一条理由。九二是刚爻，又在下卦中位，与上卦六五处在相应的位置上，阴阳正应。如同有刚健的素质，行为能守中道，又得到民众的响应，在师卦中做大军统帅名实相符，故“丈人吉”。（四）“行险而顺”，指出“丈人吉”的又一条理由。从上下卦特性的组合上分析，下卦坎为险，上卦坤为顺，行进在坎险中还能顺利，故能吉祥。（五）总括说明卦辞“吉，无咎”。“以此毒天下，而民从之，吉，又何咎矣”中，“此”指前面提到的“刚中而应”“行险而顺”。“毒”，干宝解释说“荼苦也”，意思是说给人们带来苦难。从象上说，下卦坎，坎为毒（见噬嗑卦）；上卦坤，坤为民。上下卦象合在一起是荼苦人民。“毒民”本来不吉，然而坤又为顺，是民众愿意顺从，足见被民众信赖之深。战争本来是荼苦人民，带来苦难的，但为了长远的利益，有时又不得不战。民众理解这一点，相信领导者的正义性，才可能甘心接受这种苦难，赴汤蹈火，在所不辞。丈人得到了民众的信赖，故能“吉无咎”。有人把“毒”讲成“药治”“役使”“荼毒”等，与《杂卦》的“忧”义不合。

象辞换了一个角度讲上下卦象。“地中有水，师”，是说上卦坤为地，下卦坎为水，上下卦象组合在一起是地中有水，这就是师卦。陆绩说：“坤中众者莫过于水。”意思是说，大地上最多的东西，什么也比不了水。这句话现在可以科学说明，地球上百分之七十的面积是水，只有百分之三十的陆地。然而水却容蓄在大地之中。地中有水是一种能容蓄众多的象。故君子要效法大地的胸怀，像大海容纳百川一样，能包容人民，蓄聚群众。“蓄”既有养的意思，又有聚的意思。

初六：师出以律，否臧凶。

【译文】

军队出动要按军纪，不按军纪行事凶。

象曰：师出以律，失律凶也。

【译文】

军队出动要按军纪，破坏军纪凶。

【精解导读】

师卦初六来自于复卦的六二（复卦六二→䷗，六二下到初位，即初六→䷆师），向下推移了一位，故言“出”。下卦成坎，坎为水，水平故可为法、为律。在师卦，故言“师出以律”。律是法律。取义是说，行军打仗要有严明的军纪军法。“否臧”，象辞解释为“失律”，就是不按军纪军法行事。《左传》宣公十二年晋国的知庄子曾用这句爻辞分析过胜负。在晋与楚的邲之战中，晋军副帅先縠（hú）刚愎自用，不听命令。知庄子说："此师殆哉！《周易》有之，在师䷆之临䷒，曰：'师出以律，否臧凶。'执事顺成为臧，逆为否。众散为弱，川壅为泽。有律以如己也，故曰律。否臧，且律竭也。盈而川竭也，夭而不整，所以凶也。不行之谓临，有帅而不从，临孰胜焉。此之谓矣。果遇，必败，彘子尸之……"说的意思是，《周易》里说过，在师卦初爻爻动变为临卦（师$_{初六\rightarrow}$䷆初六爻动，柔变刚，为䷒临）。爻辞说："师出以律，否臧凶。"部下听从指挥把事办成是臧，背逆命令就是否。师卦是众，变成临卦后，师象消失，如同是师众消散变成弱，下卦原为坎，坎为川，变成兑，兑为泽，是大川被堵塞变成沼泽。军队有法度纪律，是要让部下听从命令，进退合于主帅一己的心意，故称作律。否臧，军纪将丧失殆尽，由盈满变得大川枯竭，夭夭而不能整齐划一，所以凶呵。来到停住不行走才叫临，有将帅的指挥不听，有令不能行，还有比临更糟的吗？说的就是这种情况。如果真的遇上敌军，肯定会失败。先縠要主受其祸，即使免于战死，回国也一定会有大的灾殃。《左传》的这段话，还是把"否臧"讲成有令不行。其中"否臧，且律竭也"，指出"否臧"是军纪丧失殆尽。分开讲，"执事顺成为臧，逆为否"，臧是顺，否是逆。从词义上直接分析，臧是善，否是不，否臧就是不善，引申为逆而不顺。这与象辞“失律”的讲法一致。

九二：在师中，吉无咎，王三锡命。

【译文】

在三军中位，吉祥无咎害，君王三次赐命嘉奖。

象曰：在师中，吉，承天宠也。王三锡命，怀万邦也。

【译文】

在三军中位，吉祥，受到了天子的宠信。君王三次赐命嘉奖，是为了使万国来臣服。

【精解导读】

“在师中”显然是指九二在下卦中位。取义是说，九二是三军统帅。古代军队分上中下三军，主帅在中军坐帐，统一指挥，九二位在中为主帅，故吉祥而无咎害。“王三锡命”，是指九二的应爻在六五，五位是天位、天子位，九二与六五阴阳正应，到下一卦比中，九二会升至五位，由二至五中隔三爻，故有君王三次赐命嘉奖擢拔之象。“锡”用如“赐”。“三命”，在《周礼》中说：“一命受职，再命受服，三命受位。”《曲礼》又说：“一命受爵，二命受服，三命受车马。”指对功臣的封除奖赏。这一爻是全卦的中心，也是全卦最好的一爻。象辞说：“在师中，吉，承天宠也。”“承”是受到，“天宠”是天子的宠信。受到天子宠信，在三军中做大帅，故吉而无咎。“王三锡命，怀万邦也”中，“怀”是被德政感化而来臣服，“万邦”是万国。这句意为，君王三次赐命嘉奖，使万国都来臣服。这是指坤为国。九二为一卦唯一的刚爻，居下卦坎中，坎是刚爻占据坤中，上卦又为坤，柔爻都来应合九二，故有万国臣服之象。

六三：师或舆尸，凶。

【译文】

出师会拉着尸体回来，凶。

象曰：师或舆尸，大无功也。

【译文】

战车拉着尸体回来，大败而无功劳。

【精解导读】

管辂以坎为棺椁。《系辞·上》说：“古之葬者，厚衣之以薪，葬之中野，不封不树，丧期无数。后世圣人易之以棺椁，盖取诸大过。”意为：古代人安葬，是垫上厚厚的柴禾，埋在田野之中，不堆坟堆，也不立标志。悼念也没有规定期限。后代的圣人换用棺椁装殓尸体，大概取象于大过卦。大过䷛是棺椁之象。大过是一个放大了的坎卦(䷛<☵)，管辂认为坎有棺椁之象可从。坎又为“多眚舆（多灾多难的车）”。乾为阳、为生，坤为阴、为死。六三在下卦坎里（六三→䷆>坎），又在互坤里（䷆>互坤），上卦又是坤（䷆>坤），时在师卦，故有战死舆尸之象，十分凶险。古代称车厢为舆，这里指战车。“舆尸”是战车拉着尸体回来。象辞说：“大无功也。”“大”是“太”的意思。“大无功”是说仗打得连小回合上的一点功劳都没有，彻底败北。前人有把“尸”讲成“尸主”的，这与象辞的意思不一致，求深反失。

六四：师左次，无咎。

【译文】

部队后退驻扎，没有咎害。

象曰：左次无咎，未失常也。

【译文】

后退驻扎没有咎害，是因为没失去常规。

【精解导读】

朱震说“震为左”。按卦位讲，震东、兑西，面南而立，东方为左。六四在互卦震里（六四→䷆>互震），故云“左”。又在坎水之旁（六四→䷆>坎）。《左传》僖公十九年：“次睢”下孔颖达疏：“次谓水旁也。”故云“次”。在师卦，故云“师左次”。从取义上讲，“次”是部队驻扎。《左传》庄公三年：“凡师，一宿为舍，再宿为信，过信为次。”次是两天以上的驻扎。古代军中尚右，左次是退舍，即退后三十里驻扎。前遇阻碍，退军驻扎，但并不一定是失败，是退后驻扎，没有咎害。象辞说：“左次无咎，未失常也。”意为退军驻扎。这在行军打仗中是常有的事，并不违背用兵的常规，所以不会有咎害。

六五：田有禽，利执言，无咎。长子帅师，弟子舆尸，贞凶。

【译文】

田中有禽兽，利于仗义执言地猎获，没有咎害。长子可做主帅，弟子载尸而归，正固不动有凶。

象曰：长子帅师，以中行也；弟子舆尸，使不当也。

【译文】

长子做军队主帅，是按中道行施；弟子舆尸而归，是使用人不当。

【精解导读】

“田”在唐以前有两种讲法，一是讲为田猎，如荀爽：“田，猎也。”后来字作“畋”，指打猎。二是讲为田地、田野。两义并不矛盾。古代打猎在田野中，所以“田”与“畋”同字。“禽”指禽兽。《说文》：“禽，走兽总名。”后来才分出飞禽走兽。“田有禽”是说田地里有禽兽来祸害。“执”是擒获抓住，“言”是说明抓获理由的言辞。“利执言”是说把它抓获有充足的理由。从象上说，坤为地，故有禽可田。坤为柄，故可执。震为长男，即长子；坎为次男，为弟子。师卦从复卦变来，复卦的下震变而为下坎（复䷗>震、师䷆>坎），为长子入主中军，故言“长子帅师”。如以坎为三军主帅，就会出师大败，载尸而归。六五处在天子之位，故有任命用人之事。“贞”是正固不动。六五柔爻占据至尊之位，又面临九二“能以众正，可以王矣”，有退位让贤之象。下一卦比就是刚爻占据天子位，六五退下到二位，故言“贞凶”。古代立嗣以长，名正言顺。次子监国督军都名分不正。象辞说：“长子帅师，以中行也。”指九二在下卦中位，行为不失中道。“弟子舆尸，使不当也”，意为让弟子领兵会载尸而归，是使用人不当，也是指名分不正。前人解释这句爻辞未注意卦变，但把九二看成代表长子的一爻，六三看成代表弟子的一爻还是对的。这有两爻爻辞可证。

上六：大君有命，开国承家，小人勿用。

【译文】

天子颁赐爵命，建立国家，小人不要使用。

象曰：大君有命，以正功也；小人勿用，必乱邦也。

【译文】

天子颁赐爵命，是让有功之人得到正当的奖赏。小人不要使用，小人定会乱了国家。

【精解导读】

上六位在全卦之终，时当用师完毕，论功行赏。六位为宗庙位，古代出师、献捷、册封颁赐，多在宗庙举行仪式，表示天子不敢自专，要请求先王神灵的意旨。这在《诗经·颂》里有较多的描写。如《鲁颂·閟宫》写鲁僖公伐淮夷取得胜利，以其战功告祭祖庙，追述僖公祖先伯禽受封的情况，唱道："王曰叔父，建尔元子，俾侯于鲁。大启尔宇，为周室辅。乃命鲁公，俾侯于东，锡之山川，土田附庸。"意思是说，成王对周公说："叔父，立你的长子伯禽在鲁国做诸侯，开辟你的疆土，做周王室的羽翼。于是册封伯禽为鲁公，到东部沿海做了诸侯。赐给他山川土地以及其上的人民。"战争胜利，在祖庙献功告捷，然后论功行赏，这是古代的风俗。故于宗庙位的上六讲“大君有命”。从象上说，上卦坤为国、邑，故言“开国承家”。大君是天子，封建制度，对功臣最高的奖赏是封为诸侯，占有一方土地人民，成立诸侯国；次一等的赐给一块采邑，立家做大夫，以后便世袭下来。“开国承家”互文见义，等于说开国家、承国家。开是创立，承是继承，指世代继承。“小人勿用”，意为不能奖赏给小人土地和人民。六五讲的弟子，即这一爻的小人。六五讲长子、弟子，这一爻讲大人、小人。君子有位即为大人，无君子之道又无位即为小人。象辞说“大君有命，以正功也”，“正功”是使功正，即使论功行赏之道正，也就是使有功的人得到合理的奖赏。“小人勿用，必乱邦也”，“小人勿用”与六五爻象辞“使不当也”意义相通，是说不能把国家封赏给小人，因为小人没有治理国家的才德，必然会把国家搞乱。

【提示】

结合上一卦，可以说明一下爻的爵位。朱震的《汉上易传》指出一卦六爻各有爵位之象。初爻是元士位；二爻是大夫位；三爻是公位；四爻是诸侯位，古代诸侯在朝为天子之卿，故又为近臣、卿位；五爻为天子位；上爻为宗庙位。从讼卦与师卦的爻辞中看，这样分析爻的爵位符合《周易》的实际。讼卦讲不同等级、职位上的人所发生的争执与诉讼。九二有采邑，六三“食旧德”，九四“复即命”，九五“元吉”是“大人”，上九有鞶带。初六爻辞看不出职位的迹象，但从“小有言”上看，职位比较低。这一卦的上六又取宗庙为义。看来六爻有等级、职务的分工，这不是外加上去的。《周易》常取上爻为剥退之象，可能还因为宗庙是退职先王之位，故有剥退之象。

八　比——亲合相依

䷇

比卦的卦画结构是坤（☷）下坎（☵）上，传统称作水地比。《序卦》说：“众必有所比，故受之以比。比者，比也。”意为：人众多了必然会有所亲比，故在表示众多的师卦之后接着是比卦。比是亲比的意思。《杂卦》说：“比乐师忧。”意为：比卦喜乐，师卦忧苦。比的本义是相互靠近，字形是“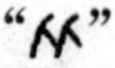”，两个人挨近在一起。《说文》说：“比，密也。二人为从，反从为比。……”古文比画的是两个人并列在一起相互挨近。方向换一下就是从（），两人前后相随。《序卦》说：“比者，比也。”这里用的是原义，比就是比的意思。《杂卦》说的“比乐”是与“师忧”相对而言。师是军队要打仗，相互亲比较之相互打仗要令人喜乐。彖辞说：“比，辅也。”辅是辅佐，即互相帮助。这是在亲比意义上的引申。人与人亲比，故有人辅助。卦爻辞里所用的挨近、亲靠、喜乐、归附、互助等义，都是在卦名亲比意义上的引申义。

比卦是在剥卦的基础上变化了的形态，是剥的上九下居五位。即：剥䷖上九与六五换位，变䷇比。这是卦变。比卦又是师卦的覆卦，即：师䷆上下倒过来看，即为䷇比。这是正覆关系。分析比卦，要注意它与剥卦、师卦的联系。

比，吉。原筮，元永贞，无咎。不宁方来，后夫凶。

【译文】

比卦吉祥。考察占筮预兆，开始永久守正，无咎害。从不安宁中刚刚过来，迟迟不来亲比的人凶。

彖曰：比，吉也；比，辅也。下顺从也。原筮，元永贞，无咎，以刚中也。不宁方来，上下应也。后夫凶，其道穷也。

【译文】

比卦吉祥；比是亲辅。下卦坤为顺，是下边顺从。用占筮考察，开始永久守正，无咎害，是因为九五刚健中正。刚刚从不安宁中过来，是上下都来应合。迟迟不来亲比的人凶，是无路可走了。

象曰：地上有水，比。先王以建万国，亲诸侯。

【译文】

下卦坤为地，上卦坎为水，地上有水就是比卦。先王在这样的时势下，封建万国，亲近诸侯。

【精解导读】

卦辞“比，吉”，是对比卦的断词，意为比卦是个吉祥的卦。“原筮”中，“原”是推原考察，“筮”是占筮。这句意为，在天下从战乱走向安定，圣明的天子已居正位的时候，要用占筮的方法考察一下，该用什么样的方略亲比诸侯，如何建邦立国。从象上说，下卦坤为地，故为田原；上卦坎为龟，龟用以占筮，故为占筮，合在一起是“原筮”。比卦接着师卦而来，师卦是用师作战，是天下合久必分；比卦是从战争中走向统一，是天下分久必合。全卦只有九五一个刚爻，又占据九五之尊，其余五个柔爻都要归附九五，正是天子改朝建国的时候，要决定建国方略。如何决定，要用占筮的方法看看天意如何，“原筮”的取义是用占筮考察一下，作为确定建国方略的依据。“元永贞”中，“元”是始，“永”是久，“贞”是正。这句意为新的朝代开始建立，要永久，要正固。“无咎”是说有一定的困难，但并无咎害。“不宁方来”，指刚从师卦过来。师卦是用师时期，不安宁，到了比卦才安宁下来。“方”是刚刚、才的意思。这句意为刚刚从不安宁的局势下走过来。“后夫凶”指的是上六。上六从剥卦的六五升为比卦的上六（剥䷖六五升到上位变䷇比）。剥的上卦是艮（☶>艮），艮为背，上六到背后去了，又在全卦穷极之处，故有凶。取义是说，后来归附亲比的小国有凶。

彖辞从四个方面对卦辞作了解释：（一）解释卦辞“吉”，可分三层。第一层，“比，吉也”，提出论点，比卦吉祥。“比，辅也”为第二层，比是比辅，大家都来亲近辅佐九五，所以吉祥。第三层，“下顺从也”，指下卦为坤（☷>坤），坤为众、为顺，在下位，故为下面都来顺从之象，所以吉祥。（二）解释卦辞“原筮，元永贞，无咎”。“以刚中也”指九五是刚爻，在全卦的尊位，刚健中正。“元”是指九五刚从师卦的九二升级为九五，刚开始成为天子。“贞”指九五刚爻居刚位位正，“永”指九五有刚正之德，能保证长治久安。（三）解释卦辞“不宁方来”。“上下应也”是说九五在上卦之中，刚爻居刚位；六二在下卦之中，柔爻居柔位；上下阴阳正应，和谐无间，从不安宁走向安宁了。“不宁”是乱而不安定。前人有把“不宁方”作为一个词来讲的，认为是乱的方国。这样讲义不顺。“方”是时间副词，意为刚刚、才，所以下面才说“后夫凶”。刚刚开始，才有先后的问题，词义上下贯通，不能不看语言环境，去生硬解释。（四）解释卦辞“后夫凶”。“其道穷也”是指上六处在全卦穷极的地位，无路可走。大家都来亲比九五，表示归顺，上六游移不定，迟迟不来，有异心，所以要遭殃。“后夫凶”是指迟迟不来有凶。不要简单理解为先来后来。“夫”是语气词。

象辞“地上有水，比”是解释上下卦象组合。比卦由两个三爻卦组成，上卦坎，坎为水；下卦坤，坤为地。合在一起是地上有水，即为比卦。“先王以建万国，亲诸侯”，是说先王在这样的时势下封建万国，亲近诸侯。“建”与“亲”是互文，意为建万国亲万国，建诸侯亲诸侯。地可以容水，博大宽厚如天子，水可以滋润大地，亲附如诸侯。地与水相与为用，相互依存。古代的天子把诸侯看作自己的藩城，诸侯要依靠天子的保护，也是相互依存，所以在地水亲比的时势下，明智的先王要封建万国，相互亲辅，巩固统治。这是封建制背景下的文化意识。史书记载，夏王朝时执玉帛者万国，成汤时有七千七百七十三国，成周是一千八百多个诸侯国。诸侯国越小，力量就越弱，对天子的依赖性就越大，所以要多建诸侯国。

初六：有孚比之，无咎。有孚盈缶，终来有它吉。

【译文】

有诚信去亲比，没有咎害。诚信充实如缶中盈满，终来亲比有格外的吉祥。

象曰：比之初六，有它吉也。

【译文】

亲比到初六，有格外的吉祥。

【精解导读】

“孚”是诚信。九五刚健中实，五个柔爻信托追随，是孚信之象。初六是向九五亲比，故言“有孚比之，无咎”。下卦坤为釜，借为“缶”，上卦坎为水，水在缶之上，满盈之象。“缶”是瓦盆，古代常用的陶器。瓦盆水满，比喻人心中的诚信充盈，故为“有孚盈缶”。“终来”指九五从剥的终爻上六来到五位，成为全卦的中心，大人得位成为天子，初六与“终来”的九五亲比格外吉祥，故言“终来有它吉”。

“它”是另外的意思，意为有另外的吉祥。初六距九五最远，从绝远的地方来归顺亲比于天子，这与邻近的几个小国来亲比不同，有更大的意义，格外吉祥。荀爽认为：九五与六二正应，初六在应爻六二之外，如同是绝域殊俗的蛮夷之国，九五如同圣明的天子，威望素著，华夏归附，影响所及，绝远的异国也来归顺，所以格外吉祥。这就是“有它吉”。

象辞说：“比之初六，有它吉也。”意思是前来归附的国家，影响所及，到了初六，就有了另外的吉祥。也是说初六远在域外，能来亲比，较之中原诸国的归附具有更大的意义，说明九五的恩德感化无边广大，吉祥不同一般。正如《千字文》歌颂的“爱育黎首，臣服戎羌；遐迩一体，率宾归王”，是王道远播，天下大治了。

六二：比之自内，贞吉。

【译文】

从内部亲比，守正吉祥。

象曰：比之自内，不自失也。

【译文】

从内部亲比，是行正道，自己没有失误。

【精解导读】

下卦又称内卦，六二在内卦之中；柔爻居柔位，位正；与九五是正应关系，即亲比关系，故为“比之自内”。因为居中守正，行为不左倾右斜，故云“贞吉”，而“贞吉”是正固而吉祥。

象辞说“不自失”，也是指六二中正，能不失正，就无过失。这一爻与九五亲比，名正言顺，也最得九五宠爱，初六来亲比是意义大，六二来亲比是理所当然。

六三：比之匪人。

【译文】

亲比的不是该亲比的人。

象曰：比之匪人，不亦伤乎！

【译文】

亲比的不是该亲比的人，不也令人伤感吗！

【精解导读】

“匪”用如“非”，“匪人”是说找的人不对。全卦只有九五一个刚爻，又在尊位，五个柔爻都应向九五亲比。然而六三与其他几个柔爻不同。初六在一卦最下，下面没有邻爻可比，只能上比九五，六二与九五正应，六四与上六和九五比邻。只有六三，上面比邻的是六四，下面比邻的是六二，总是与九五不能相比，故言“比之匪人”。象辞说：“比之匪人，不亦伤乎！”意为：亲比非人，不也令人伤感吗！指六三在亲比之时，亲比的却是不该去亲比的人，选择的错误，造成陷身饮恨，令人伤感。

六四：外比之，贞吉。

【译文】

向外亲比九五，守正吉祥。

象曰：外比于贤，以从上也。

【译文】

向外亲比贤明的人，是顺从上面的九五。

【精解导读】

六四虽然也与六三比邻，但六三是柔爻，所以向九五亲比。下为内，上为外，故言“外比之”。意思是说向外亲比九五。九五刚健中正。六四是柔爻得位，位正。正与正相亲比，故言“贞吉”。象辞说：“外比于贤，以从上也。”“贤”与“上”都指九五。“贤”是指九五刚正，为贤明之主，“上”指在六四的上面。从职位上说，五是君王，四是近臣，四比五是从上。

九五：显比。王用三驱，失前禽。邑人不诫，吉。

【译文】

显耀的亲比。君王用三驱之礼狩猎，失去了前面的禽兽。邑人不惊怕，吉祥。

象曰：显比之吉，位正中也。舍逆取顺，失前禽也；邑人不诫，上使中也。

【译文】

显耀的亲比且吉祥，是因为位置中正。因为要舍逆取顺，所以失去了前面的禽兽；邑人不惊怕，是因为九五处于中位。

【精解导读】

九五是全卦独有的一个刚爻，又居尊位，全卦要以九五为核心亲比在一起，故为“显比”，是最明显的亲比对象。下卦坤为田、为禽，故有狩猎之象。驱是进，九五从师卦的九二上升到五位，历经三爻，是三进到位，故云“三驱”。五位是天子，为君王，故云“王用三驱”。狩猎的三驱之礼，据《诗·小雅·车攻》毛传讲：“一曰乾豆，二曰宾客，三曰充君之庖。故自左膘而射之达于右腢，为上杀，射右耳本次之，射左髀达于右骬为下杀。面伤不献，践毛不献，不成禽不献。”意为：猎获的动物，一等的拿来供宗庙祭祀的乾豆使用；二等的拿来招待宾客；三等的做君王的食物。所以用箭射击的时候，从左边小腹射穿右肩，中心而死的为第一等；从左腹射穿右耳根，挨近心脏而死的为第二等；从左大腿外射穿右腰，未伤心脏而死的为第三等。至于迎面射伤脸的、射伤外观的，以及幼小的动物，都不能用来献祭使用。总之是要从动物的后边向前射，不能从正面向后射，其中的讲究就是舍逆取顺。因为狩猎是一种战争演习，动物逆我而来如同敌人来投降，不能杀；动物顺我而去是要逃跑，不能放过去，所以用三驱之礼狩猎，前来的禽兽都放走了。这就是爻辞讲的“失前禽”。从取象上讲，上六与九五换位为“失前禽”，《周易》例，上为前，初为后，上六为前，“失前禽”是把上六放过去。“邑人不诫”中，“诫”是惊戒。这句是说国邑中的人不惊扰，也不警戒，完全相信九五的德政。九五施政宽大，来不来亲附，听凭自愿，不强迫，都自动来亲附，故吉祥。象上指坤为国邑，为顺。九五从师卦二位上升到比卦九五，从下坤到上坤，邑人顺从，不惊扰，不对抗。象辞说“显比之吉，位正中也”，指出九五位置中正、显耀。“舍逆取顺”解释“失前禽”，反取狩猎的“舍逆取顺”之义，是说不愿归附而叛离的舍去，愿来归顺的就取来收容。“邑人不诫，上使中也”，是说国邑中的民众不惊扰，是愿意使九五上去处在尊位，作为大家归附的核心。这一爻是王道荡荡，天下归心。

上六：比之无首，凶。

【译文】

想亲比却没有首领，凶。

象曰：比之无首，无所终也。

【译文】

想亲比却没有首领，无地可去，到了完结的时候。

【精解导读】

《周易》例，上为首，初为尾、为足；上为终，初为始；上为前，初为后。上六在全卦上位，是首、是终、是前。但从卦变上看，比卦从剥卦变来，上六正是变动的一爻，与九五换了位置。剥卦的首上九下到五位，六五升到上位，再去下比九五，如同失去了首，故云“比之无首”。取义是说没有头领，无地可归附，故凶。象辞说“比之无首，无所终也”，指出上六无地可去，处在终位，穷途末路，要完结，故有凶。这一爻又是前禽，又是后，前是按《周易》例取象，后是从卦变取象，艮为背，上六在互艮之外（䷖>互艮），故为后。上六是全卦最凶的一爻。

【提示】

这一卦的“原筮”讲法多歧。王弼注：“处比之时，将原筮以求无咎，其唯元永贞乎？”意为：处在亲比的时势下，按照筮占去求得没有咎灾，只有“元永贞”吧。把“原”看成是推原、根据、按照、考察之类的意思。孔颖达疏：“原穷其情，筮决其意。”意思相同。《经典释文》没有异词。蜀才讲成“原究”。干宝说：“原，卜也。《周礼》之卜，一曰原兆。”又说：“考之蓍龟，以谋王业。”《周礼》：“太卜掌三兆之法，一曰玉兆，二曰瓦兆，三曰原兆。”注：“言龟兆似玉、瓦、原之璺罅。”甲骨占卜是看钻灼之后龟甲兽骨上面裂开的纹路，根据纹路裂开的形状来判断吉凶。这种纹路的形状，与玉石、瓦片受到敲击或大地干旱裂成的纹路有相似之处，所以太卜要用这三种裂纹比附龟甲上的纹路。“原兆”只是一种兆象，不是占卜，干宝的证据用错了。但他认为“原”有考察的意思是对的。程传：“推原占决其可比者而比之，筮谓占决卜度，非谓以蓍龟。”程氏把筮讲成是不用蓍龟，而是自己去度量，但还是把原讲成推原。《说文》：“原，水泉本也，从泉出厂下。”意为：“原”是水的发源地、源头，是本始的意思。有本始就有来由，故引申为原由，人们办事要推寻、考察事情的原由，故引申为推究考察。《系辞》中的“原始要终”就是推究考察事物的起源和归宿。“筮”是占筮，“原筮”就是考察一下占筮的吉凶预兆，依据占筮去办。自从朱熹根据《尔雅·释言》把“原筮”讲成了“再筮”，就造成解释的混乱。蒙卦卦辞说：“初筮告，再三渎，渎则不告。”占筮不可亵渎，岂能再筮。尚秉和先生说：“坎为筮，坤为原，这是原筮在象上的依据。”“坤为原”好理解，坤为地，地为原野。“坎为筮”的依据是坎为北方之卦，天的四象北方为龟蛇。只是取象与解释词义不能混同为一。

取象是为了命辞，命辞的词义要与卦爻的时势联系起来理解。允许词义的引申。所以王弼讲要“得意忘象”。比如屯卦九五爻辞，从兑泽升上天位的象中取出“屯其膏”的爻辞，“屯其膏”就不能仅理解为泽上于天，还可引申为天不下雨、君王恩泽不能下施等义。象与辞是两物，要承认其中的差别。辨象是为了追究系辞的来源，证义是为了搞清它的确切含义，两者不可偏废。把“原筮”讲成到郊原上去占筮，这就囿于取象而不允许词义的引申了。综上所述，原筮的取象是坤为原，坎为筮；取义是天下走向统一，要决定建国方略，用占筮的方法，考察一下该如何决定自己的政策，作为一种依据。干宝说周朝建国之初，“大相东土，卜惟洛食，遂乃定鼎郏鄏。卜世三十，卜年七百”。这在《诗经》中有记载。在当时的历史背景下，用占筮决定国策是极为自然而正常的现象。

九　小畜——原始积累

䷈

小畜的卦画结构为乾（☰）下巽（☴）上，传统称作风天小畜。《序卦》说："比必有所畜，故受之以小畜。"意为：大家比合在一起，必然会形成一种畜聚状态，故在比卦之后接着是小畜卦。《杂卦》说："小畜，寡也。"意为小畜是积聚较少。《序卦》解释"畜"是积蓄，"畜"用如"蓄"，《杂卦》解释"小"为寡。卦名"小畜"就是积聚寡少的意思，也即小有积蓄。

依据卦变的定例，一柔五刚的卦，都从夬卦或姤卦变来。从卦爻辞中看，小畜卦从姤卦变来。卦变的方式是姤卦的初六升到四位，而九四降到初位，即姤（䷫）四爻与初爻换位，变䷈小畜。小畜与下一卦履构成一组覆卦，小畜的卦图倒过来看即为履卦，即小畜（䷈）全卦上下颠倒，即䷉履。这一卦与姤卦联系最为紧密。

小畜，亨。密云不雨，自我西郊。

【译文】

小畜卦亨通。浓云密布却不下雨，从我所在的西郊而来。

彖曰：小畜，柔得位而上下应之，曰小畜。健而巽，刚中而志行，乃亨。密云不雨，尚往也；自我西郊，施未行也。

【译文】

小畜卦，柔爻占据了正位，上下都来应合，柔爻为小，故称小畜。下卦乾为健，上卦巽为风为顺，是刚健而又能巽顺；中位都是刚爻，是中心刚健，心志能推行，所以才亨通。浓云密布却不下雨，是往上去了。从我所在的西郊而来，是布施而未流行。

象曰：风行天上，小畜。君子以懿文德。

【译文】

上卦巽为风，下卦乾为天，风在天上吹就是小畜卦。君子从中得到启示，要美化自己的道德。

【精解导读】

卦辞说小畜卦亨通。“密云不雨，自我西郊”，意为浓云密布，却从我的西郊吹过去了，没有降雨。象上指的是，小畜卦下卦乾为天，上卦巽为风，风在天上吹，浓云密布也会被吹散，无雨之象。“自我西郊”主要取主爻六四为象，六四在互兑上巽里（六四→䷈ >上巽 >互兑），兑为西，巽为风，刮的是西风，西风把云吹走，虞翻说“乾为郊”，故云“自我西郊”。

彖辞从五个方面解释卦辞：（一）解释卦名，同时说明卦辞“亨”的理由之一。“小畜，柔得位而上下应之，曰小畜。”象上指全卦唯一的一个柔爻六四。柔爻占据柔位为得位，在涣卦（䷺）彖辞中也讲“柔得位乎外而上同”，也指六四。《周易》例，刚爻占据五位，柔爻占据四位，是最为合适的爻位。“上下应之”，卦象指六四上下有五个刚爻呼应。取义是说，柔顺地占据了该占的位置，上上下下都来应合，这是小畜卦的特点。全卦只有一个柔爻，位置又好，这是亨通的第一个理由。同时柔爻为小，所以叫小畜。（二）从上下卦特性的组合上说明“亨”的第二个理由。“健而巽”，指下卦乾为刚健，上卦巽为顺。坤是柔顺，巽是风顺。组合在一起是既刚健又遇上风顺，所以亨通。（三）从中位都是刚爻说明“亨”的第三个理由。“刚中而志行，乃亨”，指全卦二与五两个中位上都是刚爻。取义是说，刚健又能奉行中道，心愿就能得到推行，所以才亨通。以上三条，从不同角度阐释小畜卦为什么会亨通无阻。（四）“尚往也”解释卦辞“密云不雨”。小过卦六五象辞“密云不雨，已上也”，与这一爻对照看，“上”与“尚”同义。“尚往”就是往上。象上指六四是从姤卦的初位上往四位，卦变为小畜，小畜是巽风吹到乾天之上，浓云往上飘走，不能下雨。（五）“施未行也”解释“自我西郊”。意为：从西郊把浓云吹过去了，这是云的流行而未施雨。取义是说，积蓄太少，恩泽还未下施。从彖辞的提示来看，小畜卦通顺，但不会有大的恩泽利益带来。

象辞先解释卦象。“风行天上，小畜。”指下卦乾为天，上卦巽为风，风在天上吹动就是小畜卦。《九家易》说：“风者，天之命令也。今行天上，则是令未下行，畜而未下，小畜之义也。”荀爽认为是周文王在西岐时，还未做天子，不能把恩泽、政令下施于民，最好是去美化自己的道德，这样讲合乎历史。所以才说：“君子以懿文德。”“懿”是美，“文德”是有文采的道德。意思是君子要效法天象，要在道德上美化自己。

初九：复自道，何其咎，吉。

【译文】

返回正道，没有什么咎害，吉祥。

象曰：复自道，其义吉也。

【译文】

返回正道，从道理上讲应当吉祥。

【精解导读】

《周易》例，刚爻的推移，从上返下再生出来称复。剥䷖卦是刚爻从上剥退，复䷗卦就是又返到下面长出来。小畜从姤变来，初九与六四换位，从上来下，是循着复的正道返下，故云“复自道，何其咎，吉”。

象辞说：“复自道，其义吉也。”“义”是义理。意为：返回到正道上来，会有什么咎害，从道理上讲应当吉祥。

九二：牵复，吉。

【译文】

牵连而返回正道，吉祥。

象曰：牵复在中，亦不自失也。

【译文】

牵连而返回正道，又在中位，也没有什么过失。

【精解导读】

姤是阴长阳退的卦，初九是返下复生，改变了阳爻上退的趋势。九二紧邻初九，是初九牵动了九二来复，故云“牵复”。“复”是返回正道，故“牵复”也吉祥。象辞说：

"牵复在中，亦不自失也。"指九二占据下卦中位，中是无过无不及，行为适中。自己没有过失，所以吉祥。把"不失"与上爻的"其义吉也"联系起来可以看出，吉祥与否在于自己有没有过失，有过失，从道理上讲就应当不吉；无过失，从道理上讲就应当吉。前人讲"义者，宜也"，"义"有应当的意思。人应当顺应天道，顺应天道而无过失就会吉祥。

九三：舆说辐，夫妻反目。

【译文】

大车脱落辐条，夫妻反目不和。

象曰：夫妻反目，不能正室也。

【译文】

夫妻反目不和，是因为不能把家室关系摆正。

【精解导读】

乾卦九三象辞说"反复道也"，泰卦九三爻辞说："无平不陂，无往不复。"三是反复之位，况且九三又被全卦唯一的一个柔爻切断，有上下脱节之象。"舆说辐"中，"舆"是车厢，"说"同"脱"；"辐"，《释文》说"一本作图輹"，輹是连接车厢与车轴的卡子，古人称伏兔。在大畜九三与大壮九四里都提到“輹”。从象上看震为輹，小畜卦里没有震，不应作輹。“辐”是大车上的木质辐条。《周礼·考工记》：“毂也者，以为利转也；辐也者，以为直指也；牙也者，以为固抱也。”意为：车轮上的部件：穿车轴的毂，是用来使车轮转动的；辐是用来内连车毂、外接车辋的支撑直木；牙是用来牢固地把车轮环抱住。辐就是车轮上的辐条。从象上讲，巽为木、为直、为股，直木作股，故为辐，指的是九三与上卦巽辐（九三→䷈>上巽）脱离开。兑为毁折，九三在互兑里，故为大车颠覆，车轮毁坏，辐条脱落。“反目”是反目不和，“夫妻反目”是夫妻吵嘴打架，怒目相向。象上指的是小畜从姤卦变来，姤卦上乾为夫、下巽为妇（䷫>乾 >巽），夫在上，妇在下；变为小畜是巽在上，乾在下（小畜䷈>巽 >乾），关系颠倒。互卦变离（巽<䷈>互离），上卦变巽，离为目，巽为多白眼，故为“夫妻反目”。象辞说：“夫妻反目，不能正室也。”指的是妻在夫上，家室关系不正，故反目不和。

六四：有孚，血去，惕出，无咎。

【译文】

有孚信，远离血光之灾，从忧惧中走出来，无咎害。

象曰：有孚惕出，上合志也。

【译文】

有孚信，从忧惧中走出来，是因为上面与自己心志相合。

【精解导读】

六四是全卦唯一的一个柔爻，从姤卦的初六来到六四而得位，上下都来应合，故为“有孚”。“孚”是信，“有孚”指被上下信从。“惕”是忧惧。这是从卦变中取象。六四来源于姤卦的初六，姤是柔爻灭刚爻的第一卦，初六是灭刚的第一爻。坤初六文言说：“臣弑其君，子弑其父，非一朝一夕之故，其所由来者渐矣，由辨之不早辨也。”指的就是姤卦初六要灭刚，充满血腥与危惧。卦变为小畜初六进入四位，柔爻与刚爻应合，不去灭刚，解除了这种流血危惧状态，故言“血去，惕出，无咎”。象辞说：“有孚惕出，上合志也。”“上”指姤卦上面的五个刚爻，六四升上来与五个刚爻心志相合。

九五：有孚挛如，富以其邻。

【译文】

有孚信，能系恋，与邻居共同富裕。

象曰：有孚挛如，不独富也。

【译文】

有孚信，能系恋，是因为不独自富裕。

【精解导读】

“挛”是拳拳系恋的意思。九五处在全卦的大中之位，唯一的柔爻六四紧承其下，九五系恋六四，上下孚信相结，故为“有孚挛如”。姤卦上面的五个刚爻挨在一起为邻，卦变为小畜，小畜是小有积蓄而富有，上巽为近利市三倍，五个刚爻从被灭掉的形势下变为小康，共同富裕起来。其中九五在尊位，是带头人，故言“富以其邻”。“以”是与的意思。从取义上讲，是说九五信实忠厚，拳拳系恋着别人，与邻居一同富裕。象辞重点解释爻辞的取义，“有孚挛如，不独富也”，意为有忠信，系恋人，不独自享受富裕。“不独”解释“挛”的意思。

上九：既雨既处，尚德载。妇贞厉。月几望，君子征凶。

【译文】

已经下了雨，已经安然相处，在上位者负有德望。妇女正固有危厉。月亮快要满盈，君子征进有凶。

象曰：既雨既处，德积载也。君子征凶，有所疑也。

【译文】

已经下了雨，已经安然相处，是因为道德深厚。君子征进有凶，是有所嫌疑。

【精解导读】

“既”是已经，“既雨既处”，意为已经下了雨，已经安然相处。古人认为，下雨是天降雨露，恩泽下被。在上位能把恩泽布施于下，就是在上有德。“尚德载”中，“尚”同“上”，“载”是载负，这句意为在上位负有德望，也即处上位有德，在民众中负有声望。“月几望”中，“望”是十五的月亮，月满为望，“几”是快要，这句意为月亮快要圆了。这一爻主要是从上九的爻位取象。上位是极位，卦是不下雨的卦，到了极处就要下雨；卦是小富有的卦，发展到最后，小富有就可安居而享，故言“既雨既处”。发展到最后，大家都小畜了，所以才是“尚德载”。上卦巽为妇，妇在夫之上，关系乱了，正固不变有危厉，故言“妇贞厉”。按纳甲原理，兑为上弦月，“月几望”之象，主爻六四在互兑里，有快盛极之象，故言“君子征凶”。象辞说“既雨既处，德积载也”，主要指上九是小畜积累到最后。“君子征凶，有所疑也”，是说盛极而衰，再前进，就有衰败的可能。

【提示】

这一卦的卦爻辞大多从卦变中来，观察卦变时爻的推移运动，才能察知命辞的来源和内容。卦爻辞的来源还有一个重要的渠道，就是卦的错综关系。明朝万历年间，易学家来知德著有《周易集注》十六卷，提出“错综”的理论，实际上在《杂卦》“否泰，反其类也”中，已露出一些线索，孔颖达注《序卦》时已经指出卦序排列的覆与变关系。来氏讲的“错”就是孔氏讲的“变”，比如乾☰卦六爻皆阳，全变为阴爻，即成为坤☷卦，乾与坤就是错的关系。来氏讲的“综”就是孔氏讲的“覆”，比如小畜☴卦，倒覆过来看就是下一卦履☰，小畜与履卦就是综的关系。来氏特别强调了错综卦象的取象意义，把对《周易》的解释推进了一步，我们应当吸收他的合理见解。要而言之，我们在书面上看到的卦画是不动的，但卦要相荡，爻要推移，仅从一个不动的卦画中不能看出推移的痕迹。有了卦变与错综就能把卦画看活。简单地讲，卦变如同卦的来龙，大多可用以说明每组的前一卦；错综如同卦的去脉，大多可用以说明每组的后一卦。

十　履——礼仪规范

䷉

履卦的卦画结构为兑（☱）下乾（☰）上，传统称作天泽履。《序卦》说："物畜然后有礼，故受之以履。履者，礼也。"意为：物质得到蓄积丰富起来，然后要有礼仪来节制，所以在小畜卦后接着是履卦。履是礼节的意思。《杂卦》说："履，不处也。"意为履是行进而不停留。《说文》说："履，足所依也。"意为履是脚上穿的鞋子。综上所述，履的本义是鞋子，引申为践履、履进、礼节。古人认为，人的行动要受到礼的节制，不然就会乱来，故履有该怎样行动的意思，这就是礼。在卦爻辞中，卦名"履"主要是践踏、行进的意思。

履是小畜的覆卦，两卦构成正覆关系。即小畜（䷈）上下倒过来看为䷉履。按卦变的通例，小畜由姤䷫卦变来，它的覆卦履应当由姤的覆卦夬䷪变来。是夬的上六下到三位，即（上六、九三）䷪上六与九三换位变䷉履。分析履卦的卦爻辞要注意它与夬、小畜卦的关系。

履，履虎尾，不咥人，亨。

【译文】

踩在老虎尾巴上，虎却不咬人，亨通。

彖曰：履，柔履刚也。说而应乎乾，是以履虎尾，不咥人，亨。刚中正，履帝位而不疚，光明也。

【译文】

履卦，是柔顺以礼对待刚健。下卦兑为悦，上卦乾为人，兑悦而顺应乾人，因此踩在虎尾上，虎却不咬人，亨通。刚爻居于中位得正，踏上帝王之位而无愧疚，是因为光明正大。

象曰：上天下泽，履。君子以辨上下，定民志。

【译文】

上卦乾为天，下卦兑为泽，天在上、泽在下就是履卦。君子效法这种秩序，要分辨上下，安定民心。

【精解导读】

“咥”（dié）是咬噬，“疚”（jiù）是惭愧内疚。卦辞说：“履虎尾，不咥人，亨。”意思是说：踩在老虎尾巴上，老虎也不咬人，太顺利了。兑为虎，上为首，下为尾，从夬卦变为履卦，上卦兑变成下卦兑（夬䷪>上兑、履䷉>下兑），由首变尾，卦又是履卦，故为“履虎尾”。兑又为口、为悦，上卦乾为人，以悦应人，有口而不咬，故为“不咥人”。踩在虎尾上，虎不咬人，实在是太侥幸、太顺利了，故曰“亨”。

彖辞从三个方面解释卦辞。（一）说明主爻六三的运动。“履，柔履刚也。”意为：履卦是六三这个柔爻礼待刚爻，指主爻六三来源于夬卦上六，从上位下来，让刚爻上去。（二）解释卦辞“履虎尾，不咥人，亨”。“说而应乎乾”，指上下卦的组合，下卦兑为悦，“说”用如“悦”，上卦为乾，这里取乾为人的象，喜悦而顺应人，所以不咬人，亨通。（三）进一步说明“亨”的原因，指出九五中位是刚爻。“刚中正，履帝位而不疚，光明也。”象上指的是九五，九五是刚爻在上卦的中位，又刚居刚位，位正，故言“刚中正”。九五是尊位，为帝主，在履卦，故言“履帝位”。“不疚”指九五有刚健中正之德，登上帝王之位也无愧疚，可以胜任。“光明也”指主爻六三在互离中（六三↘䷉>互离），离为光明。因为卦象上有以上诸多条件，故能亨通。

象辞解释上下卦象的组合。“上天下泽，履”，指履卦上卦乾为天，下卦兑为泽，天在上、泽在下就是履卦。“君子以辨上下，定民志”，是说君子要效法天地自然的本然秩序，把社会也这样组织好，分辨出人的高低尊卑，大人君子要排列到上面，小人平民要排列到下面。上下排列合理，百姓的心里就会安定。

初九：素履，往无咎。

【译文】

按平素的做法履行，前往没有咎害。

象曰：素履之往，独行愿也。

【译文】

按平素的做法履行、前往，一个人也要去行动。

【精解导读】

夬卦变履卦，是六三从上位来到三位，三位以上的几个刚爻都到了柔爻之上，唯独初九、九二地位未变，仍保持原来的样子。所以初九是“素履”，九二是“中不自乱”。因为是在履卦，故为“素履”。素履是仍按原来平素的样子去履行。因为行为照常，故“往无咎”。象辞说：“素履之往，独行愿也。”意为素履之往，是按照自己的心愿去行动。没有象辞的说明，“素履”可以讲成白鞋，可以讲成朴素的行为等，有了象辞的限制，“素履”就应当讲成平素的行动，用成语解释就是我行我素，按照自己的心愿去行动。

其他的意义不能作为主要意思。取象与取义要分开。

九二：履道坦坦，幽人贞吉。

【译文】

履进的道路平坦宽阔，幽暗之人正固吉祥。

象曰：幽人贞吉，中不自乱也。

【译文】

幽暗之人正固吉祥，是因为守中不乱。

【精解导读】

履卦的形成是夬卦的上六下到九二之上的三位。二位是地位，“直方大”，故云“履道坦坦”。“坦坦”是道路宽而平的样子。“幽”是暗，“幽人”是幽暗的人，主要指盲人。归妹九二爻辞说“眇能视，利幽人之贞”。“幽人”总是与“眇”连在一起。“眇”是眼有残疾，“幽人”主要指盲人，扩展一点讲，可理解为一切身处幽暗的人。从象上分析，九二互离（九二→䷉>互离），又在下卦兑中，离为目，兑为毁折，目有毁折，故为“幽人”、为“眇”。“贞”指九二在下卦中位，能在中守正，故吉祥。象辞说：“幽人贞吉，中不自乱也。”意思是说：幽暗之人吉祥，是位在中而自己不乱。“乱”指的是乱动，“中”指中位。“不自乱”解释“贞”。夬变履，九二守中不动。归妹九二的象辞说“利幽人之贞，未变常也”。“未变常”与“不自乱”可相互说明，能保持常态，品行端正，不逐荣华，与初九的不改素常意思接近。对于“幽人”的解释，前人有解为隐士的，有解为守节女子的，有解为囚犯的，有解为幽静之人的等，无论怎样讲，要以盲人为基础去理解，引申为幽暗之人。

六三：眇能视，跛能履。履虎尾，咥人，凶。武人为于大君。

【译文】

眼有残疾能看得见，腿瘸能走路。踩在老虎尾巴上，咬人，凶。武人要做大王。

象曰：眇能视，不足以有明也。跛能履，不足以与行也。咥人之凶，位不当也。武人为于大君，志刚也。

【译文】

眼有残疾能看得见，是不能看清楚。瘸子能走路，是不能走长路。虎咬人，凶，是位置不正当。武人要做大王，是心志刚强。

【精解导读】

“眇”，《说文》说：“眇，一目小也。”指一只眼大、一只眼小的人，眼长得有毛病，是斜眼或偏盲，但还看得见，这就是“眇能视”。“跛”是瘸子，“履”是行走，瘸子还能走路，就是“跛能履”。履又为踩踏，“履虎尾”即踩在老虎尾巴上。“咥”是咬噬，老虎咬人，故凶。“武人”是勇武之人，可视为后人说的军人，“大君”犹如大王，“为”是做，军人要当大王就是“武人为于大君”。从象上讲，六三在互离之中（六三→䷉>互离），又在下兑（䷉>兑）。离为目，兑为毁折，目受伤为眇，但有目，可见，故云“眇能视”。六三上连为互巽（六三→䷉>互巽），下连为兑，巽为股，兑为毁折，股毁折成了瘸子，为跛。在履卦，故“跛能履”。原在夬的上位是首，来到下卦成尾，故为“履虎尾”。兑又为口，故可“咥人”，有凶。爻辞取爻象，卦辞取卦象，卦辞说“不咥人”，爻辞说“咥人”，主要是取象的范围不同。兑为虎，虎威猛，故为武人；虎是兽中王，六三是全卦的主爻，故“武人为于大君”。象辞说：“眇能视，不足以有明也。”“不足”是不胜任。这句意为：眼有残疾能看见，但不能看得很清楚。“跛能履，不足以与行也”中，“与行”是参与行走行列。这句意为：跛子能走路，但不能走多远。“咥人之凶，位不当也。”一指六三是柔爻占据了阳位，失位不正；一指六三虽为全卦唯一的阴爻，被五个阳爻上下应合，但骑在两个刚爻之上，柔乘刚位不当。“武人为于大君，志刚也。”指六三有上九刚爻做正应，又为其他刚爻所应合，虽然是柔爻，心志比刚爻还刚强，要做大王。

九四：履虎尾，愬愬，终吉。

【译文】

踩在老虎尾巴上，战战兢兢，最后吉祥。

象曰：愬愬，终吉，志行也。

【译文】

战战兢兢，最后吉祥，是因为心志得到了满足。

【精解导读】

六三是虎尾，九四乘在虎尾之上，故为“履虎尾”。“愬愬”（sù）是恐惧的样子，马融本作“虩虩”，也是恐惧发抖的样子。九四紧邻下卦兑（九四→䷉>兑），兑为虎、为口，有被虎口咬噬的危险，故愬愬发抖。但处在上下卦之际，中间有分界。履是小畜的覆卦，九四就是小畜的九三，小畜九三爻辞“舆说辐”，也是指下上脱开，故咬不着。但危险恐惧是不可避免的，故“愬愬”。因为下有六三这个全卦唯一的柔爻相比，故“终吉”。

象辞说："愬愬，终吉，志行也。"意为有恐惧但最终吉祥，是因为心志得行。这从象上讲，指的是六三从夬卦的上六下来，顺承九四，比合在一起，九四的心愿满足了，"志行"指的是心志的满意。

九五：夬履，贞厉。

【译文】

行履刚决，正固有危厉。

象曰：夬履，贞厉，位正当也。

【译文】

行履刚决，正固有危厉，是因为位置正当。

【精解导读】

履卦由夬卦变来，故言"夬履"。程传讲："夬，刚决也。五以阳刚乾体居至尊之位，任其刚决而行者也，如此则虽得正犹危厉也。古之圣人居天下之尊，明足以照，刚足以决，势足以专，然而未尝不尽天下之议，虽刍荛之微必取，乃其所以为圣也，履帝位而光明者也。若自任刚明，决行不顾，虽使得正，亦危道也，可固守乎？有刚明之才，苟专自任，犹为危道，况刚明不足者乎！"意思是说：九五是刚爻，在上卦乾里，乾为刚，又在五的尊位上，是个一味刚决而行的统治者。这样下去，居正也有危厉。古代的圣人据有天下的尊位，有足够的才能和权势，还是要听他人的意见，即使是卑微下民的意见也要听，这才是圣人、光明的帝王。如果自己认为刚明，不顾别人的意见，武断而行，即使得正，也是危道，怎么可以固守呢？有刚明的才能，如果独断专行，还有危厉，更何况才能不足的呢！

上九：视履考祥，其旋元吉。

【译文】

审视走过的路，考察吉凶，返旋上位，大吉大利。

象曰：元吉在上，大有庆也。

【译文】

大吉大利在上位，是大有喜庆。

【精解导读】

“视”是看，“履”是行，“考”是考察，“祥”是吉凶的征兆，“旋”是返转。爻辞意为：审视走过来的行为；去考察是吉是凶。能返转过来，大吉大利。全卦五个刚爻，只有上九与主爻六三阴阳正应。六三在互离之中（☲>互离），离为目，可视；离为龟，龟可占卜，可考问吉凶。六三又是履的代表，故言“视履考祥”，是说上九可审视如何履进，去考察吉凶，也就是看看如何行动来察知吉凶。“旋”指上九返转到上位。卦从夬变来，上九是与六三换位，返旋到上位，故言“旋”。象辞说：“元吉在上，大有庆也。”意为大吉大利在上位，是大有喜庆。“大”指上九是刚爻，刚爻为大，六爻中只有上九有正应，故有喜庆。

【提示】

这一卦提示三点：一是关于虎的取象。虞翻认为坤为虎，朱升认为离为虎，唐鹤征认为乾为虎，苏轼认为九二为虎，邵雍认为兑为虎。考之《说卦》，邵雍说的正确。《说卦》讲，离“南方之卦也”，坎“正北方之卦也”，“震，东方也”。这是后天八卦的方位，显然，兑是西方之卦。天的四象是东方七宿为苍龙，西方七宿为白虎，南方七宿为朱雀，北方七宿为龟蛇。天的四象古人早有成说，《周易》大量采用古代天文知识，不可能仰观俯察而不取四象。《说卦》里还讲，“震为龙”“离为雉”，已经指出东方为龙，南方为朱雀，那么即可推想而知西方兑为虎，北方坎为龟蛇。虞翻说坤为虎，可能是误以为乾为龙，故坤为虎。其实乾不是龙，震才是龙，乾是震的一阳渐次生长，直到六爻皆阳，乾是六龙相加。朱升认为离为虎，可能是以为离为文，虎有斑文，故离为虎。但《说卦》已经讲到“离为雉”，雉就是朱雀，再给它安上虎就不妥当了。朱雀一般认为是凤凰，但古人并未这样认定，只是觉得南方七宿像一只鸟罢了，古人甚至有认为是鹌鹑的，这从鹑火这一类的星名即可推知。雉是一种美丽而比较大的鸟，《诗经》里还把它看得很高贵，时时见诸歌咏，其实凤不过是雉的一种神秘化说法。凤凰这种鸟即使古代确实有过，也不过是像孔雀、雉那样一种美丽的大鸟。所以雉就是后人讲的朱雀可以承认。取天的四象，兑为虎就较接近《周易》作者的认识。说乾为虎，是从履卦刚爻多得到的印象，没有线索可据。至于《说卦》讲的“离为鳖，为蟹，为蠃，为蚌，为龟”，显然是取离（☲）外刚内柔，故为甲壳类动物，那是另一种取象方法，与取天的四象来源不同。二是乾为人的取象。依据易理，乾为阳，坤为阴，可以推知乾为人，坤为鬼。最有说服力的是彖辞“说而应乎乾，是以履虎尾不咥人”。显然是把兑看成说，把乾看成人。彖辞虽未明讲，但提示是较为明显的。虞翻说“乾为人”，可以从中得到印证。三是关于“礼”的问题。《序卦》说：“履者，礼也。”礼在卦中是如何反映出来的？这主要反映在“上天下泽”的卦象里。礼在古代是维护上下等级和谐相处的一种礼仪秩序，主要是防止在下位的人僭越等级而做出的一些规定。上下分明就是守礼，在下位而超越了规定就是越礼。《系辞·下》提到：“履，德之基也。”“履，和而至。”“履以和行。”履都有礼的意思。上天下泽是自然的等级，礼是人伦社会的等级。

十一　泰——阴阳和谐

䷊

泰卦的卦画结构是乾（☰）下坤（☷）上，传统称作地天泰。《序卦》说："履而泰然后安，故受之以泰。泰者，通也。"意为：按仪礼去做就会通达，然后可以平安，所以在履卦之后接着是泰卦。"泰"是通达的意思。《杂卦》说："否泰反其类也。"意为否卦与泰卦是类别相反。从卦象上讲，指的是阴爻与阳爻的返上复下，类别相反。从意义上讲，否卦象辞说"天地不交，而万物不通也"。否卦是天地不交，阴阳闭塞，泰卦则是天地相交，阴阳通达，也就是不闭塞。按《序卦》《杂卦》的解释，泰卦是通达、平安的意思。

蜀才说："泰本坤卦，小谓阴也，大谓阳也。天气下，地气上，阴阳交，万物通。"意思是：泰卦从坤卦发展而来。坤卦是六爻纯阴，一阳下生为复卦，即坤䷁下生一位阳爻，变䷗复；二阳下生为临卦，即复䷗再下生一位阳爻，变䷒临；三阳下生为泰，即临䷒再下生一位阳爻，变

☷☰泰。泰卦达到了阴爻与阳爻的平衡。泰的覆卦、变卦都是否卦，即泰（☷☰）全卦倒过来看，为☰☷否；泰☷☰六爻全变，为☰☷否。“独不见往来乎？否泰是也。”否、泰是显示卦爻摧荡、阴阳消息最突出的两卦，分析时要注意泰卦与否卦的关系。

泰，小往大来，吉亨。

【译文】

泰卦，小的去往，大的来到。吉祥亨通。

彖曰：泰，小往大来，吉亨。则是天地交，而万物通也。上下交，而其志同也。内阳而外阴，内健而外顺，内君子而外小人。君子道长，小人道消也。

【译文】

泰卦，阴爻为小，阳爻为大，阴去阳来是小的去往，大的来到，吉祥，亨通。下卦乾为天，上卦坤为地，天地相交，万物通达。天本在上，地本在下，而泰卦却天在下、地在上，是上下相交，心志相同。阳爻在内卦，阴爻在外卦，这是内阳外阴。乾为健，坤为顺，这是内刚健、外柔顺。阳爻为君子，阴爻为小人，这是内君子、外小人。阳爻从下息长，阴爻从上消退，这是君子之道在生长，小人之道在消退。

象曰：天地交，泰，后以财成天地之道，辅相天地之宜，以左右民。

【译文】

下卦乾为天，上卦坤为地，天地上下相交通，就是泰卦。君王受到启发，按天地法则制定人的法则，助成天地法则推行，来指导民众。

【精解导读】

卦辞“小往大来”，与否卦卦辞“大往小来”结合在一起观察就会发现，阴爻为小，阳爻为大；爻从上向下运动为来，从下向上运动为往。否卦卦图是乾上坤下☷，泰卦卦图是坤上乾下☷，两卦既有往来，说明卦是运动的。泰卦从否卦运动而来，是大的阳爻来到，小的阴爻去往。从取义上讲“小往大来”是失去的少，得到的多。《系辞·上》说：“吉凶者，失得之象也。”既然得大于失，故为吉祥。乾为天、为阳，坤为地、为阴，泰卦乾在下、坤在上，是天的阳气到了下边，地的阴气到了上边，是天地阴阳交感流通之象，故万物得以生出长成，所以亨通。

彖辞从五个方面解释卦辞：（一）强调“小往大来”的运动。彖辞虽然只是重复说“泰，小往大来，吉亨”，但话一重复就有了强调意义，这里强调的就是“小往大来”是一种运动，运动才能吉亨。（二）说明“吉亨”的第一个原因：“则是天地交，而万物通也。”象上指下卦乾为天、上卦坤为地，乾下坤上是天的阳气下降，地的阴气上腾，为天地相交之象，天地能交感流通，万物才能吉祥、亨通。这是《周易》最基本的思想，天地相交，万物化生；阴阳相交，流行亨通。天地不交，万物既无由产生，也难以生存，更谈不上吉亨。（三）从上下的交感流通解释吉亨。“上下交，而其志同也”，象上指坤地位下而愿上，乾天位上而愿下，天地互喜，阴阳相吸，上下相交，志同道合。推及社会伦理上说，在上位的人能谦恭卑下，在下位的人能顺应迎上，至诚交感，上下一心，心志相合，故吉祥、亨通。（四）从内卦与外卦的组合上说明“吉亨”。“内阳而外阴，内健而外顺，内君子而外小人。”下卦为内卦，上卦为外卦，内外卦的组合是内卦乾为阳，外卦坤为阴；内卦乾为刚健，外卦坤为柔顺；内卦刚爻为君子，外卦柔爻为小人。推及到社会伦理上说，阳气内蓰，阴气外发；内心刚健，外表柔顺；内近君子，外远小人，所以吉祥、亨通。（五）从阴阳消息上说明“吉亨”。“君子道长，小人道消也。”象上指阳爻代表君子之道，阴爻代表小人之道。阳爻在下息长，阴爻在上消退，所以吉祥、亨通。从彖辞的提示中可以看出：刚爻为阳、为大、为君子；柔爻为阴、为小、为小人。在下是向上息长，在上是向外消退。

象辞解释卦象组合，“天地交，泰”，意为下卦乾为天，上卦坤为地，天与地上下交感流通就是泰卦。“后以财成天地之道，辅相天地之宜，以左右民。”“后”是君王，因为帝位的六五是阴爻，故称后。“财”通“裁”，意为断制，犹言制定。“辅相”是赞助的意思。“宜”是适合，这里指天地适合于万物的运行之道。“左右”是率领、指导的意思。这句意为君王要从天地交感流通中得到启示，要按天地运行的法则制定出人伦大道，把天地适合于万物的大道推及到社会上，助成天地之道的推行，来率领、指导民众的行动。其实就是按天地之道制定政策，领导人民推行天地运行的法则。天地运行的法则就是阴阳交流则通达，不交流就闭塞。天地之宜就是要交感流通。

初九：拔茅，茹以其汇，征吉。

【译文】

拔茅草，根系牵连带着同类，征进吉祥。

象曰：拔茅征吉，志在外也。

【译文】

拔茅草征进吉祥，是因为志在外卦。

【精解导读】

茅是一种草类植物。《说文》："茅，菅也。"茅是菅草。《释文》："茹，牵引也。"虞翻说："茹，茅根。"茹是根系牵连的样子。菅草是靠根系滋生的一种草，根系在地里蔓延得既长又多，往上起拔的时候，根系牵缠，拉得很长。汇是类。爻辞意为，拔茅草，根系牵连，带着同类一同上进，吉祥。否卦初六爻辞也说："拔茅，茹以其汇，贞吉亨。"象辞："拔茅贞吉，志在君也。"两爻只有个别字的差异。泰初九的"征吉"与否初六的"贞吉"，正如《系辞·上》讲的"动静有常，刚柔断矣"。刚爻以动为性，柔爻以静为性。"征"是前进，与刚爻性合；"贞"是贞固静止，与柔爻性合。其他的爻象都应与否的初六联系在一起考虑。虞翻说："否泰反其类，否巽为茅。茹，茅根。艮为手。汇，类也。初应四，故拔茅茹以其汇。"意思是说，泰是否的覆卦，又是否的变卦。否卦中的互巽为茅（否九四→䷋>互巽），互艮为手（九四→䷋>互艮），初爻与四爻是应位，故从否的四位取象。否的九四在巽茅艮手里，如同手拔茅草，根系牵连，同类一起提出。"茹"是茅根，"汇"是同类。茅根牵连上出，否卦一反就成为泰卦。虞氏的说法可备一说。巽为茅见大过卦说明。如果与否初六爻辞联系在一起分析，大致可得出一个结论：同性爻一同上长即为"拔茅以其汇"。刚爻与刚爻为类，柔爻与柔爻为类，推移中刚爻与柔爻始终保持各聚一处，顺序而不分开，有如根系牵连，同类共进，泰卦是由坤卦经过复、临长成，泰初九相当于复卦初九，复初九在下震里，震为萑苇，根系牵连似茅，震又为生，有挺出上拔之象，带领同性爻一同上长，故言“茹以其汇”。象辞说“拔茅征吉，志在外也”，联系否初六象辞“志在君也”一起分析。《说卦》讲“乾为君”，否的初六是志在乾卦，乾在外；泰的初九是志在坤卦，坤在外。从爻位上看，初九的应爻在六四，上下阴阳正应，所谓“志在外”，还是讲阴阳喜合，异性相吸，初九的愿望在外卦。取义是说，初九的愿望是要向外发展。

九二：包荒，用冯河，不遐遗，朋亡，得尚于中行。

【译文】

包容广远，徒步过河，不因远而遗失；失去了朋友，却因为中正行进受到崇尚。

象曰：包荒，得尚于中行，以光大也。

【译文】

包容广远，中正行进受到崇尚，是因为广大。

【精解导读】

“荒”是广远，如远古称“荒古”，广野称“荒野”。“包荒”是说包容广远，胸襟阔大。“冯”用如“凭”，“冯河”是徒步涉水。“遐”是远，“遗”是失，“不遐遗”是说不因遥远而有所遗失，也就是再远也能顾及。“朋”指朋友，坤卦象辞说“西南得朋，乃与类行”。“朋”“类”互文见义，朋指朋友。“朋亡”是失去朋友。“得尚于中行”，意为按中道行进，受到崇尚。从象上说，九二在下乾之中，要推移到上卦之中，志在上坤，乾天大，坤地广，有广远之象，故称“荒”。虞翻说“在中称包”，考之各卦，初、上两位不言包，包都在卦的中四爻。如蒙卦九二“包蒙”；否卦六二“包承”，六三“包羞”；姤卦九二“包有鱼”，九四“包无鱼”，九五“包瓜”。甚至言“苞”的也在中四爻，如否九五“苞桑”。如“中”指除初、上而外的卦中四位，虞氏的说法可以成立。那么“包荒”是从九二在下卦中位，又是下卦乾的主爻，要向上发展到上卦中位取象。下卦乾为健，九二要上到五位，前临互兑（五位→䷊>互兑），兑为泽，故可为河。互震为足（䷊>互震），刚健而足涉河，故为“用冯河”。天大地广，从泰推移到否，是天地运动，故“不遐遗”。坤为朋，坤卦卦辞“西南得朋，东北丧朋”，古代串成两串的贝市或两串玉都可称朋，坤（☷）像两串，故为朋。坤卦要从上消退，故言“朋亡”。九二从二位升进到五位，是从下卦向上卦，从中位走向中位，经历三四位，行在卦中，故言“得尚于中行”。“尚”义同“上”。象辞说：“包荒，得尚于中行，以光大也。”“光”用如“广”，是说九二包容广远，从下卦中位上到上卦中位，是因为乾天大、坤地广。爻辞是从泰卦往来运动中取象。理解可以灵活，“包荒”是无所不包，“用冯河”是徒步可涉过大河险阻，一往无前。“不遐遗”是遐迩都可顾及，远近皆宜。“朋亡”是不立朋党，大公无私。“得尚于中行”是能行中正之道，被大众所推崇。

九三：无平不陂，无往不复。艰贞无咎，勿恤其孚，于食有福。

【译文】

没有只平而不倾斜的，也没有只往而不返归的。艰难守正没有咎害。不必担忧，内心要坚定信实。在饮食方面有福可享。

象曰：无往不复，天地际也。

【译文】

没有只往而不返的，何况它处在天地的交界。

【精解导读】

“陂”是倾斜不平，“复”是返回。“恤”是忧恤。从象上看，下卦三个刚爻，上卦三个柔爻，阴阳平衡。但刚爻要向上推移，柔爻要下退，平会变得不平。从泰到否，从否到泰，乾来坤往，坤来乾往，天地的运动往来不绝，故言“无平不陂，无往不复”。九三在下卦乾与上卦坤的边界线上，正是天地运动的衔接处，是阴阳推荡的前沿，要保持泰平，在艰难中守正才会无咎。但阴阳推移虽是消长生灭的契机，而阴与阳又是相互依存的，九三与上六阴阳正应，相互信赖，不必担忧，故言“艰贞无咎，勿恤其孚”。九三在互卦兑中（九三→䷊>互兑），上卦是坤，下卦是乾，兑为口，坤为众，乾为福，是可食的东西众多，有口福之象，故言“于食有福”。象辞说“无往不复，天地际也”，意为没有来而不往，往而不来的，是处在天与地的边际。强调天地运动的规律是往来运动不绝。

六四：翩翩，不富以其邻，不戒以孚。

【译文】

轻飘飘的，与邻居一样不富足，不戒备，心存孚信。

象曰：翩翩不富，皆失实也；不戒以孚，中心愿也。

【译文】

轻飘飘的，与邻居一样不富足，是因为都不刚不实。不戒备并心存孚信，是心中愿意如此。

【精解导读】

“翩翩”是飘飞的样子，这里指轻飘飘的。象上指上卦坤为虚，要向上退去。刚爻为实，柔爻为虚，因虚故“翩翩”。坤为虚、为吝啬，故为“不富”。六四与相邻的六五、上六一同组成坤卦而向上消退，故言“不富以其邻”。“不戒”是不加戒备。刚爻上推，柔爻外退，六四处在推退前沿却不加任何戒备，是因为六四与初九阴阳正应，又因为六四与下面的三个刚爻直面相接，按同性相斥异性相吸的易理，六四对刚爻喜悦而信赖，故言“不戒以孚”。象辞说“翩翩不富，皆失实也”，“实”指刚爻，意为轻飘飘的不富足，是因为相邻的爻都不是刚爻。“不戒以孚，中心愿也。”意为不加戒备，心怀信赖，是心中愿意如此。这一爻的“翩翩”，前人多讲成鸟飞，但象中没有鸟。按象辞“无实”的说法，应当看成是轻飘飘的样子。

六五：帝乙归妹，以祉元吉。

【译文】

帝乙嫁妹，以此得福，大吉大利。

象曰：以祉元吉，中以行愿也。

【译文】

以此获福且大吉大利，是因为行中道实现了自己的心愿。

【精解导读】

女儿出嫁为“归”。在归妹卦里也提到“帝乙归妹”。看来周王朝的先祖确实有过娶商帝妹妹的历史，故念念不忘。李镜池先生认为，《诗经·小雅·大明》中，“挚仲氏任，自彼殷商，来嫁于周，日嫔于京”说的就是这件事。传统解释认为，《诗经》讲的是挚国姓任的二女儿，从商下嫁于周的王季，生下了周文王。挚是商王朝近畿的一个诸侯国。从古代同宗封侯的习惯考虑，太任很可能是商王的同宗妹妹。这样，帝乙应当指商纣王的父亲帝乙。前人也有解帝乙为商汤的，姑且存疑。“帝乙归妹”，意为天子帝乙下嫁自己的妹妹。“祉”是福，“以祉元吉”，是说受到这样的大福，大吉大利。归妹䷵卦上震（☳）下兑（☱），震为长男，为兄；兑为少女，为妹。泰卦是互震为兄（☳>互震），互兑为妹（☱>互兑）。五是帝位，按纳甲说，坤纳乙，故言“帝乙归妹”。“以祉元吉”指六五与九二阴阳正应，而且都在中位，乾为福、为祉。象辞说“以祉元吉，中以行愿也”，就是指六五的应爻九二也在中位，能行中道，上下应合，心愿得以推行。这一爻在《左传》哀公九年中有用例，可列出来参考。当时晋国的赵鞅为了救郑，要向宋国宣战，于是先进行占筮，看看吉凶。“阳虎以《周易》筮之，遇泰䷊之需䷄，曰：‘宋方吉，不可与也。微子启，帝乙之元子也。宋、郑，甥舅也。祉，禄也。若帝乙之元子归妹而有吉禄，我安得吉焉？’乃止。”泰之需就是泰卦的六五爻是动爻，动爻一变成为需卦，即：泰䷊六五爻动，柔爻变，名交，为䷄需卦。阳虎认为，泰卦的六五爻辞是“帝乙归妹，以祉元吉”，“祉”是福禄，宋是微子启受封的国家，微子启就是帝乙的长子，微子启受封后曾把妹妹嫁给郑国。现在微子启虽然不在了，宋仍是他的后代。宋国与郑国又是舅舅与外甥的关系，正好应了“帝乙归妹”，那就是宋国有福禄。

上六：城复于隍。勿用师。自邑告命，贞吝。

【译文】

城墙倒塌在城壕里。不要出兵。从乡邑传来命令，正固不变有吝悔。

象曰：城复于隍，其命乱也。

【译文】

城墙倒塌在城壕里，命令乱了。

【精解导读】

“隍”是护城河。古人筑城就近取土，城墙修成，城墙下挖成大壕沟，壕沟里注满水就是护城河。没有注水的城壕称作隍。虞翻说“无水称隍，有水称池”，即指此。“复”是倒覆，“城复于隍”是说本来是从城壕挖土垒成城墙，现在城墙又倒塌下来填进了城壕。与“无平不陂，无往不复”的意思相同，指事物循环往复、沧海桑田的变化。只是“城复于隍”有崩塌的意思。“勿用师”，师是军队，天地翻覆，阴阳往来，用兵抵抗没有任何用处。“自邑告命”，邑是乡邑，大夫的封地为邑，比国家的京城要小。正常的情况是从京城向乡邑发布命令，现在从乡邑传送命令，也是上下颠倒，地位互变。“贞吝”是正固不变有悔吝。从象上说，上六已处泰卦最上位，物极必反。下乾为天，上坤为地，现在要天向上复，地向下返，复归本位，天地翻覆要大变。坤为城邑，上六在互震之上（上六→䷊>互震），震是个小复卦（震☳<䷗复），互兑为泽为池（䷊>互兑），故言“城复于隍”。坤为众、为师，坤卦要从上消退，不利用师，故言“勿用师”。坤为邑，巽为号令，上六返下变恒䷟，由泰的上坤下而为巽（恒䷟>巽），巽为命令，故言“自邑告命”。天地往来之时，不变已是不可能的事，故言“贞吝”。象辞说“城复于隍，其命乱也”，“其命乱也”显然是解释“自邑告命”。象辞因简约而节引爻辞，读的时候应当贯通起来去理解。物极而反，天翻地覆，天命无常，所以“其命乱也”，表现在现实中就是“自邑告命”。“自邑告命”是“命乱”，那么就是由原来自上而下的“告命”，变成自下而上的“告命”。按象辞去理解，“自邑告命”是从乡邑传来命令。讲成另外的意思属爻辞义的引申。

【提示】

关于上下经的分工问题，《周易尚氏学》在否卦之后有一段按语，移录于下，作为参考。“按否泰云，大小往来，无平不陂，无往不复。终则曰，城复于隍，其命乱也。否则曰，否之匪人。皆言天地否泰之运，循环往来，自然如此，不假人为。为上经天地水火之枢纽，明天道本如斯，不可易也。至下经第十卦之损益，则曰损益盈虚，与时偕行；曰损刚益柔，曰损下益上；曰见善则迁，有过则改。所言皆履世之大经，修治之极轨。无丝毫委心任运之意，以为咸、恒、既济、未济之枢纽，明人事宜如斯也。尽人事，听天命，斯学《周易》之功也。”这是一个传统说法。大致意思是说：《周易》分为上经、下经两大部分。上经三十卦，从乾、坤开始，到坎、离终止，天地水火的变化，否泰是枢纽。上经主要是讲天道，也就是自然规律。否泰所反映的“大小往来”（对立统一运动）、“无平不陂，无往不复”（物极必反）的规律，是自然规律中最基本的规律，所以安排在上经的第十卦之后。下经三十四卦，从咸、恒开始，到既济、未济终结，夫妇与成败的变化，损益是枢纽。下经主要讲人事，也就是社会规律。损益所反映的“满招损，谦受益”“改过迁善”等规律，是自然基本规律在人事方面的体现，所以把损益安排在下经的第十卦之后。以上的说法，孔颖达在咸卦的正义里有一段辨析：“先儒以易之旧题分，自此（按指咸卦）以上三十卦为上经，以下三十四卦为下经。《序卦》至此，又别其端首，先儒皆以上经明天道，下经明人事。然韩康伯注《序卦》，破此义云：‘夫易六画成卦，三才必备，错综天人，以效变化，岂有天道人事偏于上下哉？案上经之内，明饮食必有讼，讼必有众起，是兼于人事，不专天道。既不专天道，则下经不专人事。’理则然矣，但孔子序卦，不以咸系离，《系辞》云‘二篇之策’则是六十四卦旧分上下，乾坤象天地，咸恒明夫妇；乾坤乃造化之本，夫妇实人伦之原，因而拟之，何为不可？……岂能妄为异端！”孔颖达为《周易》作疏，用的就是魏王弼与晋韩康伯的注解。一般情况下是疏不破注，这里竟然把韩康伯驳斥了一番，维护先儒的说法，可见上下经还是有一个大致的分工，上经主要明天道，下经主要明人事。但韩康伯的讲法不是没有道理，尤其是对于《周易》这部天人合一的著作，不能这样截然分开，所谓上下经在内容上的分工，也只能说是个较粗的线条，上下经在内容上的穿插还是相当多的。

另外，关于序卦的排列顺序，还有人提出一些数上的讲究。如宋朝的俞琬在《读易举要》中提出，乾、坤、屯、蒙、需、讼六卦是六军之数皆全，所以第七卦是师卦；四十九是大衍之数，故第四十九卦是革；六十是周甲之数，故第六十卦是节，等等，这就有些牵强附会了。

十二　否——天地不通

䷋

否卦的卦画结构是坤（☷）下乾（☰）上，传统称作天地否。《序卦》说："物不可终通，故受之以否。"意为，事物不可能永远通达，所以在泰卦之后接着是否卦。《杂卦》说："否泰，反其类也。""反其类"在象上指刚爻与柔爻的返上覆下，类别正好相反。从意思上理解，泰是通达，否卦就是不通。根据以上说法，否卦卦名的基本意思是闭塞不通。

泰卦从坤变来，否卦就是由乾变来。乾一变而为姤，即乾䷀下生一位柔爻，上退一位刚爻，变䷫姤；二变为遁，即姤䷫再下生一柔，上退一位刚爻，变䷠遁；三变而为否，即遁䷠又下生一柔，上退一位刚爻，变䷋否。否卦又是泰的覆、变卦，即泰䷊六爻全变，为䷋否，这是变的关系；泰（䷊）上下倒过来看，为䷋否，这是覆的关系。分析否卦要注意它与乾卦、泰卦的关系。

否之匪人，不利君子贞，大往小来。

【译文】

遇到否塞的是不该否塞的人，不利于君子正固不变，大的去往，小的来到。

彖曰：否之匪人，不利君子贞，大往小来。则是天地不交，而万物不通也；上下不交，而天下无邦也；内阴而外阳，内柔而外刚，内小人而外君子。小人道长，君子道消也。

【译文】

遇到否塞的是不该否塞的人，不利于君子正固不变，大的去往，小的来到。上卦乾为天，下卦坤为地，天的阳气上行，地的阴气下行，天地不能交感流通，万物就不会亨通。天本在上，地本在下，上下悬隔不交往，天下就没有像样的邦国。内卦是阴爻、柔爻，为小人；外卦是阳爻、刚爻，为君子。这是内部阴暗，外表阳明；内部柔弱，外表刚强；内部是小人，君子排挤在外。阴爻从下息长，阳爻从上消退，这是小人之道在生长，君子之道在消退。

象曰：天地不交，否。君子以俭德辟难，不可荣以禄。

【译文】

上卦乾为天，下卦坤为地，天地上下分隔而不交感流通，这就是否卦。君子从中得到启示，道德上要注意俭损，躲避时局的灾难，不可去追求利禄，谋取荣华富贵。

【精解导读】

《周易》例以柔爻为小人，刚爻为君子。故基本态度是应当扶持刚爻，抑制柔爻。而否卦却是柔爻上长，刚爻消退，正是该扶持的消退，该抑制的生息不已。乾为人，乾由三个刚爻组成，处在不利地位，故言“否之匪人”。“匪”同“非”，意为否塞的对象不合适，也就是不该窒塞不通的人却窒塞不通。“否之匪人”与比卦六三爻辞“比之匪人”句式相同。比六三的象是上下比邻的都是柔爻，组成的是坤卦，而不是乾卦；否卦是上乾要被推出卦外，都以乾为人。刚爻为君子，刚爻处在消退的大势中，君子应当安命知几，顺时引退，如正固不变，就不利，故言“不利君子贞”。“贞”是正固而不知变通。刚爻为大，柔爻为小，刚爻要往外退，柔爻要从下来，故言“大往小来”。泰卦是阳长阴退，否卦是阴长阳退，从两卦的命辞上，可以看出作者扶阳抑阴的态度。

彖辞从五个方面解释卦辞。（一）“否之匪人，不利君子贞，大往小来”，是重复卦辞，提出要说明的内容。

（二）“则是天地不交，而万物不通也”，指乾天在上，坤地在下，天的阳气不下降，地的阴气不上腾，与泰卦正好相反，是天地不交感流通的卦象。天地如此，万物就无由得到亨通。指明否是不通的意思。阴阳二气不往来，比如男的打光棍，女的守寡，不能结合，这日子不好过，通顺不了。（三）“上下不交，而天下无邦也”，“邦”是国家。卦象还是指天在上、地在下，上下悬隔不能交流。引申到社会组织上讲，就是在上位的人与在下位的人，上下不能交流，这个国家迟早要完蛋，天下没有邦国可言。彖辞作者从天地大道上认识上下级的关系，进一步指出泰是交，否是不交。（四）“内阴而外阳，内柔而外刚，内小人而外君子”，与泰卦一样，还是指下卦是内卦，上卦是外卦；刚爻为阳、为健、为大、为君子；柔爻为阴、为柔、为小、为小人。但刚柔爻的位置与泰卦换了。内卦是柔爻，外卦是刚爻。阳在外，阴在内；刚在外，柔在内；君子在外，小人在内。引申到人的修养上讲，就是内心阴险，外表却阳明；内心柔弱，外表却刚健；内里是小人的肚肠，外表却装得像个君子。这种类型的人，与人们应当具备的道德修养完全相反，还怎么能行得通！引申到社会组织上讲，就是内部阴暗不堪，外部却显得阳明体面；内部柔弱，外部却显得刚强；小人主于内，君子排斥于外，这个组织怎么会亨通！这一句进一步强调否就是不通。（五）“小人道长，君子道消也”指出，否卦是柔爻上长、刚爻消退，表示的是小人之道在一天天发展壮大起来，而君子之道却一天天消退衰落下去，所以才说是“大往小来”，所以才“不利君子贞”。“否之匪人”是君子否塞不通、小人得势的意思。

象辞说明上下卦象组合。“天地不交，否。”天卦在上，地卦在下，天地不能上下交通，这就是否卦。处在这样一个上下隔绝的形势下，君子要“俭德辟难”。“俭”是约束收敛，“俭德”是说要在道德修养方面注意自己行为的约束和收敛，不要张扬显露。“辟”同“避”，“辟难”是躲避小人得势造成的灾难。“禄”是禄位，“不可荣以禄”，是说不可去追求功名利禄、荣华富贵。也是说否卦是君子受阻，小人得势。

初六：拔茅，茹以其汇，贞吉，亨。

【译文】

拔茅草，根系牵连，带着同类，正固吉祥，亨通。

象曰：拔茅贞吉，志在君也。

【译文】

拔茅草，正固吉祥，是因为心里想着君王。

【精解导读】

同性爻相连一起上长即为“拔茅，茹以其汇”（见泰卦初九）。荀爽说："拔茅茹，取其相连，汇者，类也。"泰卦是下面的三个刚爻向上长，否卦是下面的三个柔爻向上长，如同手提着茅草一步步拉出来。初六是否的初爻，代表初生，故言"拔茅"，它与上面的六二、六三牵引连类而进，故言"茹以其汇"。与泰卦初九同象，所不同的是，泰是君子道长，否是小人道长。君子道长是应当的，小人道长是不应当的，故初六最好是不要前进。初六柔爻，具有静止柔顺的特性，又有九四在上阴阳正应，也愿意不动，故言"贞吉"。象辞说："拔茅贞吉，志在君也。"乾为君，"志在君"是心里想着乾，因为应爻九四在上卦乾里。从取义上说，在下位的人能顺应于上，处处为君王着想，守正不变，就会吉祥。

六二：包承，小人吉，大人否，亨。

【译文】

包容承受，小人吉祥，大人窒塞，亨通。

象曰：大人否亨，不乱群也。

【译文】

大人闭塞，六二却亨通，是因为它居中不乱。

【精解导读】

《周易》例，只要是被初爻与上爻包在中间的二、三、四、五爻都可称中，故可称包。泰与否是天与地的运动，天包地承的特性表现得较为明显，故两卦多取包象。二位与五位分别是下卦、上卦的中位，在三爻的乾卦坤卦里，一般中爻代表卦的性能。否卦的六二表示下坤的地，九五表示上乾的天，否卦要向泰卦发展，六二会渐次上升到五位，这是六二要上包；六二与九五阴阳正应，六二承应九五，这是六二的承，故言“包承”。从取义上说，“包”是包容，“承”是承载，意为包容广大，无所不载。与泰九二“包荒”对比，“包荒”是天的包容广远，是讲天之大，“包承”是地的包容能载，是讲地之大，胸襟博大，具有无限的承受能力。六二代表坤卦三个柔爻的上长，柔来灭刚，柔爻为小人，刚爻为君子，君子在位为大人，从发展趋势上看，小人得势吉祥，大人处在否闭窒塞之中，故“小人吉，大人否”。“亨”是指六二这一爻亨通，不是大人亨通。无论是“大往小来”，还是“小往大来”，都是天地的运动，故有亨通之理。六二呈壮大发展之势，故亨通。象辞说：“大人否亨，不乱群也。”物三为群。这句意为，大人闭塞，六二亨通是因为六二是下三爻的核心，三个柔爻群体不乱。对爻辞的理解，要注意它是针对六二的命辞，如果把省略的部分全列出来，爻辞是说：六二包承；六二小人吉，大人否；六二亨。

六三：包羞。

【译文】

含羞容耻。

象曰：包羞，位不当也。

【译文】

含羞容耻，是因为位置不当。

【精解导读】

上下卦分开讲，二位是下卦中位，五位是上卦中位，把六爻卦合起来讲，三、四是全卦的中位。故六三也是“在中称包”。

“羞”是羞怯、羞耻。六三上接刚爻，处在阴阳接触的地位，如男女授受，故有羞怯。从取义上说，“包羞”是包容羞耻，也即不知廉耻、包容丑恶的意思。象辞说：“包羞，位不当也。”

认为“包羞”是从爻位取象。“位不当”与泰九三象辞“天地际也”对比起来看，是处在上三阳、下三阴的边际处。

这个位置在阴阳男女之际，有羞。宋人多把“位不当”

讲成是六三阴爻而占据阳位。

这是六三位不正，九四是阳爻居阴位，也是位不正，不正与不正而阴阳遇合，故有羞耻。“位不当”主要是指在阴阳爻的际遇处。

九四：有命，无咎，畴离祉。

【译文】

有所授命，没有咎害，众人依附同受福禄。

象曰：有命无咎，志行也。

【译文】

有所授命，没有咎害，是因为心愿能推行。

【精解导读】

“有命”是有人授命，也就是有人授权给它。前人有说命指天命的，也有说指君命的，从象上分析，受君命确切一些。命取象于巽。九四在互巽中（九四→䷋>互巽），与九五组合在一起才成为互巽。九五是帝王，是九五授权给九四。“无咎”是无咎害。“畴”同“俦”，同类称俦，意为多数。“离”是附丽，《序卦》说，“离者，丽也”，当依附讲。“祉”是福禄。“畴离祉”意为众人依附它而得到福禄。象上指九四下临三个柔爻，柔爻具有依附的特性。九四刚健，众多比邻于下的同类柔爻都来依附，从而得到福禄。乾为福、为祉，坤为众、为畴。象辞说："有命无咎，志行也。""志"指九四受命之后的心愿，意为君王授权给九四，九四奉命行事，希望实现君王的命令，这种心愿能推行下去。与泰六四象辞"中心愿也"对比着看，"志"指心愿，讲的是阴爻与阳爻相互悦慕的心情。爻辞是说九四有来历，虽在否闭的形势下也无咎害，能给众人带来福利，可以依附。

九五：休否，大人吉。其亡其亡，系于苞桑。

【译文】

闭塞休止，大人吉祥。要灭亡，要灭亡，却系在大桑树上。

象曰：大人之吉，位正当也。

【译文】

大人的吉祥，是因为位置正当。

【精解导读】

"休"是休止，"休否"是说否塞不通的状况到九五这一爻时就停止下来。"其"是表推测、委婉的语气词。"其亡其亡”意为快要亡了吧，快要亡了吧，在念念不忘危亡的时局。“苞”的讲法分歧较大，从爻辞的内在联系上分析，“苞”同“包”，是大的意思。“系于苞桑”是拴在大桑树上。这句爻辞《系辞·下》讲过：“子曰：危者，安其位者也。亡者，保其存者也。乱者，有其治者也。是故君子安而不忘危，存而不忘亡，治而不忘乱，是以身安而国家可保也。《周易》曰：‘其亡其亡，系于苞桑。’”孔子的意思是说，人如果能居安思危，存而思亡，治想着乱，就可以长治久安。反之则会亡国乱邦。“其亡其亡”是经常想着有灭亡的可能，从而及时补救，反而会如同“系于苞桑”。就是说不但亡不了，还会如系在大桑树上一般牢固。从象上看，九五下临互艮（九五→䷋>互艮），艮为止、为休，在否卦，故言“休否”。九五刚爻占据大中之位，是君子得位，故称“大人”。阳爻居阳位，既中又正，故“吉”。否卦是阴灭阳，九五是三个阳爻的核心，有危亡之感，故言“其亡其亡”。互为巽卦（九五→䷋>互巽），巽为木、为绳，在中称包，故言“系于苞桑”。象辞说：“大人之吉，位正当也。”意为：九五在否塞的卦里能够吉祥，是因为位置正当。特别强调了九五位置中正。

上九：倾否，先否后喜。

【译文】

否塞的状况要倾覆，先否塞后喜悦。

象曰：否终则倾，何可长也。

【译文】

否塞到了终极就会倾覆，怎么会长得了。

【辩证】泰卦上六爻辞是“城复于隍”，否卦上九是“倾否”，“倾”与“覆”意同，意为颠倒倾翻。象上指上九到了全卦最上位，物极必反，否极泰来，否塞不通的时势要倾覆，从此要变得通泰顺畅。否卦倒过来就是泰卦，故言“倾否”。否是忧，泰是喜，先为否卦，后变泰卦，故言“先否后喜”。象辞说：“否终则倾，何可长也。”也是讲物极必反，上九已经到了终极的地步，就要倾覆，否的局面怎么会长得了，强调了上九处在终极之位。

【提示】

否卦是十二消息卦之一。前人把六十四卦中从乾到坤，又从坤到乾，阴阳二气互为消长表现最为明显的十二卦称作消息卦，并认为这十二卦是卦变的基础。它们的消长过程如下：乾卦是六爻全阳，是阳气极盛的时期。宇宙是阴阳二气对立统一的运动，对立双方相互依存、相互消长是个永恒不变的规律，阳气盛到极处，便会有阴气产生。于是一阴下生，一阳上退，乾变为姤，即乾☰下生一阴，上退一阳，变☴姤。从姤卦开始，是阳气渐次消退，阴气逐爻生长的时期。姤下再生出一阴，即为遁䷠卦；遁下再生一阴，即为否䷋卦；否下又生一阴，即为观䷓卦；观下又生一阴，即为剥䷖卦；剥下继生一阴，就到了阳气消尽，六爻纯阴的坤䷁卦。坤卦是阴气到了极盛时期，物极必反，又会有阳气产生。于是一阳下生，一阴上退，坤变为复，即坤䷁一阳从下生出，一阴从上退去，变䷗复。从复卦开始又是阴气逐爻消退，阳气渐次生长的时期。复下再生一阳为临䷒卦；临下再生一阳为泰䷊卦；泰下又生一阳即为大壮䷡卦；大壮从下又生一阳即为夬䷪卦；夬下继生一阳，又到了阴气灭尽，六爻纯阳的乾䷀卦。阴阳的消长用十二消息卦刚柔爻的推移极为直观地表现出来，把事物的对立统一运动作了形象化的图示，揭示了宇宙运动回环无端、往来不绝、永动不息的客观规律，提示人们在客观实践中要遵循宇宙运动的规律，永无止境地前进，并指导人们把握物极必反的规律，不为已盛，盛极知退；不欺弱小，新生可畏，始终把自己放在一个客观的位置上。值得注意的是，《周易》并不是把乾坤，而是把泰否视为事物变化的转折点，即否极泰来，泰极否来。否泰是阴阳相对平衡的时期，这就提示人们，应当在矛盾双方相对平衡的时期，注意把握转化的契机。天翻地覆的运动，也就是根本上的转化，正是从这里开始。

十三　同人——分久必合

䷌

同人卦的卦画组合为离（☲）下乾（☰）上，传统称作天火同人。《序卦》说："物不可以终否，故受之以同人。与人同者，物必归焉，故受之以大有。"意为：事物不可能老是否隔不通，否塞到一定程度，定会突破悬隔，走向和同，所以在否卦之后接着是同人卦。与人能同心同德，万物就会来归附，所以在同人之后接着是大有卦。《杂卦》说："同人，亲也。"同人是相互亲近的意思。据《序卦》《杂卦》的讲法，同人是与人同心同德，相互亲近。

虞翻认为同人从姤卦变来，是姤卦的初六与九二换了位置，即姤䷫初爻与二爻换位，变䷌同人。同人与下一卦大有是正覆卦关系，即同人（䷌）上下倒过来看，为䷍大有。

同人于野，亨。利涉大川，利君子贞。

【译文】

与在野的人同心同德，亨通。有利于涉过大川险阻，有利于君子守正。

彖曰：同人，柔得位得中，而应乎乾，曰同人。同人曰："同人于野，亨，利涉大川。"乾行也。文明以健，中正而应，君子正也。唯君子为能通天下之志。

【译文】

六二柔爻取得柔位，处下卦之中，又与上卦乾相应，称作同人卦。同人卦说："同人于野，亨，利涉大川。"这是健行。下卦离为文明，上卦乾为健，文明又刚健。九五位正居中，又有六二相应合，如果君子一般端正。只有君子才能沟通天下人的心志。

象曰：天与火，同人。君子以类族辨物。

【译文】

上卦乾为天，下卦离为火，天与火就是同人卦。君子从中得到启示，对天下的万事万物，既要按族归类，又要按物分别。

【精解导读】

同人只有六二是柔爻，故六二是分析全卦的主爻。同人卦从姤卦变来，六二原是姤卦的初六。姤是十二消息卦之一，属阴长阳退，柔来灭刚的六卦之首。它的发展趋势是：一阴下生为姤䷫，二阴下生为遁䷠，三阴下生为否䷋，四阴下生为观䷓，五阴下生为剥䷖，直至六爻皆阴的坤䷁，把阳爻消尽。这种发展趋势对刚爻形成一种威胁，刚、柔爻处在敌对之中，小人要来灭君子。姤卦变而为同人，初六进居二位，九二下居初位，改变了柔爻继续下生的局势，不再对刚爻形成威胁。六二柔居柔位，又在下卦之中，柔顺中正；与上卦的九五处在阴阳正应的位置上，上下应合，化敌对为应援。刚爻与柔爻同心同德，故卦称同人。从象上讲，乾为人，六二与上乾的九五同心一意，才称同人。乾为远、为郊、为野，故卦辞说“同人于野”。“亨”是亨通。从取义上讲，古人把在朝廷执政称“在朝”，朝外的老百姓称“在野”，“同人于野”是说在朝的人能与在野的人同心同德，上下一心，故亨通。上下同心就会有难同当，有险可济，故可以渡过大川险阻，任何天堑地险都阻挡不住。从象上讲，彖辞提示是“乾行也”。“乾”指上卦是乾，“行”指姤的下卦原是巽（姤乾<䷫>巽），乾是刚健，巽为股，股是大腿，巽的初六进到二位变同人，是股动而成为同人。所以同人卦是刚健的股动而进，这就是“乾行”。刚健而进，故“利涉大川”。“利君子贞”指姤卦是柔灭刚，君子不利正固，变而为同人，柔来应合刚爻，君子处在可以正固不动的有利形势下，因为刚爻为君子。

彖辞从五个方面解释卦辞。（一）从主爻六二位置的推移解释卦名同人。“柔得位得中，而应乎乾，曰同人。”指的是六二原是姤卦的初六，位置既不中也不正，还要上长灭刚。位置进到六二，二是柔位，是柔爻得柔位，位正；二位是下卦的中位，是位中；与上卦乾的中爻九五相应，是应合上乾。六二位置的推移，改变了刚、柔爻相敌的状态，使刚爻与柔爻同心同德，所以才叫同人卦。取义上是说，主爻具有柔顺中正的美德，又能顺应天（乾）道，符合正理，可把人们同心同德地组织起来。（二）从卦变上解释卦辞。“同人曰：‘同人于野，亨，利涉大川。’乾行也。”先引出卦辞，指示说明的内容。“乾行也”，主要解释“利涉大川”。前人讲这一句，多数要指实大川的象，彖辞不这样讲，只是说“乾行”，而“乾行”就是健行，因为健于行进，故“利涉大川”。象上指的是姤变同人，下卦巽股动。（三）从上下卦的组合上解释卦辞“亨”。“文明以健”，“以”是连词，相当于“而”。象上指下卦离为文明，上卦乾为健，既文明又刚健，故能亨通。（四）从中位的九五解释卦辞“亨”。“中正而应，君子正也。”象上指九五刚爻居刚位，位正；在全卦尊位，位中；有六二正应，有应援。刚爻为君子，九五是正人君子，故可亨通。这一句有人认为是指六二，理解失误。六二已在“柔得位得中，而应乎乾”中做了说明，不可能又来重复，况且《周易》例刚爻才是君子。刚爻居九五可称大人，但同人卦是强调刚爻与柔爻由敌对变为同心同德，重点指明的是刚爻，故只取君子而不取大人之象。从取义上说，君子能行中庸之道，行为端正，又能获得人们的响应，所以卦才亨通。（五）从道理上解释同人卦。“唯君子为能通天下之志。”可以看出，“同人”是“通天下之志”。人各有志，只有君子才能沟通天下人的心，统一大家的思想，把人们领向同心同德的境界。

象辞分析上下卦的组合，只是不讲卦才，而换言卦象。“天与火，同人”，指上卦乾的卦象是天，下卦离的卦象是火，天与火组合在一起是同人卦。“君子以类族辨物”是阐发同人卦的哲学思想。用《系辞·上》的话讲，就是“方以类聚，物以群分”。“同人”是人与人同，但同中有异，异中有同，这是客观规律。知同而不知异，就会混同而丧失原则；知异而不知同，就难以统一而导致分裂。“类族”是合异为同，“辨物”是散同为异。同而异、异而同，君子要用这种对立统一的辩证方法去看待天下的事物，不能因为同人而走向极端。君子要团结小人，但又不能与小人混同。

初九：同人于门，无咎。

【译文】

出门与人同心同德，没有咎害。

象曰：出门同人，又谁咎也。

【译文】

出门与人同心同德，又有谁来咎责。

【精解导读】

初九是与六二换位的一爻。二位是家宅位，因为二位是大夫位，大夫有家，纳甲筮法始终把二位看成是宅（见《卜筮正宗》），盖有所传承。初九从二位下到初位，从家宅中出来，又在同人卦里，故言“出门同人”。免去了咎害，故言“无咎”。从取义上说，出门是走出门外与外界接触，范围扩大。能不拘于同门同宗的关系，摆脱门户之见而与人同心同德，心地公正不狭隘，不会遭受咎害。象辞说：“出门同人，又谁咎也。”“咎”在象辞中是责怪的意思，不是仅在门内，而是走出门外，与大家同心同德，又有谁会责怪呢！爻辞说“于门”，象辞说“出门”，可以看出初九这一爻位置有移动。说同人从姤卦变来符合卦变的实际。

六二：同人于宗，吝。

【译文】

只与同宗的人同心同德，鄙吝。

象曰：同人于宗，吝道也。

【译文】

只与同宗的人同心同德，是鄙吝之道。

【精解导读】

二位是家宅，姤变同人，六二与初九换了位置。初九是出门，六二就是入门。“门”与“宗”互文见义，“同人于宗”，是进到门里只与同宗族的人同心同德，把宗族以外的人都抛在门外，对人亲疏有间，厚薄不一，心胸狭隘，不能出自大公，违背了同人的大格局，所以是鄙吝之道。象辞说：“同人于宗，吝道也。”指六二与初九有不同，在同人之世不能大同，走的是自取鄙吝之道。另外，全卦只有六二是阴爻，五个刚爻都希望与六二同心，然而六二正应只有九五，心胸未免狭隘，故为取吝之道。从这一爻还可以看出，卦辞与爻辞不同。卦辞对六二盛加赞誉，爻辞却不无贬斥，这是因为卦辞讲的是全卦，从全卦取象；爻辞只讲一爻，要从爻中取象。卦是大局，爻是大局中的一个部分或一个时段，应当有所分别。

九三：伏戎于莽，升其高陵，三岁不兴。

【译文】

埋伏兵甲在草莽之中，登上高陵，三年不能发动。

象曰：伏戎于莽，敌刚也。三岁不兴，安行也。

【译文】

埋伏兵甲在草莽之中，是与刚强为敌。三年不能发动，是安于现状。

【精解导读】

“戎”是兵甲军旅，“莽”是草莽，“兴”是发动。爻辞仍从姤变同人中取象，但取用的象变换了角度。姤的下卦原为巽（☴>巽），巽为草木、为人、为伏。变为同人，下卦成离（☲>离），离为甲胄、兵戈。九三在下卦，从巽变离，如同戈兵入草木之中埋伏，故言“伏戎于莽”。“陵”是山陵。取象于上九，象辞说“敌刚也”，指九三的正应在上位，而上位是刚爻，九三也是刚爻，刚爻与刚爻敌而不应，九三想升到上位的高陵，是与刚爻为敌。从三位到上位须前进三爻，故言“三岁不兴”。“兴”是发动，三年不能发动。取义上可理解为三年之内不能兴旺。

象辞说“三岁不兴，安行也”，是指六二与九三相比，九三安于现状，上行的愿望不强烈。

九四：乘其墉，弗克攻，吉。

【译文】

登上了城墙，却不能攻打，吉祥。

象曰：乘其墉，义弗克也；其吉，则困而反则也。

【译文】

登上了城墙，道义上却不能攻打；吉祥，是因为遇到窘困能返回到正道上来。

【精解导读】

“墉”是城墙。“乘其墉”是登上城墙。九四的应爻在初位，姤卦不变同人，初位是柔爻，与九四阴阳正应，下卦为巽（☴>巽），巽为绳直、为高，既高又直，故取为城墙之象。九四在巽上，变为同人，九四又在互巽之上（九四→⚊⚊⚋⚊>互巽），故为“乘其墉”。柔爻从初位升到二位，九四从有应变为失应，象在城上，本可攻打，但六二的变化是从敌刚变应刚，从道理上又不能攻打，故言“弗克攻”。化敌为友故吉祥。象辞说："乘其墉，义弗克也。"意为攻到了城墙之上，但道义上不能去攻打。"其吉，则困而反则也。"后一个"则"是法则。这句意为：所以吉祥，是因为柔爻从逼困刚爻返回到顺应刚爻的正当法则上来。

九五：同人，先号咷而后笑，大师克，相遇。

【译文】

与人同心同德，先号咷大哭，后放声大笑。大部队攻占胜利，继而相遇。

象曰：同人之先，以中直也。大师相遇，言相克也。

【译文】

同人先哭后笑，是因为处中动直。大部队相遇，是因为克敌制胜了。

【精解导读】

全卦唯一的柔爻六二，与九五上下阴阳正应，但这种关系是从柔灭刚的姤卦变来。先在姤卦，柔爻在下卦巽里，巽为号，这里指号咷大哭。柔爻升到二位，与九五正应，对九五极有利，故又破啼为笑。"先号咷而后笑"取象于卦变。同人伏卦为师（同人䷌六爻全变，为䷆师），故言"大师”，姤是相遇的意思（见姤卦），从二爻到上爻是个缩小了一点的姤卦，故言“大师克相遇”。“克”是战胜，柔来应刚，刚爻得胜。象辞说：“同人之先，以中直也。”引话有省略，意思是说同人的九五先号哭，后大笑，是因为处在中位，又在上卦乾里，《系辞·上》说“乾，其静也专，其动也直”，行为中正，理直不曲，所以会最后得胜而笑。“大师相遇，言相克也”，是说大师能取胜。九五爻辞，《系辞·上》里讲过：“‘同人，先号咷而后笑。’意为：同人，先哭后笑。子曰：‘君子之道，或出或处，或默或语；二人同心，其利断金。同心之言，其臭如兰。’”孔子说：君子所奉行的道，是该出来执政就出来执政，不该执政就引退而处。该说就说，不该说就不说。两人同心，锋利可切断金属。同心的话，味如兰花一般香。主要是说同心同德的好处。从中可以看出，“先号咷而后笑”是先受挫折后顺利。前人讲这一爻，一般要指实笑的卦象。其实，笑的象主要是指有六二阴阳正应而得意。

上九：同人于郊，无悔。

【译文】

与郊野的人同心同德，没有忧悔。

象曰：同人于郊，志未得也。

【译文】

与郊野的人同心同德，是未得志。

【精解导读】

分开讲，邑外为郊，郊外为野。如不细加区别，郊、野义同。从象上说，乾为郊野，上九在上卦乾里，故言“同人于郊”。卦辞说“同人于野，亨”，爻辞说“同人于郊，无悔”，这是因为上九在全卦之外，有引退之象。象辞说“同人于郊，志未得也”，即指上九有从朝中引退，置身局外之象。全卦只有六二是柔爻，上九离六二最远，内无应与，故为不得志。“不得志”主要是指无应。

【提示】

（一）前人讲《周易》，经常提到卦体。一般地说，卦体指爻所在的卦，强调爻与卦的关系。（二）同人卦前人讲得最不统一。一般认为六二是卦主，九五是正应，九三、九四与九五争夺六二，初九与六二近比，上九游离于外。取象的方式也极不统一，有只讲承乘比应的，也有讲旁通伏卦的，也有讲爻变爻动的，还有讲卦变错综的。各有所见而言人人殊。综合前人的意见，遵循《周易》例，按卦变讲更符合作者的意图。（三）《周易》取象绝少重复，很可能是为了适应占筮的需要而能包罗万象。比如这一卦，同样是从巽卦取象，而各爻所取并不重复。九三取草木，九四取城墙，而九五取号咷，各有侧重，绝少雷同。只要稍注意一下彖辞和象辞的解释，即可发现这种安排的痕迹。如本卦彖辞说“文明以健”，取卦才为象，乾为健，离为文明；而象辞说“天与火”取的是基本卦象，乾为天、离为火。

十四　大有——万物所归

䷍

大有卦的卦画组合是：下卦乾（☰），上卦离（☲）。乾为天，离为火，故传统称作乾下离上，火天大有。《序卦》说："与人同者，物必归焉，故受之以大有。"意为：与人同心同德，人物就会来归附，所以同人卦后接着是大有卦，是说"大有"是拥有众多的拥护者。《杂卦》说："大有，众也。"大有是众多的意思。据此可知，大有是受人拥戴和富有。古人称丰收之年为大有，也是众多、富有之意。大有与同人是正覆卦关系。即同人（䷌）倒过来看上去，为䷍大有。同人从姤卦变来，大有与之相反，是从夬卦变来，是夬的上爻与五爻换位。即：夬䷪上爻、五爻换位，变䷍大有。从卦爻辞的来源分析，大有与夬卦联系密切。

大有，元亨。

【译文】

大有卦，大亨通。

彖曰：大有，柔得尊位，大中而上下应之，曰大有。其德刚健而文明，应乎天而时行，是以元亨。

【译文】

大有卦，柔爻六五得到尊贵的位置，处在大中而上下应合，称作大有。它的德性刚健而又文明，顺应天道而随时运行，因此大亨通。

象曰：火在天上，大有。君子以遏恶扬善，顺天休命。

【译文】

火在天上就是大有卦。君子从中得到启示，要遏制丑恶，发扬美善，顺应上天赋予的美好使命。

【精解导读】

大有从夬卦变来，夬是阳长阴消的卦。从纯阴的坤卦开始，下生一阳，上退一阴为复䷗；下生二阳，上退二阴为临䷒；下生三阳，上退三阴为泰䷊；下生四阳，上退四阴为大壮䷡；下生五阳，上退五阴为夬䷪。夬再向上发展一步，即会把阴灭尽，变为纯阳的乾卦。显然，夬卦所表现的是刚爻与柔爻的敌对状态。夬变为大有，柔爻占据了中位，与刚爻交流应合，化敌为友，故卦辞说“元亨”。元者，大也；亨者，通也。元亨就是大通顺。

彖辞从三个方面说明“元亨”的原因。（一）从主爻六五的爻位解释“元亨”。“大有，柔得尊位，大中而上下应之，曰大有。”全卦只有六五是柔爻，六五是卦的主爻，在夬变为大有卦中起决定性作用。五位是天位、天子位，故称尊位，主爻占据的是最尊贵的五位，这就是所谓的“柔得尊位”。全卦以六五为核心，五个刚爻环拱应合，刚爻为大，故称“大中”。“大中”是说在大的刚爻之中，取意可说为大处中。全卦没有第二个柔爻与它分争，五个刚爻在它的上下簇拥，故为“上下应之”。从取意上讲，“上下应之”是上上下下都来应合，故能大亨通。主爻居尊，又有众多的人物环拱应合，这就是大有卦所显示的卦象。（二）从上下卦的组合上解释“元亨”。“其德刚健而文明”，指下卦乾为健，上卦离为文明，组合在一起是具有既刚健又文明的品德，故能无往不通而“元亨。”（三）从六五与九二的正应关系上解释“元亨”。“应乎天而时行，是以元亨。”指六五在上卦中位，九二在下卦中位。六五在上卦离中，离为日；九二在下卦乾中，乾为天。六五与九二相应，有如太阳顺应天体，四季中道运行，故曰“应乎天而时行”。“时”指一年四季。“是以”即“以是”，是因此的意思。太阳在天上运行，永动不衰，风雨无阻，故“元亨”。“是以元亨”总括了以上三条原因。

象辞分析上下卦象。“火在天上，大有。”指上卦离为火，下卦乾为天，组合在一起是火在天上，这就是大有卦。柔爻为小人、为恶，刚爻为君子、为善。刚爻上长是扬善，柔爻消退为遏恶。“遏”是抑制，“扬”是举，“遏恶扬善”意为发扬优良的东西，抑制丑恶的东西。大有从夬卦变来，故君子要从中受到启发，要效法卦象，弃恶从善。“顺天休命”，“休”是美好，“休命”是美好的天命，意为要顺应美好的天命。也就是说，上天把重大使命安排在君子身上，要顺应天道，好好去做，不要辜负上天的期望。“休命”指的是尊位。《系辞·下》说：“天地之大德曰生，圣人之大宝曰位，何以守位曰仁，何以聚人曰财。”在财物众多的大有卦里，上天把大宝之位授给君子，就应当努力顺应天道，把发扬天地大生之德的重大使命完成好。这就是“顺天休命”。象辞的体例，一般是先讲卦象组合，然后从卦象中发挥出人应具备的道德修养。这一卦也不例外。

初九：无交害，匪咎，艰则无咎。

【译文】

没有交往的害处，不是咎害，艰难自守就没有咎害。

象曰：大有初九，无交害也。

【译文】

大有卦的初九，说的是没有交往的害处。

【精解导读】

大有只有一个柔爻六五，五个刚爻环拱应合，各爻均与六五交往，故六五爻辞说"厥孚交如"。在五个刚爻之中，只有初九与六五毫无关系。九二与六五正应，九三在夬卦原是上六的正应，九四与六五比邻，上九与六五换位。初九距六五最远，又无由交往，故言"无交"。然而初九位在最下，未到出头之日，正如乾卦初九"潜龙勿用"，尚在蛰伏时期，强出头有害，不出头正与地位相合，不交往可免去强出头的灾难，故言"无交害"。时势如此，静而不往，故言"匪咎"，"匪咎"意为不是咎害，"匪"同"非"。在上无应，置闲处散，能在艰难中自守待时，故言"艰则无咎"。赵彦肃讲这一爻说："匪咎由时，无咎由己。"意思就是说，处在潜藏时期，这是时运如此，不是咎害。自己能艰守不妄动，这是个人知命识时，故不会招致咎害。总之这一爻是时运未至，无利也无害，能在艰难中潜退自守，不妄动强求，可保平安。

九二：大车以载，有攸往，无咎。

【译文】

大车能载重，有所前往，没有咎害。

象曰：大车以载，积中不败也。

【译文】

大车能载重，是积累在中而不毁败。

【精解导读】

“大车”是载重的牛车。古代供人乘坐的车子，行路轻快，用马来拉；供搬运载重的货车，用牛来拉，虽比较慢一些，但结实可负重。大车就是载重的货车。从象上讲，坤为大舆，离为牛（见《左传》）。大有是夬卦的变化形态，夬是阳长阴消的卦，从坤变来，坤下生一阳为复，下生二阳为临，下生三阳为泰，下卦即由坤变为乾。九二已到下卦中位。柔爻为小，坤为虚；刚爻为大，乾为实，由坤的柔爻变为乾的刚爻，如同在坤车上装上实重的东西，故言“大车以载”。有人根据虞翻的“乾为大车”，即认为乾有大车之象。其实虞氏讲的是坤变乾。他用的是旁通（见提示），认为大有与比卦旁通，故说：“比坤为大车，乾来积上，故大车以载。”《说卦》讲，坤“为大舆”，不能直接把乾看作是大车。全卦只有九二与主爻六五正应，故九二“有攸往，无咎”。初九不能盲动，九二则可前往。象辞说“大车以载，积中不败也”。“积”是因为卦为大有，财富要渐次积累；“中”指下卦中位；“不败”是不毁坏，上卦离为牛，下卦由坤变乾为负重的大车，故可载重致远，前往无阻，牛车平安，没有咎害。

九三：公用亨于天子，小人弗克。

【译文】

公侯受到天子的宴享，小人不能。

象曰：公用亨于天子，小人害也。

【译文】

公侯受到天子的宴享，小人反而有害。

【精解导读】

古代“亨”与“享”是一个字，“亨”在这里当“享”讲。这句爻辞《左传》僖公二十五年有用例。当时周襄王与同母弟王子带争位，王子带势大，襄王逃到郑国避难，晋文公想帮助襄王复国。“秦伯师于河上，将纳王。狐偃言于晋侯曰：‘求诸侯莫如勤王，诸侯信之，且大义也。继文之业而信宣于诸侯，今为可矣。’使卜偃卜之，曰：‘吉。遇黄帝战于阪泉之兆。’公曰：‘吾不堪也。’对曰：‘周礼未改，今之王，古之帝也。’公曰：‘筮之。’筮之，遇大有䷍之睽䷥，曰：‘吉。遇公用亨于天子之卦，战克而王享，吉孰大焉！且是卦也，天为泽以当日，天子降心以逆公，不亦可乎？大有去睽而复，亦其所也。’”把这段话译述出来，意为：秦穆公把军队驻扎在黄河边上，准备护送周襄王回国。狐偃对晋文公说：“想求得诸侯的拥护，没有比勤王更好的机会了。既可取得诸侯的信任，又能伸张大义。继承晋文侯的霸业，在诸侯中树立威信，现在可以干了。”晋文公让太卜偃进行龟卜，回答说：“吉祥。遇到黄帝战于阪泉的卜兆。”晋文公说：“我担当不起黄帝的地位。”卜偃回答说：“周王室的礼制未变，现在的周襄王，才相当于古代的黄帝。”晋文公就说：“那么再占筮一下。”又进行占筮，遇到的是大有的九三爻动，之卦是睽。回答说：“吉祥。遇到‘公用亨于天子’的卦，打胜之后，周王宴享，还有比这更大的吉利吗！再说这一卦，下乾为天，变为下兑为泽，上卦离为日，是天变成泽来承受日光，天子降格来迎接您，不也可以吗？大有不变睽，回到本卦，正是天子复位大有天下之象。”后来晋文公就带兵杀了王子带，护送周襄王复位，受到周襄王的宴享。从这段用例中可以看出，“公用亨于天子”就是受到天子的宴享款待。“小人弗克”是小人不能。从象上讲，九三是公位，五是天子位，从三至五互为兑卦（䷍>互兑），兑为口，公到天子那里用嘴去吃，故为“公用亨于天子”。六五原是夬的上六，与九三正应，柔爻为小人，如不变大有，上六不在天子位，虽是正应也无用，故言“小人弗克”。象辞说：“小人害也。”意思是小人如享受这样的待遇，反而会变成灾害。解释“小人弗克”的意义，取义与取象有区别。

九四：匪其彭，无咎。

【译文】

不以盛大自居，没有咎害。

象曰：匪其彭，无咎，明辨晢也。

【译文】

不以盛大自居，没有咎害，是因为能分辨明晰。

【精解导读】

“彭”字的说法有争议，《经典释文》作者见到的子夏本《周易》是“旁”字；干宝本作“彭”，讲成彭亨骄满；王肃本讲成是壮大；虞翻本是“尪”字；姚信则认为彭、旁义同。旁、彭、尪三字，古代读音接近。从语音上考察，发音洪大的字，一般具有宏大的意思。《诗经》“行人彭彭”“出车彭彭”“四牡彭彭”，都含有盛大的意思。《杂卦》也说：“大有，众也。”综合起来，讲成盛大比较妥当。从象上说，尪卦从初九发展到九四，连续四个刚爻上长，已成为大壮䷡，相当盛大。在大有中，已相当丰盛。九四上承柔爻九五，五是天子位，四是诸侯位，四五相比，上下相孚。上卦离为明（䷍>离），九四在离里，有诸侯清明，盛大而不自居，忠心事上之象，故言“匪其彭，无咎。”象辞说：“匪其彭，无咎，明辨晳也。”即指九四在上卦离里，离为明。

六五：厥孚交如，威如，吉。

【译文】

交往有诚信，有威望，吉祥。

象曰：厥孚交如，信以发志也；威如之吉，易而无备也。

【译文】

交往有诚信，就能以诚信引发人的心志；有威信且吉祥，是因为平易而无人戒备。

【精解导读】

“厥”用同“其”，“孚”是信，“如”是形容性词尾，相当于“然”。直接译述，“厥孚交如，威如”，是六五受到的信赖，交往的样子，有威望的样子。就是说六五的诚信在来往中表现出来，取得了人们的信赖，具有威望，吉祥。从象上看，大有从夬变来，六五与上九交换了位置，故言“交如”。独处刚爻之中，成为全卦主爻，无另外的柔爻与它争应，上下五个刚爻都愿与它应合，故有孚。孚一般指刚柔爻应合而受到信赖。在互兑之中（☱>互兑），兑为虎，有虎威，故言“威如”。象辞说“厥孚交如，信以发志也”，用“信”来解释“孚”，指心志上的信赖。六五有待人的诚信，故能引发别人的信赖之心。“威如之吉，易而无备也”中，“易”是平和喜悦。这句意为因为在人们的心目中有威信，所以大家都平和喜悦而不加戒备。象辞取兑为悦、为易之象。这一爻总的说是在群众中享有崇高的威望，大家都诚心诚意愿与它合作，而不争竞计较。

上九：自天佑之，吉无不利。

【译文】

有上天保佑，只有吉祥，没有不利。

象曰：大有上吉，自天佑也。

【译文】

大有的上九吉祥，是因为有上天保佑。

【精解导读】

《系辞·上》说："《周易》曰：'自天佑之，吉无不利。'子曰：'佑者，助也。天之所助者，顺也；人之所助者，信也。履信思乎顺，又以尚贤也，是以自天佑之，吉无不利也。'"这段话解释上九爻辞。译述出来是说："《周易》里讲'自天佑之，吉无不利'。孔子解释说，'佑是帮助。天帮助的是顺应天道人心的人，人帮助的是有诚信的人，能履行诚信，想着顺应天道人心，又能崇尚贤人，所以天来保佑，吉祥没有不利。'"从象上讲，五是天位，兑为右（震为东、为左；兑为西、为右），上九从五位换到上位，卦才由夬变为大有，下有互兑，故为"自天佑之"。上苍保佑，当然"吉无不利"。象辞说"大有上吉，自天佑也"，是说上九有天来保佑，故大吉。

【提示】

（一）宋人解《周易》，经常提到卦德、卦才，一般地说，所谓卦德，指的是"元、亨、利、贞"四德。比如大有卦，卦辞只提"元亨"，即可认为只具两德。所谓卦才，指的是卦所具有的特性，比如乾有刚健之才，坤有柔顺之才，等等。但这两个术语用起来区分并不严格。这一卦乾健、离明，而彖辞却说："其德刚健而文明。"才也称德，并不如宋人的强行分别。（二）宋人常把五位称作大中之位，根据是大有彖辞有“柔得尊位，大中而上下应之”。细按彖辞的说法，“大中”指在刚爻之中，不在刚爻之中不应称大中，彖辞只承认五是尊位。所以以五位称“尊位”为妥。（三）虞翻讲象常常提到伏卦、旁通。所谓伏卦、旁通，指的是卦的反象，即所有的爻全变后的卦象。如离的伏卦就是离的阳爻变阴爻、阴爻变阳爻而形成的坎卦。即离☲所有的爻阴变阳，阳变阴，为☵坎。大有的旁通卦是比，即大有䷍所有的爻阴变阳，阳变阴，为䷇比。只不过伏卦多就三爻卦而言，旁通多就六爻卦而言。

《易经》全解

【第二卷】

刘天然/编著

华龄出版社

十五　谦——三才益谦

䷎

谦卦的卦画组合是艮（☶）下坤（☷）上，传统称作地山谦。《序卦》说：“有大者不可以盈，故受之以谦。”意为：富有的人不能骄盈，故在大有卦之后接着是谦卦。《杂卦》说：“谦轻而豫怠也。”意为：谦是自处轻微，豫是愉快（见下卦）。“谦”与“盈”对称反义，盈是满，谦就是虚。“谦”与“豫”因果连义，谦是轻微，豫是怡悦。轻微是指不背名分、地位等的包袱，在上位而不盛气凌人、高傲自尊，谦和甘下，谦虚之义也。

彖辞说：“天道下济而光明，地道卑而上行。”提示谦卦爻位有上下推移的问题。隋唐时人侯果说：“此本剥卦，乾之上九来居坤三，是天道下济而光明也。坤之六三上升乾位，是地道卑而上行者也。”侯果的意思是说，谦卦由剥卦变来，是剥卦的上九与六三交换了位置。即：剥上九六三䷖上九与六三换位，变䷎谦。谦卦与下一卦豫卦构成一组正覆卦，谦卦卦画上下倒覆即为豫卦，谦（䷎）上下颠倒，为☳☷豫。

谦，亨，君子有终。

【译文】

谦卦，亨通，君子会把事办到底。

彖曰：谦亨，天道下济而光明，地道卑而上行。天道亏盈而益谦，地道变盈而流谦，鬼神害盈而福谦，人道恶盈而好谦。谦尊而光，卑而不可逾，君子之终也。

【译文】

谦卦亨通，天位虽高远，却向下施放光明；地位虽卑下，却向上运行。天的法则是减取满盈而增加虚少；地的法则是把满盈的变少，流入低下之处；鬼神的法则是祸害骄满而福佑谦虚；人的法则是厌恶骄满而喜好谦虚。谦虚被人尊重又光荣，低调处世却不可逾越，君子有谦虚的美德，就会有好结果。

象曰：地中有山，谦。君子以裒多益寡，称物平施。

【译文】

下卦艮为山，上卦坤为地，地中有山就是谦卦。君子从中受到启示，减损多的，增益少的，称量多寡而公平施与。

【精解导读】

谦卦由剥变来，剥卦上九阳爻下到三位，六三阴爻升到上位，阴阳二气交流，故亨通。阳爻为君子，阳爻下到三位，三位是下卦之终，下卦成艮，艮为止，故言“君子有终”。从取义上说，“君子有终”一指君子能善始善终，把事情办得有头有尾，不会半途而废；一指君子会有好的结果，“有终”是有好的归宿。

彖辞从两个方面解释卦辞。(一) 解释卦辞“亨”。“谦亨，天道下济而光明，地道卑而上行。”意为：谦卦所以亨通，是因为天地交流。天高地低虽然是大自然的秩序，但在上的天其运动规律是向下与地交感流通，在下的地其运动规律是向上与天交感流通。“济”是救助，天把日月星辰的光明普照大地，向下救助。地气蒸发到天上去。天地阴阳的交流化生万物，所以才能通畅运行。从象上说剥卦的上九代表天的阳气下到六三，六三代表地的阴气上升到上位，这是从卦变上说明卦辞“亨”。(二) 从道理上推导卦辞“君子有终”。“天道亏盈而益谦”中，“亏”“益”都是使动用法，意思是天的规律是使满盈的受到亏损，使谦虚的得到增益。唐朝人崔璟讲这一句时说：“若日中则昃，月满则亏，损有余以补不足，天之道也。”太阳正午之后就要西斜，月亮圆了就会亏损，这些天象可以说明天的法则是损有余而补不足，骄盈满溢不会得到天的佑助。“地道变盈而流谦”中，“变”是改变，“流”是流向。这句意思是：地的规律是使满盈的变少，把多余的部分向谦虚的地方流动。崔璟说：“高岸为谷，深谷为陵，是为变盈而流谦，地之道也。”即地壳的变化是高山变为深谷，深谷变为高山，这些大地的运动可以说明地的法则是损有余而补不足，骄盈满溢也不会得到地的佑助。“鬼神害盈而福谦”中，“害”与“福”也是使动用法。这句意思是：鬼神会使满盈的受害、谦虚的得福。崔璟说：“朱门之家，鬼阚其室；黍稷非馨，明德唯馨，是其义矣。”深宅大院就要闹鬼，这是鬼害盈。神不享用丰盛的祭品，而保佑有德之人，这是神害盈而福谦。“人道恶盈而好谦”中，“恶”是厌恶，“好”是喜欢。这句意为人都喜欢谦虚而厌恶骄盈。崔璟说：“满招损，谦受益，人之道也。”就是说骄傲自满会受损失，谦虚谨慎会受益，这是人行动的规律。“谦尊而光，卑而不可逾，君子之终也”中，“逾”是超越。这句意为，谦虚反而被人尊重，是一种光荣，自居卑下，别人反而难以越过，谦虚是君子最好的归宿。这一段从天、地、人、神、鬼各方面证明君子应当保持谦虚的美德，骄傲自满人神共愤，说明“满招损，谦受益”是一条不可动摇的规律。故言谦为“君子有终”。

象辞中的裒，意同“掊”，减损的意思。“称”是称量。

从上下卦的组合看，上卦坤为地，下卦艮为山，组合在一起是山在地中。山本在地上，而卦象却是山下到凹地中去了。君子看到这样的卦象，要效法山能谦下的精神，体悟天地公平之道，把它运用于人类社会，就应当从多处损减，向少处增益，称量多少，公平施与。看来天地人鬼神，福谦祸盈的基本原则就是要公平。

初六：谦谦君子，用涉大川，吉。

【译文】

谦而又谦的君子，可用以渡过大川险阻，吉祥。

象曰：谦谦君子，卑以自牧也。

【译文】

谦而又谦的君子，能以谦卑自守，自己把自己管理好。

【精解导读】

“谦”是能够自居卑下。初六在谦卦之中，已是谦下，又处全卦最下位，故为谦而又谦。孔颖达的《正义》说：“处谦之下，谦之谦者也。”注意到爻辞是从下位取象。刚爻为君子，九三爻辞说“劳谦君子”，九三是君子，初六又在九三的下两位，故言“谦谦君子”。从取象上讲，“谦谦君子”是说比君子还谦而又谦。取义上则是说谦而又谦的君子。爻辞的取象意义与取义意义并不完全相同，初六前临互坎（初六→>互坎），坎为水，故言“用涉大川”。人能谦恭自处，天人共助，故可“用涉大川”而吉祥。象辞说：“谦谦君子，卑以自牧也。”“牧”的本义是放牧，引申为管理，比如州官称州牧，当官的责任是牧民等，牧都作管理讲。象辞意为：君子能把自己管理好，无须别人监督，自己会谦卑自守，符合天地之道，所以才吉祥。说明谦虚是一种美德，虽无人强制你去这样做，但要自觉地去培养，须自己把自己管理好。能自我控制，做到谦而又谦，就会获吉。

六二：鸣谦，贞吉。

【译文】

鸣和谦虚，守正吉祥。

象曰：鸣谦贞吉，中心得也。

【译文】

鸣和谦虚，守正吉祥，是心中自得。

【精解导读】

苏东坡说：“雄鸣则雌应，故《周易》以阴阳唱和寄之于鸣。谦之所以为谦者，三也。其谦也以劳，故闻其风被其泽者，莫不相从于谦。六二其邻也，上九其配也，故皆和之而鸣于谦。而六二又以阴处内卦之中，虽微九三，其有不谦乎？故曰‘鸣谦’，又曰‘贞吉’。鸣以言其和于三，贞以见其出于性也。”苏氏认为九三是有功劳又能谦虚，六二闻风响应，故与九三一唱一和地谦虚起来。“鸣谦”就是对谦虚的美德发出共鸣。从象上讲，九三从剥卦的上九来到三位，与六二比邻相合，六二前临互震（），震为善鸣（《说卦》：“震为善鸣马。”）。九三是全卦的主爻，代表谦卦，六二与九三比合，故为“鸣谦”。“贞”指六二在下卦之中，又是阴爻处阴位，位正。位中又正，故吉。象辞说：“鸣谦贞吉，中心得也。”主要指六二与九三阴阳相得，九三原是剥卦上九，下到三位比邻于六二，故六二心中感到自得。

九三：劳谦君子，有终，吉。

【译文】

有功劳又谦和的君子，有好结果，吉祥。

象曰：劳谦君子，万民服也。

【译文】

有功劳又谦和的君子，万民都悦服。

【精解导读】

这句爻辞《系辞·上》有说明：“‘劳谦君子，有终吉。’子曰：‘劳而不伐，有功而不德，厚之至也。语以其功下人者也。’”孔子把“劳”讲成功劳，“谦”是不伐德，也就是不自居有功，能谦下待人，为人厚道。从象上讲，九三在互坎里，坎为劳（《说卦》：“帝劳乎坎。”），刚爻为君子，故言“劳谦君子”。又在下卦艮里（䷎>艮），艮为终（《说卦》：“终万物始万物者莫盛乎艮。”），故为“有终”。全卦唯一的一个刚爻，有众柔爻拥戴，故吉。象辞说：“劳谦君子，万民服也。”指的就是谦卦五柔一刚，一刚统率五柔，五柔都诚心悦服，柔爻为民。《系辞·下》讲六子卦提到的“阳一君而二民”，“阴二君而一民”，都是以刚爻为君，柔爻为民。谦卦最好的一爻就是九三。

六四：无不利。㧑谦。

【译文】

没有不利，能发挥谦虚的美德。

象曰：无不利，㧑谦，不违则也。

【译文】

没有不利，能发挥谦虚的美德，不违背法则。

【精解导读】

“抑”，《释文》：“义与麾同。”《九家易》：“抑犹举也。”麾是元帅的大纛，帅旗，用以指挥。从取象说，震为旗鼓。《左传》僖公十五年：“车脱其腹，火焚其旗。”以震变离为“火焚其旗”，以震为旗，离为火。震为鼓见《九家易》。六四在互卦震里（六四→>互震），为旗鼓之象，故言“抑谦”。从取义上讲，“抑”义同“挥”，“抑谦”是能发挥谦虚的美德，故“无不利”。把抑讲成指挥、推举、挥却等义，于取义不合。象辞说：“无不利，抑谦，不违则也。”“则”指的是天地人神鬼之道，“不违则”是说符合“天道亏盈而益谦，地道变盈而流谦，鬼神害盈而福谦，人道恶盈而好谦”的法则。

六五：不富以其邻，利用侵伐，无不利。

【译文】

因邻居而不富足，宜于使用侵伐，没有不利。

象曰：利用侵伐，征不服也。

【译文】

宜于侵伐，是征伐不服的人。

【精解导读】

从象上讲，坤为虚、为吝啬，故坤为不富。六五在上卦坤里，故言“不富”。坤为众，故“利用侵伐”。五位是尊位，故“无不利”。象辞说：“利用侵伐，征不服也。”主要是指卦变而言。剥卦是柔灭刚，“子弑其父，臣弑其君”，逆而无道，上九下到三位“万民服”，是上九下去“征不服”，上六爻辞说“利用行师，征邑国”可证。因为六五居尊得中，有征伐的权势，故可利用侵伐。

上六：鸣谦，利用行师，征邑国。

【译文】

鸣和谦虚，宜于行军打仗，征伐邑国。

象曰：鸣谦，志未得也；可用行师，征邑国也。

【译文】

鸣和谦虚，是因为不得志；可以出兵打仗，是指征伐邑国。

【精解导读】

“鸣谦”是与九三的谦虚发生共鸣，彼此应和。从二爻到上爻是个小一点的师卦，故言师。邑国是下属国家。分封制度是诸侯有国，大夫有家。天子分封的诸侯称国，分封的大夫领地就是邑。邑国都是天子的附庸，要受天子的领导。剥卦是臣要灭君，上六是与剥上九换位的一爻，故言征伐。象上指坤为邑国，剥的上九来到三位，是一刚统率众柔，成为上坤下坤的中心，故言“征邑国”。象辞说“鸣谦，志未得也”，也是指卦变而言。上六与九三正应，九三在互震之中，震为鸣，故可应和而鸣。上六与九三是换位的一爻，在剥卦里上九与六三就是阴阳正应关系（剥上九六三正应），与六二毫无联系。换位之后九三比于六二，对六二来说，不是正应而得相比，是不该得而得，故六二是“中心得也”。对上六来说是应而不能相比，是该得而未得，故言“志未得也”。

【提示】

《周易》是观象系辞，这在《系辞传》里讲得十分明确肯定。讲《周易》不讲象，或“得意忘象”，就不符合《周易》的实际。王弼之后的义理派长期得不到易学家的认可，原因就在此。但《周易》的观象系辞有它自身的限度，不能无限扩大。所谓“观象系辞”，指的是卦辞、爻辞一般要有象上的依据。即使是卦辞、爻辞也应当有所分别。一般说卦爻辞可分成两个部分，一部分是“象辞”，一部分是“占辞”。“象辞”是根据卦象、爻象来命辞，有象作依据；“占辞”是吉凶断语，大多是从道理上推出的结论意见，故无法为占辞找出取象所在。比如卦爻辞中提到的“吉”“凶”“无咎”“无不利”等，都属于占辞。因此，研究《周易》中的取象，应当限定在为卦、爻辞中的象辞部分找出取象依据，不可扩大化。汉人讲象，把这部分内容扩大化了，不仅想给所有的卦爻辞找出象来，甚至还要为彖辞、大小象辞、文言等找出象来，这就难以自圆其说了。彖、文言等属于易传，易传是解释经的，有时说明取象，有时要解释语义、阐发意蕴，是从理上推导出来的。说明取象是摆事实，阐发意蕴是讲道理。讲道理的部分不可能找出取象来。象数派所以让人难以信从，往往是在这些方面讲得太牵强。比如这一卦的彖辞说，“天道下济而光明，地道卑而上行”，指剥卦变为谦卦中上九与六三的爻位推移，可以找出象上的依据。至于后面说的“天道亏盈而益谦，地道变盈而流谦，鬼神害盈而福谦，人道恶盈而好谦。谦尊而光，卑而不可逾，君子之终也”，都是从理上推导出来的。而汉人乃至魏晋以及后代的象数家们，却搜肠刮肚地非要找出哪一爻是神，哪一爻是鬼等所有每个词的象来不可，这就把“观象系辞”的范围扩大了。

十六　豫——心情怡悦

䷏

豫卦卦画组合是坤（☷）下震（☳）上，传统称作雷地豫。《序卦》说："有大而能谦必豫，故受之以豫。"意为：大有又能谦虚一定会怡悦，故在大有、谦卦之后接着是表示怡悦的豫卦。《杂卦》说："谦轻而豫怠也。"意为：谦卦是轻微自处，豫卦是心志怡悦。"怠"用如"怡"。尚秉和先生说："怠，虞作怡。按怠、怡皆从心，本一字，故古常通用。《史记·始皇本纪》'视听不怠'，刘歆《烈女传赞》'言行不怠'，注并作怡。"《释文》："豫，悦豫也，备豫也。马云：'豫，乐。'"陆氏和马融都说豫是悦怡。《经典释文》认为豫还有预备的意思。从卦爻辞中分析，豫的主要意义是悦怡。

关于卦变，虞翻说："复初之四。"意思是说豫卦从复卦变来，复卦的初九上升到四位，与六四换了地方，即复卦(六四、初九)䷗两爻交换位置，变䷏豫。豫卦与上一卦谦为一组正覆卦，谦（䷎）卦颠倒过来，为䷏豫。

豫，利建侯行师。

【译文】

豫卦，宜于封建诸侯，出兵征伐。

彖曰：豫，刚应而志行，顺以动，豫。豫，顺以动，故天地如之，而况建侯行师乎！天地以顺动，故日月不过，而四时不忒。圣人以顺动，则刑罚清而民服。豫之时义大矣哉！

【译文】

豫卦，刚健之志得到应合，在天下推行，顺物性而动，故为怡悦。怡悦顺物性而动，天地也与此相同，何况是封建诸侯，出兵征伐呢？天地顺时序而运动，所以日月运行不会失度，四季不会出现差错。圣人顺物性而动，就会刑罚清明，百姓悦服。豫卦所表现的顺应时序的意义太伟大了。

象曰：雷出地奋，豫。先王以作乐崇德，殷荐之上帝，以配祖考。

【译文】

雷从地下出来，大地振作起来，就是豫卦。先王得到启示，创制音乐，崇尚道德，并以盛大的仪式进献天帝，把祖先的亡灵与天地配在一起，共同来祭享。

【精解导读】

豫卦的上卦是震，下卦是坤。震为诸侯，坤为众，故卦辞说“利建侯行师”。师就是众（见师卦）。坤为顺，震为动，能顺物性而动，故万物豫悦，所以取名豫卦。豫是怡悦。关于震为诸侯的取象，《说卦》里没有提到，虞翻和《九家易》都这样讲，从提到“侯”的各卦中考察，虽是逸象，还是比较可信。

彖辞分五层说明卦辞。（一）从卦的主爻说明卦名。“豫，刚应而志行。”意指豫卦从复卦变来，复的初九上升到四位，成为全卦的中心，一个刚爻有五个柔爻上下应合，愿望得到极大的满足。从取义上说，则是刚健之志得以实现，故能豫悦。（二）从上下卦特性的组合上解释卦名。“顺以动，豫。”指的是下卦坤为顺，上卦震为动，能顺物性而动，故万物喜悦，所以为豫悦卦。（三）从义理上解释卦辞“利建侯行师”。“豫，顺以动，故天地如之，而况建侯行师乎！”意为：豫卦能顺物性而动，所以天地的运动法则都会与它保持一致，能与天地的运动节律并行不悖，就会无不利，何况仅仅是封建诸侯，行军打仗呢？象上仍然强调的是下坤为顺，上震为动。（四）进一步强调“顺以动”的巨大意义。“天地以顺动，故日月不过，而四时不忒”中，“过”是过错失度，“忒”是差错。这句意为：天地都是顺时序而动，所以日月的运行准确而不失度，一年四季应时而来，永远不会出现差错。这是从自然法则上讲“顺以动”的意义。“圣人以顺动，则刑罚清而民服”，意为：圣人把天地的法则运用于人类社会，顺规律而行动，就会把社会治理得井然有序，刑罚清明，百姓悦服。这是从社会法则上讲“顺以动”的意义。（五）揭示学习豫卦的巨大意义。“豫之时义大矣哉!”意为豫卦顺时序而动的意义太巨大了。天地的运动是顺时序，人应当学习天地之道，也应当顺时序而动。把这个意义推及到各个方面，就会无所不利。简言之是“顺以动”，圣人是顺规律而动，一般人是顺物性而动，这都是从天地顺时序而动那里应学到的东西。这是豫卦给人们的巨大启示。

象辞说明上下卦象。下卦坤为地，上卦震为雷，上下卦组合在一起是雷出地上。象辞说“雷出地奋”，“奋”是受到震动而振奋、振作起来的意思。冬天没有雷声，如同潜伏地下。开春以后春雷动，大地复苏，万物生长，如同大地从冬天的蛰伏状态重新振奋起来，也是喜豫之象。所以说“雷出地奋，豫。”“作”是创制，“殷”是盛大，“荐”是进献，“先王以作乐崇德，殷荐之上帝，以配祖考”，意为：先王从“雷出地奋”的卦象中得到启示，效法天地之道，创制出音乐来，用以崇尚道德，并用音乐配合盛大的仪式进献天帝和自己的祖先。古人认为雷有振起的作用，创制音乐，也可以让人精神振作。比如军队誓师，唱一支雄壮雪耻的歌曲，可以激励部队的精神，所以把音乐与雷声联系起来。另外音乐还可以歌颂盛德，组成盛大感人的阵容，用以制造神圣的气氛，故可用以祭祀天帝祖先。“祖考”用如“祖先”，“以配祖考”是把祖先的亡灵与天帝配在一起祭享。郑玄讲解说：“王者功成作乐，以文得之者，作籥舞；以武得之者，作万舞，各充其德而为制。祀天帝以配祖考者，使与天同享其功也。故《孝经》云：‘郊祀后稷以配天，宗祀文王于明堂，以配上帝也。’”证明音乐不仅是表示喜悦，还用于歌功颂德。关于荐享天帝祖先的巨大政治意义这一点，在《诗经·颂》里有大量的记载。

初六：鸣豫，凶。

【译文】

和鸣于喜乐，凶。

象曰：初六鸣豫，志穷凶也。

【译文】

初六和鸣于喜乐，其志已尽，凶。

【精解导读】

初六的应爻在九四，又是复变豫与九四换位的一爻。全卦只有九四一个刚爻，为一卦的主爻，初六与九四关系最为密切，也最为得意。九四在上卦震里，震为鸣，故初六与九四和鸣，这一爻与谦卦上六相同，只是谦卦的上六覆在初位而已（谦上六爻辞“鸣谦”可证）。但豫与谦不同，谦是谦虚，与谦虚和鸣，能一同谦虚；豫是喜乐，与喜乐和鸣，则会乐而忘忧。志满意得，不求进取，故凶。象辞说：“初六鸣豫，志穷凶也。”穷是极尽，位处一卦之初就心满意足，不求进取，其志已尽。沉溺于喜乐，忘乎所以，故会有凶的结果。爻辞的意思是说，人不可胸无大志，满足于喜乐。像初六这样得意忘形，必然会有凶的后果。正如成语所言，“人无远虑，必有近忧”。

六二：介于石，不终日，贞吉。

【译文】

独立如巨石，等不到终日，守正吉祥。

象曰：不终日，贞吉，以中正也。

【译文】

等不到终日，守正吉祥，是因为处中位又得正。

【精解导读】

“介”同“界”，这从象上可以得到证明。全卦除上六外，各爻与卦的主爻九四非比即应，唯独六二与九四界限分明，毫无联系，是独立不移之象。六二在下卦中位，又以柔爻处柔位得正，既中又正，犹如中流砥柱。全卦是喜乐悦豫，六二能不苟同于世，守正不阿，故得吉祥。象辞说：“不终日，贞吉，以中正也。”指的是六二的位置既中又正。关于这句爻辞，《系辞·上》里讲过：“《周易》曰：‘介于石，不终日，贞吉。’介如石焉，宁用终日，断可识矣。君子知微知彰，知柔知刚，万夫之望。”意为：独立如巨石一般，怎么会终日去等待？一定会有他独到的见识。君子能察微知著，能柔能刚，就会抓住时机去行动，这是万民仰仗的对象。介是界限、区别，引申为不同一般，耿介之意。《离骚》：“彼尧舜之耿介兮，既中道而得路。”用的是耿介义。《系辞·上》：“忧悔吝者存乎介。”介也是不苟同因循，能以独到的见识改变悔吝的局面。爻辞的取象在互卦艮（六二→䷏>互艮），艮为石，故言“介于石”，艮为终，故言“不终日”。取义则是说，不能沉溺于喜乐，要守中正，见机而作，在因循苟且的世俗中，要有独立的见识，及时杜绝忧患的产生，这样才会吉祥。与初六的“鸣豫，凶”意思一反一正。

六三：盱豫，悔。迟有悔。

【译文】

小人得意，忧悔。行动迟缓有忧悔。

象曰：盱豫有悔，位不当也。

【译文】

小人得意有忧悔，因为所处位置不当。

【精解导读】

盱（xū）字多解。《经典释文》：“睢盱也。向云：‘睢盱，小人喜悦之貌。’王肃云：‘盱，大也。’郑云：‘夸也。’《说文》云：‘张目也。’……子夏作‘纡”，京作‘汀’，姚作‘盱’，云：‘曰始出。’引《诗》：‘盱日始旦。’睢，《说文》云：‘仰目也。’”孔颖达疏：“睢盱者，喜悦之貌。”《周易集解》：“向秀曰：‘睢盱，小人喜悦佞媚之貌也。’”帛书《周易》作“杅”。总的来看，盱的异文较多，唐以前的注解多取睢盱为意，同意向秀“小人喜悦佞媚之貌”的讲法。宋人依据《说文》讲成仰视貌。《庄子·寓言》：“而睢睢盱盱，而谁与居。”注：“睢睢盱盱，跋扈之貌，人将畏难而疏远。”

对以上说法加以辨析，盱不能讲作喜悦，向秀说的喜悦是与豫连在一起的，豫是喜悦，盱是小人喜悦的样子，恣意忘形的意思，心中得意，对上佞媚，对下横暴，仰头张目，自命不凡，架子挺大，不屑理人，总之是小人得意之象。从象上看，六三紧邻主爻九四，九四是豫的代表，六三上比九四，自以为得势，小人得意，故言“盱豫”。喜乐不可耽溺，初六为九四正应，尚且鸣豫有凶，六三只不过与九四比邻，就小人得意，故有忧悔。艮为止，故迟，六三在互卦艮中（六三→䷏>互艮），故言“迟有悔”。“迟”与六二爻辞“不终日”意思照应，“不终日”是能及时行动，不待终日，“迟”是不懂得乐极生悲的道理，行动迟缓。“迟有悔”是说乐而忘忧，行动迟缓，定会忧悔。象辞说：“盱豫有悔，位不当也。”“位不当”主要是指六三比于九四，九四是喜豫之主，随着九四仗势豫乐而不知节制，这种小人得意的状态是所处位置决定的。六三爻辞总的意思还是说，得意忘形，不知忧患，必然会有忧悔发生。

九四：由豫，大有得。勿疑，朋盍簪。

【译文】

喜豫之由，大有收益。无须猜疑，朋友会像簪子聚拢头发一样聚合在一起。

象曰：由豫，大有得，志大行也。

【译文】

喜豫之由，大有收益，是因为心志得到极大的推行。

【精解导读】

九四是豫卦的主爻，从复卦变为豫卦，正是九四从初位升到四位决定的。九四是成为豫卦的原由，故言“由豫”。全卦只有九四是刚爻，五个柔爻上下应合，前面彖辞说“刚应而志行”，指的就是九四，故言“大有得”。坎为疑，九四在互坎之中（九四→䷏>互坎），能取得上下信赖，故“勿疑”。“朋盍簪”取全卦的总象。“朋”是朋友，“盍”义同“合”，“簪”是古人为聚拢头发而插入发中的发针。全卦五个柔爻散布上下，九四一个刚爻横贯其中，像是插入发中把头发聚拢在一起的簪子。比作人事，就是聚合众多朋友的中心人物。这是用古人熟悉的事物做比喻。现在男人不蓄长发，无需簪发，古代男子都蓄长发，与现在不同。取义是说九四是联结众人的纽带。象辞说：“由豫，大有得，志大行也。”指九四受到五个柔爻的信赖，大家都来应合，自己的志愿可以广泛推行，得到充分实现。强调的是九四的核心地位。九四是全卦最好的一爻，志向实现，大有收益，吉不待言。

六五：贞疾，恒不死。

【译文】

正在闹病，但久病不死。

象曰：六五贞疾，乘刚也。恒不死，中未亡也。

【译文】

六五正在闹病，是因为乘驾在刚爻九四之上。久病不死，是因为在中位而不到死的时候。

【精解导读】

全卦的主爻九四是唯一的一个刚爻，六五正好乘凌在它的上面，又在互坎里（六五→䷏>互坎），坎为疾，位置在上卦正中，故言“贞疾”。“贞”指正中之位，“疾”指互坎。“乘刚”为不顺，故取不吉之象。若无乘刚之故，中位很少取坎为疾象。六五又在上卦震中，震为反生，故言“恒不死”。总之六五是不死不活的病人，但没有病死的危险。虞翻说：“坎为疾，坤为死，震为反生，位在震中，与坤体绝，故‘贞疾，恒不死’也。”取象大体是正确的。象辞说：“六五贞疾，乘刚也。”是说位中还取疾为象，是因为有乘刚的原因。“恒不死，中未亡也。”是说不死是因为它毕竟还有在中位的优势。

上六：冥豫，成有渝，无咎。

【译文】

昏昧不明地喜乐，终有变化，没有咎害。

象曰：冥豫在上，何可长也。

【译文】

昏昧不明地喜乐，位处上穷，怎么会长得了。

【精解导读】

“冥”是昏昧幽暗，“渝”是变，“成”是终。爻辞意为，昏昧不明地沉溺于逸乐喜豫之中，已经到头了，很快就要发生变化，不可能长期喜乐下去，情况一变就没有咎害了。从象上说，上六在豫卦之终，极豫尽乐，到了终期，最后还不觉悟，故言“冥豫”。但上位是穷极之位，物极必反，终必有变，故言“成有渝”。尽情寻欢作乐必然会有悔，变化之后，反而会无咎害。象辞说“冥豫在上，何可长也”，强调上六的上位，“何可长”是指豫悦的局面不会长久，也是说到了终了要变化。上六的无咎是形势的变化造成的，不是上六的自我醒悟。

【提示】

《经典释文》说："豫，悦豫也，备豫也。"悦豫是豫的主要意思，但豫也有早做预防的意思。所以爻辞中都含有在喜乐之中要见微知著、早做预备的意思。六二能"介于石，不终日"则吉，初六"鸣豫"，不能早作预防则凶。把这一卦与上一卦联系起来看，早做备豫的意思更为明显。谦卦虚而轻，一卦各爻却很少有不吉的；豫卦是怡悦，各爻却很少有吉的。说明《周易》作者主张的是居安思危，不可乐而忘忧，稍一放纵就会祸由喜生，只有见几知微，处乐而知戒，能有所控制，及时转变，才能吉利。不然即使处在喜乐的时势中也不能获吉。《系辞·下》说："《周易》之兴也，其当殷之末世，周之盛德邪？当文王与纣之事邪？是故其辞危。危者使平，易者使倾。其道甚大，百物不废，惧以终始，其要无咎。此之谓《周易》之道也。"所谓《周易》之道，无非是吉凶祸福的辩证思想，用老子的话说就是"福兮祸之所依，祸兮福之所伏"。吉凶、悲喜等相对相反的两面都是相互依存的。

十七 随——从宜适变

䷐

随卦的卦画组合为震（☳）下兑（☱）上，传统称作泽雷随。《序卦》说："豫必有随，故受之以随。"意为：喜悦一定有人随从，所以在表示喜悦的豫卦之后接着是随卦。《杂卦》说："随，无故也。"意为随是没有事故。没有事故是指没有主观上一定要怎么样去做的事情，要随着时势的发展去决定做什么，是从宜适变的意思。《序卦》《杂卦》把随讲成随从、随时的意思，这与彖辞讲的"随时之义大矣哉"的解释相合。

依据彖辞的提示"刚来而下柔"，虞翻说："否上之初，刚来下柔。"揭示的卦变现象是对的。虞氏的意思是说，随卦由否卦变来，变的方式是否卦的刚爻上九与初六互换了位置，来到柔爻之下，即：否上九初六䷋）两爻换位，变䷐随。随卦与下一卦蛊为一组，随卦（䷐）上下颠倒过来就是下一卦蛊䷑。随与蛊是正覆卦。

随，元亨，利贞，无咎。

【译文】

随卦，大亨通，有利于正固，没有咎害。

彖曰：随，刚来而下柔，动而说，随。大亨贞，无咎，而天下随时，随时之义大矣哉。

【译文】

随卦，刚健却来到柔顺之下，行动而喜悦，这就是随卦。大亨通而正，没有咎害，天下随时势运行，随时提示的从宜适变的意义太伟大了。

象曰：泽中有雷，随。君子以向晦入宴息。

【译文】

大泽中有雷，就是随卦。君子从卦象中得到启示，要随天时而动，晚上就回家安然休息。

【精解导读】

“元亨”彖辞换言大亨，说明“元”可讲成“大”。随卦从否卦变来，否卦是天地悬隔，上下不通。否卦的上九从天上下来到了地下，地下的初六上升到天上，天地交流，阴阳往来，打破了否卦的闭塞状态，开始变得十分通畅，这就是“元亨”。通畅无阻，万物繁衍生息，故言“利”。上九原是刚处柔位，初六是柔处刚位，上九与初六交换位置，上爻与初爻都得正位，故言“贞”。“元亨利贞”何咎之有，故言“无咎”。

彖辞分四层解释卦辞。（一）从卦变上说明随卦。“随，刚来而下柔”，是说随卦从否卦变来，是否卦的刚爻上九来到初位，处在柔爻之下。从取义上，是说刚健的人本来难以随顺别人，而今竟然甘居柔顺之人的下方，这就是随卦。随是能随顺的意思。（二）从上下卦的特性组合上解释随卦。“动而说，随”，是说随卦的组合是下卦震、上卦兑，震的特性是动，兑的特性是悦，组合在一起是心中喜悦地去行动，心里愿意干才干，所以也是随顺之意。（三）解释卦辞“元亨，利贞，无咎”。“大亨贞，无咎，而天下随时”意为：所以会“元亨，利贞，无咎”，是因为天下能顺应时势而运动。人能不拘执于自己的成见，按形势的发展该怎样做就怎样做，顺应时势，从宜适变，这才是正道，所以才通行无阻，无所不利，自己也不会出现咎过。用现代话说，就是找到一条正确路线，不左倾，也不右倾，当然就“元亨，利贞，无咎”了。（四）强调随卦的“随时”意义。“随时之义大矣哉”是提醒人们深刻理解随卦的“随时”意义。随时不仅指要随天时而动，把这个意义运用于社会，还有顺应时势的意义。变是自然、社会发展的必然规律，任何事物都不会一成不变，这就要求人在行动上要从宜适变，顺应不断变化的形势，随时调整自己的行动，这才符合天地之道，才能趋吉避凶。变是《周易》的大法，随时是人行动的准则，意义太重大了。用今天的话讲，一切僵死的、守旧的、教条主义的、机械的观点都要不得。随卦向人们揭示了这些重大内容，学习随卦，就要深入体会它的“随时”意义。

象辞从卦象组合上来解释。“泽中有雷，随”是说随卦上下卦象的组合是上卦兑为泽，下卦震为雷。雷进入大泽之中，这就是随卦。“君子以向晦入宴息”中，“向晦”指到了晚上，“宴”是安然，“息”是休息。通俗地讲，就是君子晚上回家去睡觉，不出来活动。意指日出而作，日入而息，也是随天时而动。《九家易》说：“八月之时，雷藏于泽，则天下随时之象也。”意思是说，泽中有雷这个卦象，显示的是阴历八月雷声消失，藏到大泽中去了，到了一年中的蛰伏季节，雷都要随季节而藏伏，人更应该随时而动，所以君子才从雷随时而藏息的卦象中体悟出“向晦入宴息”的道理来。白天出来干活，晚上回家睡觉，这是一个十分简单的道理，但要把它推广到君子要随时这个意义上讲，那就深刻得多了。所以彖辞才讲“随时之义大矣哉”，古人很善于从这些简单的现象中体悟出深邃的哲理。

初九：官有渝，贞吉。出门交有功。

【译文】

为官有权变，又不离正道，吉祥。出门与人交往，会有功效。

象曰：官有渝，从正吉也；出门交有功，不失也。

【译文】

为官有权变，又能从正道出发，吉祥。出门交往有功效，是因为没有过失。

【精解导读】

“渝”是变。在这里是指当官能有权变。有权变是指能灵活施政。“贞”是守正，用现代的话说，渝是灵活性，贞是原则性。“官有渝，贞吉”是说，当官施政既不离开正道，又能从权适变，吉祥。“出门交有功”，是说走出门与外界交往会有成效。从象上讲，初九是全卦的主爻，是它“刚来而下柔”才由否卦变为随卦，可见它是最能趋宜从权、随时知变的一爻。下卦震，震为诸侯、为长子，长子做诸侯，故言“官”，知变故言“有渝”。在互卦艮之下(䷐>互艮)，艮为门，故言“出门”，与上六是换位的一爻，故言“交”。初九的变化使闭塞的否卦变成随卦，故言“有功”。象辞说：“官有渝，从正吉也。”象辞首先把“贞”讲成“正”，意思是知变是《周易》的大法，但也要注意变不能离开正道，能守正而变才会吉祥。从象上说，“贞正”都指初九刚爻占据刚位，位正。“出门交有功，不失也”，是说出门与人交往有功效，是因为初九变而没有过失。看来象辞强调的是变不能脱离原则，要在守住正道的基础上从宜适变，讲得十分辩证。

六二：系小子，失丈夫。

【译文】

系恋于小子，失去了丈夫。

象曰：系小子，弗兼与也。

【译文】

系恋于小子，不能两者兼得。

【精解导读】

六二与九五是阴阳正应，六二阴爻，九五阳爻，九五是六二的丈夫。但初九是全卦的主爻，初九来到六二之外，两爻比邻，六二不能不有所系恋。在随卦之中，就近随了初九。初九在震卦，震为长子，故言“系小子，失丈夫”。象辞说：“系小子，弗兼与也。”“与”是跟从，意为在小子与丈夫之间要选择一头，不能两者兼得。因为是随卦，总得随一头，不能两头都随，就只能是系恋于小子，失去了丈夫。从这句象辞可以看出，象辞引用爻辞常有省略，达意而已，并不巨细无遗地全引。这句象辞说全了应当是："系小子，失丈夫，弗兼与也。"在读其他象辞时，也必须注意这种省略了的内容。至于取义，更应当灵活理解。爻辞主要是针对女性讲的，是说顾恋孩子，失去了丈夫，有离异之象。但对男性来说，丈夫不妨理解为英雄豪杰，小子不妨理解为庸碌之辈，不能拘执。重在取其不可兼得之意。至于吉凶，要据情况而定，爻辞只是告诉你不可两全，不一定就凶。要从位上讲，六二居中得正，很难说一定就不好。对其他爻辞的理解也不要一言断死，这才符合《周易》的圆通性。

六三：系丈夫，失小子。随有求，得。利居贞。

【译文】

系恋丈夫，失去小子。随从别人有所求，可以得到。居身守正有利。

象曰：系丈夫，志舍下也。

【译文】

系恋丈夫，是舍弃从下的选择。

【精解导读】

象辞说“志舍下”，指六三舍弃随从下位的初九，言外之意就是“随上”，上指的是六三上面紧邻的九四。因为是随卦，六三也是就近随人，与初九隔着六二，不能相随，故随九四。九四刚爻在上，六三柔爻在下，柔爻顺于刚爻，故指九四为丈夫。六三与九四都无应，女以从男为顺，六三与九四近比相得，故言“随有求，得”，意思是指六三随从九四，有所求取，可以得到。但六三与九四位都不正，故戒之以“利居贞”，意为要居身守正才会有利。这一爻虽然也是不能两全，但比六二有得利之象，从象上说，初九为小子，互巽为利（六三→䷐>互巽），六三有利可得。

九四：随有获，贞凶。有孚，在道以明，何咎。

【译文】

随人会有收获，贞固不变有凶。心怀诚信，处正道能明理，又有什么咎害？

象曰：随有获，其义凶也。有孚在道，明功也。

【译文】

随人而有收获，从道义上讲应当凶。心怀诚信，能处正道，是明智之功。

【精解导读】

“随有获”，是指随着别人去干，自己却大捞了一把，这在情理上说不过去，所以会招致凶的后果。象辞说：“随有获，其义凶也。”“义”指道义，“其义凶也”，就是说从道理上讲该有凶。因为是跟着别人去干的，立意发谋以及主要责任都不在自己，而好处却被自己获得，情理上必然招致别人的怨恨，迟早会得到报复，凶的来到就是咎由自取。从象上说，九四在随卦，又互为巽卦（九四→䷐>互巽），巽为“近利市三倍”，故为“随有获”。“贞凶”中，“贞”指九四贞固而不知变，随卦要人从宜适变，随时随地调整自己的行动，贞固不变而背离“随时”之道，故有凶。象辞说“其义凶也”，主要指在“天下随时”的大势中，九四还不知变通，违反随卦之道。从象上说，随卦从否卦变来，是上九与初六交换了位置。其实否卦的初六正应在九四（否九四初六→䷋>应），应当与初六换位的首先是九四，而在变化之中，上九都下来了，九四却没有变。变化之后，九四又在互艮里（九四→䷐>互艮），艮为止，又是止而不动，始终保持贞固不变。在别的卦里，不动则可，处在随卦，故言“贞凶”。“有孚，在道以明，何咎”是说，除以上的象以外，九四还有孚众，处正道能明，没有咎害的象。《仲中氏易》认为，九四与它的应位初九组成一个正反卦（），震为大途，艮为径路，正看反看都在道路上，故言“在道”。这个正反卦，既是一个缩小的中孚卦（中孚），又是一个放大的离卦（离），小于中孚，故言“有孚”，大于离卦，离为明，故言“以明”。“有孚”是自己有诚信，受到别人的信赖，“在道”是处在道理之中，“以明”是能以明智的方式约束自己的言行。九四具有以上的优点，故不会有咎害。象辞说：“有孚在道，明功也。”意思是说能孚众不离正道，都是自己明智取得的功效。把爻辞的意思连在一起讲，九四这一爻意思是，随人而获利，固执不变，会有凶灾；能心怀诚信，明智地按道理去做，则无咎害。

九五：孚于嘉，吉。

【译文】

有诚信于嘉美，吉祥。

象曰：孚于嘉吉，位正中也。

【译文】

有诚信于嘉美吉祥，因为位置正而中。

【精解导读】

“孚”是诚信，“嘉”是美善。“孚于嘉”是说其道嘉美，又对嘉美之道心存诚信，是能真正推行嘉美之道，故吉祥。从象上说，九五处全卦尊位，五位是上卦中位，九五是刚爻占据刚位，位正，又中又正又有地位，美善之至。在上卦兑里，兑为悦；在互卦巽里，巽为利；卦又是随，民众能随从；下有六二阴阳正应，好事占全了，故言“孚于嘉，吉”。这是全卦最好的一爻，比主爻初九还强。象辞说：“孚于嘉吉，位正中也。”指出九五的主要优势在位置正中，处在这样的位置上，所有的好处才能显示出来。

上六：拘系之，乃从维之，王用亨于西山。

【译文】

扣住拴起来，又捆起来，大王祭享于西山。

象曰：拘系之，上穷也。

【译文】

扣住拴起来，是因为处在极上困穷之位。

【精解导读】

“亨”与“享”古代是同一个字，这里作祭享解。“拘”是被扣住不放，“系”是拴缚，“维”是捆绑，“西山”即后文提到的岐山，是周王朝的发祥地。王应当指周文王。这句爻辞前人有两种说法，一种认为是周文王被囚于羑里，一种认为是太王避狄去豳来岐之事。太王在岐山建业，固然有豳人相随，但没有“拘系之，乃从维之”，与象辞说的“上穷也”意思不合。应当以文王囚于羑里之说来解释。商纣王无道，周文王当时只是个西伯，因为心怀怨望，被纣王囚禁在羑里牢狱之中，确实是把文王扣留拴缚起来；后来找不出文王的罪证，西周又以讨好的方式表示随从纣王，文王才被放出来。说文王回到岐山去祭享，比较合乎情理。从象上说，上六已到随卦的尽头，随顺到极点，卦象要变，与文王后来灭商形势相符。尚秉和先生说：“三至上正反巽，巽为绳，故曰系，曰维。虞翻曰：‘两系曰维。’《诗》所谓‘絷之维之’也。”意思是说，从三爻到上爻组成一组正反巽卦（上六 六三  反巽 正巽），巽在《说卦》里讲“为绳直”，上六身上正反都是绳子，所以被拴起来、捆起来。“维”是拴了又拴，取正反两巽为象。西山的卦象，毛奇龄讲得确切一些：“兑，西方之卦，连艮为山。”意为：从二爻至上爻互为上兑下艮（ 兑 艮），兑为西方之卦，艮为山，故有“西山”之象。至于“祭享”，《周易》里常以正反震为二簋，

“二簋”通俗点讲就是两盘子祭品。初爻至四爻为正反震(反震<>正震)，震为簋，对称摆着两盘祭品，虽然简约，也算是祭享。象辞说：“拘系之，上穷也。”突出指明上六在全卦的穷极之位。从爻辞中分析，这一爻有牢狱之灾，穷尽随从，可逢凶化吉。

【提示】

这一卦中，前人对“贞吉”的解释最为纷杂。顺便说一说《周易》的一词多义现象。“元亨”彖辞讲成“大亨”。“元”不仅可讲成始、大，还可讲成首、善、长等，这是古代词汇分化还不够丰富而具有的一词多义现象，毫不奇怪。首、善、长、大等义都与“始”的意思相关，是“始”这个概念的外延引申。语言的发展是先有概念的外延引申，然后才会有词汇的分化出现。我们现在习惯于对分化后词汇的理解，觉得古代这种一词多义现象有词无定义之嫌，其实这是我们认识上的偏执，不能怪古人讲法多歧。我们应当从语言发展的历史现实中去认识。《周易》里这种一词多义的现象很多，比如“贞”，基本意是守正，但同时也含有固的意思，这才能说明后代贞操、贞节、坚贞等词汇的来源。当初没有这些词汇，并不等于没有这些概念，而是把这些概念，同用一个“贞”来表达。除此之外，贞还可讲成内卦、我方、遇卦、贞问等意。读古人的书，要从众多的词义中捕捉到在具体语言环境里最恰当的义项，力求避免用现代人的思维习惯去苛求古人，这才是历史唯物主义的做法。读《周易》尤其不可拘执，不然就钻进死胡同无路可寻了。前人囿于“贞，正也”，正怎么还有凶？于是绕了很多弯子，变化出种种讲法，总是不谐。这里应当注意，卦是随，要顺天随时，“贞”取的是固守不变的意思，所以有凶。

另外值得强调的还有一点，随卦在主爻初九的爻辞里提到“官有渝”，象辞提出“从正吉也”。这种讲法富于哲理。当官执政，古人强调要有经有权，“经”是正、是常；“权”是变通。换成今天的话讲，就是在不违背原则的基础上要灵活变通。从实际出发，因时制宜，灵活处理。

十八 蛊——整饬修治

䷑

蛊卦的卦画组合为巽（☴）下艮（☶）上，传统称作山风蛊。《序卦》云：“以喜随人者必有事，故受之以蛊。蛊者，事也。”意为：长期喜悦地随顺人，必然会出事。所以在表示喜悦的豫卦、表示随顺的随卦之后，接着是蛊卦。蛊是事的意思。《杂卦》云：“随，无故也；蛊，则饬也。”意为：随卦是没有什么一定要干的事，蛊是整饬修治。前人把“故”和“蛊”都讲成是“事”，理解起来有一定难度，但讲得并不错。从词义联系上说，故是故意、有意，随卦的“无故”是指不是自己有意地一定要去干什么事，而是随着别人去干，故云“随无故也”。无故是没有个人的成见、定见，这样才能随人。“饬”是整饬修治，整饬修治什么呢？就是要治理整顿“以喜随人”必然会出现的事。这就是有意地去干了，不是随着人去干，而是自己有所作为。《杂卦》是在这个意义上把随卦与蛊卦反义对比排列在一起的。蛊卦的“事”指的是什么事？既需整饬修治，那就一定不是什么好事；既然是“以喜随人”造成的，那么这个事指的可能是天下喜乐日久，万民随顺而渐渐滋生出来的官僚腐败等弊政。承平日久，安乐成习，这些事就都出来了。这就需要整饬治理。事指的就是如官僚腐败、违法乱纪、以权谋私、纵欲僵化等问题。《说文》云：“蛊，腹中虫也。《春秋传》曰：‘皿虫为蛊。’晦淫之所生也。”蛊是吃得肚子里长虫了。《左传》昭公七年记载，秦医和为晋侯看病，医和诊断之后对晋侯的臣子赵孟说：从字形上分析，器皿中生了虫子就叫蛊。粮食中生了飞虫也是蛊。在《周易》里，女人迷惑男人、大风吹落山木叫蛊，这都是同类事物。苏东坡讲：“器久不用而虫生之，谓之蛊；人久宴溺而疾生之，谓之蛊；天下久安无为而弊生之，谓之蛊。”蛊的本义是盆盆罐罐这些器皿长期不使用而生出来的虫子。推及到社会这个意义上讲，指的就是久安之弊。有弊就得改革，《周易》的着眼点侧重于社会问题，所以才说“蛊则饬也”。尽管蛊有蛊虫、疾病、蛊惑、颓败等意，但在卦名的意思上，治理整顿是它的主要义项。蛊卦讲的是社会改革中兴问题。

彖辞提示说“刚上而柔下”，从卦变上看，蛊卦由泰卦变来。虞翻说：“泰初之上。”意思是说：由泰卦变化成蛊卦的方式是泰卦的初九上升到上位，与上位的上六换了位置。即泰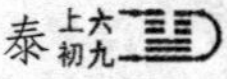

初九与上六换位，变䷑蛊。从卦序排列上讲，蛊卦与上一卦随，一正一反，构成一组正覆卦，即蛊

（䷊）整卦上下翻倒，为䷐随。卦图上存在这样的联系，取义上也有不可分割的关系。泰卦是天下太平，随卦是万民随顺，于是久安生弊而成蛊。

蛊，元亨，利涉大川。先甲三日，后甲三日。

【译文】

蛊卦，大亨通。有利于涉过大川险阻。开始前的（癸、壬、辛）三天，和开始后的（乙、丙、丁）三天。

彖曰：蛊，刚上而柔下，巽而止，蛊。蛊元亨，而天下治也。利涉大川，往有事也。先甲三日，后甲三日，终则有始，天行也。

【译文】

蛊卦是刚健之爻到了上位，柔顺之爻来到下位，巽顺而有所止，这就是蛊卦。蛊卦大亨通，是天下得以治理之象。有利于涉过大川险阻，是要去干事。开始前的三天和开始后的三天，是事情终结后又有新的开始，这是天道的运行法则。

象曰：山下有风，蛊。君子以振民育德。

【译文】

山下有风就是蛊卦。君子从中受到启示，要振启民众，培育道德。

【精解导读】

泰卦是天地阴阳之道的相对平衡，但长期保持这种均衡状态，社会就不可能发展了。事物的发展总是由不平衡趋向平衡，再重新打破平衡，在这种矛盾对立中不断前进的。泰卦变而为蛊，就是打破平衡状态的向前发展，所以蛊卦“元亨”。亨者，破阻而发展之谓也。利涉大川取象于下巽上艮。巽为木、为风，艮为涯岸、为止，木舟乘风有涯岸可上，故利涉大川。涯岸以艮是山为据，山临水为涯岸，互卦有兑，兑为泽（䷑>互兑），艮在兑上，故为涯岸。从取义上讲，“利涉大川”是宜于涉难历险，大川是指天险。在这一卦指的是利于突破险阻，改革中兴。“先甲三日，后甲三日”讲法比较纷纭，可参考后面的提示。这里取一种较为圆通的说法。从卦象上分析，这一句应当与巽卦提到的“先庚三日，后庚三日”等通盘考虑，不能孤立地一处说通就形成定见。综合考察，纳甲之说较为圆通。依据纳甲原理，十天干与八卦相配是乾纳甲、壬，坤纳乙、癸，丙纳于艮，丁纳于兑，戊纳于坎，己纳于离，庚纳于震，辛纳于巽。古人以十天干记日，甲乙丙丁戊己庚辛壬癸，十天干周而复始。“先甲三日”意为甲日前的三天，指的是辛日；“后甲三日”意为甲日后的三天，指的是丁日。蛊卦从泰卦变来，泰的下卦是乾，乾为甲；从泰卦变为蛊卦，爻的推移是泰的下乾里的初九，从乾三爻的最下，升到坤三爻的最上位。下为前，上为后，坤卦在乾卦后三爻的位置上（泰初九→䷊>坤 >乾），初九从乾的前三位升到乾的后三位，取象爻变，故有此说。从取义上讲，甲是十日之首，是开始的意思。在这一卦指改革的开始。改革要破旧立新，前三天终结旧的弊政，后三天开始新的统治，完善新的法规，是改革启动的关键时期，要与旧的既得利益集团做斗争，要担风险，故要涉大川。“先甲”“后甲”是说这段时间是了却旧账，重新开始，完成一个“终则有始”的社会运行过程。

彖辞分五个方面解释卦辞：（一）从卦变上解释蛊卦。“蛊，刚上而柔下”，意为：蛊卦是从泰卦变来，泰卦的刚爻初九上升到了上位，柔爻上六降到下位，两爻交换位置成为蛊卦。（二）从上下卦特性组合上解释蛊卦。“巽而止，蛊”，意为：蛊卦的卦画组合是下卦巽，巽为逊顺，上卦艮，艮为止，下边逊顺，上边停止不动，这就是蛊卦。（三）解释卦辞“元亨”。“蛊元亨，而天下治也”，意为：蛊卦大亨通，是天下革除弊政而得到治理，顺利向前发展。显然彖辞认为蛊是要治的弊病，又是对弊病的治理。这与《序卦》《杂卦》的讲法可以相互印证。（四）解释卦辞“利涉大川”。“利涉大川，往有事也”是说宜于涉过大川险阻，是因为前往有事要干。言外之意就是事情非干不可，有大川险阻也不怕，一定要渡过去。有这样刚健的意志要上，所以“利涉大川”。（五）解释卦辞“先甲”“后甲”。“先甲三日，后甲三日，终则有始，天行也”，意为：开始的前三天、后三天是指一个过程的完结，另一个过程又要重新开始，这是天道运行的规律。这种运行规律符合天道，所以才“利涉大川”，所以才“元亨”。讲泰卦时我们提到，古人把相对平衡看成是运动转化的契机，这一点很不简单，我们今天也常会忽略这个道理，而《周易》却把它提炼得如此深刻。

象辞从上下卦象的组合解释蛊卦。“山下有风，蛊”指的是蛊卦的上卦是艮，艮为山；下卦是巽，巽为风；上下卦象组合在一起是“山下有风”，这就是蛊卦。从意思上该怎样去理解？《左传》僖公十五年：秦国攻打晋国，卜徒父为秦伯筮卦得蛊，把“山下有风”讲成风吹落了山上树木的叶子和果实，称作“风落山”。那是结合进攻的时令是秋天，据时发挥，可以商榷。但秦医和也这样引用，就不得不考虑这是传统解释。“风落山”无非是风扫落叶、摧枯拉朽之象。也是要荡涤颓败，清除陈腐，重新振作。所以象辞说“君子以振民育德”。“以”是因此，是说从这个卦象中要受到启示，效法蛊卦之道。要振起民众，培养道德。因为有陈腐存在，不得不振起；因为有积弊，不得不培育新德。穿旧鞋走老路，因循守旧，不符合蛊卦的要求。

初六：干父之蛊，有子，考无咎，厉，终吉。

【译文】

纠正父辈养成的弊政，是继承父辈大业的好儿子。亡父没有咎害，有危厉，但最终吉祥。

象曰：干父之蛊，意承考也。

【译文】

纠正父辈养成的弊政，是为了更好得继承亡父的意志。

【精解导读】

“干”的本义是干犯，干犯正确的东西就是违逆，干犯错误的东西就是纠正。这里干犯的是“父蛊”，是纠正的意思。“考”，死去的父亲称考。“有子”是才能称得上有子的意思，指有好儿子。爻辞认为，父辈养成的弊政，儿子能加以纠正，这才算有子，才能消除亡父的咎责，虽然这样做有危厉，但最终能获吉。从象上说，乾为父、坤为母，泰卦下乾上坤，父母俱在，变为蛊卦，乾坤之象全都消去，故父母皆亡。初六从上六来到乾卦之下，故为“干父之蛊”。初九从乾卦分离出来到了上位，上卦成艮，艮为少男，故云“有子”。有儿子能纠正父辈的遗患，父亲的错误减轻了，故“考无咎”。这样做极易招致他人的非议，故有“厉”。但符合天道，故“无咎”。我国封建社会实行的是世袭制，儿子继承父亲的职位。父亲死后，儒家思想主张“慎终须尽三年礼，追远常怀一片心”“三年无改父之道”。《周易》不这样看，认为父辈把大业传下来，同时也会把积弊带来，儿子应当革除弊政，使父辈的基业能长久流传，这才是亡父最根本的愿望。如果沿习弊政，把大业中途葬送，反而不合亡父的遗愿。所以改革久安之弊，励精图治，锐意进取，是“干父之蛊”，也是父辈后继有人，亡父失政的咎责也会消除。这不是儒家那种“三年无改”的愚忠之孝，而是把握了祖宗的根本愿望，积极地把它实现。象辞说：“干父之蛊，意承考也。”“意承考”就是能从祖先的根本愿望上继承亡父的遗愿。“三年无改”是愚笨子孙，“意承考”才是好儿孙。可见《周易》对忠孝的认识要比后代的儒家思想深刻得多。

九二：干母之蛊，不可贞。

【译文】

纠正母亲的弊端，不可正固。

象曰：干母之蛊，得中道也。

【译文】

纠正母亲的弊端，符合中庸之道。

【精解导读】

全卦只有九二与六五上下正应，其他爻皆不应，六五是泰卦坤母的中爻，变蛊之后坤象隐去，六五为亡母。故九二为“干母之蛊”。九二在下卦中位，六五在上卦中位，都有中庸之德。在“干母之蛊”这个意义上讲，就是能把纠正母亲的弊端这件事办得恰到好处，适中得体，不至过分。所谓“不可贞”，是指不可要求正固，要适可而止。封建社会，妇女一般不参政，母亲之蛊，无非是些宫廷中的腐败现象，什么生活作风呀、偏心溺爱呀、母党后党呀等问题。对这些现象不纠正当然不对，但不能过分。正确的方法是做好善后，加以纠正。但不要过分认真、固执，伤害亲情。过分认真固执，往往是为了争权夺利，滥杀无辜。象辞说：“干母之蛊，得中道也。”“不可贞”就是“得中道”，就是能适中得体，不激不偏，适可而止。

九三：干父之蛊，小有悔，无大咎。

【译文】

纠正父辈的弊政，有小的忧悔，但无大的咎害。

象曰：干父之蛊，终无咎也。

【译文】

纠正父辈的弊政，最终不会有咎害。

【精解导读】

九三与九二都是刚爻，都有纠正之才。九二位中，行为不失中道。九三刚爻占据刚位，位正，但过刚。“干父之蛊”，易于矫枉过正，过正会有后遗症，故“小有悔”。但社会得到救治，故“无大咎”。象辞说：“干父之蛊，终无咎也。”意为：纠正父辈养成的弊政，虽然会有小的忧悔，但最终不会有咎害。九三位处下卦之终，故言“终”。可见救治社会积弊，宁可矫枉过正，遭受小的忧悔，也绝不能不加救治。矫枉过正是改革中的偏差，不纠正则可能亡家亡国。

六四：裕父之蛊，往见吝。

【译文】

宽容父辈的弊政，前往会有吝难。

象曰：裕父之蛊，往未得也。

【译文】

宽容父辈的弊政，前往未能有得。

【精解导读】

蛊卦由泰卦变来，是泰的上六下到初位，初九上升到上位。故初六是“干父之蛊”。然而泰卦初九的应爻在六四（即泰六四初九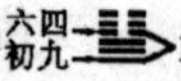正应），在变化中，首先应当与初九换位的是六四，而实际的变化却是上六与初九换位，六四未动，故六四是“裕父之蛊”。“裕”是宽容。“裕父之蛊”就是不能纠正父辈养成的弊政，而是把这种弊政继承了下来。六四与下三爻组成正反巽（六四反巽正巽），巽为进退不果，正反游疑不定。宽容弊政又进退不果，故“往见吝”。象辞说：“裕父之蛊，往未得也。”意为：宽容父辈养成的腐败弊政，不能果断地加以救治，有所作为也不会有收益。“裕”有饶裕的意思，从取义上讲，对前人养成的腐化风气容忍坐视，任其存在蔓延，必然会遭受吝难。

六五：干父之蛊，用誉。

【译文】

纠正父辈的弊政，用荣誉把大业继承下来。

象曰：干父用誉，承以德也。

【译文】

纠正父辈的弊政，并保持声誉，是因为能以道德来继承大业。

【精解导读】

“誉”是美好的名声、荣誉。爻辞是说，纠正父辈的弊政，使用的方法能使父辈获得好的声誉，不被后人指责。这当然是最好的救治之法，既能革除弊政，又给祖宗争得面子。六五在全卦尊位，下有九二正应，上下都在中位。《系辞·下》说：“二多誉”“五多功。”主要是位置好。推阐到继位垂统上讲，六五是一位有德而又能持盈守成的君王。有中庸之德，办事无过，无不及，能以最恰当的方式处理好前人遗留下来的腐败弊政，故言“用誉”。象辞说：“干父用誉，承以德也。”是指六五有中庸之德，强调的还是中位。朱震讲这一爻时说：“干父之蛊善于用誉矣。蛊之患非一世，譬如人嗜酒色、饵金石，传气于子孙者，溃为痈疽，死与不死，在治之如何耳。秦皇、汉武，穷兵黩武一也，秦亡而汉存者，始皇无子，而武帝有子以干之也。必曰‘承以德’者，誉谓德誉，非虚誉也。”简述出来是说，纠正父辈的弊政，最理想的是用道德荣誉了。蛊的疾患往往不是一代人的事，比如有的人嗜酒贪色，服食金丹，病气遗传给子孙，溃烂成了疥疮。死还是活就看怎样治了。秦始皇、汉武帝穷兵黩武是一样的。秦灭亡了，汉却没有亡，这是因为秦始皇没有好儿子，汉武帝有好儿子，能救治他的弊政。象辞一定要说用道德来继承，这是因为爻辞的“誉”指的是道德荣誉，不是徒有其名的虚誉。朱氏认为使王朝的荣誉得到保持，不能靠文过饰非，树立什么威信，而是要以高于前人的道德，继往开来、巩固发展。尤其要对前人的弊政加以修正，从而使他保持荣誉。“用誉”与前面提到的“矫枉过正”相比，除了救治是一致的外，还有一个发扬优良传统的问题。对父辈的优点要发扬光大，保持荣誉；对父辈的缺点要改革补救，为前人减轻咎责，赢得荣誉。这是社会改革中兴的最佳方案，所以才说“干父之蛊，善于用誉”。《周易》的思想对我们今天的改革仍有借鉴意义。

上九：不事王侯，高尚其事。

【译文】

不去侍奉王侯，把自己的行为看得很高尚。

象曰：不事王侯，志可则也。

【译文】

不去侍奉王侯，志向可以效法。

【精解导读】

乾为君王，震为诸侯。上九从泰卦的下乾游离出来，来到互震之上（

），所以是“不事王侯”。位处全卦最高之处，故言“高尚其事”。《后汉书·逸民传序》说：“《周易》称‘遁之时义大矣哉’。又曰‘不事王侯，高尚其事’……或隐居以求其志，或回避以全其道，或静己以镇其躁。或去危以图其安，或垢俗以动其概，或疵物以激其清……荀卿有言：‘志意修则骄富贵，道义重则轻王公’也。”作者认为这句爻辞是讲隐士的。为什么不为王侯服务而去做隐士？《逸民传序》里讲了很多，说他是“蝉蜕嚣埃之中，自致寰区之外，异夫饰智巧以逐浮利者”。摆脱不了名利那是假隐士。为什么“志可则”？荀子说是“重道义、修志意”，追求的是精神上的高尚，在个人修养上可以效法。隐士游离于社会大潮之外，作为一种个人修养，追求道德上的完美，无可厚非。但作为一个社会人，那就不能不说是悲剧。象辞说：“不事王侯，志可则也。”“志可则”是其志可则，也就是说追求道德完美的愿望可以效法，而不是要效法当隐士的做法。很多人从《周易》这句话里寻找遁世思想，就不大客观，《周易》是积极用世的。爻辞说“高尚其事”，也只是肯定隐士自认为高尚而已。从全卦看，隐士也是不得已的一种社会现象。

【提示】

这一卦讲社会改革中兴，对当前的改革开放有一定借鉴作用，顺便挖掘一下它的深层意义。全卦六爻，初六提出“干父之蛊”是后继有人，肯定了改革中兴的进步意义，同时提出前进道路上的风险以及光明的前途。六五指明改革中兴的最佳方案，与“矫枉过正”和“裕父之蛊”相比，“用誉”既不是全盘否定，也不是死守不变，而是一种继往开来的改革方法。看来《周易》对社会的改革，既不主张把祖宗骂臭，全盘否定，又不主张死要面子，妄自尊大。而是要从自身开始，去劣存优，图发展、求进取的一种观点。彖辞肯定了改革中兴是“终则有始，天行也”。指出这是人类社会一条长久性的规律，符合天地自然法则。九二爻辞分析了宫廷内部问题与社会问题的区别，提出不同的处理方法。九三提出矫枉过正也“终无咎”。宁可矫枉过正，也不能因循苟且。唯独六四是“见吝”，这是保守造成的，上九则是社会有益出现的特殊现象。全卦比较完整地勾画出一个改革中兴之世的大致轮廓。

这一卦的难点在“先甲三日，后甲三日”。下面介绍一些前人的说法，以资借鉴。从意思上说，《子夏传》认为：“先甲三日者，辛壬癸也；后甲三日者，乙丙丁也。”肯定了古代以十天干纪日的讲法。王弼认为："甲者，创制之令。"不妨理解为改革开始而创制的法令。因为甲是第一，有开始的意思。郑玄认为："令甲之首，必先令三日，后令三日，以示取信。且前三用辛，取更新之义；后三用丁，取丁宁之义。"他认为甲是改革的新令，发布实施要经过前后六天的造舆论时期，深入人心，取信于民再行。取甲前三日是辛日，甲后三日是丁日。十天干纪日是循环的。辛是革新之意，丁是丁戒、丁宁之意。无非是让大家听从新令，跟着改革。以上三家的解释比较明确。不过"先甲三日，后甲三日"应当理解成一个"终则有始"的过程，三日不是一个确数，只表示一个时段。这个时段也不只是行令，是破旧立新的过程。很关键，要抓紧，度过去社会就亨通了。

关于"先甲三日，后甲三日"的取象，我们只是采用了纳甲说的原理，并不是照搬虞翻的纳甲说的讲法。因为他讲得太迂曲晦涩，很难信从。但纳甲的原理却不可否认。《周易》里有一个很重要的组成部分，就是关于数的理论。在数理之中，序数是个被十分看重的内容。乾卦是八卦乃至六十四卦之首，甲是十干之首，都是第一，怎样把这两个第一搭配在一起才不矛盾，魏伯阳从月象的变化中作了论述。虞翻采用了这个原理，杜撰了卦象，不能因杜撰卦象否定原理。

前人对"先甲""后甲"大约有六种说法：

（1）后天八卦方位说。这是由东汉经学大师马融提出的。他说："甲在东方。艮在东北，故云先甲；巽在东南，故云后甲。"他认为"先甲"取象于蛊的上卦艮，"后甲"取象于下卦巽。十天干甲乙配在东方震，丙丁配在南方离，壬癸配在北方坎，庚辛配在西方兑，戊己配在中央土。甲所在东方是震卦，按后天八卦的方位，甲的前边是东北方的艮卦，后边是东南方的巽卦，所以蛊卦有"先甲后甲"之象。他还说："所以十日之中唯称甲者，甲为十日之首，蛊为造事之端，故举初而明事始也，言所以三日者，不令而诛谓之暴，故令先后各三日，欲使百姓遍习，行而不犯也。"马融是郑玄的老师，二人讲法一致。

（2）纳甲说。虞翻认为："谓初变成乾，乾为甲；至二成离，离为日；谓乾三爻在前，故先甲三日，贲时也。变三至四体离，至五成乾，乾三爻在后，故后甲三日，无妄时也。《周易》出震，消息历乾坤，象乾为始，坤为终，故终则有始；乾为天，震为行，故天行也。"在纳甲理论中，乾配甲。虞氏认为蛊卦从下往上逐爻变起，初爻一变，下卦就成了乾（☰），即蛊䷑初爻变，为大畜䷙>乾。第二爻接着变，下卦成离（☲），即蛊卦第二爻接着初爻变，为离，整个六爻卦成了贲卦（䷕）。离为日，在下卦变离之前，先变成的是乾，乾是甲，乾共三爻，这就是"先甲三日"。再接着三、四爻变，上卦又成了离，即蛊䷑初、二、三、四变，为噬嗑䷔>上离。再变到第五爻，上卦又成了乾，全卦成了无妄（䷘），即蛊䷑下五爻全变，为䷘>上卦成乾。上卦的变化是先出现离，后出现乾，所以叫“后甲三日”。他从爻变中说明取象。

（3）先天八卦方位说。清朝的胡渭认为：“先天甲在东之离，由甲逆数：离、震、坤，三位为艮，先甲三日也；由甲顺数：离、兑、乾，三位为巽，后甲三日也。”先天八卦的方位排列与后天八卦不同，离在东方，甲也在东方。从离甲顺逆数去，第三位正好数到巽卦和艮卦。胡氏大概觉得马融的说法“三日”的“三”没着落，才搬出了先天八卦方位。但先天八卦的方位在《周易》里是弃而不取的。

（4）六十甲子说。苏东坡说：“阳生于子，尽于巳；阴生于午，尽于亥。阳为君子，君子为治；阴为小人，小人为乱。天一日十二支相值，干五支六而后复，世未有不知者也。‘先甲三日，后甲三日’，则世所谓六甲也。‘先庚三日，后庚三日’，则世所谓六庚也。甲庚之先后，阴阳相反，故《周易》取此以寄治乱之势也。先甲三日，子、戌、申也；申尽于巳，而阳盈矣，盈将生阴，治将生乱，故受之后甲。后甲三日，午、辰、寅也，寅尽于亥，然后阴极而阳生。”简单点儿讲，苏氏认为：干支纪日是十天干用六次，十二地支用五次，正好配出六十个干支纪日单位。在六十周甲中十天干要用六次，每干要配六次，甲、庚都是这样，把六甲前后分开，前三甲就是甲子、甲戌、甲申；

后三甲就是甲午、甲辰、甲寅。他又按甲申旬末日为癸巳，甲寅旬末日为癸亥，亥巳为阴阳起点，推出先甲三日是阳极生阴，由治而变乱；后甲三日是阴极生阳，由乱而变治。这个说法与取象连不上，不再细述。

（5）斋戒祭祀日说。《汉书·武帝纪》：元朔五年，“十一月辛巳朔旦，冬至，立泰畤于甘泉。诏曰：‘辛卯夜，若景光十有二明，《周易》曰：“先甲三日，后甲三日”。朕甚念年岁未咸登，饬躬斋戒，丁酉拜祝于郊’”。汉武帝说他是按《周易》的讲究，从辛卯日开始斋戒，经历了壬辰、癸巳、甲午、乙未、丙申六日，到丁酉那天去举行郊祭，把先甲后甲当成斋戒祭祀之日，这与取象无涉。大概是正好遇上了辛日和丁日，断章取义，拉出《周易》来玄乎一下，不可太认真的。

（6）十干说。毛奇龄说：“虽说干有十数，而前三后三，历七日而十已周。盖先甲为辛为金，为壬癸，为水；后甲为乙为木，为丙丁，为火。合木火金水而四时悉备，所不用独戊己耳。……盖戊己属土，分王于八干，而所行特迟，言震甲者必去之。”他认为十天干里除“先甲后甲”“先庚后庚”（见《巽卦》）的甲、庚外，先甲三日辛壬癸，后甲三日乙丙丁，只缺戊己，戊己为土，分旺四季，太迟不能用。这样“先甲三日，后甲三日”实际上是把十天干能用的都用上了，也是“终则有始”的意思。这个说法也与卦象连不上。

十九　临——力量增长

䷒

临卦的卦画组合为兑（☱）下坤（☷）上，传统称作地泽临。《序卦》云："有事而后可大，故受之以临。临者，大也。"意为：有所作为而后可以壮大，故在表示有所作为的蛊卦之后，接着是临卦，临是壮大的意思。蛊是事，就是前面讲过的对弊政加以整饬的事，也就是有所作为的事。大是壮大。《正义》说："临，大也。阳之漫长，其德壮大。"大的是不是德可以商榷，但说大是壮大可确定无疑。一阳生是复，二阳长是临，三阳长是泰，四阳长是大壮。

临是向大壮发展的，所以说临是大，指的是阳爻的壮大发展。《杂卦》云："临观之义，或与或求。""与"是给予，"求"是求取。

临卦是给予，是付出，是做贡献。象辞说："君子以教思无穷，容保民无疆。"君子要把自己的才能贡献给社会。卦名的取义，主要是指来临。来临才能发展壮大，才能做贡献。

临卦从坤变来，由复发展而成。即：复䷗再长出一个刚爻，变䷒临。临卦与下一卦观组成一对覆卦，即：临䷒上下倒置，为䷓观。临卦与复、观两卦具有意义上的联系。

临，元亨利贞。至于八月有凶。

【译文】

临卦，大亨通，有利，正固。到八月有凶。

彖曰：临，刚浸而长。说而顺，刚中而应，大亨以正，天之道也。至于八月有凶，消不久也。

【译文】

临卦，刚健之爻来临而渐渐长大。喜悦而柔顺，刚健居中而有应合，大亨通而正，是天的运行法则。到八月有凶，因为消退不久就会到来。

象曰：泽上有地，临。君子以教思无穷，容保民无疆。

【译文】

湖泽的上面有大地，就是临卦。君子从中得到启示，要以无穷的思想和无边的包容教化、保育人民。

【精解导读】

从这一卦可以看出，卦的消息是《周易》世界观中最基本的认识论，否认消息卦脱离《周易》的实际。卦辞说："至于八月有凶。"八月指观卦。彖辞又明确讲"刚而浸长"，"至于八月有凶，消不久也"。十分明确地指出临卦是二阳长，观卦是二阳消。卦的消息变化是《周易》的内部组织规律。《周易》认为阴阳的消长都不是骤变，而是渐变。此外还认为阴阳二气之中，阳气是创生的、主导的，阴气则是顺动的、终成的。阳气是活性的，具有生命力的；阴气则是收敛、闭藏的。两者虽是构成宇宙不可或缺的对等因素，但作用并不相同，因此常常褒阳而贬阴，重阳而轻阴。这与我们今天讲的"对立统一""一分为二"不尽相同。二者不是平列关系，而是有轻重轩轾之别。对立统一是规律，阴阳轩轾也是规律。这个问题后面还会遇到。刚爻的生长表示的是阳气的发展壮大，阳气的发展壮大表示的是事物的兴旺强盛，临卦是刚爻的生长发展，故言"元亨利贞"。"元亨"是大亨，"利贞"是有利、正固，都是指临卦的发展趋势是好的，前途光明。"至于八月有凶"，是说到了八月，观卦当令用事，阳气处在被逼退的地位，临卦就发展成为自己的对立面观卦，盛极而衰，故有凶。吉凶祸福是由事物运动发展的规律决定的。这个规律就是事物都是在矛盾对立中不断发生变化，否极泰来，盛极而衰，万事万物各有自己当令用事的时势，时势一过，必然会走向自己的反面。临卦讲的八月指的是观卦，可参见后面的提示。

彖辞从五个方面解释临卦。（一）从卦变上说明临卦。“临，刚浸而长”中，“浸”字亦作“寖”，是渐渐的意思。这句意为：临卦是从复卦发展而来，从纯阴的坤卦生出一阳就是复卦（坤☷下生一个刚爻，为☷复），复卦再生出一阳就是临卦（复☷下面再生出一个刚爻，为☷临）。临卦是刚爻渐次的生长，是刚爻的发展壮大。（二）从上下卦特性的组合上解释临卦。“说而顺”是指临卦由下卦兑、上卦坤组成，兑的特性是喜悦，坤的特性是柔顺，组合在一起是既喜悦又柔顺。这样来临受到欢迎不会遇到阻力，当然就“元亨利贞”。（三）从主爻的优势上说明临卦。“刚中而应”指的是主爻九二，位在下卦中位，与六五阴阳正应。取义是说，有刚健的特性，行为不失中道，又有应援，所以会“元亨利贞”。（四）从易理上解释卦辞“元亨利贞”。“大亨以正，天之道也”，是说能在正道上运行，所以非常顺利，因为符合天的运行法则。同时把“元亨”讲成“大亨”，“贞”讲成“正”。（五）从易理上说明卦辞“至于八月有凶”。“至于八月有凶，消不久也”，意为：到了八月有凶，是因为消退变衰不久就会来到。一卦六爻，临卦是刚爻已发展成为二爻，向前发展四爻，全卦变成纯刚的乾卦。乾卦再向前发展，柔爻又会下生，柔爻向前发展四爻，卦就变成观䷓，观就是二刚处在变衰消退的地位。八次变化由盛而衰，所以“至于八月有凶”。这就是消退变衰不久就会来到的内涵。从彖辞的说明中，我们当然还可以推知其他消息卦的凶在几月。尤其应当看到，《周易》讲的吉凶都有它的时序限定，不能看得太绝对。

象辞先说明临卦上下卦象的组合，“泽上有地，临”。指的是临卦的下卦是兑，兑为泽；上卦是坤，坤为地，组合在一起是泽上有地，这就是临卦。“泽上有地”主要取的是什么意思？宋赵彦肃《复斋易说》里讲：“无穷无疆，法地之广；教以防民情，犹岸之蓄水。”赵氏认为，“泽上有地”主要取的是湖泽的边上有大地作为涯岸，是大地包容大面积水域的意思，所以后面才说：“君子以教思无穷，容保民无疆。”君子从这个卦象中应当学习到哪些有益的东西呢？主要是效法大地的无穷无疆，能把大湖大泽包容起来的品德。把这种品德推行到人类社会上，就要思虑无穷，宽容无边，广施教化，保育民众。大地无穷无疆，坤卦里已经讲过，也比较好理解。思虑教化与大地有什么关系呢？这就需要联系古人的特殊文化意识才能说清。《尚书·洪范》里讲“洪范九畴”，“初一曰五行，次二曰敬用五事”。五行之中“五曰土……土爰稼穑……稼穑作甘”。五事中“五曰思……思曰睿……睿作圣”。把思与土配在一起，就是说思的五行特性属土，大地是土，故地为思。君子学习大地，就要有睿智圣明，用深沉思虑的大道去教化民众。

《汉书·五行志》就是按《洪范》的配法讲五行的，说：“思心之不睿，是谓不圣。思心者，心思虑也。睿，宽也。孔子曰：‘居上不宽，吾何以观之哉!’言上不宽大包容臣下，则不能居上位。”象辞是用大地比君子，湖泽中的水比百姓。大地包容水，君子要包容人民。大地有思虑的特性，君子要思虑圣智，对人民施行教化保育。虞翻说“坤为思”“坤为容民”也源于此。这种以土配思的五行观念，在传统的中医理论中保留至今。有点根基的中医都知道，五脏中脾属土，主思。

初九：咸临，贞吉。

【译文】

一起来临，守正吉祥。

象曰：咸临，贞吉，志行正也。

【译文】

一起来临，守正吉祥，是因为心志和行为正当。

【精解导读】

“咸”与“感”是古今分别字，古代“感”就写成“咸”，这在咸卦里看得比较清楚。正因为如此，前人多把

“咸”讲成“感”。但从临卦看，初九是“咸临”，九二也是“咸临”，其他四个柔爻都不言“咸临”，分明说的是初九与九二两个刚爻一起来临，在众多的柔爻之中出现了两个刚爻。“咸”主要取的是皆、都的副词意义。这样解释，于象、于义都十分贴切。“咸临”就是初九与九二两个刚爻一起都来到了。象辞说：“咸临，贞吉，志行正也。”意在把“贞”讲成“正”，同时说明刚长柔消，阳息阴退是天地正道。“志”指刚爻向前发展的愿望，“行”指刚爻逐爻成长的运行趋势。这种愿望与趋势都符合天地正道，所以吉祥。从中可以看出《周易》赞成刚爻的生长，因为刚爻表示的是活力、生命力。有活力才能发展旺盛，欣欣向荣，才可能吉祥。“天地之大德曰生”，活力的增长，符合天地的正道。

九二：咸临，吉，无不利。

【译文】

一起来临，吉祥，没有不利。

象曰：咸临，吉，无不利，未顺命也。

【译文】

一起来临，吉祥，没有不利，是因为天下还未顺命。

【精解导读】

在复卦里，初九是主爻，到了临卦，刚爻长到二位，九二成为主爻。在复卦里，刚爻势单力孤，“潜龙勿用”，很难有所作为。到了临卦，刚爻有了同伴，“见龙在田”，可以大显身手，阳刚用事。情况的转化主要取决于刚爻的增加成为一种势力，所以爻辞说“咸临，吉，无不利”。“咸临”就是与初九一起来临，成为一股强劲的力量，无法阻挡的意思。象辞说：“咸临，吉，无不利，未顺命也。”主要是揭示“咸”的意义。阴极生阳，天命有归，然而临卦上面还有四个柔爻占据多数，光靠一阳不能成事，要两个刚爻一起来到才能促成由阴变阳的转化，所以“咸临”才能“吉，无不利”。“未顺命”，指的是柔爻还占据多数，阳长阴退的天道运行还有一段过程，不能立刻实现，有待于刚爻的渐次生长，所以刚爻的“咸临”才能“吉，无不利”。“未顺”指的是柔爻还占多数，“命”指天道运行的法则。

六三：甘临，无攸利。既忧之，无咎。

【译文】

甘美地对待来临，无所利。能为处境忧虑，不会有咎害。

象曰：甘临，位不当也。既忧之，咎不长也。

【译文】

甘美地对待来临，是因为不当位。能为处境忧虑，是因为咎害在不远的未来。

【精解导读】

“甘”是甘美，心里美滋滋的；“攸”同“所”。爻辞是说六三美滋滋地对待刚爻的来临，没有好处。如能对自己的处境有所忧患，则会没有咎害。从卦象上讲，六三在下卦兑里，上临坤卦（六三→䷒>坤 >兑），兑为口，坤为甘（见前引《洪范》），嘴里含着甜美的滋味，故为“甘临”。但二刚进逼，六三首当其冲，对这种被逼退的形势无所觉察，还美滋滋地自得其乐，所以“无所利”。如果能清醒地看到自己在大势中所处的地位，忧虑为计，那就可以无咎。象辞说：“甘临，位不当也。”意思是说“甘临”为什么会“无攸利”？是因为六三正好处在柔爻被逼退而自己却首当其冲的位置上，位置不好。“既忧之，咎不长也”，是说为什么六三要有忧虑，这是因为咎害就在眼前，不是长久的事。这一爻没有便宜可占，提醒人们的忧患意识。如早为身计，阳长阴退也不过是自然法则的运动，可保无咎。如沉溺甘乐，则可能遇有不测。

六四：至临，无咎。

【译文】

来到，没有咎害。

象曰：至临无咎，位当也。

【译文】

来到而没有咎害，是因为位置适当。

【精解导读】

“至”是到，“临”是来，“至临”就是来到。六四在互卦震里（六四→䷒>互震），震为行，又在临卦，故为来到之象。象辞说：“至临无咎，位当也。”与六三象辞“位不当也”联系起来看，“位当”主要是指六四没有在首当其冲的位置上，有六三相隔，远害无患，故无咎。另外，六四柔爻处柔位，位正；与初九上下正应，位置很好；虽处柔爻被逼退的大势之中，刚爻能来应合，不会有咎害。

六五：知临，大君之宜，吉。

【译文】

明智地君临天下，天子合宜的统治，吉祥。

象曰：大君之宜，行中之谓也。

【译文】

天子合宜的统治，说的是施政适中。

【精解导读】

坤为思、为睿智，六五在上卦坤中，所以是“知临”。在古代“知”与“智”通用，在这里“知”作“智”讲。“知临”是说能以聪明睿智君临天下，“临”在这一爻中是君临、统治的意思。因为五是尊位，天子位，六五有君临之象。六五有主爻九二作正应，上下都处中位，位置比六四还要好。上卦坤为顺，下卦兑为悦，天下人能喜悦顺从，故为“大君之宜，吉”。“大君”就是天子，“宜”是合适。这句意为统治天下很适宜，吉祥。象辞说：“大君之宜，行中之谓也。”主要强调六五在上卦中位，应爻在下卦中位，阴阳正应，都不离中道，说明推行的方针政策，既不左倾，又不右倾，能保持在适合国情民意的中道上，天人共助，所以吉祥。

上六：敦临，吉，无咎。

【译文】

敦厚临民，吉祥，无咎害。

象曰：敦临之吉，志在内也。

【译文】

敦厚临民的吉祥，是因为志在下层人民群众。

【精解导读】

“敦”在意义上取的是敦厚，艮卦上九象辞“敦艮之吉，以厚终也”，把“敦”解释为“厚”可证。“临”是临民，就是统治人民。爻辞的意思是说，以敦厚之道治理人民，吉祥，没有咎害。统治者待人厚道，不刻薄，百姓安居乐业。从象上说，上六在上卦坤里，坤为地，大地敦厚，又是临卦，故言“敦临”。象辞说“志在内也”，“内”指内卦，内卦就是下卦，“志在内”就是志在下，心里装的是下层人民群众。从象上说，柔爻本性同地，本然秩序在下，临卦是阳长阴退，上六处在由上而下变化的位置上，向内卦运动，合乎心志。“内”还有内心的意思，可参考复卦六五爻。

【提示】

前人对临卦的解释相当纷杂，主要是因为不顾卦象，师心作古造成的，不得不做些洗尽铅华的工作。这里不作细述，重点说三正的问题。我国古代有改朝换代要变正朔的习惯，所以不得不介绍一些古代的历法知识。前面我们讲到，十二消息卦反映了《周易》对于阴阳迭互消长，宇宙在阴阳对立统一的矛盾运动中发展的认识。这种认识主要来源于对一年四季天地变化的观察。从冬至以后，宇宙开始出现活力，万物表现出生命力，生长蓄息；到夏至以后，宇宙又开始敛退闭藏，万物呈现出生命力衰减、成熟的景象。每个年度的变化，完成一个阴阳消长的终始。把这种对宇宙运动规律性的认识用十二消息卦直观地图示出来，复卦就是一阳初生的冬至，姤卦就是一阴始凝的夏至。其他十个消息卦顺序搭配，展示阴阳的周期性规律。把这种周期性的规律与十二个月配在一起，就形成一种对应的排列。但夏、商、周三代的正朔不同，讲起十二消息卦与十二个月的对应关系来，就出现了混乱。因为古人基本上是根据北斗星斗柄所指方位来说明天象的运转，十二辰在表示方位上比较一致，所以又把十二辰配在十二消息卦上。斗柄建子，节气为冬至，阴极而阳生，配十二消息卦的复卦，其他卦顺序下排。建子之月对应于周历是正月，商历是十二月，夏历是十一月。因为夏历比较合乎农时，所以农历一般沿用夏历的正朔。商朝的历法比夏历提前了一个月，以夏历的十二月为正月；周朝比商历又提前了一个月，以夏历的十一月为正月。如果把十二消息卦与十二辰、十二月对应起来，可总结如下：

正朔可以人为地改变，天象不能由人的意愿去改变。十二辰按孔安国讲是日月的十二次会合之处。在一年的周期内，地球绕太阳一周，粗略说月球绕地球十二周，古人虽不是这样认识地球与太阳的运动，但客观上已观察出这种天象，认为一年日月要会合十二次，直观地反映在天象上就是斗建。子是正北方，斗建子是阴气盛极时期，在卦图上就是坤卦到了最后，就是一阳初生的复卦。无论你把它称作是十一月、十二月还是正月，反正它是这样一个确定的天时。临卦处在斗建丑、大寒之后，雨水之前的天时中，是夏历的腊月、商历的正月、周历的二月。阴阳的消长是二阳来临，如此发展下去过八个月，到了斗建酉的时候，就是观卦执令，正是夏历的八月、商历的九月、周历的十月，由二阳的生长变成二阳的衰退，故卦辞说“至于八月有凶”。毛奇龄认为周文王在殷纣王的时代作《周易》，已经预见到商朝的危机，写到临卦，正合商历的正月，于是提醒人们过八个月，只要一入商历的九月，商王朝就岌岌可危，有大的凶灾难以渡过。当时周王朝还未建立，所以不能按周历计算。这个问题不能详细讨论，但必须提醒一点，八月不是指我们现在用的公历纪月。以上观点荀爽已有论及，比较符合实际。另外还有以八月是否卦的、为遁卦的，等等，只要从《周易》卦序的排列上注意一下临与观的互综关系，即可说明这些讲法不符合《周易》的内证。

二十　观——蔚为大观

䷓

观卦的卦画组合为坤（☷）下巽（☴）上，传统称作风地观。《序卦》云：“物大然后可观，故受之以观。”意为：事物发展壮大就可观了，故在表示壮大的临卦之后接着是观卦。《杂卦》云：“临观之义，或与或求。”意为临卦与观卦的意义，一为给予，一为求取。《序卦》把“观”解为观看，《杂卦》解为求取。观看与求取是在什么意义上联系在一起的呢？彖辞说：“观天之神道。”是通过观察而求取天之神道，把天的神道用于社会，成为治国理民之道。临卦是用治国理民之道教化民众，是给予。治国理民之道从哪里来？要从天地自然的运行规律中去观察学习，故为求取。实际上是讲君子的哲理大道，也就是我们说的真理，要通过对天地的自然变化，对那些还鲜为人知的奥秘的体悟观察从而获得，然后再把这种哲理大道用以教化人民，从而把社会治理好。《周易》就是这样做的。《系辞·上》说：“仰以观于天文，俯以察于地理，是故知幽明之故，原始反终，故知死生之说。精气为物，游魂为变，是故知鬼神之情状。与天地相似，故不违，知周乎万物，而道济天下，故不过。”圣人之道从哪里来？就是从对天地的观察中悟出来的。“观”就是从天地奥秘中取得道，“临”是把道用于社会，所谓“道济天下”，是一种给予。“予”“求”指的是道的获得和使用。卦里讲对宗庙的祭祀、对天地的观察，就是指象辞说的“天之神道”。《周易》的这些内证十分明确，意义有机联系，相互证发，把“予”“求”讲成别的意思就不大妥当。总之，卦名的基本意思是观察，什么大观、可观、求取、瞻仰、视察、展示等，都是在观察这个意义上的引申。

观卦从乾变来，由否卦发展而成，否卦是十二消息卦中柔长刚退、阴阳趋于平衡的卦，否卦的柔爻再向上发展一位就成为观卦，即：否䷋↑柔爻上长一位，刚爻退去一爻，为䷓观。观卦与临卦为一组正覆卦，临的卦画上下倒置即成观卦，即：临（䷒）上下倒过来，为䷓观。

观，盥而不荐，有孚颙若。

【译文】

观卦，在祭祀时洁敬洗手，还未进献祭品，就表现出庄严恭敬的无比虔诚。

彖曰：大观在上，顺而巽，中正以观天下，观。盥而不荐，有孚颙若，下观而化也。观天之神道，而四时不忒。圣人以神道设教，而天下服矣。

【译文】

德行伟大，在上被万民瞻仰，教化顺利深入人心，能以中正之道展布天下，这就是观卦。祭祀时洁敬洗手，未敬献祭品，就表现出庄严虔诚，使下民观而受到感化。仰观俯察天地神秘的大道，四季运行没有偏差。圣人用天地神秘的大道设立教化，天下人自然信服。

象曰：风行地上，观。先王以省方观民设教。

【译文】

风吹行在大地上，就是观卦。先王从中得到启示，到四方去巡视，观察民情风俗，设立教化。

【精解导读】

“盥”（guàn）是在祭祀前洗手，“荐”是进献祭享的供品，“颙”是严敬之貌。卦辞讲的是宗庙祭祀活动。古代在宗庙里举行祭祀，礼仪是十分繁盛虔敬的。大致来说，主祭的天子先要散斋七日，这七天虽然可以不在净室之中，但饮食、仪容、声色方面是相当洁净的。七日之后是致斋三日，这三天不仅要吃素，还要住在净室里，不能回寝宫去睡，要在净室按规定焚香沐浴。等身心内外都足够洁净虔诚之后，才开始祭祀。祭祀要先迎尸主入庙，主祭的天子洗手。洗手的方法是由侍从用匜（特制水壶）盛水，主祭人把手伸出来放在接水的盆子上方，侍从用匜向手上浇水来洗。比医院的外科大夫做手术前的洗手，还要多一份虔诚的心理和仪容。这就叫作盥。然后才酌酒献尸主，再把酒浇在茅草上，象征被神享用了，这叫灌。然后祭祀求神，进入祭礼的繁缛礼仪阶段。摆供品是“三献而荐腥，五献而荐熟”，进退秩序有没完没了的讲究。连孔子都说：“禘自既灌，吾不欲观之矣。”就是因为太啰唆了。但这些繁文缛礼都是为了表现出主祭人的虔诚，精诚洁齐才能感动天地人心，虔诚之心是万万不可少的。至于祭品的多少，只要够规格就行，并不是越多越好。《左传》里讲：“黍稷非馨，明德为馨。”又说：“牺牲玉帛，弗敢加也，必以信。”大概古人也注意到了，反正摆多少神灵也不会来吃，只不过是对那些分胙而得散福的人有利，所以特别讲究虔诚。孔子那样的正经人，从灌酒之后不想看了，在这之前还是想看的。想看什么？就是要看主祭人的虔诚表现，以及这种虔诚所造成的感化教育效果。观卦卦辞说：“盥而不荐，有孚颙若。”主祭人洗了手，还没有开始进献祭品，那份诚敬的样子就颙颙然表现出来了，于是臣民都受到了感化。从象上说，观卦由否卦发展而来，否卦是上乾下坤，乾为天、坤为地（否䷋>乾天 >坤地），变而为观，观是一个放大了的艮卦（观䷓>☶艮），艮为门阙，高大的门阙是宗庙之象。古代祭祀，列祖列宗配天地而祭享，宗庙是天子、诸侯的祖庙，故为祭祀天地先王之象。九五是全卦主爻，主爻在互艮里（九五→䷓>互艮），艮为手，下卦为坤，坤为器皿，手在器皿之上，故为盥。盥的程序在进献之前，故为“盥而不荐”。九五有四个柔爻在下拥从，故为“有孚”，“孚”为诚信，故言“颙若”。“若”同然，“颙若”是庄严虔敬的样子。

彖辞从五个方面解释观卦。（一）从主爻九五解释观卦。“大观在上”，指的是九五处在全卦的天位、尊位、上位，又是刚爻，为下面众多的柔爻所拥戴，德行伟大，为万民所瞻仰，是一个圣明之主。（二）从上下卦特性的组合上解释观卦。“顺而巽”是指下卦为坤，坤为顺；上卦为巽，巽为入，组合在一起是顺利而深入，德政教化能顺利深入人心，也是道德可观之象。（三）从主爻的优势上解释观卦。“中正以观天下，观”是指主爻九五刚爻占据刚位，位正；在上卦中位，位中。九五之下的初二爻为地位，三、四爻为人位，都在天下，九五居高临下观看下面，是观天下。能以中正之道观天下，这就是观卦。（四）解释卦辞的意义。“盥而不荐，有孚颙若，下观而化也”，意为祭祀时洁敬洗手，还未进献祭品就表现出庄严恭敬的无比虔诚，是说在下的臣民看到主祭人的精诚就受到了感化。明确指出，所谓“盥而不荐，有孚颙若”，不是指别的意思，而是在讲道德的感化力量。（五）推演观卦的重大社会意义。“观天之神道，而四时不忒”，是说人们应当从观卦里学习哪些有益的东西呢？要仰观俯察天地神秘的大道，看到天地运行、四季分毫不差这种谐合无间的变化规律，把它学到手。“圣人以神道设教，而天下服矣”，是说圣人要把学到的天地神秘的大道，用来设立教化，这样天下人就会信服。是讲道取之于天地，用之于人民。彖辞讲“天”，也包括地。“忒”是差。“神道”指隐秘未显示出来的哲理，不是什么神仙道化。讲白了就是天地之秘，因秘才称神。后人讲的神仙道化可以自立门户，不要往《周易》上贴，这里没有那个意思。

象辞先解释上下卦象的组合。“风行地上，观”是说观卦的上卦是巽，巽的基本卦象是风；下卦是坤，坤的基本卦象是地，组合在一起是风在大地上吹行的卦象，这就是观卦。然后讲从观卦应当受到的启发，去学习什么。“先王以省方观民设教”中，“省方”是到四方去视察，“观民”是观察民情风俗，“设教”是设立教化。古人认为风是最能感化的，春风一吹，坚冰都化；风是最具普及性的，无孔不入，吹彻人寰；风是最有征服力的，风吹草伏，都会倒向一边。所以常常用风来比喻帝王的政令教化。彖辞讲政令教化的大道取之于天地，象辞补充说怎么把它用于社会呢？圣人先要到天下四方去走一走，看看各地的风气习俗，然后再结合实情，酌情制定出教化的方案，把天地大道普及于民。这就不仅仅是观察到“风吹大地”的表面现象，而是从中学到了应当学到的有益而重大的内容。下面引一段王宗传《童溪易传》的话，了解一下古代的省方之礼。“夫省方之礼，所以观民也。观民则教之所由设也。其在虞舜之时，时当嗣位之初，岁二月东巡守，至于岱宗；五月南巡守，至于南岳；八月西巡守，至于西岳；十有一月朔，巡守至于北岳。各觐其方之后，协其时日，同其器数，修其礼物。自此以往，则五载一巡守，群后四朝。其在《周官》，则六年五服一朝，又六年王乃时巡。考制度于四岳，诸侯各朝于方岳，大明黜陟。夫先王省方之礼，非固为是烦扰也，以谓不如是则无以观览夫民俗，而施设其教条也。孟子曰：‘昔者齐景公问于晏子曰：吾欲观于转附朝儛，遵海而南，放于琅玡，吾何修而可以比于先王观也？晏子对曰：善哉问也！天子适诸侯曰巡守，巡守者，巡所守也。诸侯朝于天子曰述职，述职者，述所职也。无非事者。春省耕而补不足，秋省敛而助不给。夏谚曰：吾王不游，吾何以休？吾王不豫，吾何以助？一游一豫，为诸侯度。’夫由晏子之言，则先王之观亦不过日省耕、省敛，以为补助之政云尔。故曰‘为诸侯度’。此观民设教之大旨也。其在后世则不然，故流连荒亡，如秦皇之出游、汉武之行幸，徒为是烦扰而无补于海内之万一矣。故曰为诸侯忧。其视先王观民设教之意不亦远乎?”他认为视察与游览是不同性质的两件事，游览是扰民，视察则是调查考察情况。可见以考察为名外出旅游，国内不足还要远渡重洋，这样的事前人已有警告。

初六：童观，小人无咎，君子吝。

【译文】

像儿童一样看问题，小人没有咎害，君子有吝难。

象曰：初六童观，小人道也。

【译文】

初六像儿童一样看问题，是小人之道。

【精解导读】

虞翻认为艮为童仆。这也是逸象，但考之《说卦》“艮为少男”，也比较合乎情理。观卦是大艮。提到“童观”，观卦变为蒙卦又提到“童蒙”。看来“艮为童仆”的说法可信。初六在观卦最下位，观的主爻是九五，九五是“大观在上”“中正以观天下”，初六距九五最远，又是柔爻小民，对于九五的德政教化见识不多，看得最为肤浅，对什么经国治世、道德礼仪等朝廷美政，一窍不通，又在大艮的最下位（初六→䷓>☶艮）。艮为童子少男，故为“童观”，即孩子般的见识。小人是“劳力者治于人”的下层劳动人民，《周易》作者也认为这些人是不懂经国治世的群氓，并认为他们不懂德政教化是理所当然、无可厚非的。这种观点有历史局限性，但作者就是这样认识的，所以还得按作者的实际认识去分析。初六柔爻，柔爻为小人，小人见识如同孩子般肤浅，合乎情理，故“小人无咎”。但君子不能这样，君子如此浅薄那就有吝难了，故言“君子吝”。

象辞说：“初六童观，小人道也。”意为，像孩子般地看问题，这是小人正常的现象，合乎其道，故小人无咎。言外之意就是，非君子之道，故君子有吝。这样看来，咎也罢，吝也罢，只要合乎其道就好。

六二：阅观，利女贞。

【译文】

从门里向外观看，女子守正有利。

象曰：阋观女贞，亦可丑也。

【译文】

从门里向外观看，女子守正有利，对君子来说就太可羞了。

【精解导读】

“阋”义同“窥”。窥是偷看，阋还有从门缝里向外看的意思。不走出门来看，就难以看真切，从门缝里偷着看，更是浮光掠影，一孔之见。小孩子是看不懂，在门里看是看不清。从卦象上讲，观为大艮，艮为门阙，坤为女。六二在大艮里，又在下卦坤中，是女子从门里向外看。封建社会，女子不出闺房，不下绣楼，对外边的事只能站在门里向外浮光掠影地张望一下，对九五的德政教化也理解不了多少。见识比孩子强点，但还是头发长见识短的妇人之见。但六二在下卦中位，柔爻居柔位，位正，上有九五为正应，守正的女子有利。象辞实际上是有所省略，与上一爻的象辞互文见义，是说：“阋观女贞，君子亦可丑也。”女子有妇人之见不可丑，因为是“女人道也”。君子满肚肠的妇人之见太羞惭了。六二离九五稍近了一步，所以见识稍强于初六。

六三：观我生，进退。

【译文】

观察我的生民，决定进退。

象曰：观我生进退，未失道也。

【译文】

观察我的生民决定进退，是不失正道。

【精解导读】

前人对“生”的讲法太混乱，有许多说法求深反失。九五爻辞说“观我生”，象辞解释说“观我生，观民也”。“生”就是生民，也就是百姓。“观我生，进退”，是说观察我的生民的情况，决定进还是退。这是观察民情风俗决定政策。

这样讲象上有据，六三在下卦坤里，坤为民众；上邻巽卦，巽为进退，又在上下卦之际，可进可退，有这样的象才能系这样的辞。有道之君的礼仪教化，要从国情民俗中来，看看人民的愿望要求，制定政令教化，据实际情况增减进退，这与全卦的主题思想一致。

象辞说：“观我生进退，未失道也。”意为观察人民的风俗决定进退，符合观卦之道。这一爻还是相当好的。注重调查研究，实事求是。

六四：观国之光，利用宾于王。

【译文】

观看国家礼仪盛典的光辉，利于做君王的座上客。

象曰：观国之光，尚宾也。

【译文】

观看国家礼仪盛典的光辉，是推尚贤能的表现。

【精解导读】

“观国之光”，主要是观礼，比如国家有大型的庆典，邀请外宾来观礼，这种礼仪往往是一个国家经济、文化、艺术、科技、政治、民意、民俗以及军事力量等方面的综合反映，故为国之光。被邀请参加的都是国家级别的客人，享受国宴级的待遇，故“利用宾于王”。从象上讲，观卦从否卦发展而来，是否下卦的三个柔爻又向上长到四位，六四正是长上来的关键一爻。否的下卦原是坤，坤为国，上卦原是乾，乾为君王。六四长入乾里，居于坤国之上，全卦变观。坤卦象辞说“含弘光大”，观卦又是大艮，为门阙，六四进入门阙内部，紧邻九五，九五是天子。六四如同进入宫阙，承接天颜，参加观礼，受到贵宾礼遇，故言“观国之光，利用宾于王”。象辞说：“观国之光，尚宾也。”“尚宾”是贤能的人受到崇敬推尚。爻辞有它分封制社会的特殊背景，与我们今天不同。当时虽分为众多的诸侯国，但各诸侯国同属天子的下属国家，各诸侯又大多是天子的宗室、功臣，国与国之间时有礼聘任职的做法，诸侯也可能到天子身边任职。“尚宾”不仅仅是一种国家级的礼遇，还可能被授以要职，大则丞相，小则侍从顾问，所以爻辞还有升官发迹之义（参见提示）。

九五：观我生，君子无咎。

【译文】

观察我的生民，君子没有咎害。

象曰：观我生，观民也。

【译文】

观察我的生民，就是观察人民。

【精解导读】

九五是全卦的主爻，象辞已说过，它是“大观在上”“中正以观天下”。尊贵中正，身为天子，下有四个柔爻拥戴。是个道德可观、万民悦服的君王，是全卦仰望观瞻的对象。

他来观什么？是“中正以观天下”，就是要看下面的四个柔爻，刚爻为君，柔爻为民，故为“观我生”。生就是民。天子能观察民意，因情施政设教，故言“君子无咎”，因为符合观卦之道。象辞说：“观我生，观民也。”直接把“生”作“民”讲，为理解爻辞提供了一个明确的依据。

上九：观其生，君子无咎。

【译文】

观察他的生民，君子没有咎害。

象曰：观其生，志未平也。

【译文】

观察他的生民，是心志未平的表现。

【精解导读】

上九与九五是全卦仅有的两个刚爻，比邻在上。九五在尊位，是现任的天子，观生是观自己的人民，故言“观我生”。上九已经退出尊位，不再执令当权，成为太上皇了，“观生”是观九五的人民，故言“观其生”。能为九五观察民俗风情，做些调查研究的工作，也符合观卦之道，故“君子无咎”。但“无咎”与九五不同。九五是自观其民，又受到万民拥戴，上九是观他人之民，民拥戴的还是九五。同样功德，享誉不同，心中难免酸溜溜的，所以象辞说:“观其生，志未平也。”从易理上讲，“志未平”是由个人所处的时势地位决定的，观卦是柔爻上到四位，再继续下生，上九就会被逼退，处在倾侧危殆之地。泰卦的九三就说“无平不陂”，观的上九陂不待言，陂就是不平。这完全是天地阴阳的消长规律决定的。只不过是刚爻具有主导作用，应当治世；柔爻禀性柔暗，不宜逼退刚爻，所以才不言凶。如果换成大壮䷡，四个刚爻向上逼退柔爻，五位的六五也有损失，上六就更不好处。

【提示】

观卦的主题讲政令教化，圣人要从天地自然中观察体悟哲理大道，观风知情，制定礼仪盛典、政令教化，结合实际把大道运用于社会。因为符合天地自然的法则，就可以不言而化，民风归淳，天下大治。这个思想对我们仍具有借鉴意义。卦中提到对小人、女子的看法，与现实大大脱节，要引起注意。

六四爻辞在《左传》庄公二十二年有用例，引出来看一看古人怎样使用《周易》。当时是陈国的厉公生了个儿子叫敬仲，让成周的太史筮了一卦，六四爻动，得观之否。即：观䷓←六四是动爻，由柔爻变刚爻，卦变为䷋否。太史判断说：“此其代陈有国乎？不在此，其在异国；非此其身，在其子孙。光远而自他有耀者也。坤，土也；巽，风也；乾，天也；风为天于土上，山也。有山之材，而照之以天光，于是乎居土上，故曰‘观国之光’。庭实旅百，奉之以玉帛，天地之美具焉，故曰‘利用宾于王’。犹有观焉，故曰其在后乎？风行而著乎土，故曰其在异国乎？若在异国，必姜姓也。姜，太岳之后也，山岳则配天。物莫能两大，陈衰，此其昌乎？”简述出来意为：“敬仲这个孩子恐怕将来要代替陈而享有国家，但不是在陈国，而是在别的国家。不是应在他本人的身上，大概是他的后代子孙吧。因为光是从远方别处照过来的。坤是土，巽是风，乾是天，在土上风变而为天，变出是山。有山的材林，又有天光来照射，于是居于土上，这是‘观国之光’。庭中陈列的进荐礼物上百件，又进奉玉璧束帛，天上地下美好的东西都具备齐了，所以说‘利用宾于王’。但还要观看，所以说是应在后代身上。风在土上刮着走，所以说应在别的国家。如果是别国，一定是个姜姓国家。姜姓国家是太岳的后代，山岳高大可以配天。但事物不能两头都大，陈国衰亡之后，敬仲这一支就昌盛了。”后来陈国确实灭亡了，敬仲的后代陈成子取代了齐国的政权，因为有后面的史实，所以把当时筮卦的情况也记录了下来。这个筮例具有代表性，我们看一下太史的分析方法。周太史在卦有一个动爻的情况下，以动爻的遇卦爻辞作为判断的依据。看来可以作为通例。然而又分析遇卦观与之卦否两卦之间的变化。观的下卦未动仍是坤地，上卦因为爻动由巽风变为乾天（观巽风坤地䷓六四爻变，上卦成乾，卦变否䷋乾天），这就是他说的“风为天于土上”。土上的风变为天，地上的山才能高可配天，又有互卦艮，艮为山（䷓互艮），这就是他说的“山也”。巽又为木，山中有材林，说明大地才人众多，又有天光照耀，这样的版图上就是“观国之光”，这就是他说的：“有山之材，而照之以天光，于是乎居土上，故曰‘观国之光’。”乾是金玉，坤是布帛，坤又为众多，观又为门阙，这是宫阙的庭中有丰富的礼物陈列，相当诸侯朝见天子的挚礼，可见要做诸侯。这就是他说的“庭实旅百，奉之以玉帛。天地之美具焉，故曰‘利用宾于王’”。另外他还从艮中取山象，山为岳，太岳姜姓，推知敬仲的后代在齐国要执政。从观来看，还得等一下，推知是在敬仲的后人身上才能应验。从事物不可能两全上推知陈衰亡后敬仲后人才能发迹。从中看出，取遇卦动爻爻辞为依据，还要联系占筮的动机，从卦的变化来随象取义。不懂卦象，爻辞就成了死教条。再看唐人《定命录》的例子。天宝四年，王诸入解，筮得乾之观（乾卦下四爻都动，刚爻变柔爻成观：乾都是动爻{䷀变䷓观），判断说，自己去“宾王，而大人未见”。后来王诸到了京师果然遇上安禄山作乱，没见上天子，返回去了。乾的九五是“飞龙在天，利见大人”，观的六四是“利用宾于王”，乾变观是变到四爻在五爻处停住了。所以是自己去朝见，大人却没有出现，主要看的是观的四爻爻辞、乾的五爻爻辞，结合自己所问的具体事情，从爻象变化趋势中去理解。看象方法更为灵活，爻辞不过是提供了一个思索线索而已。这就更进一步说明，不懂卦象，只讲义理，根本就无法下断。

二十一　噬嗑——刑狱啮咬

䷔

噬嗑卦的卦画组合为震（☳）下离（☲）上，传统称作火雷噬嗑。《序卦》云：“可观而后有所合，故受之以噬嗑。嗑者，合也。”意为德政教化可观了，人心民意就可相合，所以在观卦之后，接着是噬嗑卦。嗑是合的意思。《杂卦》云：“噬嗑，食也。”意为噬嗑是咬食东西。“噬”是用牙齿咬食，“嗑”是上下牙对合在一起。《序卦》主要解释的是嗑，《杂卦》主要解释的是噬。把《序卦》《杂卦》的意思合在一起来理解，噬嗑是上下牙对合起来咬食东西。从道理上讲，德政教化的可观与上下牙对合咬噬东西联系不上。《序卦》所以要这样讲，是为了迁就卦的排列顺序，在取义上联系得有些牵强。要揭示这一卦的主题思想，还得依据卦、象、象辞。卦辞说“利用狱”，象辞说“利用狱也”，象辞说“先王以明罚敕法”。全卦的主题是讲法制刑狱。总之，这一卦卦名的意思是上下牙对合咬食东西，用于社会的意义是讲法制刑狱。其中的联系可参见下面的说解和后边的提示。

依据彖辞“柔得中而上行”的说法，侯果说：“坤之初六上升乾五，是柔得中而上行。”他的意思是说，噬嗑卦是从否卦变化而来。是否的下卦坤里的初六，上升到上卦乾的五位，卦才由否变为噬嗑，这就是彖辞讲的“柔得中而上行”的具体所指。讲得直白一点，就是否卦的初六与九五互换了位置。即：否九五初六䷋交换位置，变䷔噬嗑。因为六五是在变化中成为决定因素的主爻，从六五着眼来讲，就是“柔得中而上行”。噬嗑与下一卦贲构成一组覆卦，噬嗑的卦画上下颠倒就是贲卦，即：噬嗑䷔整卦上下颠倒，为䷕贲。卦爻有以上的运动变化，分析卦爻就要注意这种运动变化中的联系。这种联系《周易》作者有时把它突出出来，有时则可能不作强调，但作为一种观象治易的方法，它是一种客观存在，是必须要掌握的，否则就难以自己去观象了。在这一卦里，作者更多地强调了它与颐卦的联系。颐是一张嘴，噬嗑是嘴里咬着东西（详说见后）。作者在观象系辞时，从众多纷杂的象里，时取此象，时取彼象，我们追踪的是作者取象的依据，作者不取之象就不作详说。但不取之象并不等于不存在。

噬嗑，亨。利用狱。

【译文】

噬嗑卦，亨通。有利于听讼治狱。

彖曰：颐中有物曰噬嗑。噬嗑而亨，刚柔分，动而明。雷电合而章。柔得中而上行，虽不当位，利用狱也。

【译文】

口中有物就是噬嗑卦。噬嗑卦亨通，刚柔分开交错，行动光明。雷声闪电合在一起威力显明。柔顺占据中位向上运行，虽然位置不当，但有利于听讼治狱。

象曰：雷电噬嗑。先王以明罚敕法。

【译文】

雷电合在一起就是噬嗑卦。先王从中受到启示，彰明刑罚，端正法律。

【精解导读】

“狱”是诉讼案件，不是我们今天讲的监狱，古今词义不尽相同。卦辞说“噬嗑，亨”，象上的依据主要是噬嗑从否卦变来，否卦是天地悬隔，滞塞不通。《系辞》说，“变则通”，一变就通了，故亨通。否卦是下面三个柔爻，上面三个刚爻，排列严整，刚柔不杂；变成噬嗑，刚爻与柔爻交错开了，卦由原来的刚柔各一方变成刚柔相济，互为补充，所以亨通。“利用狱”取的是六爻全象，作者把噬嗑的整个卦画看成是一个戴着全副刑具的囚犯，卦里的三个刚爻分别是戴在犯人身上的颈枷和桎梏。这有初爻爻辞“屦校灭趾”、上爻辞“何校灭耳”可证。三个刚爻横亘在上中下的位置上，就是给犯人戴上了颈枷、手枷和足枷，囚犯被锁起来了（

）。古代的枷总称“校”，用木头做成。分开讲，锁在脚上的枷称桎，相当于脚镣；锁在手上的枷称梏，相当于手铐。这就是前人讲的“在足曰桎，在手曰梏”。锁在脖子上的称枷。手枷和颈枷往往是连在一起的，既可锁手，又可锁颈，所以九四爻辞不言“校”。犯人既然被锁住抓起来了，真凶在案，当然就利于听讼治狱。要不然还去审谁？

彖辞从五个方面解释噬嗑卦。（一）从卦画上解释卦名的意义。“颐中有物曰噬嗑”指的是噬嗑取的是颐卦卦画为象。颐卦是一张口，上下两个刚爻是嘴的上唇和下唇，中间的四个柔爻是嘴里排列的牙齿（即颐

，详见颐卦）。而噬嗑是在颐卦里横亘了一个刚爻，如同口中咬着东西在牙齿之间（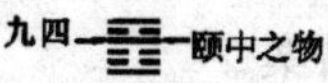

），九四是颐中之物，所以全卦才取牙齿对合咬食东西之义的噬嗑为名。（二）从卦变上解释卦辞“亨”。“噬嗑而亨，刚柔分”是指否卦变为噬嗑，把否卦原来刚爻与柔爻各成营垒的状态分开了，刚爻与柔爻交错起来。从取义上讲，只刚强不柔顺行不通，只柔顺没一点刚强之气也行不通，一个人能刚能柔，刚柔相济就行得通了，所以噬嗑卦亨通。（三）从上下卦特性的组合上解释卦辞“亨”。“动而明”指的是全卦的组合是下卦震，震为动；上卦离，离的特性是明，行动光明，故亨通。（四）从上下卦象的组合上解释噬嗑卦。“雷电合而章”中，“章”义同“彰”，是显明而有文采。这句指的是下卦震，震的卦象是雷；上卦是离，离的卦象是闪电，上下卦象组合在一起是惊雷闪电合在一起，具有强大的震慑力量和明察秋毫的光照效应，所以利于听讼治狱。（五）从主爻的推移上解释“利用狱”。“柔得中而上行，虽不当位，利用狱也”，指的是由否变噬嗑的方式是主爻六五从初位上升到五位，是柔爻的推移取得上卦中位。五位是刚位、尊位、天子位，柔爻没有刚健的素质，不应当占据这个位置，然而能占据上位以柔理事，还是适合听讼治狱的。可见彖辞认为听讼治狱、处理案子不能用刚，柔顺比较适合。要有忍耐的性格，平心静气，顺事理去处理。不能急躁刚强，动不动就火，那样往往会制造冤假错案。

象辞还是先说明上下卦象的组合。“雷电噬嗑”与彖辞的“雷电合”在取象上相同。“电”指上卦离，“雷”指下卦震，上下卦象重合在一起是雷与电的组合。侯果说：“雷所以动物，电所以照物，雷电震照，则万物不能怀邪，故先王则之，明罚敕法，以示万物，欲万方一心也。”这就说明了雷电与法治的联系。“先王以明罚敕法”中，“敕”是敕正的意思。先王从噬嗑卦的雷电中受到启示，要彰明刑罚，端正法律。雷有赫赫之威，具震慑威力；电有烨烨之明，具照邪难逃的效用。象征国家的法治恢恢严正，不容罪恶，妖邪难逃，纤毫必究。所以先王效法雷电，端正法治。罪有大小，罚有轻重，量刑要合情合理，当然要明；法不徇情，人人平等，当然要公正。不明不正，法律成了摆样子的粉饰，自取乱败，谈不上法治。所以旧日的公堂上都要挂上“正大光明”的大匾，赫然入目，为法官垂范。执法徇情舞弊，是自己把自己放在社会蠹虫的位置上，民众不允，上级也不答应，只能遗臭万年。

初九：屦校灭趾，无咎。

【译文】

戴上脚枷，遮住了脚趾，没有咎害。

象曰：屦校灭趾，不行也。

【译文】

戴上脚枷，遮住脚趾，是说不能行动了。

【精解导读】

“屦”是脚上穿的鞋子，这里作动词用，是穿上的意思，引申为戴上。“灭”是遮没的意思。“校”是枷，戴在脚上就是脚枷。初九是与六五换位的一爻，从五位下到初位，下卦变成震（☳震），震为足，有如在脚上戴上枷锁。侯果说：“屦贯趾足也。震为足，坎为校，震没坎下，故‘屦校灭趾’。初位得正，故无咎。”坎有没有校象，不大容易辨得清，但这里取的不是坎，而是六爻全象。全卦是戴刑具的犯人之象，初九在下位，故为校。互卦有坎（☵互坎），坎为水，初九没在水下，故为“屦校灭趾”。“灭”就是没的意思。初九刚爻，初位刚位，位正，对犯人来说，自己行得端，走得正，没有犯罪，所以不会有咎害。象辞说：“屦校灭趾，不行也。”意为：戴上脚枷遮住脚趾，是不能行动了。主要是说明“屦校灭趾”是戴上脚枷的意思，不取“震为行”之象。取象各有侧重，卦讲的是听讼治狱，所以取震为足之象。如果不是噬嗑卦，震也可以取震为行之象，那就不是走不了，而是相当善走。这一爻有羁绊之难，但最后没有咎害。身陷囹圄，会获释脱难。

六二：噬肤灭鼻，无咎。

【译文】

咬肉吃，鼻子没入肉里，没有咎害。

象曰：噬肤灭鼻，乘刚也。

【译文】

咬肉吃，鼻子没入肉里，是因为乘驾在刚爻之上。

【精解导读】

“肤”是带皮的肉。动物的皮肤之下，一般是比较肥厚的脂肪层，带皮肉比较肥美。《经典释文》引马融说：“柔脆肥美曰肤。”古代的“肤鼎”指肉鼎，“麋肤”指麋鹿肉。“肤”不仅指皮肤，与下文的“腊肉”“干胏”比较起来，肤是软肉、鲜肉，所以一咬，鼻子才能陷进去。虞翻说“艮为肤”，从卦象考订，虞氏的话比较可信。象辞指出九四是颐中之物，六二与九四只能互为艮卦（九四 六二 ☶ 互艮），艮卦是一刚在外、二柔在内，刚爻是外面的皮，柔爻是皮下的肥肉（艮 ☶ 肉皮 皮下肉），与“艮为果蓏”的取象手段相同。这个逸象有据。艮又为鼻，为黔喙之属

(黑嘴头子的动物)，在互坎之下，故为没。在噬嗑卦里，故言“噬肤灭鼻”。黑嘴头的动物（比如猪）吞食东西，常常把鼻子探进食物中去，出自本性，人如果这样咬食，出乖露丑，食相不堪。然而也不过是雅俗巧拙问题，没有大害，故言“无咎”。象辞说：“噬肤灭鼻，乘刚也。”为六二的出乖露丑提出另外一条理由，就是六二柔爻却乘驾在初九刚爻之上，柔乘刚为不顺，故虽有吃肉之象，又会有灭鼻之丑。

六三：噬腊肉，遇毒。小吝，无咎。

【译文】

咬食腊肉，遇到毒。有小吝难，无大咎害。

象曰：遇毒，位不当也。

【译文】

遇到毒，是因为位置不当。

【精解导读】

“腊肉”是较长时间存放的肉，制作的方法，有的是风干，有的是撒盐冷藏，有的是火烤。现在民间还有制作，各地的制作方法不尽相同。但总的来说，腊肉比鲜肉要干，吃起来难咬一些。六三虽也在互艮中（六三→䷔互艮），但比六二接近上卦离，离为火，肉发干，故为腊肉。又在互卦坎里（六三→䷔互坎），焦循、虞翻都说“坎为毒”。腊肉放得时间长了，会变质有毒。古人大概常常遇到。但毒性比较小，不是剧毒，作者把这种生活现象比附到爻辞中来，故言“噬腊肉，遇毒。小吝，无咎”。象辞说：“遇毒，位不当也。”意为：六三会有中毒之象，是位置不当。这个位置主要指在坎卦里。“坎为毒”的说法，在师卦里有印证。

九四：噬干胏，得金矢。利艰贞，吉。

【译文】

咬食骨头上的干肉，得到金属箭头。宜于在艰难中守正，吉祥。

象曰：利艰贞吉，未光也。

【译文】

宜于在艰难中守正，吉祥，但还不算光明。

【精解导读】

“胏”是骨头肉，“干胏”是带骨的干肉。九四正是象辞讲的“颐中有物”，横亘于口齿之间。从象上讲，艮为肤，九四虽然也在互艮里（九四→䷔互艮），但比六三更接近上卦离，离为火，离火越近烤得越干。既为横亘之物，又是刚爻，只能是骨头。有骨有肉又干，故言“噬干胏”。坎为弓轮，离为戈兵，弓上的戈兵只能是箭。所以陆绩说“离为兵矢”。离卦是否卦的上乾，因为初六“柔得中而上行”变出来的。原本是乾卦，乾为金，所以这个离矢是金矢。九四在互坎（九四→䷔互坎）、上离（九四→䷔离）之中，故言“得金矢”。得是因为离矢原来没有，爻的推移使它出现了，从无到有，故有得。干胏中的金矢只能是金属箭头。坎又为险难，九四是互坎的中爻，故“利艰贞”。在艰难中守正，故可得吉。古代人常吃田猎射到的禽兽之肉，从骨肉中找到箭头是生活中常有的事。得到个金属箭头算得上意外收获。对爻辞的理解要与古人的意识统一。要而言之，“噬干胏”是啃干肉，油水不大，费劲不小。“得金矢”是有意外的小小收获。“利艰贞吉”是处境并不顺利，艰难守正才会得吉。象辞说“利艰贞吉，未光也”。“光”指的是上卦离，离为光明。九四虽在上卦离里，但并不是离卦中爻，与主爻六五的“得当”（见下）比起来，还不算光明，所以还得在艰难中守正。“胏”不是今天的常用字，陆绩说：“肉有骨谓之胏。”《说文》：“胏，古文作𩚁，食所遗也。”《玉篇》：“肉带骨也。”总起来说，是已经没有多少肉的骨头，没多大可吃的价值，再加上是干胏，更不怎么样。《说文》认为是吃剩下的东西，看来也是骨多肉少之意。

六五：噬干肉，得黄金。贞厉，无咎。

【译文】

咬食干肉，得到黄金。能守正并感到危厉，没有咎害。

象曰：贞厉无咎，得当也。

【译文】

能守正并感到危厉，没有咎害，是因为位置得当。

【精解导读】

六五是全卦的主爻，又是从否变为噬嗑的关键性一爻，处全卦尊位，故取象范围较为广泛。下临艮为肤，上卦离为火，故为“噬干肉”。否卦变噬嗑之前，上卦为乾，乾为金；六五从否的下坤升上来，坤为中央土，色黄。坤六五爻辞“黄裳”可证。乾坤交错变成噬嗑的上卦离，故为“得黄金”。互卦有坎（
），坎为险，故有“厉”，但在上卦中位，故言“贞厉”。彖辞说“柔得中而上行”，故“无咎”。象辞说：“贞厉无咎，得当也。”意为：守正有危厉没有咎害，是因为位置得当。象辞说“虽不当位”，小象辞却说“得当”，看来六五有得当之处，也有不得当之处。不当是柔爻不该占据尊位，得当是指位置还是好的，不过是该占不该占的问题。这就同时说明了“贞厉”与“无咎”的原因。不该占尊位故有厉，位置好故无咎。这一爻是全卦最好的一爻，有意外的收获，啃干肉比“噬干胏”要好得多。有危厉，守正可无咎。前人因为九四爻辞有“吉”，认为九四比六五好，其实这是一种误解。“吉凶者，得失之象也”，六五得到珍贵的黄金，比九四得“金矢”要得到更多。不言吉也有吉。

上九：何校灭耳，凶。

【译文】

扛着枷，遮住了耳朵，凶。

象曰：何校灭耳，聪不明也。

【译文】

扛着枷，遮住了耳朵，所以耳不聪目不明。

【精解导读】

上九是囚犯戴的颈枷，在互坎（

）、上离之上，坎为耳，离为目，是颈上扛的木枷高过耳目，把耳目都遮住了，故为“何校灭耳”。“何”与“荷”是古今字，意为扛着。处全卦之终，穷途末路，故有凶。象辞说“何校灭耳，聪不明也”。“聪不明”不能理解为“聪而不明”，而是耳不聪、目不明捏在一起说的。这是一种互文的修辞手法，但容易引起误解。“聪”在古代的意思指的是耳朵灵，“明”是眼睛亮。“聪明”不是今天讲的聪明伶俐。象辞说耳不聪、眼不明是解释为什么枷会“灭耳”，“灭”是遮挡住的意思，与初九象辞的“不行也”意同。初九的枷是把脚挡住，所以称“灭”。上九的枷是把耳挡住，也称灭。爻辞没有提到目，象辞却提到“不明”，说明象辞认为还有遮住目的象。这一爻比初九糟得多，牢狱之灾不可脱。

【提示】

这一卦不得不讲一下六爻全象。《说卦》里讲的卦象都是三爻卦的八卦卦象，然而《周易》在取象时，有时却取的是六爻卦的整象，把六爻看成是一个整体，组成一个六爻的全象。前面提到的颐卦就是如此，把颐卦的六爻整体看成是一个嘴巴。这一卦又把全卦看成是一个戴着全副刑具的囚犯。还把全卦看成是一张咬着刚硬之物的大嘴，这都有内证可据，并不是后人的附会。更为明显的还有鼎卦，作者把鼎的六爻整体看成是一个大鼎的形象。下边是鼎足，中间是鼎身，六五是鼎耳，上爻是插在鼎耳中抬鼎的杠子，古人称铉（鼎卦：鼎耳 鼎足 ䷱ 鼎铉 鼎身）。鼎卦的爻辞说得清清楚楚。只不过卦画只有横线，没有竖线，没有勾勒出来罢了。小过卦中间两个刚爻是鸟身，上下各两个柔爻是鸟翼，故象辞说“有飞鸟之象焉”（小过：鸟身 ䷽ 上翼 下翼）。豫卦是一个刚爻插在五个柔爻之中，爻辞有“朋盍簪”，把全卦六爻看成是头发中插入了簪子（豫：头发 ䷏ 簪子）。

此外大过卦䷛是栋挠之象，又是棺椁之象（见《系辞》），大壮卦䷡是上栋下宇之象，离卦䷝是网罟之象，都是显而易见的，全都是取的六爻全象。讲《周易》的卦象就必须承认这个现实，多少人反对也无用。但要提起注意的是，六爻全象也和八卦之象一样，作者有时取，有时不取，不能凭后人乱猜，要有可靠的证据作依托。但如果卦爻辞中已经揭示了六爻全象的内容，那我们也得承认，态度要客观一些。因为我们是在讲《周易》，不是在自己创造《周易》。比如中孚卦，《序卦》说“节而信之，故受之以中孚”。

《序卦》已明确指出是符节对合而后可信，中孚是符节对合之象。古人把竹板成齿状中剖，契约双方各持一半为据，以对合取信，这种用竹制成的合同式的契约就是节。《说文》：“节，竹约也。”说得十分明确。中孚的六爻全象就是节齿对合：中孚

。正因为节齿对合得上，所以卦才叫中孚，孚是相信。卦取六爻全象可以认定无疑。朱熹没有辨出作者的取象，他说：“中孚是一个卵象，是鸟之未出壳底孚，亦是那孚膜意思。”又说：“孚字从爪，从子，如鸟抱子之象。今之乳字也一边从孚，盖中所抱者，实有物也。中间实有物，所以人自信之。”认为中孚是鸟蛋，这已是乱猜，不过总还承认是六爻全象。而还有相当多的人连六爻全象也不承认，这就更不是客观态度。再如中孚卦的象辞说“乘木舟虚也”，显然象作者又把中孚的卦画看成是一条中空的大船，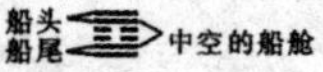

。船舱做成空的，才能载物渡水，因此才说“舟虚”。

如不承认六爻全象，那就只能否定象传，自己去随意附会。

二十二　贲——绘事后素

䷕

贲卦的卦画组合为离（☲）下艮（☶）上，传统称作山火贲。《序卦》云：“物不可以苟合而已，故受之以贲。贲者，饰也。”意为：事物不可以苟且相合就行了，所以在表示相合的噬嗑卦之后接着是贲卦。贲是文饰的意思。《杂卦》云：“贲，无色也。”意为贲是没有颜色。《序卦》认为贲是文饰，是要美化一下，而《杂卦》却说贲是没有颜色。考之彖辞“天文”“人文”的讲法，显然文饰是贲的主要意义。《杂卦》说的“无色也”是指在无色的基础上加以文饰，所谓“绘事后素”之意。其正确解释是：贲卦是因为还没有颜色，是从无色到有色。事物不能凑凑合合地苟合在一起，得文饰美化一下才可以相合，文饰美化成为必要，所以噬嗑卦后才接着是贲卦。这是《序卦》要强调的意思。据以上分析，贲的卦名意思主要是文饰美化。前人讲的黄、白、黑色，以及爻辞中提到的白色等，都应当统一到文饰美化这个意义上去理解。怎样进行文饰美化？古人与我们今天的理解不尽相同。《说文》讲：“文，错画也。”把线条交错一下就是文饰。象辞讲“柔来而文刚”。“分刚上而文柔”，也是说刚爻与柔爻交错一下就是文饰。并不全同于今天说的重彩描绘、涂脂抹粉的人为装潢，而更多的是强调在质素前提下的自然美化。是按照事物本身所具有的形质和多样性所进行的一种有秩序的交错组合，从而形成一种美的和谐，重在自然和真实，这才能把文质统一起来。在社会意义上说，贲卦与噬嗑卦相互补充，噬嗑卦讲的是法治，贲卦讲的是文明。用今天的话讲，是说文明与法治是组织社会不可或缺的两个方面，要两手抓，而且两手都要硬。所谓文明，指的是人的道德品质、文化修养、礼仪制度、公共秩序、思想教育、社会风尚等方面，是能制约、规范人的言行而必需的一切思想意识方面的建设。这就是象辞讲的“人文”的主要意义。人的言行首先要受到文明的规范，超越了文明的制约又要受到法治的规范，这样才能保证社会有秩序地前进发展。从某种意义上讲，文明比法治更重要，文明是组织绝大多数人在正常秩序上活动的保证，而法治主要是强制少数犯罪分子回到秩序上来。任何一个统治者都不可能，也没有必要把所有的人都关进监狱进行劳教，而文明则是道德法庭，虽无强制，却具有管束力量。《周易》是社会的组织术，所以在噬嗑卦里讲法治，紧接着在贲卦里就讲文明。《周易》的治世思想可以研究，但有一点是肯定的，绝对的自由是没有的，人只要一降生到人间，就进入了社会，就会受到社会的规范约束。无论你职位权势有多大，财产金钱有多富，毫不例外。要取得自由，那就得去把握社会规律，按社会规律去运动。规律就是《周易》里讲的道。总之，贲是文饰，卦的主题思想是讲社会文明。

按照彖辞“柔来而文刚”“分刚上而文柔”的讲法，虞翻、荀爽都认为贲卦是由泰卦变化而来，是泰卦的上六与九二交换了位置，即泰上六九二䷊两爻换位，变䷕贲。九二从泰的下卦乾里分出一个刚爻，到上卦坤的三个柔爻里交错一下，就是“分刚上而文柔”。泰的上六从上卦坤的三个柔爻中下来一个柔爻，到下卦乾的三个刚爻中交错一下，就是“柔来而文刚”。这样讲准确无误，贲卦是由泰卦变化而来。贲卦与上一卦噬嗑组成一组正覆卦，即贲卦的倒象就是噬嗑，贲䷕整卦上下倒过来为䷔噬嗑。两卦一正一反相互联系，所以在取义上相互补充。噬嗑讲了法治，贲就来讲文明。这是《周易》内部组织的有机联系，分析时不能割断。

贲，亨。小利有攸往。

【译文】

贲卦，亨通。小的方面来往有利。

彖曰：贲亨，柔来而文刚，故亨。分刚上而文柔，故小利有攸往，天文也。文明以止，人文也。观乎天文，以察时变；观乎人文，以化成天下。

【译文】

贲卦亨通。柔爻来文饰刚爻，所以亨通。分出刚爻到上边去文饰柔爻，所以小的方面来往有利，这是天文。能够用文明来进行规范，使人们的行为有所限止，这是人文。观测天文，从而察知季节的变化；观察人文，从而用文明手段进行教化，把天下教化成一个和谐的整体。

象曰：山下有火，贲。君子以明庶政，无敢折狱。

【译文】

山下有火就是贲卦。君子从中受到启示，使各种政令开明，但不能以此断狱。

【精解导读】

贲卦为什么亨通？主要是因为天地阴阳、刚柔昼夜进行了交流。贲卦从泰卦变来，泰是刚、柔爻的严整平衡排列，贲卦又打破了平衡，为发展开辟了广阔的前途，所以亨通。彖辞是结合贲卦讲的，从易理的根本上去认识，“柔来而文刚”“分刚上而文柔”还是个刚柔爻的交流问题。只不过是贲卦讲文饰，所以要联系文饰去讲。贲卦为什么

“小利有攸往”？因为刚爻为大，柔爻为小，泰卦变为贲卦，是刚爻上去一个，占据的不是中位，没有使上卦充分交错开，而柔爻下来一个却占据了中位，使下卦得到充分交错。这样的来往对谁更有利？当然是对来的柔爻六二更为有利，所以是“小利有攸往”。这是卦辞在象上的依据。“小利有攸往”，准确点讲，是说来往对小的一方更加有利。当然这并不能禁锢对卦辞在取义方面的灵活理解，但却应当有一个基本的限定范围。

彖辞从六个方面说明贲卦。（一）从卦变上解释卦辞“亨”。“贲亨，柔来而文刚，故亨。”在卦象上指的是由泰卦变为贲卦，泰上卦的柔爻上六，下来到下卦三个刚爻的中间，使刚柔爻交错开（泰

变贲刚柔交错）。从取义上讲是刚柔互济，比如用文治美化武功，用文明美化法治，刚柔之道并行不废，所以能够亨通。（二）从卦变上说明卦辞“小利有攸往”。“分刚上而文柔，故小利有攸往”，卦象上指的是由泰变为贲，泰的下卦乾分出一个刚爻九二，上升到上位，使上卦的三个柔爻得到文饰（即：泰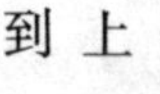

变刚柔交杂在一起）。交杂就是文饰。从取义上讲，交杂也是刚柔互济，比如一个人能刚能柔，能文能武，就更加美好。这一句与上一句都有解释贲是文饰的作用。比较起来，柔爻的来往变化更有利一些，六二的位置从被消退的上六变而成为下卦中位，柔爻为小，六二是柔爻，故言“小利有攸往”。（三）从卦变中推演出“天文”的意义。

“天文也”在卦象上指的是“分刚上而文柔”，是从下卦乾里分出一个刚爻去加以文饰，乾为天，等于是上天来对它加以美化。（四）从上下卦特性的组合上推演出“人文”。“文明以止，人文也”，象上指的是，下卦离，离为文明；上卦艮，艮为止，组合在一起是以文明来止（贲艮止䷕离文明）。取义是说，能以文明的手段限止、规范人们的行为，这是人文。（五）推演“天文”的社会意义。“观乎天文，以察时变”，是说天文是天象的变化，什么阴晴寒暑、云卷云舒、雷出雷入、日月起落、星辰运转、彗星月蚀等，人们通过对天文的观察，可以察知一年四时的变化，从而使人的行为更合乎天道。（六）推演“人文”的社会意义。“观乎人文，以化成天下”，是说观察社会的文明状况，可以更好地教化人民，使天下组织得更有成效。因为文明能使人的活动限止在应有的分际，能使社会在文明的调节下和谐地生存和发展。比如礼貌、谦让、相互理解、敬老爱幼、拥政爱民、遵守公德等都不可能靠法治去强制，要靠对人文状况的观察了解进行教化。

象辞总是先说明上下卦象的组合，然后从中引申出人应当学到哪些伦理道德。所谓“山下有火，贲”，是指贲卦由上下两个三爻卦组成，下卦离，离为火象；上卦艮，艮为山象，组合在一起是山下有火，这就是贲卦。“君子以明庶政，无敢折狱”，是说君子从中要学习到开明众政、不折狱的道理。“庶”是众，“折狱”是断狱。至于为什么把山下有火与明庶政、不折狱联系起来，这得与古人的特殊意象联系起来理解。古人认为山与火可以表示一种人文景观。我们举出《尚书·益稷》中的一段话看一下。虞舜要推行文明教化，其中有一条说："予欲观古人之象，日月星辰、山龙华虫作会（绘），宗彝藻火、粉米黼黻缔绣，以五彩彰施于五色作服。"古代天子穿的衣服，上面要画日、月、星、山、龙、华（花）、虫（雉），下面要绣上虎、藻（水草）、火、粉米、黼、黻，用五彩绣画，表示要宣明教化。无非是认为可以用以上的东西表示天文地文。山与火都是其中之一，所以郑玄注认为山是地文，火是天文。郑玄的话有争议，但用天文地文象征人文是肯定的。因为一个六爻卦只有上下两个三爻卦，当然不可能把上面提到的象都表现出来，有了山与火就可以表示一种人文。所以从中受到启示，要使自己的各种政令开明。但文明道德对罪犯没有约束作用，罪犯如果讲文明道德就不可能走向犯罪道路。断狱服刑是制约罪犯的手段。除罪犯外，一般人要讲文明道德，贲卦是讲文明道德的卦，故不敢用以折狱，"不敢"实际上是说不能。

初九：贲其趾，舍车而徒。

【译文】

文饰脚趾，舍弃车子不坐而徒步行走。

象曰：舍车而徒，义弗乘也。

【译文】

舍弃车子徒步行走，是道理上不应乘车。

【精解导读】

初位在卦的最下方，故被视为脚趾之象。如剥初六“剥床以足”，噬嗑初九“屦校灭趾”，咸初六“咸其拇”，大壮初九“壮于趾”等。趾从爻位取象。在贲卦，故初九爻辞为“贲其趾”。“趾”就是脚趾。“贲其趾”是收拾打扮一下脚。理解这句话要与古代的文明条件联系起来。人类服饰的进化有它自己的过程，到了能打扮脚的时候，服饰文化就比较进步了。物质文明差的时候，穿草鞋、打赤脚的不在少数，能打扮一下脚也是件美事。从道理上讲，脚收拾好了，就该走路了，用不着再去坐车，所以“舍车而徒”。象辞说“舍车而徒，义弗乘也”，说的就是这个道理。“义”就是道义、道理。虞翻说：“坎为车”，“位在下，故舍车而徒”。《说卦》里确实有坎“为通舆”的讲法。初九在互坎之下（初九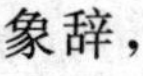互坎），不在车子上，故言“舍车而徒”。前人讲这句象辞，大多认为初九位置低，是下层人，道义上不应当坐车。理有或然。但从爻辞内部的联系上分析，把脚收拾好就是为了好走路，收拾好了反而不走去坐车，道理上说不通，这是象辞的主要意思。

六二：贲其须。

【译文】

文饰胡须。

象曰：贲其须，与上兴也。

【译文】

文饰胡须，是要与上边一起动。

【精解导读】

“须”是胡须，“贲其须”是收拾打扮一下胡须。侯果说：“自三至上有颐之象也。二在颐下，须之象也。”意思是说，从九三到上九是一个小颐卦（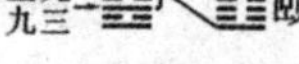
），取颐象。颐是一张嘴，六二在嘴的下方，是胡须之象（
），故为“贲其须”。象辞说“贲其须，与上兴也”。“兴”是动起来，从卦变上讲，泰卦变为贲卦，六二与上九正是往来的两爻，两爻一起动，所以是“与上兴”。从象上说，上九上去后，六二的上方成为颐口，胡须自己不能动，也得随着嘴巴动，也是“与上兴”。古人认为“身之肤发，受之父母”，所以不轻易剪头发、剃胡须。长多长算多长，所以对胡须的修饰很讲究。三国的关羽还是美髯公，平时要用锦囊把胡须罩起来。对胡须也有称呼上的分别，嘴上的称髭，嘴下的称须，须下的称胡（胡是颔下悬肉，即下巴垂下的肉，故下巴上长出的才称胡），两颊的称髯。都在嘴的周围，与颜面有关，故要收拾打扮。把这一爻与初九联系起来看，是从头到脚收拾打扮，文饰先从自身做起。前人有把须讲成"嬃"，认为是小妾的，这就与爻辞距离太远了。

九三：贲如，濡如，永贞吉。

【译文】

文饰的样子，润泽的样子，长久正固吉祥。

象曰：永贞之吉，终莫之陵也。

【译文】

长久正固吉祥，最终也不会有人凌驾于上。

【精解导读】

初九、六二经过了从头到脚地收拾打扮，九三是把自己收拾打扮好了，既润泽又光彩。"濡"是润泽，"贲"是有文饰，"如"同"然"，是形容词词尾。"贲如，濡如”就是有文饰的样子，润泽的样子。从象上说，九三位在互坎之中（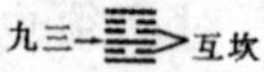），又在下卦离里（），离为文采，坎为水。在离里有文采；在坎中，不干巴巴的，水灵，故有润泽。贲卦从泰卦变来，是泰卦的九二与上六换位。然而上六的正应在九三（泰），卦变时九二与上六换位，九三却没有动，故为“永贞”。“永贞”是长久正固。贲卦是要文饰，永贞而能“贲如，濡如”，符合贲卦之道，故吉。象辞说，“永贞之吉，终莫之陵也”，从象上讲，九三在下卦之终，上位是全卦之终，九三未动，没有上去，是最终没有凌驾于上。从取义上讲，“莫”是没有什么人的意思，“终莫之陵”是说始终没有人能凌驾于上，也就是文饰得谁都比不了，故能吉祥。

六四：贲如皤如，白马翰如。匪寇，婚媾。

【译文】

文饰的样子，须发洁白的样子，白马像天鸡般纯白的样子。不是寇盗，是来求婚联姻的。

象曰：六四当位疑也。匪寇婚媾，终无尤也。

【译文】

六四正当多疑的位置。不是寇盗而是来求婚联姻的，最后不会有怨尤。

【精解导读】

“皤”，《说文》：“老人白也。”老人须发银白称皤。“翰”是一种白色的鸟。《尔雅·释鸟》：“翰，天鸡。”又称白鸟、鸟鸡、白雉，就是白色的野鸡。商朝人尚白，白马称翰马。《礼记·檀弓上》：“戎事乘翰”，注称“白色马也”。《家语·五帝》：“戎事乘翰”，注同。总的看这一爻是用白色来文饰。贲主要的颜色是黄、白、黑三色。京房说：“五色不成谓之贲。”郑玄、王肃都说贲是“黄白色也”。《吕氏春秋》记载孔子筮得贲卦，说：“夫白而白，黑而黑，贲亦安吉乎？”《家语》里也说，孔子筮得贲卦，对子张说：“贲，非正色之谓也。夫质也，黑白宜正焉，今得贲，非吾兆也。”孔子认为黑白间杂不合质素的要求，要白就一色白，要黑就一色黑。这是因为他想得到一个明朗的结果。贲卦黑白间杂，与他的占筮动机不协，故说“非吾兆也”。但从色彩学上讲，黑白对比最鲜明，黑白交错最能把花纹表现出来。斑马所以很美，就是因为身上有黑白花纹的交错。纯白也是一种美。民谚“若要俏，三分孝”，白色也是一种特殊的美。五彩的野鸡是一种美，白色的野鸡也很美。这一爻主要是突出白色的文饰，用了很多可爱的白色事物做比喻。从象上讲，贲是无色，故言“白”。离为雉，坎为美脊马，颐有须。六四在小颐卦里（六四→颐口），须发洁白，故言“贲如皤如”；在互坎里（六四→䷕>互坎），故言“白马”；与离卦紧邻（六四→䷕>离），故言“翰如”。坎为加忧、为疑，又为盗寇。全卦六爻只有六四与初九能阴阳正应，其他爻都不应，所以六四有“婚媾”之象。故先疑为寇盗，而最后却是求婚联姻，故言“匪寇婚媾”。

象辞说，“六四当位疑也”，象上指六四在互坎里，坎为疑，六四正处当多疑的位置上。“匪寇婚媾，终无尤也”，意为虽然有怀疑是寇盗的担心和忧虑，但实际上并不是寇盗，而是来联姻的，最终不会有怨尤。“尤”是怨尤的意思。从爻的关系上讲，六四应在初九，比在九三，六四柔爻，与两个刚爻都有联系，也存在犹疑的因素。

六五：贲于丘园，束帛戋戋。吝，终吉。

【译文】

文饰于丘园之士，轻微的束帛之礼。有吝难，最终吉祥。

象曰：六五之吉，有喜也。

【译文】

六五的吉祥，是因为有喜庆。

【精解导读】

“丘园”是丘山田园；“束帛”是成捆的布帛礼物。《子夏传》：“五匹为束，三玄二纁。”束帛是五匹一捆的绢。“戋戋”，少貌，犹言轻微。五匹一捆的礼物不算太少，但送礼的主人犹觉轻微，所以说“束帛戋戋”。这句爻辞在张衡的《东京赋》里用过：“聘丘园之耿介，旅束帛之戋戋。”意思是到丘野田园中去聘请耿介的隐士，摆出一捆捆的束帛作礼物。李善注：“古招隐士必以束帛，加璧于上。”前几爻是文饰自身，这一爻文饰到了丘野田园的隐士。国家派人到他们的隐居之地，用礼物聘请他们出来为国效力。朝廷能礼贤下士，也是社会文明的一种表现。从象上讲，贲卦由泰变来，泰的上卦为坤，坤为田园，变而为贲，贲的上卦为艮，艮为山丘，故云“贲于丘园”。坤又为布帛，“分刚上而文柔”，上九与九三把坤的两个柔爻夹在中间(

)，形同“束帛”，故言“束帛戋戋”。六五柔爻占据尊位，下又无应，故有“吝”。但位中多功，故“终吉”。象辞说：“六五之吉，有喜也。”喜是因为卦变而有喜庆。卦从泰变，六五原与九二正应，变贲九二升到上位与六五比邻，六五尚贤又得到文饰，正应又来相比，故“有喜”。

上九：白贲，无咎。

【译文】

在白色上文饰，没有咎害。

象曰：白贲无咎，上得志也。

【译文】

在白色上文饰，没有咎害，并且合乎自己的意愿。

【精解导读】

贲为无色，质素，上九是泰卦下乾的九二“分刚上而文柔”，泰卦下乾为天、上坤为地，是乾天来美化大地，大地由质素变得烂有文采，就是在素白的基础上加以文饰，故为“白贲”。彖辞说：“分刚上而文柔，故小利有攸往”，故“无咎”。爻辞的意思是“绘事后素”，先是白的才能往上画，画上才有文饰。上九是来美化柔爻，如同在白的底色上加以美化。象辞说：“白贲无咎，上得志也。”象上指的是上九是从下边升进到了上位，从下向上运动合乎自己的意愿，比较得意，故无咎害。前人讲这一爻，有说是“饰终反素，反朴归真”的，也有说是“文不胜质，复反其本”的，与象不合，可见不了解象的变化，失去理解爻辞的依据，很容易把意思讲错。这一爻就是在白色上加以美化，以文饰质，用文明加以文饰，使事物由质而变美。

【提示】

把贲卦的内容与革卦联系起来，可以看出《周易》关于内容与形式的辩证观点。革卦爻辞提到“虎变”“豹变”，象辞解释虎变是“其文炳也”，豹变是“其文蔚也”，指出是兽皮斑纹色彩的变化。“文”是事物的外在形式，而爻辞的意思却是指发生了质变（见革卦）。这实际上是涉及哲学领域里内容与形式的关系。前人对这种关系用文与质的矛盾性与统一性来加以说明。古人尚质，尤其是老庄思想，主张返真归朴，由文返质。质是重要的，不但不尚文，甚至坚决反对文饰。《庄子·胠箧》里说：“灭文章，散五采，胶离朱之目，而天下始人含其明矣。”这是突出文与质对立矛盾的一面。孔子更注重文与质统一性的一面。《论语·颜渊》里说：“棘子成曰：‘君子质而已矣，何以文为？’子贡曰：‘惜乎，夫子之说君子也！驷不及舌。文犹质也，质犹文也。虎豹之鞟犹犬羊之鞟。’”意为：棘成子对子贡说：“君子只要本质好就够了，要文采干什么？”子贡回答说：“先生这样议论君子，太令人遗憾了！一言既出，驷马难追。本质也如同文采，文采也如同本质。假如把虎豹的皮和犬羊的皮都拔去带文采的毛，那还有什么区别呢？”显然子贡认为不能不讲文采，文采表现质，质要通过文采显现出来，两者相互依存，这是强调文采与质统一性的一面。《论语·雍也》里又说：“质胜文则野，文胜质则史。文质彬彬，然后君子。”孔子认为：“朴质多于文采就未免粗野，文采多于朴质又未免虚浮，文采和朴质配合适当才是君子。”这是强调文采与质怎样才算统一和谐。革卦讲的是根本性的变革，是质变。上三爻提到的“改命”“豹变”“虎变”“革面”都是质的变化，只不过是通过文采的变化把它显示出来，不能理解为皮毛上的表面变化。这说明《周易》作者既看到文与质的对立，又看到文与质的统一。

这一卦讲文饰，尤其是彖传讲的“观乎人文，以化成天下”。讲究社会文明，这是一种进步史观。王宗传在《童溪易传》里说：“夫文与质非二物也。有是质，必有是文。盖亦表里之符不可强有，而不可强无之也。故子贡于此得以谓之文犹质也，质犹文也。犹之曰，文与质二名也，其实一物也。故设喻曰，此虎豹也，则其鞟必虎豹也。此犬羊也，则其鞟亦犬羊也。故虎豹之鞟与犬羊之鞟，二鞟也，其实则一理也。”虎豹的皮毛上有花纹，犬羊的皮毛上无花纹。人们不能强调质的重要，就一定要让虎豹长出与犬羊一样的皮。也不能说犬羊是质朴的，虎豹是不质朴的，文与质各有其重要性，不可偏废，要在文与质上统一。统一是好的，不统一就不好。王氏讲的文与质“一物也”，“一物”指的是统一。虎豹的花纹与虎豹的本质统一，犬羊的颜色与犬羊的本质统一。犬羊长出虎豹的花纹就不统一。把这个道理推广到社会，就是社会发展到一定的物质阶段，就一定要有必要的精神文明与其适应，不加以文饰，社会就不够美好。社会发展，文明要随着不断发展，不能要求社会返朴归真，由文返质。这与老庄的思想有显著不同。当然，如果社会的本质不足，硬要用文明手段加以美化，这就成为一种粉饰，文质不能统一，这样的社会也谈不上美好。

二十三　剥——剥烂朽蚀

䷖

剥卦的卦画组合为坤（☷）下艮（☶）上，传统称作山地剥。《序卦》云：“致饰，然后亨则尽矣，故受之以剥。剥者，剥也。”意为：经过美化文饰之后，就亨通昌盛到了尽头，所以在表示美化文饰的贲卦之后，接着就是剥卦。剥是剥蚀的意思。《杂卦》云：“剥，烂也。”意为剥是渐渐剥烂朽蚀的意思。《序卦》《杂卦》的讲法一致。卦名剥的意义就是剥蚀。

剥是十二消息卦之一。消息卦分为两类。复、临、泰、大壮、夬、乾（䷗、䷒、䷊、䷡、䷪、䷀）属于刚爻生长、柔爻消退的六卦；姤、遁、否、观、剥、坤（䷫、䷠、䷋、䷓、䷖、䷁）属于柔爻生长、刚爻消退的六卦。剥卦是柔长刚退的第五卦，五柔长成，要把最后一个刚爻彻底剥蚀掉。从卦变上讲，剥卦也从乾卦变来，由四柔长成的观卦发展而致，直接从观卦而来，即：观䷓柔爻再上长一位，变䷖剥。如果再向前看，柔长刚退的六卦，从姤卦开始，都是从乾卦变来。剥卦又与复卦构成一组覆卦，即：剥(䷖)上下倒过来看，为䷗复。在六十四卦的序列中，剥卦之后就是复卦。

剥，不利有攸往。

【译文】

剥卦，不宜有所往。

彖曰：剥，剥也。柔变刚也。不利有攸往，小人长也。顺而止之，观象也。君子尚消息盈虚，天行也。

【译文】

剥是剥蚀的意思。是柔爻去变掉刚爻。不宜有所往，是因为小人在生息长大。要顺着规律加以制止，要看具体的卦象。君子崇尚消息进退，因为这是天的运行法则。

象曰：山附于地，剥。上以厚下，安宅。

【译文】

山附在地上就是剥卦。君子从中受到启示，要从上而下地增加根基的厚度，安稳而居。

【精解导读】

《周易》以刚爻为君子、为正，以柔爻为小人、为邪。剥卦是柔爻要把最后一个刚爻剥蚀掉，是小人势盛，要最后把君子彻底清除，邪气压倒正气，再向前发展极度不利，故言“剥，不利有攸往”。“攸”义同“所”，“往”是从下向上，象上指不能再向上有所发展。取义是不利于前往。

彖辞从五个方面解释剥卦。（一）解释卦名的意义。“剥，剥也”，这是古人讲解词义的一种训释方法，句中如用的是词的基本意思，习惯用本字解释。剥的基本意思：《说文》：“剥，裂也”；《玉篇》：“削也”；《广韵》：“落也”。剥就是剥蚀。彖辞说“剥，剥也”，与《序卦》的讲法相同，意思是剥就是剥的意思，与它的基本意义相同。也就是说剥是剥蚀的意思。（二）说明剥卦的卦变趋势。“柔变刚也”，指的是柔爻从姤卦开始变去刚爻，变到剥卦，已经是变去五个刚爻，再向上变，就会把最后一个刚爻变去。（三）解释卦辞“不利有攸往”。“不利有攸往，小人长也”，象上指的就是柔爻是小人，刚爻是君子。柔爻的不断上长，就是小人在不断生息长大。五柔已盛，一刚仅存，小人道长，君子道消，再向前发展没有什么利，所以“不利有攸往”。（四）从上下卦特性的组合上说明君子应当从中学习哪些有益的东西。“顺而止之，观象也”，象上指的是剥卦由下卦坤和上卦艮重叠而成，坤的特性是顺，艮的特性是止，组合在一起是

“顺而止”。君子看到卦象，应当明白顺着规律加以制止的道理。因为阴阳的消长盈虚是自然规律，事物发展到一定阶段，阴长阳消是一种规律性的运动，强力对抗徒劳无益，要顺应时局加以制止。（五）说明“顺而止之”的道理。“君子尚消息盈虚，天行也”中，“尚”是崇尚。这句意思是说，君子对阴阳消长盈虚的运动应当崇尚，不能反对，因为这是天的运行规律。天道循环，是自然常理，君子效法天道，就应当崇尚此理，不能违天逆常，要顺时适变。在阳刚生息之时要顺应，在阴柔生息之时也要顺应。这是为什么要“顺”的道理。但阴柔的生息确实又不利于君子，因此又不能消极顺应，还要加以制止。只不过制止的方式不是对抗性的，而是因势利导。这种顺应与道家的思想不同。道家是一切顺其自然，不要人为。而《周易》的思想是既顺其自然，又做人为的努力，加以控制。阳刚生息时要推波助澜，阴柔生息时要“顺而止之”，不是完全听其自然。用今天的话讲，就是要把客观必然性与主观能动性结合起来。不认识客观必然性，不顺强止，就是不明“天行”；没有主观能动性，“顺而不止”就流于道家的“无为”，完全成为“天行”的奴隶。《周易》所具有的这种思想十分可贵，过去人们总觉得用老庄思想解《周易》不合适，这是最突出的一点。在认识世界方面，《周易》与老庄思想有一致的一面，在改造世界方面，《周易》与老庄思想不尽相同。具体到剥卦讲，“顺”是尊重客观必然性，“止”是发挥主观能动性，两者不可偏废。人要在顺应中能有所调节。趋势发展有利，就促快发展速度，向最大限度的兴盛发展；趋势发展不利，就减缓发展速度或改变发展方向，制止恶性发展。正如《史记·孙吴列传》中孙膑所说的话："善战者因其势而利导之。"既不逆规律而动，又要引导形势向有利于自己的一方发展。这就叫"顺而止之"。

象辞先说明上下卦象的组合。"山附于地，剥"，在象上指的是剥的上卦艮，艮的象是山；下卦坤，坤的象是地，上下卦象组合在一起是"山附于地"，这就是剥卦。作者不说"山在地上"，而说"山附于地"，显然是要突出"附"的意思。附是附着。山不能离开地，地是山的依托、基础。基础不厚实，山再高也无处可附。君子应当明白这个道理，故"上以厚下，安宅"，意思是说，君子效法剥的卦象，要增加基础的深厚，安稳而居。对国家来讲，"民惟邦本""本固邦宁"，在上位要能厚下固本，巩固统治地位，使自己能在上安稳。在上位不顾人民的疾苦，不断从人民身上剥削榨取，实际上是在动摇自己的统治基础。

初六：剥床以足，蔑贞，凶。

【译文】

剥蚀床足，以邪灭正，凶。

象曰：剥床以足，以灭下也。

【译文】

剥蚀床足，是从下灭没。

【精解导读】

这一卦是柔爻从乾卦开始逐爻向上剥蚀刚爻，一直剥蚀到六五。当乾的初爻最初被剥蚀时，柔爻先灭掉乾的最下一位刚爻，初六正处在这个位置（即乾初九→䷀初九由刚变柔䷫←初六 姤）。初爻一变，下卦成巽（䷫>巽），虞翻说“巽木为床”，考之卦画，巽像一张床（巽☴，下有床腿，上有床板）。初爻的变化如同从床的足开始剥蚀，故云“剥床以足”。刚爻为正，柔爻为邪，柔爻灭去刚爻，故言“蔑贞”。虞翻说：“蔑，灭也。”“贞”即正。邪灭正，故言“凶”。象辞说“剥床以足，以灭下也”，从床的下边把床足砍掉，床就不得安稳，所以凶。同时还可看出，象辞向人们提示了卦变的运动趋势，剥蚀是先从下然后向上渐次发展。总的看，这一爻是从根基上剥烂，情况不大妙。

六二：剥床以辨，蔑贞，凶。

【译文】

剥蚀到床腿，以邪灭正，凶。

象曰：剥床以辨，未有与也。

【译文】

剥蚀到床腿，是因为六二没有应与之爻。

【精解导读】

“辨”的讲法较杂。郑玄说：“足上称辨。近膝之下，屈则相近，申则相远，故谓之辨。辨，分也。”他从人体部位上讲，说辨是膝盖以下的小腿部分。崔璟讲得更直接一些：“辨当在笫足之间，床膣也。”“膣”同“髀”，是大腿。要而言之，辨就是腿，床辨就是床腿部分。从象上看，巽为床，初六剥蚀掉床足，接着又向上剥蚀，但还没有到床板，所以次及六二，向上剥蚀的这一截是进入床腿部分。去掉床的足和腿，床要翻落在地上，这就更岌岌可危，所以有凶。六二是进一步以柔灭刚，故也说是“蔑贞”。象辞说：“剥床以辨，未有与也。”“与”是与它相应的应爻，从剥卦看，六二的应爻在五位，而五位是柔爻，柔爻与柔爻敌而不应，所以说“未有与也”。无应与是失去援助，故有“凶”。关于“未有与”的解释，联系六三象辞“失上下也”会看得更加清楚。总之，六二的凶显然要比初六更严重一些。

六三：剥之，无咎。

【译文】

剥蚀它，没有咎害。

象曰：剥之无咎，失上下也。

【译文】

剥蚀它没有咎害，是因为六三与上下两爻不一致。

【精解导读】

这一卦的五个柔爻，只有六三与全卦唯一的刚爻上九正应。五个柔爻本来是要一起向上剥蚀最后一位刚爻上九，但六三因与上九有阴阳正应的关系，就不愿把上九灭掉，因而与它上下的四个柔爻失去一致。象辞说“失上下也”，就是指的六三有应爻。“上下”是六三上面的六四、六五，与六三下面的初六、六二。柔爻剥蚀刚爻是以邪灭正，故有凶。六三不同意剥蚀上九，实际上是明剥暗助，故不会有咎害。“失上下”与六二象辞的“未有与”前后补充，说六三是“失上下”，六二就不是失上下；说六二是“未有与”，六三就是有与，都是就有没有应爻这一特点讲的。从整体上看，初六是“剥床以足”，六二是“剥床以辨”，六三应当是“剥床以身”了，但因为六三有应爻，取象要照顾吉凶，故换了角度。“剥床以身”会把整个床烂掉，凶太重了，与六三有正应的象有矛盾，故言“剥之，无咎”。从取义上讲，这一爻是尽可以鲸吞剥蚀，没有关系。

六四：剥床以肤，凶。

【译文】

剥蚀到了皮肉，凶。

象曰：剥床以肤，切近灾也。

【译文】

剥蚀到了皮肉，切近灾难了。

【精解导读】

“肤”指皮肉，噬嗑卦里已有解释。王肃说：“在下而安人者床也，在上而处床者人也……床剥尽以及人身，为败滋深，害莫甚焉，故曰剥床以肤，凶。”意思是说：床是供人坐卧的，床剥蚀尽了，就剥蚀到人的身上，为害更加深入，没有比这更危险的了。从全卦看，柔爻长到六三已把巽床剥蚀尽了，到了六四，六四在上卦艮里(六四→䷖>艮)，艮为肤（见噬嗑），故言“剥床以肤”。“肤”是床上人的皮肉，要把皮肉剥蚀掉，切肤之痛，当然凶。象辞说“剥床以肤，切近灾也”。“切”是挨着了，“切近灾”是说灾害已经到了身边，躲不及了。这一卦从初爻到四爻是连类而下，取象都是从柔爻的渐次进位、刚爻的逐爻剥蚀中而来。从床足、床腿、床身到人的皮肉，连喻而及，比较明显。其他说法与作者寓意悬殊，难以信从。总之，这一爻是灾难就在眼前，已经无法逃脱，凶更为严重。

六五：贯鱼，以宫人宠，无不利。

【译文】

鱼贯而进，以官人的身份受宠爱，没有不利。

象曰：以宫人宠，终无尤也。

【译文】

以官人的身份受到宠爱，最终不会有怨尤。

【精解导读】

“贯”的本义是穿在一起，这里是指鱼游动时前后挨近成为行列的样子。从取象上讲，《周易》里多处提到鱼，一般都是取柔爻为象。前人说鱼是阴物，故以阴爻为鱼。考之卦爻辞，这样说最为合适。“贯鱼”是许多鱼排成一行，指前进有序。现代汉语里常说的“鱼贯而行”“鱼贯而入”，等等，“鱼贯”这个词的来源就在这里。剥卦从初爻到五爻，柔爻排成一个行列，六五正是排头的一爻，柔爻为鱼，故言“贯鱼”。六五进入天位、尊位、天子位，已进入皇宫，身份尊贵受到宠爱。但天子却不是排起队来挨个当的，五个柔爻又都是阴性，用皇宫的情况相比，只能是进宫的宫女、妃嫔之类，故言“以宫人宠”。六五位在上卦之中，故“无不利”。《三礼注》里说：“皇帝有皇后一个，夫人三人，嫔妇九人，世妇二十七人，御妻八十一人。”轮着侍奉皇帝，按次序当夕。远古盖不如此，但宫人也不会太少。《后汉书·梁皇后传》说，皇帝因宠爱梁皇后，有时不按次序把她招来相伴，梁皇后说：“愿陛下思云雨之均泽，识贯鱼之次序。”“贯鱼”是有次序。作者从初爻到四爻基本上是用“剥床”为喻，为什么到了六五突然换成以“贯鱼”“宫人”为喻？除了我们上边讲的五位是天子位外，还因为六五正好到了全卦唯一的一个刚爻上九之下，正是彖辞讲的“顺而止”的位置上。上卦艮为止、为终，停止剥蚀刚爻。正如象辞所说“终无尤也”。

上九：硕果不食。君子得舆，小人剥庐。

【译文】

硕大的果子不吃。君子得到乘舆，小人掀掉庐室的顶盖。

象曰：君子得舆，民所载也；小人剥庐，终不可用也。

【译文】

君子得到乘舆，是受到民众的负载；小人掀掉庐室的顶盖，是小人之道不能用到最后。

【精解导读】

作者把全卦唯一的刚爻上九，既比作是树上结的一个硕大果子，又比作是房子的顶盖。从象上说，艮为果蓏，为门阙，刚爻为大，上九在艮里（上九䷖艮），又是仅剩下的一个刚爻，故言“硕果不食”。坤为大舆，上九在下坤、互坤（上九䷖互坤 下坤）之上，刚爻为君子，故言“君子得舆”。庐取六爻全象，柔爻虚、刚爻实，剥卦是在下面五个柔爻之上横盖着一个刚爻，如同在宽大空阔的房子上加上房顶。柔爻如果再前进一位，就会把最后一个刚爻掀掉，因为柔爻是小人，故言“小人剥庐”。象辞说“君子得舆，民所载也”，《周易》以刚爻为君，柔爻为民（见《系辞》），上九下有五个柔爻，是万民载负之象。“小人剥庐，终不可用也”是指上九是最后一个刚爻，柔爻如果剥到最后，会把全卦都变成柔爻，上九这个庐顶会被掀掉，柔爻不能再向上长了。柔爻上长是小人道长，小人之道不能用到最后，应当停止。

【提示】

在这一卦里介绍一下《序卦》，《序卦》是讲六十四卦的卦序排列，并说明各卦相次的理由。这种理由，前人认为有六种情况，《正义》解释《序卦》分为六门，即天道门、人事门、相因门、相反门、相须门、相病门。但从相次的理由上看，只有两种关系，一种是相因，一种是相反。相因是按所具条件顺理推导因果，相反是根据物极必反的易理逆向推导相反的因果。贲卦之后接着是剥卦，相次的关系属相反类，是说事物经过美化文饰之后太完美了，物极必反，就要由完美向不完美变化，开始剥蚀，故两卦相次。在哲学上是相反相成，否定之否定。相类似的如“泰者，通也。物不可以终通，故受之以否。物不可以终否，故受之以同人”。

相因关系的如“有天地，然后万物生焉。盈天地之间者唯万物，故受之以屯。屯者，盈也，屯者，物之始生也。物生必蒙，故受之以蒙。蒙者，蒙也。物之稚也。物稚不可不养也，故受之以需。需者，饮食之道也。饮食必有讼，故受之以讼。讼必有众起，故受之以师。师者，众也。众必有所比，故受之以比。比者，比也。比必有所需，故受之以小畜。物畜然后有礼，故受之以履。履者，礼也。履而泰然后安，故受之以泰。泰者，通也”。都是因为具备了什么条件之后，就会有什么样的结果，顺着事物的发展往下推。

《序卦》这样说明卦序排列的理由，有时显得牵强（比如观卦与噬嗑的联系是“可观而后有所合，故受之以噬嗑”。把德政教化可观而形成的人心民意相合，与上下牙对合牵连在一起）。但从推理上讲明了卦名的含义，其功不可没。王弼说，《序卦》的作用主要是“因卦之次，托象以明义”。孔颖达也认为王弼的说法“盖不虚矣”。讲卦的排列主要是“非覆即变”，讲卦名的含义，《序卦》是主要依据，其次是《杂卦》。同时《序卦》在揭示易理方面有不可忽视的作用，如果能与彖辞和大象辞综合起来考虑，常常具有揭示各卦主题思想的作用。

二十四　复——返初复始

䷗

复卦的卦画组合为震（☳）下坤（☷）上，传统称作地雷复。《序卦》云：“物不可以终尽，剥穷上反下。故受之以复。”意为：事物不能一直剥蚀到最后全部尽净，从上剥蚀到极点，又会返到下边复生出来，所以在剥卦之后接着是复卦。《杂卦》云：“复，反也。”意为复是返下复始。依据《序卦》《杂卦》的解释，复卦卦名的意思是返回复始。古人不可能用现代物理、化学的手段证明“物质不灭”这个规律，但《周易》作者从日出日落、四季更代、生生死死等万事万物的生生化化中，体悟到“物不可以终尽”这个规律，并把它上升到哲理角度，提出“穷上反下”的定理，又把它用卦象直观地图示出来。一个物体当它剥蚀殆尽的时候，又从下面重新生长出来。用刚爻柔爻的推移作概括性的图示，就是刚爻被剥蚀到最后一爻时，又返回到下边重新往上长。这就是复卦的卦画与卦名要揭示的内容。

从十二消息卦的推移中看，复卦并不是直接从剥卦变来，从剥到复还须经过一个坤卦。即剥卦五个柔爻再向上长一位，全卦变坤。（剥䷖↑柔爻再向上长一位，刚爻退出卦外，变䷁坤）。坤卦六爻皆柔，阴盛到无可再盛的地步，于是才阴极阳生，一阳复苏，成为复卦。即：坤䷁从下长出一个刚爻，变䷗复。从卦画上看，复是剥的覆象，即：剥䷖倒覆过来，为䷗复。剥与复是一组正覆卦，所以在六十四卦的序列中，两卦比邻相排。复卦是十二消息卦中刚长柔退六卦里的第一卦，具有重新取得活力而新生，君子、正气、生命力重新抬头等意思。

复，亨。出入无疾，朋来无咎。反复其道，七日来复。利有攸往。

【译文】

复卦亨通。出入没有疾病，朋友会渐次而来，没有咎害。在轨道上反复运行，七天会重新回来复始。前往有利。

彖曰：复亨，刚反，动而以顺行，是以出入无疾，朋来无咎。反复其道，七日来复，天行也。利有攸往，刚长也。复其见天地之心乎？

【译文】

复卦亨通，刚爻又返回来，顺着轨道运动行进，因此出入不会有疾病，朋友渐次而来，没有咎害。在轨道上反复运行，七天会重新回来复始，这是天的运行法则。前往有利，是因为刚爻在向上生长。从复卦可以看到天地运行的心意吧！

象曰：雷在地中，复。先王以至日闭关，商旅不行，后不省方。

【译文】

雷在地中还没出来，这就是复卦。先王从中得到启示，在冬至这一天锁闭关城，商人旅客不出门行走，君王也不到四方去视察。

【精解导读】

卦辞说复卦亨通，主要原因是，复卦表示的是生命力的复始，事物会越来越强健兴旺。在卦象上指的是初九这个全卦的主爻已经出现，必然会以无穷的新生力量前进发展，无可阻挡。“出入无疾”指的是刚爻从剥卦的上位退回来，又来到复卦的初位长出来，这是符合自然规律的运动，不会有灾害疾病。“入”是退，“出”是长，“疾”泛言灾害疾病。刚爻表示活力生气，刚爻生长，蓬蓬勃勃，哪会有灾害疾病？“朋来无咎”，是指从复卦开始，必然会有众多的刚爻连续生长出来，越来越强大，哪里会有咎害？因为复是刚长柔退的第一卦，所以这样说。从象上说，柔爻成串为贝、为朋，贝是古代的贝壳货币，用绳子穿在一起成串，两串为朋，几个柔爻排在一起，形似两串，这个卦象后面还会遇到。复卦上面五个柔爻排在一起，故言“朋”。复就是来，不来怎么复？故言“朋来无咎”。“反复其道”指的是主爻初九，在十二消息卦的轨道上，从上返下重新复出，完全符合天地周而复始的运行正道。“七日来复”，是指从剥卦到复卦，刚爻由上返下，从上九到初九，有七个位次的变动，即从上九退出一个爻位，向下运动六位，一位一日，七日到复卦的初九。“利有攸往”是指刚爻上长，代表君子、正气的成长，所以有利。“往”都是指爻从下向上推移。

彖辞从六个方面解释复卦。（一）解释卦辞“亨”。“复亨，刚反”，意思是说：复卦为什么会亨通？是因为刚爻由剥卦中被剥蚀的状态，变而成为返下复生的状态，从衰败之势变为成长壮大之势，所以亨通。这是从爻的推移上做出的说明。（二）从上下卦特性的组合上说明卦辞“出入无疾”。“动而以顺行，是以出入无疾”，象上指复卦由下卦震、上卦坤重叠而成，震为动、为行，坤为顺，上下卦这种特性组合在一起，是“动而以顺行”，能顺道行动，所以出入不会有灾害疾病。（三）从“周而复始”的天地自然之道上解释“朋来无咎”。“朋来无咎。反复其道”，意为：为什么会朋友跟随着出来无咎害，这是因为符合周而复始、回环运行的天地之道。“朋”指刚爻与刚爻为朋，柔爻与柔爻为朋。初九这个刚爻一生出来，接着就会有许多刚爻生出来，这就是“朋来”，消息盈虚是自然运行之理，复卦正是轮到刚爻生长之时，所以没有咎害。“反复其道”指的就是消息盈虚、周而复始、返上复下这样的道。从根本上讲是天地运行的自然法则，易法天地，所以自然法则就是易理。合道合理，何咎之有？（四）从天的运行规律解释卦辞“七日来复”。“七日来复，天行也”，意为：七天时间才会返回复生，这是天的运行告诉人们的。这是古人从一年四季阴阳的变化中观察出来的现象。从阴气极盛的严冬到一阳复苏的冬至要经历七天的时间，七天是质变的孕育，冬至开始发生质变。从无阳到一阳复苏，中间要经历七天的酝酿时间，不独是一阳复苏如此，一阴始凝也是如此。这是古人悟到的又一条哲理。我们认为量变是量的渐变，质变是突变。古人还认为，质变也不是一下子就发生的，中间还有个酝酿孕育过程，这个孕育过程从天地阴阳的变化中看，要七天的时间。邵雍把它称作“天根月窟”。《周易》作者把从量变到质变分成三个阶段：一量变，二孕育，三质变。这样讲比较聪明，不是有了量的积累就一定要发生质变，在孕育过程不继续推进，也很可能功亏一篑，重新翻船。至于为什么说天的运行是七日来复，可参见提示。（五）从消息盈虚上解释卦辞“利有攸往”。“利有攸往，刚长也”，意思是说：为什么会有利于前往？因为是该刚爻生长的时候了。言外之意就是说刚爻生长好，刚爻生长有利。从中可以看出，《周易》在对待刚爻、柔爻的态度上有倾向性，扶刚抑柔。柔爻是小人，是邪气，刚爻是君子，是正气；柔爻长是向闭藏发展，刚爻长是向昌盛发展。这个道理也很简单，事物无不一分为二，《周易》以刚爻表示的是正气、君子、昌盛的一面，以柔爻表示的是邪气、小人、闭藏的一面，并不是柔爻有什么不好，而是它代表的邪气、小人、闭藏这一方本身对人不利。显然，“刚长也”是指复卦是刚爻生长的卦。这又是《周易》讲十二消息卦的明证。（六）推演复卦告诉人们的有益内容。“复其见天地之心乎”，意思是说从复卦可以看出天地的用心吧！这个“心”指的是“扶刚抑柔”的倾向性。天地本无心，哪里会有用心？显然，这里是说扶刚抑柔是天地的运动法则，这种运行法则中，不把对立双方等量齐观，而是分出主次的倾向性，可以从复卦中看得出来。尤其是与剥卦一对比就格外分明。剥是柔长，卦辞就说“不利有攸往”；复是刚长，就说“利有攸往”。这种扶刚抑柔的态度太明显了。上面我们把彖辞分成六个方面做了讲解，这只不过是为了分析时条理清楚，并不是彖辞可以割裂。相反，彖辞本身是个有机联系的整体，许多意思可以相互证发。比如“刚反”与“动而以顺行”，句式都是贯通的，也可读成“刚反动而以顺行”。为了分析方便，只好分为两截。再如“刚长”“动而以顺行”“反复其道”，也同样可以用来解释卦辞“亨”，读的时候应当注意这种有机联系。不独复卦如此，读其他卦也应当如此。

象辞说：“雷在地中，复。”指的是复卦由下卦震和上卦坤组成，从八卦的基本八象说，震为雷，坤为地，组合在一起是雷在地下还没出来，这就是复卦。“雷在地中”是雷还被封闭在地下，要出来还没有出来，未到春雷震起、万物生发的时候，需再耐心等待时机的到来。所以先王从中得到启示，在复卦值令的冬至这一天不要出来活动，要关闭城门，禁止商人旅客的往来，君王也不到外地去视察。这就是“先王以至日闭关，商旅不行，后不省方”。“至日”是冬至那一天，“后”是国君，“省”是巡视，“方”是四方各地。古人有冬至不出门的习俗，象辞说得十分肯定。

初九：不远复，无祇悔，元吉。

【译文】

没走出多远就返回正道，没有忧悔，大吉大利。

象曰：不远之复，以修身也。

【译文】

没走出多远就返回正道，是要继续修身养性。

【精解导读】

“祇”，《经典释文》：“音支，辞也。”是说祇是一个助辞，没有什么实义。“无祇悔”就是无悔，因为前一句“不远复”是三字句，所以“无悔”中加了一个衬字，以取得句式整齐。这个词前人有讲成“病”的，有讲成“安”的，有讲成“多”的。考之爻辞的用例都不大合适，《周易》中自有“疾”“安”“大”，没有绕弯子的必要，还是《经典释文》讲得较为通达。这句爻辞，《系辞·下》讲过：“子曰：‘颜氏之子，其殆庶几乎？有不善未尝不知，知之未尝复行也。《周易》曰：不远复，无祇悔，元吉。’”孔子赞扬他的得意门生颜回，有错误很快就能发现，发现了就再不犯第二次，“不二过”也是讲人的道德修养。没有错误不可能，有错误能尽快发现，及时纠正，不再重犯，早日返回正道，就不会造成悔恨。这就是“不远复，无祇悔”。象辞说“不远之复，以修身也”，也就是说这是自我完善、培养自身道德的捷径，当然就没有忧悔，大吉大利。要是退一步讲，并不单是自身修养，任何事情只要注意修正自己，及时走上正确轨道，也比晚了强，也会免去追悔，因而获吉。从卦象上看，剥卦的刚爻上九很快返回卦的下位，成为复卦的初九，没走弯路，这就是“不远复”。复卦是刚爻重新生息发展，是刚爻的最佳选择，这样及时的选择，当然“无祇悔”而“元吉”。复是复回正道。

六二：休复，吉。

【译文】

停止并返回，吉祥。

象曰：休复之吉，以下仁也。

【译文】

停止并返回的吉祥，是因为下边是仁人贤士。

【精解导读】

“休”是休止，“休复”就是停止返回。这从卦象上看得十分清楚。全卦只有一个刚爻初九，初九是复卦的主爻，代表复，是一阳复苏，上临众多柔爻的强大势力。六二正是与初九直接接触的柔爻，首当其冲，截住了上复的道路，故言“休复”。但六二在下卦中位，初九又不进逼，所以“吉”。象辞说“休复之吉，以下仁也”。意思是说：六二下邻的是初九，初九是刚爻为君子，是仁贤之士，不会咄咄逼人，所以吉。如果在别的卦，六二实为乘刚，应当不吉。但复卦是刚爻刚刚生息出来，正是乾卦的“潜龙勿用”，还需待时，不会进逼柔爻，耐心等待柔爻顺时而退，表现得极为仁慈，故言“下仁”。六二柔爻柔位，位正，不失中正，会选择中正之道顺时退避，故会吉祥。这是爻、象辞的主要意思。如果把“下仁”理解为礼贤下士，作为取义的内容多少还算说得过去，至于把“休复”讲成“美善之复”，那就是词义的引申了。

六三：频复，厉无咎。

【译文】

频繁地返回，有危厉，没有咎害。

象曰：频复之厉，义无咎也。

【译文】

频繁地返回有危厉，但从道义上说不应当有咎害。

【精解导读】

终则有始，始就是复。全卦之终在上位，而三位又是下卦之终，也就是终中之终，故三位是个不安定的位，总是翻来覆去。坤卦的六三爻辞是“无成有终”，乾卦的九三象辞是“终日乾乾，反复道也”，都为三位的位次特点做了示例。终则有始，周而复始，又在复卦之中，所以六三是“频复”。“频复”就是一次又一次地频频返回来重新开始，六三又在下卦震里（六三→☳>震），震为动，位上是反复，象上是多动，老是忙忙乎乎、反反复复。复本来是返回正道重新开始，按说是件好事，但是一次又一次没完没了地老得向正道返回，显然也就是频频出了错误，这与前面讲的“不二过”大不相同，所以“有危厉”。人不怕犯错误，犯了错误及时改正是好事，但也得接受教训，不要再犯类似的错误。不接受教训，犯了做检查，检查了又犯，这就是“频复”。《周易》认为这种人“厉”，是因为他难以救药。然而能认识错误，愿意改正，还是比顽固不化好。所以没有咎害。象辞说“频复之厉，义无咎也”，意思就是说：频复的危厉从道理上讲不会有咎害。“义”是义理、道理。总之，这一爻从人的道德修养这一个侧面讲是屡犯屡改，不善接受教训有危厉，愿意改正没有咎害。其他方面可以据此类推。这一爻应当向初九学习，“不远复，无祗悔”，那就无厉而有吉了。这一爻程颐讲得很精彩，他说：“频复频失，不安于复也。复善而屡失，危之道也。圣人开迁善之道，与（赞同）其复而危其屡失，故云‘厉无咎’。不可以频失而戒其复也。频失则为危，屡复何咎？过在失而不在复也。”这里说明一点，爻辞是载道广应，不单就道德修养而言。不过基本的意思不能歪曲，懂得了基本意思则可以广泛类推。

六四：中行独复。

【译文】

在行（háng）列正中，能自己返回正道。

象曰：中行独复，以从道也。

【译文】

在行列正中并能独自返回正道，以便遵从大道。

【精解导读】

这一爻毛奇龄讲得恰当。他说：“复之四即剥之三也。复之四应初，即剥之三应上也。”“五阴上下各二，而四居其中，谓之‘中行’，犹剥之五阴上下各二，而三居其中，谓之‘失上下’。”他把剥卦的六三在五个柔爻的正中间（剥六三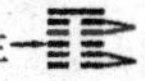上面两个柔爻 下面两个柔爻），与复卦的六四也在五个柔爻的正中间（复六四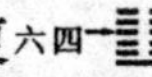居柔爻之中）作了比较。剥卦六三的象辞说是“失上下”，复卦六四的爻辞说是“中行独复”，“失上下”与“中行独复”互文见义。“失上下”是说它位置在正中间与上下的柔爻不一致，“中行独复”也是说它在正中间与上下的柔爻不一致，因此才“独复”。所以这个“中”是就五个排在一起的柔爻讲的。剥卦的六三，复卦的六四，在被上下柔爻包围在中间的情况下，能“失上下”“独复”地单独行动而不随类从朋，都是因为它们各自有很理想的应爻。

剥的六三与上九阴阳正应，复的六四与初九阴阳正应，而其他的柔爻都没有。复卦全卦只有一个刚爻初九，初九是主爻，又代表复，六四与初九互为应援，故为“中行独复”。“中行”是从在柔爻的位列中取象，“独复”是从应爻取象。这样前后联系地分析，融通解《周易》，符合《周易》的实际。很多人囿于“中”指下卦的二位和上卦的五位，硬在这里套用，背离了作者的本旨，不足取。“行”现在分两音，上古不分，这个字本来就是画了一个十字路口，指交通大道。从取象上说，这里是行列的意思。从取义上讲，“中行”是指在路的中间走。初九的复是“天行”，六四能与“天行”相应，就是顺应天地自然之道，从人的道德上讲，就是能顺应道义。别人都不理道义，唯独自己能中道而行、顺应道义，不言吉也会有吉。象辞说“中行独复，以从道也”，说的就是这个意思。象上指的就是从初九。

六五：敦复，无悔。

【译文】

敦厚地返回正道，没有忧悔。

象曰：敦复，无悔，中以自考也。

【译文】

敦厚地返回正道，没有忧悔，是因为居中并自我反省。

【精解导读】

从象上讲，“敦”是厚的意思。取的是坤象，坤为地，地厚载物，故坤为敦，坤卦里有示例。六五是上坤的中爻，故言“敦复”。象辞说：“敦复，无悔，中以自考也。”“无悔”“中”“自考”联系在一起看，是指内心的活动。“中”有内心的意思，“自考”就是自己内心中的考察反省。注重内心的考察反省才能返回正道。“敦复”是内心敦厚，返回正道。临卦的上六爻辞“敦临”，象辞说它是“志在内也”。“内”在象上指内卦，在义上同时也指内心。这一爻象辞说“中以自考”，“中”在象上指上卦中位，义上同时也指内心。两爻可以相互证发。当然在这一爻的“中”，主要还是指能适中公正地评价自己。象辞这种一语多关的现象极多，不能死读。总之，爻辞的意思是说，心存敦厚地返回正道，不会有忧悔。

上六：迷复，凶。有灾眚。用行师，终有大败，以其国君凶。至于十年，不克征。

【译文】

迷迷糊糊地返回，重新开始，凶。有灾难怪异。出兵打仗，最终要大败，凶要应在国君身上。在十年之内，征伐不能取胜。

象曰：迷复之凶，反君道也。

【译文】

迷迷糊糊地返回、重新开始的凶祸，是因为与为君之道背道而驰。

【精解导读】

这一爻的爻辞比较长，内容也多，要注意作者是从爻的运动中取象。不能把象看死。“迷”取象于上卦坤，坤卦卦辞“先迷后得主”可证，上六在上卦坤里，故为“迷复”。从取义上讲，“迷复”比“频复”更糟，“频复”屡错屡改，还知道错在哪里，应当怎样改。“迷复”是迷迷糊糊既不知错在哪里，也不知道怎样改，糊里糊涂地返回去重新开始，所以“凶”。上卦坤又为众，上六在全卦之终，又处在复卦，复是要返下复生，而复卦是刚爻返下复生，上六是柔爻，糊里糊涂地返回到初位，全卦会变成师。即：复䷗上六向初位运动为䷆师，这是以众行师。上六返到初位，下卦成坎（䷆>坎），坎为灾眚，故言“有灾眚”。灾与眚混言不别，区分开了讲，灾是外部来的，或是有怪异而又伤害及人；眚是内部来的，或有怪异而未伤害及人。总之都是灾难。上六这一爻是两者俱全。坎又为血卦，以众行师进入血卦，故言“用行师，终有大败”。下卦本来是震（䷗>震），震为诸侯、为君，上六返初，下卦由震变坎，震君变坎灾，故言“以其国君凶”。“十年”来源于上卦坤。从数理上讲，一二三四五是生数，六七八九十是成数；阳是顺数，阴是逆数；在成数里，阴数的顺序是十、八、六，阳数的顺序是七、九。所以凡言阳数多取七，如“七日来复”等，凡言阴数多取十，如“十年乃字”（屯卦）等。上六在上卦坤里，坤为阴，取阴数，故为“十年”。上六在全卦穷极之位，不宜征行，动则有灾，所以“不克征”。象辞说“迷复之凶，反君道也”，指的是刚爻为君，柔爻为民，复卦是刚爻返下复生，而上六是柔爻也来返下复生，与刚爻不合，违背了复卦之道。上六是全卦最凶的一爻，国君身当其难，十年之内不能起运。打仗会惨败，不打仗也免不了天灾人祸。

【提示】

这一卦的“至日”指的是冬至那一天。朱熹《本义》引邵雍的诗说：“冬至子之半，天心无改移。一阳初动处，万物未生时。玄酒味方淡，大音声正希。此言如不信，更请问包牺。”包牺就是指伏羲创制的八卦，实际就是《周易》的复卦。冬至前的七天就是“七日来复”。因为是阳气复苏，故取阳数七。关于“七日来复”的讲法，前人大致有四种，综述如下：

①隔七卦说。此说创自京房，虞翻、陆绩沿用。虞翻说是：“乾成坤，反出于震而来复。阳为道，故复其道。刚为昼日，消乾六爻为六日，刚来反动，故七日来复，天行也。”他的意思是说：乾卦六个刚爻，一爻一爻地消退，一直消退完，变成坤卦，然后刚爻又从坤卦下边生出来，使坤的下卦成震，就变为复卦。即：乾䷀初九消退成姤䷫，九二继退成遁䷠，九三继退成否䷋，九四再退成观䷓，九五再退成剥䷖，上九退尽成坤䷁，从坤的初位生出一个刚爻成复䷗>下震。因历七卦而说七日，这就是“七日来复”。

②隔七月说。侯果说：“五月天行至午，阳复而阴升也；十一月天行至子，阴复而阳升也。天地运往，阴阳生复，凡历七月，故曰‘七日来复’。此天之运行也。《豳诗》曰：‘一之日觱发，二之日栗烈。’‘一之日’，周之正月也；‘二之日’，周之二月也。则古人呼月为日明矣。”他的意思是说：阴历五月，天（斗柄）运行到十二地支的午位（正南方），阳气满盈，开始消退，阴气开始上长。到十一月，天运行到子位（正北），反过来是阴气满盈，开始消退，阳气开始上长。这种天地阴阳的运行过七个月就交换一次，所以是“七日来复”。为什么不说七月而说七日呢？因为

"日"就是指月。《诗经·豳风》里说的"一之日"实际就是周历的正月，"二之日"就是周历的二月，所以月可以称日。侯果除引证《诗经》说明七日就是七月，基本上遵用虞翻的七卦说。但他把十二消息卦与十二月配起来，就不得不换日言月。还有人继续申发此说。如《正义》引："诸氏、庄氏并云，五月一阴生，到十一月一阳生，凡七月而言'七日'。不云月者，欲见阳长欲速，故变月言日。"这是为"换月言日"找证据，认为阳气的生长作者盼望它能快一点，故本来是七月，却说是七日。

③分卦值日说。此说在卦变中实际是隔一卦说。易纬《乾凿度》（汉哀、平间书）、郑玄、王弼、李鼎柞都这样主张。郑玄说："建戌之月，以阳气既尽；建亥之月，纯阴用事；至建子之月，阳气始生。隔此纯阴一卦，卦主六日七分，举其成数言之，而云'七日来复'。"（见《正义》引）意思是说：阴历九月斗建戌，配的是十二消息卦的剥卦；到十月斗建亥，配的是十二消息卦的坤卦。坤卦是纯阴值令。到十一月斗建子，才配的是十二消息卦的复卦。复卦阳气才开始生出。可见从剥卦到复卦，中间隔着一个纯阴的坤卦。按卦气图的说法，一卦执令 $6\frac{7}{80}$日，要举整数就是七日，这就是"七日来复"。卦气图是《易纬》的讲法，认为六十四卦与一周年的 $365\frac{1}{4}$日相配，其中坎离震兑四正卦，每卦六爻，共二十四爻，每爻主二十四节气中的一

个节气，不配在具体日上。余下的六十卦，每卦可分主 $6\frac{7}{80}$日［$365\frac{1}{4}$日 $\div 60 = \frac{365.25}{60} = 6\frac{527}{6000}$（用 75 约分）$= 6\frac{7}{80}$］。从剥到复中间只隔着一个坤卦，所以是隔着 $6\frac{7}{80}$日，说整数就是七日。

④隔七爻说。毛奇龄认为隔一卦是对的，但从剥至复中间隔一卦，要是算头不算尾是七爻，每爻主一日就是七日。他说："从剥至复，则历剥上爻、坤六爻，合为七日。"

以上四说各有所长。从《周易》的卦象看，"七日来复"是就爻的推移讲的，毛奇龄的讲法比较符合原意，指的是剥上九到复初九，七个位次的变化。从"天行也"分析，七日指的是冬至前七天从无阳到一阳复苏的七天孕育时期。其他讲法说明天象有其长处，说明卦象理由不足，也有情理不通之处。比如隔七月说，阴阳的运行实际上是过六个月（半年）交替一次，即使可以换月言日，也只能是"六日来复"。分卦值日说即使是《周易》在历法上的原理之一，$6\frac{7}{80}$日举整数也应当是六日，不应当把 $6\frac{7}{80}$这点不足$\frac{1}{10}$的尾数进上去，况且古人举整数都是说一年 360 天，那就连尾数也没有了。所以我们只取其合理部分。

二十五 无妄——无妄之灾

䷘

无妄的卦画组合为震（☳）下乾（☰）上，传统称作天雷无妄。《序卦》云：“复则不妄矣，故受之以无妄。”意为：返回正道重新开始就不胡来了，所以在表示返回正道重新开始的复卦之后，接着是无妄卦。《杂卦》云：“大畜，时也；无妄，灾也。”意为：大畜卦是时运，无妄卦是时运中的灾难。“妄”是虚妄，《说文》云：“妄，乱也。”通俗点讲就是胡来。“无妄”就是不虚妄、不胡来。不胡来不应当有灾害，胡来才会有灾害，这是理所当然。然而人在社会中生活，并不是遇到的全都合理。有时候自己遵道顺理，一点也没有胡来，也会遇到倒霉的事，这种不幸《周易》解释为是时运造成的，故出现不该有而有的灾。所以《杂卦》讲：“大畜，时也；无妄，灾也。”是自己的时运不好，无缘无故碰到灾害。《杂卦》把“时”与“灾”对举，意思前后证发，不能割断这种联系。大畜是时运好，无妄是时运不好，意思相对，所以才对比起来说。不能简单地把

“无妄，灾也”理解成无妄是灾害的意思，应是不虚妄而遇到的灾。从基本意思上说，无妄卦的得名取的是不虚妄、不胡来的意思。这就把《序卦》《杂卦》的讲法融通在一起了。成语中的“无妄之灾”就本之于《周易》此卦，意思是不虞之灾，或无缘无故的灾，成语的形成有它的根源。古人对“灾眚”的理解，分开讲有区别。朱震《汉上易传》在复卦里说：“灾自外至，眚己招也。”意思是说：灾眚虽然都是灾害，但灾是指自己没有责任，从外边来的天灾人祸；眚是自己犯了错误导致的灾害，自己招来的，个人有责任。“灾”人们都同情，“眚”人们不同情。所以“灾”本来就有无妄的意思。要之，无妄就是不虚妄。

彖辞说“刚自外来而为主于内”，按彖辞的说法，无妄卦是从遁卦变来，是遁卦的上九从外卦来到内卦的初位成为内卦之主。即：遁䷠上九从上返下，变䷘无妄，遁的上九变成无妄的初九，初九是全卦的主爻，分析卦爻辞应当注意初九的作用。另外无妄与下一卦大畜组成一对正覆卦，即：无妄䷘全卦上下倒置，为䷙大畜，故两卦比次排列。

无妄，元亨利贞，其匪正有眚。不利有攸往。

【译文】

无妄卦，大亨通利于正固，如果不正会有灾眚。不宜于有所行动而前往。

象曰：无妄，刚自外来而为主于内。动而健，刚中而应，大亨以正，天之命也。其匪正有眚，不利有攸往，无妄之往，何之矣？天命不佑，行矣哉！

【译文】

无妄卦，刚健从外部来到内部而成为主心骨。行动强健，内中刚健而有应援，大通顺而且中正，这是天命。如果不正会有灾眚，不宜于有所行动而前往，不要妄想前往，想到哪里去？上天不保佑，能行得通吗！

象曰：天下雷行，物与无妄。先王以茂对时，育万物。

【译文】

雷在天下运行，万物都不敢有丝毫妄想。先王从中得到启示，勉力配合天时，养育万物。

【精解导读】

卦、彖、象辞联系起来看，“元亨利贞”在彖辞中换言为“大亨以正”，是说无妄卦所以会大亨通是因为“正”。无妄卦“正”在哪里？象辞作了说明，是“天下雷行，物与无妄”。“与”是一起、共同的意思。雷在古人的心目中是威严和法律的象征，天下震雷施威，一切邪曲都会逃遁隐藏，任何东西都不敢胡来，虚妄不起，所以万物一起都不敢虚妄。“正”取象于“天下雷行”。“其匪正有眚”中，“其”是语气词，“匪”同“非”，“眚”是自招之灾。这句意思是说：震雷施威，是上天不容邪曲，如果有人敢不管天时，行为不正，那就是自找灾难。“不利有攸往”，是说不利于前往有所行动。从象上讲，天打雷劈的时候，最好是不要出门，要避一避风头，这是很自然的道理。如果把雷看成是法律的象征，如法律正在严厉打击的时候，法严网密，动辄得咎，最好还是不要有什么妄想。卦辞主要是从下震上乾、天下雷行中取象。

彖辞从五个方面解释无妄卦辞。（一）从卦变上说明“元亨利贞”。“无妄，刚自外来而为主于内”，指无妄卦是从遁卦变来，是遁卦的刚爻上九从外卦来到初位成为内卦之主。从卦的来源上看，无妄卦具有“刚来主内”的优势。爻从上向下推移称“来”，从下向上推移称“往”，因为下面是内卦，上面是外卦，从内到外是往，从外到内是来。无妄既然是“刚来主内”，就如一个人本来内心柔弱、外表刚强，现在变得内心刚健，有了主心骨。再如一个国家，由外强中干变得内部强健，能主持内政，都为“大亨以正”提供了条件，所以“元亨利贞”。（二）从上下卦特性的组合上说明“元亨利贞”。“动而健”指无妄卦由下卦震和上卦乾重叠而成，乾卦的特性是刚健，震卦的特性是行动，组合在一起是行动刚健。行动刚健，难以阻挡，这又是“元亨利贞”的另一个条件，所以卦辞才说“元亨利贞”。（三）从中位上下应爻上说明“元亨利贞”。“刚中而应”指上卦中位的九五是个刚爻，下卦中位的六二是个柔爻，两爻在相应的位置上，正好一阳一阴，处在尊位的九五刚健能守中道，在下的六二柔顺地来应援，所以“元亨利贞”，“贞”就是正。“正”还因为有九五刚爻处刚位、六二柔爻处柔位，上下位正的原因。（四）从卦象上解释“元亨利贞”。“大亨以正，天之命也”，指无妄从遁卦变来，遁卦是个放大了的巽卦（遁䷠>☴巽），巽为命令，推移中的上九原在上卦乾里（上九→䷠>乾），来到无妄的初位，如同把上天的使命带来。从取义上说，是带着天命而来，替天行道，所以“元亨利贞”。“大亨以正”兼有解说“元亨利贞”词义的作用。“元亨”就是大亨，“贞”就是正。“以”是因为，因为正才大亨，也就是正了才能通，换言之就是宜于正，“利”是宜于、应当的意思。（五）解释卦辞“其匪正有眚，不利有攸往”。“其匪正有眚，不利有攸往，无妄之往，何之矣？天命不佑，行矣哉”意为：如果不正会自招其灾，不利于有所行动而前往，是因为天下正处在不可虚妄之时，万物都得规规矩矩、老老实实，你能到哪里去？上天意在惩治邪恶，不会保佑你现在活动，你能行得通吗？总之是说无妄这一卦要躲在家里避风头，原来设计的活动计划要暂时取消。

象辞对彖辞的思想又从卦象组合作了进一步说明。“天下雷行，物与无妄”，指的是无妄卦由上卦乾和下卦震组合而成，乾的基本卦象是天，震的基本卦象是雷，组合在一起是震雷在天下施威，这就是无妄卦。“物与无妄”这一句对揭示卦的主题很关键。按象辞的通例，一般是说成“天下雷行，无妄”，而这里破例加了两个字“物与”。这是《周易》里绝无仅有的现象，说明象辞作者特别强调的是无妄卦的时势。“物与无妄”是万物都一同不能虚妄，谁也不能胡来，概无例外。任何人都得规规矩矩、老老实实。这就是无妄卦的时势。在这样的时势下人该怎么去行动？先王从中得到启示，要“以茂对时，育万物”。“茂”与“勉”一声之转，意为勉力、努力，不是茂盛的意思。“对”是配合。“以茂对时”是说要努力配合这种不得虚妄的天时。也就是说，先王看到无妄之时万物不敢动的另一面，积极补救“育万物”。“育万物”是养育万物。因为万物都不敢动了，噤若寒蝉，那就得靠替天行道的人来养育。从象辞里可以看出这样的思想：法治里有辩证法，要一张一弛。国家严治了一段，去掉了社会上的不少弊病，但同时也带来了一些后遗症。没有法治不行，仅靠法治也并不是最好的办法。人总是得活动起来，人的活动妄与无妄，世俗是以法为准绳的。正确与否往往在毫厘之间，动很可能碰到点上，被当成典型。法治太严往往会局限人们的活动。无妄之时都不敢动，国家就难以繁荣。财富创造不出来，只好等国家来救济。象辞从“恩威并用”这个意思上把卦象与人的道德联系了起来。

初九：无妄，往吉。

【译文】

没有妄念，前往吉利。

象曰：无妄之往，得志也。

【译文】

没有妄念而前往，是因为这是自己的心愿。

【精解导读】

卦辞是“不利有攸往”，而初九爻辞是“往吉”，这种现象是因为卦辞从全卦取象，爻辞从所在局部取象，这种命辞不止一处，要据情分析。初九的“无妄”是因为身在无妄卦中，“往吉”是因为在下卦震里（初九→☳>震），震为动、为足，能够前往。初九是全卦的主爻，正是它的从上返下，卦才成为无妄，初九的运动不虚妄，所以吉。象辞说：“无妄之往，得志也。”初九是彖辞讲的“刚自外来而为主于内”，它自己愿意来，故为“得志”。有这样的心愿，又实现了这样的心愿，这就是“得志”。象辞讲的“得志”，有很大一部分指的是变动来往的那一爻。如贲卦的“上得志”，指“分刚上而文柔”的上九；损卦的“大得志”，指“损下而益上”的上九，等等。这一卦的初九与此同例。应当注意区别的是彖辞说的“无妄之往”，这里是对爻辞“无妄，往吉”的引用，与彖辞“无妄之往，何之矣”不同。

彖辞指的是无妄之时的“往”，是不该往；这里“无妄，往吉”的“往”，是该往。词面相同，意思各别，要具体分析，不可混为一谈。这一爻是说不胡来，可以行动，吉利。

六二：不耕获，不菑畬，则利有攸往。

【译文】

不耕种而有收获，不开荒而有熟田，那么前往有利。

象曰：不耕获，未富也。

【译文】

不耕种而有收获，是因为还不富裕。

【精解导读】

《经典释文》引马融说：菑，“田一岁也”；畬，“田三岁也”。意思是说：菑是当年开垦的生荒地，畬是开出三年的熟田。从象上说，二位是田位，乾卦九二爻辞“见龙在田”有示例。六二这一爻原是遁卦的初六，是上九由上返下来到初位，把它推到了无妄卦的二位（遁上九初六䷠），上九下来占据初位，初六上移，变无妄䷘←六二），六二是得到现成田地，故言“不耕获，不菑畲”。六二的推移是坐享其成，所以“则利有攸往”。象辞说“不耕获，未富也”，坤为不富，富指的是巽卦，巽为近利市三倍，为富。六二还差一位，到了六三就进入了互巽（六三→䷘>互巽），故说“未富也”。从取义上讲，是说六二坐享其成没有凶灾，因为它还比较穷，得点不劳而获的财富还能说得过去。总之，这一爻是既能坐享其成，又能前往有利。

六三：无妄之灾。或系之牛，行人之得，邑人之灾。

【译文】

无缘无故的灾难。有人拴了一头牛，被过路人牵走了，村里人遭了灾。

象曰：行人得牛，邑人灾也。

【译文】

过路人把牛牵走了，村里人遭了灾。

【精解导读】

无妄之灾是意外的、无缘无故的灾难。“或”是不定指代词，意为有的人。爻辞很形象地举了一个例子，说是有人在村子的路边上拴了一头牛，被一个过路人偷着牵走了。牛主找不到牛，指控是村里人偷的。村里人谁也没偷（无妄），却受到这种不清不白的冤枉，这是没胡来而得灾，莫名其妙的意外之灾。从取象上讲，六三在下卦震里（六三→䷘>震），又在互巽（六三→䷘>互巽）、互艮（六三→䷘>互艮）里，震为行人，巽为绳，艮为手，是行人手牵着绳子走了。绳子后拉的是什么，要看下卦震的变化，震是在坤卦（☷）下面来了一个刚爻（震☳）。坤为牛、为国邑，震出现后坤象不见，故是牛被牵走，邑人受灾，行人占了便宜。因为初九正是彖辞讲的“刚自外来而为主于内”的那一爻，也正是补在坤下的刚爻，故从卦变中取象。

九四：可贞，无咎。

【译文】

可保持正固，没有咎害。

象曰：可贞无咎，固有之也。

【译文】

可保持正固没有咎害，是要它保持自身的正固。

【精解导读】

无妄从遁卦变来，爻的变化是遁的上九来到下卦初位，全卦成为无妄。如果从遁卦分析这种变化，哪一爻更应当来到初位，当然是九四，因为只有九四才是初位的应爻（遁九四 初六 ䷠初六与九四在阴阳正应的位置上）。既然相应就应当向初位运动，然而在实际的变化中，是上九来到初位，九四却固守不动，因为无妄这一卦是“不利有攸往”，九四不动没有咎害，所以爻辞说“可贞，无咎”。象辞说“可贞无咎，固有之也”。首先象辞是有意反把爻辞的“贞”讲成固，固就是固守不动。同时也说明九四没有运动，本来就是它在卦变中存在的现象。这一爻可以保持不动，没有咎害。

九五：无妄之疾，勿药有喜。

【译文】

无缘无故的疾病，不必吃药，会有喜庆。

象曰：无妄之药，不可试也。

【译文】

治无缘无故疾病的药，不可试服。

【精解导读】

九五正是象辞讲的“刚中而应”的一爻，处全卦尊位，贵为天子，下有六二阴阳正应，故有喜庆。但无妄全卦由遁变来，初九是“刚自外来而为主于内”，应爻六二为初九所主，又在下卦震里，震为决躁，故为疾。九五与六二之间又横亘着一个艮卦（九五→ 六二→  >艮），艮为止，尚有障碍。然而是处在无妄卦里，疾是无妄之疾，阻是无妄之阻，故“勿药有喜”。象辞说“无妄之药，不可试也”。这是从情理上加以推论，意为治这种无缘无故而生病的药，病还不能确诊，怎么可能对症下药，服了会造成后患，不可以试服。这一爻有无妄之疾，但并不坏，病可自愈，还有喜庆。

上九：无妄，行有眚，无攸利。

【译文】

没有妄念，行动会自招灾难，无所利。

象曰：无妄之行，穷之灾也。

【译文】

没有妄念却遭了灾，是穷途末路的灾。

【精解导读】

“穷”是穷尽。上九居于全卦的最上位，到了极端，爻位如此，无路可走，尤其是在不能虚妄的时候，更不能动，所以是“行有眚，无攸利”。象辞说“无妄之行，穷之灾也”。明确指出上九穷途末路的处境，所以行动必然会自招灾殃。但这一爻只是说明不宜出行妄动，并不一定就有灾，强要出去活动才有灾。

【提示】

有了前面二十五卦的感性认识，这里可以讲一下卦变的问题。卦变与变卦不同，从范围上讲，卦变是组织六十四卦成为体系的原理用语，而变卦是占筮用语，不能混为一事。关于卦变的争议极为纷纭，大体上可分为两种，一种是承认卦变的存在，一种是不承认卦变的存在。如果认为彖辞具有权威性，不承认卦变就完全成为一种站不住脚的理论。从前面二十五卦的彖辞中，我们摘录一些明显的实证看一下：“乾道变化”（乾）、“刚柔始交”（屯）、“刚来而得中”（讼）、“柔得位而上下应之”（小畜）、“柔履刚也”（履）、“小往大来”（泰）、“大往小来”（否）、“柔得位得中而应乎乾”（同人）、“柔得尊位”（大有）、“天道下济而光明，地道卑而上行”（谦）、“刚应而志行”（豫）、“刚来而下柔”（随）、“刚上而柔下”（蛊）、“刚来浸而长”（临）、“刚柔分”“柔得中而上行”（噬嗑）、“柔来而文刚”“分刚上而文柔”（贲）、“柔变刚也”“小人长也”（剥）、“刚反”“刚长也”（复）、“刚自外来而为主于内”（无妄），等等。几乎每一卦都交代刚柔爻位置的推移，也就是卦变的方式。不必引证《系辞传》等其他材料，已可看出不承认卦变是一种不符合实际的做法，不讲卦变也不符合《彖传》的本旨，只能在黑暗中摸索。然而在承认卦变的诸家中，对于卦怎样变，说法也极不一致。大致有二：一种说法认为是从三爻卦中变来，一种说法认为是从十二消息卦中变来。传统的讲法都认为是以十二消息卦为基础，刚柔爻上下往来推移。虞翻、荀爽等尽管在说明每一卦时讲法互有参差，但大的框架比较一致。这种传统的讲法，与彖辞中不时提到的刚柔爻有上下往来的证据相合。主张从三爻卦变来，理由最充分的是宋人苏东坡，他抛弃了传统的讲法，依据乾坤生六子的原理，激烈反对从十二消息卦变来的说法。他在《东坡易传》里讲贲卦时说：“易有刚柔往来、上下相易之说，而其最著者，贲之彖也。故学者沿是争推其所从变，曰‘泰变为贲’。此大惑也。一卦之变为六十三，岂独为贲也哉？学者徒知泰之为贲，又乌知贲之不为泰乎？凡《周易》之所谓刚柔相易者，皆本诸乾、坤也。乾施一阳于坤，以化其一阴而生三子，皆一阳而二阴。凡三子之卦有言刚来者，明此本坤也，而乾来化之。坤施一阴于乾，以化其一阳而生三女，皆一阴而二阳。凡三女之卦有言柔来者，明此本乾也，而坤来化之。故凡言此者，皆三子三女相值之卦也。非是卦也，则无是言也。”苏氏的话不无道理，但用来解释卦变就窒碍难通了。卦都从三爻的乾、坤变来，用来解释“往来”已勉强难通，又怎么去解释“上下”？不在六爻卦中往来，必然就得从六爻卦外往来，卦外往来还谈什么上下？况且这样讲卦变也无法说明卦爻辞的来源，仅为卦变争议，毫无意义。再说苏氏认为“凡言此者，皆三子三女相值之卦也”。而无妄卦却是下震上乾，震为长男，乾为父，又何尝是“子女相值之卦”？彖辞依然还是说“刚自外来而为主于内”，又何尝“无是言”？要而言之，乾坤生六子是两卦生八卦、八卦生六十四卦的产生序，而消息卦变六十四卦则是变化序，同样不能混为一事。《周易》本身存在着这两个序列也只能按这样去讲。至于各卦怎样变化，彖辞有说明，可参见各卦的讲解。并不是谁认为如何如何的问题，而是有迹可循。

二十六　大畜——富甲天下

䷙

大畜的卦画组合为乾（☰）下艮（☶）上，传统称作山天大畜。《序卦》云：“有无妄然后可畜，故受之以大畜。”意为：能够不虚妄，然后就可以有积蓄，故在无妄之后接着是大畜卦。《杂卦》说：“大畜，时也。”意为：大有积蓄，是时运好。在上一卦里已经讲过，《杂卦》是把“大畜”与“无妄”连在一起对比说的，无妄是灾，时运不好；大畜是福，时运好。《周易》里讲时运。“畜”与“蓄”是古今字，大畜的基本意思是大有积蓄。程传讲畜有“畜聚、蕴畜、畜止”三意，甚至还有畜养的意思，都是在大有积蓄这个意思上的引申扩展。关于谁畜谁的问题，可以与小畜卦对比起来看。小畜卦是五个刚爻中夹了一个柔爻（小畜䷈），大畜卦是四个刚爻中夹了两个柔爻（大畜䷙），既然分出大小多少，刚爻为大，柔爻为小，是刚爻畜柔爻，柔爻论多少。从象上应当这样看。但卦内有时也会出现畜刚爻的意思，那是在卦名意思上的推展，一进入大畜卦，刚爻也要畜，柔爻也要畜。正如一进入谦卦，各爻都要谦。前人为此争议纷纭，往往是因为象与理分不开，执定义理生硬地往出推，越推越乱。

彖辞说“刚上”，按彖辞的提示，蜀才说“此本大壮卦”，虞翻说“大壮初之上”，都认为大畜是从大壮卦变来。变的程序是大壮的初九升到全卦的上位。即：大壮初九—䷡初九向最上位推移，变䷙大畜。从卦变的体例讲，大畜与上一卦无妄是一组正覆卦，即大畜䷙整卦上下倒置，为䷘无妄，两卦比邻相次。无妄从遁卦变来，大畜就是从遁的覆卦大壮变来。这也是《周易》内部的组织规律。

大畜，利贞。不家食，吉。利涉大川。

【译文】

大畜卦，正固有利。不吃家里的饭，吉祥。利于涉过大川险阻。

彖曰：大畜，刚健笃实，辉光日新，其德刚上而尚贤。能止健，大正也。不家食吉，养贤也。利涉大川，应乎天也。

【译文】

大畜卦，刚健厚实，日日放射新的光辉，有崇尚刚健贤能的道德。能留止刚健，这是大正。不吃家里的饭，是指养育贤才。利于涉过大川险阻，是顺应天道。

象曰：天在山中，大畜。君子以多识前言往行，以畜其德。

【译文】

天在山中就是大畜卦。君子从中受到启示，要多学习前人的佳言善行，蓄积自己的道德。

【精解导读】

卦辞说“大畜，利贞”。“贞”是正固不动。停蓄不流才能积聚，比如水流到一处停下来，才能聚为湖泽池沼，流过去不停下来就不可能停蓄。卦为大畜，当然利于正固不动。从取义上讲，大畜卦不宜外出活动，止而不动有利。“不家食，吉”，象上指的是上九。卦从大壮变来，大壮的刚爻初九从最下位升进到最上位，刚爻代表贤者。依据象辞的讲法，上九的变化表示的是“尚贤”，也就是贤能的人受到崇尚，国家给了他很高的名誉地位，受到礼遇优待，用不着吃自己家里的饭，由国家养起来。这是显贵之象，所以吉祥。“利涉大川”指卦从大壮变来，大壮是四个刚爻以雄壮之势刚健上进，锐不可当，上面的两个柔爻，势弱无力抗拒（大壮䷡），变而成为大畜。最下位的刚爻升上高位（大壮初九䷡变䷙大畜），全卦呈现出对勇往直前极为有利的形势，故可突破大川险阻。总之，卦辞的意思是说：大畜卦不动有利。有显贵之象，吉祥。如有艰难险阻，也是突破的好时机。

彖辞从六个方面解释大畜卦。（一）从上下卦象的组合上说明大畜卦的优势。“大畜，刚健笃实”，象上指的是大畜卦是由下卦乾与上卦艮组合而成，乾为天，艮为山，天行刚健，大山厚实，合在一起是既刚健又厚实。“笃实”就是厚实，具有如此优势，就会无坚不摧，雄壮勇锐。（二）从刚爻的运动上说明卦的优势。“辉光日新”，象上指的是刚爻为昼日，柔爻为黑夜（《系辞·上》“刚柔者，昼夜之象也”）。大壮卦是刚爻大壮，壮则易老，然而刚爻的运动方向，并没有向夬（䷪）、乾（䷀）卦这种刚老的趋势上发展，而是变为大畜，既保持了壮盛，又有新的发展。因为刚爻是昼日，故言“辉光日新”。从取义上说，“辉光日新”，意为每天都要不断进取，新陈代谢，日新月异，让道德的光辉得到更新，在不断更新中得到大畜。从这句话里可以看出很多问题。首先可以看出彖辞作者很了解辩证法，在蓄聚的问题上，既要停止，又要前进。不停止就不可能蓄聚，停止不进又会成为死聚，比如流水积为湖泊，当然要停蓄才行，但一味停蓄而无流动，只能是一潭死水，很快就会变臭。所以要在止与流的矛盾运动中去大畜，既要聚为大畜，又要流水不腐。卦辞何尝不是这样认为，既

“利贞”，又“利涉大川”，其中也包含着动与止的辩证法。另外还可以看出，《周易》的理并不是循环论。《周易》确实讲周而复始，天道循环，但这种循环是“日新又日新”的曲线上升，正如现代哲学上讲的，是螺旋式上升。四时不停循环，但今年不同于去年；日出日落不停循环，但今天也不同于昨天，太阳每天都是新的。循环的形式没有变，内容却不尽相同。而且这种运动没有止境，也不能停下来，有运动，有更新，才能持续保持生命和活力，永放光辉。太阳一停止运转，不日日更新，就会熄灭。今天的阳光与昨天的阳光不一样，它前进了一天。不仅是天道如此，万事万物无不如此，所以才讲“辉光日新”。把这个原理用在人的道德修养上，也要“辉光日新”。如果认为自己达到了至善，不再前进，同样会失去光辉。古人讲“至善”，主要是把它当成一个修养的目标，让人不断地向至善靠近，也是不让人停止不前。当然也会评价某个人至善，那是指他在有生之年达到了最高境界。如果再活下去，还得“辉光日新”。（三）从卦变上说明大畜卦。“其德刚上而尚贤”，象上指的是大壮变为大畜，是刚爻从下位升进到上位，这就是“刚上”。卦象的这种变化表现出一种“尚贤”的意义。所以大畜卦具有“尚贤”的品德，这个“德”是卦德。“尚贤”是礼贤下士，尊重人才，加以任用，同时含有解释卦辞“不家食”的内容。以上三点都是侧重分析大畜卦的卦德。（四）从上下卦特性的组合上说明卦辞“利贞”。“能止健，大正也”，象上指大畜卦的组合是下乾上艮，乾的特性是刚健，艮的特性是阻止，能把刚健止住，说明具有巨大的力量，什么都可以阻止，因此全卦正固有利。同时也说明，这种巨大的力量来源于卦本身的正固，正了才稳，稳了才固。既能“止健”，说明相当正固，所以说“大正也”。“大”是副词，相当于“很”。（五）从取义上说明卦辞“不家食吉”。“不家食吉，养贤也”，意思是：“不家食”指的是贤人，贤人被国家养起来了，不用吃家里的饭，这是国家尊重人才，养育、崇尚贤能，所以吉祥。这一句与前面提到的“尚贤”意思上相互证发，象上显然是指上九爻位的推移。（六）从尊位的六五有应上说明卦辞“利涉大川”。“利涉大川，应乎天也”，象上指尊位的六五与下卦的九二阴阳正应，九二在下卦乾里，乾象为天，六五能应九二，如同是顺应天道。顺应天道自然会无可阻挡，所以有利于涉过大川险阻。这是彖辞为“利涉大川”提出的另一条卦象上的理由。

象辞在说明大畜的卦象组合时，强调了大畜卦名的意思。“天在山中，大畜”，指下卦乾为天象，上卦艮为山象，天当然比山要大得多，而卦象显示的却是把天装在山里边了，可见山也太能包容了，所以卦名叫“大畜”。大畜是极大地蓄藏。“君子以多识前言往行，以畜其德”，是说君子从这个卦象中要学习具有巨大包容量的长处，把它推演到道德修养上，就是要把前人有益的东西尽量多地包容下来，使自己的道德得到积聚和蓄养。“识”是记住。“前言往行”指前人的佳言善行，畜是积聚蓄养。君子靠什么来积聚蓄养道德？主要是学习前人积累的经验和智慧，学得越多，道德蓄聚得也就越深厚。象辞认为这一卦的主题是要向前人学习。再加上彖辞讲的尊重人才，这一卦的基本思想就抓住了。

初九：有厉，利已。

【译文】

有危厉，宜于停止不动。

象曰：有厉利已，不犯灾也。

【译文】

有危厉宜于停止不动，不要去招惹灾祸。

【精解导读】

这一卦各爻的取象大多都与大畜卦的大局联系得比较紧密。全卦是蓄止积聚，“利贞”，各爻有止而不动之象就有利，这是一个大势。在这个大势下，对各爻要做具体分析。初九在下卦乾里，乾为刚健，刚健就容易勇往直前，而且初九还有六四正应，很容易上进。但势处最下，又在蓄止卦里，不宜勇进。故爻辞说“有厉，利已”。“已”用如“学不可以已”的“已”，指的是停止。初九这一爻的潜在危险就在于勇进，如能止而不动就会有利。象辞说“有厉利已，不犯灾也”。“犯”是干犯、冒犯，如果勇进不止就是犯灾。也是讲，不能仅从个人主观条件出发，而不顾大局的客观条件如何，轻易冒进，不通时务，那就等于是自找灾祸。这一爻是告诉人们，初九有潜在危险，如谨慎处之不妄动，还是有利的。

九二：舆说輹。

【译文】

车厢从车轴上脱下来。

象曰：舆说輹，中无尤也。

【译文】

车厢从车轴上脱下来，合乎中道而没有过失。

【精解导读】

“舆”是车厢。“说”用同“脱”。“輹”是车上的伏兔，也称作车钩心，是大车上把车厢与车轴连在一起的零件。农村的大车上现在还有，是车厢底下卡轴的槽。“舆说輹”

是车厢从连着车轮的轴上脱下来。这与“舆说辐”不同。“舆说辐”是车坏了，“舆说輹”只不过是把车厢卸下来，輹本来就是装卸车厢的零件，车不走了就可以脱輹，并不一定是车子坏了。所以爻辞的意思是说车停住不走，把车厢卸了下来，短期内也不准备出车。从象上讲，宋人如郑刚中等认为虞翻的取象不当，应取震为车，在《左传》《国语》里都有以震为车的先例。其实据《周易》的内证考核，应当是震为輹。大壮卦九四爻辞“壮于大车之輹（大壮九四→䷡>震），也以震为輹，輹作为车的零件也可表示车。震卦（☳）形似车厢，下面的刚爻是车厢底下的横木，正是车輹所在的部位，极为直观。九二在互震之下（九二→䷙>互震），与互震摘离，故言“舆说輹”。象辞说“舆说輹，中无尤也”，“中”指九二在下卦中位。“尤”是怨尤，这里指过失。行为适中，无过无不及，符合大畜卦的停蓄之道，故没有过失。这一爻是自己停住不走，无尤无害，并不坏。

九三：良马逐，利艰贞，日闲舆卫，利有攸往。

【译文】

良马驰逐，宜于艰难正固。每日练习驾车护卫，有利于前往。

象曰：利有攸往，上合志也。

【译文】

有利于前往，是因为前往合乎上愿。

【精解导读】

“日闲舆卫”中，“日”《正义》本作“曰”。汉人郑玄、虞翻本都作“日”。《经典释文》说“郑，人实反”，“云日习车徒”，虞翻说“离为日”，都在王弼之前，王弼改“日”为“曰”，可能是形近而讹。从句子结构上讲，日是时间状语，意为每天、日日。“闲”用如“娴”，意为娴熟，这里是练习娴熟的意思，作谓语。“舆卫”是宾语。“舆”是车，这里是驾车，“卫”是护卫。全句是天天练习驾车和护卫的意思。改成“曰”句子不顺，只好说“曰”是语辞。古代驾车是一门很重要的技艺。孔子讲六艺，有“礼、乐、射、御、书、数”。御就是指驾车。护卫战车也是一门重要技艺。《考工记》说周人尚舆车，守护战车的有六等之数，“戈也，人也，殳也，戟也，矛也，轸也”，是执不同兵器保护战车的卫士。《左传》成公二年记载齐晋鞍之战，郑丘缓给郤克做车右，自己说“自始合，苟有险，余必下推车”。逢丑父给齐侯做车右，因为负了伤，战败撤退时不能下去护卫车，于是“不能推车而及”，齐侯差一点做了俘虏。车右就是车卫，打起仗来，要保证战车的驰逐不受影响。车轮子掉了，还要端起车轴跑步让车前进。戈、殳、戟、矛都是长兵器，也要使用娴熟，才能保护车子不让敌人靠近。所以车御和车卫都要练习得技艺娴熟才能驾战车。“日闲舆卫”是战车上的两个重要人物车御和车卫，天天练习技艺。从象上看，乾为良马，震为行，故曰“良马逐”。震为车，故可为车，刚爻为昼日，故言“日闲舆卫”。大畜由大壮变来，变的方式是初九升进到上位，而实际上真正与上位正应的是九三，九三更应当升入上位，故“利有攸往”。但在大畜卦里九三前临艮卦，艮为止，有阻力，故“利艰贞”。“利艰贞”意为在艰难中正固有利，也是不动固守才合宜的意思。象辞说“利有攸往，上合志也”。既然不动合宜，为什么又会“利有攸往”？这是因为在卦变中九三上有应爻，到上位更合乎自己的心愿。这要看卦变前大壮的九三，到大畜的九三，虽与上处在应位，但已是敌而不应。所以只是一种愿望，最好还是在艰难中正固。总之这一爻还是不动有利，但可加紧练习，为前进准备条件，娴熟了才可以有所行动。

六四：童牛之牿，元吉。

【译文】

小牛角上缚着防止顶人的横木，大吉大利。

象曰：六四元吉，有喜也。

【译文】

六四大吉大利，是因为有喜庆。

【精解导读】

“牿”，《说文》作“告”，说：“牛触人，角著横木，所以告人也……《周易》曰‘僮牛之告’。”古人为了防止牛用角来顶伤人，在牛的两角横绑上一根短木，避免牛角刺入人体。角上短木就是“牿”。侯果讲这一爻引《周官·封人职》曰：“‘设其楅衡’，注云：‘楅设于角，衡设于鼻，止其抵触也。’”《说文》讲的“告”、《封人职》讲的“楅”、《周易》讲的“牿”，就是这种牛角上的横木。“童牛”是小牛，《说文》作“僮牛”，很说明问题。把“童牛”讲成秃牛、无角牛不合适。这一爻与下一爻六五，正是全卦的两个柔爻，是被大畜的对象，故都用人畜养牲畜命辞。这一爻是养牛，下一爻是养猪，而且反映了古人的畜养技术。小牛在学习顶触的时候就给它加上牿，这是把野牛改良成家畜过程中的畜养技巧。下一爻是改良野猪。古人用这套技术把野畜变成家畜，畜牧业才发达起来。现代人养的是改良好的家畜，用不着这套技术了，说出来很陌生，但对古人是司空见惯的现象。小牛角上加牿是发展畜牧业，正合“大畜”之道，所以是大吉大利。从象上讲，六四在上卦艮里，艮是在坤（☷）卦上横加了一个刚爻（艮☶），而本卦上艮的刚爻又正好是从大壮的初九加上来的，坤为牛，艮为止，所以是在小牛角上加了牿。牛变得驯良好养，畜牧业大发展，所以大吉大利。象辞说“六四元吉，有喜也”，从象上说，互兑为悦，六四在互兑中（六四→☱>互兑）可取出喜象。

六五：豮豕之牙，吉。

【译文】

劁过了的猪嘴里的牙，吉祥。

象曰：六五之吉，有庆也。

【译文】

六五的吉祥，是因为有喜庆。

【精解导读】

《经典释文》：“豮，符云反。刘云‘豕去势曰豮’。”意思是说豮（fén）是劁（qiāo）了的猪。陆绩也说“豮谓豕之去势者”。势是阳性生殖器，去势是把公猪的生殖器阉割下来。现在人们养猪依然如此，除了种猪之外，所有的公猪都要割下睾丸。猪本来是一种很凶猛的动物，牙齿很可怕，去势之后就变得温驯，牙齿退化，也容易长膘了。崔璟说：“豕本刚突，豮乃温和，虽有其牙，不足害物。”王宗传说：“夫豕之不能自已其刚躁之性，则必以是牙为物之害也。当止畜之时，若强制其牙，则用力愈劳，安能已其刚躁之性也？惟去其势，则牙虽存，刚躁自已……不为物害矣。”都是说，公猪不劁，性刚突剧暴，像野猪一样容易咬人。去掉它的牙不是办法，一劁就老实了，有牙也不会咬人。但在这一爻，畜不是止畜，而是蓄养。六四是养牛，六五是养猪。对这两爻来说，大畜是大蓄养。从爻辞中可以看出，我国的养猪史起源很早，到了《周易》的时代，已经有了一套养猪的成熟技术，而且流传到现在。有这样一套技术，可把野猪改良成家畜，猪也繁殖得快、养得好。上一爻是牛马成群，这一爻是猪羊满圈。所以这一爻也是吉祥。从象上讲，六五在上卦艮中（六五→☶>艮），艮为黔喙之属，是黑嘴头子的动物，故为猪。虞翻说“三至上，体颐象”，意思是说从三爻至上爻是一个缩小了的颐卦(上九九三→☶☳<䷚颐)。颐是一张嘴，卦里的柔爻都是嘴里的牙，大畜的六五正是小颐卦中的柔爻，所以是牙。因为是在大畜卦里，猪是被饲养起来，故六五是“豮豕之牙”。从取义上讲，“豮豕之牙”是变老实的猪嘴里的牙，不咬人，养得驯良，所以很吉祥。象辞说“六五之吉，有庆也”，意思是六五的吉祥是有喜庆。“喜”与“庆”意思接近，只有程度上的区别，喜小庆大，大喜才庆。六四说“有喜”，六五说“有庆”，是因为六五占据的是上卦中位，比六四位置还要

好。联系爻辞来讲，这两爻都很好，六四是“元吉”，六五是“吉”，六四并不比六五差，各有自己的优势。

上九：何天之衢，亨。

【译文】

位当四通八达的天街大道，亨通。

象曰：何天之衢，道大行也。

【译文】

位当四通八达的天街大道，道可大行。

【精解导读】

“何”同“荷”，意思是负荷、担负。“衢”是十字路口，是交通十分方便的地方。从象上讲，上九这一爻，正是从大壮变为大畜由下升上的一爻，凌驾于全卦之上，被全卦担负起来，故言“何”。五位与上位是天位，故言“天”。《说卦》讲“震为大涂（途）”，上九的推移正好来到互震之上(上九的推移上九互震)，故言“衢”。从取义上说，被天衢担负起来就是居于天衢之上，位当天街大道，纵横可达，畅通无阻，愿意到哪里就可以到哪里，极为亨通。如果与彖辞讲的“刚上而尚贤”联系起来，“道”引申为贤人的治国之道，他的治国之道受到崇尚，可以自由施为，大行于天下。所以象辞说："何天之衢，道大行也。"总之这一爻是极为通顺，有志可成，有道可行，能够实现自己的政治抱负。

【提示】

这一卦讨论一下《周易》的断句。《周易》的断句也是个十分头痛的问题，争议也相当大。断句要在读懂之后才会句读合适，这是一个常识。《周易》因为句义不容易把握，句读出问题是难以避免的。尤其是从王弼尽黜象数之后，卦爻辞脱离了象数上的依据，人们就难免附会，附会不通时，就会在句读上做文章，于是断句也成了打不清的官司。解决这个问题没有什么捷径，还得先搞清作者的意思。明白了他的具体所指，才能对正确与否有一个判断的标准。尤其是卦象，它是证明作者意旨的铁证，绝不可以忽略。以这一卦的象辞为例，从王弼开始，把"刚健笃实，辉光日新，其德刚上而尚贤"，断成"刚健笃实，辉光日新其德"。这是受了儒家《大学》的影响，把"日新其德"连在一起，"辉光"无所归属，凑合着挤到了"日新其德"里。《十三经》的断句，觉得别扭，又断成"刚健笃实辉光，日新其德"。其实还是认为"日新其德"当断为一句，剩下的就近归属就行了。都是从逻辑上去推，没有考虑卦象。改来改去还是不顺。要是从象上一看，这个问题并不难解决。"刚健笃实"指的是下卦乾，乾为刚健，上卦艮，艮山笃实。“刚健笃实”把上下卦都说出来了，这里必须断开。“辉光日新”指的是刚爻的推移，刚爻为昼日，刚爻从大壮的初九升进到大畜的上九，刚爻呈上升之象，所以是“辉光日新”。这一句讲爻的推移，把卦变之象也说明白了，这里也必须断开。“其德刚上而尚贤”是进一步推演卦变的寓意，意思是说，刚爻的上升可以表示一种“尚贤”的社会伦理意义，这一卦就具有了“尚贤”之德。德是卦德，这又是一层意思。“其德”应当连下成句。明白了句子的具体所指，断句就有了依托。辨不清具体所指，生把两个四字句归前属后地移来移去，前人有这么别扭的没有？汉以前还没有这样破句就义的，这正是王弼“得意忘象”造成的遗患。所以，象辨不清还不要紧，大家慢慢来辨，总会一步步靠近。要是不辨象，那就只好公婆各理，后息者胜了。关于这一卦象辞的断句，可参见郑玄、管辂、虞翻、崔璟的讲法，都比王弼高明一些。《汉书·礼乐志》：“是以海内，遍知上德，被服其风，光辉日新。”这也是以“辉光日新”成句。

二十七　颐——颐养天和

䷚

颐卦的卦画组合为震（☳）下艮（☶）上，传统称作山雷颐。《序卦》云：“物畜然后可养，故受之以颐。颐者，养也。”意为：万物蓄聚之后才可以畜养，所以大畜卦之后接着是颐卦。颐是养的意思。《杂卦》云：“颐，养正也。”意为颐是养育得正。《序卦》《杂卦》都把卦名之义说成是养，这是颐在卦里的主要意思。但从词义的根源上讲，颐是一张嘴。《说文》作“𦣝”，解释说：“𦣝，颔也，象形。”篆文作。比《说文》再早一些的字书《急就篇》：“颊颐颈项肩臂肘”，下注：“下颔曰颐。”“颔”与“颔”异形同义。朱骏声《说文通训定声》里说，颐是“耳下曲骨，所谓辅车也”。通俗点说，颐是嘴下边连着下巴的牙叉骨部分。“𦣝”的小篆象形，要横过来看，画的是上嘴唇以下的部分（**横看为**），实际就是一张嘴和下巴部分。过去把颐讲成腮或颊是一种误会。成语“颐指”，是有权势的人动下巴指使人，不是用面颊或两腮。从卦画看：颐卦上下的两个刚爻是上下牙床或嘴唇，

中间的四个柔爻是上下牙齿（即上齿下齿䷚辅车），全卦六爻共同组成的象形之象是一张露出牙齿的嘴。郑玄说："颐者，口车辅也。震动于下，艮止于上。口车动而上，因辅嚼物以养人。"他认为颐是嘴的上下牙床。车是下牙床，辅是上牙床。吃东西时，下牙床（车）开合张动，上牙床（辅）不动，是下牙床上合，与上牙床一起才能咬食东西。这与上卦是艮（☶），艮为止而不动；下卦是震（☳），震为动而上合的卦象，极为契合。颐是一张嘴，嘴吃食物获取营养，所以颐是养的意思。成语"颐养"就是从颐卦来的。

关于颐卦的卦变须先说明一下。彖辞里没有直接提示卦变的言辞，这就为分析带来困难。虞翻说这一卦是"晋初之四"，意思是说颐卦由晋卦变来，这就破坏了卦变的体例，所以后人不信。侯果说："此本观卦，初六升五，九五降初，则成颐也。"意思是说观卦的初六与九五互换了位置。即：观九五初六䷓换位，变䷚颐。从观卦变来没什么问题，卦辞里有"观颐"，爻辞里有"观我朵颐"，象辞里有"观其所养也""观其自养也"，都有迹可循。但具体怎样来变，须印证一下。从全卦看，初九爻辞说"观我朵颐"，"朵"是下垂，初九从上降下可得到印证。究竟是观的上九还是九五下降，从初九象辞"亦不足贵也"看，初九原来还是贵的，应当从九五变来。这样就只能是观卦的九五与初六换位，侯果的讲法正确。另外颐卦正看、倒看一个样，没有覆卦，所以在卦序排列上，与下一卦大过，组成一组变卦，即：颐䷚六爻全部刚变柔，柔变刚，为䷛大过。因为颐卦具有正看、倒看一个样的特点，所以就有了爻辞配对、应爻取象等特点，这也是卦爻辞中出现颠倒顺逆、正反成对现象的主要原因。这在其他正反同象的卦里也会出现。

颐，贞吉。观颐，自求口实。

【译文】

颐卦，正固吉祥。看着嘴，自己去谋求食物。

彖曰：颐贞吉，养正则吉也。观颐，观其所养也。自求口实，观其自养也。天地养万物，圣人养贤以及万民。颐之时义大矣哉！

【译文】

颐卦正固吉祥，是指颐养得正就吉祥。看着嘴，是说要看他所养的对象。自己谋求食物，是看他如何颐养自己。天地养育万物，圣人养育贤能的人，从而养及万民。颐卦的时势意义太重大了！

象曰：山下有雷，颐。君子以慎言语，节饮食。

【译文】

山下有雷就是颐卦。君子效法颐卦之道，要言语谨慎，饮食有节。

【精解导读】

卦辞说“颐，贞吉”，主要是因为颐卦的卦画上下对称，左右停匀，不歪不斜，“贞”取的是“正”的意思。从颐养之道上说，颐养得正，健康长寿，当然就吉祥。“观颐”从象上指颐卦从观卦变来，从取义上讲，“观颐”就是看着嘴。“自求口实”是自己谋求颐养的食物，“口实”是口中实惠之物，主要是食物。从象上讲，颐卦从观卦变来，观卦是一个放大了的艮卦观䷓▷☶艮。艮为鼻。古文“自”就是“鼻”字。《说文》云：“自，鼻也。象鼻形。”所以艮为自。作者又认为颐卦卦画是一张嘴，自己变来变去变出一张嘴来，还不是在为嘴忙碌，故言“自求口实”。按卦辞的说法，颐卦极为一般，得看着嘴，自己去忙忙碌碌地谋生糊口。但这也并不坏，自己谋生糊口，是颐养的正道，吉祥，因为是自食其力，没有依赖别人。

彖辞觉得这样讲太一般化，于是把它推演到社会意义上深入挖掘，揭示颐养之道在社会组织上的应用意义。从六个方面加以申发。（一）从道理上解释卦辞“贞吉”。“颐贞吉，养正则吉也”，意思是说：颐卦贞吉，是颐养得正就吉祥。同时解释“颐”是养，“贞”是正。怎样才算颐养得正？这里与卦辞还是统一的，那就是自食其力才是颐养正道，依赖别人不是正道。反对无偿占有他人的劳动成果。（二）说明卦辞“观颐”的社会意义。“观颐，观其所养也”，意为：看着嘴干什么？是要看看他养的是什么人。“所养”指所养的对象。是要看颐养之道，不是看那个表面上的嘴。（三）说明卦辞“自求口实”的社会意义。“自求口实，观其自养也”，意为：自己谋求食物，是要看他如何自己养活自己，也是要看颐养之道正还是不正。（四）从天道上说明颐养的正道。“天地养万物”，是说天地养育的正道是养育万物。这是紧承“观其所养”讲的。颐养之道，不单是自食其力的问题，还有个养育谁的问题，天地就不是养育自己，而是养育万物。所以“观颐”，还得看看养育对象。（五）从天地之道引申出颐卦的社会组织意义。“圣人养贤以及万民”，是说圣人要学习天地普养万物的正道，把万民都养育好，而养万民的方法是先要把贤能的人养育起来，贤人有能力帮助你把万民养育好，这样就把社会组织好了。这一句实际上不仅讲了养育什么人的问题，还讲了怎样养的问题。提出“养贤”的主题。（六）强调颐卦的巨大理性意义。“颐之时义大矣哉”，意思是说：上面提到的这些“养什么”“怎样养”等颐养正道，卦辞虽然没有明说出来，但颐卦的时势条件里是有的，而且是个相当重大的问题，要特别注意学习这些内容。颐卦的时势条件是什么？就是在大畜卦之后，天下大有积蓄，有了养育的条件，这就要看该养些什么人了。从组织社会这个意义上说，就是要“养贤”，先把人才养起来，发挥他们的贤能，从而把天下万民都养育好。

象辞从另一个方面揭示颐卦的主题。“山下有雷，颐”，指的是颐卦由上卦艮和下卦震组合而成，艮是山象，震是雷象，重合在一起是山下有雷，这就是颐卦。“山下有雷”取的是什么意思？前人附会了很多，大多不着边际。刘表讲得好一些，他说：“山止于上，雷动于下，颐之象也。”认为山是取止而不动，雷是取动而不止，正如人的嘴巴一样，吃东西时上牙床不动，下牙床一张一合。还是说颐卦是一张嘴。为什么不说“下动上止，颐”，而偏要说“山下有雷，颐”？这是因为象辞与彖辞有分工，象辞多讲八卦的实象，彖辞多讲八卦的特性功能，这是象、彖辞的体例，一般不会打破。说“山下有雷”实际是讲“下动上止”。从这个卦象中学习什么？象辞说“君子以慎言语，节饮食”，是说君子要从中得到启示，说话要谨慎，饮食要有节制。颐是口，《说文》：“口，所以言食也。”意思是说口是用来吃饭、说话的那个器官。“言”与“食”是口的两大主要功能，故联系到言与食上来讲。古人认为“祸从口出”“病从口入”，民谚说“言多必失”“爽口食多利于病”，所以说话要注意，吃东西要有节制。从颐养之道上讲，口是人体与物质世界来往的主要渠道，是保养人体的重要器官，使用不当直接危害人的生命，所以一讲口就联系到养。象辞认为，颐养正道还有个如何养自己的问题。把彖辞的“养贤”与象辞的“慎言语，节饮食”加起来就是颐卦的主题思想，也就是颐养的正道。

初九：舍尔灵龟，观我朵颐，凶。

【译文】

扔掉你的大龟，看我下巴嚼动，凶。

象曰：观我朵颐，亦不足贵也。

【译文】

看我下巴嚼动，这行为够不上高贵。

【精解导读】

颐卦从观卦变来，是观卦的九五与初六换了位置（观九五 初六 九五与初六换合变颐）。颐卦的初九是舍弃了九五的尊位，来到最下位。颐是一个放大了的离卦（离颐），离为龟，大离故为大龟。灵龟就是大龟。古人认为龟活得年代最长，所以什么事都知道，占卜要用龟甲，最有灵应，故称“灵龟”。龟越大越有灵应。初九从观的九五来到初位，变成颐卦的下牙床，位置下降，是下牙床垂了下来，所以是“舍尔灵龟，观我朵颐”。在《周易》的体系里，内卦为我方，外卦为对方，初九是从外卦来到内卦，故有“你”“我”之说。“朵”是下垂。《说文》：“朵，树木垂朵朵也。从木，象形。”朵是树木缀满花叶下垂的样子。从取义上讲，龟是最善颐养的，气功里讲“龟息”，人还要学习龟的颐养之道。“朵颐”是下牙床张开在咬食东西。舍弃了灵龟的颐养之道，看着人家下巴张合流口水，愚蠢之极，所以凶。象辞说：“观我朵颐，亦不足贵也。”是说看着我吃东西眼馋，太没出息了，不足为贵。在取象上暗示了初九是从尊位下来的，原来还是高贵的，变得没出息了。

六二：颠颐，拂经于丘颐，征凶。

【译文】

颠动口舌下巴，悖逆丘园颐养的常道，征进凶。

象曰：六二征凶，行失类也。

【译文】

六二征进有凶，是因为征行会失去同类。

【精解导读】

“颠”是颠动，“颠颐”，是颠动下巴颏，取颠唇簸舌或下巴嚼动之意。“拂”是拂逆，可参见六三象辞。“经”是正经、正常。“拂经”是悖逆了正常的颐养之道。“丘”是山丘。六二在下卦震里，震为动，故言“颠颐”。震是反艮（震☳倒过来为艮☶），艮为山丘，反艮，故为“拂经于丘颐”。从二至上是一个小的剥卦（上䷚ ䷖剥）。剥卦是阴剥蚀阳，上九是颐养万民的贤人，六二上剥是小人剥蚀贤人，故言“征凶”。从取义上说，“颠颐”是颠倒了颐养正道，还可引申为颠唇簸舌，胡吹乱侃。“拂经于丘颐”是违背了丘园纯朴的颐养常道。象辞说“六二征凶，行失类也”，指的是征行会失去同类。六二与六三、六四都是柔爻，为同类，但六三有正应在上九，六四有正应在初九。六二没有正应，征行会失去与六三、六四的一致性。总的来讲，这一爻是颠唇簸舌，悖逆丘园颐养常道，冒进有凶的意思。若能憩息于田园不惹是非，才可无虞。

六三：拂颐，贞凶。十年勿用，无攸利。

【译文】

悖逆颐养正道，正固不动凶。十年不能用，没有利。

象曰：十年勿用，道大悖也。

【译文】

十年不能用，是与颐养之道悖逆太过。

【精解导读】

从象辞的解释中可以看出，“拂”就是“悖”的意思。《玉篇》：“悖，逆也。”《说文》：“悖”，“乱也”。象辞说“道大悖”，当然指颐养之道。爻辞说“拂颐”，象辞就说“道大悖”，还不是把“拂颐”讲成悖逆颐养之道。六三也在上五爻的小剥卦里，有剥蚀刚爻之象，故为“拂颐”。但六三与上九是阴阳正应，可以上应上九，况且六三柔爻居刚位，不动不安，故言“贞凶”。又在互坤里（六三→☷>互坤），坤数十，故言“十年勿用，无攸利”。

象辞说六三“道大悖”，就是说它反颐养之道而动。这一爻因为悖逆了颐养正道，动与不动都有凶灾，十年内不会有好转。

六四：颠颐，吉。虎视眈眈，其欲逐逐，无咎。

【译文】

颠动口舌下巴，吉祥。虎视眈眈，追逐欲望，没有咎害。

象曰：颠颐之吉，上施光也。

【译文】

颠动口舌下巴的吉祥，是上面施布的恩惠广大。

【精解导读】

六四在上卦艮里，艮为止，从六四以上三爻都属上牙部分（六四→☶>艮，上牙）。上牙止而不动，如无下牙的张动开合，嘴的言食功能就无由实现。所好的是六四柔爻居柔位，位正，又有全卦的主爻初九为正应，初九在下卦震里，震为动，初九带着下牙开合颠动，又与六四上下应合，阴阳得配，口的说话、饮食功能就能充分发挥出来。故“颠颐”对六四来说吉祥。六二失去应爻，“颠颐”就凶。“颠颐”还是指下牙床的颠动。六四的“颠颐”取象于应爻初九。全卦到了六四，已是嘴的中间，口已大开，如老虎大张嘴，颐卦又是从观卦变来，观就是视，全卦又是一个大离，离为目，故言“虎视眈眈”。“虎视眈眈”是老虎带着贪馋的攫取欲望往下看的样子，故言“其欲逐逐”。“其欲逐逐”是追求满足欲望的样子。这句话异文多一些，《释文》：“子夏传作‘攸攸’，志林云‘攸当为逐’。苏林音‘迪’。荀作‘悠悠’。刘作‘跾’，云‘远也’。”“攸攸”“悠悠”“跾跾”都没有“逐逐”明晰，《十三经》的校勘是对的。逐是追逐求取的意思。汉语用叠字作词尾一般都具有形容状态的作用，“眈”是“下视”，“眈眈”就是下视的样子。“逐”是追逐，“逐逐”就是追求的样子。再如，欣是高兴，欣欣就是高兴的样子；漫是长远，漫漫就是长远的样子，等等。“其欲逐逐”与“虎视眈眈”，连在一起，最恰当的解释就是追求满足欲望的样子。“逐逐”言其急迫、不易满足的状态，是欲望大的意思。联系颐卦，是说胃口很大。因为颐卦讲的是饮食颐养，六四又正值口中，故胃口大点也无咎害。象辞说“颠颐之吉，上施光也”，“光”用如“广”，是说上面施布的恩惠广大，利及于己而得吉。从象上说，观变颐，九五来到初位，把全卦一张大嘴都笼罩住了，这就是“上施光”。《周易》里“光”与“广”经常用一个“光”字表示。“光”与“广”意思上有联系，有光才能看得广远。但在具体的上下文里，要注意区别它在语意上的侧重之处。这里的“上施光”与坤卦讲的“地道光”，都是广大的意思。

六五：拂经，居贞吉。不可涉大川。

【译文】

悖逆常道，居止正固吉祥。不可涉过大川险阻。

象曰：居贞之吉，顺以从上也。

【译文】

居止正固吉祥，是因为顺从上面。

【精解导读】

六五阴爻居阳位，不正，又在上五爻的小剥卦里，故为“拂经”。因为上推也是阴剥阳，小人剥蚀贤人，故言“居贞吉”，意思是如果居正不动就可获吉。五位位好。但六五柔爻没有刚健之德，又无正应，故“不可涉大川”。象辞说：“居贞之吉，顺以从上也。”指顺从六五之上的上九。

上九：由颐，厉吉。利涉大川。

【译文】

颐养之由，有危厉而吉祥。有利于涉过大川险阻。

象曰：由颐，厉吉，大有庆也。

【译文】

颐养之由，有危厉而吉祥，是因为大有喜庆。

【精解导读】

“由”是自、从、来源的意思。取义是说颐养所需都从这儿来。“厉吉”是有危险而吉祥。“利涉大川”是说渡过天堑险阻正是有利的时候。从象上说，颐卦从观卦变来，观卦的两个刚爻，是变为颐卦的决定因素。一个刚爻下到初位成为下牙床，上九成为上牙床。颐卦的来由就在于两个刚爻一上一下的摆布。初九取了“观我朵颐”的象，上九取了“由颐”的象。“厉”是危厉。在观卦里，两个刚爻本来是处在被四柔逼退的地位上（观上九→䷓↑），上九处在一卦之极，消退的危险迫在眉睫。然而一变颐卦，却成了稳固不动的上牙床，由厉而变吉，故言“厉吉”。下有六三为正应，征进有援，故“利涉大川”。“大川”是险阻，上九处在一个由危险变为吉祥的时势中，正是冒险获取成功的时机。象辞说“由颐，厉吉，大有庆也”，庆是喜庆，上九在卦变中由不利变得有利，还不是喜庆的事？“利涉大川”的象可参见大过卦。

【提示】

这一卦前人讲得极为纷杂，不仅是取象混乱，义理也极不统一，无可适从。我们不得不从《周易》的内部体例上重新挖掘，尽量吸收前人的有益成果，来一番脱胎换骨的改造。前人在解释这一卦时，较多地用了覆象（或称倒象、反象），就是把卦画倒过来看，从中取象。比如这一卦是上艮下震（䷚上艮下震），艮倒过来就是震（艮☶上下翻过来为☳震），震倒过来就是艮（震☳翻为☶艮）。艮为止，震为动，取覆象就可以说震为止，艮为动。这样颠颠倒倒，就可说明卦爻辞里许多正反相对的现象。还有的人取伏象。比如朱震在解释六四爻辞“虎视眈眈”中的虎象，说“伏兑为虎”。意思是说，六四在上卦艮里，艮是兑的伏卦（即：艮☶☱

爻全变，为☱兑。兑在艮的背后藏着，故为伏卦），虎的象是从伏兑中取出来的。这种取象的方法我们没有采纳，而是更多地注意了应爻取象。应爻取象是辞在本爻而象在应爻，这在爻辞中有印证，比较可信。比如这一卦，初爻与四爻、二爻与五爻、三爻与上爻分别处在相应的位上。初爻有“朵颐”，四爻有“颠颐”；二爻有“拂经”，五爻也有“拂经”；三爻有“拂颐”，上爻有“由颐”。只有把这种应的关系纳入卦变中去分析，才能找出一个头绪来，也比较合情合理，否则很难说得通。对于爻辞的意思，应当说越是简单明了、通俗易懂才越正确。《系辞》说：“易简，天下之理得矣。”每当人们旁征博引、不烦费辞的时候，那就是意思上出障碍了。啰唆越多，问题越大，这也算读书的一条规律吧。

二十八　大过——过中不当

䷛

大过的卦画组合为巽（☴）下兑（☱）上，传统称作泽风大过。《序卦》云："不养则不可动，故受之以大过。"意为：不经过一番颐养，就不能有所行动。所以颐卦之后接着是大过卦。这是说大过是一种大的度往行动。《杂卦》云："大过，颠也。"意为大过是颠覆。也就是说，大过是太过火，于是适得其反而颠倒。把《序卦》《杂卦》的意思综合起来分析，大过是过分大的度往。但在全卦里，"大"有时是形容词，有时又是形容词作名词用，可以当"大的"讲。"过"的意思更为复杂，有通过、经过、渡过、超过、过往、过分、过失等义。《周易》语句的难以把握，主要表现在这种词的多义性上。对卦名的理解要抓住它的基本义。大过的基本义就是过分大的度往。其他意思都是在这个基本意思上的引申。

大过与上一卦颐组成一组变卦。大过的卦画，刚爻一律变柔爻，柔爻一律变刚爻，就成了颐的卦画，即：大过䷛爻反性变化，为䷚颐。大过也是个正看、倒看一个样的卦，与颐卦有许多相同的特点。从卦变上分析，颐卦从观卦变来，大过因为与颐是错卦，应当是从观的旁通卦大壮变来，是大壮的六五与初九换位，即：大壮（六五→ 初九→）䷡六五与初九换位，变䷛大过。对其他错卦的卦变也应当这样分析。《周易》里共有四组变卦，即乾与坤为一组、坎与离为一组、颐与大过为一组、中孚与小过为一组。

大过，栋桡。利有攸往，亨。

【译文】

大过卦，栋梁弯曲。有利于前往，亨通。

彖曰：大过，大者过也。栋桡，本末弱也。刚过而中，巽而说行，利有攸往，乃亨。大过之时大矣哉。

【译文】

大过是大的过错。栋梁弯曲，是栋梁的本末两头柔弱。刚爻过来处在中间，顺利而和悦地前往，所以前往有利并能亨通。大过卦的时势意义太重大了。

象曰：泽灭木，大过。君子以独立不惧，遁世无闷。

【译文】

泽水淹没了树木，这就是大过卦。君子从中得到启示，要独立不移，无所畏惧，隐身遁世也不苦闷。

【精解导读】

卦辞说大过卦是“栋桡”。混而言之，“栋”就是栋梁，是支撑房屋大厦的重要构件。“桡”是木曲。栋梁弯曲是大厦将倾之象。全卦是一种崩溃前的倾危局势。关于栋桡的取象，彖辞做了说明。“利有攸往”是说有利于前往，“亨”是亨通。意思是说如果有大的行动、大的举措，这是一个相当有利的时势，可以大干一番，会畅通无阻。这在彖辞里也有说明。

彖辞针对卦辞逐句加以说明，可分为五个方面。（一）解释卦名的意思。“大过，大者过也”，从取义上说，意为大过是大的行动能过得去，也是可以干大事的意思。从象上讲，是说刚爻为大，柔爻为小，大过卦从大壮变来，大壮是个刚爻由壮向老发展的时局，变为大过，改变了刚爻衰老的趋势，四个刚爻过去到了全卦的中间位置上，是刚爻过去了。这一句提示大过是由卦变而得名。（二）从六爻全象上说明卦辞“栋桡”。“栋桡，本末弱也”，意思是说：为什么大过卦会有栋梁弯曲的命辞？这是因为大过的六爻呈现出一种本末两头柔弱的卦象。“本”是树根部分，“末”

是树梢部分，反映在卦象上，初爻在卦的下部是本，上爻在卦的上部是末。全卦中段是四个刚爻，只有本末两头是两个柔爻（大过中段四刚䷛上六、末、柔爻 初六、本、柔爻），这就是“本末弱”。一根栋梁两头软了，必然会弯曲。毛奇龄讲得更绝，他说：“四刚相并，有似一木，而两端受窍，有似木之为栋者。”他认为不仅“本末弱”取六爻全象，“栋”也是取六爻全象。刚爻是连线，四刚居中有似木材的中段圆木，柔爻是断线，居于两端有似在木材的两头凿上了榫卯，简直就是加工好了的栋梁，所以才称栋，两头有缺断，所以才桡曲。看来无论是卦辞还是彖辞，都在向人们昭示，大过是大厦将倾，独木难支，时局大坏，难以维持。（三）从卦变上说明卦辞“利有攸往，乃亨”。“刚过而中”，卦象上是指，大过是从大壮变来，大壮的四个刚爻原来都聚于下部（大壮䷡），没有居于中段位置，变为大过，四个刚爻从下部过去占据了中段（大过䷛）。从取义上讲，刚健居中要比外强中干好得多。一个人意志刚强不屈不挠，就有利于行动前往，也容易破除阻力亨通畅达。（四）从上下卦特性的组合上说明卦辞“利有攸往，乃亨”。“巽而说行，利有攸往，乃亨”是指大过是由两个三爻卦组合而成，下卦是巽，巽是顺利，上卦是兑，兑是和悦。把这两种特性汇合在一起，是既顺利又和悦，能顺利而和悦地行动，所以宜于前往，就能亨通。这里顺便说一下巽卦的特性。程颐认为巽卦的特性是顺。比如他讲“巽而说行”时说：“下巽上兑，是以巽顺和说之道而行也。”凡秉承程传的本子都认为，巽是顺物之理，兑是服人之心。但彖辞不是“顺而说行”，而是“巽而说行”，没有明确指出巽就是顺。《说卦》又说是坤为顺，那么巽为顺就值得推敲，所以后人也不时提出质疑。但程传的讲法大致可取，只是没有加以区别。要是简单点讲，坤为顺是柔顺，巽为顺是顺利，字面相同，意思有区别。巽的顺是因为巽为风，是一帆风顺的顺；坤的顺是因为坤为阴，与阳刚相对而言，是柔顺的顺，应当有所区别。（五）强调大过卦的时势意义。“大过之时大矣哉”，是说大过的时势太重大了，要人们提起注意。大过的时势是什么？这就是前面讲的大厦将倾，应当有个大的行动，而且这个大的行动进行起来非常有利，可以顺利而成功。简言之，就是说大过是个干大事业的时机，如果想干大事不要错过机遇。

象辞从上下卦象的组合上解释大过卦。“泽灭木，大过”，指的是大过卦由上卦兑、下卦巽组合而成，兑是大泽之象，巽是树木之象，组合在一起是大泽的水把树木淹没了。“灭”是淹没的意思，这在噬嗑卦里可以印证。彖辞说大过卦是“栋桡”，象辞又说大过是灭顶之灾。《系辞·下》又说：“古之葬者，厚衣之以薪，葬之中野，不封不树，丧期无数，后世圣人易之以棺椁，盖取诸大过。”大过是棺椁之象。故汉人一讲到大过，就说是死卦（参见焦赣《易林》）。从这样的卦象里，君子应当学习什么？象辞说“君子以独立不惧，遁世无闷”，意思是说君子看到时局太坏，要以挽救时局为己任，不要惧怕，要独立支持，把它挺过来，这正是君子干大事的时候。如果实在是救国无门，回天无术，那也不要怨天尤人，可以隐身遁世，不必苦闷。这也是时势所致，不是个人的道德有缺陷。从中可以看出彖辞与象辞的意思一致。程传说：“大过之时，其事甚大。故赞之曰‘大矣哉’。如立非常之大事，兴百世之大功，成绝俗之大德，皆大过之事也。”又说：“天下非之而不顾，独立不惧也；举世不见知而不悔，遁世无闷也。”天下人都反对，也要有点反潮流的精神独立支持；世人都不理解你，也不悔恨苦闷改变操守，这是君子的品格。把彖传与象传的意思综合起来，所谓“栋桡”“泽灭木”，那是指时局处在大厦将倾、灭顶之灾的状态里；所谓“利有攸往”“独立不惧”，是个人要力挽狂澜，救颓败于既倒，扭转崩溃之势。这是全卦的主题。关键是个人怎么去做，并不是一筮得大过卦就必然要死，如果做得好，还可起死回生，干成大事，而且这还是个相当不错的机遇。

初六：藉用白茅，无咎。

【译文】

用白茅垫在下边，没有咎害。

象曰：藉用白茅，柔在下也。

【译文】

用白茅垫在下边，是说柔爻在下位。

【精解导读】

“白茅”是一种柔韧洁白的草。“藉”是在下面铺东西垫起来。“藉用白茅”是说用柔韧洁白的茅草垫在下边。据《左传》记载，古人用白茅主要是作祭祀时“缩酒”的用品。把白茅放在地上，献祭的人把酒浇酹在白茅上，酒渗入草里，表示神享用了。而爻辞说的是献祭人在摆供品的时候，还要在祭器的下边垫上一层白茅，可见这种洁诚恭谨的态度达到了多么细致入微的程度。《系辞·上》解释这句爻辞说：“‘初六，藉用白茅，无咎。’子曰：‘苟错诸地而可矣，藉之用茅，何咎之有？慎之至也。夫茅之为物薄，而用可重也。慎斯术也以往，其无所失矣。’”意思是说：把祭品摆在地上就行了，下边还要再垫上一层茅草，这会有什么过咎？谨慎到极点了。茅草是一种轻微之物，但用起来可以有重大意义。按照这种谨慎的方法去做事，就不会有过失了。《系辞传》用孔子的话做了讲解，爻辞的取义已十分明确。至于取象，初六本来在大壮卦的五位，变为大过，下到初位，这是垫在了下边。虞翻说“巽柔白为茅”，意思是说巽在《说卦》里讲是木、是白，初六又是柔爻，柔韧的白色草木就是白茅。从取象上讲，初六在下卦巽里（初六→䷛>下巽），故言“藉用白茅”。象辞说“藉用白茅，柔在下也”，这至少是暗示了为什么要说“藉”。有一点要注意，“咎”也是多义词，它可以讲成是过错，《系辞》里就是这样用的，但作为吉凶断词，它的更普遍意思是小灾，相当于“害”，不完全等同于咎过。总之，这一爻做事谨慎洁诚，没有咎害。

九二：枯杨生稊，老夫得其女妻，无不利。

【译文】

干枯的杨树上长出新枝，老夫得到少女为妻，没有不利。

象曰：老夫女妻，过以相与也。

【译文】

老夫得到少女为妻，是过了岁数才相遇。

【精解导读】

“稊”，郑玄本作“荑”，讲为“木更生”，就是老树又分蘖出新的嫩枝条。程传把“稊”讲成根，误会了。《诗经·卫风·硕人》：“手如柔荑。”传云：“如荑新生。”荑才有新生之意，从象上说，荑是新生的茅草，《诗经·邶风·静女》：“自牧归荑。”传云：“茅之始生也。”即使不相信虞翻的巽为白茅，也该相信爻辞的“藉用白茅”，有茅才有稊，“根”却无据可查。再说“老夫得其女妻”也分明是老而新生之意。郑玄的讲法是左右逢源，程颐的讲法是举步维艰。虞翻说“巽为白茅”言而有据，“枯杨生稊”就是干枯的杨树上长出了新枝嫩条，是绝处逢生。老夫娶少女，虽然年龄不大相配，但还可以生育，也是续嗣新生。从象上看，从初爻到九五是一个缩小了一点的姤卦（
），姤是阴少阳老，又为相遇。九二在下卦巽中，巽为长、为木，树木里杨树长得较高，故为“杨”，从大壮而来，壮而趋老，故“枯”，巽为茅草，故可“生稊”。故言“枯杨生稊，老夫得其女妻”。爻有新生之象，故言“无不利”。象辞说“老夫女妻，过以相与也”，从取义上讲，是过了年龄才得相遇。这一爻也很好，是晚年得妇，绝处逢生。

九三：栋桡，凶。

【译文】

栋梁弯曲，凶。

象曰：栋桡之凶，不可以有辅也。

【译文】

栋梁弯曲的凶祸，是不能得到辅助。

【精解导读】

栋、梁，混言不别，都是承担屋顶重压的构件，不可或缺，所以人们常常把“栋梁”连称，看成是大材。但要分开讲，栋与梁各有所指。梁是大梁，民间称作“柁”，是前后架在屋顶上的承载大木；栋是脊栋，民间称作“檩”，是左右架在屋顶上的承载长木。栋与梁纵横交搭，才能把房顶架起来。木结构的房子是柱子把梁支起来，梁上横架檩栋，檩栋上又纵挂椽子，椽子上又横压栈板。栈板上涂泥，泥上盖瓦。屋顶很重，栋梁是不能弯曲的。一间房子，栋不是只有一条，房子越深长，就得多架几条。按部位称作前檩、后檩、中檩、脊檩等。在屋顶正中的叫脊檩，因为在它的上面起屋脊。一般说的栋，指的就是这条脊檩。栋与梁的区别还在于，梁的下边可以支柱子，栋的下边不能支柱子。因为梁的下边是房子的隔墙，柱子垒在墙里，对屋子的空间没影响。栋在屋子的空间之上，支上柱子妨碍人在屋子空间里的活动。栋比梁还怕弯曲。栋要是弯曲了，不能加柱子顶起来，这就是象辞说的“不可以有辅”的取义。“辅”就是辅助。程传说“栋，今人谓之檩”，《周易折中》说“栋”是“脊檩”，讲得都对。九三与九四位居全卦中间，相当于屋子的脊檩，因为“本末弱”而弯曲，故言“栋桡”。屋顶要塌下来，很危险，有凶。象辞说：“栋桡之凶，不可以有辅也。”“辅”在象上指的是应爻，有应爻是有应援，故言“辅”。九三的应爻在上六，阴阳正应，本是一件好事。但檩子下不能撑柱子来辅助，上六的应救没有用，有辅也凶。要说代表大厦将倾无可挽救时局的，那就是九三这一爻，它是真正的独木难支。

九四：栋隆，吉。有它吝。

【译文】

栋梁向上隆起，吉祥。有另外的吝难。

象曰：栋隆之吉，不桡乎下也。

【译文】

栋梁向上隆起吉祥，是说它不向下弯曲。

【精解导读】

九四也位在全卦中间，故与九三同取脊檩为象。九四也是“本末弱”，所以与九三一样，也是弯曲的脊檩。但所好的是九四在上卦里，是向上弯曲，比九三在下卦向下弯曲要好得多，故言“栋隆，吉”。隆是向上隆起。栋向上隆起，屋顶向下压，两力相抵，房子结实耐久，虽然外观差一点，但没有倾塌的危险，所以吉祥。但全卦的两个柔爻正好是九三、九四的应爻，九四也有正应在初六。九四也“不可以有辅”，如果以初六为应援，那就会有吝难，故言“有它吝”。“它”是另外的，“吝”是比“咎”还轻的害。有应爻在别的卦里是好事，在这一卦里成了坏事。象辞说：“栋隆之吉，不桡乎下也。”意思是说九四也弯曲，但没有向下弯曲，故吉。“上”与“下”取的是上下卦的象。有人说“不桡乎下”是“不应初”，这就不切实际了。九四与初六是阴阳正应，这是客观上的象，不应也得应，这不能由九四主观上来决定。如果不应初，“它吝”又从哪里来？如果是筮得这一爻的人，才可以主观上做出努力，尽量杜绝应援拉拢，避免吝难。

九五：枯杨生华，老妇得其士夫。无咎无誉。

【译文】

干枯的杨树开了花，老妇人得了个少壮男子为夫。没有咎害，也没有荣誉。

象曰：枯杨生华，何可久也；老妇士夫，亦可丑也。

【译文】

干枯的杨树开了花，怎么长得了。老妇人得了个少壮男子为夫，也够丢人的了。

【精解导读】

大壮变大过是初九与六五换位（大壮六五初九䷡交换位置，变䷛大过）。初六是全卦主爻，九五也是关键的一爻。五位是全卦尊位。又多从全卦取象。下卦巽为杨树，上卦兑为“正秋”，杨树到了秋天，故也称“枯杨”。兑又为少女、为悦，故为花。九五位在上兑，故言“枯杨生华”。“华”同“花”。上五爻是一个缩小了一点的夬卦（上六九三䷛䷪夬），夬卦是阳爻壮盛决去衰阴，男壮女衰之象，所以是老妇得了个少壮男子，故言“老妇得其士夫”。“士”是男子，因与老妇对比而言，故知少壮。“夫”与九二爻辞的“妻”相互发明，指的是丈夫。“老妇得其士夫”，是说老年妇人得到一个少壮男子做丈夫。“九五”这一爻与九二成对，相同之处是枯木得生，晚年得配，但在吉凶上却差别很大。苏东坡说：“稊者，颠而复蘖，反其始也；华者，盈而毕发，速其终也。”王宗传说：“杨既枯矣，以其耗竭之余，尽发而为华，则其零落也，可立而待也。夫何益于枯也！”意思是说九二的嫩枝是新生之象，九五的开花是回光返照。故象辞说“枯杨生华，何可久也”。老夫娶少女，还可生育，因为男子的生育期长；老妇嫁少男，不能生育，因为女人绝育早。不能生育，功能衰退了还找小丈夫，有些丢人，故象辞说“老妇士夫，亦可丑也”。但爻辞没有说得这样严重，而只是说“无咎无誉”。“咎”是责怪，“誉”是夸扬，意思是说既无可责怪，也无可赞扬，无非是不好也不坏，谈不上丢人。在老龄妇女婚配的问题上，爻辞比象辞更具理性，道德观也更具人性。象辞是基于当时那种把婚配主要看成是生儿育女、继承香火的文化背景。爻辞还没有受这种思想的影响。老龄婚配也不仅是为了生儿育女，现代人讲爱情，会更加赞同爻辞的观点。过了岁数才结婚，不值得提倡，这是“无誉”；晚年在爱情上寻求慰藉，无可指责，这就是“无咎”。这是爻象辞思想上分歧较大的一爻。

上六：过涉灭顶，凶。无咎。

【译文】

过大水而淹没了头顶，凶。没有咎过。

象曰：过涉之凶，不可咎也。

【译文】

过大水而淹没了头顶的凶祸，无可指责。

【精解导读】

这一爻显然是从全卦取象。大象辞说“泽灭木，大过”。这一爻因为是在全卦最上位，按初爻为足趾、上爻为头角的《周易》例，是到了人体的头顶部位，故把“泽灭木”的卦象用在了爻象上。下卦是巽，巽为木；上卦为兑，兑为泽，又在大过卦里，故言“过涉灭顶”。象上是大泽之水淹没了树木，把树顶都没在水下，再加上大过的因素，就成了过大水而淹没了头顶。这是真正的灭顶之灾，有凶祸。但爻辞又说“无咎”，这个“咎”主要取咎过的意思。“无咎”，是没有过失。象辞讲得比较明确，说“过涉之凶，不可咎也”，意思是说过大水而被淹没，遇上凶祸，确实是倒霉，但有大水是应当渡过去的，不能指责他是咎由自取。前人讲到上六，常常举商纣时代的比干为例，认为商王朝到了覆灭的边缘，箕子隐遁起来，保全了性命，比干却苦谏纣王，试图挽救垂亡的国家，结果被纣王挖了心，遭到杀身之祸。箕子和比干都没有错，箕子是“遁世无闷”，比干是“独立不惧”。独立不惧，力挽狂澜也无可咎责。这一爻是有凶而无咎。

【提示】

这一卦与上一卦颐都是正看、倒看卦画相同的一组错卦，可以在此基础上分析一下《周易》里的对象。一般的卦是初与四应、二与五应、三与上应，六爻交叉成对。这一卦有一个明显的特点，除了不违背相应的原则外，还把六爻上下中分，两两成对，组成另一种配对的关系：初爻爻辞是“藉用白茅”，是垫底；上爻爻辞是“过涉灭顶”，是盖顶，一底一顶自成一对。二爻爻辞是“枯杨生稊，老夫女妻”；五爻爻辞是“枯杨生华，老妇士夫”，“稊”“华”与“老夫”“老妇”各自成一对。三爻爻辞是“栋桡”，四爻爻辞是“栋隆”，一桡一隆自成一对。这显然是作者的有意安排，这种安排除二与五的对应关系保持不变外，其他四爻的成对关系又做了调整。初与上、三与四有时也可能成对，这就提示我们，《周易》里还有一种对象，在分析时应当加进这个因素。

这一卦还启示我们，《周易》里还有纵横象。卦辞第一句就是“栋桡”，彖辞解释为“本末弱”，显然作者是把六爻整体看成是一条栋，两头发软，中间的四个刚爻是连成一体的栋梁中段。如果毛奇龄的两端为榫头的讲法合乎作者的初衷，那更是把六爻横过来看成是一根檩条（即卦画横看形似檩条榫）。即使毛氏讲得过巧，不一定是作者的本意，那也是横看成一根栋梁，四个刚爻是连成一体的，作者的心目中有横象。到了九三、九四的爻辞，作者又有“栋桡”“栋隆”的说法，把九三、九四分别看成栋，四个刚爻又不连在一起，分别成为屋顶上的四根檩条，只不过是二与五不在卦的中间部位，没取栋象。这种取象方法，又是把整个卦画纵过来看（即卦画纵看䷛形似屋顶檩条的分布。屋顶俯视䷛）。同在一卦，同取栋象，又竟然出现了这种纵横取象的不同，说明作者取象的方法极为灵活多变，观象也不可拘板。

二十九　习坎——水流就下

䷜

习坎的卦画为坎（☵）下坎（☵）上，坎为水。《序卦》云："物不可以终过，故受之以坎。坎者，陷也。"意为：事物不可能总是顺利通过，所以在大过卦之后接着是坎卦。坎是下陷的意思。《杂卦》云："离上，坎下也。"意为：离是火象，火向上燃烧；坎是水象，水向下渗透。《尚书·洪范》讲"火则炎上"，"水则润下"，意思相同。把《序卦》《杂卦》的意思综合起来，坎是低下的坎陷，引申为险阻之义，是就地形而言。大地的地形有高有低，一般地讲，所有低下之处都可以说是坎陷，但卦里有时也指高而难以逾越的地形。彖辞就说"地险，山川丘陵也"。坎与平坦只不过是相对而言，不平坦的地形都可看成是坎，包括高坎低陷。这样坎就有了低陷、高坎、险阻等义。但它的基本意思是指低下的坎陷。八纯卦相重都用八卦原名，唯有坎卦称作"习坎"。"习"是重，习坎就是重坎。前人对这一现象有多种解释，有认为是沿用《连山》《归藏》旧名的；有认为是八纯卦除乾、坤外，习坎是第一个出现的纯卦，用习坎称呼有示例的作用；也有人认为这一卦讲坎险，强调的是重重险阻。不论原因如何，大家都认为习坎是重坎这一点一致。所以卦名的基本意思是重重的低下坎陷，其他意思都是在这个意思上的扩展引申。前面讲过，《说卦》里讲的“乾，天也，故称乎父；坤，地也，故称乎母……坎再索而得男，而谓之中男”等，是就八卦的生成讲的，是卦的生成序，不是卦的变化推移。就卦变讲，坎卦是由临卦变来，是临卦的初九与六五交换了位置，即：临（六五、初九）䷒两爻换位，变䷜习坎。九五从下位升到全卦尊位，是一卦的主爻。彖辞里说“乃以刚中也。行有尚，往有功也”，都提示了卦变的方式，不能据卦的生成序而否定卦的变化序。另外坎卦与下卦离是一组变卦，即：习坎䷜爻反性变化，为䷝离。所以两卦比邻相次。这两卦也有正看、倒看卦画不变的特点。

习坎，有孚。维心亨。行有尚。

【译文】

习坎，有信实。因为内心而亨通。行动可以上进。

彖曰：习坎，重险也。水流而不盈，行险而不失其信。维心亨，乃以刚中也。行有尚，往有功也。天险，不可升也；地险，山川丘陵也。王公设险以守其国。险之时用大矣哉！

【译文】

习坎就是重险。水流不满，流行在坎险中而不失信。因为内心而亨通，是内心刚健。行动可以上进，是前往能成就功业。天险是不能升上去，地险是山川丘陵。王公设置险阻用以守卫自己的国家。险的时势作用太重大了。

象曰：水洊至，习坎。君子以常德行，习教事。

【译文】

水不断流过来就是习坎卦。君子从中得到启示，要使德行有常性，不断学习提高教化人民的水平。

【精解导读】

卦辞说“习坎，有孚。维心亨”。习坎是重坎，在象上指的是习坎这一卦是两个三爻的坎卦重叠在一起组合而成。“孚”是信，“有孚”是有信实，内心诚实，遵守诺言。从象上来分析，坎卦是刚爻居中（☵←中刚），刚爻为实，柔爻为虚，中有信实。“维心亨”中，“维”是词头，有正是、因为的意思（见下彖辞的分析）。意为：正是因为内心的关系才亨通。精诚所至，金石为开，诚可感天地，泣鬼神。

是取坎为心之象。“行有尚”中，“尚”意同“上”，是说行动可以上进，走向高位。象上指习坎从临卦变来，主爻九五从下位升到尊位。坎卦总的讲还是好的，心地坦诚能亨通顺利，还有高升的可能。但坎坷肯定是有的，还可能多次遭遇险难，关键是内心要刚健笃实。

彖辞从八个方面说明习坎卦。（一）解释卦名。“习坎，重险也”，意为习坎是重险的意思。同时也有说明习坎卦的卦画组合意义，一个三爻的坎卦又重叠一个三爻的坎卦就是习坎卦。坎为险，两坎相重，就是重重叠叠的坎险。（二）从卦象上说明习坎卦的优点，提出“维心亨”的理由之一。“水流而不盈”，象上指坎为水，又为低洼的地形，水流入低洼地，卦象呈现的是水流而不满。从取义上讲，“满招损，谦受益”。习坎卦有不满盈的优点，能够受益。“流水不腐，户枢不蠹”，习坎卦有流动的特性，不会腐败而能保持活力。（三）从卦的特性上说明习坎卦的优点，解释卦辞“有孚”的理由。“行险而不失其信”，象上指坎的特性是险，又是流动，在坎险之中流行尚且能信守诺言，平时更会信实，所以才会说它“有孚”。“行”是指水有流动的特性。关于坎卦“有孚”的说法，前人有较多的说明，大致提出以下三条理由：第一是水朝宗于海，无论经过任何曲折迂回，奔向大海的目标不变，非常有准信。第二是大海之水潮汐有时，从不失信。民歌还说“早知潮有信，嫁与弄潮儿”。第三其实主要是因为坎（☵）卦中爻刚实，内中诚实而有信用。“孚”就是信。（四）从坎的卦画上解释“维心亨”。“维心亨，乃以刚中也”，意思是说：坎卦（☵）是两个柔爻分居上下，一个刚爻居中。刚健充满心中，又是中实之象，所以亨通。“乃”是副词，相当于正是，“以”是因为，“乃以”用以解释“维”。彖辞认为“维心亨”，“正是因为心才亨”。而坎卦的“心”是什么样的心呢？就是刚健笃实的心，有这样的心才能亨通。（五）从卦变上解释卦辞“行有尚”。“行有尚，往有功也”，象上指习坎是从临卦变来，临卦的初九升进成为习坎的九五（临初九→䷒上往五位，变九五→䷜习坎），取得尊位，这是主爻的推移，前往有功业可成。这就是卦辞“行有尚”的具体所指，“尚”是向上。从取义上讲，尚可讲成高尚、嘉尚，但在象里指“上”。这也是彖辞一语多关的辞例。（六）解释“险”的意思。“天险，不可升也；地险，山川丘陵也”，指险可分为三类，一类是天险，一类是地险，还有一类是人险。天险，我们今天都是当成自然生成的险阻这个意思。彖辞作者不这样讲，他说的天险是指天道规律不可抗拒的险阻，这样的险阻无法逾越，人也不能异想天开地去逾越，所以说“天险，不可升也”。比如说消息盈虚的规律会给某一方造成险阻，这没什么办法，都得随着运动。人做些努力也只能是修修补补，根本上改变不了。“不可升”就是不可逾越，是让人看到天险具有不可逾越的特点。地险才是大地上自然生成的险阻，比如山川丘陵之类。

这里为什么要提到天险、地险？主要是为了强调人险。习坎是险，人要从天险地险中学习利用险，学习天险的不可逾越，学习地险的布置形态，从而设置人险。（七）举例说明人险的用途。“王公设险以守其国”，就是讲人险的用途。王公效法天险的不可逾越，地险的布置形态，设置深沟高垒等人为的险阻，可以用来守卫自己的国家。这就把不利因素化为有利因素，懂得怎样利用险阻，这才算学懂了习坎这一卦。（八）强调习坎卦的时用意义。“险之时用大矣哉”，意思是说习坎卦虽然是重重险难，但不能只看到它的不利一面，人如果善于从中学习，险难的时势和作用也相当重大，应当对它有一个正确的认识，是让人们从习坎卦中学会化消极因素为积极因素的本领。彖辞作者在（六）、（七）、（八）里不厌其烦地向人们说明学《周易》的方法，主要是因为人们很容易一看到习坎这一卦就觉得晦气，从而丧失信心，这与易理并不相符。高明的人应当学习易理的辩证思想，从习坎中学会怎样利用险。要是从象上讲，上坎就是天险，下坎就是地险。王公之险是从中引发的，没有象。前人为王公之险还要找出象来，这就是杜撰了。象辞解释卦象组合。“水洊至，习坎”，象上指习坎卦由两个三爻的坎卦组成。上坎是水，下坎又是水，水与水接踵而来，这就是习坎卦。洊，前人都讲成“仍也”，就是接续而来连连不断的意思。君子从这个卦象里学习什么？“君子以常德行，习教事”中，“常”是使动用法，“常德行”意为使德行有常，就是说看到水连续不断的卦象，也要让自己的德行连续不断，始终如一。不要朝三暮四，品德行为前后脱节。“习教事”的“习”也是反复相重的意思，“教事”从个人修养方面指接受教化之事，从社会意义上讲是教化人民之事。

这是说君子要不断学习，掌握教化民众的本领。从“水洊至”可以看出，“习”的学习意思是从反复相重这个基本义引申出来的。

初六：习坎，入于坎窞。凶。

【译文】

重坎，落入坎中之坎。凶。

象曰：习坎入坎，失道凶也。

【译文】

重坎而落入坎中之坎，是迷失道路的凶祸。

【精解导读】

习坎卦从临卦变来，临卦的初爻与五爻交换了位置，初六正是从临卦的五位推移到初位，成为习坎的最下一爻。上卦是坎，下卦又是坎，初六落到坎下之坎，故言“习坎，入于坎窞”。“窞”，《说文》讲为“坎中更有坎”。落入坎中就不易出来，再落入坎下之坎，这一爻是陷得太深了，无法出来，故“凶”。

象辞说“习坎入坎，失道凶也”，指初六是从临的五位而来，自己走错路，掉到坎下之坎，有凶祸；取义上是说迷失道路，遭遇了凶祸。

九二：坎有险，求小得。

【译文】

坎陷中有险难，求取小有所得。

象曰：求小得，未出中也。

【译文】

求取小有所得，是因为还保持着中道。

【精解导读】

九二也在下坎之中，坎为险，故“有险”。在下卦中位，行为不失中，又有初六下来比邻，故有得。但初六是柔爻，柔爻为小，故言“求小得”。象辞说“求小得，未出中也”，“未出中”有两层意思，一是指未离开坎中，故有险；一是在中位，上下有两个柔爻相辅，故“小有得”。

六三：来之坎坎，险且枕。入于坎窞，勿用。

【译文】

来去都是坎，险难枕藉。进入坎陷之中，不可用。

象曰：来之坎坎，终无功也。

【译文】

来去都是坎，最终不会成功。

【精解导读】

“来”是过来，“之”是去往，“来之坎坎”就是来来去去都是坎陷。“枕”，《说文》：“卧所荐也”，是睡觉时垫在头下的枕头，引申为下面铺垫的东西。“险且枕”是说险难枕藉，再通俗点讲，就是满地都是险难。这样讲与象合。六三在上下卦之际，往上卦去是坎，到下卦来还是坎，所以才说“来之坎坎”。坎为险，前后都是险，还不是到处是险？故言“险且枕”。“枕”是满地、到处，由铺垫引申而来。“入于坎陷，勿用”，是说进入坎陷丛里去了，拔不出腿来，使不上了。象辞说“来之坎坎，终无功也”，意思是说往前也是坎，退后也是坎，挣扎到最后也成功不了。这是针对全爻“来之坎坎，险且枕。入于坎窞，勿用”讲的，不单是解释“来之坎坎”。

六四：樽酒簋贰，用缶。纳约自牖，终无咎。

【译文】

一樽酒，两盘供品，用瓦缶作祭器。从窗户纳进简单的祭品，最终没有咎害。

象曰：樽酒簋贰，刚柔际也。

【译文】

一樽酒，两盘供品，是因为处在刚柔相际之处。

【精解导读】

六四爻辞涉及很多古代的知识，先得解释一下。“簋”是古代的一种器皿，形制是内方外圆，祭祀或宴享都可用。《说文》：“簋，黍稷方器也。”《诗·秦风·权舆》：“每食四簋。”传：“四簋，黍稷稻粱。”《经典释文》：“内方外圆曰簋，以盛黍稷；外方内圆曰簠，用贮稻粱，皆容一斗二升。”看来主要是用来盛黍稷稻粱，讲究一点要用四簋，簠簋俱全。用二簋规格低一等，简单多了，不算讲究。“缶”是瓦器，陶制品。簠簋在没有青铜器之前是烧制的瓦器，现在出土的文物大多是青铜器。瓦器没有青铜器贵重。爻辞说“樽酒簋贰，用缶”，只一杯酒，两盘黍稷之类的供品，而且还是瓦器，都说明简朴而不讲究。“纳约自牖”，“牖”是窗户，“纳”是纳入，是说把这种简约的祭品从窗户送进去。这是古代女子非正祭的一种牖下之祭。《诗·召南·采苹》：“于以奠之，宗室牖下。”孔疏：“户牖间之前，户西牖东，去牖近，故云牖下。”是说这种牖下之祭，是在门窗之间的前面进行，位在门子的西边，窗户的东边，稍微离窗户更近一点，所以称“牖下”。正祭是在室内西南角设立祭坛，所谓“祭于奠”。窗户离祭坛要近一些，是从窗户把供品纳入室内，放到祭坛上。供品不多，祭器简朴，又是牖下之祭，都说明祭祀的规格不高，“约”在取义上主要是说简约。但祭祀主要是要有诚敬之心，并不取决于规格高低，所以最终不会有咎害。王弼说：“一樽之酒、二簋之食、瓦缶之器，纳此至约，自进于牖，乃可羞之于王公，荐之于宗庙，故终无咎也。”讲得较为通顺。从象上辨析，六四在互艮（六四→䷜>互艮）、互震（六四→䷜>互震）和上坎里。虞翻说“震主祭器，故有樽簋，坎为酒”，这些都是逸象。考之卦象，震为仰盂，形似器皿，较为可信。坎为水，用以祭祀为酒，理上可通。上一卦我们讲到对象，可以说明爻辞作者心目中有对象。从二至五，是正反震（正震<䷜>反震），又是正反艮（正艮<䷜>反艮），又是正反艮的对象。在上坎，故言“樽酒”；正反震相对称，故言“簋贰”；两震相对为缶（见下卦），故言“用缶”。艮为门，在对艮里，处两门之间，故为“牖”；坎为信，信为约誓，故为“约”，所以说“纳约自牖”，只不过“约”的取象与取义不同罢了。与损卦印证，也是以正反震为二簋（损反震<䷨>正震），损卦卦辞就说“二簋可用享”。这样分析圆通一些，象辞说“樽酒簋贰，刚柔际也”，象上提示的是习坎由临卦变来，临的初九升到五位，把六四与上面的柔爻隔开，六四夹在了两个刚爻中间，形成正反震的对象。从取义上讲，“牖下之祭”一般是贵族家庭未出嫁的女孩子举行的祭祀，男刚女柔有分际，所以才“纳约自牖”。

九五：坎不盈，祇既平，无咎。

【译文】

水流入坎里不满溢，仅到了齐平，没有咎害。

象曰：坎不盈，中未大也。

【译文】

水流入坎里而不满溢，是因为居中但不够光大。

【精解导读】

九五是全卦的主爻，从临卦的初位升上来，进入上卦坎中。坎为水，又有流动之象，坎为低洼，故言“坎不盈”。

水性平，故言“祗既平”。“祗”是语辞，与复卦的“无祗悔”同例，在上下文的环境里略含“只”的意思。“既”是已经，“祗既平”意思是虽不满，但已经齐平，并没有溢出来。从取义上讲，是说九五能够谦居中位，不为已过，不会有咎害。象辞说，“坎不盈，中未大也”，意思是九五居中位，有中庸之道，不骄满横溢，但还不够光大。象上提示的是九五在两个柔爻之间，柔爻为小，又为暗，被小暗所拘，还不光大。能行为适中，故无咎；不够光大，故不言吉。

上六：系用徽纆，置于丛棘，三岁不得，凶。

【译文】

用绳子捆起来，放在荆棘丛中，三年不能出来，凶。

象曰：上六失道，凶三岁也。

【译文】

上六迷途失道，有三年的凶祸。

【精解导读】

“系”是用绳子拴缚。“徽”“纆”都是绳子，刘表说：“三股为徽，两股为纆。皆索名，以系缚其罪人矣。”指的是三股拧成的绳子和两股拧成的绳子。“丛棘”是牢狱。古代断狱的外朝种九棘，故称牢狱为丛棘。《九家易》说：“周礼，王之外朝左九棘，右九棘，面三槐。司寇、公卿议狱于其下。害人者加明刑，任之三事。上罪三年舍，中罪二年舍，下罪一年而舍也。”考之《周礼·秋官·朝士》：“朝士掌建邦外朝之法，左九棘，孤卿大夫位焉，群士在其后；右九棘，公侯伯子男位焉，群吏在其后；面三槐，三公位焉，州长众庶在其后。”讲的是公卿在左右栽种九棘的外朝断案定罪。爻辞的意思是说被绳子捆缚起来，定成大罪（上罪），投入牢狱，三年不得出狱，凶。这一爻的取象，尚秉和先生讲得较有道理。他说：“坎为矫輮，物之能矫輮者莫过于绳，故以徽纆取象。”矫輮是古人用熏烤的方法把木材强力弯成所需弧形的一种工艺。木材熏烤之后变得柔韧，用绳子把它捆缚成一定形状，等待它干透定型。坎为矫輮，故有被绳索捆绑之象。坎为“坚多心木”，故为“棘”，二坎相重，故为丛棘，上六在全卦之上，有“于丛棘”之上的象。《周礼》讲的“上罪三年舍”，盖记载古代的成法。重罪要服刑三年。《周礼司圜》：“收教罢民，能改者，上罪三年而舍，其不能改而出圜土者，杀。”意为有悔改表现，三年后释放，如无悔改表现或偷偷越狱的要杀掉。所以说“三年不得”，意思是无论怎样三年之内是出不来的。这一爻三年牢狱之灾不可免，故凶。象辞说“上六失道，凶三岁也”，重在解释上六为什么会有罪。象上提示的是坎为水，水是向下流，而上六却位居一卦之上，违背了水流的道路。取义是说上六无道胡来，所以有三年的凶祸。

【提示】

习坎卦是除乾、坤之外第一个出现的八纯卦之一，有些问题要提出来说明一下。前人把三爻的八卦有时称单卦，有时称经卦，这都是与六爻卦相对而言的。说单卦是因为它没有相重，说经卦是因为它可以编织六爻卦，这都有理可言。但三爻卦不能称纯卦，因为两个三爻卦相重组成六爻卦，才有纯不纯的问题。所以，八纯卦指的是由两个上下相同的三爻卦搭配而成的八个六爻卦。习坎正是这样的一个纯卦。纯卦都具有提示卦象的作用，因为上下由同一个卦组成，纯卦的特性不杂，所以纯卦里所具有的内涵也反映单卦的内涵，这就提出一个据纯卦求象的问题。《说卦》讲的卦象用来解释六十四卦，并不能满足所有要求，这样就得扩大卦象的来源，所以前人补出很多逸象。在这些逸象里，据纯卦补出来的，应当说最可信。比如这一卦，坎为水、为险、为耳等，这些是《说卦》指明了的。但前人还不断提到坎为孚信，为心实，这就是《说卦》没有提到的逸象。根据习坎卦辞“习坎，有孚，维心亨”的命辞，这种逸象有内证作依据，就比较可信。推而广之，坎出现在其他卦里有孚信心实之象，可以成立。这样可以帮助我们解释《周易》里的部分问题。据此，在研究《周易》时，先要认真熟悉八纯卦，要注意从八纯卦里发现、印证逸象，这个方法前人也常常用到。但需提示一点，即使是据八纯卦求象，也应当有较多的材料加以印证，不能把八纯卦所有的命辞一概都看成是单卦的卦象。《周易》里的纯卦有由单卦自身重叠的八个六爻卦，即乾、坤、坎、离、震、艮、巽、兑。

三十　离——火炎向上

䷝

离卦的卦画组合为离（☲）下离（☲）上，离为火。《序卦》云："陷必有所丽，故受之以离。离者，丽也。"意为：陷入坎里肯定会附着在一个地方上，所以在坎卦之后接着是离卦。离是附着的意思。《序卦》讲的"丽"是附丽，也就是口语讲的有个着落附在上面。离就是附着的意思。《杂卦》云："离上而坎下也。"离为火，火炎上，离卦是火向上燃烧。这里含有五行说法。从全卦考订，离的主要意思是附丽，但有时按卦象取火（如"焚如"）、取日（如"日昃之离"）、取文明（如"黄离"）、取明（如"明两作"）、取礼（如"履错然"）、取征伐（如"王用出征"）等义，要注意它的多义性。

离也是八纯卦之一，可以据卦求象，比如卦辞说"畜牝牛吉"，可证明离有牝牛之象。《左传》昭公五年，庄叔为穆子初生而占筮，遇明夷之谦，楚丘解释说"纯离为牛"。可见不独是坤为牛，离也可为牛。另外，八纯卦都是单卦自身相重，所以都有相重之义。坎称“习坎”指出来了，离卦没有指出，但还是有相重的意思。程传说：“八纯卦皆有二体之义。乾内外皆健，坤上下皆顺，震威震相继，巽上下顺随，坎重险相习，离二明继照，艮内外皆止，兑彼已相悦。”分析八纯卦要注意这个特点。

离与坎是一组变卦，即离卦六爻全部刚变柔、柔变刚，就成了坎卦（离䷝爻反性变化，为䷜坎）。坎卦由临卦变来，离卦就由临的旁通卦遁变来（临䷒旁通䷠遁）。是遁卦的初六与九五交换了位置，即遁九五初六䷠两爻换位，变䷝离。六五是全卦的主爻。彖辞中说“柔丽乎中正”，上九爻辞说“折首”，都可证明这一点。认为六子卦没有卦变，那就太不尊重实际了。乾、坤尚有卦变的问题，六子卦更不能例外。

离，利贞，亨。畜牝牛吉。

【译文】

离卦，利于正固，亨通。畜养母牛吉。

彖曰：离，丽也。日月丽乎天，百谷草木丽乎土。重明以丽乎正，乃化成天下。柔丽乎中正，故亨，是以畜牝牛吉也。

【译文】

离是附丽的意思。日月附丽于天，百谷草木附丽于地。双重光明附丽于正道，于是教化天下，达到文明。柔能附丽于中正，所以亨通，因此畜养母牛吉祥。

象曰：明两作，离。大人以继明照于四方。

【译文】

光明接着光明升起来，就是离卦。大人从中得到启示，光明相继而照临四方。

【精解导读】

“离”是附丽，附丽就是附着于某一个物体上，当然是正而不斜才附着得牢固，所以卦辞才说“离，利贞”。“利贞”是宜于正固，正固有利。与坎卦相比，坎宜于流动，是“行有尚”。离不利于流动，是“利贞”。离卦的主爻在由遁变离时，从初位进升到尊位，刚柔爻交错成文，故“亨”。坤为牛，离得坤中爻，故离有牝牛之象。上离下离牝牛成群，故言“畜牝牛吉”。《说文》：“牝，畜母也。”牝是母的动物，牝牛就是母牛。

彖辞分五个方面解释离卦。（一）解释卦名的意思。“离，丽也”，意思与《序卦》相同，卦名离的意思是附丽。

（二）从天地之道说明附丽的意思。“日月丽乎天，百谷草木丽乎土”，是说万物都要有所附丽。看看日月，还要附丽在天上；看看百谷草木，还要附丽在地上，附丽合乎天地自然之道。离卦具有附丽的特性，这是卦的优点。（三）从上下卦象的组合说明卦辞“利贞”。“重明以丽乎正，乃化成天下”，意指下卦离为明，上卦离又是明，两个明重叠在一起，就是六爻的离卦，离是丽，如果能附丽得正，就能教化天下，成就文明的大业，所以才利于正。这一句把“贞”讲成正，“利贞”是因为正可“化成天下”。显然，“明”扩展出光明的道德的意义，是要用光明纯正的道德教化人民，使社会文明大治。（四）从卦变上解释卦辞“亨”。“柔丽乎中正，故亨”，象上指离卦从遁卦变来，遁卦两个柔爻（遁䷠>二柔），初六与九五换位变离之后，两个柔爻分居于上下卦中位，左右停匀，上下对称，所以是柔爻附丽到中正的位置上。从取义上说，附丽是要依附，当然柔顺才好依附，依附得中得正才会稳固，“柔丽乎中正”符合依附之道，所以才会亨通。（五）解释卦辞“畜牝牛吉”。“是以畜牝牛吉也”紧接“柔丽乎中正”而来。“柔丽乎中正”既是“亨”的原因，也是“畜牝牛吉”的原因，意思是因此才畜牝牛吉祥。为什么“柔丽乎中正”也会“畜牝牛吉”呢？因为坤为牛，又为顺，卦象认为牛是天下柔顺的动物，再加上又是母牛，就更加柔顺。柔顺取得中正之位，对柔顺太有利了，故畜养母牛就吉祥。

象辞解释卦象组合是个常例。“明两作，离”，指离卦由两个三爻的离卦组合而成，上卦是离，下卦又是离，离为光明，组合在一起是光明一个接一个地升起来，“作”是起来。这就是六爻的离卦。八纯卦都有相重的意义，不是仅有两个明，而是连续不断的多个明，“两明”表示多个连续不断的光明。从这样的卦象里学习什么？“大人以继明照于四方”，是说治理国家的大人，要以连续不断的光明道德照临天下四方。彖、象辞一致认为全卦的主题是学习离卦，要使人的道德纯正，并以道德之光连续不断地普照天下，教化人民，走向文明大治。

初九：履错然。敬之，无咎。

【译文】

礼仪有文采。恭敬它，没有咎害。

象曰：履错之敬，以辟咎也。

【译文】

礼仪文采的恭敬，可以避免咎害。

【精解导读】

“履”在取义上作礼讲，指的是各种礼仪制度。“错”

指的是文采。礼仪是社会的文采，没有礼仪社会就质而不文，“履错然”是礼仪有文采。既交错又有秩序才算得上文采。礼仪有文采是有秩序，很文明的样子。《序卦》说：“有上下，然后礼仪有所错。”意思可相互印证。“敬之”，是说对这种有文采的礼仪要怀着恭敬之心去履行，这样就不会有咎害。从象上讲，初九这一爻是遁变离时从五位下来的。初位是足，如同是在脚上穿了鞋子，故言“履”，象上取履为鞋子之意。下到初位，既是“刚来文柔”，又组成下卦离，离为文，故言“错”，“错”就是文。举止文明礼貌，故言“敬之”。“无咎”是断词。象辞说“履错之敬，以辟咎也”，意为礼仪有文采，文明礼貌，当然就可以避免咎害。“辟”与“避”是古今字。总之这一爻是彬彬有礼，行为文明，不会有咎害。这是爻辞的主要意思。前人讲这一爻也有分歧，对这些分歧的意见怎样认识呢？凡是能与作者本意挂得上的，可以不把它看作主要意思，但也不要一概排斥。比如，说“履错然”是穿了一双花鞋，也可以算对。因为爻辞就是要用这样一种浑囵的语言载道广应，不能看得太死。但如果认为“花鞋”是主要意思，那就大谬不然了。对爻辞的解释都应当这样去看。

六二：黄离，元吉。

【译文】

附着在黄色上，大吉大利。

象曰：黄离元吉，得中道也。

【译文】

附着在黄色上大吉大利，是因为依附中道。

【精解导读】

“黄”是中之色。坤卦六五“黄裳元吉”，象辞解释是“文在中也”。《文言》说是“黄中通理，正位居体，美在其中而畅于四支，发于事业，美之至也”，这里有五行观念。从五行的方位讲，木金火水分居东西南北，分别是青白红黑，而土居中位，是黄色。所以周人尚黄，以黄为美。从生成上讲，离卦是得坤的中爻，把坤的美带入乾卦（坤☷中爻入乾☰，生成离☲），表示最醇美的文明。六二在下卦离里，又是中爻，故言“黄离”。离是文明，“黄离”是美丽中正的文明，所以“元吉”。象辞说“黄离元吉，得中道也”，“中道”象上指六二在下卦中位，意思是说具有不偏不斜最正确的道，所以大吉大利。

九三：日昃之离。不鼓缶而歌，则大耋之嗟，凶。

【译文】

西斜的太阳。不是敲瓦盆唱歌，而是垂老之人的嗟叹，凶。

象曰：日昃之离，何可久也。

【译文】

西斜的太阳，怎么会长得了。

【精解导读】

“昃”，《说文》：“日在西方时，侧也”，是日西斜。离为日，“日昃之离”，就是西斜的太阳。“缶”是瓦盆，“鼓”是敲，“不鼓缶而歌”是不敲着瓦盆唱歌。“鼓缶而歌”是一种自得其乐的达观态度。《庄子》里说，庄子的妻子死了，庄子鼓缶而歌，认为人的死是与自然同化，没什么可悲哀的。“耋”是老。马融说是“七十曰耋”，王肃说是“八十曰耋”，《说文》也说是八十岁称耋。总之是七老八十的老者。“则大耋之嗟”，是说垂老之人的嗟叹。总之，这一爻的意思是说：太阳西斜了，不是“鼓缶而歌”的达观歌唱，而是垂暮之人的嗟叹，凶。是灭亡之前的哀叹。荀爽说：“初为日出，二为日中，三为日昃。”九三处下卦之终，是日西斜之象。以日时比拟人的生命，就是垂暮的老人。程传说：“九三居下体之终，是前明将尽，后明将继之时。人之终始，时之革易也，故为日昃之离。日下昃之明也。昃则将没矣。以理言之，盛必有衰，始必有终，常道也。达者顺理为乐。缶，常用之器也，鼓缶而歌，乐其常也。不能如是，则以大耋为嗟忧，乃为凶也。大耋，倾没也。人之终尽，达者则知其常理，乐天而已，遇常皆乐，如鼓缶而歌。不达者则恐，但有将尽之悲，乃大耋之嗟，为其凶也。此处死生之道也。”卦有上下二离，九三在二离之间，离为日、为明，正是一日之末，二日未到，垂暮之象。正如坎卦的六三“来之坎坎”，也在两坎之间。正、反兑组成对象才是“鼓缶而歌”，如中孚卦的六三“或鼓或歌”，就是如此（中孚反兑六三兑）。因为兑为口，两口相对为歌唱之象。缶是有盖的瓦盆，这从字形上可以看得出来（小篆盖盆），有盆有盖，故以正反震相对为“缶”（中孚震<>反震）。中孚的六三既在正反震，又在正反兑里，所以才有“鼓缶而歌”之象。而离的九三正好与此相反，两兑相背（离兑<>反兑），缶象拆开，故为“不鼓缶而歌”。“缶”并不是一种乐器，古人击缶节歌，是一种随便将就的做法。《史记·廉颇蔺相如列传》记载秦人有击缶而歌的习惯，不尚讲究，蔺相如以此来侮辱秦王。但对普通人来讲，不讲究方式而自得其乐，正是一种乐天达观的表现。九三这一爻时在垂暮，又不乐天达观，故为“大耋之嗟”。“嗟”是嗟叹，是为垂亡而哀叹，故“凶”。象辞说“日昃之离，何可久也”，说明九三这一爻是时日无多，行将就木，没几天好日子过了。

九四：突如其来如，焚如，死如，弃如。

【译文】

突然而来，如同火焰熊熊燃烧，会有生命危险，会被抛弃。

象曰：突如其来如，无所容也。

【译文】

突然而来，无地可容。

【精解导读】

“如”是形容性词尾，相当于“然”。“突”，《说文》作“𠫓”，解释说：“不顺忽出也。从倒子。《周易》曰：‘突如其来如’。不孝子突出，不容于内也……或从古文子，即《周易》‘突’字。”意为：“𠫓”的意思是逆着突然就出来了，字形是个倒着的“子”()(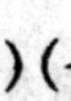)字。《周易》里说“突如其来如”，是不孝顺的孩子突然生出来，不容于内。是六的另一种写法，是倒过来的古文“子”()字。这就是《周易》的“突”字。小篆的“子”字是个象形字，画的是一个襁褓中的婴儿“”，古文的“子”字还有头发“”。“𠫓”是把这个孩子倒过来（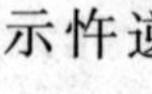），表示忤逆。古人认为儿子不孝顺最恼人，还不如早点把他焚烧、整死、扔掉。

“弃”是扔掉。《说文》讲这个字的结构是“从廾推𠦒，弃之。从㐬。㐬，逆子也。”意思是两手推着箕把不孝子扔出去。《汉书·匈奴传》说，（王）“莽作焚如之刑，烧杀陈良等”。陈良是叛变投靠匈奴的汉臣，后来被遣送回国，王莽创制“焚如”之刑，用来处决逆臣。如淳的注说：“焚如、死如、弃如者，谓不孝子也。不畜于父母，不容于朋友，故烧杀弃之，莽以此作刑名也。”这些均可证明，“突”是叛逆之子。爻辞的意思是说：逆子让人想都想不到的就生出来了，该焚烧、整死、扔掉。从象上讲，九四取的也是对象，二至五爻既是正反兑（兑<>反兑），又是正反巽（反巽<>巽），兑为悦，巽为随顺，是悦而不悦，顺而不顺，正如生了个孩子该喜悦却高兴不起来，该孝顺却不孝顺，故为“突如其来如”。上离为火，故“焚如”；兑为毁折，故“死如”；焚死之后该扔掉，故“弃如”。象辞说“突如其来如，无所容也”，意为：意想不到地生出这么个逆子来，没地方可以容下他。读这二爻要注意一个问题，爻辞这样主张弃婴，是立足在父母本身正确的基础上，如果父母本身就是个坏蛋，儿子要顺的就是天道。

六五：出涕沱若，戚嗟若。吉。

【译文】

涕泗滂沱，悲戚嗟叹。吉祥。

象曰：六五之吉，离王公也。

【译文】

六五的吉祥，是因为附丽于王公。

【精解导读】

“若”也是形容性词尾，用如“然”“如”。“涕”本指眼泪，引申为鼻涕眼泪。“沱”是滂沱，水涌出的样子。“出涕沱若”是鼻涕眼泪一齐涌出，哭得十分可怜，犹如口语说的鼻涕一把泪一把的样子。“戚”是悲。成语“休戚相关”就是喜与悲紧相关联。“戚嗟若”是说悲痛慨叹的样子。这一爻是悲痛可怜，泪流满面，痛哭不止，悲叹不绝。然而不是有凶，而是吉祥。《周易》中有很多这样的例子（如“先号咷而后笑”），“忧”才能吉，乐反而凶。《系辞·下》说：“作《周易》者其有忧患乎？”“其辞危。危者使平，易者使倾。”“危”与“易”是一对矛盾，知危而忧，化险为夷，才能获得乐易；乐而忘忧，疏于备虞，就会获凶。所以老泪纵横，痛哭连声，反而获得吉祥。从象上说，六五在上卦离里，离为目，又在互兑之中（六五→䷝>互兑），兑为口，为泽水，口、目出水如泽，故为“出涕沱若”。有口而叹，故为“戚嗟若”。然而六五是遁变离的主爻，从初位上升到尊位，虽有悲哭之象，却能获吉，故言“吉”。象辞说“六五之吉，离王公也”，是说遁卦的上卦原来是乾(遁☰>乾)，乾为君王，六五从初位升进到乾卦的中位，是附着在王公的身上，所以会吉。

上九：王用出征，有嘉。折首，获匪其丑，无咎。

【译文】

国王出兵征伐，有功获嘉。斩了首领，获俘主犯，没有咎害。

象曰：王用出征，以正邦也。

【译文】

国王出兵征伐，是治理自己的邦国。

【精解导读】

“嘉”是喜庆，“有嘉”是说能取得成功。“折首”是砍断头，这里有杀掉首领的意思。“丑”是同类，指一般胁从人员，“获匪其丑”是说俘获到的非是一般的胁从人员，而是主犯。《尚书》里说“歼厥渠魁，胁从罔治”，意思是杀了作乱的大头目，胁从的人员不追究。与这一爻义同。这一爻是国王去平息叛乱，把头头杀了，主犯抓了，祸乱平定了，征伐成功。从取象上讲，乾为君王，离为戈兵，离卦从遁变来，上卦乾变为离，故言“王用出征”。乾为首，六五从初位上来，把乾折断，故言“折首”。上位为头领，故言“获匪其丑”。征伐成功，故“有嘉”“无咎”。象辞说“王用出征，以正邦也”，意思是说国王出征，是为了正治自己的邦国。是解释出征的意思，没有涉及象。

【提示】

从离卦各爻的命辞可以看出，离卦是由遁卦变来，六五象辞说“离王公”，上九爻辞说“折首”，如果上卦原来不是乾，这些象都毫无根据。《说卦》里讲得很清楚，乾“为君”、乾“为首”，这里用的都是点明了的象。有人硬要抛弃卦变，所以不惜舍掉这些明象而去重加经纬，这就不可取了。离是《周易》上经的最后一卦，有了以上三十卦的基础，我们可以归纳一下《周易》里的三个序列。

《周易》在它的构架组织上，共有三个大序列的交织。第一个序列是八卦的生成序列。《说卦》里讲：“乾，天也，故称乎父。坤，地也，故称乎母。震一索而得男，故谓之长男。巽一索而得女，故谓之长女。坎再索而得男，故谓之中男。离再索而得女，故谓之中女。艮三索而得男，故谓之少男。兑三索而得女，故谓之少女。”这是用父母生出三男三女，说明乾坤生出六子卦，于是才有八卦。八卦相重才生出六十四卦，主要说明的是生成序列。《说卦》因为是讲卦象，把生成序讲出来，是为了说明八卦在人伦关系上它们各自代表的是什么象，根本不是要讲卦变，这是一个相当明确的事实。我们也不能据此讲什么卦变。

第二个序列是爻的推移序列。《系辞》是从总体上揭示《周易》的原理，因为卦变是很重要的原理之一，所以才讲卦变。《系辞》说："八卦成列，象在其中矣；因而重之，爻在其中矣。"这是说明卦的生成。又说"刚柔相推，变在其中矣""刚柔相推而生变化""是故刚柔相摩，八卦相荡""六爻之动，三极之道也"，等等。卦生成而爻不推移，《系辞》为什么要说这么多废话？卦动怎么能代表爻动？这只有一个合理的解释，那就是六十四卦生成后，还有个爻的推移序列，而不是生成之后，又去从乾坤里索取。而这种推移的序列正反映的是阴阳消长的对立运动，也正是《周易》最基本的原理。因此说六十四卦在十二消息卦的基础上产生变化，是《周易》里的变化序列，不能与生成序列混同。能够得出这个结论，并不在于是某个人这样讲过，而是有大量的彖辞和爻辞材料可以证明。抓住这个线索许多问题就可以迎刃而解，抛弃这个线索就难以自圆其说。这可以充分证明，变化序列是《周易》内在的规律。

第三个序列是六十四卦的编排序列。这个序列孔颖达已做出揭示，他说"六十四卦，二二相偶，非覆即变"；它正确反映了《周易》的实际，并把排列的秘密发现了，这就为后人的研究提供了方便。

《周易》有这样三个序列，所以才会出现数的问题。从这一点上看，讲象数并没有错，关键是讲得对不对。王弼尽黜象数的做法并不可取，搞乱了人们的思想，开了几百年的倒车。

《易经》全解

【第三卷】

刘天然/编著

华龄出版社

三十一　咸——男女感应

䷞

咸卦的卦画组合为艮（☶）下兑（☱）上，传统称作泽山咸。《序卦》云：“有天地然后有万物，有万物然后有男女，有男女然后有夫妇，有夫妇然后有父子，有父子然后有君臣，有君臣然后有上下，有上下然后礼仪有所错。夫妇之道不可不久也，故受之以恒。”意为：有了天地然后才会有万物，有了万物然后才分出男女两性，有了男女两性然后才会有夫妻，有了夫妻然后才会有父子，有了父子尊长卑少然后才会有君臣尊卑，有了君臣尊卑然后才会产生上下等级，有上下等级然后在礼仪制度上才有种种不同的交错。夫妻的正道不能不长久，所以在咸卦之后接着是恒卦。《序卦》在下经的一开始，就讲人伦的产生进化顺序：天地—万物—男女—夫妇—父子—君臣—上下—礼仪，认为这是一个自然进化的序列。人伦也是自然的产物，从而把自然与社会统一起来。从中可以看出，《周易》是把自然与社会作为一个整体来研究的，它的自然观也是社会观，这种整体、全息认识世界的方法，对分析科学越来越发达的今天，具有特别重要的意义。按照《序卦》行文的条例去理解，“夫妇之道不可不久也，故受之以恒”，是讲“咸卦之后接着是恒卦。咸卦是‘夫妇之道’”。但咸卦为什么要接在离卦之后，《序卦》却未做交代，而是把咸卦与乾坤（天地）两卦直接挂在一起。这就不得不说，下经有发端更始的用意。上下经的分开，不单是因为篇幅长短的问题。程传说：“天地万物之本，夫妇人伦之始，所以上经首乾坤，下经首咸，继以恒也。”话说到这里其意已足。有人又发挥说，上经是“明天道”，下经是“明人伦”，这就把上下经从内容上割裂开了，与《序卦》把咸卦和乾坤连在一起的用意相背。所谓发端更始，只是强调自然与社会是《周易》道研究的两大方面的内容，作为人伦之始的咸、恒两卦，在贯通人类社会运动方面具有较为重大的意义。夫妇家庭是研究人类社会的一个基础，所以把乾坤放在上经首位，把人伦之始的咸、恒放在下经首位，并不是要上经专讲天道，下经专讲人伦。从根本上讲，社会从属于自然；从认识目的上讲，认识自然是为了更深入地认识社会，从而指导人们的正确行动。《周易》是自然与社会的辩证统一论。

《序卦》认为咸的意思是夫妇之道。《杂卦》云：“咸，速也；恒，久也。”意为：咸是快的意思，恒是长久的意思。把《序卦》《杂卦》的说法，用彖辞的讲法沟通起来就容易理解。彖辞说：“咸，感也。”咸是男女夫妇之间的快速感应。这就是卦名的基本意思。

关于卦变，彖辞提示说：“柔上而刚下，二气感应以相与。”蜀才说：“此本否卦，案六三升上，上九降三，是柔上而刚下，二气交感以相与也。”他认为咸卦是从否卦变来，否的上九与六三换了爻位，即：否䷋（上九、六三）两爻换位，变䷞咸。蜀才的讲法，准确地说明了彖辞的所指内容，没有再争论的必要。这一卦的卦变，还有一个明显的特点，就是爻位的推移正好发生在相应的位置上（否䷋（上九、六三）三位与上位相应），又是刚爻与柔爻的异性往来，这在卦变中也是难得的巧合，所以卦名以男女迅速感应的“咸”为义。在卦序上，咸卦的倒象是恒卦，即：咸䷞整卦上下颠倒，为䷟恒，咸与恒是一组正覆卦，所以两卦前后相次。

咸，亨，利贞。取女吉。

【译文】

咸卦亨通，宜于正固。娶女吉祥。

彖曰：咸，感也。柔上而刚下，二气感应以相与。止而说，男下女。是以亨利贞，取女吉也。天地感而万物化

生，圣人感人心而天下和平。观其所感，而天地万物之情可见矣！

【译文】

咸是感应的意思。柔爻上去，刚爻下来，阴阳二气相互感应结合在一起。止于喜悦，男对女态度谦下，因此亨通，宜于正固，娶女吉祥。天地相互交感流通，万物才得以化生；圣人感化人心，天下和合太平。看它的相互感应，天地万物的情理就可以发现了。

象曰：山上有泽，咸。君子以虚受人。

【译文】

山上有大泽就是咸卦。君子从中得到启示，要虚怀无私、容纳他人。

【精解导读】

卦辞说“咸，亨，利贞”，是讲咸卦是相互感应，阴阳二气相互交感流通，所以才亨通。从卦象上讲，咸卦从否卦变来，否的刚爻上九与应位的柔爻六三相互交流换位（否上九六三䷋变䷞咸）。否（䷋乾坤）的上卦是乾，乾为天；下卦是坤，坤为地。刚爻代表阳气，柔爻代表阴气，这是上天的阳气与下地的阴气相互交感流通，所以能亨通。在阴与阳的交流中，阴要顺阳而动，才合乎天地之道，所以阴气利于正固。“利贞”是说，感应虽说是流通，但这种流通要符合天地正道，阴气不能主动，要固守顺阳而动的规律。“取女吉”中，“取”与“娶”是古今字，是说这一卦娶女人吉祥，因为这是一个阴阳正应交感的卦。

彖辞从五个方面说明咸卦：（一）解释卦名的意思。“咸，感也”，意为咸是感应的意思。王安石讲：“有心曰感，无心曰咸。”这是从字形上讲的，但他也强调了一点，“咸”的感应，是效法天地不带私心的自然感应。（二）从卦变上说明咸卦。“柔上而刚下，二气感应以相与”中，“与”是一起。这是解释咸卦所从来，它是否卦的变化形态，否的柔爻六三升进到上位，刚爻上九下降到三位，就是“柔上刚下”的具体所指。否的上卦乾为天，下卦坤为地，天的阳刚之气与地的阴柔之气，像上九、六三那样发生了交流往来，卦象上呈现出一种阴阳二气的交感流通，感应到一起去了，这就是“二气相感以相与”的具体所指。这两句指出了卦辞为什么会“亨，利贞”的原因之一。（三）从上下卦特性的组合上说明卦辞“亨，利贞，取女吉”。“止而说”，是指下卦艮为止，上卦兑为悦，上下卦的特性组合是停止在喜悦上，所以娶女吉。（四）从上下卦象上说明卦辞“亨，利贞，取女吉”。“男下女”是指下卦艮，艮为少男；上卦兑，兑为少女，少男少女正是相爱的时候，况且又是少男主动居于少女之下（九三是从否卦的上九下来的），是男子以谦恭和卑下的态度对待少女，符合男向女求婚的正常规律。“是以亨利贞，取女吉也”，意为：因此才亨通，宜于正固，娶女人吉祥。“男下女”，是男子去掉骄矜之态，低身下气地去求女方，说明女子能正固，娶这样的女子做妻子当然吉祥。看来彖辞依据阳动阴顺的规律，是主张女子在男女情爱的问题上应当比男子相对地封闭一点。（五）推演咸卦的巨大意义。“天地感而万物化生”，强调感应是天地自然的必然规律，正是因为天地相互的交感流通才能化生万物。“圣人感人心而天下和平”，是说明圣人从天地感应中应学习到哪些有益的东西。即学会感化人心，使天下和合太平。圣人所以能把天下治理好，就是因为能究天人之际，把感应的方法用于社会。“观其所感，而天地万物之情可见矣”，强调感应的巨大意义，观察相互间如何感应，是洞察万物奥妙的一把钥匙。比如最基本的一条“同性相斥、异性相吸”的普遍规律，就可以从感应中观察到。它可以解释说明诸如山崩钟应之类的情理。

象辞说“山上有泽，咸”，是用八卦的基本象解释咸卦，下卦艮为山，上卦兑为泽，山上有大泽就是咸卦。这个卦象显示了大山能够容纳的广阔胸怀。君子要学习这种胸怀，虚怀若谷，能够容人，这就是“君子以虚受人”。

初六：咸其拇。

【译文】

感应到脚的拇指上。

象曰：咸其拇，志在外也。

【译文】

感应到了脚的拇指上，是心里想着向外走。

【精解导读】

按卦位分析，初位在下为足，因在咸卦，故为足受到感应。初六有正应在九四，要动，故言“咸其拇”。足易动的首先是脚趾。“拇”指脚上的大拇指。象辞说，“咸其拇，志在外也”，主要是说初六在外卦有九四为正应，在否变咸的过程中，六三已动到外卦的上位，初六也有外动的心思。从取义上说，感应最灵敏的是心，腹背尚且迟钝，更何况是脚趾，说明感应尚浅，有待深入。但拇指已有感应，外动的愿望已经有了。

六二：咸其腓，凶，居吉。

【译文】

感应到了腿肚子，凶，安居吉祥。

象曰：虽凶居吉，顺不害也。

【译文】

虽然有凶，安居吉祥，顺应便不会有灾害。

【精解导读】

“腓”，《说文》：“胫腨也”，“腨，腓肠也”。段注：“腓肠谓胫骨后之肉，腓之言肥，似中有肠者，故曰腓肠。”段玉裁揭示的语源没有讲出根据，但他讲的部位是对的。《庄子·天下篇》说禹“腓无胈，胫无毛”。胈是细毛，腓是腿肚子。腿肚子上汗毛比小腿前的胫要浓密一些。小腿前部称胫，腿肚子称腓。从象上讲，巽为股，股是大腿，六二在大腿之下（六二→☴>互巽），足之上，故为“腓”。从取义上说，感应到腿肚子上，是想动而不可能动，上受腿的控制，下受足的牵扯，只有腿肚子抽动，会出毛病，故言“凶”。老实待着比较好，故言“居吉”。象辞说“虽凶居吉，顺不害也”，指虽然腿肚子受到感应乱动起来有凶，但老实待着会吉祥，是因为六二在互巽里，巽为随顺，能随顺不会有害。

这一爻是让人稍安勿躁，躁动有凶，安居无害。

九三：咸其股，执其随，往吝。

【译文】

感应到了大腿上，要控制住，不能随着动，前往会遇到吝难。

象曰：咸其股，亦不处也。志在随人，所执下也。

【译文】

感应到了大腿，也不能安处。想随着人动，是受下边的控制。

【精解导读】

九三在互巽里（九三→☴>互巽），巽为股，故言“咸其股”。感应到了大腿，整个下体可以活动，比“咸其拇”“咸其腓”都好得多。但九三又在下卦艮里（九三→☶>艮），艮为止，巽又为随顺，这种随顺被止住了，故言“执其随”。“执其随”是说想随着别人去动，却被控制住了。“执”是被绊住动不了。既被绊住，还要前往就会有吝难。象辞说“咸其股，亦不处也”，意思是说感应到大腿，与感应到拇指、腿肚子一样，也会动起来，不安处。又说“志在随人，所执下也”，“志”是心里的愿望。九三是否变咸与上六交换位置的一爻，愿意随着上六动，但来到三位，下卦变艮，被下卦止住了。总之，这一爻是想动，但下面有羁绊，动不了，一定要动，会有吝难，不大容易解得开。

九四：贞吉悔亡，憧憧往来，朋从尔思。

【译文】

正固吉祥，没有忧悔，频繁往来，朋友就会顺从你的心思。

象曰：贞吉悔亡，未感害也。憧憧往来，未光大也。

【译文】

正固吉祥，没有忧悔，是未感受到灾害。来来往往，是还不够广大。

【精解导读】

“贞吉悔亡”需作一下辨析。《尚书·洪范》中有一段话，说周武王灭商后做了天子，不知道当天子有哪些常规，于是向殷商的宗室老臣箕子讨教处理政务的一些常规，其中第七项是怎样用卜筮决定大事。箕子告诉他说："七稽疑：择建立卜筮人，乃命卜筮。曰雨、曰霁、曰蒙、曰驿、曰克、曰贞、曰悔，凡七。卜五，占用二，衍忒。立时人作卜筮，三人占，则从二人之言。汝则有大疑，谋及乃心，谋及卿士，谋及庶人，谋及卜筮。汝则从、龟从、筮从、卿士从、庶民从，是之谓大同，其身康强，子孙其逢，吉。汝则从、龟从、筮从，卿士逆、庶民逆，吉。卿士从、龟从、筮从，汝则逆、庶民逆，吉。庶民从、龟从、筮从，汝则逆、卿士逆，吉。汝则从、龟从、筮逆，卿士逆、庶民逆，作内吉，作外凶。龟筮共违于人，用静吉，用作凶。"简单译述出来，是说：国家有了疑难不决的大事怎样做出决定？选择任命一些掌管龟卜和蓍筮的官员，让他们去用龟甲卜问，用蓍草去算卦。龟卜的兆象，有像雨的，有像雨过天晴的，有像雾气蒙蒙的，有像半阴半晴的，有像阴阳二气相犯的。卦象分内卦、外卦。龟兆和卦象主要有这七种。前五种是龟兆，后两种是卦象。根据这七种兆象去推演，看看有什么不同。让这些官员去卜筮。如果是三个人占卜，就按两个相同的意见下断。假如你有重大疑难，先要自己考虑出个意见，再与卿士、庶人、龟卜、占筮人员商量。如果是你同意、龟卜吉、占筮吉、卿士同意、庶民同意，这就叫作"大同"，一定会安康强健，子孙兴旺，这是吉。如果是你赞成、龟卜吉、占筮吉，而卿士反对，庶民也反对，也是吉利的。如果是卿士同意、龟卜吉、占筮吉，你反对、庶民也反对，也是吉利的。如果是庶民同意、龟卜吉、占筮吉，你反对、卿士也反对，也是吉利的。如果是你赞成、龟卜吉，占筮凶、卿士反对、庶民反对，那么做朝内的事吉祥，做朝外的事就不吉利。如果龟卜、占筮都凶，那就不去做吉利，做就凶。在这段话里"贞"指内卦，"悔"指外卦，于是"贞吉悔亡"可以讲成内卦吉祥，外卦没有吉祥。有人觉得用在这里不恰当，又说"贞"是占卜，"贞吉悔亡"是占问吉，悔事消亡。都是因为"贞"这个词是个多义项的词，让人无可适从，不知该怎么讲更好一些。从《周易》的内证里分析，"贞"尽管有内卦、占问等意思，但在卦爻辞里，取的是正固不动的意思，"贞吉悔亡"是说正固不动吉利，没有忧悔。"憧（chóng）憧往来"也需要辨析一下。《释文》："憧憧，马云行貌。王肃云：往来不绝貌。《广雅》云：往来也。"总之，憧憧是来来往往的样子。刘歆说憧憧是意未定。后人说成是"神思不定""心有所扰"等。下面看看《系辞·下》里怎样说："《周易》曰：'憧憧往来，朋从尔思。'子曰：'天下何思何虑？天下同归而殊途，一致而百虑。天下何思何虑？日往则月来，月往则日来，日月相推则明生焉。寒往则暑来，暑往则寒来，寒暑相推而岁成焉。往者屈也，来者信也，屈信相感而利生焉。尺蠖之屈，以求信也。龙蛇之蛰，以存身也。精义入神，以致用也。利用安身，以存德也。过此以往，未之或知也。穷神知化，德之盛也。'”把这段话译述出来是说：《周易》里讲“憧憧往来，朋从尔思”，孔子解释说：“天下有什么思虑？天下从不同的道路上归入一致，道一致却有千百的思虑。天下有什么思虑？日往月就来，月往日就来，日月推移产生了光明。寒往暑就来，暑往寒就来，寒暑推移才成为年岁。往是屈，来是伸，屈伸相互交感就产生了利。尺蠖这种小虫，把身子屈起来，是为了求得向前伸展。龙与蛇蛰伏起来，是为了保存自身。把精微的义理推究到入神的地步，是为了取用。知道利与不利又能致用，使自己能处于平安之中，可以提高自己的道德。超过这些再向前推求，就不可知了。能够穷尽神妙，懂得天下的感化，这就是道德的盛大。”孔子在这段话里，把“往来”讲成屈伸，而且认为屈伸是自然规律。时当出就伸、就来，时当藏就屈、就往，万物只要随着屈伸就可以了，这样才能安身致用，才算“精义入神”“穷神知化，德之盛也”。用不着“憧憧往来”瞎忙乎，要应时而动，懂得屈伸之道。有这段话的讲述，就使我们加深了对彖辞“观其所感，而天地万物之情可见矣”的理解。感应是万事万物的奥秘，男女相悦只不过是感应最明显的表现，其他如千里之外的神经感应，梦与现实的重合，气功所产生的神秘效应，等等，都是一种感应。感应是在一来一往的运动中产生的。所以孔子才从往来讲到“精义入神”“穷神知化”。“朋从尔思”中，“朋”是朋友，也是众，“从”是随，“尔”是你，“思”是想法。这句意为大家都同意你的想法。用《洪范》的话讲，就是“汝则从、龟从、筮从、卿士从、庶民从，是之谓大同。其身康强，子孙其逢，吉”。把这一爻的爻辞贯通起来，意为正固吉祥，没有忧悔，来来往往，忙忙乎乎，最后大家都同意你的想法。从卦象上说，九四这一爻在九二股之上，又在九五脢之下，脢是背，股上背下，正是人的心脏，感应到心上去了，“心之官则思”，故言“朋从尔思”。“朋”指的是在互乾之中（九四→䷞>互乾）上下都是刚爻，刚爻与刚爻为朋，在取义上“朋”是众。《说文》：“朋，凤飞群鸟从以万数。”众鸟随凤凰飞。在由否变咸的过程中，上九与六三换位，九四不动而成为互乾的中爻，故言“贞吉悔亡”，上六与九三围着自己往来，故言“憧憧往来”。象辞说：“贞吉悔亡，未感害也。”从全卦的象辞分析，凡是提到“未”，都指的是有正应而未来往。全卦六爻都有正应，上六与九三因为来往而不言“未”，九四是“未感害”，九五是“志未也”，所以“未感害”是指九四正固未动，没有与初六发生来往，因此也就没有感应的灾害。又说“憧憧往来，未光大也”，取义是说，忙忙乎乎，因为还不广大。“光大”义同“广大”。

九五：咸其脢，无悔。

【译文】

感应到了背上，没有忧悔。

象曰：咸其脢，志末也。

【译文】

感应到了背上，是说心志还未实观。

【精解导读】

“脢”（méi），《释文》：“心之上、口之下也。郑云：‘背脊肉也’……《广雅》云：‘胂谓之脢’。”《说文》：“胂，夹脊肉也。”“脢，背肉也。”脢是背上的夹脊肉。“咸其脢”是感应到背上，背因为不像拇趾或腿肚子那样可以自动，所以感应上去也不会有乱动的忧悔。这一爻也是从爻位取象（见提示），位在心之上、口之下，故言“咸其脢”。从取义上说，这一爻比初六、六二、九三要好一些，是感应未到点上，但也没有忧悔。象辞说“咸其脢，志末也”，“末”应是“未”字之讹。全《周易》讲到“志”都言“未”不言“末”。也是说九五在感应的卦里，却未与正应六二交往，心志未能实现。原文作“志末”，误。

上六：咸其辅、颊、舌。

【译文】

感应到了牙床、两颊和舌头上。

象曰：咸其辅颊舌，滕口说也。

【译文】

感应到了牙床、两颊和舌头上，信口开河地说起来。

【精解导读】

《释文》：“辅，马云‘上颔也’。”《说文》：“辅，人颊车也。”又释“酺”为“颊也”。“辅”与“碲”异形同义。《说文通训定声》：“其内上下持牙之骨。”辅车是上下牙床。分开说，“辅”是上牙床，“车”是下牙床。“颊”是面颊，嘴两边的面部。辅、颊、舌指的是口。这从象上可以得到证明，上卦兑，兑为口，故言“咸其辅、颊、舌”。象辞说：“咸其辅颊舌，滕口说也。”“滕”，《释文》：“达也。”今字作“腾”，腾达用以形容说话，是指一张嘴掮动起来，沸沸扬扬讲得热闹。因为上六是从三位上来的，故言

“滕”。居上位，又在兑里，嘴受到感应，说起来没了边际，信口开河，不大真实可信了。

【提示】

咸卦的六个爻，从初到上分别表示人体从下到上的六个部位，这在爻辞中有比较明显的表示。初爻为拇，二爻为腓，三爻为股，五爻为脢，上爻为辅颊舌。九四“朋从尔”，四爻没有提到具体部位，但讲到“思”。再九三“咸其股”，联系明夷卦六四“入于左腹”来分析，四位联系六二“咸其腓”，是腹心的部位。在其他卦里，这些部位会随初六“咸其拇”有上下位的移动。比如艮卦五位成了“辅”，但这种移动仅限于邻近部位的上推下移。尽管各爻在取象时，还有卦象上的依据，但上爻不说足，初爻不言首，大的框架不变。说明作者是有意把人体的上下部位与爻的上下部位统一起来看的。我们把咸卦与艮卦有关人体部位与爻的爻位之间的对应关系单抽出来，集中做一下对比，会发现作者的这种意向。尽管卦象、爻象不同，但这种由下及上的部位，大体上保持一致，说明作者心目中存在这样一种序列，这个序列主要在爻位的高低与人体部位高低的对应上。可见爻位中还具有人体部位的分象，只不过不能看得太死罢了。

三十二 恒——白头偕老

䷟

恒卦的卦画组合为巽（☴）下震（☳）上，传统称作雷风恒。《序卦》云：“夫妇之道不可不久也，故受之以恒。恒者，久也。”意为：夫妻的正道不能不长久，所以在表示夫妻之道的咸卦之后接着是恒卦。恒是永久。《杂卦》云：“咸，速也；恒，久也。”意为：咸是男女间的迅速感应，恒是男女的长久结合。《序卦》《杂卦》一致认为卦名恒是永恒、长久的意思。咸卦是男女之间敞开心扉的交流感应，恒卦是结婚后的永久牢固地结合，这是全卦大势。

根据彖辞“刚上而柔下”的提示，恒卦是从泰卦变来，是泰卦的刚爻初九往上推移，柔爻六四往下推移，两爻交换了爻位，即：泰 六四 初九 ䷊ 两爻交换位置，变 ䷟ 恒。恒与上卦咸是一组正覆卦，即：恒 ䷟ 全卦上下颠倒为 ䷞ 咸。

恒，亨，无咎，利贞，利有攸往。

【译文】

恒卦，亨通，没有咎害，宜于正固，前往有利。

彖曰：恒，久也。刚上而柔下。雷风相与，巽而动，刚柔皆应，恒。恒亨，无咎，利贞，久于其道也。天地之道，恒久而不已也。利有攸往，终则有始也。日月得天而能久照，四时变化而能久成，圣人久于其道而天下化成。观其所恒，而天地万物之情可见矣。

【译文】

恒是永久的意思。刚爻往上，柔爻来下。雷与风相互助长，随顺而运动，刚爻与柔爻都能上下应合，这就是恒卦。恒卦亨通，没有咎害，宜于正固，能长久保持自己的正道。天地之道就是永恒长久而不停止。前往有利，是终结之后就会有新的开始。日月能在天上来往，才能永久照临；四季推移变化，才能永久并形成年岁；圣人长久保持自己的正道，天下才能得到教化并形成文明。看它如何保持自己的恒久，天地万物的情理就可得见了。

象曰：雷风恒，君子以立不易方。

【译文】

雷与风组合在一起就是恒卦。君子从中受到启示，立身修德，不改变自己的方正。

【精解导读】

卦辞说“恒，亨，无咎，利贞”，意思是说：筮得恒卦，通顺，没有咎害，正固有利。恒卦所以通顺，是因为恒卦从泰卦变来，泰卦是下乾上坤，乾天坤地相对平衡，变为恒卦，又打破平衡，向前发展。这种发展符合天地运行之道，所以不会有咎害。万事万物都是在相对平衡，又突破平衡，再趋于相对平衡这个规律上终则有始地运动。运动是变，但这个运动的规律不能变，所以又利于正固。“利有攸往”是说向前运动发展有利，又强调了运动符合天地自然之道。这就等于提出一个动与不动、变与不变的辩证认识观点。动中有不动，变中有不变，简单地讲，运动是永恒的，运动中所遵循的终则有始的规律也是永恒的，所以卦名才称恒。《周易折中》引徐几的话说：“恒有二义，有不易之恒，有不已之恒。利贞者，不易之恒也；利有攸往，不已之恒也。合而言之，乃常道也。倚于一偏，则非道矣。”要是换成今天的话说，就是“不已之恒”是运动的绝对性，“不易之恒”是运动规律的永恒性。事物是在不变的规律支配下不停地变动。

象辞从九个方面解释恒卦。（一）解释卦名。“恒，久也”，意为恒是永久的意思。（二）从卦变上说明恒卦。“刚上而柔下”，指恒卦从泰卦变来，泰卦的刚爻初九向上推移到四位，柔爻六四向下推移到初位，就变而成为恒卦。从取义上讲，刚是刚健的阳气，柔是柔顺的阴气。阳气在上、阴气在下是天地的本然秩序，所以才能保持永恒。咸卦是讲阴阳感应的，阳刚向下，阴柔向上，来往交流才能感应。交感结合之后要保持稳定，这就得恢复本然秩序。恒卦讲的是保持持久，所以又是“刚上而柔下”。（三）从卦象组合上说明恒卦。“雷风相与”是指恒卦由两个三爻卦组合而成，下卦是巽，巽的基本卦象是风；上卦是震，震的基本卦象是雷，风雷组合在一起就是恒卦。从取义上说，“风雷相与”正如《说卦》讲的“雷风相薄”，是指风与雷的相互激荡，风助雷势，雷助风威，所以才能亨通无阻。（四）从上下卦特性组合上说明恒卦。“巽而动”，指上卦震的特性是动，下卦巽的特性是随顺，随顺而动，所以亨通。（五）从爻位相应的关系说明恒卦。“刚柔皆应，恒”，是指恒卦还有六爻皆应的优点，初柔、四刚相应，二刚、五柔相应，三刚、上柔相应。有应是有应合、有应援，所以“亨，无咎，利贞，利有攸往”。“恒”是总括（二）（三）（四）（五）四个方面讲的，指恒卦具有“刚上柔下，雷风相与，巽而动，刚柔皆应”四个方面的特点。（六）解释卦辞“亨，无咎，利贞”。“恒，亨，无咎，利贞，久于其道也。天地之道，恒久而不已也”，意思是说：恒卦所以会亨通，没有咎害，利于正固，是因为长久保持自己的运行正道。天地自然的正道就是永久保持规律而不停地运动。恒卦能恒久保持运动规律，所以利于正固；能恒久不停地运动，所以亨通而无咎。（七）解释卦辞“利有攸往”。“利有攸往，终则有始也”，意为：之所以会前往有利，是因为万事万物的运动规律总是一个旧的运动周期完成，又有一个新的运动周期开始，不可能停下来。“贞”是要恒守这个规律，不是不能前往。运动不止，所以前往有利。（八）举天地人道为例，说明运动与守恒的关系。“日月得天而能久照”是举天道为例，意思是日月能够在天上不停地来往推移，才能长久地照临天下，这是天道运动与守恒的关系。“四时变化而能久成”，是举地道为例，意思是说：春夏秋冬四季更代，周而复始地不停变化，才能年复一年地长久形成岁时，这也是运动与守恒关系的明显表现。“圣人久于其道而天下化成”，是说圣人效法天地之道，要在自己的正道上长久地运行下去，天下才能得到教化，形成文明大治。人道也有变化运动与守恒长久的问题。天地人都有运动与守恒的关系，说明恒卦所揭示的规律具有极广泛的适用性。（九）强调学习恒卦的巨大意义。“观其所恒，而天地万物之情可见矣”，意为：万事万物，只要观察它所恒守的是什么样的法则，就可发现它的情理奥秘。

象辞讲的“雷风恒”，也是指卦象组合，上卦震为雷，下卦巽为风，雷与风组合在一起就是恒卦。“君子以立不易方”，“方”是“义方”，指人在行为上应遵循的道义。君子学习恒卦，要学会守恒。在道德为人上，要有常性，不要朝秦暮楚，要有原则、操守，不要随风倒。没有原则、操守是小人。

关于这一卦在道德修养方面的意义，《系辞·下》讲得比较多。“复，德之本也；恒，德之固也。”“复小而辨物，恒杂而不厌。”“复以自知，恒以一德。”大致意思是说：复卦是返回正道，是道德修养的根本；恒卦是守恒不变，是道德修养的巩固。复卦是从道德修养积累的小事物上就要辨别出是否合乎正道，恒卦是积累得比较纷杂但还不满足。复卦是由自我醒悟中返回正道，恒卦是坚定地守住道德始终如一。尤其是“恒杂而不厌”，它是针对恒卦具有恒守与运动不止两个特性讲的。运动不止才讲“杂”，杂是运动变化中的纷杂；恒守才讲“不厌”，不厌是保持永恒没有自满。

初六：浚恒，贞凶，无攸利。

【译文】

深求恒久，正固不动凶，无所利。

象曰：浚恒之凶，始求深也。

【译文】

深求恒久的凶，是刚开始却求取得太深。

【精解导读】

“浚”，郑玄本作“濬”，字通，是深入水底进行淘挖，所以治理河床称“濬”。《尚书·禹贡》：“禹别九州，随山濬川。”“濬”是淘挖河床，疏通水道。初六这一爻是由泰变恒，从四位下来的，一下子就扎到全卦的最下位，如同向最深处淘挖，互兑为泽，下巽为股（巽<䷟>互兑），股入泽下，故言“浚恒”。意思是说追求恒久太深了。运动与守恒是辩证统一的，过分追求恒久就会一成不变，不符合日月推移、四季更代这种自然天地之道，故言“贞凶”，意思是说正固不动有凶。“无攸利”，是无所利。象辞说：“浚恒之凶，始求深也。”“始”指初六在初位，初为始；“求”指初六从四位下来求取；“深”指在全卦的卦底。一开始就追求恒久，而且追求过头了，不知道要在运动中恒久，死守不动，所以才凶。帛书《周易》作“复恒”，讲不出什么道理来，不能依据帛书怀疑传统的读本。

九二：悔亡。

【译文】

没有忧悔。

象曰：九二悔亡，能久中也。

【译文】

九二没有忧悔，是能长久保持中道。

【精解导读】

“亡”读如“无”，“悔亡”是没有忧悔。九二在下卦中位，在卦变中没有参与爻的推移。所以象辞说：“九二悔亡，能久中也。”“能久中”是说它能长久保持中位，从取义上讲，“能久中”是能长久保持不偏不斜的中道，能保持中道就不会有忧悔。

九三：不恒其德，或承之羞，贞吝。

【译文】

道德品行不能恒守，或受到羞辱，正固不动有吝难。

象曰：不恒其德，无所容也。

【译文】

道德品行不能恒守，无处可以容纳。

【精解导读】

九三在下巽里，巽为进退不果。“不恒其德”是说不能坚守一定的德行。就是人们说的没定准、随风倒、风派人物、有奶便是娘等。“或承之羞”中，“或”是或者、或许，“承”是承受。这句意为或许要受到羞辱。“或”不能讲成无定代词，乾文言说“或之者，疑之也”，又说“或”是“上下无常”“进退无恒”，总之是不定的意思，游移不决，或者这样，或者那样。“贞吝”是正固不动有吝难。从象上讲，恒卦的九三与咸卦的九四在象上相同，咸卦九四倒过来就是恒卦的九三（咸九四→䷞卦图上下颠倒，为恒䷟←九三）。咸卦的九四说“贞吉悔亡，憧憧往来，朋从尔思”，恒卦的九三说“不恒其德，或承之羞，贞吝”。咸卦是交感流通，往来就吉；恒卦是守恒，往来就不吉。再把这两句爻辞对照起来一比较就可分析出象来。恒的九三是去上“承”，咸的九四是朋来下从，“承”与“从”指的是卦变中推移的那位刚爻。咸由否卦变来，否的上九与六三换位，上九变成咸卦的九三，来到九四之下，故九四是朋来下从（否上九 九四上九下来从九四变咸九四 九三）。恒由泰卦变来，泰的初九与六四换位，初九变为恒卦的九四，升到九三之上，故九三是下承九四（泰九三 初九初九升到九三之上变恒九四 九三）。所谓“憧憧往来”“不恒其德”，都是指围绕着本爻而发生的邻近爻的推移。九三是卦变成恒之后，还保住原位，如同是一个朝代变了，自己的地位应当有所变化，而九三还是保住自己的职位不放，这就是“不恒其德”。“承”是对上承受，九四变到它的上方，九三承受，故言“或承之羞”。“或”是因为九三是个不定的位。《周易》里凡言“或”的，大多在三位，其次是四位，很少例外，因为三、四位是上下卦之际，可上可下。如乾九四“或跃在渊”，讼六三“或从王事”，师六三“师或舆尸”，无妄六三“或系之牛”，渐六四“或得其桷”，中孚六三“或鼓或罢，或泣或歌”，小过九三“从或戕之”，等等。因为有摆动不定的特点故言“或”。“贞吝”是指九三在卦变中未动而有羞吝。取义是指正固不动有吝难。象辞说“不恒其德，无所容也”，指九三没有德行，不能恒守节操，是个无耻小人，没人愿意容纳他。

九四：田无禽。

【译文】

田猎得不到禽兽。

象曰：久非其位，安得禽也。

【译文】

长久守在不适当的位置，怎么会得到禽兽？

【精解导读】

“田”是田地，乾卦九二“见龙在田”，显然指的是田地、田野。古人在田野里打猎，故“田”又是田猎，后来为了把意思区别开，田猎之田写成“畋”。《周易》没有“畋”字。“田无禽”中“田”与“禽”连用，显然是指田猎，这句意思是出去打猎空手而回，什么禽兽也没打到。“田”与“禽”都取象于坤卦。从泰变恒，泰的上坤（䷊>坤）变没有了，故言“田无禽”。“田”因为是地，坤为地，取象较确定。关于“禽”的取象，前人没有一个令人信服的解释，我们自己直接从卦爻辞中归纳一下。《周易》里提到“禽”的有四处：师卦六五“田有禽”（䷆←六五），比卦九五“失前禽”（䷇←九五），井卦初六“旧井无禽”（䷯←初六），还有这一爻的“田无禽”。综合起来看，有坤才有禽，原来有坤，在卦变中失去坤象就无禽。师卦六五在上坤里是“田有禽”；比卦九五来自复卦初九，升入五位，复卦的上坤消失，故为“失前禽”；井卦从泰卦变来，是泰卦上坤的六五下到初位，坤象也消失，故言“旧井无禽”。坤为田地，禽在田地里也较合乎情理，因此说坤为禽。象辞说：“久非其位，安得禽也。”这就涉及四的爻位。《系辞·下》说：“二与四同功而异位，其善不同，二多誉，四多惧，近也。柔之为道不利远者，其要无咎，其用柔中也。”二位与四位都是柔位，柔位近利，远不利，二位在中，四位不在中。九四这一爻是在泰变恒时从初位上来的，本身是个刚爻，既不柔也不中，来到四位不是合适的地方，故言“久非其位”，意思是这个地方待不长。“安得禽也”，是说怎么能猎获到禽兽呢？也是说九四这一爻空手无获。

六五：恒其德，贞。妇人吉，夫子凶。

【译文】

恒守自己的德行，正固。女人吉，男人凶。

象曰：妇人贞吉，从一而终也。夫子制义，从妇凶也。

【译文】

女人正固吉祥，是因为女人应该从一而终；男子要按义理行事，听从女人有凶。

【精解导读】

六五在上卦中位，下有九二正应，九二也在中位；在泰变恒的过程中，六五没有推移，故言“恒其德，贞”，意思是能始终如一地坚守自己的德行，正固不变。六五是柔爻为女，柔爻顺应、主静，能正固不变吉祥，故言“妇人吉”。但五位是刚位、尊位，应当由刚爻占据，刚爻为男，如今由柔爻占据，刚爻居于从属地位，故言“夫子凶”。象辞说“妇人贞吉，从一而终也”，意思是说女子具有柔顺的特性，要顺阳性而动，是从动不是主动，嫁一个丈夫，跟着他过一生，这是人生的幸福，吉祥；老换丈夫是一种灾难，就不吉祥。又说“夫子制义，从妇凶也”，是说男子要受到义的制约，随着妇人转就凶。“义”是宜，办事情合适就是义。爻象辞里显然含有男尊女卑的思想，这一方面出于作者对阴阳不同属性的认识，另一方面也有上古的民俗为背景。说女子“从一而终”，是基于一夫一妻制比乱婚制要好，还没有后代那种浓重的封建礼教意味。后人把“从一而终”夸张到“嫁鸡随鸡，嫁狗随狗”的程度，这就大谬不然了。总之，这一爻是女子吉祥，男子凶。

上六：振恒。凶。

【译文】

长久震动，凶。

象曰：振恒在上，大无功也。

【译文】

在上又长久震动，什么也办不成。

【精解导读】

“振”，虞翻本作“震”，马融讲成“动”，郑玄讲成“摇落”。从象上看，“振”与“震”意同，是震动的意思，上六在上卦震里（上六→䷟>震），故言“振恒”，意思是说长久不停地老是震动，有凶。象辞说“振恒在上，大无功也”，强调上六处在全卦的上位，在高巅之处还要不停地摇晃，什么事情也办不成，所以凶。

【提示】

毛奇龄在《仲氏易》里引了《听斋杂记》里的一段故

事：明朝土木堡之变，英宗被敌掳去，宰相魏骥要上疏让太子监国。正遇上会算卦的陆时，就请他给算一下。陆时占筮后，得到恒卦之解，就是恒卦的第三爻是动爻（恒䷟三爻动变柔，成䷧解）。魏骥看了说："英宗皇帝被敌人掳去，不在其位，这是'不恒'（九三爻辞'不恒其德，或承之羞，贞吝'），蒙受耻辱，是'承之羞'。又变成解卦六三的'负且乘，致寇至'（解卦六三爻辞），该怎么办？"陆时说："敌寇已拉着英宗乘车去了，再来还怕什么？只是爻辞中的'贞吝'，怕是只防守会有吝悔。"魏骥说："好！"于是把请求太子监国的奏疏换了内容。第二天陆时去访问魏骥，魏骥问他："昨天的卦没有什么大凶害吧？"陆时说："大吉之卦。"魏骥问："这怎么讲？"陆时分析说："恒卦是个大坎（䷟>☵坎），九三在大坎之中，所以陷进去了。然而恒的二至四爻又互为乾卦（九四九二—䷟>互乾），九三是刚爻，在乾中位，像是到哪里也是君王。一变成为解卦，已经缓解了。解卦的彖辞说'利西南'，西南正是争夺之地，又说是'其来复'，这不是要回来吗？恒是久，'日月得天而久照'，现在解卦中有一离一坎两个互卦（解互离<䷧>互坎），下卦还是一个坎（解䷧>坎），坎为月，离为日，不正是日月幽而复明吗？大明是我们的国号，这不是要返国吗？只是解卦有两个坎，两个离，上边的离不全（䷧震的上爻如变成刚爻才是离☲），还需等一等。"后来敌人果然又来进犯，大明的军队胜利了，英宗回来复辟。从这个卦例中，我们可以参考以下内容：①明朝人还保留着从卦中取象的说法。②结合具体事例对卦爻辞的理解会更加明确。③分析卦不拘一格，要针对所筮内容，触类联系。这就必须要自己会看象。

三十三　遁——激流勇退

䷠

遁卦的卦画组合为艮（☶）下乾（☰）上，传统称作天山遁。《序卦》云：“物不可以久居其所，故受之以遁。遁者，退也。”意为：事物不能长久地占住一个位置而不发展变化，所以在表示长久的恒卦之后接着是遁卦，遁是退的意思。《杂卦》云：“大壮则止，遁则退也。”意为：大壮卦是应当控制，停止向前发展，遁卦是要退出去，“遁”的基本意思是退出去。大壮卦是刚爻已上长到四位（大壮䷡↑），再向前发展会由壮变老，故要控制发展，要止；遁是大壮的覆象，虽然也有四个刚爻，但已处在上退之势（䷠↑），故为退。刚爻为君子，柔爻为小人，所以“止”“退”都是针对刚爻讲的。从社会意义上讲，就是要从当权用事中退出来，所以古人说遁卦是讲退隐的卦。遁卦是十二消息卦中六个柔长刚退的卦之一，二柔长成，逼退四刚，与一年中阴阳消长的十二个月对应，时当斗建未的农历六月，天气由热变冷，阳气已过了当令值日的时候，逐渐要被阴气取代，这是一个不可逆转的自然规律，君子法天，要知时而退。《系辞》里讲的“屈信（伸）”，象辞里讲的“往来”，就是要“屈”、要“往”，也就是要消退。除了上面这些意思外，遁还有一个假借义，就是“豚”，豚是小猪。《周易》中刚长的卦总要说“牵羊”，柔长的卦总要说“系猪”（如姤卦柔长，初六爻辞“系于金柅……羸豕孚踯躅”。否卦柔长，九五爻辞“系于苞桑”；夬卦刚长，九四爻辞“牵羊悔亡”，提到复卦称“牵复”等），盖以柔爻为豚，刚爻为羊。《周易》为君子谋，刚长要助，故“牵”；柔长要制，故“系”。中孚卦二柔在中间（䷼），卦辞说“豚鱼吉”。这一卦的爻辞中有“遁尾”“系遁”“好遁”“嘉遁”“肥遁”，可以看出遁还隐含着猪的意思。但就全卦主体意思上讲，遁意取遁退。这是《周易》里一语多关的现象。

从卦变上讲，遁卦由乾变来，直接从姤卦发展而成，姤是一柔下生（䷫←柔爻出生），柔爻再向上长出一位即为遁卦，即：姤䷫↑柔上长一爻变䷠遁。遁与下一卦大壮为一组正覆卦，遁的卦画上下倒置就是大壮，即：遁䷠倒过来为䷡大壮。

遁，亨。小利贞。

【译文】

遁卦，亨通。小的一方利于正固。

彖曰：遁亨，遁而亨也。刚当位而应，与时行也。小利贞，浸而长也。遁之时义大矣哉！

【译文】

遁卦亨通，是退而亨通。刚爻当位又有应援，随着时势而运行。小的一方利于正固，会渐渐生长。遁卦的时势意义太重大了。

象曰：天下有山，遁。君子以远小人，不恶而严。

【译文】

天的下边有山，这就是遁卦。君子从中得到启示，要疏远小人，不去惹他，又要有严格划清界限。

【精解导读】

“遁”作为卦名，传统上写作“遯”。卦辞说“遁亨”，意思是说筮得遁卦通顺。因为天地自然总是在阴阳消息中不停地运动，阳长阴退亨通，阴长阳退也是亨通。如果阴阳消息的运动受到阻塞，那就不通。遁卦是阴长阳退，虽然是阴来阳往，刚屈柔伸，但仍符合天地自然之道，所以亨通。“小利贞”指的是刚爻为大，柔爻为小，柔爻利于正固。在《周易》里，柔爻代表小人，小人无限制地膨胀把君子逼得步步后退，总不是好事，所以柔爻宜于保持正固不动。最好是不要再向前发展。这一卦柔长阳退已成趋势，所以是个小人得时的卦。

彖辞从四个方面解释遁卦。（一）从卦变发展上解释卦辞“亨”。“遁亨，遁而亨也”，意为遁卦亨通，是指认清形势，主动退出去就亨通。这是对刚爻君子讲的。进退有它的客观条件，取决于对立双方的发展势头。进退要知时，不能凭主观愿望。遁卦柔爻的发展势头看旺，刚爻要主动退出去。君子要识时务，该进就进，该退就退，这样才能保证长久通顺。举个玩股票的例子，要是不看发展势头，一味凭主观愿望买进卖出，肯定会有一天栽进去，那就不通。盯着股市行情，分析势头，该进则进，该退则退，就会顺利，退也是保证顺利的一个方面，遁卦讲的就是这一个方面的亨通。打仗又何尝不是如此。其实各种事情无不如此，因为这是天地自然之道，所以才说“遁而亨也”。这是告诉人们，时势如此，退一退顺利。在象上指的是遁卦由姤卦变化而来，姤卦的一个柔爻已长成两个柔爻，还要往上长，刚爻应当知道这个趋势退一退。（二）从九五有应的优势上解释卦辞

"亨"。"刚当位而应，与时行也"中，"刚"指刚爻九五，因为五位是个尊位，九五才能称当位。"应"指的是六二，九五与六二阴阳正应。六二是全卦的主爻，刚从姤卦发展而来，代表柔爻的上长势头。从全卦分析，柔爻虽然是上长得时，但九五还占据尊位，所谓当位，是说还控制着局势，还可当权行令。全卦四个刚爻还占据多数，形势还未到急转直下的地步。代表柔爻上长的六二又正是九五的应爻，愿意与九五应合，目前并无大的忧患。刚爻所以要持退避态度，只不过是顺应时势而运动，并不是败退，所以才退而能亨。"与时行也"，就是指伴随着时势而运动。（三）从卦的发展趋势上解释卦辞"小利贞"。"小利贞，浸而长也"中，"浸"是副词，也作"寖"，意思是逐渐。此句意为小的柔爻利于正固不动，是因为它在渐渐向上长。这显然指姤变为遁，遁还要变为否，否还要变为观，观还要变为剥。这种发展趋势，是柔爻要逐渐把刚爻剥蚀殆尽，必然导向"子弑其父，臣弑其君"的发展后果，应当在早期有所警戒，所以柔爻的发展应当有所控制，利于正固不动。（四）强调遁卦的巨大意义。"遁之时义大矣哉"直译出来，是说遁卦的时势意义太重大了！彖辞发出这种感叹，一般都是在带有较为深刻哲理意义的卦里，是要提醒人们注意卦里所蕴含的普遍性规律。这些规律往往容易被人忽视或不加认真分析，所以要强调一下。遁卦的哲理意义在哪里？这就是消息盈虚造成的天时，以及人在一定的时势条件下应当怎样去做。遁卦是退的时势，但退有退的作用，《系辞》里说“屈信（伸）相感而利生焉，尺蠖之屈，以求伸也；龙蛇之蛰，以存身也”。只进不退未必是好事，人如果只知前进不知后退，连家门都摸不着了，又会有什么好处？进退是辩证统一的，涉及《周易》的基本哲学观点，具有哲理奥义，不能把它看浅了。“时”就是时势、运时，是客观规律发展而形成的独特环境条件。人要了解自己每时每刻所处的环境条件，据时而动，所以古人讲“识时务者为俊杰”。“时务”指的就是“时”。后人把这句话理解偏了，衍生出不要立场、变节易德的意思，让人听着反感，“识时务”原来没有这个意思。准确理解“识时”，要与恒卦联系起来，人在社会活动中，既要守恒有常，又要随时而变，这是天道。如果违背天道，一时可能会得到便宜，但迟早要受到天道惩罚。遁卦强调随时而变的一个方面，要人从宜适变，知几知权，察微明道，随时而动，所以才讲“遁之时义大矣哉”！

象辞说“天下有山，遁”，象上指遁卦是上乾下艮，乾为天，艮为山，组合在一起是天下有山，这就是遁卦。天高远，山幽深，人远远地遁入深山，就是从当权用事中退了出来，隐遁在野。君子效法于此，要疏远小人，但也不要去惹他，因为小人正得势应时，大局定了，激流勇退，但也不能与小人同流合污。“君子以远小人，不恶而严”

中，“远”是疏远，“恶”是惹的意思，口语中讲的“不要恶小人”，还保留着这个意思。“严”是界限清楚。小人厉害，我不惹你，但小人也别梦想君子会与他一同干，界限分明严格。

初六：遁尾，厉。勿用有攸往。

【译文】

遁退之尾，有危厉，不要前往。

象曰：遁尾之厉，不往何灾也。

【译文】

遁退之尾的危厉，不前往有何灾害。

【精解导读】

《周易》例以上爻为头，初爻为尾。这是因为爻的推移是由下向上运动的。比卦上六“比之无首”，离卦上九“有嘉折首”，都是以上爻为首。既济、未济初爻爻辞“濡其尾”，上爻爻辞“濡其首”，都是“首”“尾”互相发明的。所以尾的象在初爻爻位。初六是遁卦之尾，故言“遁尾”。遁是退，退在最后，是见机太晚，故有危厉。遁卦是柔爻上长，柔上长的发展趋势是剥蚀刚爻，小人进逼君子，故“勿用有攸往”。象辞说：“遁尾之厉，不往何灾也。”“不往何灾”是假设复句的浓缩，意思是说你如果不前往，那还会有什么灾害？这是把“厉”讲成“灾”。这一爻不宜行动，安分自守可保无灾。

六二：执之用黄牛之革，莫之胜说。

【译文】

用黄牛皮拧成的绳子拴缚住，没有人能解脱得了。

象曰：执用黄牛，固志也。

【译文】

用黄牛皮拧成的绳子拴缚住，是要它坚固心志。

【精解导读】

“执”是捆扎住，“黄牛之革”是皮绳子。古代把皮子拉成条，称皮韦，皮韦再拧成绳子，比一般的绳子结实，牛皮又是皮子中最结实的，用黄牛皮拧成的绳子去捆扎，那是决心要捆住不让松动。“胜”是能够，“说”同“脱”，前面提到的“舆说辐”可证。爻辞的意思是牢牢地捆住，没有人能解脱得开。从象上说，坤为牛，中为黄，六二再向上发展，下一步就使下卦变坤（䷠↑变否䷋>坤），但遁卦的下卦是艮（䷠>艮），艮为皮肤（见噬嗑卦），六二又在下卦中位，故为“黄牛之革”，革就是皮。艮为止，又为手，互巽为绳（六二→䷠>互巽），故为“执之用黄牛之革”。捆得太结实了，故言“莫之胜说”。象辞说“执用黄牛，固志也”，“志”指与九五相应的愿望。六二是全卦的主爻，代表柔爻向上发展的势头，但上有九五为正应，不能步步进逼刚爻，为了应合九五，得把柔爻向上发展的趋势牢牢地控制住。坚定与九五应合的心愿，这就是“固志”。

九三：系遁，有疾厉，畜臣妾吉。

【译文】

系住退势，有疾病与危厉，蓄养奴仆婢妾吉祥。

象曰：系遁之厉，有疾惫也；畜臣妾吉，不可大事也。

【译文】

系住退势的危厉，是有疾病与疲惫。蓄养奴仆婢妾吉祥，是说不可以办大事。

【精解导读】

九三也有系缚之象，但与六二不同，六二是被系，九三是去系。从象上看，九三紧邻两个上长的柔爻，处在为刚爻守住阵地的位置上，下卦艮为止，是止住柔爻进逼的势头。艮为手，互巽（九三→䷠>互巽）为绳，要把退势系住挽回，故言“系遁”。但柔长刚退已成定局，九三一夫当关，顶住不退，勉力支撑，大势难挽，故“有疾厉”。艮为少男，所以为僮仆臣妾，九三是下卦艮的主爻，故言“畜臣妾吉”。从取义上说，九三这一爻是要把进逼的对方势力顶住，挽回退让的大势，相当吃力。大势已不可逆转，如果回去蓄养奴仆、婢妾，反倒吉祥。象辞说“系遁之厉，有疾惫也”，意为要拴住退势，太困难了，会累得疲惫不堪而生病。又说“畜臣妾吉，不可大事也”，意思是说：败退的大局已不能挽回，大事不济，回去蓄养老婆、抱抱孩子，干点这类事情吉祥。“臣”是男奴，“妾”是女奴。但不要理解得太死，臣妾都是家人，“畜臣妾”是指回去养家过小日子，干大事没什么希望了。

九四：好遁。君子吉，小人否。

【译文】

好好退让。君子吉祥，小人否塞不通。

象曰：君子好遁，小人否也。

【译文】

君子好好退让，小人会否塞不通。

【精解导读】

“好”是好坏之好，不是爱好之好，“好遁”与九五“嘉遁”意思相互证发。九四所以好，是因为有初六正应，又有九三顶住退势，不是直接被逼着遁，主动退让，退得很得体。九四刚爻，刚爻为君子，君子能主动退让，故“君子吉”。柔爻为小人，柔爻再向上发展一爻，逼进九四，全卦会成为否卦（遁䷠↑柔上长一位，为䷋←九四否），故言“小人否”。“否”是否塞不通。象辞说“君子好遁，小人否也”，意思是说：君子才会主动退让，故君子是好好退避，小人不会主动退让，故小人否塞不通。这一爻君子好，小人不好。象辞主要是从道理上说明，知进知退就通，知进不知退就否塞不通。

九五：嘉遁，贞吉。

【译文】

非常好的退让，正固吉祥。

象曰：嘉遁贞吉，以正志也。

【译文】

非常好的退让，正固吉祥，是要它正固心志。

【精解导读】

“嘉”与“好”意同，只是在程度上要比好还好。“嘉遁”是非常好的退让。九五正是彖辞讲的“刚当位而应，与时行也”那一爻，最善退让。九四退让得体，九五退让有美誉。位在九五之尊，四个刚爻为朋，下有六二为正应，故言“嘉遁”。位正，故言“贞吉”。象辞说：“嘉遁贞吉，以正志也。”这是把“贞”讲成“正”。“志”是与六二正应的心愿。象上指九五在上卦中位，刚爻居刚位，居中得正；应爻六二在下卦中位，柔爻居柔位，居中得正；九五是尊位，六二是主爻，上下阴阳正应，心愿相合。心志中正应合，故有“嘉遁贞吉”的爻辞。这是全卦最好的一爻，在位是贤明之主，退让是君子之行，进退不离中正，顺时从容，不失为圣人。

上九：肥遁，无不利。

【译文】

高飞远走而退，没有不利。

象曰：肥遁无不利，无所疑也。

【译文】

高飞远走而退没有不利，是无所疑顾。

【精解导读】

从全卦的基本意思上讲，“肥”借为“飞”，“肥遁”是高飞远走地退隐而去。张衡《思玄赋》云“飞遁以保名”，曹植《七启》云“飞遁离凡俗”。李善注：引遁上九爻辞“飞遁，无不利”。《汉书·张衡传》注引《淮南子》九师训说“遁而能飞，吉孰大焉”。人们都把“肥”当成“飞”的假借字来理解。朱芹引姚宽《西溪丛语》，反杨用修之说，“肥古作‘巷’，巷蜚同字”。“肥”就是“蜚”，“蜚”就是“飞”。把字讲得这样确切，可以帮助读者理解，但说得太死，未必符合作者的初衷。《周易》就是要用词的多义性增强它的涵盖性，取“飞”意，也取“肥”意。不过要讲最基本的意思，应当说讲成“飞”，与全卦退的主题更合拍。王弼注也说是“增缴不能及”，取远飞为意。从象上讲，上九在全卦最上位，柔爻只要上长一位，就会退出卦外，又在上卦乾里，乾为天，它要向天外飞去，远远退隐，故言“肥遁”。知时而退，符合遁卦之道，故“无不利”。象辞说：“肥遁无不利，无所疑也。”“疑”前人讲成“疑顾”，意思是说没有什么顾恋而犹疑不决。这从象上说也较合适。九四、九五都有应爻，上九与九三不应而敌，无所挂碍，在遁之时，高飞远引而去，真正当了世外隐士，没有不利。

【提示】

这一卦应当提示一下《周易》语言的涵盖性。《周易》是一部载道广应的书。举偏概全，多所影射，这是它包罗万象所需要的，所以用语朦胧多歧，不能咬得过死。我们只求讲出一个基本的意思，其余内容要根据各自占筮的要求触类联系，不可拘执。《周易》的这种涵盖性，主要是采用了四种语言上的手段，即词的多义性、一语多关、互文错综和省略，尽量以“不言而言”的方法表达更为广泛的内容。从词的多义性上讲，《周易》里绝少有只用一个单纯义项的词，而是尽量发挥词的多义特点。比如这一卦的卦名遁，《序卦》说“遁者，退也”。它的基本义是遁退。但它同时又是“豚”，是猪的意思。再如大过、小过的“过”，它的基本义是一种度往行动，但在具体的上下文里又可以有概念上的引申扩展。如小过彖辞“过而亨也”，过而亨通，说明“过”是顺利通过。大过上六爻辞“过涉灭顶”，“过”“涉”连文，“过”指渡过。小过六二爻辞“过其祖，遇其妣，不及其君，遇其臣”。“过”与“不及”“遇”连文，“过”是超过。小过九三爻辞“弗过防之，从或戕之”。“过”与“防”连文，“过”是过错、过失。小过象辞“用过乎恭，丧过乎哀，用过乎俭”。超过恭、哀、俭的常规，“过”是过分。即使是意思比较单纯的吉凶断语，也有多义性的特点。比如“咎”这个词，它的基本意思是表示比灾要轻的害。坤卦六四爻辞说“括囊，无咎无誉”，象辞说“括囊无咎，慎不害也”。“咎”就是害。但有时它又是责怪的意思，如同人初九象辞“同人于门，又谁咎也”。有时又是咎过、咎由自取的意思，等等。诸如此例的情况多得不胜枚举，正是这种词的多义性，造成了意思上的涵盖性。

《周易》的涵盖性在语言上的第二个方面的表现是一语双关，甚至是一语多关。首先，卦爻辞因为来自卦象，就不得不照顾在卦象上的意思。卦爻辞一旦确定下来，又得为社会需要服务，于是又不得不具有义理上的意思。所以在取象与取义上往往是一语双关。我们举离卦初九爻辞“履错然”为例。

从取象上说，离卦是从十二消息卦的遁卦变来，变的方式是遁卦的初六与九五交换了位置，即：遁卦九五初六䷠两爻换位，变䷝←初九离卦。离卦的初九，是遁变离时从五位下到初位。按易例来说，初位是足，初九下来如同在脚上穿上鞋子，所以才有“履”的命辞。“履”是鞋的意思，下到初位，既是彖辞讲的“刚来文柔”（刚爻下来把柔爻交错开），又组成下卦离（䷝>下离），离在卦象里是文，所以才有“错”的命辞。“错”取花纹的意思，要是按象上的意思去解释，“履错然”是穿上花鞋的样子。但爻辞还有它的社会意义。“履”作“礼”讲，指的是各种礼仪制度。《周易》本经里没有“礼”字，凡是“礼”都作“履”，看来“礼”是个后起字。我国大量的古籍材料都认为：“礼，行所履也。”如《礼记·祭义》：“礼，履此者也。”《左传》文公元年：“履端于始。”《疏》：“履，礼也。”这样的材料很多。《说文》：“文，错画也。”笔画有秩序地交错就成为一种美丽的花纹。花纹表示一种文采，“错”指的是有文采。礼仪制度是社会的文采，没有礼仪社会就质而不文。“履错然”的社会意义，是礼仪有文采、有秩序、很文明的样子。《序卦》里就有“有上下然后礼仪有所错”的话，意思可以相互印证。“履错然”要是对于某个人来讲，那又是谦恭守礼、文质彬彬的样子。这仅是个一语双关的例子，除此之外，还有一语多关的情况。简而言之，卦爻辞一般都会具有象上与义理上的双重意思，这就增强了《周易》的涵盖性。

《周易》的涵盖性在语言上的另一个表现是前后互文错综、相互发明。一句话指东也指西，说此也说彼。这里为了有个浅显的说明，举《说卦》中的一段话为例：

“万物出乎震，震东方也。齐乎巽，巽东南也；齐也者，言万物之絜齐也。离也者，明也，万物皆相见，南方之卦也；圣人南面而听天下，向明而治，盖取诸此也。坤也者，地也，万物皆致养焉，故曰致役乎坤。兑，正秋也，万物之所说也，故曰说言乎兑。战乎乾，乾，西北之卦也，言阴阳相薄也。坎者，水也，正北方之卦也，劳卦也，万物之所归也，故曰劳乎坎。艮，东北之卦也。万物之所成终而成始也，故曰成言乎艮。”

在说明八卦的方位意思时，震正东，巽东南，离正南，乾西北，坎正北，艮东北，六个方位都做了说明，而在坤卦与兑卦之后却并不提及方位，但人们根据上面六个方位的提示，按照四正四维一找，很容易发现坤的卦位在西南方，兑的卦位在西方。可见讲六个方位，也是在讲另两个没有提到的方位。在说明八卦的时令意思时，兑是正秋做了说明，其他卦的时令并未提及，但人们根据兑为正秋的提示，按照一年四季一找，也很容易发现震为春，离为夏，坎为冬。可见讲出一个时令，也是在说明其他三个时令。至于八卦在所具特性方面的意思，因为没有思路上的明确联系，就都分别做了说明，震为出，巽为齐，离为见，坤致役，兑为悦，乾为战，坎为劳，艮为成。显然这是用一种互文错综的方法，相互发明。这种语言上的表现，也增强了它的涵盖性。

《周易》的涵盖性还表现在用语的简洁省略上。经文里几乎找不到什么衬字，这是任何一部经书都没有的特点，语句比诗还简练。至于省略，全书可以说是用一切可能省略的手段而省略，真是惜墨如金，尽量用不言而言的方式向人们昭示更为广泛的意义。

三十四 大壮——阳气大盛

䷡

大壮的卦画组合为乾（☰）下（☳）震上，传统称作雷天大壮。《序卦》云："物不可以终遁，故受之以大壮。物不可以终壮，故受之以晋。晋者，进也。"意为：事物不能老是退，所以在遁卦之后接着是大壮卦。事物也不能老是盛壮，故大壮之后接着是晋卦，晋是进的意思。遁卦是退，晋卦是进，大壮卦在退与进之间，由退到停止不退，再到前进。《杂卦》云："大壮则止，遁则退也。"意为大壮是停止，遁卦是消退。按《序卦》《杂卦》的讲法，大壮是止的意思。彖辞说："大壮，大者壮也。""大"指刚爻，大壮是刚爻壮盛。把这些意思综合起来理解，大壮的基本意思是刚爻很壮大。从卦象上看，大壮是四刚二柔，刚爻壮大。为什么《序卦》《杂卦》一定要强调大壮有"止"的意思？这是因为事物进退消息有它的规律，物极必反，盛极而衰。刚爻壮大是个较好的格局，见好就收，不要走向极端，因此要止。大壮是十二消息卦中六个刚长柔退的卦之一。前人把它配在农历二月，再向前发展，阳气由盛而衰，《周易》抑阴而扶阳，不愿阳气衰退，大壮卦刚爻长到四位，超过全卦六爻的半数，再向前发展就不利，所以该止。《周易》里的量变质变规律，在这一卦表现得最为明显。事物发展有一个度，超过这个度就会发生质变。刚爻从复卦一阳复苏，到了二阳生出的临卦，有了好的发展势头，再到三刚在下的泰卦，已达到阴阳的相对平衡状态。到了四刚的大壮，就是最佳的度。再向前发展，就会走下坡路。懂得消息盈虚之理，就该在最佳的度上停下来。

从卦变上讲，大壮属阳长的六卦，从坤变来。直接从泰卦发展变化而成，即：泰䷊↑刚爻向上长一位，变䷡大壮。大壮再向前发展就是夬卦、乾卦。大壮与上一卦遁是一对正覆卦，即：遁䷠上下倒置，为䷡大壮。遁是柔长刚退，大壮是刚长柔退。

大壮，利贞。

【译文】

大壮卦，宜于正固。

彖曰：大壮，大者壮也。刚以动，故壮。大壮利贞，

大者正也。正大而天地之情可见矣。

【译文】

大壮是指大的一方壮盛。刚健而行动，所以壮大。大壮利于正固，是大的一方为正，又正又大，天地的情理就可以见到。

象曰：雷在天上，大壮。君子以非礼弗履。

【译文】

雷在天上，这就是大壮卦。君子从中得到启示，不去做非礼的事。

【精解导读】

卦辞说“大壮，利贞”，意思是说已经很壮大了，就应当在这个最佳的度上停下来。正固不动最有利。这是取象于四刚长成，向前发展会由壮及老，是从消息盈虚上讲的。

彖辞从四个方面说明大壮卦。（一）解释卦名。“大壮，大者壮也”是指《周易》以刚爻为大，柔爻为小，刚爻超过半数，是大的一方壮盛。刚爻还表示正气、君子等，总之是好的一方有一个强壮旺盛的局面。（二）从上下卦特性组合上解释卦名。“刚以动，故壮”，指下卦乾，乾的特性刚健；上卦震，震的特性是动，上下卦组合在一起是具有刚健的禀赋而行动，所以能壮大。以上两个方面，解释卦名，同时说明大壮是个好卦，筮得大壮是正处在壮盛时期。（三）解释卦辞“利贞”。“大壮利贞，大者正也”，意为大壮卦利于正固，是因为大的刚爻为正。《周易》以柔爻为邪，刚爻为正。大壮是刚爻占据优势，故有利于正的一方。这是把“贞”讲成“正”。（四）推演大壮卦的意义。“正大而天地之情可见矣”，意思是天地就是既正又大，人能体正大之道，就发现了天地的情理。刘牧讲这一句时说：“天地无不覆载，大也；覆载无所偏私，正也。”

象辞说的“雷在天上，大壮”，指大壮下卦是乾，乾为天，上卦是震，震为雷，上下卦组合在一起，卦象是雷在天上，这就是大壮卦。从取义上说，雷在天上，声威壮大，上天声威，不容邪恶非礼，故君子从中受到启示，不干非礼之事。“非礼弗履”中，“履”是履行，是说行动上不要有非礼的事，这反映了初民对天雷那种宗教式的恐惧心理。

初九：壮于趾，征凶，有孚。

【译文】

强壮在脚趾上，征进凶，有信实。

象曰：壮于趾，其孚穷也。

【译文】

强壮在脚趾上，有信实却会困穷。

【精解导读】

趾是从爻序取象。初爻在卦的最下位，是脚趾。如噬嗑初九“屦校灭趾”，贲初九“贲其趾”，夬初九“壮于前趾”，艮初六“艮其趾”等。卦是大壮，爻在初位，故言“壮于趾”。脚趾的功能是征进，而大壮卦要止，故“征凶”。初九刚爻，刚爻为实，故言“有孚”。象辞说“壮于趾，其孚穷也”，意思是具有信实的刚爻再向上勇进会走向穷途末路。指大壮的刚爻不停上长，会到五位、上位，由壮及老。到了上位其道就穷了。因为初九是泰变大壮刚刚生长出来的一个刚爻，征进的心愿很强烈。“穷”在这里是受困的意思。

九二：贞吉。

【译文】

正固吉祥。

象曰：九二贞吉，以中也。

【译文】

九二正固吉祥，是因为在中道。

【精解导读】

九二在下卦中位，上有六五为正应，有中道又有应援，故为“贞吉”。象辞说“九二贞吉，以中也”，意为九二正固吉祥，是因为在下卦中位。在中位取有中道为义，有中道，不偏不斜，行为适中得体，故会吉祥。但从整卦来看，九二也不宜征进，“贞”还有正固不动的意思。

九三：小人用壮，君子用罔，贞厉。羝羊触藩，羸其角。

【译文】

小人利用自己的强壮，君子不这样，正固有危厉。公羊顶撞藩篱，挂住了羊角。

象曰：小人用壮，君子罔也。

【译文】

小人依靠强壮，君子不依靠这些。

【精解导读】

“用罔”与“用壮”互文见义，“罔”作“不”讲，象辞说“君子罔也”可证。有人把“罔”讲成“网”，与象辞义不合。在爻辞中讲成网还算勉强可通，象辞就不能这样讲。“小人用壮”，小人指体力劳动者，要靠强壮的体力去劳动，君子是脑力劳动者，不依赖强壮的体力。取义上可引申为小人依靠自己的强壮，恃强凌弱，以力量或优势凌人。“君子罔也”是说君子不用这一套，“罔”是对小人做法的否定。这一爻还是要止，不要恃强而进。三至五爻互为兑卦(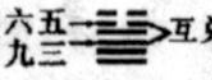
)，兑为羊。上卦震，震为藩篱。《说卦》“震为蕃鲜”，“蕃”借为“藩”。尚秉和先生说：“《易林》乾之丰云‘藩屏周卫’，同人之师云‘藩屏汤武’，皆以震为藩。”比较可信。其他卦没有提到“藩”，这一卦从三爻向上讲“藩”，也只有上震才能有藩篱之象。羝羊又称羖，民间称作“大顶羊”。公牛称“牯”，公羊称“羖”，羖是长着一对强壮大角的公羊，最喜顶触。“触”是顶撞。“藩”是篱笆，关羊的栅子也称藩。“羸”，王肃本作“缧”，郑玄、虞翻本作“纍”，蜀才本作“累”，都是系缧的意思。

“羝羊触藩，羸其角”，是指公羊顶触篱栅，羊角被栅子挂住，卡在那里动不了。因为是被挂住动不了，所以“贞厉”，“贞厉”是指正固不动有危厉。象辞“小人用壮，君子罔也”，是指柔爻为小人，刚爻为君子，大壮从泰卦变来，九三在泰卦处在刚柔爻相接的位置上（九三柔爻 刚爻），刚长一爻变为大壮，对柔爻不利，对刚爻有利。但刚爻是君子，要从大局出发，知进知止，不以壮盛凌人，小人才会利用壮盛凌人。象上显示的是九三上下都是刚爻，强强相遇，撞不出去。这一爻不吉利，进退不得。

九四：贞吉悔亡，藩决不羸，壮于大舆之輹（fù）。

【译文】

正固吉祥，没有忧悔，冲破藩篱，角解脱出来，大车的车輹强壮。

象曰：藩决不羸，尚往也。

【译文】

冲破藩篱，角解脱出来，继续向上。

【精解导读】

九四是全卦的主爻，代表刚爻壮大上长的势头，锐不可当。能遵循大壮的正道就会吉祥，故言“贞吉悔亡”。刚爻如再上长一爻就会变成夬卦（䷪），夬就是决，上震为藩，故言“藩决不羸”。“决”是冲决、突破义，“羸”是挂住。“藩决不羸”意思是从藩篱中冲决出来，不会被藩篱勾挂住，因为九四已突过上震，前临被逼退的柔爻。坤为大舆，震在坤下变出一位刚爻（☷←变刚为☳震），故震为车厢底下的横木，为车輹（见大畜九二爻辞“舆说輹”、九三爻辞“日闲舆卫”下）。“輹”是把车厢装在车轴上的零件，车脱輹就不能走，车輹壮就可以横冲直撞。九四是震的主爻（九四→䷡>震），又是大壮的主爻，故言“壮于大舆之輹”，是说车輹很坚固，前进的大车不可阻挡。从九四的发展势头上看，确实如此，上面的两个柔爻已无力阻止它的上进。这一爻总的讲是冲决藩篱，势如破竹，具有摧枯拉朽的威力。象辞说“藩决不羸，尚往也”，意为冲决网罗、藩篱，是向上前往，就是指刚爻上长的势头。

六五：丧羊于易，无悔。

【译文】

羊在边界丧失，没有忧悔。

象曰：丧羊于易，位不当也。

【译文】

羊在边界丧失，是因为不当位。

【精解导读】

“丧”是丧失，“易”同“埸”，指疆场、边界。《荀子·富国》：“观国之治乱臧否，至于疆易，其端已见矣。”注：“易与埸同。”《说文》：“埸，田畔也。”是地的边界。从象上看，大壮从泰变来，泰的上卦是坤，坤为地，变为大壮，上坤的下界已被刚爻占去，六五与上长的刚爻相接，故有丧场之象。互兑为羊（六五→䷡>互兑），故言“丧羊于易”。但六五在上卦中位，与九二正应，故言“无悔”。象辞说“丧羊于易，位不当也”，“位不当”一是指六五正处在与上长的刚爻相接的位置，首当其冲，刚爻壮大，柔爻弱小，位置不好；二是指五位是尊位、刚位，六五柔爻不应当居于其位，因此才会有羊在边界丧失的损失。这一爻损失是有的，但时势如此，没有忧悔。

上六：羝羊触藩，不能退，不能遂，无攸利。艰则吉。

【译文】

公羊顶撞藩篱，不能退，不能遂意，无所利。艰难自守就会吉祥。

象曰：不能退，不能遂，不详也；艰则吉，咎不长也。

【译文】

不能退，不能遂意，是因为不加审详；艰难自守就会吉祥，是因为咎害长不了。

【精解导读】

上六处在全卦最后一位，已经是靠边站了。在上卦震里，震为藩篱，上位为角（见前），互兑为羊，故有羊冲撞藩篱之象。但上六撞来撞去没有出路。向下有四个刚爻锐不可当，向上已无路可进，不能遂意，故言“羝羊触藩，不能退，不能遂，无攸利”。“遂”是遂心如意。但上六又是大壮之末，再发展很快会由壮及老，上六这种进退失意的状况不会维持多久，如能在艰难中自守就会否极泰来，获得吉祥。这一爻当时在艰难中，吉祥在将来。象辞说：

“不能退，不能遂，不详也。”“不详”是不能自己审详，也就是不认真思量，指上六“羝羊触藩”的做法是一种不加审详的做法。所以不能退，也不能如意。“艰则吉，咎不长也”，意思是盈虚消长为自然之理，大壮及老是必然趋势，上六的咎害不会长久，艰难自守，吉祥会到来，不审时度势而冲撞决突没有用处。

【提示】

结合本卦，说明一下大卦。大卦也称兼画卦，从京房开始就有这样一种取象的方法。就是把几个刚柔相同的爻看成是一爻，把一个多爻卦看成是三爻卦。比如前人把中孚䷼当成一个大的离（☲）卦。小过当成一个大的坎卦（小过䷽>☵坎），临卦当成一个大的震卦（临䷒>☳震），遁卦当成一个大的巽卦（遁䷠>☴巽），观卦当成一个大的艮卦（观䷓>☶艮），大壮当成一个大的兑卦（大壮䷡>☱兑）。朱熹《周易本义》注说“卦体似兑，有羊象焉”，就是指大壮是兑的大卦，兑为羊，是一只大羊，所以卦爻辞中老是提到羊，这样取象，实际是六爻全象的一种变例，从大量的爻辞中分析，从大卦取象是《周易》中自有的。除以上六卦外，六爻的乾卦自然是放大的三爻乾卦（䷀>☰），六爻的坤卦自然是放大的三爻坤卦（䷁>☷）。八卦在六十四卦中各有放大的形象，对应也较为严整。另一种大卦的变例，是把四爻、五爻并列在一起也看成是一个大卦。比如益卦的下五爻可看成一个大离（益䷩＞☲离），贲卦的上四爻也可看成是一个大离（贲䷕＞☲离），甚至六爻的颐卦也可看成是一个大离（颐䷚＞☲离）。这样，大卦取象的范围就较为广泛，比如前面讲过的大过，前人就把它看成是大坎（大过䷛＞☵坎），等等。总的讲，从大卦中取象不违背《周易》的体例，但也要注意，大卦之象作者也是时取时不取，用以解《周易》，还要参照卦爻辞为据。

三十五　晋——青天白日

䷢

晋卦的卦画组合为坤（☷）下离（☲）上，传统称作火地晋。《序卦》云：“物不可以终壮，故受之以晋。晋者，进也。”意为：事物不能老是止于盛壮，所以在大壮之后接着是晋卦。晋是进的意思。

关于晋卦的卦变，虞翻说“观四之五”，蜀才解释道：“此本观卦，案九五降四，六四进五。”彖辞提示说“柔进而上行”。所以晋卦是由观卦变来，是观卦的柔爻六四向上升进了一位，九五向下推移了一位，即：观䷓两爻位置交换，变䷢晋。晋卦与下一卦明夷是一组正覆卦，即晋䷢整体倒置，为䷣明夷。

晋，康侯用锡马蕃庶，昼日三接。

【译文】

晋卦，荣耀的诸侯用天子赏赐的良马繁殖。一日之内被天子接见三次。

彖曰：晋，进也。明出地上，顺而丽乎大明，柔进而上行，是以康侯用锡马蕃庶，昼日三接也。

【译文】

晋是升进的意思。光明出现在大地的上空，顺从而附丽于光明，柔顺前进，向上运行，因此荣耀的诸侯用天子赏赐的良马繁殖，一日之内被天子接见三次。

象曰：明出地上，晋。君子以自昭明德。

【译文】

光明出现在大地上空，这就是晋卦。君子从中受到启示，要昭示自己的明德。

【精解导读】

“康侯”，前人考证是卫康叔（见提示），作为卦辞，即使实指其人，也只能是举例性质。《释文》：“康，美之名也。”因此讲成荣耀的诸侯更好一些。“锡”同“赐”，古代“赐”多借用“锡”。“蕃庶”是蕃息而众多。“用锡马蕃庶”，是说用天子赐给的良种马去畜养繁殖，给国家培养出大量的良种马。这在古代也是一种很大的功勋。《史记·秦本纪》说，秦的祖先大费（即柏翳），“佐舜调驯鸟兽，鸟兽多驯服，是为柏翳，舜赐姓嬴氏”。周孝王时代，柏翳的后代“非子好马及畜，善养息之”，周孝王让他在汧渭间养马，马大蕃息，孝王奖励他说：“昔柏翳为舜主畜，畜多息，故有土，赐姓嬴。今其后世亦为朕养马，朕其分土为附庸”“邑之秦”。靠养马而裂土封侯，为后来的秦王朝立下了基业。“昼日”是白天，这里指一个白天，“三接”是天子接见了他三次。三接之礼，《周礼·秋官·大行人》有记载：诸公“三飨”“三问三劳”；诸侯“三飨”“再问再劳”；子男“三飨”“一问一劳”。诸侯来朝，天子要接见，第一次是接见，第二次是设宴款待，第三次是慰劳，但不是一天之内的事。一天之内接见三次，足见这个诸侯在天子心目中地位的重要，宠爱有加。卦辞的意思是：荣耀的诸侯用天子赐给的良种马繁殖，功劳卓著，上京朝见，天子一天就接见了他三次，这是一种殊荣。从象上讲，下卦坤为牝马，为众；互卦坎（䷢>互坎）为美脊马，有马繁殖之象。晋为昼，下卦三个柔爻并进，有昼日三接之象。

彖辞从五个方面说明晋卦。（一）解释卦名。“晋，进也”，这是用声训解释晋是升进的意思。（二）从上下卦象的组合上解释卦名。“明出地上”，指晋卦由下卦坤和上卦离组合而成，坤为地，离为明，光明出现在大地之上，这是光明上升之象。（三）从上下卦特性的组合上说明晋卦。“顺而丽乎大明”，指坤的特性是柔顺，离的特性是附丽、光明，组合在一起是柔顺地附丽在光明上，是个荣耀的卦。（四）从卦变上说明晋卦。“柔进而上行”，是指晋卦从观卦变来，观卦下边的柔爻向上推移，观䷓六四上行到五位就变成晋䷢。从取义上说，是柔顺地向上升进。（五）解释卦辞。“是以康侯用锡马蕃庶，昼日三接”中，“是”作指示代词用，意为这；“以”是因为，“是以”就是因此。这一句总括以上四个方面的内容而言，是因为全卦有升进、附丽于光明等原因，才有荣耀晋升之义，所以才说，光荣的诸侯用天子所赐的良马繁殖众多，一天被接见三次。指出卦辞是荣耀晋升的意思。

象辞说“明出地上，晋”，意为下卦坤为地，上卦离为明，光明出现在大地上空就是晋卦。“君子以自昭明德”中，“昭”是昭朗，也就是显现。这句意为君子从卦中得到启示，要让自己光明的道德显现出来。俞琰说：“明德，君子固有之德也。自昭者，自有此德而自明之也。人德本明，人欲蔽之，不能不少昏昧。其本然之明固未尝息，知所以自明，则本然之明，如日之出地，而其昭著初无增损也。《大学》所谓‘明明德’、所谓‘自明’，与此同旨。”认为人一生下来就有人的本性，这种本性符合道德标准，后来被私欲蒙蔽了，道德有了亏损，现在要自己把这种与生俱来的德性开发出来，让它发扬光大。“自昭”就是自己去昭明、开发。“明德”是人的天然本性。这是承袭宋人的观点。如王宗传说：“夫人性本明，其或不能遽然而明者，是公有所蒙蔽而然也。”宋人又承袭儒家的性善说。但从象辞中看不出“明德”就一定是“人性本明”“君子固有之德”。“明德”就是好的道德，“自昭”就是自我彰明，是要加强自身修养，使道德昭朗。

初六：晋如，摧如，贞吉。罔孚，裕，无咎。

【译文】

升进的样子，推挤的样子，正固吉祥。未受到信任，从容，没有咎害。

象曰：晋如摧如，独行正也。裕无咎，未受命也。

【译文】

升进而又推挤，自己前行于正道。从容且没有咎害，是还未接受任命。

【精解导读】

“摧”，《说文》：“挤也”，推排进挤的意思。全卦是“柔进而上行”，六五已经上到尊位，以下的三个柔爻都要上行。所以初六爻辞是“晋如”，六二爻辞是“晋如”，六三象辞是“志上行也”。这是爻的推移趋势。下三爻如同排起队向上走。初六上进前临的是互艮（初六→䷖>互艮），艮为止，前面受阻，后面往上挤，故言“摧如”，“摧如”是往开推排的样子，这里指推挤。初六在最下位，有向上推挤之象，“晋如，摧如”就是推挤着向上升进。但初六位置太靠后，又是初始起步，一时挤不上去，加塞乱挤不行，故言“贞吉”，要正固其位，在后边老老实实排队才吉祥。“罔孚”是个人的信实还没有被认识，也就是还未受到信任。一开始就要升进，还没人信得过。从象上说，初六与九四是正应，有孚，但九四把位置让给了六五（观变晋，六五与九四是换位的爻）。初六还未受到信任。“裕”是宽裕从容。排在最后，时间宽裕从容，慢慢等待，会有升进的机会，故言“裕，无咎”。象辞说“晋如摧如，独行正也”，是指初六的推挤升进符合“柔进而上行”的晋卦正道，但唯独自己排在最后，所以才推挤。“裕无咎，未受命也”，是指位置最下，还未受到任命上不去，还有从容的时间去等待。“未受命”主要解释“罔孚”。

六二：晋如，愁如，贞吉。受兹介福，于其王母。

【译文】

升进的样子，忧愁的样子，正固吉祥。从王母那里受到这样的大福。

象曰：受兹介福，以中正也。

【译文】

受到这样的大福，是因为中正。

【精解导读】

六二也要升进，故言“晋如”。但六二前临的是互坎（

），坎为加忧，故言“愁如”。观卦变晋，六二实际是观卦九五的正应（

），但六二没有升进五位，而是按顺序让六四升到五位，自己守住下卦的中位，故言“贞吉”。“介福”是大福，指卦辞讲的“康侯用锡马蕃庶，昼日三接”的殊荣。王母指六五，六五柔爻占据天子位，故言王母。《尔雅》：“父之妣为王母。”《周易》的妣多指祖母，如小过六二“过其祖，遇其妣”，“妣”与“祖”对举。王母在取义上可理解为祖母。六二在下卦中位，六五在上卦中位，两爻可代表晋卦，故六二有“受兹介福”之象。

象辞说“受兹介福，以中正也”，指六二在下卦中位，行为不失中正，所以受到大福。

六三：众允，悔亡。

【译文】

众人升进，没有忧悔。

象曰：众允之，志上行也。

【译文】

众人升进，都愿意向上行。

【精解导读】

“允”是借字，本字作“粇”。升卦初六爻辞“允升大吉”。《说文》作粇。解释说“粇，进也……《周易》曰：‘粇升大吉。’”“众允”是众人一起向上升进。从象上讲，六三在下卦坤里，坤为众，“柔进而上行”，故言“众允”；六三前临上离（六三→䷢>离），走向离明，故“悔亡”。象辞说“众允之，志上行也”，意指六三与下面的六二、初六一起升进，心志都是要向上行。

九四：晋如鼫（shí）鼠，贞厉。

【译文】

像鼫鼠一样升进，正固不动有危厉。

象曰：鼫鼠贞厉，位不当也。

【译文】

像鼫鼠一样正固不动有危厉，是因为不当位。

【精解导读】

据《古今注》《本草》《广韵》的说法，鼫鼠是最喜啃食土豆的蝼蛄。《子夏传》作“硕鼠”，那就是田老鼠了。《九家易》把鼫鼠直接称作“五穷”，那就是蝼蛄。蔡邕在《劝学篇》里又称作是鼯鼠，称它是“五能不成一伎”，所以称它是“五穷”。《说文》讲得详细一些，说这种小动物“能飞不能过屋，能缘不能穷木，能游不能渡谷，能穴不能掩身，能走不能先人。”意思是说蝼蛄这种鼫鼠，会飞，飞不过房子高；会攀援，爬不上树那么高；会游水，游不过河谷；会挖穴，掩不住身子；会跑，还没人走得快。因此是五伎而穷。这种动物北方农田里很多，串地皮穴走，屡屡可见。靠这么两下子升进，显然是不紧跑就落后的。从卦象上说，全卦是“柔进而上行”，四个柔爻中六五已超过它，上进到它上边去了，六三、六二、初六又追了上来，九四在观变晋的过程中已向下移了一位，接着又要被下面的三个柔爻甩在后面，简直就是个鼫鼠，故言“晋如鼫鼠”。九四在互艮里(九四→䷢>互艮)，艮为鼠，故言“鼫鼠”。本身无能，挡住柔爻上行的路也不行，故言“贞厉”，上卦离为日，鼠是夜行动物，白天不宜，正固不动也有危厉。象辞说“鼫鼠贞厉，位不当也”，“位不当”主要指它处在柔爻升进的路上，有被凌轹而过之象，故有危厉。

六五：悔亡，失得勿恤。往吉，无不利。

【译文】

没有忧悔，不顾虑得失。前往吉祥，没有不利。

象曰：失得勿恤，往有庆也。

【译文】

不顾虑得失，是因为前往有喜庆。

【精解导读】

六五是观变为晋的主爻，原为观卦的六四，在上巽里

（观六四→☴>上巽），巽为利，变而为晋卦，上巽消失，这是失利。升进到全卦尊位，这是得。在互坎里（晋六五→☵>互坎），坎为忧恤，故言“悔亡，失得勿恤”。恤是忧虑。六五是全卦“柔进而上行”的四个柔爻中，唯一升进上去的一爻，故言“往吉，无不利”。象辞说“失得勿恤，往有庆也”，指六五升进到尊位，实现了上行的愿望，大有喜庆，得大于失，勿需患得患失。总之，六五是失去小利，获得大的喜庆。“失”在孟喜、马融、郑玄、王肃诸本中皆作“矢”，“矢得”连文不成话。虞翻把“矢”讲成“誓”，仍不成话。王弼本作“失”是对的。“失得”在《周易》里是个常用词，作“矢”是形近而讹。

上九：晋其角，维用伐邑。厉吉，无咎，贞吝。

【译文】

升进至角，用以征伐邑国。危厉吉祥，没有咎害。正固有吝难。

象曰：维用伐邑，道未光也。

【译文】

用以征伐邑国，是王道还不光大。

【精解导读】

《周易》例上爻为角，初爻为尾；上爻为首，初爻为足；上爻为顶，初爻为趾。到了上位再升进，就是升进头上的角了，故言“晋其角”。上九在上位，又在上卦离里，离为戈兵，下卦坤为国邑。在上位操戈兵临于国邑，故言“维用伐邑”。“伐邑”是天子出兵讨伐自己治下逆乱的属国，不是去侵略，名正言顺，故有危厉而吉祥无咎。“贞吝”是正固不动有吝难，因为上九处在穷极之位，上面已无位可进，不动会被推出去。象辞说：“维用伐邑，道未光也。”象上指上九在离卦里，离为光明，而上九位置困穷，光明不能远照。义上取的是王道不光大，还得去征伐。

【提示】

结合这一卦讨论一下《周易》的逸象。逸象指的是《说卦》里没有明确指出的卦象。《说卦》列出八卦之象共有一百二十三十则，称为八卦的正象或本象。其实卦代表什么象，只不过是一种人为的规定。但这种规定又不是后人可以随便加的。因为人们是要用卦象解释《周易》，这就得遵循《周易》作者的规定。作者观象系辞，已经把这些象融注到卦爻辞里，后人就必须按他的取象来加以说明。否则就是自己去另行创造，违背了作者的本旨。作者对八卦规定的象，《说卦》作了一个基本说明，但仅靠这些说明还覆盖不了全部卦爻辞的内容，于是后人就补充了一些卦象，这些卦象通称之为逸象。如《荀氏九家易》所载逸象有三十一种，清惠栋从虞翻的《易注》辑得逸象三百三十种，张惠言《周易虞氏易》收集了四百五十六种，宋人如邵雍等又从五行等方面扩大了逸象。到了方申，把前人有关内容搜集在一起，在《虞氏易象汇编》中列出一千二百八十七种。这就产生了逸象是否符合《周易》作者规定的问题。对前人提到的这些逸象，既不可全信，也不可不信，应当根据《周易》本经有所鉴别。比如这一卦提到的“邑”，《说卦》没有明确规定，虞翻说“坤为邑”。虞氏的话可信不可信，得检验一下。《周易》提到“邑”的有八处：讼九二（九二→䷅）“归其逋，其邑人三百户无眚”。这是因为九二逃到坤卦之中，使坤变为坎。比卦九五（九五→䷇）“邑人不戒”，九五也是占据坤卦中位，下卦又有坤。泰上六（上六→䷊）“自邑告命”，是上六要消退，坤有了危机。谦上六（上六→䷎）“征邑国”，上六也在坤卦。夬（䷪）卦，卦辞说“告自邑”，指坤象消退到最后一爻。升九三（九三→䷭）“升虚邑”，邑指上卦坤。尤其有说服力的是井（䷯）卦，彖辞说“改邑不改井，乃以刚中也”，显然指的是九五，九五占据了坤的中位，邑就改了；坤变成坎，坎为水，井就没有改。说明"坤为邑"的说法是有所传授。还有就是本卦的上九。从坤的基本象上看，坤为地，"邑"是乡土，"坤为邑"与基本卦象一致，这就可以相信虞氏的说法。

三十六　明夷——黑暗无光

䷣

明夷的卦画组合为离（☲）下坤（☷）上，传统称作地火明夷。《序卦》云："进必有所伤，故受之以明夷。夷者，伤也。"意为：一味地前进必然会受到伤灭，所以在表示升进的晋卦之后接着是明夷卦。夷是伤灭的意思。《杂卦》云："明夷，诛也。"诛是灭。意指明夷是诛灭。《序卦》《杂卦》都没讲"明"，因为"明"较容易理解。其实"伤""诛"都是对"明"说的，象辞说"明入地中，明夷"，显然是说光明进入地下，光明熄灭。因此明夷卦名的意思是光明熄灭。晋是"明出地上"，是白天，明夷就是黑夜。

从象上说，明夷是晋的覆象，晋卦卦画上下颠倒就是明夷，即晋䷢倒置为䷣明夷。从卦变上说，明夷直接是从小过卦变来，即小过［九四 初六］䷽九四与初六换位，变䷣明夷。这要从爻辞中认真研究。虞翻与蜀才都说从临变来，从卦变体例上说也应该从临变来。看来小过与中孚是卦变的中间环节。

明夷，利艰贞。

【译文】

明夷卦，宜于在艰难中正固。

彖曰：明入地中，明夷。内文明而外柔顺，以蒙大难，文王以之。利艰贞，晦其明也。内难而能正其志，箕子以之。

【译文】

光明进入地中，就是明夷卦。内心文明而外观柔顺，以此蒙受大难，周文王是这样做的。宜于在艰难中正固，是韬光养晦。内部患难而能正固自己的心志，箕子是这样做的。

象曰：明入地中，明夷。君子以莅众用晦而明。

【译文】

光明进入地中，这就是明夷卦。君子从中得到启示，临众治事要隐去自己的察察之明，而愈显圣明。

【精解导读】

明夷卦是光明进入地下，天下黑暗无道。卦辞说“利艰贞”，意思是在黑暗无道的时势里要艰难正固才有利。“贞”在这里有两层意思：一是要守正，取“正”义。不能因为黑暗无道，而改变正道与世混同。二是不要盲动，取“固”义。天下黑暗无道，时势所限，动而取祸，不动有利。卦辞作者认为，身处暗世的正人君子，有这样两条立身处世的原则，不招辱取祸，也不改变正道，这样就有利。时势艰难，君子也要耐得住艰难，既不屈志求荣，又善于远害避祸，保存自己，一定会坚持到时势出现转机。故言“利艰贞”。

彖辞从五个方面解释明夷卦。(一) 从上下卦象的组合上说明。“明入地中，明夷”，指明夷卦的上卦是坤，坤为地；下卦是离，离为日、为明，组合在一起是太阳落入地下，光明进入地中之象，光明夷灭，所以卦名称“明夷”。(二) 从上下卦特性的组合上说明。“内文明而外柔顺”，指上卦为外卦，下卦为内卦；内卦是离，离为文明；外卦是坤，坤为柔顺，内外卦组合在一起是内心文明，外表柔顺。(三) 举文王为例说明卦辞“艰”。“以蒙大难，文王以之”与上句“内文明而外柔顺”意思贯通。是说周文王就是用内心文明、外表柔顺的方式，在蒙受大难的逆境中，远害避祸，保存自己。“难”是解释卦辞“艰”。“文明”指明智。在黑暗的世道中，君子的明智与世道的黑暗格格不入，就得把自己的光明隐藏起来，表现得很柔顺，避免世道的迫害，善于保护自己。周文王就是用这种方法躲避商纣王的迫害，先使自身得以保存，然后再去拯救世道。《史记·殷本纪》记载：“纣乃重刑辟，有炮烙之法。以西伯昌、九侯、鄂侯为三公。九侯有好女，入之纣。九侯女不熹淫，纣怒，杀之，而醢九侯。鄂侯争之强，辩之疾，并脯鄂侯。西伯昌闻之，窃叹。崇侯虎知之，以告纣。纣囚西伯羑里。西伯之臣闳夭之徒，求美女、奇物、善马以献纣，纣乃赦西伯。西伯出而献洛西之地，以请除炮烙之刑，纣乃许之。赐弓矢斧钺，使得征伐为西伯。”这段话里的西伯就是后来的周文王。纣王的三公中，九侯把女儿送给商纣王，就因为女儿不喜欢淫乱被杀了，九侯也被剁成肉酱。鄂侯替九侯争辩了几句，也被杀死做成了肉干。周文王为此叹了口气，被投入羑里监禁起来。如果再有所表示，杀身可知。文王正是蒙受大难。文王表现得很柔顺，纣王又把他放了。结果是放虎归山，最后周灭了商，拯救了黑暗的世道。这是彖作者给读者树立的一个善处暗世的典型。（四）解释卦辞“利艰贞”的含义。“利艰贞，晦其明也”，意思是说：怎样才算是“利艰贞”？是指能把自己的明智隐晦而不表现出来。卦象是“明入地中”，对人来讲就是明智藏于内心。（五）举箕子为例说明卦辞“利艰贞”。“内难而能正其志，箕子以之”，意思是说：在内难发生的时候，能够正固自己的心志，箕子就是这样做的。《史记·殷本纪》载：“纣愈淫乱不止，微子数谏不听，乃与太师、少师谋，遂去。比干曰：‘为人臣者，不得不以死争。’乃强谏纣。纣怒曰：‘吾闻圣人心有七窍。’剖比干，观其心。箕子惧，乃佯狂为奴，纣又囚之。”箕子有的书说他是纣王的叔父，有的说是与纣同姓，总之他与微子、比干都是纣王的宗室老臣。微子劝纣王劝不过来，隐身而去，比干要死谏，结果被挖了心，箕子无可奈何，披发装疯做奴才。纣王还要把他关起来。商王朝灭亡，箕子才被周武王放出来。箕子是个非常有韬略的人，后来做了天子师，周武王还向他讨教治国大计。当时他处的是内难，与周文王不同。他披发装疯，为奴被囚，但他并不因此改变自己的心志，所以说他是蒙受内难而能正其志。这是彖作者为读者树立的又一个善处暗世的典型。

象辞换了一个角度作推阐。认为从“明入地中”的卦象中，君子可以学到“用晦而明”的哲理。“莅众”是临众，也就是治理百姓。“晦”是不明。为什么要用晦去治众？主要是为了集思广益，博采众长。什么事你都表现得很精明，众人的智慧就受到压抑。大事要明，不能糊涂，小事要晦，糊涂一些。在小事上太精明，必然没有精力顾及大事。对百姓也不能吹毛求疵。每个人身上都有不足，总体上过得去就行了。要求谁都没有缺陷，处处计较，古人称作“察察之明”，察察之明损害大局。“水至清则无鱼，人至察则无徒”，所以临众要用晦。但宏观上不能晦，要明。这就叫作“用晦而明”。君子要学会这种统治方法，把国家治好。

初九：明夷于飞，垂其翼。君子于行，三日不食。有攸往，主人有言。

【译文】

光明熄灭，所以要飞，但垂下了翅膀。君子要走，三天不吃东西。有所前往，主人有责言。

象曰：君子于行，义不食也。

【译文】

君子要走，道义上不能再拿别人的食禄。

【精解导读】

从这句爻辞看，明夷是由小过卦变来。初九原是小过上卦里的九四，在卦变中下来到了初位（小过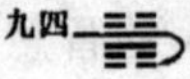从上向下推移）。小过卦的象辞说“有飞鸟之象焉”，指的是小过的上震是鸟的上翼，下艮是鸟的下翼，两翼张开是鸟在

飞翔(小过

)。初九从上震移下来到了初位，变成明夷，小过的“飞鸟”垂下翅膀，故言“明夷于飞，垂其翼”。刚爻为君子，初九刚爻，从上位向下退，故言“君子于行”。从四位到初位过三爻，下卦成离，离为日，故言“三日”。原在互兑里（小过

)，兑为口，在上卦，上食天禄，来到初位，兑口毁去，成为下离，离为大腹，空肚子，故言“不食”。六五在尊位，原来就是主子。九四本与六五互为兑卦(小过

)，九四推移，六五的兑口之象也随之毁去，以口毁人，故言“有攸往，主人有言”。“有言”是有责言，“主人有言”是主人要骂。从取义上讲，“于”在上古还没有完全虚化成介词，保留有去往的动词意思，《诗经》里的“于”常作“往”讲。“于飞”就是往飞，“于行”就是往行。爻辞的意思是说，天黑了，想起飞，却把翅膀垂下来。这是迫于时势，不能展翅高飞。君子离开高贵的地位要走，三天不吃东西，这是从权贵中退隐出来，决心不吃俸禄，自己一走，主子会骂街，这是主子相当不满意。所以爻辞的普遍意思是飞不起来，出行要饿三天，还要挨主人的骂。象辞说“君子于行，义不食也”，“义”是道义，是说君子身处暗世，不愿与昏庸之主合作，要离他而去，出于道义，不能留下来吃俸禄。

六二：明夷，夷于左股，用拯马壮，吉。

【译文】

光明熄灭，左股受伤，用马来拯救，马强壮，获吉。

象曰：六二之吉，顺以则也。

【译文】

六二的吉祥，是因为随顺而有原则。

【精解导读】

六二原在小过卦的互巽里，巽为股（小过$_{六二}$→䷽>互巽），小过卦是一个正反震的卦象（小过䷽>正震 >反震），震为左，故六二是“左股”，变为明夷，巽股象毁，故言“明夷，夷于左股”。然而互巽变成互坎（明夷$_{六二}$→䷣>互坎），坎为美脊马、亟心马、下首马、薄蹄马，为曳马，总之是个蹄子轻快，脊身刚美，低下头使劲拉曳的急性子马，也就是肯干活的好马，股伤有马来救，故言“用拯马壮，吉”。马取坎象有涣卦初六爻辞可印证。涣初六爻辞也说“用拯马壮，吉”，取下卦坎为象（涣$_{初六}$→䷺>坎）。爻辞的意思是说：六二处在黑暗之中，左大腿受了伤，有强健的马来代步相救，马很管事，能救出来，吉祥。象辞说：“六二之吉，顺以则也。”这是提示六二由在原来的互巽变成了在互坎里。巽是随顺，坎为法则，巽变坎是随顺变得有法则。从取义上说，是随顺但不是一味随顺，是有原则的随顺。这是结合全卦是明夷讲的，明夷是暗世暗主，一味随顺就会与暗主沆瀣一气，有原则不苟同的随顺才能获吉。坎为法则的取象，可与师卦初六爻辞“师出以律”相互印证，坎为法则、法律。

九三：明夷于南狩，得其大首，不可疾，贞。

【译文】

光明熄灭，到南方狩猎，俘获大首领，不可操之过急，正固。

象曰：南狩之志，乃得大也。

【译文】

向南狩猎的心愿，能得到极大满足。

【精解导读】

小过变为明夷，下卦成离，离为南，从二爻至上爻为缩小的师卦(明夷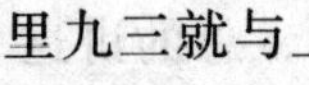师)，取师象，故言“明夷于南狩”。在小过卦里九三就与上六正应，只是隔着九四（小过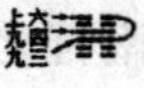九三与上六正应）。卦变为明夷，九四下到初位，应路打通，

故九三可直取上六。上爻为首，故言“得其大首”。《周易》以上爻为首，如比卦上六“比之无首”，离上九“有嘉折首”，既济上六“濡其首”，未济上九“濡其首”等，只要在上位，不论刚爻柔爻都可称首。但九三还在下卦，上卦坤为众，不能操之过急，故言“不可疾，贞”。“疾”意为急。贞是要正固，正如太阳落入地下，迟早会再升出来，但有一个运行过程，现在还在地下，要正固待时。从取义上讲，爻辞的“狩”与“大首”是互文，“狩”是打猎，“获大首”是指征伐敌人俘获大首领，既指打猎又指战争。古代常以狩猎喻战争，直至三国时还如此，如曹操在赤壁大战前向孙权下战书说：“今治水军八十万众，方与将军会猎于吴。”所谓“会猎”就是打仗。爻辞中狩猎与征伐的意思全有，狩猎可猎获大动物，征伐可俘获敌人的大首领。因为上坤既可以是狩猎的田地，又可以是被征伐的邑国。爻辞两象皆取。至于正固待时，前人举周武王伐纣为例。《童溪易传》讲，纣王的黑暗统治引起各诸侯国的公愤，“盟津之役，诸侯不期而会者八百，皆曰‘纣可伐也’。武王曰：‘汝未知天命，未可也。’乃还师。归居二年，闻纣暴虐滋甚，于是告诸侯曰：‘殷有重罪，不可以不毕伐师。’渡盟津，诸侯咸会。武王乃作《泰誓》，故《泰誓》一作，而殷亡矣。”这就是要正固待时。总的讲这一爻是光明征服黑暗，向南征进有大获，但要待时而动。象辞说：“南狩之志，乃得大也。”象上指九三的正应在上六，自己的心愿可以实现。“志”是心愿，心愿可以得到极大的满足。

六四：入于左腹，获明夷之心，于出门庭。

【译文】

进入左腹，得到暗主的心意，走出门庭。

象曰：入于左腹，获心意也。

【译文】

进入左腹，获得了心意。

【精解导读】

六四是卦变中与初九换位的一爻，原在下卦艮里（小过初六→䷽>艮），艮为门；上到四位，处在互震（六四→䷣>互震）、上坤中，震为左，下卦成离，离为大腹，又在互坎里（六四→䷣>互坎），坎为心，故言“入于左腹，获明夷之心，于出门庭”。意思是进入心腹里去了，把暗主昏庸的心事了解透了，于是决心离开他躲避时难，从门庭里走出来。爻辞颠倒了一下顺序，在卦变中是先走出门庭后入于左腹，作者为了强调离开暗主的意思，颠倒了一下。

朱震讲这一爻说："其微子去商之事乎？"认为是如同微子劝谏纣王，纣王不听，微子离开纣王，隐身远去，避开了一同覆亡的灾难。从象辞"文王以之""箕子以之"，以及六五爻辞"箕子之明夷"等内部看，这样讲是对的。爻辞作者尽管是举例说明，但内心确实有纣王时期的史实在起作用。象辞说"入于左腹，获心意也"，解释爻辞"入于左腹"的意思是得到了暗主的心意。再引申一下，是说把暗主了解透了，知道已无可救药，所以才从内部离之而去。

六五：箕子之明夷，利贞。

【译文】

箕子一般的光明熄灭，利于正固。

象曰：箕子之贞，明不可息也。

【译文】

像箕子一般的正固，因为光明不可熄灭。

【精解导读】

箕子这个人在《史记·宋世家》中有较详细的记载："箕子者，纣亲戚也。纣始为象箸，箕子叹曰：'彼为象箸，必为玉杯；为杯，则必思远方珍怪之物而御之矣。舆马宫室之渐自此始，不可振也！’纣为淫佚，箕子谏，不听，人或曰：‘可以去矣。’箕子曰：‘为人臣，谏不听而去，是彰君之恶而自说于民，吾不忍为也。’乃被发佯狂而为奴，遂隐而鼓琴以自悲，故传之曰箕子操。”马融、王肃说箕子是“纣之叔父”，服虔、杜预以为他是纣之庶兄。这个人明知纣王是彻底不可救药了，但怕暴露了纣王的昏暗而显出自己的明智，不忍离去，自晦其明，保持对商王朝的忠贞，这就是“箕子之明夷”，也就是说像箕子那样把自己的明智隐晦起来不显露。从象上看，六五在上卦坤中，坤正是遮蔽下卦离明的大地，柔爻为夜，处在最黑暗之中。但六五在上卦中位，能守中道，不是自己黑暗，而是所处时势黑暗；不是自己不明，而是自己把明掩藏起来，故言“箕子之明夷”，这个“明夷”是自己去夷灭自己的光明，所以才说“利贞”。“利贞”是利于正固。明不显露，内心正固。象辞说“箕子之贞，明不可息也”，是解释箕子的“明夷”不是箕子昏暗，而是内心正固。实际上他的光明并没有熄灭，而是潜藏于内，不表现出来罢了。

上六：不明，晦。初登于天，后入于地。

【译文】

不光明，晦暗。起初升上天，后来入于地。

象曰：初登于天，照四国也；后入于地，失则也。

【译文】

起初升上天，是因为光照四方；后来入于地，是因为失去了法则。

【精解导读】

上六因为到了全卦的终极之位，所以在表示物极必反的规律方面显示得尤为强烈。太阳落入地下之初是先出升在地面上，发展下去必然是太阳落入地下。五位、上位为天位，而上坤又为地象。所以爻辞说“初登于天，后入于地”。“登”义同“升”，明夷是晋的覆卦，晋卦是“明出地上”，太阳升起的白昼；明夷是“明入地中”，太阳落入地下的黑夜。故爻辞说“不明，晦”，意思是不光明、晦暗。象辞说“初登于天，照四国也”，“四国”义同“四方”，指四方的诸侯国，天子圣明，各诸侯国都会得到照临。“后入于地，失则也”中，“则”是法则。天子昏暗，行为离开法则，各诸侯国都会跟着遭殃。说明这一爻是圣明的王朝换上了暗主。如果是其他事情，也会大起大落。

【提示】

结合这一卦，讨论一下《周易》的异文。所谓异文，指的是与定本不同传本的异字。现在用的定本，指的是《十三经注疏》本。因为这个本子曾作为历代的法定教材，经过唐宋后多次认真的整理，比较可信。但《周易》传抄时间太久，很难说不出现错字，从一些古老的本子做些考订也十分必要。比如定本九三象辞作“乃得大也”。如果不与“南狩之志”连在一起也可以说通。然而“志”与“得大”搭配就不算通顺，所以人们都相信石经本作“乃大得也”，更为有据。《十三经注疏》本附有清阮元的《校勘记》，如象辞“文王以之”“箕子以之”，郑玄、荀爽、刘向本作“文王似之”“箕子似之”。六二爻辞“夷于左股”，“夷”子夏本、郑玄本、陆绩本均作“睇”，京房本作“胰”。“左股”马融本、王肃本作“左般”，姚信本作“左槃”。“用拯马壮，吉”中，“拯”字子夏本作“拼”。六五爻辞“箕子之明夷”，蜀才本作“其子”，刘向说“今《周易》‘箕子’作‘荄滋’”。《校勘记》大多数是采录于唐人陆德明《经典释文》的记载，并与当时存世的本子做了对勘。现在又有帛书《周易》出世。比如“垂其翼”作“垂其左翼”，“拯”作“撜”。这些都是异文。对这些异文的客观态度，第一是要重视，不能视而不见。第二要与《周易》的思想、卦爻象联系起来分析，也不能见到一个就大惊小怪。难以说通，就弃而不取，更不能以异文自炫。比如把“箕子”作“荄滋”，当成刚长根的时候，这与明夷卦“自晦其明”的主题不合。象辞中“文王以之”“箕子以之”对举，意义相互证发，“箕子”“内难而能正其志”，讲成刚长根芽的时候，大理上过不去。箕子分明是一位前贤，把“箕子”说成是“荄滋”，“文王”怎么着落？《汉书·儒林传》记载：“武昭之间，蜀人赵宾好小数书，后为《周易》，饰《周易》文，以为‘箕子明夷’，阴阳气亡箕子，箕子者，万物方‘荄兹’也。”荄兹成了“阴阳气亡”，这明显是背离象传，师心作古，并不难作出判断。可惜还有不少后人竟以此自炫博雅，旁推曲求，讲出许多名堂来，这就毫不足取。

关于这一卦，《左传》昭公五年记载了一个卦例：“初，穆子之生也，庄叔以《周易》筮之，遇明夷䷣之谦䷎，以示卜楚丘。楚丘曰：‘是将行，而归为子祀，以谗人入，其名曰牛，卒以馁死。明夷，日也。日之数十，故有十时，亦当十位。自王以下，其二为公，其三为卿。日上其中，食日为二，旦日为三。明夷之谦，明而未融，其当旦乎？故曰‘为子祀’。日之谦，当鸟，故曰‘明夷于飞’。明而未融，故曰‘垂其翼’。象日之动，故曰‘君子于行’。当三在旦，故曰‘三日不食’。离，火也；艮，山也，离为火，火焚山，山败。于人为言，败言为谗，故曰‘有攸往，主人有言’。言必谗也，纯离为牛，世乱谗胜，胜将适离，故曰‘其名为牛’。谦不足，飞不翔，垂不峻，翼不广，故曰‘其为子后乎’。吾子，亚卿也。抑少不终。”这段话的大致意思是：鲁国的亚卿庄叔生了个儿子叫叔孙豹。庄叔请卜人楚丘算了一卦，看看他的将来如何。正好遇上明夷卦，因初九是动爻，刚爻变柔爻之卦是谦卦（明夷初九→䷣动爻反性变化，为䷎谦），楚丘分析说：“这个孩子将来得外出逃亡，回来后能成为你的接班人，带着一个善于说人坏话的人回来，这个人叫牛，最后叔孙豹得饿死。”又说：“日的数目是十，这是古代以十天干记日，所以每日有十个称时的时段。配合在人的十等上，中午是王，食时是公，平旦是卿，鸡鸣是士，半夜是皂，人定是舆，黄昏是隶，日入是僚，晡时是仆，日昳是台。从王往下数，第二是公，第三是卿。平旦是第三位，是卿。明夷卦变而为谦卦，是光明还未达到白热（谦不足），相当于平旦，平旦是第三为卿。先生您是亚卿，这个儿子将来也要做卿，所以说可以做您的接班人。变谦卦是因为明夷的初九是动爻，初九在明夷属下卦离，离为日，变而为谦，正当鸟的位置上，所以才说‘明夷于飞’。太阳还光线不足，所以说‘垂其翼’。又因为初九动，象离日在动，所以说‘君子于行’。正当三，时在平旦（未到食时），所以说‘三日不食’。下卦离为火，变艮，艮为山，是火烧山之象，山要败。对人来说是言，败言就是谗言。所以说‘有攸往，主人有言’，有言一定是说坏话。纯离是牛，世乱谗言能胜，胜了又回到离卦，故‘其名为牛’。谦是不足，飞不起来，垂下翅膀不高举，羽翼展不开不广，所以说‘其为子后乎’。因为先生是亚卿，恐怕这个孩子不能尽天年，好死不了。”后来这个叔孙豹为了避侨如之难，逃亡到齐国，在庚宗这个地方，遇到个女人，两人同居，生了个孩子就叫“牛”。襄公二年叔孙豹被召回立为卿。他的孩子还是个竖子（小孩），受到宠爱，取名叫竖牛。竖牛长大执政，进谗言害死叔孙豹的大儿子孟、二儿子仲。后来叔孙豹得病，竖牛不给他饭吃，把他父亲叔孙豹也饿死了。直到昭公继位，才杀了竖牛。这段话里提到一些逸象，“纯离为牛”是指明的。除此之外，“日之谦，当鸟”“火焚山，山败。于人为言”，没有明说，依据杜预的注是“离为鸟”“艮为言”。这只能看成是杜预的意见，在取用时要有所选择。另外这一段纯以动爻解释爻辞的象，而且是结合楚丘的断辞“其为子后乎”“其名为牛”一起讲的，只能看成是筮卦的取象方法，不能与卦爻辞的取象混同起来。有的人直接据此解释卦爻辞的取象，这就有商榷的余地了。总而言之，前人筮卦时的取象可以作为参考，但要照搬过来说明卦爻辞的取象就不妥当。卦爻辞要求有普遍适用性，筮卦要求有具体适用性，取象也不当混同。不仅这个卦例如此，其他卦例也应如此分析。

三十七　家人——家庭秩序

䷤

家人的卦画组合为离（☲）下巽（☴）上，传统称作风火家人。《序卦》云：“伤于外者必反于家，故受之以家人。”意为：在外受到伤害一定会返回家里，所以在表示受伤的明夷卦之后接着是家人卦。《杂卦》云：“睽，外也；家人，内也。”意为睽卦是外，家人卦是内。这一卦的卦名较好理解，家人就是家里人，说的是家庭中的事，联系家庭与社会的关系。

这一卦从遁卦变来，即遁卦的初六与九四换位变家人（遁九四初六䷠两爻互换位置，变䷤家人）。虞翻说：“遁初之四也”，指的就是这种变化。

家人，利女贞。

【译文】

家人卦，利于女子正固。

彖曰：家人，女正位乎内，男正位乎外。男女正，天地之大义也。家人有严君焉，父母之谓也。父父、子子、兄兄、弟弟、夫夫、妇妇，而家道正，正家而天下定矣。

【译文】

家人卦，女人在家内地位正，男子在家外地位正。男女都正，这是天地的大义。家人有严格的君长，指的就是父母。父亲要像个父亲，儿子要像个儿子，兄长要像个兄长，弟弟要像个弟弟，丈夫要像个丈夫，妻子要像个妻子，这样家道就正，家道正，天下就安定了。

象曰：风自火出，家人。君子以言有物而行有恒。

【译文】

风从火中生出，这就是家人卦。君子从中得到启示，说话要有内容，行动要有常规。

【精解导读】

家人卦由遁卦变来。从象上讲，下卦为内卦称家。遁变家人是刚爻九四下到初位，把家内做了防闲（见初九爻辞），有治家之象，故称家人。女子是家庭的主妇，主妇的好坏对家庭的作用至关重大，故言“利女贞”，意思是说主妇要正固才有利。“正”是要正经，“固”是要守贞。爻上主要指六二，六二在下卦中位，柔爻居柔位，位正。

彖辞从六个方面说明家人卦。（一）从六二位正说明家人卦。“家人，女正位乎内”，象上指的就是六二，六二在内卦位中正，柔爻为女，义取女子在家内有中正的地位。（二）从九五位正说明家人卦。“男正位乎外”，指九五在外卦中位，刚爻居刚位，位正，刚爻为男，义取男子在家外有中正的地位。彖辞作者认为家庭男女的主要分工是女主内，男主外。（三）从天地之道说明家人卦。“男女正，天地之大义也”，指五位是天位，二位是地位，男子阳性效法天，女子阴性效法地，男女都正，符合天地的大道。（四）说明家庭的基本秩序。“家人有严君焉，父母之谓也”中，意思是说：一家人要有个主事人，像社会要有个严格的君主来管理一样，家里的君主就是父母。（五）说明“家道正”的具体内涵。“父父、子子、兄兄、弟弟、夫夫、妇妇，而家道正”中，“父父”是说父亲要按照父亲的样子去做，也就是要有父亲的样子，合乎为父之道。下面几句也要这样理解，儿子要合乎为子之道，哥哥要合乎为兄之道，弟弟要合乎为弟之道，丈夫要合乎为夫之道，妻子要合乎为妻之道，这样每个人都能尽自己的职分，家道就正了。（六）说明家人卦的社会意义。“正家而天下定矣”，是说每个家庭都得到正治，天下就会安定。用今天的话说，家庭是社会的细胞，是社会的分子。社会的构成，家庭是个最基础的形态，每个家庭都组织得很文明，社会必然安定。

象辞说“风自火出，家人”，指上下卦象的组合，下卦离为火，上卦巽为风，组合在一起是风自火出，这就是家人卦。这个卦象，孔颖达认为是假象，但从“风自火出”这句话里去分析，作者还是按实象讲的。火苗燃烧起来呼呼生风，不是指大自然的风。“君子以言有物而行有恒”，是说君子从这个卦象中得到启示，风是从火中生出来的，话是从内心流露出来的，两相比附，君子说话就要以内心的真实内容为基础，不说虚话。行为是常规道德的表现，行为要以常规道德为基础，不干没有操守的事。

初九：闲有家，悔亡。

【译文】

家里做好了防闲，便没有忧悔。

象曰：闲有家，志未变也。

【译文】

家里做好了防闲，心志还未改变。

【精解导读】

初九是从遁的九四推移到家人内卦的初位，内卦为家，初九如同下来守住自己的家庭，故言“闲有家”。位在卦初，初是开始，从开始就有所防闲，故“悔亡”。“闲”是防闲，字的构造就是在当门口横亘一木，是挡住门的木栏杆，把家门内外隔开，作用是有所防范。防范自己家里的人有越轨胡闹的行为，或外界的侵扰，使家庭维持正常秩序，和睦相处。“有家”的“有”是名词词头，如同“有夏”“有扈”中的“有”。“闲有家”就是“闲家”。“悔亡”的“亡”是无的意思，“悔亡”即悔无，意为没有忧悔。象辞说“闲有家，志未变也”，主要是强调初九的初位，在刚开始的时候就早早做好防范，大人孩子的心志都还没有变坏，这是以一定的家规家教维护家庭正常的最好办法，所以不会有不幸发生。要是等孩子、女人等家庭成员有了不良的心意再来防范，那就不易了。这一爻是一个早做防范、很有秩序的家庭。

六二：无攸遂，在中馈。贞吉。

【译文】

不自作主张，主持家庭中的饮食，正固吉祥。

象曰：六二之吉，顺以巽也。

【译文】

六二的吉祥，是因为柔顺又随顺。

【精解导读】

六二在内卦中位，内卦为家，柔爻为女，正是彖辞讲的“女正位乎内”，是家庭主妇、母亲。与外卦的九五阴阳正应，九五是“男正位乎外”，是一家之长、父亲。六二在下卦，九五在上卦，六二能顺承九五，故言“无攸遂”。“遂”是遂心所欲，“攸”是所，“无攸遂”是不遂心所欲，指能顺应九五。在家庭中说，就是能尊重家长的意见，做事不自作主张、胡搅蛮缠、老是个人意见第一，而是个贤妻良母，配合丈夫主持家政。六二在下卦离中，离为火，又在互坎里（六二→䷤>互坎），坎为水，水在火上，烧水做饭之象，故言“在中馈”。“中馈”，主要是供应一家人的饮食。在封建社会，中馈还有一个内容，是要把祭祀祖先的供品烹调出来。总之，就是主持饮食。“在中馈”是说六二处在主持饮食的地位上。“贞吉”是正固吉祥。象辞说“六二之吉，顺以巽也”，指六二是柔爻，有柔顺之德，上应九五，上卦为巽，巽是随顺。本身柔顺又能随顺九五，是个丈夫的贤内助，故能吉祥。

九三：家人嗃嗃，悔厉吉；妇子嘻嘻，终吝。

【译文】

家里人嗃嗃训斥，有忧悔危厉但吉祥；妇女孩子嘻嘻哈哈，最终会有吝难。

象曰：家人嗃嗃，未失也；妇子嘻嘻，失家节也。

【译文】

家里人嗃嗃训斥，是未失掉家庭的节制；妇女孩子嘻嘻哈哈，是失掉了家庭的节制。

【精解导读】

内卦为家，九三在内卦上位，为一家之长，刚爻居刚位，有过分刚严之象。家人卦从遁卦变来，九三在遁的互巽里（遁九三→䷠>互巽），巽为多白眼。变而为家人，又在互离、互坎之中（家人九三—䷤>互离 互坎），离为目，坎为水，目中出水，啼哭之象，故为“家人嗃嗃”。“嗃嗃”，《说文》徐铉新附字云：“严酷貌，从口高声。”从字形结构上说，“高”应是声中有义，是高声斥责的发怒声。正如人们常说的动不动吹胡子瞪眼，发怒申斥的家长作风。《释文》作“确确”，刘向作“嗃嗃”。根据与“嘻嘻”前后对举，作“嗃嗃”为是。读音应作 hāo，是嚎嚎发怒声。巽为妇，《九家易》说：“别体异家，阴阳相据，喜乐过节也。”指九三在上下卦体分开之处，从六二至九五刚爻与柔爻相互交错（九三—刚柔爻交错相比），是打破家庭的界限，男女混杂，喜乐没有节制，故言“妇子嘻嘻”。意思是说成天嘻嘻哈哈，没个正经。从家道上讲，是说家长严厉，刺伤家人感情，有忧悔危厉，但能维持家庭的正肃，最后还是吉的。孩子女人成天没正经，家长不管，最后会有吝难。象辞说：“家人嗃嗃，未失也；妇子嘻嘻，失家节也。”“节”是家庭中的节度、节制，犹言家法家规。家长怒斥成员是有家规，未失节度；妇女孩子嘻嘻哈哈就是失去家规，没有必要的节制。总之，这一爻是两个极端，要不就是家长作风，吹胡子瞪眼；要不就是没有家教，妇子胡闹。比较起来，管严一点稍好一些，但方法粗暴简单，远不如九五。

六四：富家大吉。

【译文】

家庭富足大吉。

象曰：富家大吉，顺在位也。

【译文】

家庭富足大吉，是因为随顺又当位。

【精解导读】

六四是卦变中由初位升上来的一爻，进入上卦巽里，巽为“近利市三倍”，又为随顺，故言“富家大吉”。象辞说“富家大吉，顺在位也”，指六四在上卦巽里，巽为随顺；六四柔爻，四是柔位，以柔居柔位正，这就是“顺在位”。取义是说顺顺当当处在合适的位置上，所以家庭富足而大吉。这一爻是人顺家安，和气生财。

九五：王假有家，勿恤，吉。

【译文】

王能感化自己的家庭，不必忧虑，吉祥。

象曰：王假有家，交相爱也。

【译文】

王能感化自己的家庭，一家人相亲相爱。

【精解导读】

九五是一家之主，全家的主心骨。位在九五之尊，故言“王”；下有六二正应，相互感应相亲，故言“王假有家”。“假”，《释文》解释说：“更白反，至也。”意思是说：“假”读音是“格”，至的意思。《尚书·尧典》：“曰若稽古，帝尧曰放勋，钦明文思安安，允恭克让，光被四表，格于上下，克明俊德，以亲九族；九族既睦，平章百姓；百姓昭明，协和万邦，黎民于变时雍。”意为：考察古代的圣人，帝尧名叫放勋，他处事敬慎而贤明，温和宽容，信实恭谨能谦让，光辉普照四方，以至诚感化上下，能发扬才智美德，使家族亲密和睦；家族亲密和睦之后，又能评判管理百官；百官贤明，又能使各诸侯国协调和顺，百姓就变得和睦友爱。“格”就是“至”的意思，是至诚感化。治理天下要先正身，再齐家，然后治国，最终平天下。《尧典》这段话与象辞说的“正家而天下定矣”的意思接近，无异于从过程上做了说明。九五在国是圣明天子，先从家庭治起，然后把治家之道推广到社会，方法就是感化。家里人受感化变好了，就没有忧虑而吉祥，故言“勿恤，吉”。

象辞说“王假有家，交相爱也”，象上指初九与六四正应，九五与六二正应，交互感应，上下和睦亲爱。“假”是感化而交相爱。这一爻不仅是治家的典范，也是君王推而广之治国平天下的典范。

上九：有孚威如，终吉。

【译文】

有诚信威望，最终吉祥。

象曰：威如之吉，反身之谓也。

【译文】

有威望并吉祥，说的是能反身自律者。

【精解导读】

上九在全卦最上位，是全家地位最高的人物，如同老太爷，故言“有孚威如”。意思是极有威信，“孚”是信，“如”同“然”，因为在全卦之终，故言“终”，受到全家包括家长在内的尊重，故言“吉”。象辞说“威如之吉，反身之谓也”。象上指上九到了穷极之处，要由上返下。对全家地位最高的人物来说，就是能反身自律。也就是要求家里人怎样做，反过来也要求自己先做到，是以身作则的意思。孟子有过这样一段话：“天下之本在国，国之本在家，家之本在身。”所谓“正身、齐家、治国、平天下”，首先是要正身。上一爻引《尧典》的一段话，也是指尧本身做得好，影响了一家子，这是用感化的方式“齐家”。推广齐家之道，就可以治国平天下。可见“正身”是个基础功夫。这一爻反身自正，以身作则，有威望，受到家庭所有成员的尊重，吉祥。

【提示】

在这里介绍一下龙图。龙图世传不一，仅介绍一种供参考。《宋文鉴》有陈抟《龙图序》一篇，元代张理的《易象图说》又作了一些说明。按《龙图序》的讲法，河图、洛书反映的是天地之数的错综变化，历经三变成为河图洛书。《龙图序》说：“始龙图之未合也，惟五十五数。上二十五，天数也。中贯三、五、九，外包之十五，尽天三、天五、天九，并十五之位。后形一六无位，又显二十四之为用也。兹所谓天垂象矣。下三十地数也，亦分五位，皆明五之用也。十分而为六，形地之象焉。”意思是说先有天地之数，天地之数在没有交错变化之前，是各呈己象，这是天地未合之数。天数是每五个空心点为一组，五组十字交叉排列，共二十五。地数是每六个实心点为一组，也是五组十字交叉排列，共三十。天数在上，地数在下，各自分开，这就是龙图未合，天地之数共五十五。其中天数五为一组，共五组，表示的是天五；每组的小十字纵横皆三，表示的是天三；大十字中轴线上纵横都是九，表示的是天九；大十字三组纵横各自加起来是十五，这就是“外包之十五”。这样反映的是天数为奇数三、五、九，以及并为十五的分位。天数共二十五，其中在下面的变化中一不配位，这样起作用的只有二十四，这就是“后形六一无位，又显二十四之为用也”。地数以偶数六为单位也组成五组，表示的是五的变化作用。三十分为五组，每组六个点，十与六都是阴数，故以六分三十，表示的就是地数。这就是“下三十地数也，亦分五位，皆明五之用也。十分而为六，形地之象焉”。这是所谓的第一变的内容。

龙图二变是天地已合之位。上图是一二三四五天地的生数，把生数分布于四方和中央就成为四象。下图是成数，把生数各自加五就成为成数。上图一三五是天数，二四是地数，下图六八十是地数，七九是天数，天数与地数有了交错组合分出四方的位置，不再是龙图一变中天地之数各自分开的状态，故称天地已合之位。《龙图序》说：“六分而成四象，地六不配，在上则一不配，形二十四。在下则六不用，亦形二十四。”天数二十五减去一不用是二十四，地数三十减去一个六不用也是二十四，二十四配二十四是天与地数的配合。

龙图三变是龙马负图之形，也就是河图洛书。据传说是黄河龙马所负之图和洛水神龟背上之书。张理说是在天地已合之位的基础上变化而成。二变中上下两图相合，天一配地六，地二配天七，天三配地八，地四配天九，天五配地十，即成五行生成图，刘牧称之为洛书。两图中错位相合，上图中五不动，下图中十隐去，一三五七九奇数居中央和四正，二四六八偶数分居四隅，即成九宫图，刘牧称之为河图。朱震说河图从陈抟传下的口诀是“戴九履一，左三右七，二四为肩，六八为足，纵横十有五，总四十有五”，扬雄传洛书的口诀是“一与六共宗，二与七共朋，三与八成友，四与九同道，五与五相守”。有关河图洛书的争议很大，南宋的朱熹又据汉代的一些说法，认为刘牧说的河图才是洛书，洛书才是河图，于是又有河十洛九与图九书十的争议。所谓十指五行生成图，九指的是九宫图。更有关于真伪问题的各种说法。从传下来的图式看，用河图洛书解释大衍之数较合理，解释八卦生成还没有令人信服的讲法。河图洛书基本上反映的是数理上的问题。

以上介绍的是图书派较为核心的内容。关于龙图的一变二变，没有文献可以印证，但河图洛书不可一概斥为虚妄，因为它有汉以前大量的典籍作基础。

三十八　睽——分背异化

䷥

睽卦的卦画组合为兑（☱）下离（☲）上，传统称作火泽睽。《序卦》云："家道穷必乖，故受之以睽。睽者，乖也。"意为：家道困阻一定会出现离异，所以在讲家道的家人卦后接着是睽卦。睽是乖异的意思。《杂卦》云："睽者，外也。"睽是向外离异。《说文》云："睽，目不相听也。""不相听"就是不相从，"目不相听"是一只眼看东，一只眼看西，也是离异的意思。总之，卦名的意思是离异、不合、乖背。

睽卦是家人卦的覆卦，家人的卦画倒过来就是睽（家人䷤上下倒置为䷥睽）。所以《序卦》说"家道穷"，"穷"是到了穷极而困阻不通。关于睽卦的卦变，彖辞提示说"柔进而上行，得中而应乎刚"，这只能指六五，在中位的柔爻只有六五。六五这个柔爻如何"进而上行"？最直接的方式是中孚的六四升进到五位，中孚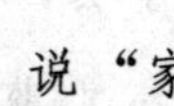两爻互换位置变☲睽。然而，虞翻说是“大壮上之三”。依据虞翻的传述，睽从大壮变来，是大壮的上六下到三位（大壮䷡上六与九三换位变☲睽），这显然是柔来而下行，与彖辞的说法相左。如果说睽卦从遁变来，虞翻在家人卦里又说是“遁初之四”，家人已由遁变来，睽卦是家人的覆卦，则应当由大壮变来。为了尊重彖辞的说法和虞翻的传述，这里只好灵活从权。要而言之，睽卦或从遁、或从大壮变来，但中间有一个环节，先变成中孚，然后再由中孚变为睽卦。其具体情况，需待有更多的材料才能确定。

睽，小事吉。

【译文】

睽卦，小事吉祥。

彖曰：睽，火动而上，泽动而下。二女同居，其志不同行。说而丽乎明，柔进而上行，得中而应乎刚。是以小事吉。天地睽而其事同也；男女睽而其志通也；万物睽而其事类也。睽之时用大矣哉！

【译文】

睽卦，火向上燃烧而动，泽向下浸润而动。两个女儿同住在一个家里，心愿不会向同一个婆家行走。喜悦地附丽于光明，柔顺地向上行进，占据中位又与刚健相应合，因此小事吉祥。天与地分开，但化育万物的事理相同；男女性体不同，但相互求爱的心愿相通；万物形态各异，但各有其相同的事类。睽卦的时势功用太重大了！

象曰：上火下泽，睽。君子以同而异。

【译文】

火在上，泽在下，这就是睽卦。君子从中受到启示，要同中有异。

【精解导读】

睽卦的主爻是六五，六五是柔爻，柔爻为小，从中孚变为睽卦，六五升进到全卦尊位，时势虽乖异，六五却有利，故言“小事吉”。从哲理上说，睽卦讲的是异化。卦名的意思是异而不同，不合要分开。家人卦要合、要一致，睽卦与之相反。一家子，父母生了儿女，各自成家，要分出去，这是自然之理。看看动物的生活方式就能明白。雏鸽只要长成，母鸽就赶它离巢，让它自己去成家。这里没有丝毫人为的成分，也没有什么鸽子主义，而是一种本性自然。哲学上讲异化是对的，人不能违背自然。封建社会讲什么四世同堂、五世同堂，这算不上好事，是人为的礼教。《周易》作者能尖锐地看出异化，说明他对哲理的领悟没有偏见。但人与其他动物的区别，在于人是一种社会动物，要团结合作，相互离异就不如精诚团结，所以卦辞的断语是“小事吉”。所谓小事，只能是个人、个体的事，不是群体的大事、社会的大事。

彖辞从六个方面说明睽卦。（一）从上下卦象的组合上解释睽卦。“睽，火动而上，泽动而下”，指的是睽卦由上卦离与下卦兑组成。离为火，火是向上燃烧；兑是泽，泽是向下渗透。一上一下背道而驰，越离越远分开了。睽是相乖背而离异。（二）换个角度从上下卦卦象的组合上解释睽卦。“二女同居，其志不同行”，指的是上卦离为中女，下卦兑为少女，中女、少女同居一卦，如同住在娘家的两个女儿，中女爱上了王家的小伙子，少女爱上了李家的小伙子，心愿不同，必然要分开，不能同行，这就是异化。（三）从上下卦的特性组合上说明卦辞“小事吉”。“说而丽乎明”，指下卦兑的特性是喜悦，上卦离的特性是附丽，是光明，上下卦组合在一起是喜悦地依附于光明，所以“小事吉”。（四）从卦变上说明“小事吉”。“柔进而上行，得中而应乎刚”，指睽卦从中孚变化而来，是中孚的柔爻六四升进到五位，得到上卦中位，又与下卦的刚爻九二正应。五位为尊，又有应援，所以吉；柔爻为小，故为“小事吉”。取义是说，能柔顺地前进，又上进到适中的地位，还有刚健之人作应援，虽处离异之世，做小事还是吉祥。（五）从自然现象推演异而同的哲理。“天地睽而其事同也；男女睽而其志通也；万物睽而其事类也”，是说天在上、地在下，上下悬隔，这是上下离异，但天气要下来，地气要上去，天地二气交通，天生地成，要共同化生万物，这是有异才有同。男女性别不同这是离异，但男的要找女的为妻，女的要找男的为夫，男女相爱的心愿相通。男女结合，人类的生命才得以延续，所谓“男女构精，万物化生”。这又是有分才有合，有异才有同。宇宙万物千相百态，各自不同，用现代的话说，世界上甚至没有绝对相同的两片树叶，这是异。但“方以类聚，物以群分”，再特别的东西也有它各自的类别，这又是同。异而同是世界的本来面貌，所以要求同存异。（六）强调睽卦的巨大时势功用。“睽之时用大矣哉”中，“时”是时势，“用”是功用。睽卦是乖异，时势不好，但异有异的作用，同异是辩证统一。有异才会有同，因同才有异，两者相互依存，同异互根，从这个意义上讲异是同的起点，是同之母，异的时势有它特殊的功用，所以要特别强调一下睽的时势作用是非常重大的。彖辞一般是在人们不易看出其中的道理时才讲“大矣哉”，每一个“大矣哉”的背后都有其深刻的哲理。这里强调的是异的用途。举些例子说，五色不同，画家可用不同的五色画出统一华美的画卷；五音不同，演奏家可以用不同的五音奏出协调优美的乐章；五味不同，高明的厨师可以用不同的五味烹制调和出可口的菜肴；人的性格不同，君子可以用它组成大同文明的社会。如果五色相同、五音相同、五味相同，那就没有艺术可言；人与人完全相同，也就没有五彩缤纷的社会。这还不是睽的时势功用的意义？

象辞说“上火下泽，睽”，也是讲睽的上下卦象组合。上火下泽是离异，君子看到这种离异现象，要学会“同而异”的道理。这就是“君子以同而异”。彖辞讲“异而同”，象辞讲“同而异”，这就是辩证法。宇宙的本然状态就是同中有异、异中有同，君子就要效法这种本然状态，不要一刀切，允许有不同。绝对的同就违背天地之道。从社会意义上讲，“同而异”是君子的领导艺术。社会上各色人才极不相同，各有各的用处，君子是要把这些不同的人组织成一个统一文明的社会，而不是强求人人都一样。如果各种人才格格不入，社会要离异；如果人人都一样，那就更糟。比如每个人都是伟大的军事家，那么谁来种地，谁来织布？那就只好缺衣少食地天天打仗，君子是要把“不同”组织出统一协调的“同”来，而不是要强求一律，这就是“同而异”。

总之，睽卦讲同异，结合睽卦主要是讲异化，但要辩证地去理解。

初九：悔亡，丧马勿逐，自复。见恶人，无咎。

【译文】

没有忧悔，丢失马匹不必追赶，自己会回来。见到恶人，没有咎害。

象曰：见恶人，以辟咎也。

【译文】

见到恶人，是为了避免咎害。

【精解导读】

睽卦从中孚变来，初九在未变之前有正应在六四（中孚六四初九䷼正应），六四“柔进而上行”，初九失去应爻。六四原在互震里（中孚六四→䷼>互震），震为善鸣马，故言“丧马”；震为行，为足，震象消失，故言“勿逐”。震马消失，变出互坎（睽䷥>互坎），坎为美脊马，故言“自复”。在卦变中失去震马又变出坎马，所以是丧失了马匹，用不着去追赶，自己会回来。在卦变中初九失去正应，应位上变出一个九四，初九与九四都是刚爻，敌而不应（九四初九䷥敌而不应），九四又在互坎里（九四→䷥>互坎），坎又为盗寇，故为“见恶人”。但处在睽异之世，同中有异，好人与坏人相见也无伤害，故言“无咎”。“悔亡”是没有忧悔。

象辞说“见恶人，以辟咎也”，“辟”与“避”是古今字，意思是说与恶人相见是为了避免恶人来伤害。这明显是针对睽卦是个世道人心离异的卦。为了保护自己，不得不与恶人相见，这样可以避免咎害。

九二：遇主于巷，无咎。

【译文】

在巷道中遇见主人，没有咎害。

象曰：遇主于巷，未失道也。

【译文】

在巷道里遇见主人，是因为没有失去道义。

【精解导读】

中孚未变睽之前，九二的应位在九五(中孚

)，五位是全卦的尊位，是一卦之主，变为睽卦，九五下到四位，与九二互为离卦(

)，离为目、为见，故九二有与旧主相见之象。《说卦》里没有讲巷的卦象，毛奇龄认为“离为巷”，他说：“互离在前，两刚相夹如巷者。”尚秉和先生据《易林》考证，汉朝时就有以离为巷的。从卦象上看，毛氏的讲法有道理，离卦是两个刚实的爻夹着一个柔虚的爻（☲离），形似巷子。从卦变中说，中孚也是个大离（中孚䷼＞☲离）。中孚是大街，离就是小巷，故言“遇主于巷”。世道离异，九二在小巷里遇见旧主，没落之中得到一点旧日的温馨，虽无补于大事，但也无害，故言“无咎”。象辞说“遇主于巷，未失道也”。显然是指小胡同也是一条道，九二原在互震里（中孚九二→䷼＞互震），震为大涂（大路），变而为互离，成为小巷，但还有路可通。从取义上讲，九二是得主之象，很可能被任用。

六三：见舆曳，其牛掣，其人天且劓。无初有终。

【译文】

看见车往后拉，牛往前拽，这个人既受了黥刑又受了劓刑。开初不好，最终有好结果。

象曰：见舆曳，位不当也；无初有终，遇刚也。

【译文】

车往后拉，是因为位置不当；开初不好最终有好结果，是因为会遇到刚爻。

【精解导读】

六三的正应在上九，但六三与上九之间隔着互坎(上九六三 ䷥ 互坎)、上离(上九六三 ䷥ 离)。坎为曳马，为多眚舆；纯离为牛，为见，故言“见舆曳，其牛掣”。“曳”是拉的意思。马曳是马向前拉车，“舆曳”则是车往后拉马，这是因为在卦变中九四与六五是换位的爻，九四从前位下到后位，六五是从后位升到前位，九四是坎的主爻，六五是离的主爻。九四后退是车往后拉，六五前进是牛往前拽。前拉后拽两力相抵，六三是进退不由己之象。“天”是墨刑，古人称黥刑，就是在犯人的额上刺上字，再涂上墨。“劓”是割掉鼻子的刑法。虞翻说：“黥额为天，割鼻为劓。”从象上看，在中孚卦里，六三在互艮里（中孚六三→䷼>互艮），艮为鼻，变为睽卦，艮象失去，鼻子被割掉了，故言“劓”。六三之上本来是巽卦（六三→䷼>巽），巽为广颡人、寡发人，卦变之后成为上离，离为文，头上出了花纹，故言“天”。后人因为古代没有把墨刑称作“天”的书证，怀疑这个“天”字可能是“兀”或“而”，“兀”是刖足，“而”是剃去鬓发，可备一说。但《周易》里的“天”字用得比较多，唯独这里出现讹误，可能性不大。“掣”的异文也不少，刘瓛本作“觢”，郑玄本作“契”，子夏本作“契”，荀爽本作“觭”。《说文》说是牛一俯一仰，郑玄讲成“牛角皆踊”，子夏本讲成“一角仰”，都不如“掣”字明晰，“舆曳”“牛掣”互文，都是牵拉的意思。象辞说“见舆曳，位不当也”，主要是说它在卦变中处在上面两爻换位的位置上，所以才前拉后拽。又说“无初有终，遇刚也”，是指卦变之后九四来到它的上面比邻，与刚爻相遇。其实六三所以“有终”，是因为它位在下卦之终，又有全卦的终爻上九正应。象辞只是简要地提示了一下卦变，把显而易见的原因省略了。

九四：睽孤，遇元夫。交孚，厉，无咎。

【译文】

乖离孤独，遇到大丈夫。互相信任，有危厉，但无咎害。

象曰：交孚无咎，志行也。

【译文】

互相信赖而没有咎害，是因为心志得行。

【精解导读】

九四是中孚变睽从五位下到四位的一爻。在中孚里，与上九比邻为一组(中孚上九九五比)的刚爻，下到四位，与上九离异，故与上九同为“睽孤”。四位与初位是应位，初九刚爻，九四离开刚爻上九，与初九处在应的位置上，又遇刚爻，故为“遇元夫”。“元”是初始的意思，故称初九为“元夫”。九四是变中孚为睽时交换位置的一爻，故言“交孚”；进入互坎中位（九四→>互坎），坎为忧，睽异之世能忧虑，故“厉，无咎”。从取义上讲，“睽孤”是分离孤独，“遇元夫”是与大丈夫际遇。“元”是大。“交孚”是交互信赖。“厉，无咎”是有危厉但无咎害。总的来讲，是先有分离孤独，后有际遇。象辞说“交孚无咎，志行也”，象上指九四在卦变中下到四位，义取心志得以实现。

六五：悔亡，厥宗噬肤，往何咎？

【译文】

没有忧悔，宗人咬食肤肉，前往有什么咎害？

象曰：厥宗噬肤，往有庆也。

【译文】

宗人咬食肤肉，前往会有喜庆。

【精解导读】

六五是中孚变睽的主爻，在中孚里，九五在全卦尊位，是六四的宗主。两爻都在互艮里（中孚九五六四䷼互艮），艮为肤。六四与九五换位，从二到上九变成一个缩小的噬嗑卦（即睽上九九二䷥近似噬嗑䷔），九五变九四是咬进艮里（中孚九五→䷼↓入艮䷥睽），故言“厥宗噬肤”。“厥”相当于“其”，意为他的，“肤”是带皮的肉，“厥宗噬肤”从取义上说，是他的宗族之内的人都能吃肉。他的同宗人都能吃上肉，可见富贵之极。不仅是一家子吃肉，一宗的人都能吃肉。所以，六五从四位升进到五位是极为有利的事，故言“往何咎”。“往何咎”是说前往有什么咎害，换言之，就是毫无咎害，指的是升进到六五有大利而无小害。所以，象辞说：“厥宗噬肤，往有庆也。”有庆比有喜要好，庆是大喜。总之，这一爻是全宗族的人都要跟着吃肉富贵起来。“宗”在象上指主，在义上指宗族。

上九：睽孤。见豕负涂，载鬼一车，先张之弧，后说之弧。匪寇婚媾，往遇雨则吉。

【译文】

乖离孤独。见到猪背上满是泥，拉了一车鬼，先张弓要射，后又放下弓。不是寇盗，是来婚配的，前往遇雨就会吉祥。

象曰：遇雨之吉，群疑亡也。

【译文】

遇雨会吉祥，是指许多疑虑都没有了。

【精解导读】

睽卦由中孚卦变来，卦未变之时，上九与九五朋比为类（中孚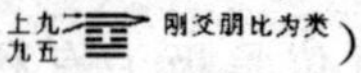

），并不孤独。变为睽卦，时世离异，九五下到四位，与上九分开，故为“睽孤”，意为分离孤独。上九的正应原在六三(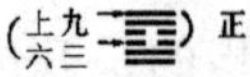

)，两爻之间隔着互艮(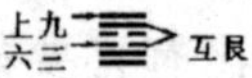

)，艮为背（见艮卦）。卦变后九四进入两个柔爻之中成互坎(

)，坎为豕、为水，九四进入两个柔爻是水入坤土为泥，故言“见豕负涂”。“见”是因为上离为目明可见，“豕”是猪（豚是小猪，豕是大猪），“负”是背上背着，“涂”是泥，“见豕负涂”意为见到满身泥巴的猪。坎为多眚舆，“正北方之卦”“万物之所归也”（见《说卦》）。《说文》：“鬼，人所归为鬼。”人的最后归宿就是鬼。知坎可为鬼，故言“载鬼一车”，意为拉了一车鬼。“弧”是弯木为弓。《系辞·下》说：

“弦木为弧，剡木为矢，弧矢之利，以威天下，盖取诸睽。”《说卦》讲坎为弓轮。从爻位上讲，上为前，下为后，应爻六三，前互为坎（六三→䷥ 坎），故为“先张之弧”；后连为兑（六三→䷥ 兑），兑为说，故言“后说之弧”，意为先张弓要射，后又把弓放下，“说”义同“脱”。坎为寇盗，正应为婚姻，故言“匪寇婚媾”。六三虽在互坎里，但不是上九的寇盗，而是正应来合婚。“匪”同“非”，六三在下兑里，兑为泽，大泽上升为坎水（六三→䷥ 互坎 兑），化而为雨，故言“往遇雨则吉”。这是从上九与六三的正应关系上取象，“豕”“鬼”“弧”“寇”都取坎为象，而六三位在下兑，最切实的卦象是泽水蒸发于上，坎为水。象辞说：“遇雨之吉，群疑亡也。”意指坎为“豕”“鬼”“弧”“寇”等这些虚象的疑虑都会消失，只取坎为泽水化雨之象，故遇雨最为吉祥。

【提示】

结合这一卦讨论一下互体。互体又称互卦，指的是六爻卦中，除组合的上下两卦之外，中间的四爻因为三与四爻的互用，又可打破上下卦的界限，另外再组成两卦。如本卦睽，下卦是兑，上卦是离，除初、上两爻外，二三四爻可组成互离（九四 九二→䷥ 互离），三四五爻可组成互坎（六五 六三→䷥ 互坎），其中六三与九四在互离与互坎中互用。互卦的原理在于爻的推移和各爻分别代表一个特殊的时位，所以爻移动一位，就会呈现一个新的卦象，并不完全是为了扩大取象范围。这是《周易》在开始设计中就规定了的内容，并不是后人为了取象才发明创造出的方法。反对讲互卦是破坏《周易》内部组织的做法。事实如此，并不会因为后人同意还是不同意讲互卦的意见而改变。比如这一卦提到了弧、豕、寇、雨等卦象，《说卦》里明文规定“坎为弓轮”“为矫輮”“为豕”“为盗”“为水”等，爻辞分明指的是互坎，如果我们硬不承认互卦，抛弃《说卦》的传承，那岂不是自己另搞了一套。用自己另搞的一套来套《周易》，还有什么真实性可言？王弼不同意讲互体，一味地用承乘比应讲象，承乘比应讲不下去，就主张“得意忘象”，于是就开了自认为“得意”的先例，谁都可以任意附会。这种做法，为“自圆其说”提供了理论上的依据，博得了很多人的欢心，却否定了事实的客观性，不是讲《周易》应有的正确态度。直到现在人们还为能不能取互象首鼠两端，这不能不说是王弼的不良影响。《周易》的爻辞里随处都在取互象，《左传》的筮例也取互象，只要深入下去，自然会发现互卦的真实性，所以许多认真研究的人并不同意王弼的讲法。清人黄宗羲在《易学象数论》里反对讲爻辰、纳甲、世应、飞伏，但不反对讲互体。全祖望在《经史问答》里只是反对讲互体的变例，但并不反对互体正例。俞樾在《周易互体征》里也极力说明互体的存在。因为讲经总得言之有据，抛弃了经书本身的体例就无法说得通。

至于互体的变例，因为没有充足的材料可以印证，就不易说得清。较为有据的说法是所谓的连互取象，连互是取一卦六爻之中相连几爻用互体的方法重新组成一个六爻卦。比如这一卦的上五爻连互可成为一个噬嗑卦。睽(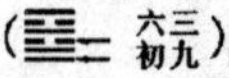)除去初九不用外，其中因为六三既是互卦离的中爻()，又是互卦坎的下爻()，一个柔爻作两个柔爻互用，故上五爻可扩展成一个噬嗑卦，即上五爻原六三变成两个柔爻，为噬嗑。这种取象方法在道理上不大说得通，取互体是因为各爻有各自的时位，爻位变了，取象随之而变，而且并不冲击六爻卦的本体，是随爻移位自然取象。而连互的方法必须改变原卦的本体，如果没有充足的原理为基础就不大可信。这个原理现在还看不出来，所以我们宁可相信上五爻是个近似的噬嗑卦。六五爻辞说“厥宗噬肤”，可意识到作者从噬嗑取象，看不出连互的讲究。虞翻也只是说“二体噬嗑”，意思是从九二至上九卦体形似噬嗑，并不说连互为噬嗑。连互是后人据虞翻的说法推出来的讲究，没有充足的理由还不能滥用。以上因为是五爻扩展而成，称作五画连互。此外还有四画连互，是把互卦中的三爻四爻各用两次，有时甚至是把上下卦中的二爻或五爻用两次，讲不出道理来。除上面提到

的连互之外，互卦的变例还有宋代林栗提出的包体、兼互，元吴澄提出的先天互体，清李光地提出的环互，宋朱震讲的伏互等，大多近似爻画游戏，因为不取，不作一一介绍。

三十九　蹇——前进之难

䷦

蹇卦的卦画组合为艮（☶）下坎（☵）上，传统称作水山蹇（jiǎn）。《序卦》云：“乖必有难，故受之以蹇。蹇者，难也。”意为：乖异必然会遇到困难，所以在表示乖异的睽卦之后接着是蹇卦。蹇是难的意思。《杂卦》云：“蹇，难也。”也说蹇是难的意思。《说文》云：“蹇，跛足。”蹇是跛足，走路不利落，可见蹇主要是行进之难。《周易》卦名中含有难意的不只是蹇。如“屯”也是难，“困”也是难。程颐分辨说：“屯亦难也，困亦难也，同为难而义则异。屯者，始难而未得通；困者，力之穷；蹇乃险阻艰难之义，各不同也。”屯卦是万事起头难，困卦是力不足而难，蹇是有险阻而艰难。

蹇卦在卦序排列上有卦画上的独特之处。一般地讲，卦序排列是两卦为一组，非覆即变，比如蹇卦与下一卦解为一组，两卦是覆的关系，即蹇䷦全卦上下倒置，为䷧解。

上一卦睽与家人又是一组，睽倒置为家人，家人倒置为睽（睽䷥、䷤家人），两卦也是覆的关系。但组与组之间很少有非覆即变的关系。而蹇卦与睽卦却又是变的关系，即睽䷥六爻反性变化，为䷦蹇。可见，作者在卦序排列时，除恪守同组内非覆即变的关系外，组与组之间也尽量照顾这种非覆即变的关系。从卦变上讲，蹇卦直接是从小过变来。彖辞说“往得中也”，正是提示这种卦变的内容。是小过的九四升进到五位，得到上卦中位。即小过六五九四䷽两爻换位，变䷦蹇。认真分析一下彖辞的提示，就可得出这个结论，虞翻说从观变来，看来观须经历小过才能变出蹇。

蹇，利西南，不利东北。利见大人，贞吉。

【译文】

蹇卦，西南方有利，东北方不利。宜于进见大人，正固吉祥。

彖曰：蹇，难也。险在前也。见险而能止，知矣哉。蹇利西南，往得中也；不利东北，其道穷也。利见大人，往有功也。当位贞吉，以正邦也。蹇之时用大矣哉！

【译文】

蹇是难的意思，是险难在前的意思。遇见险难而能停止不前，明智啊！蹇卦西南有利，是因为前往可取得中位；东北不利，是因为道路困阻。宜于进见大人，是因为前往有功效。身当其位，正固吉祥，能够正治邦国。蹇卦的时势功用太重大了。

象曰：山上有水，蹇。君子以反身修德。

【译文】

山上有水就是蹇卦。君子从中得到启示，要反过来对自身进行省察，修养道德。

【精解导读】

蹇卦从小过变来，是小过的九四升进到全卦尊位成为大人，《周易》以刚爻升进得位为利。卦变成蹇，九五的推移使互兑（九四→䷽>互兑）变成互离（九五→䷦>互离），是在兑与离中的升进。离南方之卦也，兑西方之卦也，故言“利西南”。全卦两个刚爻，一个上到九五之尊，另一个九三未动，仍在下卦艮里，艮东北之卦也，故“不利东北”。九五从下向上升进，取得天子之位，大人得位，故

“利见大人”。九五刚爻占据刚位，位正，故言“贞吉”。

彖辞从七个方面说明蹇卦。（一）解释卦名。“蹇，难也”，是说卦名蹇是难的意思，这与《序卦》《杂卦》讲法一致，这可以印证一点，《序卦》《杂卦》与彖辞是同一思想体系。（二）从上下卦象的组合上说明蹇卦。“险在前也。见险而能止，知矣哉”，指的是蹇卦由上卦坎和下卦艮组合而成，上面是前，下面是后，坎是险，艮是止，全卦是坎险在前，难以前进。遇见坎险而能停止不进，卦象显示的是一种明智的做法。“知”同“智”，“知矣哉”是感叹句，其意为“明智啊”！意思是说，卦是难，但也是个明智的卦。（三）从卦变上解释卦辞“利西南”。“蹇利西南，往得中也”，是指蹇卦从小过变来，小过卦的九四往上升进到上卦的中位，取得全卦最尊贵的位置。既然彖辞说的是“往得中”，卦就不能从观直接变来，观直接变蹇是上九来居三（观上九六三䷓两爻换位，变䷦蹇），既不是“往”，也不是“得中”。（四）从卦变上解释卦辞“不利东北”。“不利东北，其道穷也”，是指小过的两个刚爻（小过九四九三䷽→两刚），九四升上去利西南，九三不动仍在艮里，艮为止，九三路阻道穷，不能往来，故不利，艮的卦位在东北，所以“不利东北”。（五）从主爻九五得位解释卦辞“利见大人”。“利见大人，往有功也”，指的是刚爻前往尊位，获得极大成功，位登九五，成为大人。对九五本身讲是大人出现，对其他人来说，是圣明天子在位，见大人可以发挥自己的作用。(六）从主爻九五位正上解释卦辞“贞吉”。“当位贞吉，以正邦也”，是指九五是刚爻，五位是刚位，刚爻居刚位，既正又合适，这是“当位”。五位又是上卦中位，行为中正，可以把邦国正治得好。“贞”是正，“邦”是国。(七）强调蹇卦的时势功用。“蹇之时用大矣哉”，意思是说蹇卦的时势作用太重大了。因为蹇卦是难卦，很容易被人们视为不好的卦，从而看不出蹇的作用，所以要强调一下。胡炳文说：“坎、睽、蹇皆非顺境，夫子以为，虽此时亦有可用者，故皆极言赞之。”其实难与易、坎险与成功同样是相互依存的关系。“时用大矣哉”，强调险难是成功之母的巨大作用，有蹇才会“往有功”，这里有深刻的哲理意蕴。

象辞说：“山上有水，蹇。”这是从上卦坎为水、下卦艮为山讲蹇卦的组合，意思是说坎水在上、艮山在下，这就是蹇卦。至于为什么要联系到“反身修德”上来，前人讲了很多，大多联系得不够自然贴切。直接从象辞的话去分析，是说山本高出水，水本低于山，而卦象却是水在山上，水按本性反身下流，就可滋润大山。用此比附人的道德修养，就是人要以道德反身自润，故言“君子以反身修德”。因为卦里有自润之象，才联系到人的道德自润。注意这里的“反身”与家人上九象辞的“威如之吉，反身之谓也”里的“反身”，都指的是反省审察。用孟子的话讲是

“行有不得者，皆反求诸己而已矣”。用今天的话讲是多做点自我批评，都是要完善自己。

初六：往蹇来誉。

【译文】

前往会有危难，回来会有荣誉。

象曰：往蹇来誉，宜待也。

【译文】

前往会有危难，回来会有荣誉，是说应当等待。

【精解导读】

在小过卦里，初六的正应在九四（小过），九四在互兑里（），兑为口、为悦，口里讲喜悦的话，故为“誉”，“誉”是好的名声。爻向上推移为往，向下推移为来。九四往上推移到九五全卦变蹇，这就是“往蹇”；如果往下推移来到九四就又回到互兑里，这就是“来誉”。因为九四是初六的正应，对初六的影响就成了“往蹇来誉”。从取义上讲，是说前往会遭遇险难，回来有荣誉，在进退的选择中回来有益。象辞说“往蹇来誉，宜待也”，

主要是强调初六处在一卦之初，位置太低，还未到行动的时候，尚需待时而动，所以前往不如回来有益。虽然没有详细交代卦象推移，但提示了人们对爻的时位的注意。象辞的说解总是点到为止，从不烦言费辞。

六二：王臣蹇蹇，匪躬之故。

【译文】

君王的臣子劳苦艰难，不是为了自己。

象曰：王臣蹇蹇，终无尤也。

【译文】

君王的臣子劳苦艰难，且最终没有怨尤。

【精解导读】

这一爻是讲勤于职事的大臣，为君王解难分忧，不辞辛苦地勤劳不懈，担当一件又一件的蹇难，但不是为了自己，也就是埋头苦干，任劳任怨。从象上讲，六二的正应在九五(九五 六二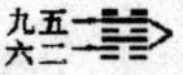 正应)，九五在上位为君王；六二在下位相应，为人臣；故言“王臣”。六二向上连遇两坎(六二 上坎 互坎)，坎为险难，故言“蹇蹇”。蹇卦是因为主爻九五的推移变出来

的，六二又正是九五的应爻，是为应援九五而任蹇难，故言“匪躬之故”。“匪”同“非”，“躬”是自身，“故”是缘故，意为不是因为自己。象辞说“王臣蹇蹇，终无尤也”，“尤”是怨尤，这句意思是说，君王的臣子，为王事劳苦任难，始终没有怨言。这是说明为什么能蹇而又蹇。扩展一点讲，“终无尤”也可讲成最终也不会受到埋怨。如韩愈《诤臣论》里讲：“蹇之六二则曰‘王臣蹇蹇，匪躬之故’。夫不以所居之时不一，而所蹈之德不同也。若蛊之上九，居无用之地，而致匪躬之节；以蹇之六二，在王臣之位，而高不事之心，则冒进之患生，旷官之刺兴，志不可则，而尤不终无也。”意思是说：臣子居于不同的时势，应当遵循不同的标准。蛊卦的上九是处在没有职用的时势，如果一定要忘我地尽节，那就是冒进，会有祸患。蹇卦的六二是处在大臣的时位上，如果高尚其事，不事王侯，那就是旷职，就会招来讥刺。

这两种思想都不可效法，最终都不会没有怨尤，这就是把“尤”讲成被人怨尤。但从象辞的基本含义上讲，“终无尤”是始终无怨言，是任劳任怨的意思。

九三：往蹇来反。

【译文】

前往遇难，返了回来。

象曰：往蹇来反，内喜之也。

【译文】

前往遇难返了回来，是因为内部有人喜欢他回来。

【精解导读】

九三的正应在上六（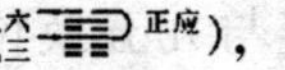
），九三向上应援上六，前遇上坎（
），故言“往蹇”。三位在上下卦之际，可上可下，故可返回不往，故言“来反”。从取义上说，是说九三前往遇到困难又返了回来。象辞说：“往蹇来反，内喜之也。”“内”指内卦，内卦为艮（
）。一般地说，内卦为家。“反”是返家。虞翻说“内喜谓二阴也”。据《周易》的内证分析，内卦艮下面的两个柔爻为臣妾（如遁九三爻辞“畜臣妾，吉”。
），是主子返回家内，臣妾喜欢。总之，这一爻是往外遇到困难，回来有人欢迎，有退避的余地。

六四：往蹇来连。

【译文】

前往遇难，返回来可以连下。

象曰：往蹇来连，当位实也。

【译文】

前往遇难而返回来可以连下，是因为当位且健实。

【精解导读】

六四是小过变蹇与九五换位的一爻，在小过卦里九四与九三刚爻相比为类(小过九四九三䷽相比为类)，变为蹇卦，九四升到五位与九三分开，六四下来又把它们连在一起。所以六四是“往蹇来连”。象辞说：“往蹇来连，当位实也。”“实”指的是刚爻，“当位”指的是九五，象辞说“当位贞吉，以正邦也”，显然指九五。九五是刚爻当位，刚爻为实，故言“当位实也”。六四是把尊位让给九五，下来与九三相连。所以这一爻风格极为高尚，既让贤，又为贤者作辅。“连”是要把下边的力量连在一起帮助九五共济蹇难。从取义上讲，这一爻是前往遇到困难，回来可连为一体，也有退避之路。

九五：大蹇，朋来。

【译文】

大难，朋友来到。

象曰：大蹇朋来，以中节也。

【译文】

遇大难有朋友来到，是因为中正有节。

【精解导读】

九五是蹇卦的主爻，正是它的推移才变出蹇卦。而且九五又居于全卦的尊位，它所承受的蹇难是天下之蹇，故言“大蹇”。九五是在互兑、互离中推移，兑西离南，故卦辞说“利西南”。西南之利主要表现在“西南得朋”（见坤卦卦辞），故言“朋来”。爻辞是说九五身当天下大难，有众多的朋友来相助。象辞说：“大蹇朋来，以中节也。”“中节”是合乎节度。这主要指九五在上卦中位，取义是不左倾右斜，合乎节度。如果联系卦象，九五有正应在六二，六二在下卦中位，又在下卦艮里，艮“为坚多节木”。这是强调九五所以会有朋友来相助，是因为有应爻，有应是有应援，故为“朋来”之象。总之，这一爻身当大难，但有众人帮助，可共济时难。

上六：往蹇来硕，吉。利见大人。

【译文】

前往遇难，回来有丰硕功利，吉祥。宜于进见大人。

象曰：往蹇来硕，志在内也；利见大人，以从贵也。

【译文】

前往遇难，回来有丰硕的功利，是因为心志向内；宜于进见大人，随从贵人。

【精解导读】

“硕”是大，《周易》里用指“硕果”，如剥卦上九爻辞“硕果不食”。“往蹇来硕”是说前往会遇到困难，回来有丰硕成果。从象上说，上六处全卦顶端，前进无路，故言“往蹇”。但卦是蹇难，蹇难到极处自会变得平易，上六处一卦之极，难极而返回来就会有大功，故言“来硕”而“吉”。上六与九五相比，九五是大人得位，故“利见大人”。象辞说：“往蹇来硕，志在内也。”“内”是内卦，上六与内卦的九三正应，故言“志在内”。“志”是心志，是说上六与九三心志应合。九三是在下卦艮里，艮为果蓏，回来有大果可食。又说“利见大人，以从贵也”。《系辞·下》说：“三多凶，五多功，贵贱之等也。”五位是贵位。“从贵”是追随九五。九五是大人在位，上六应当去随从九五，所以是进见大人有利。从取义上讲，“硕”可以指大的功利。

【提示】

虞翻在讲此卦的“利西南，不利东北”时，较多地提到纳甲的依据。关于纳甲的说法，前面已有所提及。我们在这一卦里没有采用纳甲的说法，但作为《周易》学的传统原理之一却不可不知。纳甲的说法，现在能见到的典籍，始见于京房的积算法，但京房没有作出说明。他的做法是把十天干配在八卦上，乾卦配甲壬，坤卦配乙癸，震卦配庚，兑卦配丁，巽卦配辛，艮卦配丙，离卦配己，坎卦配戊。魏伯阳在《参同契》里用月象说明这样搭配的原理。他说：“三日出为爽，震庚受西方。八日兑受丁，上弦平如绳。十五乾体就，盛满甲东方。蟾蜍与兔魄，日月气双明。蟾蜍视卦节，兔者吐生光。七八道已讫，屈折低下降。十六转就统，巽辛见平明。艮直于丙南，下弦二十三。坤乙三十日，东北丧其朋。节尽相禅与，继体复生龙。壬癸配甲乙，乾坤括始终。”他把一个月内月亮的变化分出六个步骤，初三是月芽初吐为“爽”；初八是上弦月，称作“上弦平如绳”；十五是满月，称作“盛满”；十六是满月开始消退；二十三是下弦月；三十是月晦；初一是月朔。按天干的方位与八卦的卦画之象搭配，震（☳）卦犹如月芽初吐（◡），月亮在初三晚上在庚（西）方出现，所以震配庚。兑（☱）卦犹如上弦月（◡），月亮在初八晚上出现在丁（南）方，故兑配丁。乾（☰）卦三画皆实，尤如满月（◯），月亮十五晚上出现在甲（东）方，故乾卦配甲。巽（☴）卦下爻变虚，犹如十六日开始消退的月亮（◠），月亮在十六日早晨从辛（西）方退去，故巽卦配辛。艮（☶）卦犹如下弦的月芽（◠），相当于二十三的月亮，月亮于二十三早晨在丙（南）方消退，故艮配丙。坤（☷）卦三爻皆虚，犹如月晦，月亮是三十日光明在乙（东）方消尽，故坤配乙。上半月据月出之方取象，下半月据月消之方取象，取月亮消长盈虚之理。至于壬癸，因为是在北方，每月之内日月在北方相会一次，所以壬配乾，癸配坤。戊己在中央为土，戊为阳土，己为阴土。坎得乾卦中爻（坎☵），故坎配戊；离得坤卦中爻（离☲），故离配己。所谓“七八道已讫”是说七八一十五，十五之后月亮满极，上长之道已到尽头。“屈折低下降”是说月亮开始消退下降。“十六转就统”是说十六又开始走上向下消退的轨道。

关于纳甲的学说，还须说明的一点，是魏伯阳认为

“坎离”是乾坤之用，就是说乾坤是阴阳的本体，坎与离是阴阳的作用，乾是太阳，表现在离上；坤是太阴，表现在坎上。所以以离为日，因为离是太阳；以坎为月，因为坎是太阴。按大自然运动的秩序，是太阳每年一个终始（实际是地球绕太阳一周），月亮是每月一个终始（实际是月亮绕地球一周），所以每月太阳与月亮会合一次。古人把这种对于天象观察所得到的结论运用到《周易》中来，并不是生造出来的，但《周易》是否就一定依据这个原理，尚有待于研究。

朱震《汉上易传》云：纳甲何也？曰：举甲以该十日也。乾纳甲壬，坤纳乙癸，震巽纳庚辛，坎离纳戊己，艮兑纳丙丁。皆自下生。圣人仰观日月之运，配之以坎离之象，而八卦十日之义著矣。

四十　解——解脱宽松

䷧

解卦的卦画组合为坎（☵）下震（☳）上，传统称作雷水解。《序卦》云：“物不可以终难，故受之以解。”意为：事物不可能一味险难到终了。所以在表示险难的蹇卦之后接着是解卦。《杂卦》云：“解，缓也。”解，是缓解。合观《序卦》《杂卦》的说法，卦名解的意思是险难缓解，蹇难开散化为平易。

解的卦画是蹇的倒象，即蹇䷦上下颠倒过来，为䷧解。两卦是覆的关系。蹇是难，解是难倒过来，走向反面而变得平易。关于卦变，虞翻说：“临初之四。”用彖辞验证，临需经历小过，进而再变出解。彖辞在涉及卦变的部分里说：“解利西南，往得众也。无所往，其来复吉，乃得中也。”那么这一卦的卦变是如果上往可以得众，如果不上往，向下来复，则可得中。在上卦蹇里，我们已经知道，小过变蹇“利西南”是“往得中”，上往是变蹇。这一卦是小过变解，下来复得中。也就是说，小过的九三来到下卦中位，即解直接由小过变来，小过䷽九三六二两爻交换位置，变䷧解。

解，利西南。无所往，其来复吉。有攸往，夙吉。

【译文】

解卦，有利于西南方。无所前往，返回来吉祥。有所前往，提前一些吉祥。

彖曰：解，险以动，动而免乎险，解。解利西南，往得众也。无所往，其来复吉，乃得中也。有攸往夙吉，往有功也。天地解而雷雨作，雷雨作而百果草木皆甲坼。解之时大矣哉！

【译文】

解卦，有险难而动，动而脱离险难，解脱之卦。解卦西南方有利，前往可以得到群众。无所前往，返回来吉祥，即可得到中位。有所前往则提前一些吉祥，前往会有功绩。天地开解就会发生雷雨，雷雨发生百果草木都会破壳而出。解的时势意义太重大了！

象曰：雷雨作，解。君子以赦过宥罪。

【译文】

雷雨发生就是解卦。君子从中得到启示，要赦免、原宥有罪过的人。

【精解导读】

卦辞先说明往西南方行动有利。然后提出向西南方怎样前往吉祥，不前往怎样行动吉祥，两种趋吉避凶的指导。“无所往”是“其来复吉”，这是第一种指导。“复”是返回来，“其”是如果的意思。如果不前往西南方，返回来就吉祥。“有攸往”是“夙吉”，这是第二种指导。“攸”义同“所”。“夙”是抓紧晚上的时间。《说文》：“夙，早敬也，从丮，持事虽夕不休，早敬者也。”字形结构是从丮从夕，“丮”是抓住东西的一把手()，“夕”是晚上()。意思是说做事要提前及早行动。“丮”是手里抓着要办的事，“夕”是晚上也在干，及早行动，敬谨干事的样子。“有攸往，夙吉”，可以理解为如果前往的话，抓紧晚上的时间吉祥。狭义理解是晚上去吉祥，宽泛一点说是提前去吉祥。如果把“夙”讲成早晨，那就大错特错了。解卦为什么会有两种指导的卦辞？这是因为，在卦变中有这样的显象，解卦从小过变来。在上一卦蹇里，我们知道小过的刚爻九四前往五位“利西南”，这一卦也从小过变来，故也是往上推移“利西南”。但解卦是刚爻九三向下推移，占据了下卦中位，故言“无所往，其来复吉”。“往”是爻向上运动，“来”是爻向下运动，“复”是返下。这一卦是“无所往”，而是来返下，因此有了第一种指导，返回来吉祥。吉祥是因为获得下卦中位。如果必须前往的话，那就得提前行动才吉祥。因为那是上一卦蹇里的事，不提前就赶不上，故言“有攸往，夙吉”。

彖辞从六个方面说明解卦。（一）从上下卦特性组合上解释卦名。“解，险以动，动而免乎险，解。”第一个“解”字是指解卦。“险以动”指这一卦由下坎、上震两个三爻卦组合而成，坎是险，震是动，动是因为处在险难里不得不动。“以”表原因。“动而免乎险”是推论。“免”是脱离。有险才动，动是为了脱离险难，从险难中脱离出来，那还不是解脱。后一个“解”是解释卦名，意为这就是解脱。把这一句意译出来是说：解卦，有险而动，动而从险难中脱离出来，就是解脱。有人说后一个“解”字是衍文，主张删去，这就不恰当了。（二）从卦变上解释卦辞“利西南”。“解利西南，往得众也”，指的是解卦由小过变来，小过刚爻的推移可以有两个方向，一是往上，一是来下。往上可变蹇卦，蹇卦是“利西南”（见蹇卦），故解卦有“利西南”的基础。如果刚爻往上会进入坤中（小过

变

蹇䷦—夹在两个柔爻中），坤为众，所以是“往得众”。所谓“利西南，往得众也”，是指具有这样的基础和条件。要注意的是“解利西南”的“解”，是照引卦辞，也不是衍文。另外，蹇卦彖辞说是“往得中”，这里说是“往得众”，有相互发明的意思。另外还可看出，彖辞允许把坎（☵）看成是刚爻入坤（☷），可取坤象。（三）从卦变上解释卦辞“无所往，其来复吉”。“无所往，其来复吉，乃得中也”，指的是解卦在从小过变来的过程中，实际上爻位的推移，是刚爻没有往上推移，这是无所前往，而是返回向下而来，即：小过九三→䷽→返（复）而下来到二位，变九二→䷧解，九二进入下卦中位，“得中”故“吉”。（四）从卦变上解释卦辞“有攸往，夙吉”。“有攸往夙吉，往有功也”，是说有所往，提前行动吉祥，是因为提前行动前往才有功效。这是因为“往有功”是上一卦小过变蹇就出现的情况（蹇卦彖辞“往有功也”可证），晚了一卦，所以要提前。“夙”是头天晚上把第二天的事就做好。从取义上讲，可理解为晚上前往吉祥。（五）从上下卦象的组合上说明解卦。“天地解而雷雨作”，指上卦震为雷，下卦坎为雨，雷雨出现是天地解冻生发之象。“作”是兴起。春天来了，雷雨才会出现；雷雨出现，天地从冻结封闭的状态中开散出来。（六）强调解的时势意义。“雷雨作而百果草木皆甲坼”，承上句说明雷雨的时势意义。“甲”是甲壳，就是种子外边的硬壳。“坼”

是裂开。雷雨一动，万木复苏，百果草木都从裂开的甲壳中萌生出来，给万物提供了生长发展的条件，这个时机太好了。“解之时大矣哉”，是说解卦所具有的时势意义太重大了，是发展的好时机，不可失之交臂。得时是有机遇，一个人活在世上难得有机遇，没有机遇天才也会埋没，时势的作用相当重要，故要特别强调。这里也有深刻的哲理意义。历史上许多英雄豪杰感慨生不逢时，都是悟到点儿“时”的哲理奥义。如果简单地把“时”的哲理意义说出来，就是时势造英雄，英雄造时势，两者是辩证的统一。

象辞从上下卦的组合谈君子应当学习的内容。“雷雨作，解”，是指上卦震为雷，下卦坎为雨，雷雨发生就是解卦。君子看到天地从封闭状态中解放出来，要赦免有过失的人，宽宥有罪的人，这就是“君子以赦过宥罪”。这里要注意，“赦过宥罪”要看时，倒不在乎罪的大小。解卦是时势宽松，大罪可赦；没有宽松的时势，小过也不可赦。举个简单的例子，战争时期小有变节，可能严惩；战争胜利局势稳定，大战犯可赦。这都要看对社会有益还是有害，有人讲象辞一味争议小过、大罪，这不是要点。战争时期，一点小小的变节行为可能导致大局的溃败，小过也不能饶恕；大局稳定，大罪的人放出来可能有益于社会，就可赦宥。如果是民愤极大，放出来起的作用抵销不了带来的恶劣影响，大罪就不可赦。这些道理都取决于“时”。解卦是宽松的时势才讲“赦过宥罪”，不是要把大小罪犯一齐放出来，也不是大罪不放，赦放小过。

初六：无咎。

【译文】

没有咎害。

象曰：刚柔之际，义无咎也。

【译文】

刚柔交际之处，道义上不应当有咎害。

【精解导读】

解卦是坎下震上（解䷧>震>坎），屯卦是震下坎上（屯䷂>坎>震）。屯卦的彖辞说“刚柔始交而难生”，解卦初六象辞说“刚柔之际”。可见“际”主要是指刚爻与柔爻相交，初六是处在刚柔相交的分际里。在象上指的是解卦从小过变来，小过的下两爻都是柔爻，九三推移到二位，把两个柔爻与刚爻交错开，初六处在交错的分际上（小过䷽>二柔未错开，解初六→䷧←由九二错开二柔）。刚柔交错是阴阳交流，其次是初六上承刚爻九二是以柔承刚，符合以柔顺刚的天地秩序，另外初六有正应在九四，是有应援，这都是初六应当吉祥的理由。但有一点，初六在下卦坎里（初六→䷧>坎），坎为险难，这些理由，只能是在坎险之中无咎而已，故言“无咎”。象辞说“刚柔之际，义无咎也”，是强调初六在刚柔相交的分际之中，其他理由没有说，并不是不存在。但这些理由加起来，也只是“无咎”，不能说初六就一定吉祥，所以结论是没有咎害。

九二：田获三狐，得黄矢，贞吉。

【译文】

田猎获取三只狐狸，得到黄色箭头，正固吉祥。

象曰：九二贞吉，得中道也。

【译文】

九二正固吉祥，是因为得其中道。

【精解导读】

坤为田地，二为田位（乾九二“见龙在田”九二→䷀），坎为狐（未济“小狐汔济”䷿>互坎 坎），离为矢（噬嗑九四“得金矢”九四→䷔>离）。坤为黄色，离（☲）得坤中爻，故言

“黄”。九二是全卦的主爻，在卦变中，它从小过的三位来到下卦的中位，使下卦变坎，坎是坤得乾中爻，故有下田狩猎之象。刚爻进入坤中是“往得众”，下卦三爻为九二所得，故言“田获三狐”。九二移位变出互离（九二→䷧>互离），故言“得黄矢”。“矢”是箭，这里主要指金属箭镞（见噬嗑）。在下卦中位，故言“贞吉”。象辞说：“九二贞吉，得中道也。”中道正固不偏故“吉”。前人讲这一爻，认为狐狸是狐媚小人，“得狐”是去小人，这从爻辞中读不出来，属引申发挥的内容。总之，这一爻的基本义是出去打猎有收获，猎得较多的狐狸，还可得到黄色箭头，正固吉祥。

六三：负且乘，致寇至，贞吝。

【译文】

背着东西乘在车上，招来寇盗，正固有吝难。

象曰：负且乘，亦可丑也；自我致戎，又谁咎也？

【译文】

背着东西乘在车上，让人看着可笑；自己招来兵戎，又能怨谁？

【精解导读】

六三是在卦变中与九二换位的一爻，原在小过的下卦艮里（小过），艮为背，背上是九三。小过变解从二位升成六三，乘凌在九二之上，下卦成坎，坎为多眚舆，故是“负且乘”。因六三自己的推移下卦成坎，坎为寇盗，故言“致寇至”。“致”是招致。“贞吝”是说六三如果正固不动，守住二位也有吝难。象辞说“负且乘，亦可丑也”，是说乘上车还不把东西放在车上，仍背在背上，这个形象太不雅观。“自我致戎，又谁咎也”，是说自己把寇盗的兵戎招来，怨不得谁。“戎”是解释“寇”。“咎”应当是解释“吝”，爻辞说“贞吝”，象辞说“又谁咎”，对不上号，但没有异文可考，只能暂仍其旧。这句爻辞《系辞·上》里讲过：“子曰：‘作《周易》者其知盗乎？’《周易》曰：‘负且乘，致寇至。’负也者，小人之事也；乘也者，君子之器也。小人而乘君子之器，盗思夺之矣。上慢下暴，盗思伐之矣。慢藏诲盗，冶容诲淫，《周易》曰‘负且乘，致寇至’，盗之招也。”大意是说，《周易》的作者大概懂得寇盗的心理吧！《周易》里说：“负且乘，致寇至。”背东西是小人干的活，车是君子代步的工具。小人却坐在君子的代步工具上，寇盗就想着要夺走它。对上傲慢，对下粗暴，寇盗就想着要收拾他。珍贵的东西不快藏起来，这是教给人家来盗窃；打扮得花里胡哨，那是教唆人家来调戏淫乱。《周易》里讲“负且乘，致寇至”，是说寇盗是自己招来的。按《系辞》的讲法，爻辞在取义上似乎还有“上慢下暴”的意思，有“慢藏诲盗、冶容诲淫”的意思，这些是从道理上引申出来的，说明“致寇至”的理由，讲得十分精彩，可帮助我们理解爻辞，但不能把这些当成爻辞的基本意思。

九四：解而拇，朋至斯孚。

【译文】

解开脚拇指，朋友来到才有信实。

象曰：解而拇，未当位也。

【译文】

解开脚拇指，是还未占据合适地位。

【精解导读】

从卦变中看，蹇卦是小过的九四升进到五位，故蹇九五爻辞说“大蹇，朋来”。蹇象辞说九五是“当位贞吉”

"往得中也"。解卦九四未上往，故卦辞说它"无所往"，象辞说它如果像蹇卦那样上往会"往得众也""往有功也"。这都可以看出九四这一爻在小过变解时守住四位没有上往到九五，它可以上往，只不过是未动而已。在解卦未动，处在上卦震里（九四→䷧>震），震为足、为拇，故言"解而拇"。如果上到九五就会像大蹇的九五一样"朋来"，故言"朋至"。卦由小过变来，中孚（䷼）是两个柔爻孚于四个刚爻，小过（䷽）是中孚的变卦，是两个刚爻孚于四个柔爻，小过也是孚，故言"斯孚"。象辞说"解而拇，未当位也"，正是指出九四没有上往九五去当位。从取义上讲，"解而拇"是缓解才到了足下拇指，是刚开始缓解的意思，直接讲是解开脚拇指的束缚。"朋至斯孚"中，"斯"是这的意思，这句是说朋友来到这种孚信才能表现出来，也就是朋友来了自己的真心实意才可兑现。当然"朋至斯孚"可以讲成朋友来到表现得很诚信，但这是字面义。联系卦象，是九四还没有"朋至"，也没有"斯孚"，到了九五当位才是"朋来"，有了"朋至"的条件才能"斯孚"。

六五：君子维有解，吉，有孚于小人。

【译文】

君子能解脱其难，吉祥，取信于小人。

象曰：君子有解，小人退也。

【译文】

君子能解脱其难，小人甘心退去。

【精解导读】

从蹇到解，把彖象辞贯通起来看，都是说九四该升进到五位去当位，而九四却没有这样上往。六五该下降到四位，也没有下来，这样才成为解卦。九四刚爻为君子，六五柔爻为小人。对君子来说，没有上往而成为解卦，故言“君子维有解”，意思是说“君子来缓解”，由君子来为六五缓解，故“吉”。小过为刚爻孚于柔爻，卦从小过变来。九四孚信于六五，故言“有孚于小人”，意思是说君子的诚信小人也信得过，也就是小人相信君子。象辞说：“君子有解，小人退也。”意思是说君子来缓解局势，小人相信，愿意主动退出去。这也是指六五应当把尊位让给九四。总之，这一爻是君子能来缓解，说话办事能兑现，有应验，小人也相信，愿意让君子居于尊位。

上六：公用射隼（sǔn）于高墉之上，获之，无不利。

【译文】

王公射下高墙上的鹰鹞，获得它，无不利。

象曰：公用射隼，以解悖也。

【译文】

王公射杀鹰鹞，以解除悖乱。

【精解导读】

《系辞·下》说：“《周易》曰：‘公用射隼于高墉之上，获之，无不利。’子曰：‘隼，禽也；弓矢者，器也；射之者，人也。君子藏器于身，待时而动，何不利之有？动而不括，是以出而有获，语成器而动也。’”意为：“《周易》里说王公射隼于高墉之上，获之，无不利。孔子说：‘隼是一种禽鸟，弓箭是武器，拿来射的是人。君子怀藏利器，等待时机来到行动，会有什么不利？行动如意，因此出动就有收获，这是说有平素养成的利器才可以行动。’”“括”从字面义上讲是约束，从语源上讲是包括。古代造弓，先制成一种弓架子，把竹木等作弓的原料捆绑在上面，等原料定型之后取下来，就制成一张弓。“集括”是让原料定型。“不括”是做成了，不再约束在括上，也就是能使用了。

“器”是君子的才器技能，也要先蘖括定型，才能自由应用。君子把技术掌握好了，使用起来随心如意，左右逢源，这就是所谓的“动而不括”。从这段话里可以看出，上六要有弓箭射象。“隼”是鹰一类的飞禽，古人称作鹘，是一种飞得极高又非常矫健的猛禽。上六在上卦震里（☳>震），震为诸侯，故言公。坎弓离矢为射。小过为大鸟、为隼。巽为绳直、为高，故为城墙。上位为位高、为高墉。小过变为解卦，其中小过为飞鸟之象，下有互巽（小过䷽>互巽），就是隼在高墉之上。变解后出现了上震之公和下坎互离的弓箭，故有“公射”之象。爻辞的意思是王公要射下高墙之上的鹰，会有收获，没有不利。象辞说：“公用射隼，以解悖也。”“悖”是背理昏乱。“解悖”是解除背理昏乱。上六在全卦穷极之位，故为悖。

【提示】

汉人解《周易》，卦气说较有理性。卦气说有李溉据《易纬》传下来的方图，还有唐释一行据孟喜卦气说制出的图表。图表讹误较少，方图则比较直观。

卦气说是把一年的四季、十二月、二十四节气、七十二物候、三百六十日与六十四卦对应配置在一起，用六十四卦表示一年内天地的运转情况。卦气图把六十四卦分出坎离震兑四正卦表示一年的四季。坎正北主冬，在二分二至中配冬至。一卦六爻，每爻主一个节气，初六主冬至，九二主小寒，六三主大寒，六四主立春，九五主雨水，上六主惊蛰。震正东主春，在二分二至中配春分。一卦六爻配六个节气，初九春分，六二清明，六三谷雨，九四立夏，六五小满，上六芒种。离正南主夏，在二分二至中配夏至。一卦六爻配六个节气，初九配夏至，六二小暑，九三大暑，九四立秋，六五处暑，上九白露。兑正西主秋，二分二至配秋分。一卦六爻配六个节气，初九秋分，九二寒露，六三霜降，九四立冬，九五小雪，上六大雪。其余六十卦，每五卦为一组，分辟、侯、大夫、卿、公五种，每组主六候，十二组共主七十二候。七十二候是中国传统历法中的术语，一般地说五日为一候，三候十五天为一个节气。每候用一种古人观察到的物候变化情况来说明，如“雷始发声”“水始冰”等。搭配的大致情况是每个候卦分出内外卦，各主一候，其余辟、大夫、卿、公各主一候，每组对应配六候。七十二候实际只有三百六十日（72×5＝360），把三百六十日分配在除四正卦之外的六十卦里，每卦六日，每卦六爻，每爻主一日。这是一个大体的配置，实际上已经是卦气说的整体设想，无须细究。因为前人取其整数 360 日为一年，余下的零头由置闰去解决，六十四卦只是个大的框架，不是历法，能基本反映天地运转情况就可以了。比如说，按太阳周天运动的实际情况说，周天实际是 365 $\frac{1}{4}$度，这实际上就是后人把每个圆周分为 360 度的根源，但后人也没有一定要把圆周分为 365 $\frac{1}{4}$度。然而在历法中余下的 5 $\frac{1}{4}$日就必须照顾到它的客观存在，不然就会影响农时。后来历法日趋精密，要按 365 $\frac{1}{4}$日与六十卦搭配，这就出现了每卦主六日七分之说（$365\frac{1}{4}\div 60=6\frac{7}{80}$）。六日七分之说在汉代郑玄注《周易》时已有论及，但这种说法把卦当成历法去计算，虽然精密，却并不符合《周易》整体构想的原理。应当说《周易》在它的构想中是卦主六日。

四十一　损——锦上添花

䷨

损卦的卦画组合为兑（☱）下艮（☶）上，传统称作山泽损。《序卦》云：“缓必有所失，故受之以损。”意为：缓散懈怠一定会有损失，所以在解卦之后接着是损卦。损卦与下一卦益是覆的关系，损卦画颠倒就是益卦（损䷨倒置为䷩益）。从卦变上讲，彖辞提示说“损下益上”“损刚益柔”，与损卦卦画相印证，损卦是由泰卦变来，虞翻说“泰初之上”。意思是说：泰初九䷊初九从最下位升到最上位，变䷨损。下卦减去一个刚爻，上卦增加一个刚爻，这就是“损下益上”，下卦三个刚爻减去一个，上卦三个柔爻加上一个，这就是“损刚益柔”。虞翻的讲法正确地说明了彖辞的内容。

损，有孚，元吉，无咎，可贞。利有攸往。曷之用？二簋可用享。

【译文】

损卦，有诚信，大吉大利，没有咎害，可正固。有利于前往。用什么？两簋（guǐ）可以用来祭享。

彖曰：损，损下益上，其道上行。损而有孚，元吉，无咎，可贞。利有攸往。曷之用？二簋可用享。二簋应有时，损刚益柔有时。损益盈虚，与时偕行。

象曰：山下有泽，损。君子以惩忿窒欲。

【译文】

损卦，减损下边增益上边，运行之道是向上走。损减而有诚信，大吉大利，没有咎害，可正固。有利于前往。用什么东西？两簋可以用来祭享。使用两簋祭享应当有时，因为减损阳刚、增益阴柔应当有时。减损增益、盈满亏虚，都是伴随着时序运行的。

山下有大泽就是损卦。君子从中得到启示，要遏制怒气，杜绝嗜欲。

【精解导读】

卦辞说"损，有孚，元吉"，意思是说：有诚意地减损自己去增益别人，就会大吉大利。“无咎，可贞”，是说这样没有咎害，永保正固。从卦象上说下卦是贞卦，上卦是悔卦，贞是我方，悔是对方。泰变损是损我方益对方。人们经常犯的毛病是损人利己，而损卦是损己利人，确实具有诚意，应当大吉大利，没有咎害，永保正固。“利有攸往”，是说前往有利，卦象上指泰变损初九从最下位升到了最上位，升进之象，故有利。“曷之用？二簋可用享”中，“曷”义同“何”，“簋”是祭器，“享”是祭享。这句意思是说：用什么东西进献？简单的两盘祭品可用来祭享天地祖宗。“曷之用”的“之”是标志宾语提前，等于说“用何”，意思是用什么？“簋”这种祭器形制是内圆外方，古代用来盛放黍稷稻粱等新鲜谷物。古代的祭享八簋为盛，四簋为中，两簋为简。只有两簋供品是比较简省的。但只要有诚信，不必丰盛，两簋也可以。《左传》里讲：“苟有明信，涧溪沼沚之毛，蘋蘩蕰藻之菜，筐筥锜釜之器，潢污行潦之水，可荐于鬼神，可羞于王公。”只要有诚信明德，草菜雨水，粗皿笨器也可以。从象上说正反震相对为二簋，由泰变损，刚爻从初位升到上位，变出正反震的对象，故言“二簋可用享”（上九  反震 正震）。爻向上推移，故有进献之象。

彖辞从三个方面解释损卦。（一）从卦变上说明损卦。“损，损下益上，其道上行”，指的是损卦由泰卦变来，泰卦的初九从下卦损减出来，增益到上卦成为上九，爻的推移运行之道是向上行走。这是从卦变中主爻的运动路线来说明卦义。程颐不承认损卦是从泰卦变来，可是在讲六三时说："三人谓下三阳、上三阴。"下三阳、上三阴还不是泰卦？可见事实如此，绕不过去。（二）从道理上说明卦辞。"损而有孚，元吉，无咎，可贞。利有攸往。曷之用？二簋可用享。"彖辞的这一段话除了把卦辞的"损，有孚"变成"损而有孚"外，全部是照引卦辞。彖辞是解释卦辞的，全部照引等于没有解释，不解释还写彖辞干什么？既然写了，说明彖作者认为这就是解释了。什么地方是解释？那就是把"损，有孚"变成了"损而有孚"。所以，彖辞是把卦辞当成一个大的因果复句来讲的。"损而有孚"中，"而"是如果的意思，这一句是因，其余的卦辞都是果。意思是说，因为是具有诚信地损己益人，所以才会出现"元吉，无咎，可贞。利有攸往。曷之用？二簋可用享"等这些结果。可见"损而有孚"，是彖辞中表示原因的关键部分。"损"是自己要承担损失，舍出点东西来给别人一些实惠。"孚"是诚信。有诚信地舍己助人，故可大吉大利，故可没有咎害，故可正固，故可有利前往。用什么去损己？换句话说，就是要损失些什么？因为心有诚信，简单的两簋哪怕是用来祭享也尽够了。（三）从天地损益盈虚的变化规律，说明为什么会有以上卦辞。"二簋应有时，损刚益柔有时"，是说为什么两簋就可用以祭享？这是因为祭享中有应当用二簋的时候，关键是要应时，时该损就损，时该益就益。一个人太刚强了，就到了损刚益柔的时候，如果不能损刚益柔，就会招致刚强太过的灾害。正如卦象那样，损刚益柔是因为到了泰卦，泰卦是刚柔平衡，刚爻再发展就要过中，这个时候应当减损。“损益盈虚，与时偕行”，是说天地自然都是应时而损益盈虚。比如天上的月亮，十五成为满月，再向前发展就要变得亏虚。时令到了夏至，白天太长，夜晚太短，再向前发展就要减损白天的时间，增益晚上的时间。到了冬至，夜晚又太长，白天又太短，再向前发展又会减夜增昼。这都是损益盈虚伴随时序而运行，是天地自然之道，损卦能应时损减，完全符合天地之道，所以才能“元吉，无咎，可贞。利有攸往。曷之用？二簋可用享”。《童溪易传》说：“夫惟与时偕行，则或损也，或益也，而惟时之为听，则当此时也，而二簋之是用不亦可乎？此卦之德，所以有曰‘有孚，元吉，无咎，可贞。利有攸往。曷之用？二簋可用享’也。”

象辞“山下有泽，损”，指的是损卦的上卦艮为山，下卦兑为泽，山下有泽就是损卦。从这个卦象中学习什么？山高泽深，泽越深山就显得越高，用以比附人的道德修养，减损自己身上无益的东西，让它像泽一样低之又低；增益自己的道德，让它像山一样高之又高，这样就会越损越高。“惩忿窒欲”，互文。孔颖达《正义》：“惩者息其既往，窒者闭其将来。忿欲皆有往来，惩窒互文而相足也。”意思是说：对自己身上以前的、以后的怒气都要有所惩戒，有所扼制；对以前、以后的嗜欲也都要惩戒和扼制。把这些无益的东西损减下去，道德就愈加高尚。

初九：已事遄往，无咎。酌损之。

【译文】

已开始损减，急速前往，没有咎害。酌情减损。

象曰：已事遄往，尚合志也。

【译文】

已开始损减并急速前往，是因为合乎上意。

【精解导读】

“已事”各家讲的不同。王弼本把“已”看成是已经的已，“已事遄往”是“事已则往”。孔颖达说：“已，竞也；遄，速也。”意思是事情办完了就赶快去。也有人说已是止，是放下干的事马上去。虞翻本“已事”作“祀事”，说是“祭祀之事”。《释文》说：“已事，音以，本亦作以。虞作‘祀’。”项安世认为“古语止疾曰已”。已事是治病之事。孰是孰非，只好从象上断了。损卦从泰卦变来，泰卦的初九升进到上位，九二被推到初位，这就是损卦的初九。从象上看，是泰卦的初九已经去“损下益上”“损刚益柔”，接着就轮到了九二（损的初九）损益下去。“已事”是说已经开始了损减之事，“遄往”是说就应当急速地从下往上损减。轮到你了，慢腾腾的不好，马上行动前往。“无咎”是说越快越好，没有咎害。“酌损之”，是说要斟酌情况，适当损减，不要损减太过。因为泰卦下面只有三个刚爻，初九已经损减，九二处在损卦里又得急速损减，这样对刚爻的损减太过分，到了考虑应当损减多少的时候，要酌量。比如统治者向百姓征收赋税，这是损下益上，只要适度，没有咎害，超过百姓的承受能力，就会激出民变，量的多少要有个限度，应当酌量。象辞说“已事遄往，尚合志也”，指的是初九有正应在六四(

)，六四在上卦。上九已升上去了，初九上卦有应合，也愿意上往。“尚”义同“上”。

九二：利贞，征凶。弗损益之。

【译文】

利于正固，征进凶。不损下也不益上。

象曰：九二利贞，中以为志也。

【译文】

九二利于正固，以守中为心愿。

【精解导读】

在“损下益上”“损刚益柔”的大局中，上九已损下而益上，初九是酌量损减，九二如果继续损减下去，必然是损减太过。所好的是九二在下卦中位，正应六五在上卦中位，两者都能守中道。守中道是无过无不及，在损减上能适量合度，故言“利贞，征凶。弗损益之”，意思是说九二应当正固不动，不能再损减下去，征进有凶，不损下也不益上。象辞说“九二利贞，中以为志也”，意为九二所以要利于正固，是以中位为心愿。在损卦就是以损益适中为心愿。上九是全损，初九是酌损，九二要使损减保持适中，应当全不损，所以九二是使全卦的损减达到适中。如同在一个天平上，一头放上上九过损的砝码，初九在损与不损之间，另一头要放上九二全不损的砝码，这样可以使损道平衡。这就是“中以为志”。

六三：三人行则损一人，一人行则得其友。

【译文】

三个人同行就会减损一人，一个人行走就会得到友人。

象曰：一人行，三则疑也。

【译文】

一个人行走（会得到朋友），三个人同行就会产生猜疑。

【精解导读】

这一爻显然是在说损卦由泰卦变来。泰卦的下三爻都是刚爻，上三爻都是柔爻（泰䷊>三柔 >三刚），变而为损，下卦三个刚爻失去一个，故言“三人行则损一人”；上九行往上卦，得到两个柔爻为友，故言“一人行则得其友”。柔爻的情况也是如此，泰卦三个柔爻的向下推移，使上卦失去一个柔爻，六三推移到下卦，得到两个刚爻为友。“友”与“朋”显然不同，“朋”是同性为朋（见坤卦“西南得朋”），“友”则是异性为友。象辞说“一人行，三则疑也”，意思是一人行走会得到友人，三人同行会产生猜疑。《系辞·下》解释这一句说：“天地絪缊，万物化醇。男女构精，万物化生。《周易》曰‘三人行则损一人，一人行则得其友’。言致一也。”意为天地阴阳二气的亲密交合，万物得以浓醇化育；男女精血交构，万物得以化生。《周易》里讲“三人行则损一人，一人行则得其友”，说的是阴阳之间的致一。所谓“致一”就是达到一致。从哲学上讲就是同一性。对立双方有同一性，不能加入第三者，加入第三者就破坏了同一性。象辞说“三则疑也”，指的就是加入第三者同一性就要被破坏，相互猜忌。如同热恋中的两个人，有第三者插足，就会拈酸吃醋，迟早要甩掉一个。在《周易》的哲理中，“合二而一”是存在的。天地要合二而一，男女要合二而一，万事万物对立双方无不合二而一。

六四：损其疾，使遄有喜，无咎。

【译文】

减损他的疾病，能使他快一些有喜庆，没有咎害。

象曰：损其疾，亦可喜也。

【译文】

减损他的疾病，也是可喜的。

【精解导读】

从象上说，震为疾，六四位在互震。丰卦六四爻辞说“往得疑疾”，可以看出，“疑”就是一种疾。损卦六三象辞说“三则疑也”，是三爻并行为疑。泰卦变损，上卦三个柔爻推移到下卦一个，故言“损其疾”。推移到下卦成兑（䷨↓▷兑），兑为悦，故言“使遄有喜”。

“遄”是急速，是说爻的推移越快越有喜。从取义上说，六四是减损疾病，越快越好，不仅没有损失，还有治好病的喜悦，故“无咎”。

象辞说“损其疾，亦可喜也”，去掉疾病，当然是一件喜事。

六五：或益之十朋之龟，弗克违，元吉。

【译文】

有人送来价值十朋的宝龟，占卜不违背意愿，大吉大利。

象曰：六五元吉，自上佑也。

【译文】

六五大吉大利，是来自上面的庇佑。

【精解导读】

“或”是有人，“益”是增益、送给。“十朋之龟”是价值十朋的大龟。《汉书·食货志》的注说：“苏林曰：两贝为朋，朋值二百一十六。”龟价十朋，可知是珍贵的宝龟。《尚书·大诰》：“予不敢闭于天降威，用宁王遗我大宝龟，绍天明。”意思是说：我不敢在上天降下灾难的时候把宝贝藏起来，用文王留给我的大宝龟，占卜一下天命如何，结果得到吉兆。大宝龟是国宝，有人送给大宝龟等于送给天命。《周易》是占筮书，筮与卜在古代经常同时使用，这在《尚书·洪范》里讲得很清楚。大宝龟当然是用来占卜的。“从”与“违”是占卜的结果。“从”是占卜结果合乎意愿，“违”是占卜结果不合意愿。“弗克违”是占卜的结果不违背自己的意愿，“克”是能，也就是占卜的结果与自己的意愿一致，是“从”而不“违”，故言“元吉”。从象上讲，离为龟。泰卦变损，上九从下位上往，使二至上爻变成一个大离（上九 九二 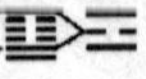 离），是一个大的灵龟，六五在互坤里（六五  互坤），坤为地，地数十，故为“十朋之龟”。象辞说：“六五元吉，自上佑也。”

“上”指六五之上的上九。正是上九的损刚益柔，才使六五处在大离之中，所以是上九带来的福佑。从取义上说，“自上佑”是来自上苍的保佑，也就是天保佑。

上九：弗损，益之，无咎。贞吉。利有攸往，得臣无家。

【译文】

没有受到损减，而是得到增益，没有咎害。正固吉祥。有利于前往，会得到臣民而失去家。

象曰：弗损益之，大得志也。

【译文】

不是损减，而是增益，心志得到大的满足。

【精解导读】

从象上看，上九的“弗损，益之”显然指的是上九不是来损减，而是来增益。损卦从泰卦变来，上九正是“损下益上”的主爻，进往上位，明显地不是来损而是来增益。无损而有益，故“无咎”。“贞吉”是指全卦不能再继续损益下去，保持正固吉祥，也是损减不可太过的意思。“利有攸往”指上九的推移，上九从最下位往进到最上位，故为“利有攸往”。“得臣无家”指的是内卦为家，柔爻为臣民。上九从内卦推移出来，下据三个柔爻，故言“得臣无家”。按封建制的说法是拥有采邑为家，做了诸侯才是得臣。“得臣无家”是从有家的大夫变为拥有臣民的诸侯。王肃说“万方一轨”，指的就是这个意思。程传也认为“得臣谓人心归服，无家谓无有远近内外之限也”。总之是以国为家，把家扩大成国了。象辞说“弗损益之，大得志也”，指的就是上九没有受到损害而只能得到益处，成为一国之君，心志得到极大满意。“弗损益之”在取象与取义上内容稍有不同。

【提示】

《系辞》里关于损卦提到得比较多，除对六三爻辞“三人行则损一人，一人行则得其友”作了解释外，在道德修养方面也常常提到损卦。“损，德之修也；益，德之裕也。”“损，先难而后易；益，长裕而不设。”“损以远害，益以兴利。”意思是说：不断地损减自己身上无益的东西，就是道德的修养。不断地增益自己身上有益的东西，就是道德的充裕。损减开始很难，但到后来会变得越来越容易；增益是长期充裕而不设施造为。这是指道德的修养要顺其自然，损要顺规律而损，益要顺规律而益。只要按规律去损益，开始会难损一些，逐渐会变得容易。对道德的增益会长期不断地充裕起来，而不是一下子设立起来。损减可以远离危害，增益可以兴起利益。总之，损益都可在道德修养方面起作用，关键是损益的是什么。按象辞讲的“惩忿窒欲”，要损减的就是自己身上那些无益的东西。彖辞没有讲“损之时大矣哉”，但多次提到“应有时”“有时”“与时偕行”，可见损的时势也相当重大。就是要按时去损，该损则损，合乎自然地去损，损就可以吉祥。损并不是一个一定就不好的卦。《淮南子》引孔子读《周易》，至损益，喟然而叹曰：“或欲利之，适足以害之；或欲害之，适足以利之。利害祸福之门，不可不察。”《系辞》里又说“损以远害”，这些都讲的是损益的辩证关系。

另外，在这一卦里顺便介绍一下装卦与爻辰说。在古代说《周易》的理论中，还有一种装卦与爻辰说被看成是《周易》的基本理论之一。但这种讲法在《周易》的内证里找不出线索，所以我们没有采纳，这里只作一般性的介绍。装卦说实际上在传为京房的纳甲占筮法里已有运用，而卦书里则说是始创于战国时的鬼谷子。其基本做法是把十二辰配入八卦，“纳甲”是在八卦中配天干，装卦是在八卦中配地支，然后用干支的五行属性及其生克原理去判断吉凶。除干支外，还要配上六亲、六神，以及世、应、身爻等，形成一套所谓混元甲子的体系。京房称作是“降五行、颁六位”。十二辰的搭配方式，按朱震《汉上易传》里的《乾坤六位图》的说法：“天六、地六、气六、象六。天乾交坤而生震坎艮，故自子顺行。震自子至戌六位，长子代父也。坎自寅至子六位，中男也。艮自辰至寅六位，少男也。坤交乾而生巽离兑，故自丑逆行。巽自丑至卯六位，配长男也。离自卯至巳六位，配中男也。兑自巳至未六位，配少男也。女从夫者也，故其位不起于未。易于乾卦言大明终始，六位时成，则七卦可以类推。”他的意思是说：十二支按顺序排列，根据阳奇阴偶的性质可以分出阴阳如下：

子$_1$　寅$_3$　辰$_5$　午$_7$　申$_9$　戌$_{11}$——奇数阳六支

丑$_2$　卯$_4$　巳$_6$　未$_8$　酉$_{10}$　亥$_{12}$——偶数阴六支

乾与三男的震坎艮属阳卦，要配阳支；坤与三女的巽离兑属阴卦，要配阴支。阳卦都是顺序排列，阴卦都是逆序排列。依据这个原理把十二支配入乾卦，从下向上逐爻搭配是：

初爻子、二爻寅、三爻辰、四爻午、五爻申、上爻戌

坤卦从下向上逐爻搭配，从未上起是：

初爻未、二爻巳、三爻卯、四爻丑、五爻亥、上爻酉

震卦从下向上逐爻搭配完全与乾卦相同，是因为震为

长子，可以代父。

坎卦是中男，比震向后错一位，逐爻搭配是：

初爻寅、二爻辰、三爻午、四爻申、五爻戌、上爻子

艮卦是少男，比坎向后又错一位，搭配如下：

初爻辰、二爻午、三爻申、四爻戌、五爻子、上爻寅

巽卦是长女，因为女子要随从丈夫，不能与母卦坤相同，所以从“丑”上起位，逆序搭配如下：

初爻丑、二爻亥、三爻酉、四爻未、五爻巳、上爻卯

离卦是中女，比巽卦错后一位，排列如下：

初爻卯、二爻丑、三爻亥、四爻酉、五爻未、上爻巳

兑卦是少女，比离卦又错后一位，排列如下：

初爻巳、二爻卯、三爻丑、四爻亥、五爻酉、上爻未

八卦生出六十四卦，其他卦的搭配，按上下卦分开，看它的上下卦各是八卦里的什么卦，然后以三爻卦为单位，区别开上下，把八卦的地支整体移入各卦。比如这一卦损，兑下艮上（䷨上卦艮 下卦兑），那么就把兑卦的下半截移入损的下三爻，把艮卦的上半截移入上三爻，成为：初爻巳、二爻卯、三爻丑、四爻戌、五爻子、上爻寅。余可类推，这样就把十二辰配入六十四卦。

天干的搭配依据纳甲（原理见蹇卦提示）。因为乾纳入

甲和壬两位天干，就把甲配在乾的下卦，壬配在乾的上卦，乾的下三爻都是甲，上三爻都是壬。坤卦也纳入两位天干，乙和癸也一样分别配入上下卦，下三爻都是乙，上三爻都是癸。其他六卦因为只纳入一位天干，所以每爻都是那一位天干，即震卦六爻都属庚，坎卦六爻都属戊，艮卦六爻都属丙，巽卦六爻都属辛，离卦六爻都属己，兑卦六爻都属丁。八卦配齐，再移入六十四卦。也是以三爻卦为单位，区别开上下，把八卦的天干整体移入各卦。比如损卦兑下艮上，移入兑卦的丁配在下三爻，移入艮卦的丙配在上三爻，加上前面讲的地支，损卦甲子的配置是：

初爻丁巳、二爻丁卯、三爻丁丑、四爻丙戌、五爻丙子、上爻丙寅

不过，这一套占筮方法，大多抛开了《周易》的卦爻辞，直接从五行生克中取断，虽然还用六十四卦的形式，而内容上已成为另一个体系，不应当与《周易》混为一事。

用爻辰解释《周易》，见于著录的是《易纬·乾凿度》。郑玄在《周易》《诗经》《礼记》的注释中，用过十几例，但语焉不详，把他的说法整理出来，大致是把六十四卦中的六个刚爻与六个柔爻与十二辰固定搭配起来，还配上十二月、十二次、十二律吕，以此来取象。其基本搭配方式如下表：

爻位	初九	六四	九二	六五	九三	上六	九四	初六	九五	六二	上九	六三
十二生辰	子	丑	寅	卯	辰	巳	午	未	申	酉	戌	亥
生肖	鼠	牛	虎	兔	龙	蛇	马	羊	猴	鸡	狗	猪
月	十一	十二	一	二	三	四	五	六	七	八	九	十
十二次	女虚	斗牛	箕尾	氐房心	角亢	张翼轸	柳星	井鬼	毕觜参	胃昴	奎娄	危室壁
律吕	黄钟	大吕	太簇	夹钟	姑洗	仲吕	蕤宾	林钟	夷则	南吕	无射	应钟

四十二　益——雪中送炭

䷩

益卦的卦画组合为震（☳）下巽（☴）上，传统称作风雷益。《序卦》云："损而不已必益，故受之以益。"意为：不停止地损减下去，一定会出现损极而反的增益，所以损卦之后接着是益卦。《杂卦》云："损益，盛衰之始也。"益卦是兴盛的开始。从卦象上看，损下益上就要衰败；损上益下就会兴盛。《杂卦》认为是不应当厚取于民，在上的统治者如能损上益下，国家就会兴旺发达。益卦与损卦一样，也是以内卦为贞、为我，外卦为悔、为彼，彼损我益，故卦名称益。益是增益的意思。

益卦与损卦为一组正覆卦，损卦的卦画上下颠倒为益卦（损䷨颠覆过来为䷩益）。益卦的卦变，彖辞提示说："损上益下""自上下下""天旋地生"。这样说来，益卦只能从否卦变来。否卦是上乾下坤（否䷋乾坤），乾为天，坤为地，是上卦乾天中的三个刚爻减损一个增益到下卦，这就是"损上益下”“自上下下”。既然说“天旋地生”，那么爻的推移是否的上九由最上位来到最下位，即：否上九䷋上九转到最下位，变䷩益。虞翻说“否上之初”，就是这个意思。蜀才认为是“此本否卦，案乾之上九下处坤初，坤之初六上升乾四”。在否卦里说是初与四换位，这就与彖辞的说法不合。“旋”就应当是整个卦的天地旋转，上九转到初位，下坤向上旋转，不是坤地的初六一爻向上旋转。“生”也只能从初位“生”。应当是上九向初位转，其他各爻随之向上推移一位。

益，利有攸往，利涉大川。

【译文】

益卦，有利于前往，有利于涉过大川险阻。

彖曰：益，损上益下，民说无疆。自上下下，其道大光。利有攸往，中正有庆。利涉大川，木道乃行。益动而巽，日进无疆。天旋地生，其益无方。凡益之道，与时偕行。

【译文】

益卦，减损上边，增益下边，百姓喜悦无边。从上降下，道德广大光明。有利于前往，中正会有喜庆。有利于涉过大川险阻，木舟能在水上行进。益卦动而能随顺，日复一日前进而没有疆界。天旋转，地生养，增益没有固定的方式。大凡增益的法则，是伴随着时序一起前行。

象曰：风雷益。君子以见善则迁，有过则改。

【译文】

风与雷组合在一起就是益卦。君子从中得到启示，见到善的就向善迁移，有过失就改正。

【精解导读】

益卦“利有攸往，利涉大川”，从天道上讲是“穷则变，变则通，通则久”。物不可极，损到极点就是益的开始，益到极点就是损的开始。天道循环，永远亨通。反映这种天道的上经有泰否，下经有损益。泰是天下地上（䷊>地 >天），否是地下天上（䷋>天 >地）。从损益的角度看，泰是“天旋地生”到了极点的益，否是“损下益上”到了极点的损。泰卦一变就通而为损，否卦一变就通而为益。故损益两卦都“利有攸往”。损是向衰退的方向发展，益是向旺盛的方向发展。所以益卦“利涉大川”，就是说可以突破艰难险阻。具体的卦象，彖辞里做了说明。

彖辞分七个方面说明益卦。（一）结合卦变，阐发“损上益下”的意义。“益，损上益下”，是指益卦从否卦变来，否卦上面的三个刚爻减损出一个增益到下卦来。这种卦变所显示出的意义，是在上位的统治者能减损自己来增益在下的人民，所以百姓喜悦无边。这就是“民说无疆”。“说”同“悦”，“疆”是边。这是说明卦变所显示的社会意义。（二）结合卦变，阐发“自上下下”的意义。否变益，初九从最上位来到最下位，卦变上显示的是“自上下下”。第一个“下”是动词，意为下来；第二个“下”是名词，意为下位。对一个人来说，是能屈尊降贵，具有谦己尊贤的美德，能够敬事爱民。谦卦彖辞说：“天道亏盈而益谦，地道变盈而流谦，鬼神害盈而福谦，人道恶盈而好谦。谦尊而光。”天地鬼神都福佑有谦德的人，人都喜爱有谦德的人，故言“其道大光”。意为谦虚的人道德广大而光明。这是说明卦变所显示出的道德修养方面的意义。（三）从中位九五得正上解释卦辞“利有攸往”。“利有攸往，中正有庆”，指的是处在尊位的九五，下有六二正应。九五刚爻居刚位，位正，在上卦中位；应爻六二柔爻居柔位，位正，在下卦中位；上下应合，皆大欢喜，有喜庆，故可前往有利。（四）从上下卦象的组合上说明卦辞“利涉大川”。“利涉大川，木道乃行”，指的是上卦巽为木，下卦震为行，组合在一起成为益卦，象上显示的是用木做成舟适宜于在水上行走，故可涉大川有利。（五）从上下卦的特性组合上说明益卦。“益动而巽，日进无疆”，指的是下卦震的特性是动，上卦巽的特性是顺利，益卦能顺利而动，不会遇到障碍，就可日复一日地前进，前途无限。（六）从卦变上说明益卦的好处。“天旋地生”，指的是卦从否变来，否的上卦乾为天，下卦坤为地，乾天的上九来到初位，其他各爻随之上推一位，如同乾在不停地旋转，坤地在不断地吐生。“其益无方”，是说天地的生成功能无穷无尽，不拘方式地往出增益。“无方”是没有固定的方式，有方就受到限制，无方就没有限制，无方是多方，也就是广大无限、无穷无尽。（七）揭示益卦的时势意义。“凡益之道，与时偕行”，是说益与损一样，也是一种天道运行的自然规律，也要伴随时序的变化而运行，只要天道的时序不变，损益的规律也不变，有它的永恒性。告诉人们损益有时，该损的时候要损，该益的时候要益。比如春天到了万物增益的季节，人就要随时播种五谷、繁殖牛羊，这样就可得到增益。如果你在秋天损减的时候去播种五谷、繁殖牛羊，那就收获甚微，所以说益要伴随时序而运行。

象辞说“风雷益”，是指益卦的组合是上卦巽为风、下卦震为雷。“君子以见善则迁”是说，君子从风与雷中学习什么？学习迁善改过。“迁”是向某个地方迁移，“迁善”就是向善变迁，“善”就是我们今天讲的优点、长处。看到别人身上有什么优点、长处就向人家学习，使自己也变成这样的人。“有过则改”是说自己有缺点、过失要及时改正。大象辞最后都要讲一下人的道德修养问题，从天道讲到人道，把天人合一，说《周易》是自然观与社会观的统一论，在大象辞中看得最为明显。至于“风雷”与人的迁善改过有什么关系，前人大多这样讲：“风得雷而威益彰，雷得风而声益远。雷风二物，相益为用，此风雷所以为益。君子观风雷相益之象，而尽其所以相益之道。”主要是从“相益”上联系起来的。风助雷势，雷助风威，这是相得益彰。人该怎么相益？学习别人的优点，克服自身的缺点，互相学习，在道德修养上相得益彰。

初九：利用为大作，元吉，无咎。

【译文】

有利于来兴办大事，大吉大利，没有咎害。

象曰：元吉无咎，下不厚事也。

【译文】

大吉大利，没有咎害，是下民不厚事上边。

【精解导读】

初九是全卦的主爻，在卦变中从否卦的上位来到益卦的初位，是损上益下。在社会组织中，表示在上的统治者不厚取于民，不与民争利，能够与民休息，而且能把优惠带给下民。百姓可以用上面的优惠政策兴办大事。虞翻说："大作谓耕播耒耨之利。"从象上看，这样讲是对的。下卦震是出生，是蕃鲜，是稼穑。但从取义上说，应作广义理解，大作是大的兴作，包括大工程、大事业、大项目的开发等。因为初九是"天旋地生"的主爻，天时地利正在大可增益的时机，故大吉大利，没有咎害。总之，这一爻是告诉人们，初九是干大事的有利时机。象辞说："元吉无咎，下不厚事也。"是说初九是"下不厚事上也"，省略了一个"上"字。意思是说初九是损上益下，不是损下益上。在上的统治者不向在下的百姓征集太多的赋税徭役。换言之，是百姓负担较轻的时候。"厚"是状语，是丰厚、多的意思，"事"是动词，是事奉、交纳的意思。"不厚事"是上边要的不多，下边要交纳的较少，这从初九"损上益下"的象上看得很清楚。

六二：或益之十朋之龟，弗克违。永贞吉，王用享于帝，吉。

【译文】

有人送给价值十朋的宝龟，占卜不违背意愿。长久正固吉祥，君王用以祭享天帝，吉祥。

象曰：或益之，自外来也。

【译文】

有人来增益，是从外而来。

【精解导读】

益是损的覆卦，益的六二就是损的六五倒过来，象相同，命辞也相同。从初九到九五是一个大的离卦（

），离为龟，大离就是大龟。大离中间是互坤，坤为地，地数十。柔爻并连为朋贝之象，朋是两串穿在一起的贝，大离中的互坤形如两串贝。《说卦》“离为蚌”，蚌壳为贝，故这个大离是“十朋之龟”，价值珍贵，有灵应，是个大宝龟。“弗克违”的基本意思是用灵龟占卜，得出的结果与人的愿望一致。扩展一点讲，也可以是占卜的结果不能违背，也就是照占卜的指示去做。益的六二与损的六五不同之处在于位置变了。二是柔位，五是刚位；二是卑位，五是尊位。六二柔爻居柔位，位正，与九五阴阳正应，配合得天造地设一般合适，变动不利，故言“永贞吉”。上面提到的大离，换一个角度取象，又是正反相对的一组震卦（六二—反震 正震），震是簋，是祭器。祭器总是要对称地摆列，故二簋常取正反震的对象，二簋是祭祀之象。益卦从否变来，六二宝龟是否的上九从乾天下到初位才出现的。可见，六二是得到天的福佑，故言“王用享于帝，吉”，“帝”是天帝，这句意为君王用以祭享天帝，吉祥。象辞说“或益之，自外来也”，指的是有人送来的大宝龟，是从外卦来的，也就是否卦的上九从外卦来到内卦的初九，全卦变益，六二才得到增益，才有了“十朋之龟”。

六三：益之用凶事，无咎。有孚中行，告公用圭。

【译文】

用增益的东西拯救凶荒，没有咎害。有诚信，行中道，用圭璧告急于王公。

象曰：益用凶事，固有之也。

【译文】

用增益之物拯救凶荒，是本来就应该做的。

【精解导读】

古人把灾荒称作凶事。如《孟子》“河内凶”，指河内受了灾荒。《周官》中也说“凶事即荒政也”。《周礼》中更多，如“以委积待凶荒”。《周礼·大宗伯》记载的凶礼有五：“以凶礼哀邦国之忧，以丧礼哀死亡，以荒礼哀凶札，以吊礼哀祸灾，以桧礼哀围败。”其中的“以荒礼哀凶札”，指的是诸侯国发生灾荒，要去以荒礼哀恤。“凶事”指的就是灾荒。“圭”是救灾用的凭证。《周礼·春官·典瑞》：“珍圭以征守，以恤凶荒。”珍圭是天子征召守国的诸侯，或派使者去赈恤灾荒的专用凭证，这是天子珍圭的用途。郑玄注：“珍圭，王使之瑞节，制大小当与琬琰相依。王使人征诸侯、忧凶荒之国则授之，执以往致王命焉，如今时使者持节矣。恤者，开府库振救之。凡瑞节，归又执以反命。”诸侯国发生灾荒，天子派使者带着珍圭作凭信，允许下边开仓赈灾，拨款救荒，圭是信物。圭是一种玉器，形制如同琬圭、琰圭，有九寸长。可见，这一爻都是针对拯救灾荒讲的。拯救灾荒与损上益下的主题一致，或者是免去徭役赋税，或者是从国库中拨出财物钱粮补贴遭灾荒的下民。所以，“益之用凶事”的基本意思是用上面增益给的东西去赈救灾荒。从象上说，益卦的六三与损卦的六四同象，都是遭受不幸，损卦的六四有疾，益卦的六三有凶荒，但损益的大局不同，损的六四是把不幸减损，故为“损其疾”；益卦的六三是用增益来救不幸，故为“益之用凶事”。从卦变中看，损卦从泰卦变来，泰卦的上坤失去一个柔爻到了下卦，六四正在上下卦接际之处；益卦由否卦变来，否卦的下坤失去一个柔爻到了上卦（六四→䷩ 六四进入上卦），六三在上下卦的接际之处。坤为地，地损失一爻，是田地有损失，故为凶荒，但全卦是益，故是用益来救荒，这在卦象上显示得十分清楚。“中行”指六三推移到了全卦中间的位置，“中行”是在中间行走。按上下卦分开取中，二位、五位为中；上下卦合在一起，三位、四位称中，如中孚（䷼<四位 三位）。“告公用圭”是指震为诸侯，乾为玉，卦变是否的上乾下来一爻成为下卦震（否乾䷋）变益䷩>震），故言“告公用圭”，虞翻说“乾为圭”是对的。朱震说：“上卦不变为玉，震东方之卦，交乾为圭，圭象春生者也。”这是从古代用圭象征春生来讲的，讲得走了点儿样。毛奇龄说：“坤艮重土之圭。”这是从八卦配五行讲的，指二至五爻有互坤、互艮（互艮 六二—䷩—九五 互坤），八卦配五行，坤为土，艮也为土，两个土放在一起就是“圭”字。这样讲，巧则巧矣，恐未必然。象辞说“益用凶事，固有之也”，没有讲象，只是说用上边增益的东西去救凶荒，本来就是应有的事。这是从道理上说明六三为什么会吉。以上讲的是爻辞的基本义，如果扩展一点理解，“凶事”则可以包括所有的凶事，不独指灾荒。

六四：中行，告公从，利用为依迁国。

【译文】

行中道，告于王公，使其依从，可以用来作为依靠，迁移国都。

象曰：告公从，以益志也。

【译文】

告于王公，使其依从，用以增强心志。

【精解导读】

“迁国”，“国”指国都，是把国家的首都换一个地方。这一爻的“依”，古人多讲成是依附于某个强国而得到庇护。近人多讲成是“殷”，指周王朝建立之后，往成周迁移殷商王朝的遗民。《尚书·康诰》“殪戎殷”，《中庸》引作“壹戎衣”。《吕氏春秋·慎大》篇“亲邦如夏”，高诱注：“今兖州人殷氏皆曰衣。”这可以证明“殷”与“衣”有同音关系。但这充其量也只能证明同音有替代的可能，有可能并不一定就如此。备一说可以，如果认为是不可置辩就太学究气。帛书《周易》作“为家迁国”，古代“家”与“姑”同音，与“殷”的读音沾不上边，要指实“依”就是“殷”，理由并不充分。况且爻辞中还有“告公从”，“依”“从”互文见义，讲成依附理由更充分一些。一个诸侯国当受到外敌的威胁时，迁都是常有的事，不独殷商为然。迁都当然要找安全的地方，依附于某一强大友国从而得到庇护，这是情理中的事。从爻辞的普遍意义上考虑，讲成依附更通达一些。从象上看，六四也确是到上卦依附于九五。“中行”与六三同，都在全卦的中间位置。从义上讲，是行于中道。“告公从”，是向王公告急，王公依从，象上还是指初九以乾玉之圭来到初位，变震为诸侯，是带着信物来告公。所以要从初九取象，是因为初九是全卦主爻，又正是六四的正应。“从”是因为从下卦坤推进到上卦巽（六四→☴>巽），坤是顺。巽是随顺，象上是顺从。坤为国邑，六四在从否变益中，由下卦坤推移到上卦，依附于九五，故言“利用为依迁国”。这一爻迁都有利。象辞说“告公从，以益志也”，“志”是心志，指六四与初九阴阳正应，初九依从，增强了六四的心志。王公答应了，自己的意志就更加坚定。这无异于指明“公”指初九。“志”一般是针对应讲的。

九五：有孚惠心，勿问，元吉。有孚，惠我德。

【译文】

有诚信施惠之心，不必占问，大吉大利。有诚信，就有人怀惠于我的恩德。

象曰：有孚惠心，勿问之矣。惠我德，大得志也。

【译文】

有诚信施惠之心，不必再去占问。怀惠我的恩德，我的心志得到满足。

【精解导读】

九五居全卦尊位，在损上益下之时能施惠于民，是心怀诚信的圣明天子。天子恩惠下施，百姓心怀诚信感激这种恩德。所以彖辞说九五是“中正有庆”。从象上讲，否变益是损上益下，九五天子能施惠下民，故言“有孚惠心”。义取天子心怀诚信，施布恩泽。这个“惠”是施惠。“勿问，元吉”指九五在大离宝龟里（
），龟可占问，因为有施惠之心，不必占问也会大吉大利。“有孚惠我德”，指九五下有众多的柔爻拥戴于上（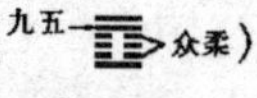
），柔爻为民，是受到民众的热爱。这个“有孚”是百姓对天子有诚信，“惠”是百姓怀惠，怀念天子的恩惠。“我德”指九五施惠于下的恩德。

爻辞从天子与百姓两个方面说，是相互“有孚”，两个“有孚”各指一个方面。“惠”对天子说是施惠，对百姓说是怀惠，两个“惠”也是分指上下，不是重复。但全爻是针对九五说的，意思是说九五有诚信，施惠于民，得到民众信赖，人民都感激九五的恩德，不必占问也会大吉大利。象辞说“有孚惠心，勿问之矣”，指九五有真诚施惠之心，勿需占问必然会元吉了。又说“惠我德，大得志也”，是指受惠的人怀念我的恩德，我的心志得到极大的满足。显然“惠”是施受同辞，或者说后一个“惠”是意动用法，“惠我德”是以我德为惠。

上九：莫益之，或击之。立心勿恒，凶。

【译文】

没有人来增益它，反而有人来打击。立心不守恒常，凶。

象曰：莫益之，偏辞也；或击之，自外来也。

【译文】

没有人来增益它，说的是普遍情况；有人来打击，是从外卦而来。

【精解导读】

上九爻辞在《系辞·下》里讲过："子曰：'君子安其身而后动，易其心而后语，定其交而后求。君子修此三者，故全也。危以动，则民不与也；惧以语，则民不应也；无交而求，则民不与也。莫之与，则伤之者至矣。'《周易》曰：'莫益之，或击之。立心勿恒，凶。'"意为孔子说："君子先要使人感到自身安全，然后才去行动；使人心里平静喜悦，然后才与他说话；先与人家有交情，然后才去求他。君子能在这三方面修养到了，所以才能万无一失。要人家冒险去行动，民众不会跟着干；说话让人感到恐惧，民众不会响应；跟人家没有交情就去求人家，民众也不会给予帮助。没人给予帮助，就会有伤害你的人出来。《周易》里说：'莫益之，或击之。立心勿恒，凶。'"从这段话里可以看出，"莫益之"就是没有人给予帮助；"或击之"就是会有人出来伤害；"立心勿恒"就是平素没有修养到，也就是立心不守恒常。从象上分析，否卦变益卦是否的上九"自上下下"来到初位，否卦原来的九五推移成为上九（否上九九五䷋变上九䷩原九五原上九益），按"损上益下"的发展趋势，轮到上九接着"自上下下"，正如损卦初九的"已事遄往"。上九应当"损上益下"，不可能有人来增益上九，故言"莫益之"。上九位处高极，行将下落，故言"或击之"。上九的位置守不住，它也愿意由上返下，故言“立心勿恒”。这都是因为“天旋地生”是个不可改变的趋势，上九下落的命运确定无疑，所以才凶。卦在动荡，爻在推移，不是哪一爻在发生作用，而是整个大势如此，所以才讲“莫”、讲“或”。“莫”与“或”都是无定代词，“莫”是否定性的，意思是没有哪一个人；“或”是肯定性的，意思是有那么一个人，都不定指是谁。象辞说：“莫益之，偏辞也；或击之，自外来也。”“偏”，《释文》：“偏音篇，孟作徧，云周匝也。”意思是说“偏”在孟喜的本子里是“徧”字，是周遍的意思。虞翻本也作“徧”，就是今天写的“遍”字。“偏辞”意为说的是普遍情况。象辞是错综成文，是讲“莫益之”“或击之”是普遍如此，倒不一定是哪一个人；“莫益之”“或击之”，都是因为上九会从外卦下来，不会有人上去增益它，反而会有人把它击落下来。象辞正是从卦爻推移的趋势上做出解释。从象辞的内在联系上分析，定本的“偏”字是形近致讹，应当是“遍”。

【提示】

在这一卦里提到用五行解卦，顺便介绍一下五行的原理。我国五行的观念比较古老，《尚书·洪范》里说：“一曰水，二曰火，三曰木，四曰金，五曰土。水曰润下，火曰炎上，木曰曲直，金曰从革，土爰稼穑。润下作咸，炎上作苦，曲直作酸，从革作辛，稼穑作甘。”这至少可以说明，在《尚书》时代，人们已经把五行与五性、五味配在一起。《周易》里有五行观念与当时的认识是一致的。但像京房那样把五行配在卦爻上，从《周易》的内证上还看不出来。

按京房的说法，八卦的五行属性分别为乾兑金、震巽木、坤艮土、离火、坎水。六十四卦按归为八卦的哪一宫配上该宫的属性。如乾宫的八卦有：乾为天、天风姤、天山遁、天地否、风地观、山地剥、火地晋、火天大有，这八卦都随乾而属金。八卦的五行属性是据八卦方位定下来的，离正南为火，坎正北为水，震、巽位东属木，兑、乾位西属金。坤为地，当然属土，土在中央，故取对角成中线的艮为土。五行中除水、火外，其余三行各配有两卦，但有阴阳不同。阳四宫为乾父与三子卦，即乾、震、坎、艮。阴四宫为坤母及三女卦，即坤、巽、离、兑。于是分出乾为阳金，兑为阴金；坤为阴土，艮为阳土；震为阳木，巽为阴木。水火也分阴阳，但由坎离全代。

京房的《易传》说：“八卦分阴阳，六位配五行。”清惠栋在《易汉学》里，据此制出八卦六位图，把爻位上怎样配五行做了说明。他的大意如下：

如乾为阳卦，各爻配十二辰的阳支，即：子、寅、辰、午、申、戌。初爻配子为水，二爻配寅为木，三爻配辰为土，四爻配午为火，五爻配申为金，上爻配戌为土。坤为阴卦，各爻配十二辰的阴支。但阴卦是逆数，从未配起，初爻配未为土，二爻配巳为火，三爻配卯为木，四爻配丑为土，五爻配亥为水，上爻配酉为金。余皆以此类推。京房这样搭配是为了装卦，以便于用五行生克推论吉凶。五行生克的基本原理是水生木，木生火，火生土，土生金，金生水；相克序是水克火，火克金，金克木，木克土，土克水。如果照京房的方法去解释吉凶灾异，六十四卦就无需卦爻辞，看它们之间的生克关系就可作出判断。所以，京房这样解释《周易》，已经脱离了《周易》的体系，完全是另外搞出一个算卦的系统。因为与本经相距甚远，不作详细介绍。如需详细了解，可参考清人王洪绪的《卜筮正宗》，书里对装卦等有全面说明。

四十三　夬——猛追穷寇

䷪

夬卦的卦画组合为乾（☰）下兑（☱）上，传统称作泽天夬。《序卦》云："益而不已必决，故受之以夬。夬者，决也。"意为：增益不止一定会决口，所以在益卦之后接着是夬卦。夬是决口的意思。增益到容纳不下的时候，自然会决开口子流出来，这是把决讲成崩决、溃决。《杂卦》云："夬，决也。刚决柔也。君子道长，小人道忧也。"意为：夬是决去的意思，是刚爻决去柔爻。刚爻为君子，柔爻为小人，是君子之道喜得生长，小人之道忧愁退去。这是从卦画五个刚爻要把最上面一个柔爻推出去讲的（夬䷪↑）。依据《序卦》《杂卦》的讲法，夬是决去、溃决的意思。按传统读法，夬读 guài。但《序卦》《杂卦》都认为它与"决"义同，"决"也从夬得声，古代读音相近，现在有了区别，其实它的基本意思就是"决"。

夬卦是刚爻生长到第五位，它是从坤卦渐次变化而来。

直接讲，它是从大壮卦变来，大壮☳☰↑卦的刚爻向上再长一位即成夬卦。所以爻辞中屡屡提到“壮”。夬与下一卦姤是一组正覆卦，夬☱☰上下倒置，即为☰☴姤。

夬，扬于王庭。孚号，有厉。告自邑，不利即戎。利有攸往。

【译文】

夬卦，显扬于王庭，有孚信呼号，有危厉。封邑告急，不利于戎武，利于有所前往。

彖曰：夬，决也，刚决柔也。健而说，决而和。扬于王庭，柔乘五刚也。孚号有厉，其危乃光也。告自邑，不利即戎，所尚乃穷也。利有攸往，刚长乃终也。

【译文】

夬是决去的意思，刚爻决去柔爻。刚健而喜悦，决去又能和洽。显扬于王廷，是柔爻登乘在五个刚爻之上。有孚信呼号，有危厉，但有危厉才能光大。从封邑告急，不利于戎武，是因为上到了穷极之处。利于前往，是说刚爻长到最后就会终止。

象曰：泽上于天，夬。君子以施禄及下，居德则忌。

【译文】

大泽到了天上，就是夬卦。君子从中得到启示，要把利禄施布给下边，自居恩德则应禁忌。

【精解导读】

夬卦卦辞都是针对主爻上六取象。所谓“扬于王庭”，是指九五是天子，上六位在王者之上，于是被称扬，显扬于王庭之上。“孚”指的是受到王者的信赖。“号”指的是上兑为口（上六→䷪>兑），有呼号之象。“有厉”是指名声太显扬，很容易受到疑嫉，故有危厉。“告自邑”指兑口为告，夬卦从坤卦渐次发展而成，坤即将灭去最后一位柔爻，坤为邑，故为从封邑告急之象。“不利即戎”中，“戎”是兵戎，也就是用武力对抗，指上六无力抗拒刚爻的上长，用兵戎对抗不利。“利有攸往”，是指上六最有利的是前往而去，等六爻都长成刚爻，也就不可能再来上逼。

彖辞从六个方面解释夬卦。（一）从卦画上解释卦名含义。“夬，决也，刚决柔也。”意思是说：夬是决去，是五个刚爻要最后决去上六这个柔爻。这显然是说下面的五个刚爻还要向上发展，直至把上六逼出去，使全卦都变成刚爻。（二）从上下卦特性的组合上说明夬卦。“健而说”，是指下卦乾，乾为刚健；上卦兑，兑为喜悦，夬卦具有刚健而喜悦的特点。“决而和”是指主爻上六所在的上卦是兑，兑是和悦，既能决去，又能和悦，这也是夬卦的特点。处理事情，刚健则不易令人喜悦，决去就很难不伤感情，能刚健而令人喜悦，和和气气地除去小人，难能可贵，十分圣明。（三）从卦画上说明卦辞“扬于王庭”。“扬于王庭，柔乘五刚也”，是指上六凌驾于五个刚爻之上，显扬到了极点。推崇备至，无上光荣，有如在王庭里受到称扬。这是指受到九五之尊的崇尚。（四）从卦象上说明卦辞“孚号有厉”。“孚号有厉，其危乃光也”，是指上六处在全卦最高位置，太高了有危厉。按易理讲，能居安思危，才能平安无虞。上六在上卦兑里，兑为口，兑口呼号有危险，正是感到危厉而能及早预防，这样才能光大。“孚”是指受到五个刚爻的信赖。全卦只有上六一个柔爻，刚柔阴阳相求，上六孚于五刚，还感到危厉而呼号，所以能走向光大。（五）从爻位上说明卦辞“告自邑，不利即戎”。“告自邑，不利即戎，所尚乃穷也”，是指上六已处在穷极之处，上到无可再上，下面五个刚爻上推的大势不可逆转，用兵戎对抗没有任何作用。这也是说，上六的形势是从坤卦一步步发展到如此。坤卦一阳初生是复，长到五阳就是夬䷪。夬只剩下一个柔爻，上兑为口，坤为邑，邑步步消退，直至兑口来上告，是上到穷极之处。（六）从爻的推移上说明卦辞“利有攸往”。“利有攸往，刚长乃终也”，指夬卦的刚爻继续上长，长到全卦六爻皆刚就会终止，既然已成为不可改变的趋势，上六最好是往上退出去，退出去就会免去被逼的不利状况。意思是上六最有利的办法是往前走，不要与盈虚消息的天道抗拒。

象辞说“泽上于天，夬”，是就上下卦象的组合来说明夬卦。下乾为天，上兑为泽，泽水高出天上必然要决口，这就是夬卦。君子从卦象上得到启示，要把恩泽施布到下民身上，不要等决了口才让泽水流出来。这就是“君子以施禄及下”。“泽”取恩泽义，恩泽就是一种利禄。“居德则忌”，是说但不要自居有恩德于人。换句话说，就是不要摆出一副有恩于人的样子。

初九：壮于前趾，往不胜为咎。

【译文】

前脚趾壮健，难以胜任地前往就是咎害。

象曰：不胜而往，咎也。

【译文】

难以胜任而前往，就是咎害。

【精解导读】

《周易》例，初爻为趾。夬卦从大壮变来，大壮初九爻辞是“壮于趾”。夬卦刚爻比大壮又向前上长了一位，故言“壮于前趾”。“不胜”是难以胜任、承受不了的意思。刚爻从复卦开始上长，到夬卦已上长到五位，初九不停地往前进，不胜其烦，故言“往不胜”。“往不胜”就是一种咎害，故言“为咎”。象辞说“不胜而往，咎也”，就是指不停地老是长，初九难以胜任，这就是咎害。爻辞的意思是说初九有难以胜任的咎害。

九二：惕号，莫夜有戎，勿恤。

【译文】

受惊呼号，夜晚有兵戎，不必忧虑。

象曰：有戎勿恤，得中道也。

【译文】

有兵戎而勿需忧虑，是因为守持着中道。

【**精解导读**】

初九是“壮于前趾”要向上长，九二也要上长，上长一位全卦成乾，九二会成为乾的九三。乾九三爻辞说“夕惕若厉，无咎”。从《周易》内部的联系上看，“惕”与“莫”取象于乾的九三。“莫”与“暮”是古今字，意同，“莫夜”就是乾九三的“夕”。“号”取上兑口为号，“戎”取刚爻与柔爻的对抗相推。“勿恤”是因为知“惕”而惧，可保平安。象辞说“有戎勿恤，得中道也”，强调了九二在下卦的中位。从取义上讲，是能行中道。关于爻辞的意思，《五代史》中有一个卦例，大致意思是说：唐明宗朝，路晏晚上去解手，厕所里有一个杀手正等着刺杀他。路晏觉得有些心惊，取灯来照，杀手走出来说：“先生不必害怕，我是受人指使而来，见先生办事耿直公正，所以没有下手。”说完就收起宝剑走了。后来路晏请董贺算了一卦，正好遇上夬之革。即夬卦的九二爻动，九二一变之卦为革卦，夬$_{\text{九二}}$→䷪九二反性变化，为䷰革。革卦六二爻辞说“已日乃革之”，董贺分析说：“危险已经过去了，只要守住中正，不必担忧。”后来路晏果然无事。按这个用例分析，“惕号”是受到惊吓而呼号。“莫夜有戎”是夜晚有人袭击。“勿恤”是不必担忧。可见这一爻有惊恐，潜伏着危险，但最后平安，勿需忧虑。

九三：壮于頄，有凶。君子夬夬，独行遇雨，若濡，有愠，无咎。

【译文】

颧骨强壮，有凶险。君子面临决断，独自前行遇雨，打湿衣服，有怒气，无咎害。

象曰：君子夬夬，终无咎也。

【译文】

君子面临决断，最终没有咎害。

【精解导读】

“頄”，郑玄本作“頯”（kuí）。《说文》：“頯，权也。”《释文》：“颧也，……翟云：‘面颧颊间骨也。’《玉篇》：‘頄，面颧也。’《广韵》：‘颊间之骨’。”“壮于頄”就是面颧骨强壮。“頄”与大壮九三的“羝羊触藩，羸其角”可联系起来理解。“角”与“頄”同在头上，取下卦乾为首。角强壮前顶抵撞，尚且有“厉”，“颧骨”强壮向前顶撞就会“有凶”。看来九三不宜向前挺进。“夬夬”意为要决断。前一个“夬”是当决，后一个“夬”是当决的时候。君子指九三是刚爻。全卦是五刚决去上六一个柔爻，而唯独九三是上六的正应，九三面临当决的时候，故言“君子夬夬”。“独行遇雨”指九三的正应上六在兑里，兑为泽，兑泽上天为雨象，故九三会“独行遇雨”。“濡”是衣服沾湿，九三在下卦乾里，乾为衣，遇雨而湿，故称“濡”。衣湿故生气，所以“有愠”，“愠”是生气发怒。“无咎”是没有咎害，因为上六终究是正应。象辞说：“君子夬夬，终无咎也。”也是强调九三与上六的正应关系，因为要决去的是九三的正应，所以才面临当决的时势。也正因为是正应，所以才会“无咎”。

九四：臀无肤，其行次且（zī jū）。牵羊悔亡，闻言不信。

【译文】

臀部没有皮肤，行走艰难。牵羊而进，没有忧悔，听不进别人的告诫。

象曰：其行次且，位不当也；闻言不信，聪不明也。

【译文】

行走艰难因为不当位；听不进告诫是被蒙蔽了视听。

【精解导读】

爻位按人的体位来分，李鼎祚说："凡卦初为足，二为腓，三为股，四为臀。当阴柔，今反刚阳，故曰臀无肤。"意思是说：九四位当臀部。四位是柔位，而九四是刚爻，该有的没有，所以才是"臀无肤"。姤卦九三也有这样一句爻辞。正好出现在覆卦的同一爻位上（见姤卦）。其他爻辞相同的，大多都出现在覆卦的同一爻位上，看来是连类而取的倒象。"次且"今文写作趑趄，是行走迟疑难进的样子，与踌躅、踌躇、彳亍（chì chù）义近，"臀无肤"是臀上皮肤脱落，所以"其行次且"，进退都比较困难。上兑为羊，九四是被上兑拉着向前走，故曰"牵羊"。因为是被动地随着前进，故无忧悔。上兑为口、为言，九四与上六非比、非应，故"闻言不信"。象辞说"其行次且，位不当也"，指出九四刚爻占据柔位，位置不适当。九五与主爻上六相比，九三与上六相应，九四既不在比位，也不在应位，位置不适当。"闻言不信，聪不明也"中，"聪"是耳朵灵，"明"是听得清。这句意为听到话不信是因为听力不好，耳朵有毛病，根本就没听清楚。

九五：苋陆夬夬，中行，无咎。

【译文】

山羊面临决断，行于中道，没有咎害。

象曰：中行无咎，中未光也。

【译文】

行于中道没有咎害，是居中但还未光大。

【精解导读】

“苋陆”前人有三种讲法。一是认为苋陆即“莞睦”，当喜悦和睦讲（虞翻）；二是认为苋陆是泽中的水草（王弼），荀爽则认为苋与陆各为一种泽草；三是认为苋陆是一种动物（孟喜）。从象上讲，孟喜的说法近是。大壮卦九三爻辞是“羝羊触藩”，九四爻辞“藩决不羸”，六五爻辞“丧羊于易”，上六爻辞“羝羊触藩”，都是讲羊的冲突前撞。夬由大壮发展而来，面临最后一个要决去的柔爻，上卦又是兑，兑为羊，所以苋陆是羊的一种，较为通达。《说文》讲苋是野菜，“俼”是“山羊细角者，从兔足”。所谓“苋陆”就是《说文》里的“俼”，因形近而传抄致误。“俼陆夬夬”是细角山羊面临决断的时候。大壮是大的兑卦（䷡>☱），夬上面是兑卦，故角细。九五与主爻上六相比，九三与上六相应，都有面临决断的问题，故两爻都言“夬夬”。“中行”指九五在上卦中位，是从中位向上行进，取义是说在中道上行进，合乎中道，故无咎害。象辞说“中行无咎，中未光也”，意思是说，从中位向上行进没有咎害，是在中位不行进就不够光大。只有向上推进使全卦成乾，才算光大。乾卦彖辞说“大明终始，六位时成”。九五虽居中位，但上六仍有柔爻未尽，只能“无咎”而已。

上六：无号，终有凶。

【译文】

号叫无用，最终会有凶。

象曰：无号之凶，终不可长也。

【译文】

号叫无用的凶，是因为到了最后，时间不会长久了。

【精解导读】

上卦兑为口，为号叫。但全卦是五刚决去一柔，上六已到了穷极，号叫也没有用处，故言“无号”。这取决于盈虚消长的天道，天道无情，上六被决去的命运不可改变，故言“终有凶”。象辞说“无号之凶，终不可长也”，指出上六是坤卦被消退的最后一位柔爻，迟早要被刚爻取代，时间不会太长。

【提示】

象辞说“刚决柔也”，上六象辞说“终不可长也”，这都明确地提示了刚爻向上推移，上六最后会被逼退的运动趋势，全卦的主要取象依据就是这种卦爻的推荡运动和消息盈虚的易理。其次是各爻与主爻上六的关系。辨象首先要摸清卦的来龙去脉，才能有一个总体的把握。夬卦的来龙就是由坤到大壮，去脉就是向乾发展。各爻的吉凶，大体是指在这个运动中的得与失。

前人在解释卦象时，有时会提到“两象易”的取象方法。所谓“两象易”是指，一个六爻卦由上下两个三爻卦组成，只要不是八纯卦，两个三爻卦的上下位置一调换，又会变成另外的一个六爻卦。比如夬这一卦是上兑下乾，如换成上乾下兑，就会变成履（䷉ >乾 >兑）卦。于是便可以从夬卦中寻找履的卦象，从履卦中寻找夬的卦象。从《周易》卦爻辞的内部联系上分析，这种从两象易中取象的联系并不是十分明显，大约有以下三卦可看出些痕迹。一是履卦的九五爻辞有“夬履”。另一卦是恒与益，益是上巽下震，换成上震下巽就成为恒卦（即益 巽< 震< ䷩两象易，变䷟ >震 >巽 恒），益卦的上九爻辞有“立心勿恒”。还有晋与明夷，晋是上离下坤（䷢>离>坤），换成上坤下离就成为明夷（䷣>坤>离）。离为日，坤为地，晋是白昼，明夷是夜晚，明夷上六爻辞有“初登于天，后入于地”。除此三卦外，两象易在其他卦里表现得不大明显，难以确定为一种普遍性的取象规律。虞翻在《易注》里多次提到两象易，但解释得过分勉强，不大容易使人信从。比如他解释《系辞·下》里的一段话：“上古穴居而处，后世圣人易之以宫室，上栋下宇，以待风雨，盖取诸大壮。”说“无妄两象易也”，意思是说大壮是无妄卦的上下卦换位（无妄乾<震<䷘两象易，变䷡>震>乾大壮）。于是从两卦的交叉运动和组成的互卦去解释：“无妄，乾在上，故称上古；艮为穴居，乾为野，巽为处。无妄，乾人在路（按指震），故穴居野处。震为后世，为圣人，后世圣人谓黄帝也。艮为宫室，变成大壮，乾人入宫。故易曰宫室。艮为待，巽为风，兑为雨，乾为高，巽为长木，反在上为栋，震阳动起，故上栋下宇，谓屋边也。兑泽动下，为下宇。”虞氏的这种辨象方法，很多人不以为然。两象易是否是《周易》作者的有意安排，仅凭这些材料还难以确定，所以我们只能弃而不取，只作一种读《周易》知识，作一般性介绍。

四十四 姤——见微知著

䷫

姤卦的卦画组合为巽（☴）下乾（☰）上，传统称作天风姤。《序卦》云：“决必有遇，故受之以姤，姤者，遇也。”意思是说：决去之后一定会有遇合，所以夬卦之后接着是姤卦，姤是相遇的意思。《杂卦》云：“姤，遇也，柔遇刚也。”姤是相遇的意思，是柔爻与刚爻相遇。古文及郑玄本作“遘”，“遘”同“逅”，邂逅，指的是一种不期而遇，没有事先约定而碰上面的相遇。

从卦变上看，姤由乾卦变来，乾卦六爻皆阳，阳老而阴息，初位生出一个阴爻，这就是“柔遇刚”。姤又是夬的覆卦，夬卦翻倒过来就是姤，即夬䷪整卦倒过来，变䷫姤。

这一卦的主爻是初六。王弼在《周易略例》里讲：“夫少者，多之所贵也；寡者，众之所宗也。一卦五阳而一阴，则一阴为之主矣。”

姤，女壮，勿用取女。

【译文】

姤卦，女的太强壮，不要娶她。

彖曰：姤，遇也，柔遇刚也。勿用取女，不可与长也。天地相遇，品物咸章也。刚遇中正，天下大行也。姤之时义大矣哉！

【译文】

姤是相遇，柔爻与刚爻相遇。不要娶这种女人，是因为不能与她一同息长。天气与地气相遇，各类事物都得以蕃息显现出来。刚爻得遇中正的地位，阳气大行于天下。姤卦的时势意义太重大了。

象曰：天下有风，姤。后以施命诰四方。

【译文】

天下有风就是姤卦。君王从中得到启示，要发布命令，诏告四方。

【精解导读】

卦辞说“女壮，勿用取女”。意思是说女的过分壮盛，不能娶这样的女子为妻。“取”与“娶”是古今字，义同。《周易》以柔爻为女，刚爻为男，姤卦只有初六一个柔爻，为什么还要说“女壮”？显然，这是从发展趋势上讲的。《坤文言》解释初六爻象说：“积善之家，必有余庆；积不善之家，必有余殃。臣弑其君，子弑其父，非一朝一夕之故，其所由来者渐矣，由辨之不早辨也。”是以柔爻为臣，为子，为不善，初六要向上发展，将刚爻灭尽，最后成为全是柔爻的坤卦。姤的初六正是将来发展成坤的初六，只是取了柔为女象。女的要向壮盛发展，要把男的灭掉。从未来的发展状况上看，不能娶这样的女人。彖辞里有说明。

彖辞从五个方面说明姤卦。（一）解释卦名意思。“姤，遇也；柔遇刚也”，指的是柔爻从夬卦被决去之后，又返到初位与刚爻相遇。姤是遇的意思，就是柔爻又来与刚爻相遇。（二）从爻的推移上说明卦辞“勿用取女”。“勿用取女，不可与长也”，指的是柔爻代表女性，刚爻代表男性，位在下表示上长，位在上表示壮老。柔爻虽处在初生阶段，但发展势头是越来越壮盛，刚爻虽处在壮盛时期，但发展前途是步步衰退。柔爻要不停地生长下去，而刚爻则会渐渐逼退，不能与柔爻一同生长，所以不能娶这样的女人为妻。从易理上说，是指盈虚消长是个不可改变的规律。从卦变上说，姤从乾变来，已经灭去乾卦的一刚，还要继续灭下去。（三）从阴阳运动的原理上说明姤卦的特点。“天地相遇，品物咸章也”，指的是刚柔爻的交接。纯乾只有阳气为天，纯坤只有阴气为地，两者不交接就不能化生万物。天的阳气与地的阴气相遇交流才能万物繁育。“品”是品类，“品物”是各类事物，“咸”是都，“章”是彰明显现。这句意思是说：有了天地阴阳二气的相遇才会有化生作用，万物才能都繁茂显现出来。（四）从刚爻占据上下卦中位说明姤卦。“刚遇中正，天下大行也”，指上卦的中位九五是刚爻，下卦的中位九二是刚爻，是刚爻还得遇中正的位置。阳爻为君子，柔爻为小人，小人虽处在上长的势头里，但目前还是君子之道在天下广泛流行。（五）强调姤卦的时势意义。“姤之时义大矣哉”，意为姤卦的时势意义太重大了。这个时势意义首先指的是姤是遇，遇是一种遇合，是一种机遇。不能把姤看成是坏卦，它同时还是个有机遇的卦，要抓住机遇及时进取，不要忽视机遇的重大意义。

象辞说“天下有风，姤”。讲的是姤上下卦的组合，上卦乾为天，下卦巽为风。上下卦象组合在一起是上天下风，所以才说天下有风就是姤卦。至于“后以施命告四方”，这里是从古人特殊的社会文化意识出发来作的说明。古人看到大地季节的变化、物候的转换，都源于天的运行，天的运行是怎样传送到大地上的呢？这就是靠风。春天刮明庶风，夏天刮景风，秋天刮阊阖风，冬天刮广莫风，把上天运转的契机不停地传送到大地上，大地才有了相应的变化。因而把风看成是传送上天号令的使者。后是君王，君王从“天下有风”中得到启示，也要把自己的号令传送到四方去，让四方的百姓随着君王的号令去行动，这也是效法天地之道。《周易》很多地方用巽卦作号令的象，就是源于古人这种文化意识。

初六：系于金柅，贞吉。有攸往，见凶。羸豕孚蹢躅。

【译文】

牵缚在缫车下的金属横杠上，正固吉祥。动而前往见凶。拴缚住的猪还要挣扎行动。

象曰：系于金柅，柔道牵也。

【译文】

牵缚在缫车下的金属横杠上，是说柔爻要有牵制。

【精解导读】

“柅”，《释文》：“《说文》作‘柅’。云络丝趺也……王肃作‘柅’，从手；子夏作‘鈮’；蜀才作‘尼’。止也。”《正义》：“柅之为物，众说不同。王肃之徒，皆为纺绩之器，妇人所用。惟马云：‘柅者，在车之下，所以止轮，令不动者也。’于注云：‘柅，制动之主。’盖与马同。”古音日、娘二母归泥，从尼、从尔得声之字可通。尼、抳、柅、檷、鈮，形虽异而读音字义相同，这一点没有疑问。重要的是“柅”究竟是个什么东西。《说文》讲作络丝趺，马融讲作“所以止轮”的车闸。要是从象辞“系于金柅，柔道牵也”来分析，讲成“络丝趺”好一些。车闸可止，而不能“牵”或“系”。“络丝趺”却既可牵，又可系。络丝趺是什么？段注：“络丝柎者，若今络丝架子。”如此说来，就是手工作坊缫丝的缫车。唐阴宏道说：“络器。关西谓之络垛，梁益谓之丝登，其下柎即柅也。”这就讲得更确定了。所谓柅，就是缫车下面的横木，它的作用是稳定缫车。讲成车闸不合适，《正义》是疏不破注，迁就了王弼的看法，不可从。“系于金柅”意为把丝系在缫车下的金属横杠上。“贞吉”是正固吉祥。“有攸往，见凶”是说，要是动而前往就会有凶。“羸”是拴缚的意思。大壮卦里“羸其角”“藩决不羸”，“羸”都指的是被缠挂住进退不得。“羸”与“系”，意思上相互证发，不能讲成另外的意思。“豕”是猪。“孚”是信，意为确实。“踯躅”是行走不利落，这里指被拴缚住还要行动的挣扎样子。“羸豕孚踯躅”意为被拴缚住的猪却还要挣扎着行动。这一爻的象可以参照遁卦，遁六二“执之用黄牛之革”，九三“系遁”，九四“好遁”，九五“嘉遁”，上九“肥遁”，遁就是猪。遁卦是下面生出两个柔爻，要九三把它们系住，不让它们再向上发展。姤卦只有一个柔爻在下，也要系住，控制它的发展。遁卦临接二阴首当其冲的是九三，命辞是“系遁”。姤卦首当其冲的是九二，故无论怎样取象，要九二把初六系住这一点可以确信。虞翻说“柅谓二也，巽为绳，故系柅。乾为金，巽木入金，柅之象也”。取九二是柅象，下卦巽，巽为绳，故系住了。互乾是金，巽又是木和入，故为系入金柅之象。豕的象在初六，《周易》常以阴爻为猪，阳爻为羊，盖取象于羊为阳物，豕为阴物。踯躅取象于巽为股，为进退。股进退为踯躅不前。“有攸往见凶”是就柔消刚说的，柔爻前进到二爻变遁，到三爻变否，到四爻变观，到五爻变剥，到上爻会最后将刚爻推出去变成坤，故前往会有凶。朱震说：“一阴虽弱，方来也；五阳虽强，既往也。”要从发展上看问题，圣人见几，岂可忽视，一定要早做防范。防范不早，就会出现凶的局面。初六既是豕，又是丝，朱震说：“初六阴柔不正，与九二相遇，如丝纷然，系之以坚重之器，乃可经理。”这个意思是对的。丝不加以经理就会延伸很长，把它系在缫车上绕起来，就不往上延伸了。

九二：包有鱼，无咎，不利宾。

【译文】

包裹中有鱼，没有咎祸，对宾客不利。

象曰：包有鱼，义不及宾也。

【译文】

包裹中有鱼，从道理上不会再让给宾客。

【精解导读】

前人有把“包”讲成庖厨之“庖”的，从文字上讲可通，但不是最基本意思。全卦，九二是“包有鱼”，九四是“包无鱼”，九五是“以杞包瓜，含章”，都提到包，九五的“包”“含”前后照应。从全卦的整体上理解，包就是包含、包容、包裹。“包有鱼”该怎样理解？讲成包苴好一些。包苴是送人的礼包。古人常以豚鱼作为一般行礼之物，初爻已提到豕，豕是大豚，二爻提到鱼，联系起来看是讲行礼之物。王引之《经义述闻》，在讲《中孚》“豚鱼吉”时说：“豚鱼者，士庶人之礼也。《士昏礼》：‘特豚合升去蹄，鱼十有四。’《士丧礼》：‘豚合升，鱼鱄鲋九，朔月奠用特豚鱼腊。’《楚语》：‘士有豚犬之奠，庶人有鱼炙之薄。’《王制》：'庶人夏荐麦，秋荐黍。麦以鱼，黍以豚。'豚鱼乃礼之薄者，然苟有中信之德，则人感其诚而神降之福。故曰'豚鱼吉'，言虽豚鱼之荐亦吉也。"这些材料可以证明用豚鱼作行礼之物是古人的一种习惯。这一卦讲相遇，看来说的是相遇时的礼仪。"包有鱼"是与人相遇的见面礼，包中有鱼。《诗·国风·召南·野有死麇》云："野有死麇，白茅包之。有女怀春，吉士诱之。"写一个男子把麇鹿肉用白茅包起来，送给一个求爱的女子，引诱她对自己的爱慕。男女见面还要送礼包。虞翻说："巽为白茅，在中称包。"意思是下卦是巽，巽为白茅，九二在中位故称包。"不利宾"是对宾客不利，鱼的取象是初六，柔爻为鱼、为豚。《周易》里提到鱼的除这一卦外，还有两卦，一卦是剥䷖，六五"贯鱼。以宫人宠"，显然指连贯的五个柔爻为贯鱼。另一卦是中孚䷼，卦辞说"豚鱼吉"，豚鱼指中间的两个柔爻。这一卦只有一个柔爻在初六，九二"包有鱼"指九二可以包容初六。初六与九四是正应，与九二只是比邻，按一般情况讲，初六应属九四，但在讲相遇的卦里，比邻较正应更得利。比邻直接相遇，九二就"包有鱼"了；相应不一定相遇，九四反而被冷落了。九四爻辞是"包无鱼"。看来"宾"指的就是九四，这是从应爻上取象。象辞说"义不及宾也"，前人认为是五个刚爻都要限制柔爻的上进，九二一见就把初六挡住是应当的，从道理上讲不应该让它去应九四。“义”是道义，“及”是到。

九三：臀无肤，其行次且。厉，无大咎。

【译文】

臀部没有皮肤，行动艰难。有危厉，没有大的咎害。

象曰：其行次且，行未牵也。

【译文】

行动艰难，是因为没有爻来相牵。

【精解导读】

这句爻辞与夬卦九四前半部分相同，这是因为姤是夬的覆卦，夬的九四倒置过来就是姤的九三（夬䷪←九四全卦倒置九三→䷫姤）。“臀无肤”是说臀部没有皮肤，看来是受了笞刑，把臀部皮肤打烂了，行动艰难。九三在下卦巽里，巽为股。巽的上爻股上为臀。下卦还没有长成艮，艮为肤，故言“臀无肤”。有危厉，但没有多大咎害，是受些皮肉之苦，不是大灾难。象辞说“行未牵也”，也要与夬九四联系起来看。夬九四是“牵羊悔亡”，姤九三没有牵羊，故不能悔亡，而有厉，这一爻显然取象于夬的九四。只是时势不同，夬是刚决柔，姤是柔遇刚。夬卦刚爻要前进，姤卦刚爻要巩固地盘。

九四：包无鱼，起凶。

【译文】

包裹中没有鱼，奋起凶。

象曰：无鱼之凶，远民也。

【译文】

没有鱼的凶，是因为远离民众。

【精解导读】

《系辞·下》讲："阳卦多阴，阴卦多阳，其故何也？阳卦奇，阴卦偶。其德行何也？阳一君而二民，君子之道也；阴二君而一民，小人之道也。"是以阳爻代表君王，阴爻代表民众。九四本来与初六正应，是有民众的，但在相遇的卦里，初六与九二比邻相遇，民众附属于九二。九四该有民而无民，都是因为它较九二远离初六。没有民众的支持，奋起行动就有凶。这一爻显然是不宜行动。九二占据下卦中位是主，九四不在中位，又阳居阴位不正，故只能是宾，初六如取鱼象，鱼也被九二占有，故九四“包无鱼”。

九五：以杞包瓜，含章，有陨自天。

【译文】

用杞柳把瓜包起来，文采隐含于内，从天上陨落。

象曰：九五含章，中正也；有陨自天，志不舍命也。

【译文】

九五文采隐含于内，是说它位置既中又正；从天上陨落，是说它坚决不放弃使命。

【精解导读】

“杞”字多解。《正义》：“先儒说杞，亦有不同。马云：‘杞，大木也。’《左传》云：‘杞梓皮革自楚’，注则为杞梓之杞。子夏传曰：‘作杞匏瓜。’薛虞记云：‘杞，杞柳也。杞性柔韧，宜屈挠，似匏瓜。’又为杞柳之杞。按王氏云：‘生于肥地’，盖以杞为今之枸杞也。”简言之，对“杞”有三种说法：马融认为是一种像梓木的大树；虞翻认为是杞柳；王弼认为是枸杞。要是与包联系起来考虑，朱震说

"大杞也，杞似樗，叶大而荫"，是一种大叶树。"以杞包瓜"，是说用杞树叶把瓜包起来。至于象，虞翻说："巽为杞，为包，乾圜称瓜。"是说取象于下卦巽和上卦乾，巽为木，故为杞柳，乾是圆的，故为瓜。"章"是文采，"含章"是文采隐含于内。象辞说"含章，中正也"，意为九五含章的取象在于位置中正。"中"指九五在上卦中位，正指阳爻处阳位。"有陨自天"是从天上陨落下来，取象于上卦乾为天，下卦巽为风，风从天上吹下，故有陨落之象。象辞说"志不舍命也"，意为立志不放弃使命。从象上看，柔爻在下生出，会渐次取代刚爻的地位。九五处在尊位，极力维护刚爻的统治地位，尽管有"自天陨落"的可能，但立志不放弃当时的时势，努力限制柔爻的生长。然而最终还是要落的。

上九：姤其角，吝，无咎。

【译文】

遇到硬角来顶触，有悔吝，但没有咎害。

象曰：姤其角，上穷吝也。

【译文】

遇到硬角来顶触，处在卦的上穷之位，会有吝难。

【精解导读】

从卦上看初爻为趾，上爻为角，很多卦都这样取象。具体地说，上乾为首，上九在乾卦之上，也是头上的角。在相遇的卦里，上九是遇到角来顶撞。乾卦上九爻辞是“亢龙有悔”，姤卦上九也处在“亢龙”之位，正是穷极而退的位置。初爻已生出一柔，向上再前进一步就会把它推出卦外，故有吝。因为刚爻势众，九二、九五还守着中位，局面暂时还可维持，故无咎。用彖辞的话讲，上九的无咎是“刚遇中正，天下大行”，但这一爻确实潜伏着危机。

【提示】

姤是十二消息卦中六个阴长卦之一。按阴阳消长的规律，阳老而阴生。乾卦纯阳，阳已壮老，于是一阴初生为姤䷫，继之以二阴生为遁䷠，接下去是三阴生为否䷋，四阴生为观䷓，五阴生为剥䷖，直至阴爻把阳爻全部推出卦外变坤䷁，这是一个必然的趋势。但《周易》里还有阴阳轩轾的规律。所谓轩轾，指的是阴阳虽是对立统一的两个方面，但双方并不是均等的，二者要分主从、高低。阳尊阴卑，阳为君子，阴为小人。所以每当阳长之卦，总是极力赞颂它的上进。反之，每当阴长之卦，则极力抑制它的上进。从哲理意义上讲，作者显然具有一种阴阳轩轾的观念，认为阳的本质属性是主，阴的本质属性是从，二者不能等量齐观。姤卦是一阴初生，阴爻的势力还相当微弱，从阴阳消长的规律看，它是新生事物，未来的发展趋势不可忽视，五个刚爻虽然势力还相当强大，但潜伏着危机。从阴阳轩轾的规律上讲，阳的本质属性是主，阴又不能把阳推到从属的地位上去。柔爻的上进发展还会受到从属这个本质的限制，这就构成十二消息卦中六个阴长卦的特殊运动方式。从哲学意义上讲，《周易》认为，事物虽然都是一分为二，有对立统一的规律在起作用，但也不可忽视对立双方的主从关系。关于阴阳轩轾的哲理，还应作为一种命题深入研究。

四十五　萃——众心聚合

䷬

萃卦的卦画组合为坤（☷）下兑（☱）上，传统称作泽地萃。《序卦》云：“物相遇而后聚，故受之以萃。萃者，聚也。”意为：事物都是相遇然后才能聚集在一起，所以在表示相遇的姤卦之后接着是萃卦。萃是聚合的意思。《杂卦》云：“萃聚而升不来也。”意为，萃是聚集，升是不来。象辞也说“萃，聚也”。依据这些说明，卦名萃的含义是聚集、聚合。卦中比较多地提到对宗庙的祭祀，这是出于古代社会特殊的政治文化意识。商周时代，一个王国的创建，先要营建国都，让人们定居下来。建邦设都时，首先要建的是宗庙，然后才营建宫室。宗庙是一个国家的政治核心，什么天命呀，祖先的福佑呀，人民的信仰，等等，都取决于人们对鬼神的敬畏。没有宗庙，等于没有指导思想和政治核心；有宗庙才能聚合人心、统一众志。讲宗庙，实际讲的是社会民众的聚合。

关于卦变，朱震说："萃自临来，小过三之五。"朱震认为是先由临变为小过，再由小过变为萃卦。朱震的说法与象辞合（见下卦）。是小过的九三上升成为九五，即：小过六五九三䷽九三与六五互换位置，变䷬萃。萃卦从小过变来，小过是两个刚爻在中，信孚之象，故其卦里多次提到"有孚"。萃卦九五是全卦的主爻，也是全卦的聚合中心。萃卦与下一卦升是覆的关系。

萃，亨，王假有庙。利见大人，亨，利贞。用大牲吉，利有攸往。

【译文】

萃卦，祭享，君王到宗庙祭祀。利于见大人，亨通，利于正固。用大牲去祭祀吉祥，有利于前往。

彖曰：萃，聚也。顺以说，刚中而应，故聚也。王假有庙，致孝享也。利见大人，亨，聚以正也。用大牲吉，利有攸往，顺天命也。观其所聚，而天地万物之情可见矣。

【译文】

萃是聚集的意思。和顺又喜悦，刚健中正又有应援，故能聚集。君王到宗庙去，是尽孝心祭享祖先。利于见大人，亨通，是按正道集聚。用大牲吉祥，有利于前往，是顺应天命。观察它如何相聚，就可窥见天地万物的真情。

象曰：泽上于地，萃。君子以除戎器，戒不虞。

【译文】

大泽高出地上就是萃卦。君子从中得到启示，要修治兵器，警戒意外事故。

【精解导读】

卦辞说：“萃，亨，王假有庙。利见大人，亨，利贞。”程颐认为卦辞不应当出现两个“亨”，第一个“亨”是衍文(多余的字)。有的本子就把这个字删掉了。彖辞不这样讲。依据彖辞“王假有庙，致孝享也”的说法，显然是把第一个“亨”字当成“享”字来读。古代“亨”与“享”是同一个字。“亨”不是衍文，而是祭享的意思。“假”读“更白反”，音格，是至的意思。“有庙”即宗庙，“有”字是词头，“萃，亨，王假有庙”，是说萃卦要祭享，君王到宗庙里去祭祀祖先。这是取象于初至五爻是个小的观卦(

观)，观卦卦辞说“盥而不荐，有孚颙若”，就是讲宗庙中的祭祀。“利见大人”有双重意思，一方面是说正是大人显身扬名的时候，有利于大人出现，卦象上指小过的九三升进到尊位，大人得位；另一方面是说，大人居位，人们可以去进见，也是有利的时候。“亨，利贞”是卦德，“亨”是亨通，“利”是有利，“贞”是正固。“用大牲吉”中，“大牲”是用牛做成的供品。用动物肉做供品叫牺牲。牺牲常用的有牛、羊、豕三种。牛最大，故称大牲。从象上说，下卦坤为牛，上卦兑为毁折、为口，牛毁折供口享，故为大牲，是说用大牲祭享最吉祥。“利有攸往”指小过变萃，九三上往有功得位，故前往有利。

彖辞从五个方面说明萃卦。（一）先解释卦名。“萃，聚也”，是说萃是聚集、聚合的意思。可与《序卦》《杂卦》的说法相互印证。（二）从上下卦特性组合以及主爻九五说明聚的原因。“顺以说”，指的是萃卦由下卦坤和上卦兑组合而成，坤是顺从，兑是喜悦，组合在一起是顺从而又喜悦，这是能聚的第一个原因。“刚中而应”指主爻九五与六二阴阳正应。九五刚爻处上卦之中，六二柔爻处下卦之中；九五刚爻刚健处在中位，又有柔顺居中的六二相应，能聚合天下的民众，成为全卦的核心。“故聚也”，是说有以上两条原因，所以能聚合。（三）解释卦辞“亨，王假有庙”。“王假有庙，致孝享也”，是说君王到宗庙里去是表示对先王的忠孝而进行祭享。这显然是把第一个“亨”讲成“享”。（四）从主爻九五位正说明卦辞“利见大人，亨”。“利见大人，亨，聚以正也”，指的是九五刚爻居刚位，位正，使民众聚合于中正，说明九五是圣明的大人，所以“利见大人”而亨通。（五）从卦变上说明卦辞“用大牲吉，利有攸往”。“用大牲吉，利有攸往，顺天命也”，指的是小过卦变萃卦，九三升进到尊位，大人得位，前往有利。五位是天位；下卦坤为顺；三至五爻互巽(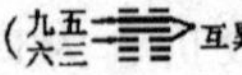

)，巽为命令，故言“顺天命”。君王用大牲祭享宗庙，是对天命的尊敬。（六）推阐萃卦的意义。“观其所聚，而天地万物之情可见矣”，是讲萃卦在哲理大道上的意义。“观其所聚”是观察天下万物如何聚合。“情可见矣”，是说就可察见它们各自的真情实理。天地万物是“方以类聚，物以群分”，有规律可循，能正能中，才能把天地万物聚合得顺乎天道。推广到哲学的普遍意义上讲，就是看万物的分合，是研究自然与社会的一个重要方法，这个方法应当引起人们的普遍重视。它是人类观察世界、认识世界不可或缺的认知手段。《周易》的这种分合论，揭示了人们基本的认识方法。

象辞说“泽上于地，萃”，是就上下卦卦象的组合解释萃卦。上卦兑为泽，下卦坤为地，大泽高出地面，是大泽满聚之象。荀爽说：“泽者卑下，流潦归之。”泽本来比地面要低，所以众水归聚，现在高出地面，可见水汇聚得相当多了。“除戎器”中，“除”是修治的意思，“戎器”就是兵器。“戒不虞”中，“不虞”是意想不到的事。这两句是说要修治兵器，警戒意外的事变。这是从“泽上于地”有决溃泛滥的可能讲的。程传说：“凡物之萃，则有不虞度之事故，众聚则有争，物聚则有夺，大率既众则多故矣，故观萃象而戒也。”聚众很可能闹事，要防着点。

初六：有孚不终，乃乱乃萃。若号，一握为笑。勿恤，往无咎。

【译文】

有诚信而不能坚持至终，于是乱，于是聚。似哭号，握手聚合而破涕为笑。不必忧虑，前往没有咎害。

象曰：乃乱乃萃，其志乱也。

【译文】

于是乱，于是聚，是心志乱的缘故。

【精解导读】

“有孚不终”是有诚信而不能始终如一。象辞说乱是心志乱。象辞说萃是聚。“若号”与“为笑”意思相互证发，“号”是哭号。“勿恤”是不必忧虑。“往无咎”是前往没有咎害。这些词句的讲法都比较肯定。只有“一握”的含义较难把握。前人有讲成“一屋”的，有讲成“小之貌”的，还有讲成一团、一心、犹弹指之间的，也有讲成握手而聚的。比较起来，讲成握手而聚好一些。这段爻辞用了分承的修辞手法，“有孚”与“乃萃”“一握为笑”意思相承；“不终”与“乃乱”“若号”意思相承。意思是有诚信而又不能坚持至终，于是才心志散乱，于是才得以聚合。有如哭号，却又握手而聚，破涕为笑。用不着忧虑，前往不会有咎害。从象上看，理解会更清晰一些。初六取象的主要线索是卦变。萃从小过卦变来，处在聚合之初。小过的九三上升到五位成为萃卦（小过䷽><u>九三与六五换位变</u>䷬萃）。在小过卦里，初六与九四正应，对九四有诚信，这时对九四“有孚”比较稳定。变萃之后，九五成为全卦聚合的中心，初六虽仍与九四正应，但最终是要向九五这个核心聚合，对九四的“孚”要变，这就是象辞说的“乃乱乃萃，其志乱也”。心志散乱才能促成初六向九五聚合，这就是“乃乱乃萃”。哭与笑的关键在于初六是从在上的九五，还是从在下的九四。从九四取在下的互巽（䷬>互巽），巽为号，故为哭号。从九五取在上的兑卦（䷬>兑），兑为口、为悦，故为笑。在聚合的大局中，九四最终也要向九五聚合。初六、九五间隔互艮（九五/初六䷬>互艮），艮为阻，又为手，艮手相握才有破阻而归聚于九五的可能，故有“若号，一握为笑”的爻辞。初六从九四有忧虑，但最终聚合于九五，故不必忧虑，前往没有咎害。初六在聚合之初，要经历一番选择，选择向九五聚合就吉，选择向九四聚合是中心分散，不合时势就凶。

六二：引吉，无咎。孚乃利用禴（yuè）。

【译文】

被牵引但吉祥，没有咎害。有诚信，用以禴祭有利。

象曰：引吉无咎，中未变也。

【译文】

被牵引但吉祥且没有咎害，是因为守中而未变。

【精解导读】

从爻象辞中可以看出，爻辞取象于卦变。“引吉”是小过的九三上升到五位，成为六二的正应，把六二引入吉祥。小过卦里六二无应，紧承九三(小过䷽〈九三/六二)。九三升到萃卦的九五，成为全卦的中心，地位最尊，六二与九三承的关系变成六二与九五应的关系，故吉祥而无咎害。六二的吉祥是九五的牵引，故云“引吉”。六二在下卦中位，卦虽变而守中不变，上应九五，故有孚信。有诚信可感召神灵，故有利于进行禴祭。“禴”是祭名，字也作“礿”。据《礼记·王制》讲：“天子诸侯宗庙之祭，春曰礿，夏曰禘，秋曰尝，冬曰烝。”注：“此盖夏、殷之祭名。”禴在夏商两朝指春天对宗庙的祭祀。《诗·小雅·天保》：“禴祠烝尝，于公先王。”《毛传》：“春曰祠，夏曰禴，秋曰尝，冬曰烝。”到了周朝，禴是夏天对宗庙的祭祀。从卦象上看，应当指春天的祭祀。小过上卦为震（☳>震），震为春，小过九三上升到震里，占据了九五王位，是君王进行春祭之象。“禴”是一种比较简单的祭祀。《礼记·王制》疏：“禴者，薄也。春物未成，其祭品鲜薄也。孙炎云：禴者，新菜可禴。”主要是用蔬菜做祭品。既济卦九五爻辞说：“东邻杀牛，不如西邻之禴祭。”简单的蔬菜供品比大牲做供品还好，主要是祭祀的人要有孚诚。六二有孚诚，进行禴祭也会得到神灵的福佑，故云“孚乃利用禴”。象辞说“引吉无咎，中未变也”，从中可以察见卦变的线索。六二守中未变，那么有的爻则可能发生了变化。能引六二入吉的只有应爻九五，看来九五是变上去的。

六三：萃如，嗟如，无攸利。往无咎，小吝。

【译文】

聚集的样子，嗟叹的样子，无所利。前往没有咎害，有小的吝难。

象曰：往无咎，上巽也。

【译文】

前往不会有咎害，是因为上面是巽卦。

【精解导读】

小过九三与六五换位才变成萃卦，故言“萃如”。六三就是小过的六五，从尊位下来了，故无所利。但两爻的交换对整个卦是有益的，这种来往没有咎害，只是对六三来讲有些小吝难。两爻的交换，对六三来讲使小过的互兑（䷽六五 互兑）变成萃卦的互巽（䷬互巽 六三）。兑为口、为悦，巽为号，故由喜悦而变为嗟叹。象辞说“往无咎，上巽也”，指的就是互卦由兑变巽的情况。王弼不同意从互卦取象，看来还得讲互卦，在萃卦里只有一个互巽，象辞的“上巽也”，只能指这个互巽。从取义上可以说，上巽是上顺，就是在上的统治者能顺天应人，义取顺应。

九四：大吉，无咎。

【译文】

大吉，没有咎害。

象曰：大吉无咎，位不当也。

【译文】

大吉，没有咎害，是因为位置不当。

【精解导读】

“大吉”是好的断语，“没有咎害”是一般化的断语。说明九四的大吉要打折扣。为什么会出现这种状况？象辞说是“位不当”。“位不当”一般指四是柔位，九四刚爻，刚居柔位不当。“位不当”为什么又会大吉呢？这主要是九四下边是坤卦，坤是民众，在聚合之世，九四拥有下面三个柔爻，是拥有民众之象。但民众应当归附于君王九五，九四是臣位，近臣拥有民众，威高震主，故仅能“无咎”，这是“位不当”的另一层含义。萃卦是大人出现，聚合是大势所趋，九四是为九五聚合民众，虽会遭受疑忌，但最后也不至有杀身之祸。

九五：萃有位，无咎。匪孚，元永贞，悔亡。

【译文】

聚合而拥有地位，没有咎害。不孚众，开始恒守正道，没有忧悔。

象曰：萃有位，志未光也。

【译文】

聚合而拥有地位，志向实现得还不光大。

【精解导读】

九五是全卦的主爻，从小过的九三升上来，在萃卦中占据了最尊贵的地位，故言“萃有位”。地位升进，利有攸往，故“无咎”。“匪”同“非”，“匪孚”是说还没有得到民众的信赖。因为就位不久，下面的九四拥有民众，威望比九五要高。在聚合的时势潮流中，民众开始向九五靠拢，正是树立威信的时候。如果从现在起开始恒守正道，不会有忧悔。这就是爻辞“匪孚，元永贞，悔亡”的意思。象辞说“志未光也”，是有大志而未充分实现。“光”是光大，有发挥的意思，是发挥还不够。就是九五作为聚合天下民众的圣主，这个志向还未充分发挥，受人拥戴的威望还不够光大。这一爻主要是讲九五正处在建立威信的阶段，需要有一个被民众了解的过程，其实是难得的好爻。

上六：赍咨涕洟，无咎。

【译文】

悲叹，涕泪满面，没有咎害。

象曰：赍咨涕洟，未安上也。

【译文】

悲叹，涕泪满面，是不安于上位的表现。

【精解导读】

《释文》："赍咨，嗟叹之辞"，郑同。马云："悲声、怨声"。赍、嗟一声之转，"赍咨"意同"咨嗟"，是悲怨叹息。《释文》：郑云："自目曰涕，自鼻曰洟。"意为：郑玄说从眼里流出的泪是涕；从鼻子流出的鼻涕叫洟。"涕洟"是哭鼻子抹眼泪。上六是悲怨伤心，长吁短叹，涕泪满面，但没有咎害。象辞说上六是"未安上也"。从象上看有三个原因：一是处在全卦的最高位，到了穷极之处；二是九五是全卦的聚合中心，上六凌驾于九五之上，以柔乘刚；三是与下面的三个阴爻隔绝，成孤立之势。这都是不安于上的因素，再加上孤立无助，位穷无援，没有应爻的因素，所以有悲叹哭泣。但全局是聚合，而不是分散孤立，上六可向下面的九五聚合，不会被拒而不纳，还不至于自绝于众，可保无咎。如果不在聚合之时，就恐怕危不止此。上卦兑，兑为口，又为泽，有兑口泽水下流之象，故嗟叹哭泣。

【提示】

《周易》对每一卦都描述了一个特定的时势，因此在读每一卦时，首先应当对这个时势有一个宏观上的把握。所谓宏观上的把握，就是要对每一卦有一个整体性的认识。整体性的认识可以作为我们分析细节的指导。比如这一卦的初六爻辞，乍读起来扑朔迷离，不知所云，前人的注解又极不一致，无可适从。解决的办法是什么？最好是从分散思维向集中思维逐步靠进，取得宏观上的把握。先把可以确定的点固定下来，由点连成线，由线连成面地反复阅读，即可取得一个大体的印象，在整体的印象指导下再去探求细节的内涵。这里我们归纳一下萃卦的整体认识。萃卦描述了一个王国初立，建邦设都，以人们对宗庙鬼神的信仰作为政治力量，从而稳定局势，树立威信，使民众得到聚合的特定时势。在这个时势中，向心力是正力，离心力是反力。爻的运动与向心力相合就比较吉祥，与离心力相一致就凶，这是全卦的大势。另外，聚合要有一个中心，中心分散就会减弱吉祥的程度。这两种主要因素构成各爻复杂多变的吉凶祸福。从象上讲，各爻大多从小过变为萃的卦变中取象，其次才是爻位、互卦等。前人大多从应爻上取象，与卦爻辞的大势难以协合。

四十六　升——积聚升进

䷭

升卦的卦画组合为巽（☴）下坤（☷）上，传统称作地风升。《序卦》云：“聚而上者谓之升，故受之以升。”意为：不断地向上聚集就叫作升高，所以在表示聚集的萃卦之后接着就是升卦。

《杂卦》云：“萃聚而升不来也。”意为萃是聚集，升是不下来。《序卦》《杂卦》都认为卦名升的意思是上升。

升是萃的覆卦，即：萃䷬上下倒置，为䷭升。依据彖辞“柔以时升”的提示，升卦从观变来，观先变为小过，小过再变升。小过的六二与九四换位，即：小过九四六二䷽两爻换位，变䷭升。

彖辞说“柔以时升”，指的是六二升进到四位。

升，元亨。用见大人，勿恤，南征吉。

【译文】

升卦，大亨通。用以见大人，不必忧虑，南征吉祥。

彖曰：柔以时升，巽而顺，刚中而应，是以大亨。用见大人，勿恤，有庆也。南征吉，志行也。

【译文】

柔顺地按时升进，顺利而又柔顺，刚健中正又有应援，因此大亨通。用以见大人，不必忧虑，会有喜庆。南征吉祥，是心志得行。

象曰：地中生木，升。君子以顺德，积小以高大。

【译文】

地中生出树木就是升卦。君子从中得到启示，要依顺道德，积小成大。

【精解导读】

升卦是向上升，蒸蒸日上，故言“元亨”。“元亨”是“大亨”，彖辞做了解释，大亨就是大亨通，顺利之极，全卦是“柔以时升”，主要是柔爻的升进，故言“用见大人”。

“用见大人”与“利见大人”不同，“利见大人”是有利于大人出现或见大人有利。“用见大人”是见大人而得用，是指处在被大人任用的时势里。“大人”指的是九二，小过变升，刚爻从四位来到下卦中位，成为九二。乾卦九二爻辞说“见龙在田，利见大人”。九二是大人出世，还未取得九五之尊，正是风云际会之时，故可得用而“勿恤”。“恤”是忧虑。“南征吉”指柔爻初六的升进。全卦四个柔爻，三个柔爻已升到上卦，初六也会“柔以时升”，升进一位即成明夷（升初六䷭向上升进一位䷣明夷），下离为南，上互震为行，故言“南征吉”。明夷九三爻辞说“南狩，得其大首”可证。

彖辞从五个方面说明升卦。（一）从卦变上说明卦辞“亨”。“柔以时升”指升从小过变来，小过六二䷽六二升到四位变䷭升，是柔爻的升进。取义是说，柔顺地升进，所以能亨通。（二）从上下卦特性组合说明卦辞“亨”。“巽而顺”指升由下卦巽、上卦坤组合而成，巽是顺利，坤是柔顺，顺利而柔顺，故能亨通。（三）从刚爻九二位中说明卦辞“亨”。“刚中而应”，指九二来到下卦中位，刚健能行中道，又有居尊位的六五上下正应，有应援之象。“是以大亨”，是以上三个原因的结果。因为“柔以时升”“巽而顺”“刚中而应”三个理由，因此可以大亨通。（四）从卦象上说明卦辞“用见大人，勿恤”。“用见大人，勿恤，有庆也”，指小过变升，九二、六四换位互为兑卦(

)，兑为喜悦，故见大人得用，勿需忧虑。“庆”即喜庆。（五）从卦的运动方向说明卦辞“南征吉”。“南征吉，志行也”，指全卦是柔爻上行，初六升进成明夷，有南征得利之象。所谓“志行”，指在下位的初六愿意上行。

象辞说“地中生木，升”，指上下卦象的组合，上卦坤为地，下卦巽为木，树木从地中生长出来，日日上升，由小至大，最后会长成参天大树，这就是升卦。“君子以顺德，积小以高大”，是说君子受到卦象的启发，认识到道德的修养也要像树木生长那样顺其自然，循序前进，日积月累，积小成大。既不能急于求成，也不能停滞不前，而是不弃小善，积卑成高，使自己日复一日地高大起来。

初六：允升，大吉。

【译文】

升进，大吉祥。

象曰：允升大吉，上合志也。

【译文】

升进大吉，是因为与上面志向相合。

【精解导读】

《说文》："嵡，进也。从本从中，允声。"《周易》曰："嵡升大吉。"许慎所据孟喜《周易》，"允升"作"嵡升"。《汉上易传》："施氏（施仇）《周易》作嵡，进也。""嵡升"就是进升。全卦是"柔以时升"，小过变升，六二升到四位（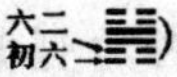
），只有初六仍在下位，故言"嵡升"。象辞说"允升大吉，上合志也"，"志"一般指应爻，在小过卦里，初六的正应在九四（小过
），九四与六二换位，来到初六的上面比邻，故言"上合志"。"上"指九二。心意相合，故要升进，升进故"大吉"。

九二：孚乃利用禴（yuè），无咎。

【译文】

有诚信，作薄祭也没有咎害。

象曰：九二之孚，有喜也。

【译文】

九二的诚信，有喜。

【精解导读】

小过变升，九二是与六四换位的一爻。来自小过，故“有孚”。有孚是有诚信。心怀诚信，故“利用禴”。“禴”是一种简单的祭祀。既济卦九五爻辞说“东邻杀牛，不如西邻之禴祭，实受其福”。杀牛是比较盛大的祭祀，禴祭是用蔬菜作供品的祭祀，比用牛作牺牲简单得多。因为有诚信，作薄祭也没有咎害。象辞说“九二之孚，有喜也”，意为九二心怀孚诚，进行薄祭也可得到福佑，会有喜庆。从象上讲，指的是九二与六四换位，互成兑卦（
），兑为喜悦。

九三：升虚邑。

【译文】

升进到村落。

象曰：升虚邑，无所疑也。

【译文】

升进到村落，没有什么疑虑。

【精解导读】

“虚”同“墟”。墟邑就是村落，是氏族社会被遗弃的村落遗址。“升虚邑”是进入一个被废弃的村落遗址，定居下来（见提示）。从象上说，九三在互震里（九三→䷽>互震），震为进；上临坤卦，坤为国邑，为虚，故言“升虚邑”。象辞说“升虚邑，无所疑也”，指的是在小过卦里，九三之上还有九四（小过九四九三=䷽），九三还难以升进。变为升卦，九四下到二位，九三上临的是三个柔爻的坤卦，又在升的大格局中，可以毫无疑虑地升进。

六四：王用亨于岐山，吉，无咎。

【译文】

君王到岐山祭享，吉利，没有咎害。

象曰：王用亨于岐山，顺事也。

【译文】

君王到岐山祭享，是顺事天帝。

【精解导读】

从爻辞的内在联系上分析，升卦讲的是一个王国的上升发展的情况，要与古代的历史背景联系起来去认识。氏族制社会，一个氏族的生存发展要受到环境、条件的制约，而且带有半游牧性质。在某地不适宜生存发展，就要迁徙到另一个地方。上一爻“升虚邑”，说的是找到可迁徙的村落，安邦设都定居下来。这一爻说的“王用亨于岐山”，直译是君王在岐山祭享。“亨”同“享”。祭享什么？看来是安邦定国之后对天地山川的祭祀，有如后世的封禅。“吉，无咎”是能得到天地山川的福佑，吉祥而无咎害。从象上看，震为诸侯、为祭器，六四在互震里（六四→䷭>互震），故言“王用亨”。六四是小过变升的主爻，原在小过的二位属下卦艮（小过六二→䷽>艮），艮为山；升进到四位变升卦，进入互兑（升六四→䷭>互兑），兑为西，故言“用亨于岐山”。岐山即“西山”。在随卦上六爻辞里就换言“王用亨于西山”，可以相互印证。象辞说：“王用亨于岐山，顺事也。”象上指六四在上坤里，坤为顺。义取顺事天帝。

六五：贞吉，升阶。

【译文】

正固吉祥，升上台阶。

象曰：贞吉升阶，大得志也。

【译文】

正固吉祥，升上台阶，大得其志。

【精解导读】

六五在上卦中位，卦变中未动，故言“贞吉”。下卦为巽，巽为高，六五在巽上的坤里(

)，坤为地，高处有地，台阶之象。又在升卦尊位，故言“升阶”。“升阶”义取登上台阶步步高升。象辞说“贞吉升阶，大得志也”，指从小过变成升卦，刚爻从四位下到二位，与六五上下正应，心志相得，六五从在小过中无应，变得在升卦中有正应，且尊位不动，心满意足，这就是“大得志”。在取义上是说步步升高，显贵发达，十分得意。

上六：冥升，利于不息之贞。

【译文】

昏昧地升进，利于不再上长且正固。

象曰：冥升在上，消不富也。

【译文】

昏昧地升进，处在上位，会消退而不富。

【精解导读】

上六处在升卦高极之位，又在上坤里，坤为暗夜，故为“冥升”。“冥升”意为在昏昧之中盲目升进。“息”与象辞的“消”可对比起来理解，“消”是消退，“息”是生长。“不息”是不要再向上生长。“利于不息之贞”是说，有利于正固不动，不要再向上生长。主要是因为上六已到穷极之处，上长已没有余地。象辞说：“冥升在上，消不富也。”首先指出上六位处上穷之地，物极必反，上长必然会消退。其次是在提示上六有应爻在九三，九三在下卦巽里（），巽为近利市三倍为富，不息可维持富足，息则会消退自己的富足，上六在上卦坤里，坤为不富。也是说这一爻不可盲目升进。

【提示】

李鼎祚《周易集解》在六四爻象辞“王用亨于岐山”下，引唐人崔憬（著有《周易探玄》）的话说：“此象太王为狄所逼，徙居岐山之下，一年成邑，二年成都，三年五倍其初，通而王矣。故曰‘王用亨于岐山’。以其用通，避于狄难，顺于时事，故吉无咎。”认为爻辞是以周王朝的先祖开国立基的史实为模型而命辞，比崔氏早的陆绩也有类似说法，宋人大多同意这种看法。关于周王朝迁岐的历史，《诗·大雅·公刘》和《天作》里有简单记载：周王朝的先祖公刘从邰迁到豳，太王古公亶父因为受到狄人的侵扰，在豳地不能进行和平建设，于是带着自己的民众迁徙到岐山脚下，定居下来，成为周王朝发展壮大的根据地，终于由一个五里大的小国发展到统一天下。从这一卦的爻辞来看，与这段史实比较贴近。九二讲到“孚乃利用禴”，九三爻辞“升虚邑”，六四爻辞则明确说“王用亨于岐山”。“用禴”是简单的祭祀，“升虚邑”是迁岐时找到村落的废墟，“亨于岐山”则是定居之后对天地山川的祭祀。升卦就是以周王朝开国建邦为例，描写由小至大、积弱为强、上升发展的意义。说《周易》作者心目中有这样的历史作依据才写出这样的爻辞，无可厚非。然而，有的人又进一步推演说，“王”指的是周文王，周文王在殷末时作《周易》，不能自称为王，故断言爻辞不是周文王所作。爻辞究竟系谁作姑且不论，但这个论据是站不住脚的。文王已在岐山定居下来，不可能再“升虚邑”。祭享天地山川虽然也有新王登基的可能，但通常是新王朝创建时期的事情，崔璟认为是古公亶父时的事情更合乎情理，指实“王”就是周文王，从而得出结论，推翻爻辞不是文王所作，理由不足。爻辞原可不拘史实，即使按史实考据起来，这种说法也没有多少可信的理由。

《易经》全解

【第四卷】

刘天然/编著

华龄出版社

四十七　困——身处逆境

䷮

困卦的卦画组合为坎（☵）下兑（☱）上，传统称作泽水困。《序卦》云："升而不已必困，故受之以困。"意为：升进不止一定会有困穷的时候，所以在升卦之后接着是困卦。这是从物极必反的易理中推导出来的。事物不可能永远顺利升进，总会遇到不顺受困的情况。《杂卦》云："井通而困相遇也。"意为：井卦是通达，困卦是相遇。《系辞·下》里提到困卦的还有："困，德之辨也""困穷而通""困以寡怨"。意思是说君子与小人道德不同，在顺利的情况下不易看出，在困境中最易于分辨；困极了就可以转向通达；处在困难境地要少埋怨。

这些都是就个人的道德修养讲的。从这些说明中可以看出，卦名的含义是处在逆境而困穷。

关于卦变，虞翻说："否二之上。"荀爽说："此本否卦，阳降为险，阴升为兑也。"后人很少异词，认为困从否卦变来比较一致，即否六二升往上位，上九下来二位，变而为困（否上九六二䷋六二与上九换位，变䷮困）。荀爽说的“阳降为险”，指的是否卦的阳爻上九下降到二位，下卦成坎，坎为险。困卦与下一卦井卦是一组正覆卦，困䷮卦画上下倒置，为䷯井卦。

困，亨，贞，大人吉，无咎。有言不信。

【译文】

困卦，亨通，正固，大人吉祥，没有咎害。说话没人相信。

彖曰：困，刚揜也。险以说，困而不失其所，亨，其唯君子乎！贞，大人吉，以刚中也。有言不信，尚口乃穷也。

【译文】

困卦，刚爻被埋没、掩蔽。在险难中保持喜悦，处在困境而不失其所守，亨通，只有君子才能这样吧！正固，大人吉祥，是因为刚爻居于中位。说话没人相信，是因为徒尚口说就会困穷。

象曰：泽无水，困。君子以致命遂志。

【译文】

大泽中无水就是困卦。君子从中受到启示，要舍命顺志。

【精解导读】

卦辞说困卦“亨，贞”，“亨”是因为从否变来，否是闭塞，困是在否的基础上“天地交”。从易理上讲是否极就会泰来。“贞”是因为处在困境之中，要立心正固，不能改变操守。从象上说，指的是刚爻在中位。“大人吉”是因为大人在位，刚爻为君子，君子得位为大人。乾卦九五、九二都称“大人”，困卦九五、九二两个刚爻都得位。“无咎”是没有咎害。“有言不信”是指否变困，否的六二升进到上位，上卦变兑，兑为口，上去成口，是“尚口”之象。

彖辞从四个方面说明困卦。（一）解释卦名。“困，刚揜也。”“揜”同“掩”，是被掩盖住。“刚揜”是指刚爻被掩盖起来。从卦象上说，九二被初六、六三包起来；九四、九五被六三、上六包起来，刚爻表示君子，柔爻表示小人，君子被小人包围起来掩盖住，处在困境，所以才叫困卦，困是困穷的意思。（二）以上下卦特性的组合及刚爻守中两方面说明卦辞“亨”。“险以说”是指上下卦特性的组合，下卦坎为险，上卦兑为悦，组合在一起是在险难中还能保持喜悦，所以才亨通。这是“亨”的第一个方面的原因。“险以说”是常人很难做到的一种修养。《论语·雍也》里说：“贤哉，回也！一箪食，一瓢饮，在陋巷，人不堪其忧，回也不改其乐。贤哉，回也！”赞扬颜回在困境中不改其乐。《颜渊》中又说：（君子）“内省不疚，何忧何惧……死生有命，富贵在天。”自己没有什么可内疚的，愁什么？怕什么？死生富贵是命运，是个人的遭遇，用不着为此苦恼。与彖辞“险而说”意思一致。“困而不失其所，亨”，是“亨”的另一方面的原因。指的是九五原在上卦中位，九二在否变困时来到下卦中位，在困境中能立定中道，不失其所守，故能亨通。环境的顺逆是客观条件，如何对待顺逆的处境是人的道德修养。君子处在困境中，能正确对待个人的遭遇，不会因为身处困境而改变自己的志向和操守，达观处之，乐天知命，随时善处，不因困扰而一蹶不振。小人没有这个修养，处于困境则会自暴自弃，怨天尤人，悲观沮丧，振作不起来，故言“其唯君子乎”！“其”是表委婉的语气词，“唯”是只有，意思是只有君子才能“险以说”“困而不失其所”吧！彖辞的这两句，很多本子断成“困而不失其所亨，其唯君子乎”！没有顾及到彖辞的体例。“亨”是卦辞，彖辞是对应说明卦辞的。“亨”是要解释的对象，“险以说”“困而不失其所”是“亨”的原因。

应当断成“险以说，困而不失其所，亨”。“其唯君子乎”是另一句话，如把“所亨”连读，成了用卦辞“亨”去解释彖辞“君子”，本末倒置，不合彖辞的体例。况且“所”是名词，象上指的是刚爻所占的中位之处，也不能理解成具有指代功能的虚词。“君子”指的是刚爻，这在象上有明确的依据，断句不能以辞害义。（三）从刚爻在位上说明卦辞“贞，大人吉”。“贞，大人吉，以刚中也”，指的是九五、九二两个刚爻占据了全卦的两个中位，位中故正，所以才言“贞”，“贞”是指“正”。刚爻得位，故言“大人吉”。《周易》例，刚爻有位才能称大人，不在位则称君子。“大人”所以“吉”是因为占据中位。《系辞·下》说：“圣人之大宝曰位。”虽处困境，仍有大宝，所以困而能吉祥。这一句也不能读成“贞大人吉”。（四）从卦变上说明卦辞“有言不信”。困卦从否变来，否的六二与上九换位，于是上卦变成兑（上六→䷮>兑），兑为口，口是因为柔爻上到高位才出现的。彖辞把这种卦变中的情况说成是“有言不信，尚口乃穷也”。“尚”在取象上意同“上”，取义上是看重，意思是说，自己不做出个样子来，徒尚口说，光说不练，没人理睬，没人会相信。“穷”是困，象上指上六在全卦的穷极之位。义取受困。

象辞说：“泽无水，困。”是从上下卦象的组合上解释困卦。上兑为泽，下坎为水，水都渗到大泽的下边去，大泽枯涸，困干了，所以才叫困卦。君子从中受到启示，身处困境也不能改变志向，所以才说“君子以致命遂志”。“致命”是豁出命去。《论语·子张》“士见危致命”，意思就是士人面临危难能舍命取义，通俗点讲就是豁出命来。“遂”是随顺，“志”是心志、个人的理想抱负，“遂志”是依照自己的理想抱负去做而不改变。这是从大泽干涸的困，联系到人所处的困境，讲君子应具备的修养。君子处于困境要舍身从志。君子的志是大志，就是要实现道义，道义是真理。“致命遂志”实际是作者提倡的捍卫真理的牺牲精神。屈志谀人可耻，丧志变节是叛徒，都不是君子应有的修养。

初六：臀困于株木，入于幽谷，三岁不觌（dí）。

【译文】

坐困在枯木之中，进入幽暗的深谷，三年不得相见。

象曰：入于幽谷，幽不明也。

【译文】

进入幽暗的深谷，幽暗而不光明。

【精解导读】

《九家易》说“臀谓四”，是从爻位对应体位取象，初位为足，二位为腓，三位为股，四位为臀。初六柔暗不能自拔，需刚爻解困，有正应在九四，因为处在困卦，臀虽应而仍不脱困境。坎为坚多心木，坎上互离（初六→䷮>互离），离为“科上槁木”，故为“臀困于株木”。“株”是树干，“株木”指干树桩子，意为困坐在枯木之中。坎为川水，为隐伏，故为幽谷。初六在坎下，故言“入于幽谷”，意为进入幽暗的深谷之中。从否变困，否的上九历三爻来到二位成困，三年困顿之象。初六被九二困于下，九二在互离里，离为见，初六不可见，故言“三岁不觌”。“觌”是见面。象辞说：“入于幽谷，幽不明也。”强调初六在下卦坎里，坎为隐伏，故幽而不明。幽是幽深黑暗。这一爻是说，幽闭在深谷之中，困坐在枯木林里，三年不能出头露面。困境刚刚开始，一时还过不去。

九二：困于酒食，朱绂方来。利用亨祀。征凶，无咎。

【译文】

君子处于困境，酒食匮乏，缺少吃喝，官位姗姗来迟。诚心的祭祀是有利的，前往则有凶险，但也无过错。

象曰：困于酒食，中有庆也。

【译文】

被酒食所困，持正守中有喜庆。

【精解导读】

九二是否变困的主爻，来到下卦成坎，坎为水、为酒，故言“困于酒食”。从否卦的上乾中来，乾为衣、为大赤，故言“朱绂方来”。有酒食官服，故“利用亨祀”。身处困境，征进不利，故“征凶”。居下卦中位，故“无咎”。“困于酒食”是被动句，意为被酒食所困。“酒食”是口福，怎么还会困扰人？前人的讲法多歧。现在就很容易明白了，酒食确能形成困扰，不过这是权势人物的一种困扰。《周易折中》按语说：“小人以身穷为困，君子以道穷为困。卦之三阳，所谓君子也。所困者，非身之穷，乃道之穷也。故二五则绂服荣于躬，四则金车宠于行。然而道之不通，则其荣宠也适足以为困而已矣。”九二不是穷困，而是道困。政治抱负实现不了，成为酒食的奴隶。“朱绂”是一种官服。《礼记·月令》：“孟冬之月，天子居玄堂左个。”下疏：“朱深而赤浅。”“朱”是大红颜色。“绂”是古代称作蔽膝的下裳，上面有“亚”字花纹，样子与围裙近似。“朱绂”

是诸侯或三公才能用的官服。“方”是刚刚。“朱绂方来”的取义是说，委以重任的官服刚刚送来。“利用亨祀”，“亨”同“享”，意为穿着官服备有酒食，去祭享最有利，想要志行天下不利。“征凶，无咎”是说处在困境，征进有凶，不动没有咎害。象辞说：“困于酒食，中有庆也。”强调九二来到下卦中位，大人得位有喜庆，虽在困卦，也只是困于酒食而已。总之，这一爻是得位受宠，但不能实现自己的抱负，不能为实现个人的心志而向前征进。去祭祀最好，没有咎害。

六三：困于石，据于蒺藜。入于其宫，不见其妻，凶。

【译文】

困在乱石之中，据于蒺藜之上。进入宫室，见不到妻子，凶。

象曰：据于蒺藜，乘刚也；入于其宫，不见其妻，不详也。

【译文】

据于蒺藜之上，是因为下乘刚爻；进入宫室，见不到妻子，是不可审详。

【精解导读】

《系辞·下》里解释了这段爻辞："《周易》曰：'困于石，据于蒺藜。入于其宫，不见其妻，凶。'子曰：'非所困而困焉，名必辱。非所据而据焉，身必危。既辱且危，死期将至，妻其可得见耶?"意思是说：孔子讲过，不该受困的地方被困住了，必然会玷辱自己的名声。不该占据的地方而占据了，必然会危及自己的身体。既名声辱没又身体危殆，死期就要到来，怎么可能见到自己的妻子！按《系辞》的讲法，六三主要是把自己摆在一个不适当的位置上，完全是咎由自取。"蒺藜"古人又称"茨"，是一种结角刺子实的草，成熟的时候，子实满地，角刺尖锐，不可乘坐。按象辞的说法，"据于蒺藜"是"乘刚也"。"蒺藜"之象在刚爻九二，六三在九二之上。虞翻则认为坎为蒺藜，荀爽、《九家易》都说是坎为丛棘，为蒺藜。考之《说卦》，坎为坚多心木，可从。"困于石"取象于否变困。六三原在否的互艮里（否六三→>互艮），艮为石，上九下到二位变困，故言"困于石"。艮又为宫阙，虞翻说巽为妻，否变困，上四爻变成正反巽（反巽六三正巽）的对象，六三在互离里（六三→>互离），离为见，见到的似妻又不似妻。象辞说："入于其宫，不见其妻，不详也。""不详"是说不可审详。"详"不能解成吉祥之"祥"。"详""祥"两字在《周易》

里有分工，履卦上九爻辞有“视履考祥”，大壮卦上六象辞有“不能退，不能遂，不详也”。用法不同，详是细加审详。似是而非，故不可审详。“凶”是断词，按《系辞》的解释，这一爻有性命之虞，是全卦最差的一爻。《左传》襄公二十五年崔杼要娶齐棠公的寡妻，筮卦遇困之大过，就是这一爻动（困六三→䷮爻动反性变化为䷛大过），陈文子分析说：“夫从风，风陨妻，不可娶也。且其爻曰‘困于石’，往不济也；‘据于蒺藜’，所恃伤也；‘入于其宫，不见其妻，凶’，无所归也。”“夫从风”是指下卦坎变巽，坎为中男。筮婚事可为夫，巽为风。“风陨妻”是指互巽变为下巽（困䷮>互巽，大过䷛>下巽），巽为风，又为妻，风把妻从上吹落到下边。卦本不利，崔杼认为那是棠姜的前夫应了爻辞，还是把棠姜娶到了家里。没想到棠姜原来就与齐庄公私通，崔杼于是杀了庄公，与庆封一起掌了大权。到襄公二十七年，崔杼因为自己前妻的儿子与棠姜带来的儿子互相残杀起来，躲在庆封家避难，庆封为了大权独揽，以帮助崔杼平息家乱为名，杀死了崔杼的孩子，棠姜上吊死了，家产也被抢光。等送崔杼回去时，已是家破人亡，无家可归，崔杼自己也上吊而死。《左传》的记载可帮助我们理解爻辞。

九四：来徐徐，困于金车，吝，有终。

【译文】

徐徐而来，被金车所困，有吝难，有好结果。

象曰：来徐徐，志在下也。虽不当位，有与也。

【译文】

徐徐而来，心愿在下边。虽然位置不当，但有应援。

【精解导读】

“金车”是坚重华贵的车子，取象于否。否上乾为金，下坤为大舆，故为“金车”。否卦变困，上九下到二位，全卦只有九四与初六为正应(
)，九四也可下来，但九四却未动，而且处在互巽里（
)，巽为进退不果，慢腾腾下不来，被坚重的金车困住。有吝难，但最终是好的，这是因为有正应。象辞说：“来徐徐，志在下也。虽不当位，有与也。”“志”和“与”都指有正应。因为有正应在初六，所以愿意到下边去。因为还留在否卦中的原来地位，要下还未下，所以才说它“来徐徐”。“徐徐”是行动迟缓。全卦三个刚爻，九五、九二都在中位，只有九四不当位，故有吝难。但三个刚爻也只有九四有正应，所以会有好结果。“有与也”中，“与”是在一起有相帮的人，指应合而与。

九五：劓刖，困于赤绂，乃徐，有说，利用祭祀。

【译文】

要受劓刑、刖刑，被官服所困，所以行动迟缓。可脱离困境，有利于祭祀。

象曰：劓刖，志未得也。乃徐有说，以中直也。利用祭祀，受福也。

【译文】

要受劓刑、刖刑，是志向未得伸展。行动迟缓却可脱离困境，是因为守中持正。有利于祭祀，是可以得到神灵的福佑。

【精解导读】

“劓”是割去鼻子的刑法，“刖”是砍去足的刑法。否卦的九五下有互巽（九五→䷋>互巽）互艮（九五→䷋>互艮），艮为鼻，巽为股。变而为困，艮鼻与巽股都受到伤害，故言“劓刖”。否变困，三个刚爻中只有上九下到二位，九五与九四都未动，九五仍保留在上乾的位置上，乾为大赤、为衣，故为赤绂，故为“困于赤绂”。九四是“来徐徐”，九五也是“徐”，故言“乃徐”。上卦变兑，九五在兑里（九五→䷮>兑），兑为说，故“有说”。九五有“赤绂”，位置中正，故“利用祭祀”。从取义上讲，“劓刖”只是一种危险，因为后面还“有说”。“说”用同“脱”。是说，要受劓刑刖刑，被官服所困，慢慢可以脱离这种险困的局面，去祭祀最好。象辞说：“劓刖，志未得也。”是指九五在否卦有正应在六二，变为困卦，二位被上九占据，变得没有正应，反而有劓刖之象。“志”指正应。“乃徐有说，以中直也”，强调九五在上卦中位，中直公正，所以可以慢慢脱离困境。“利用祭祀，受福也”，是说祭祀可以受到神灵的福佑，这也是九五守中正直的缘故。这一爻是从否变困、九五未动的利弊两方面取象。

上六：困于葛藟（lěi）、于臲卼（niè wù），曰动悔。有悔，征吉。

【译文】

被葛藟所困，被高危之地所困，叫作动而忧悔。有所悔悟，征进吉祥。

象曰：困于葛藟，未当也。动悔有悔。吉行也。

【译文】

被葛藟所困，是因为位置不当。动而忧悔，有所悔悟，吉祥，可以征行。

【精解导读】

“葛藟”是蔓生的草本植物，形似藤萝，攀附缠绕，上六是被葛藟缠绕纠绊而受困。“臲卼”是连绵词，意思是高而危，从象上看得十分清楚。虞翻说：“巽为草木称葛藟。”上六在互巽之上（上六→䷮>互巽），故言“困于葛藟”。否卦变困，上六是从二位升到上位，乘在两个刚爻之上，位高至极，故言“于臲卼”。从内卦推移到外卦，外卦为悔，故言“曰动悔”。动到上位，既被纠缠又高危不安，故曰“有悔”。但上位是极位，再向前走可以彻底走出困卦，故“征吉”。象辞说“困于葛藟，未当也”，主要指上六推移到互巽的上边，位置找得不适应。“动悔有悔，吉行也”，是说动而忧悔，有所悔悟，离开就吉祥。前一个“悔”是忧悔，后一个“悔”是悔悟。“动悔”是动了之后因不利而忧悔，“有悔”是觉察到动错了而悔悟，正如《系辞·上》讲的“震无咎者存乎悔”。知错能悔就可无咎，再动就是“吉行”。全爻是说上六在卦变推移中贪高而上，结果高位对自己并不合适，既被纠缠，又高危不安，感到不利能有所悔悟，离开就是吉祥。

【提示】

从困卦的取象联系卦变来考察，卦从否变来，九二与上六是交换位置的两爻，所以九二言“方来”，“来”是爻向下推移。上六言“动悔”，“悔”是外卦。卦变之后对各爻造成的影响不同。初六仍有九四正应，但有九二来下相比，应路间阻。六三的正应换成上六，有应而变得无应。九四仍有初六正应，但被九二抢先一步，故言“来徐徐”。九五的正应被九二置换出来，本应九五去做的事情，反被九二做了，故言“乃徐”，是九五该动而未动。全卦最该动的是六三，自己的应爻动了，应该相应而从动，六三死守而未动，故最凶。抓住卦变与正应这两条线索，可对全卦有个总体性的认识。

另外，全卦讲的是“柔掩刚”，刚健的君子不能施展自己的抱负，被埋没掩盖，身处困境，致使全卦成为受困的局面。然而柔爻比刚爻受害更深。初六是困于株木幽谷，三年不能出头露面。六三是困于乱石蒺藜，死期将至。上六困于葛藟，走出去才能离困，都是自身受困，切肤受害。相对地说，三个被埋没的刚爻则好得多，九二是困于酒食，九四是困于金车，九五是困于赤绂，都不是自身之忧、切肤之害，只是君子之道被困。作者所以要取这些象而不取另外的象，显然有一个基本思想在起作用，这就是我们在姤卦里提到的阴阳轩轾。作者认为刚爻是主导、是人才、是君子，柔爻是顺从、是庸才、是小人。君子、人才不应当被埋没掩蔽，而应当出来治世。违背了这个基本法则，全社会都会受困。在困境中，君子能随时善处，受害则轻；小人怨天尤人，受害则重。

四十八　井——坚定不移

䷯

井卦的卦画组合为巽（☴）下坎（☵）上，传统称作水风井。《序卦》云：“困乎上者必反下，故受之以井。”意为：上升而受困一定会返回到下边来，所以困卦之后接着是井卦。《序卦》取的是井底下之义。《杂卦》云：“井通而困相遇也。”意为：井卦是相通，困卦是相遇。《系辞·下》还提到：“井，德之地也”“井居其所而迁”“井以辨义”。卦辞说“改邑不改井”，说明村庄可以搬迁，井却不能搬走，井有固定不动的特点。但村庄无论迁移到哪里，都不能没有取水的井，又得随邑而迁。所以井又有不迁而迁的特点，位置动不了，而利物济民，可迁。“井以辨义”正是针对井不可改移的特点讲的，是坚定不移还是见异思迁，可以分辨一个人有没有道义。立场坚定就有道义，随风倒就是不讲道义。至于井为“德之地”，除了指井有守恒不移的特点外，还有取之不尽、用之不竭的特点。井卦象辞说

“井养而不穷也”，井养育人，源源而来，故为“德之地”。从这些解释中可以看出，井就是水井。还可以看出，古代村落的迁移是常见的事。

井卦是困卦的覆卦，从卦变上讲，虞翻、荀爽都作了说明，井卦由泰卦变来，即泰卦的初九上升到五位，而六五下降到初位，即泰六五初九䷊初爻与五爻交换位置，变䷯井。

井，改邑不改井，无丧无得。往来井井。汔（qì）至亦未繘（jú）井，羸其瓶，凶。

【译文】

井卦，村邑改迁，井不改迁。没有丧失，也没有获得。往来有秩序。快提上水来还未提到井上的时候，挂住了打水的陶罐，凶。

彖曰：巽乎水而上水，井。井养而不穷也。改邑不改井，乃以刚中也。汔至亦未繘井，未有功也。羸其瓶，是以凶也。

【译文】

进入水下而向上提水，就是井卦。井养育人而永不穷竭。村邑可以迁移，井不能迁移，是因为刚爻居中。快要提上来还未到井上，是还没有成功。挂住了陶罐，因此有凶。

象曰：木上有水，井。君子以劳民劝相。

【译文】

木上有水就是井卦。君子从中得到启示，要慰劳民众，鼓励帮助别人。

【精解导读】

《孟子·滕文公上》："方里而井。井九百亩，其中为公田，八家皆私百亩，同养公田。"贾公彦疏："一井九夫之地，四面八家，各自治一夫（百亩）。中央一夫，八家各治十亩，八家治八十田，入公。余二十亩，八家各得二亩半，以为庐舍井灶，葱韭。"这是古代井田制的一个大致轮廓。把方一里的土地划分成井字形的九等份，每份一百亩。四周的八份，平均分配给八家作为私田，中间的一份是公田。公田的使用是八家各为公田耕种十亩，共八十亩。余下的二十亩，八家平分各得二亩半，用以建造住房井灶，还可以种点葱韭作为菜地。每井八户，四井三十二户就是一邑，成为一个村落。卦辞说"改邑不改井"，就是指这种村邑可以重新划分搬迁，井却是打到哪里就固定在哪里，搬迁不走。从象上说，泰变井，泰的上卦为坤，坤为邑；变为井卦，上坤变为坎，坎为水；邑变而水井出现，故言“改邑不改井”。“无丧无得”犹言无失无得，象上指泰卦的三个刚爻与三个柔爻，变来变去，没多也没少。“往来井井”指初九上往变成井卦，六五下来变成的还是井卦。从取义上讲，“井井”是有秩序的样子。这与古人的社会意识有关。《说文》：“刑，罚罪也，从井，从刀。《周易》曰：‘井，法也’。”井是公众取水之所，应当有个大家共同遵守的公约，因而井有法的意思。“井”是因为遵守公约才具有井然有序的意思。“往来井井”是说大家来来往往地取水很有秩序。“汔”，几也，义同“迄”。“汔至”是几乎要到了。“繘”是从井中提水的绳子，也称作“绠”。这里是用绳子提上来的动词用法。“汔至亦未繘井”等于说“汔至，亦未繘于井”，是说快要提上来的时候，还未从井里提上来。“羸”是被钩住、挂住的意思，大壮卦“羝羊触藩，羸其角”中的“羸”可以互证。“瓶”是古代陶罐之类的提水器，小口大腹就可称瓶，不是现代的玻璃瓶。“羸其瓶”是说打水的陶瓶被井壁挂住，就是后来的俗语讲的“瓦罐终须井上破”。水没打上来，陶瓶碰破了，所以“凶”。从取义上讲，是功败垂成，极为不利，凶。从象上说，巽为绳，故言“繘”，互离为大腹（䷯>互离），兑为口（䷯>兑），大腹小口故言“瓶”。初至四爻是正反兑的对象（兑<䷯>反兑），瓶口向下又向上，是先从井里口朝下取水，然后口朝上提上来，取水之象。上卦坎水，瓶在水下翻覆，打翻不能提出水，故“未繘”而“羸其瓶”。

彖辞从五个方面说明井卦。（一）从上下卦的组合上说明井卦。“巽乎水而上水，井”，指的是下卦为巽，上卦为坎。巽为入，坎为水，巽在下是进入水下，坎在上是向上提水，进入水下向上提水所以才是井卦。（二）从道理上说明井卦的特点。“井养而不穷也”，意思是说：井卦也有井卦的好处，并不是凶到一无是处。井可养育人，取之不尽，用之不竭。同时兼释卦辞“无丧无得”。井水连通地下水，多打一些，井水不会减少；少打一些，井水也不会增多。因为有不穷竭的特点，所以才称得上“无丧无得”。（三）从刚爻居中上说明卦辞“改邑不改井”。“改邑不改井，乃以刚中也”，指的是井卦的九二占据下卦中位，九五占据上卦中位，刚健居中，不易改变，所以是邑改而井不改。（四）解释卦辞“汔至亦未繘井”的意义。“汔至亦未繘井，未有功也”，意为井以打水为功，没有打上水来，陶瓶破裂，前功尽弃，未能成功。（五）解释卦辞“羸其瓶，凶”。“羸其瓶，是以凶也”，是说井壁把陶瓶挂住，因此是凶。彖辞省简，没有解释卦辞“往来井井”，对其他卦辞也只作提示性的说明。

象辞说：“木上有水，井。”从上下卦象的组合说明井卦。下卦巽为木，上卦坎为水，木上有水就是井卦。木指什么？郑玄认为："巽木，桔槔也。"桔槔是古人从井中取水用的杠杆，比后来的辘轳还原始一些。《庄子》记载是"凿木为机，后重前轻，挈水若抽"，就是用杠杆原理绑成的大木，长臂一头起落于水的上下，短臂的一头加上重物，由人来操纵省力一些。用桔槔把水吊上来就是"木上有水"，故为井卦。井可养育民众，又有取之不尽、用之不竭的优点。所以君子要学习井的品德，要慰劳养育民众，要努力去鼓励、帮助别人。"劳"是慰劳、犒劳，"劝"是鼓励，"相"是帮助。这就是"君子以劳民劝相"。

初六：井泥不食，旧井无禽。

【译文】

井下有淤泥，不能食用，旧井边没有禽兽。

象曰：井泥不食，下也。旧井无禽，时舍也。

【译文】

井下有淤泥，不能食用，是因为位置在下。旧井边没有禽兽，只有临时停留的禽兽。

【精解导读】

依据象辞“下也”的说法，“井泥不食”是取象于初爻的下位。全卦是井，初六是泰变井换位的一爻，来自上坤，坤为土，土入井下，故为井下淤泥。兑为口，下卦兑覆（初六→䷯>覆兑），口向下，故为“不食”。取义是井中淤泥，不能食用。“旧井无禽”的讲法也较杂，有说是废弃的旧井，水枯竭，飞鸟走兽不来饮水的；也有说是井里没有水，故没有水生动物的；还有讲成旧井无水，无所擒获的。另一种讲法认为井指捕兽的陷阱，是废弃的陷阱里没有禽兽可以捕获。比较起来，第一种讲法较为可取。古代深井少，大多是利用自然水泉加以修治而成的浅井，水位接近地面，故禽兽也可来饮水。九五爻辞说“井冽寒泉，食”，可证井、泉常是一回事。《释名·释宫室》说：“井，清也，泉之清洁者也。”讲成陷阱与前后文义不符，把禽讲成擒获，与《周易》里常提到的“田无禽”“失前禽”的禽也不符。古代说的“禽”，包括飞禽走兽，《说文》云“禽，走兽总名”，并不单指飞禽。关于禽的取象，从《周易》的命辞里直接归纳，应当是坤为禽。全书提到“禽”的共有四处，除本卦外，师卦六五“田有禽”（䷆←）、比卦九五“失前禽”（䷇←）、恒卦九四“田无禽”（䷟←），都与坤卦有关。坤为田地，田地有禽，坤象变则“无禽”或“失禽”。井卦由泰卦变来，初六来自泰的上坤，上坤变坎，故无禽。象辞说是因为“时舍”，“时舍”在乾卦文言里有用例。文言讲到乾九二时说：“见龙在田，时舍也。”意思是随时而停留的地方。井卦的初六也讲“时舍”，意思是初六从上坤下来临时停留的地方，禽兽到井泉饮水也只能是临时停留。总之，初六是需要收拾的一口老井，既不能食用，也没有禽兽来光顾。

九二：井谷射鲋，瓮敝漏。

【译文】

在井谷中射鲋鱼，水瓮破漏。

象曰：井谷射鲋，无与也。

【译文】

在井谷中射鲋鱼，是因为没有应与。

【精解导读】

“井谷”是井泉所在的川谷。“射鲋”是古代一种捕鱼的方法。《吕氏春秋·知度》说：“譬若人射鱼指天而欲发之当也。”可证古人有用弓箭射鱼的。近些年发现古代的一些岩画，就画有射鱼的场面。“鲋”，前人有两种讲法。《子夏传》说是虾蟆，就是青蛙类的两栖动物。虞翻说：“鲋，小鲜也。”认为是小鱼。陆佃《埤雅》：“小鱼相即而行名即，相附而行名鲋。”认为是与鲫鱼差不多的小鱼。《子夏传》是从“井底之蛙”附会出来的，讲成小鱼较可取。从象上看，初六柔爻为鱼（见前），全卦为井，上坎为谷，又为矢，互离（䷯>互离）为弓。九二与九五都是刚爻不应，九二下比初六，故为“井谷射鲋”。象辞说“井谷射鲋，无与也”，指的就是九二在卦变中本来应当与六五换位，而实际上却是初九换到五位，六五来到初位，九二失去正应，只能下比初六。得不偿失，到井谷中去射小鱼。只不过它在下卦中位，还有点小利。“瓮”与“瓶”同象，都是大腹小口的陶器，形制大一些称瓮，小一些称瓶。瓮口翻覆，故为“瓮敝漏”。“敝漏”就是破漏。总之，九二是有点小利，还有破败。

九三：井渫（xiè）不食，为我心恻。可用汲，王明，并受其福。

【译文】

井淘干净了却没人食用，令我感到可悲。可用来汲水啊，君王英明，人们会一同受益。

象曰：井渫不食，行恻也。求王明，受福也。

【译文】

井淘干净了却没人食用，走到这里就觉得可悲。希望君王英明，民众可一同受益。

【精解导读】

“渫”，荀爽解释说：“去秽污清洁之意也。”“井渫”，是把井淘干净。淘井就是把井中的脏水抽出来，挖去水下淤泥，让新水能畅快地涌出，井水就变得干净。“恻”是觉得可悲、惋惜，干宝说是“伤悼也”。“汲”是从井中打水。这段爻辞《史记·屈原列传》用过：“怀王以不知忠臣之分，故内惑于郑袖，外欺于张仪，疏屈原而信上官大夫、令尹子兰。兵挫地削，亡其六郡，身客死于秦，为天下笑。此不知人之祸也。《周易》曰：‘井渫不食，为我心恻，可用汲。王明，并受其福。’王之不明，岂是福哉!”意思是说：楚怀王不知道谁是忠臣，内被郑袖迷惑，外受张仪欺骗。疏远屈原而相信上官大夫和令尹子兰。打了败仗，割让土地，丢掉了六个郡。自己被囚禁死在秦国，成为天下人的笑柄，这是不了解人造成的祸患。《周易》说：“井渫不食，为我心恻，可用汲。王明，并受其福。”国王不英明，怎么能受到福佑呢？司马迁是把这段爻辞理解为井淘干净了，却没有人来食用，令我感到可悲。井水干净，完全可以取用，如同一个忠心耿耿的贤臣应当受到任用。国王英明的话，起用这样的人才，大家都会跟着受益。可见这是一种被历史承认的传统解释。有的人大胆怀疑，定要找出一些新的讲法。这种勇于探索的精神虽然可嘉，然而又该怎么向这些历史传统交代呢？比如有人把“渫”讲成是污浊，现代用这个义项的确实不少。但“渫”的本义是去污。《说文》：“渫，除去也。”是疏治水源、水道，除去污秽。因为有污秽才去“渫”，所以引申出污浊的意思，但本意不是污浊。讲成污浊有后遗症，文献典籍中的话无法理解了。比如《史记》的这段话，井水不食，是水脏了；屈原不用，总不能说成是屈原脏了吧？讲《周易》不能仅凭个人的感想认识，要顾及它的客观性。从象上看，九三是上临坎水，下在巽卦（

），巽为股，股入水下，淘井去了。巽为覆兑，兑口向下不食，故言“井渫不食”。坎为心为忧，故言“为我心恻”。从取义上讲“我”指井。从象上讲“我”指内卦，内卦为贞，外卦为悔，“贞”为我方，九三在内卦，故言“我”。入于水而上水就是“可用汲”。“王”指九五，“明”指互离，九三与九五互为离卦(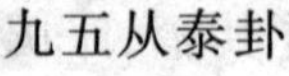

)，五位是尊位为王，离为明。“并受其福”指九五从泰卦的初位升到尊位，大人得位，贤才得用。

象辞说“井渫不食，行恻也”，意思是井淘干净了却没人食用，令行经于此的人感到可悲惋惜。《诗·王风·黍离》里讲的“彼黍离离，彼稷之苗。行迈靡靡，中心摇摇。知我者谓我心忧，不知我者谓我何求”，就是一种行恻。“求王明，受福也”，是说求得君王英明，自己能受益。说明九三这一爻是有用而被弃置，令人觉得可惜，希望改变这种状况。

六四：井甃（zhòu），无咎。

【译文】

井壁砌好，没有咎害。

象曰：井甃无咎，修井也。

【译文】

井壁砌好，没有咎害，是修治井。

【精解导读】

“甃”是用砖石把井的内壁垒砌好，这样可以避免井壁泥土的掉落坍塌。有的地方把这种修井的工程称作旋井，农村至今称作甃井。“井甃”是说井不仅淘好了，而且把井壁也修治好了。依据朱震的讲法，这一爻取的是组合象："坎水坤土，合而火之，甓也。有巽工焉。自下垒而上至井口，甃也。"意思是说：井卦由泰卦变来，泰的上卦原是坤，坤为土；初九来到坤的中位变成坎，坎为水；水入土中合而成泥，互离在下（六四→䷯>互离），离为火；火烧泥土成了砖，下巽为工，是泥瓦工用砖把井从下向上垒砌直到井口，这就是甃井。烧砖的泥从坤变坎中提取，巽在下、坎在上，又取自下而上之意。看来观象要看爻的推移，不能把卦图看成是死的。

象辞说"井甃无咎，修井也"，主要是解释"甃"的词义是修治井，提示的是下巽取工象。

九五：井洌寒泉，食。

【译文】

井水清洌，可以食用。

象曰：寒泉之食，中正也。

【译文】

寒爽的泉水可食，是因为爻位中正。

【精解导读】

“冽”是水清凉甘爽。九五在上卦坎中，坎为水，九五又是泰变井的主爻，代表井。位在上卦之中，又是刚爻处刚位，位正，是一口好井，故言“井冽寒泉”。

“食”是井水可食用。因为九五所在的坎水处在上位，井水上来才可食用。

象辞说“寒泉之食，中正也”，主要强调九五位置中正，完全合乎井的要求。

上六：井收勿幕，有孚元吉。

【译文】

井修好后不加盖，有孚信，大吉大利。

象曰：元吉在上，大成也。

【译文】

大吉大利在上位，是大功告成之象。

【精解导读】

“井收”是甃井的时候把井的内膛修治得宽大一些，到了井口要逐渐收小。井壁下面宽阔可以多贮水，保证水源充足，井口收拢，可以减少脏东西吹到井里，取水也安全一些。“收”是把井口收小一些。“幕”同“幂”，是蒙覆的意思，这里指盖住。“勿幕”是不加盖。井是公用的，加盖不方便人们取水。井经过这样一处理，给人们造成方便，大家都感到满意，所以“有孚”。“有孚”是受到大家的欢迎，大家信服。“元吉”是最大的吉。象辞说“元吉在上，大成也”，意思是说上六在全卦的最上位，井的工程都在下面，到了上面已经是大功告成，所以“元吉”。主要是取象于爻位。上六在全卦最上，故为“收”、为“幕”。上六柔爻，中缺有口，故言“井收勿幕”。刚爻与柔爻相和为孚，上六下有正应九三，又与主爻九五相比，故言“有孚”。全爻主要取象是上六是井卦的最后一爻，全卦已成。

【提示】

井卦最明显的一个特点，是从初爻往上数，越来越好，初爻是“井泥”，二爻“瓮敝漏”，三爻“井渫不食”，四爻“井甃”，五爻“井冽寒泉”，上爻井成“元吉”。除了各爻中的具体取象外，还取了爻位的象。井以上水为功，越往上越适于民用，故越上越好。从总体上看，作者的意识里有“用世”的思想在做指导，主张为人类做贡献，反映了有所奉献就吉祥，无所奉献就不吉的潜意识。在道德修养上，提倡君子要做对社会有用的人才，努力为社会造福，这种意旨是积极的。

卦里用到组合象，所谓组合象是把两个以上的卦象组合在一起，取一个共同组成的象，而不是直接取各单卦中的象。《周易》里确实有这样的取象方法。比如家人卦九三爻辞说“在中馈”，是指九三在下离互坎里（家人
），坎为水，离为火，单从坎和离中取不出“中馈”之象，只有把两个象组合在一起，再加上位的因素，才能取出火在下烧煮上面的水，成为烧火做饭的“中馈”之象。本卦的“瓶”“瓮”都不是一个三爻卦的象能包括的，而是取离与兑的组合象，离为大腹，兑为口，小口大腹才是“瓶”或“瓮”。瓮形制虽大，但小口大腹的特点不变。大腹敞口就是缸，大腹收口才称瓮。至于“甃井”的组合象，就更为复杂一些，从卦变前的泰卦上坤中取土，从变坎中取水，从卦变中取水入土中，然后才成为泥，泥下有火，又烧制成砖瓦，再从下巽中取出工匠之象，于是才有工匠用砖甃井之象。这种取象方法，考之象辞与《说卦》，都信而有征，不可轻易否定，而且它与六爻全象的思路一致，值得研究。

四十九　革——破除陈旧

䷰

革卦的卦画组合为离（☲）下兑（☱）上，传统称作泽火革。《序卦》云："井道不可不革，故受之以革。"意为：井道不可不经常更新，所以在井卦之后接着是革卦。革是更新的意思。《杂卦》云："革，去故也。"意为革是除去陈旧的东西。《序卦》《杂卦》认为革就是除旧布新的变革。彖辞明确提到"革命"，现在我们把革命理解为推翻落后的政治制度，建立先进的政治制度，推动社会向前发展的一种社会群体行为，仍有除旧布新的意思。《周易》里讲的"革命"，指的是"革除天命"。古人认为，一个朝代的建立都要接受天命，叫作"奉天承运"，一个朝代的灭亡，就是革除这种天命。革命是推翻旧的王朝、建立新的王朝，也是除旧布新的意思。《说文》把革讲成是皮革，"革，兽皮治去其毛，革更之象"。把兽皮铲去兽毛留下的光板皮子就是革，所以"革"又有皮革的意思。兽皮花色的区分主要在于毛色的不同，去掉兽毛是一种大的变化，爻辞里提到的“虎变”“豹变”“革面”等就是指毛皮的变化。从全卦看，卦名革的基本意思是除旧布新的变革。

革与下一卦鼎是覆的关系，革䷰卦画倒置为䷱鼎，从彖辞“革而当”的提示上看，革从大壮变来，是大壮的九二与六五交换了位置，即大壮（六五、九二）䷡两爻换位，变䷰革。刚爻应占据九五的尊位，柔爻应占据六二的卑位，大壮变革之后，五位是刚爻，二位是柔爻，所以才说是革而当。虞翻说是“遁上之初”，这与彖辞的提示不合。

革，己日乃孚。元亨利贞，悔亡。

【译文】

革卦，己日得到孚信。大亨通，利于正固，忧悔消亡。

彖曰：革，水火相息。二女同居，其志不相得，曰革。己日乃孚，革而信之。文明以说，大亨以正。革而当，其悔乃亡。天地革而四时成，汤武革命，顺乎天而应乎人。革之时大矣哉！

【译文】

革卦，水火互相熄灭。两个女子住在一起，心志不相容，称作革。己日得到孚信，是变革取得人们的信任。文明而喜悦，大亨通而中正。变革适当，忧悔就会消亡。天地变革才能形成四季，商汤革除了夏王朝的天命，周武王革除了商王朝的天命，都是顺应天道人心。革的时势意义太重大了！

象曰：泽中有火，革。君子以治历明时。

【译文】

大泽中有火就是革卦。君子从中得到启示，要制定历法，明辨天时。

【精解导读】

古人用十天干纪日，甲乙丙丁戊己庚辛壬癸，一共十位，周而复始地往下排，十天之中就有一个己日。《周易》里提到甲日、庚日，这里又提到己日，说明当时已经用十天干纪日。依据纳甲原理，十天干与八卦相配，乾纳甲、壬，坤纳乙、癸，震纳庚，巽纳辛，艮纳丙，兑纳丁，坎纳戊，离纳己。大壮变革，下卦成离（䷶>离），故言“己日”。刚爻与柔爻代表对立统一的两个方面，两者既对立又统一，强调二者统一性的一面就言“孚”。“孚”指的是刚爻与柔爻相依而合。大壮卦是刚爻逼退柔爻，变为革卦，柔爻与刚爻变得依附相合，故言“乃孚”。从取义上说，“革，已日乃孚”，是说大变革发生之后，到已日才能获得人们的信任。革卦与蛊卦都讲变革，但两者不完全相同，就社会意义讲，蛊是改革，革是革命。改革不一定质变，革命却是一种质变，是一次重大的根本性的变革，事物在新质上向前推进，故言“元亨利贞”。从陈腐中蜕变出来，故言“悔亡”。卦辞的意思是说重大变革，到已日取得民众的信赖。大亨通，利于正固，忧悔消亡。

彖辞从六个方面说明革卦。(一)从上下卦象的组合上说明革卦。“革，水火相息”，指上卦兑为泽，泽是大水，下卦离为火，水火相遇，格格不入，相互熄灭。《释文》：“息，马云‘灭也’。李斐注《汉书》同。《说文》作‘熄’。”“息”与“熄”是古今字。《说文》：“熄，畜火也。从火息声。亦曰灭火。”“畜火”是保存火种，保存得好，火可再生息长。保存不好就会熄灭。这是词的反向引申义。“水火相息”是水火不相容，水要浇灭火，火要烧干水，激战起来。“二女同居，其志不相得”，指下卦离为中女，上卦兑为少女，两个女子居住在一起，心志各异。睽卦彖辞说：“二女同居，其志不同行。”这是《周易》揭示的“同性相斥”的哲理。“得”是相处得好，“不相得”是相处得不好。“水火相息”“二女不相得”都是指合不到一起。“曰革”是说，因此才叫作革卦。合不到一起就要发生变革。

（二）说明卦辞“己日乃孚”的意思。“己日乃孚，革而信之”，着重说明“孚”是信的意思。进行大变革后，到己日才能深入人心，取信于众。（三）从上下卦特性的组合及主爻九五中正上说明卦辞“元亨利贞”。“文明以说”，指下卦离为文明，上卦兑为喜悦。大变革由暗乱变得文明，由怨恨变得喜悦，所以能大亨通。“元亨”就是大亨。“元亨利贞”指大壮变革，主爻九五升进到上卦中位，刚爻居刚位，位正。既中又正，所以利于正固，所以才大亨通。（四）从卦变上解释卦辞“悔亡”。“革而当，其悔乃亡”，是指在大壮卦里，五这个尊位被柔爻占据，二这个卑位由刚爻占据（大壮六五九二䷡），该尊的不尊，该卑的不卑，位置不适当。变为革卦，尊位是九五，卑位是六二（革九五六二䷰），位置经过变革而得当，所以忧悔消亡。（五）从天、地、人道说明革卦的意义。“天地革而四时成”是讲天地之道。春天取代冬天，夏天又取代春天，秋天又取代夏天，冬天又取代秋天，不断变革才有一年四季，有四季才能成岁，所以大自然总是充满活力，生机勃勃，不停地向前发展，不然天地就会死寂。从社会现象讲也是如此，“汤武革命，顺乎天而应乎人”，商汤王推翻了夏桀的统治，建立了商朝；周武王又推翻了商纣王的统治，建立了周朝。不断更代，这样才顺天道，应人心，社会这个机体才充满活力，生机勃勃，不断进步，不然社会就会僵化死寂。（六）强调革的时势意义。“革之时大矣哉”，无论是自然的活力还是社会的活力，都是变革造成的，没有变革就会僵死，没有运动，也没有前进，也就没有时势可言，时势就是运动变化中的过程，所以说“革之时大矣哉”。从哲理上揭示了《周易》万事万物运动变化的观点。

象辞从上下卦象的组合上解释卦名。上卦兑为泽，下卦离为火，大泽之中有火，不得安宁。比如湖泽之中火山喷发出来，火大，泽水就会干涸；水大，火就得熄灭。二物相克，不能调合，只有变革。君子看到这样的卦象，就可体悟出天地运动的规律，四季也是不相容，相互取代，从它们的相互变革中观察天时的运动，把历法制定出来，察明天时运动的几微，颁告民众，让人们都按天时活动，这就是“泽中有火，革。君子以治历明时”。

初九：巩用黄牛之革。

【译文】

用黄牛皮做成的皮绳把它捆绑结实。

象曰：巩用黄牛，不可以有为也。

【译文】

用黄牛皮做成的皮绳把它捆绑结实，不可有所作为。

【精解导读】

“巩”是牢固结实。“黄牛之革”是黄牛皮，这里指把黄牛皮裁成皮条做成的绳子。牛皮绳子是当时最结实的绳子。爻辞的意思是要用最结实的绳子捆绑牢固，一点也不让松动。从象上说，初九在全卦最下位，乾卦初九“潜龙勿用”，位低时初，不能盲动，应当牢固。纯离为牛，坤为黄，离得坤中爻，为黄牛。初九在革卦的下离（初九→䷰>离）里，故言“巩用黄牛之革”。这一爻与遁卦六二“执之用黄牛之革，莫之胜说”不同。遁六二是受执被拘，而这一爻是要努力巩固不要有所作为，革命是冒险的事，不成熟不能动，但并不受执被拘。

六二：己日乃革之。征吉，无咎。

【译文】

己日就进行大变革。征进吉祥，没有咎害。

象曰：己日革之，行有嘉也。

【译文】

己日进行变革，行动会有好处。

【精解导读】

六二是大壮变革换位的一爻，来到二位居中得正。在下卦离中，故言“己日乃革之”，上有九五正应，可以征进，故言“征吉，无咎”。象辞说“己日革之，行有嘉也”，以“行”来解释“征”，指的是六二从大壮的五位下来，把尊位让给九五，行动可嘉，定本把“己日”写成“巳日”，王弼讲成是已经完成之日，字形讹误，应当更正过来。这一爻与初九大不相同。初九是一点也不让动，这一爻是到了己日，可以大胆变革，行动吉祥，能获得成功，没有咎害。

九三：征凶，贞厉。革言三就，有孚。

【译文】

征进凶，正固危厉。变革初告成功，有孚信。

象曰：革言三就，又何之矣。

【译文】

变革初告成功，又往哪里去？

【精解导读】

九三这一爻正当上下卦之际。下卦离为火，上卦兑为泽水，处于水火不相容的位置上，征进会遇到泽水的浇灭，故言“征凶”。正固不动，位置又不允许，故正固有危厉。然而九三有正应在上六，上六处在兑卦，兑为口，为言。上兑三爻，九四“改命”，九五“虎变”，上六“豹变”“革面”，都随之而变，故云“革言三就”。从取象上讲，“就”是随从。王弼不注重卦象，讲到这一爻时也说：“已处火极，上卦三爻虽体水性，皆从革者也。自四至上，从命而变，不敢有违，故曰‘革言三就’。其言诚实，故曰‘有孚’。如是而犹征之，凶其宜也。”从取义上说，“革”是变革，“言”是宣告，“三”是小成之数，指变革初告成功，“就”是成功。从爻位上说，九三在下卦之终，也在小成的位置上。从社会变革的意义上说，九三是初告成功，大幅度征进，搞过头有凶。但又不是彻底成功，还有被颠覆的危厉，把握好分寸是成败的关键。有孚信可保无虞。象辞说“革言三就，又何之矣”，意为变革已初告成功，又会往哪里去？说明人们会随之而变。

九四：悔亡，有孚改命，吉。

【译文】

忧悔消亡。有孚信改变天命，吉祥。

象曰：改命之吉，信志也。

【译文】

改变旧的天命吉祥，是因为顺天应人。

【精解导读】

“悔亡”是忧悔消亡。“有孚”是有诚信。“改命”是改变天命。古人认为每一个王朝的建立都是受命于天。改命是把不符天命的旧王朝废弃，换成一个符合天命的新王朝。“天命”指的是天道之命，而不是上帝。象辞讲“顺乎天而应乎人”，顺应天道人心就是合乎天命，就是符合人民的心愿，顺应自然规律。从象上说，九四在互乾(九四→䷰>互乾)、互巽（九四→䷰>互巽）里，乾为天，巽为命，又在上卦兑里，兑为口，是有口宣告天命，故言“改命”。从取义上说，“改命”是建立新的王朝，废除旧的政令，施布新的政令。象辞说：“改命之吉，信志也。”“信”解释

“孚”，改命吉祥，是因为心志诚信，也就是诚心诚意地顺天应人。

九五：大人虎变，未占有孚。

【译文】

大人变出虎一般的文采，不占决而有孚信。

象曰：大人虎变，其文炳也。

【译文】

大人变出虎一般的文采，是说文采彪炳。

【精解导读】

“虎”是名词作状语，说明变的状态。初爻有“黄牛之革”，上六有“豹变”，都用的是“皮”义。大人在变革之前没有地位，文采本事显示不出来，皮如牛羊。大壮变革，九五从二位升进到全卦的尊位，成为一卦之主，刚爻得位，故称大人，上卦变兑，兑为虎，故言“虎变”。从取义上讲，变出虎皮，彪炳斑斓，威猛大著。虞翻说：“兑为白虎。”这是依据天之四象的方位。按二十八宿的天象分布，东方七宿是青龙，南方七宿是朱雀，北方七宿是龟蛇，西方七宿是白虎。兑是西方卦。“占”取象下卦离，离为龟可占，九五与下卦离的中爻六二正应，九五与六二在卦变中是换位的一爻，九五怎样做，六二就怎样应，用不着去占决，六二肯定会相孚，故言“未占有孚”。象辞说“大人虎变，其文炳也”，指出九五变出了文采，显然是指皮毛的变化。文的变化是质变的反映（见贲卦提示）。这一爻是全卦最好的一爻，是一个人由卑贱向显贵的大跨度飞跃。

上六：君子豹变，小人革面。征凶，居贞吉。

【译文】

君子变出豹一般的文采，小人换了新的面貌。征进凶，居于正固吉祥。

象曰：君子豹变，其文蔚也。小人革面，顺以从君也。

【译文】

君子变出豹一般的文采，是说文采蔚然可观。小人换了新的面貌，是顺从君王而变。

【精解导读】

“豹变”是变出豹子一般的文采。豹次于虎，君子的变化次于大人，但也相当可观。象辞说“君子豹变，其文蔚也”，“蔚”是文采盛，君子的文采本事也显露出来。“革面”是面貌有了崭新的变化，由坏变好。象辞说：“小人革面，顺以从君也。”“君”是君王，指九五。意思是随顺君王而发生变化，洗心革面。全卦九三是小成，上六是一卦之终，是大成，变革到了最终，大人变得文采彪炳，君子变得文采蔚盛，小人也面目一新。大人、君子、小人是《周易》作者对社会人所划分的等级，圣贤在位是大人，贤能有德为君子，无贤德为小人。从取象上说，虎豹同科，兑为虎，也为豹，上六无位，故言“君子豹变”。柔爻为小人，兑为悦，小人变得喜气洋洋，故言“小人革面”，变革已成。上六位处穷极，不可再进，故言“征凶”。坚守正固，居而不动可获吉。

【提示】

关于“孚”的取象，历来没有太好的解释。虞翻在央卦里说“阳在二五称孚”。然而萃卦九五爻辞却说“匪孚”（萃䷬←）。又说“坎为孚”，通观全书也很难说通。卦爻辞中提到孚的有三十六例：需卦辞“有孚”（䷄），讼卦辞“有孚”（䷅），比初六“有孚比之”（䷇←），小畜六四“有孚”（䷈←），小畜九五“有孚挛如”（䷈←），泰九三“勿恤其孚”（䷊←），泰六四“不戒以孚”（䷊←），大有六五“厥孚交如”（䷍），随九五“孚于嘉”（䷐），观卦辞“有孚”（䷓），坎卦辞“有孚”（䷜），大壮初九“有孚”（䷡），晋初六“罔孚”（䷢），家人上九“有孚威如”（䷤），睽九四“交孚”（䷥），解九四“朋至斯孚”（䷧），损卦辞“有孚”（䷨），益六三“有孚中行”（䷩）、益九五有“有孚惠心，勿问，元吉；有孚惠我德”（䷩），夬卦辞“孚号有厉”（䷪），姤初六“羸豕孚踯躅”（䷫），萃初六“有孚不终”（䷬），萃六二“孚乃利用禴”（䷬），萃九五“匪孚”（䷬），升九二“孚乃利用禴”（䷭），井上六“有孚元吉”（䷯），革卦辞“己日乃孚”（䷰）、革九三“革言三就，有孚”（䷰）、革九四“有孚改命”（䷰）、革九五“未占有孚”（䷰），丰六二“有孚发若”（䷶），兑九五“孚于剥”（䷹），中孚九五“有孚挛如”（䷼），未济六五“君子之光。有孚，吉”（䷿）、未济上九“有孚于饮酒，无咎；濡其首，有孚失是”（䷿）。看来“孚”的象既不在爻位，也不能确定在某一卦上。大致看来，刚爻与柔爻具有统一性的一面，表现出相互依附而合和的状态就可言“孚”。具体来说，各爻又有不同。革卦的三个刚爻“有孚”，指的是变革中三个刚爻为实，故“有孚”。孚是信实。一般地说，孚要有异性爻来应合。

五十　鼎——鼎立新风

䷱

鼎卦的卦画组合为巽（☴）下离（☲）上，传统称作火风鼎。《序卦》云：“革物者莫若鼎，故受之以鼎。”意为：没有比鼎更能变革事物的了，所以在革卦之后接着是鼎卦。鼎在古代用来烧煮饭羹，如同我们现在使用的锅，它能把东西由生煮熟。《序卦》反映的是原始社会人类发现火之后，伴随产生的文明意识，因此才认为鼎是最能变革事物的。要把它放在人类由吃生食到吃熟食这个背景中去理解。《杂卦》云：“革，去故也；鼎，取新也。”意为：革卦是除去陈旧的东西，鼎卦是树立新的东西。《杂卦》在更广泛的意义上推演了一步，认为革与鼎两卦，一个是破旧，一个是立新。这就不仅指煮熟食物，所有人类社会破旧立新的现象都以革鼎两卦来表示。破旧立新往往是同时进行的，破中有立，立中也有破，这里不过是各自强调了一个方面。

鼎是革的覆卦。革卦䷰全卦上下翻倒过来就成为䷱鼎卦。从卦变上讲，彖辞提示说“柔进而上行”，鼎卦是由遁卦变来，即：遁九五六二䷠九五与六二换位，变䷱鼎。是遁卦的柔爻六二向上推移到了五位，这就是“柔进而上行”。虞翻说是“大壮上之初”，认为是大壮的上六与初九换位（大壮上六初九䷡换位，变䷱鼎），这只能是“柔来而下行”，违背彖辞意思。可见，虞翻把革鼎两卦的卦变线索传颠倒了，引起许多难以解决的问题。应当依据彖辞纠正过来。

鼎，元吉，亨。

【译文】

鼎卦，大吉大利，亨通。

彖曰：鼎，象也。以木巽火，亨饪也。圣人亨以享上帝，而大亨以养圣贤。巽而耳目聪明，柔进而上行，得中而应乎刚，是以元亨。

【译文】

鼎卦是鼎的形象。把木柴送入火内，是为了烹煮食物。圣人烹煮食物来荐享上帝，大量烹煮食物来养育圣贤。随顺而耳目聪明，柔顺地向上升进，取得中位并与刚健的九二相应，因此大亨通。

象曰：木上有火，鼎。君子以正位凝命。

【译文】

木上有火就是鼎卦。君子从中得到启示，要摆正自己的地位，凝重天命。

【精解导读】

这一卦的卦辞前人有些争议。程传认为“元吉，亨”中的“吉”是羡文，即多出来的字。道理有两点：一是卦有四德“元亨利贞”，有的卦占全了，有的卦占得不全，这都是正常的。但“吉”不是卦德，不应夹在“元亨”之间。二是彖辞最后说“是以元亨”，没有提到“吉”。显然，程传是推理推出来的，后来有的本子（如元吴澄本）就把“吉”字删掉，这就太武断了。《周易》里讲“元吉”的不是一处，程传不过是提出一种怀疑，据以删改经文证据不足。要保留原貌，对后人负责。鼎卦讲破旧立新，故“元吉”。“元吉”是大吉大利，“亨”是亨通。

彖传从五个方面说明鼎卦。（一）“鼎，象也”，是从全卦卦画的整体形象来说明鼎卦。意思是鼎的卦名是从全卦取象。全卦最下边断开的柔爻初六像是鼎的腿；二、三、四三个刚爻像是鼎的腹，五位断开的柔爻六五像是鼎的两耳，最上边一个刚爻如同扣住鼎的铉。全卦就是一个鼎的形象。王宗传说："分植于下者，足也；充实乎中者，腹也，二、三、四是也；对峙乎上者，耳也，六五是也；横亘乎上者，铉也，上九是也。夫物，有足、有腹、有耳、有铉，非鼎乎？"这是无可争议的确诂。古代的鼎有三条腿，画出来后面的一条腿被挡住了，露出前面的两条腿，鼎的上面直立着两个鼎耳。鼎上有盖，盖上盖子后，从两耳中插入一根杠子，这根杠子称"铉"，铉既可以压住鼎盖，又可用来抬起鼎来挪动。把鼎卦卦画六爻作为整体看，就是一个有足、有腹、有耳、有铉的鼎。关于"鼎，象也"，前人还有一点争议，就是《系辞·上》中讲"以制器者尚其象"，意思是创造发明新器物的人重视卦象。好像是"观象才能制器"。这就出现一个问题，究竟是先有卦象还是先有器？器是从卦象中得到启发才造出来，还是先有器然后才从器中取象？其实这个问题不能机械地理解，"观象制器"与"从器取象"两者是互为因果，不可能有一个固定的模式。《系辞》也讲到另一个方面，"远取诸物"。就鼎卦讲，应当是先有鼎这个器物，然后才从这个器物中取出卦象，所以彖辞才说："鼎，象也。"没有鼎这种器物还去象什么呢？（二）从上下卦的组合上解释鼎卦。"以木巽火，亨饪也。""亨"是"烹"的古字。古代"亨""烹""享"

只有一个字形，后来才分而为三，有了区别。鼎卦下卦是巽，巽为木，又为入，又为风，上卦离为火，把木柴放进火里再吹上风，那就是烧火做饭，所以说“亨饪也”。“亨饪”就是烧火做饭，这是除了把鼎看成做饭的锅以外，又从上下卦的组合中看象做出的说明。（三）推演鼎的实用意义。“圣人亨以享上帝，而大亨以养圣贤”，意为把食品烹制出来，圣人不光是为了自己吃，更大的作用是用以祭享上帝和养育圣贤。这充分反映了彖辞对上帝和圣贤的重视。上帝可以保佑自己，圣贤则是国家的支柱。孔颖达疏里讲：“享上帝尚质，特牲而已，故直言‘亨’。圣贤既多，养须周遍，故亨上加大字也。”意为：荐祭上帝要质朴，有小牛就可以了，所以只说亨。圣贤人多，供养要普遍，故亨上加了大字。《礼记·郊特牲》郑玄注：“郊者，祭天之名。用一牛，故曰特牲。”《礼记·王制》：“祭天之牛，角茧栗；宗庙之牛，角握；宾客之牛，角尺。”意为：祭上帝的牛小，牛角有蚕茧那么大；祭宗庙的牛稍大一些，牛角有一握那么大；款待宾客就要用大牛，牛角要一尺长以上。养圣贤，就是待宾客，“大亨”就是多做出一些肉来。（四）从卦象上说明鼎卦具有的特点。“巽而耳目聪明”，指下卦为巽，巽是随顺；上卦离为目、为明。值得注意的是耳，《说卦》讲“坎为耳”，鼎卦有些例外，耳的取象是六五。鼎卦所呈现的卦象特点是随顺而又耳聪目明。（五）从卦变上说明鼎卦的特点。鼎卦从遁变来。遁卦的六二升进到五位，六二是柔爻，五是上卦中位，卦变中显示的意义是柔顺地向上行进，这就是“柔进而上行”。“得中而应乎刚”是从主爻六五的推移上说明鼎卦的特点。六五取得上卦中位，又与下卦的九二正应，所显示的意义是获得中道而又有刚健相应。“是以元亨”说明卦辞“元吉，亨”。因为有以上诸多的因素，所以鼎卦才具有大吉大利亨通的断语。这是对以上祭上帝、养圣贤、随顺、耳目聪明、柔顺而上进、获得中道又有刚健之才相助等条件的总括。

象辞从上下卦象的组合解释鼎卦。“木上有火，鼎”，指下卦巽为木，上卦离为火，木上有火，这是用鼎烧火做饭，所以才叫鼎卦。至于君子从中得到什么启示而要“正位凝命”，前人讲得有些游离。这可能是指铸鼎讲的。铸鼎要先做好沙范，把模子各部位都摆正，然后把青铜的熔液注入沙范，等熔液冷却凝固，拆去沙范，鼎就铸造出来，所以才联系到“正位凝命”。“正位”取摆正沙范部位为义，“凝命”取冷却凝固成形为义。总之，是要与铸造前的设计相符。“正位凝命”是说要摆正自己的地位，凝重天命，也就是要以天命为重，不要改变。

初六：鼎颠趾，利出否。得妾以其子，无咎。

【译文】

鼎腿颠倒，利于走出否塞。因其子而得妾，没有咎害。

象曰：鼎颠趾，未悖也。利出否，以从贵也。

【译文】

鼎腿颠倒，并未背离正理。有利于走出否塞，是随从贵人。

【精解导读】

鼎卦从遁卦变来，遁是个放大的巽卦(䷠>☴)，巽为股，变而为鼎，六二升进到五位，作为股的六二向上去了，只剩下在初位的趾，故言“鼎颠趾”，意思是说鼎腿朝上翻倒过来。遁卦是柔长刚消的卦，再向上长出一位柔爻就是否卦(䷠䷋否)，变鼎之后改变了向否发展的趋势，故言“利出否”，意思是说有利于从否塞中走出来。初六的正应在九四，自己原在下卦艮里（䷠>艮），艮为少男、为子，变鼎之后，应位变出互兑（九四→䷱>互兑），兑为妾。因艮子的变化相应地出现兑妾，故言“得妾以其子”。“以”是因为，意思是：因为儿子的关系得到妾，妾是小妻。“无咎”是没有咎害。从取义上讲，把鼎翻过来，倾倒出鼎中的残存污秽之物，清洗一下，就是“出否”。象辞说“鼎颠趾，未悖也”，“悖”是违背。象上指六二柔爻向上占据五的尊位，九五刚爻占据六二的卑位，本来是悖理的，但两爻都在中位上往来，未可算作悖理。鼎翻过来倾倒污垢也合乎常情。“利出否，以从贵也”，象上指九五从尊位下到二位与初六相比，初六随从了贵人。这一爻是走出低谷，随从了贵人，境况好转。

九二：鼎有实，我仇有疾，不我能即。吉。

【译文】

鼎中有实在的东西，我的仇人有疾病，不能接近我。吉祥。

象曰：鼎有实，慎所之也。我仇有疾，终无尤也。

【译文】

鼎中有实在的东西，是审慎选择了所到的地方；我的仇人有疾病，所以最终没有怨尤。

【精解导读】

刚爻为实。在卦变中九二来到鼎腹的底部，是鼎中来实之象，故言“鼎有实”。从取象上说，仇是配偶，《子夏传》说“仇，匹也”。九二的配偶就是正应六五。在卦变中六五柔爻却从卑位升到尊位，九二刚爻从尊位来到卑位，尽管是在中位上的推移，但对六五并不完全合适，故言“我仇有疾”。九二与六五正应，换位之后仍然分开，各在上下卦里，故言“不我能即”。“即”是挨近。从取义上讲，“仇”是仇敌，仇敌有病，不能靠近自己，所以吉祥。象辞说：“鼎有实，慎所之也。”象上指的是九二离开尊位来到二位，行为不失中正，推移的选择还较为审慎，“之”是到的意思，因此鼎中有实可食。“我仇有疾，终无尤也”，指六五占据尊位不合适，是九二把尊位让给了六五，六五不能怨九二。“尤”是怨恨的意思。所以才“不我能即”而吉祥。这一爻是让出尊位得到实惠，远嫌避仇，吉祥。

九三：鼎耳革，其行塞，雉膏不食，方雨，亏悔，终吉。

【译文】

革除鼎耳，行动困难，山鸡的美肉不吃，正下雨，有亏有悔，最终吉祥。

象曰：鼎耳革，失其义也。

【译文】

革除鼎耳，因为它失去了作为鼎耳的意义。

【精解导读】

九三是大坎的中爻（九三—䷱>☵），坎为耳，本来是鼎的大耳，然而鼎卦从整体形象上看，六五才是鼎耳，九三失去作鼎耳的意义，故言“鼎耳革”。鼎去耳，搬动起来不方便，大坎又为险，故“其行塞”。前临上离（䷱>离）、互兑（䷱>互兑），离为雉，兑为膏泽，又为口，有口可食雉膏，然而兑又是正反象（九三—䷱>正兑反兑），又吃不成，故言“雉膏不食”。正兑为雨，反兑是雨返下，大坎是水，故言“方雨”。兑为毁折，故有“亏悔”。可是全卦只有九三是刚居刚位，位正，其他爻都位不正，又在下卦之终，故言“终吉”。这一爻，按《说卦》提供的坎为耳、为险，离为雉，兑为泽、为雨、为口等正象去看，只能承认《周易》里有从大卦取象的体例。象辞说“鼎耳革，失其义也”，也明确指出九三原有作为坎耳的意义，因为鼎卦整体上以六五为耳，所以才失去作为鼎耳的意义。

九四：鼎折足，覆公𫗧（sù），其形渥（wò），凶。

【译文】

鼎断了腿，洒了王公的粥，形体打湿，凶。

象曰：覆公𫗧，信如何也？

【译文】

把王公的粥洒出来，结果如何？

【精解导读】

这句爻辞在《系辞·下》里作了解释："子曰：'德薄而位尊，知小而谋大，力少而任重，鲜不及矣。《周易》曰：鼎折足，覆公𫗧，其形渥，凶。言不胜其任也。'"意为：孔子说："道德浅薄而占据尊贵地位，智慧不足而谋划大事，力量小却担当重任，很少有不连累自己的。《周易》里说'鼎折足，覆公𫗧，其形渥，凶'，讲的就是不能胜任。"爻辞的意思是力不胜任，自己受到连累。"鼎折足"就是鼎断了腿。《说文》鬻的重文有𫗧。"𫗧"就是粥，这种粥与我们说的八宝粥近似，里边放入很多配料，是高级食品。王公之家，钟鸣鼎食，不同于我们今天的米粥、面粥，虞翻说是"八珍之具"。"覆公𫗧"是把王公的八珍粥洒出来。"渥"是沾湿。"其形渥"是粥洒到自己身上，衣衫沾染，不成样子。“凶”是凶险。这句爻辞讲法有分歧，从象上看，初六是“颠趾”，是因为卦变中大巽（遁☰>☴巽）作为股的六二上到五位，只剩下在初位的初六为趾。九四位在股趾之间，互兑为毁折（九四→☰>互兑），互兑就是反巽，巽为股、为腿，鼎腿毁折反向上，故言“鼎折足”。李鼎祚说：“悚者，雉膏之属。公者，四为诸侯，上公之位，故曰公悚。”意思是说，“悚”就是前面提到的雉膏之类的鼎中食物。四位是诸侯位，为上公，所以才说“覆公悚”。“其形渥”与九三爻辞同象，九三是“方雨”，九四也在雨中，故“其形渥”。象辞说：“覆公悚，信如何也？”“信”是应验的结果。《正义》说：“信有此不可如何之事也。”把意思贯通一下，是说没有那个才能就不要挑起重任，把王公的粥洒了，结果怎么样？沾染到自己身上了吧！可见象辞作者对力不胜任的在位者很反感。

六五：鼎黄耳金铉。利贞。

【译文】

鼎配上了黄色的鼎耳与金铉。利于正固。

象曰：鼎黄耳，中以为实也。

【译文】

鼎配上黄色的鼎耳，是居中又坚实的样子。

【精解导读】

这一爻提到“金”，下一爻又提到“玉”，《说卦》讲乾为金玉，显然鼎卦是从遁卦变来，遁卦的上卦才是乾(遁☰>乾)。坤中为黄，遁变鼎，上卦成离，离是乾得坤中爻，又处在鼎耳的位置上，故言“鼎黄耳”。乾为金，上九未变，处在铉的位置上，故言“金铉”。六五在中位，故言“利贞”。爻辞的意思是说：六五是珍贵的大鼎，金黄的鼎耳，金作的铉，正固有利。象辞说“鼎黄耳，中以为实也”，指的是六五在卦变中从二位升到上卦中位，是来到乾卦之中，乾为实，是在中而又坚实。从取义上则是说，中心信实。

上九：鼎玉铉。大吉，无不利。

【译文】

鼎配上玉做成的铉。大吉，没有不利。

象曰：玉铉在上，刚柔节也。

【译文】

玉铉在上位，是刚柔调节之象。

【精解导读】

从整体卦象上看，六五是鼎耳，上九是鼎铉。卦从遁变来，上九原在遁的上乾里，乾为玉，故为“鼎玉铉”。鼎一般是青铜器，用金玉作铉，相当珍贵，是重器，故“大吉，无不利”。象辞说：“玉铉在上，刚柔节也。”“节”在这里是调节的意思，“刚柔节”是说不太刚也不太柔，调节得恰到好处。古人认为玉不仅珍贵，还有温润高雅的特性。用金为铉太刚，以玉为铉则刚柔合度。象上指的是遁变鼎，在上乾中来了一位柔爻，使上卦原来的三刚变成刚柔相间的离卦。

【提示】

彖辞说：“鼎，象也。”认为鼎卦是一个鼎的整体形象。初六是鼎足，爻辞中有“趾”；九二、九三、九四是鼎腹，九二爻辞中有“实”；六五是鼎耳，爻辞中有“耳”；上九是鼎铉，爻辞中有“铉”。从这些迹象看，彖辞准确地说明了《周易》作者的本旨。那么可以说明一点，《周易》作者的取象灵活多变。一般地说，卦象指的是八卦所代表的象。

而在鼎卦，许多象并不是出自八卦之象，而是出自六爻全象。这样，死按八卦之象去辨象就会背离作者的原意。因此，还必须注意这些八卦的象外之象。比如六五的“鼎耳”、上九的“鼎铉”，“坎为耳”是《说卦》明确规定了的，“铉”则没有做出说明，作者可以从坎中取耳象，也可以从六五取耳象，从上九取铉象。这就无异于为我们辨象做出示范。读《周易》应当善于发现作者这种不同的取象线索，不可拘执。

五十一　震——雷振而起

䷲

震卦的卦画组合为震（☳）下震（☳）上，传统称作震为雷。《序卦》云：“主器者莫若长子，故受之以震。震者，动也。”意为：主持国家重器的人没有比嫡长子更适当的了，所以在表示重器的鼎卦之后接着是表示长子的震卦。震是动的意思。《序卦》把卦名解释为长子和震动两个意思。《杂卦》云：“震，起也。”震是振奋而起，这是指震为雷，雷动惊蛰，万物发生，又以新的活力重新振起。

震与下一卦艮是覆的关系。震䷲上下颠倒，为䷳艮，两卦都属八纯卦之一。三爻的震卦（☳）就是一个小的复卦（复䷗▷☳），震卦有再度复生的意思。从卦变讲，虞翻说：“临二之四，天地交，故通。”意为：震卦由临卦变来，即：临六四九二䷒二爻与四爻换位，变䷲震。彖辞对卦变没有明确提示，从爻辞中可发现一些痕迹。

震，亨。震来虩虩（xì），笑言哑哑。震惊百里，不丧匕鬯（chàng）。

【译文】

震卦亨通。震惊袭来令人不安，言笑有节。震惊百里之远，棘匕、鬯酒却不失手。

彖曰：震亨。震来虩虩，恐致福也。笑言哑哑，后有则也。震惊百里，惊远而惧迩也。出可以守宗庙社稷，以为祭主也。

【译文】

震卦亨通。震惊袭来令人不安，恐惧可以招致福佑。言笑有节，是知惧然后有法则可循。震惊百里，是震惊远方而戒惧近处。国君外出时，长子守宗庙社稷，可以作为祭祀的主持人。

象曰：洊（jiàn）雷，震。君子以恐惧修省。

【译文】

雷一个接一个地打来就是震卦。君子从中得到启示，应当有所恐惧，并不断修养、反省自己的道德。

【精解导读】

震为雷，春雷动，大地复苏，经过天地闭塞的冬季，万物以勃勃生机而振起，重新活跃起来，所以震卦亨通。“虩虩”是惊恐的样子。“震来虩虩”是说震惊袭来，令人感到恐惧不安。这是取象于震为雷。惊雷震响，声威皆壮，令人戒惧不安。“笑言哑哑”是说笑有节的样子。震卦从临变来，临下卦为兑（临䷒>兑），兑为口、为悦，故为“言笑”。变而为上震下震的震卦，震知戒惧，故“哑哑”，“哑哑”是言笑合度有节，彖辞有说明。“震惊百里”也取象于震为雷。惊雷声威可以传播百里之远。“不丧匕鬯”取象于震为长男，坎为棘、为匕，又为酒，震为祭器，震三四五爻互坎䷲>互坎。“匕”是一种木制匙形的器具，鬯是一种香酒，都是祭祀时所用的东西。“不丧匕鬯”是说主祭的长子受到惊雷的震惊，手中的匕鬯没有失手掉落下来，仍能保持镇定的常态。这样的人具有临危不惧、受惊不乱、从容安详的修养，可以主持大事。古代的祭祀是一件大事，国君才能主祭。国君外出，由嫡长子主祭。在祭祀中表现得从容镇定，说明具有继位临政的才能和修养。

彖辞从五个方面说明震卦。（一）提出要说明的重点。“震亨”是说震卦亨通。震卦为什么会亨通，以下几点提出具体理由。（二）从忧患意识上说明卦辞“震来虩虩”。“震来虩虩，恐致福也”，强调人不可以放纵自任，乐而忘忧，而应当居安思危，注意自我约束，反映了一种忧乐互为因果的思想。受到震惊，感到恐惧不是一件坏事，有这种忧患意识，防患于未然，就可以带来好的结果。所以说能感受到恐惧，才能招致天地的福佑。（三）从忧患意识上说明卦辞“笑言哑哑”。“笑言哑哑，后有则也”，意思是说：因为有忧患意识，懂得该怎么做，不该怎么做，然后在行动上才有法度可循。“哑哑”就是有则可循的样子。是先知戒惧，后有则。可见“笑言哑哑”是指说笑都不是放纵无度，而是合乎节度，有分寸。（四）从忧患意识上说明卦辞“震惊百里”。“震惊百里，惊远而惧迩也”中，“迩”是近。这句意思是说：震惊百里是震惊得很远，但并不只是使远处的有所戒惧，近处的人同样应当有所戒惧。近知惧，无远忧，反之，不知近惧，必有远忧。（五）从道德修养上说明卦辞“不丧匕鬯”。“出可以守宗庙社稷，以为祭主也”，意思是说：国君离开国家，长子代替监守宗庙社稷，这是把长子作为祭祀的主持人，所以才讲“不丧匕鬯”。“不丧匕鬯”是临危不乱，说明长子具有监国主祭的修养和能力。封建社会，诸侯到天子那里朝觐会同，或出巡征伐，世子要监国，奉宗庙社稷。其实就是摄理国政，称作监守。“不丧匕鬯”是经受住了监守时能做主祭人的考验，说明具有道德修养。总括起来，因为有以上几条原因，所以震卦才亨通。在这一卦里，彖辞反复强调一种忧患意识，显然是反映了古人对自然和上天的恐惧心理。雷是天在发怒，人应当有所戒惧，知戒知惧则可获福，反之则会受灾。在人的修养上，主张有所戒惧，言行有分寸，从而保持受惊不乱，身闲气静。

象辞与彖辞的思想一致。先解释卦象。“洊雷，震。”“洊”是再、重的意思，与坎卦的“水洊至”的“洊”义同。是说下卦震为雷，上卦震也为雷，雷一个接一个地打来，这就是震卦。“君子以恐惧修省”，意为：君子听到震雷，要有所警觉，知道恐惧，加强自身的道德修养，不断反省自己，改过迁善。只要自己没有过失，天谴就不会加于身，面临危惧就可以从容镇定。人不犯天威，天威也就不会及于人。这是古人对于天人关系的一种认识。

初九：震来虩虩，后笑言哑哑，吉。

【译文】

震惊袭来令人不安，然后言笑有节，吉祥。

象曰：震来虩虩，恐致福也。笑言哑哑，后有则也。

【译文】

震惊袭来令人不安，恐惧可以招致福佑。言笑有节，是知戒惧然后有法则可循。

【精解导读】

爻辞与卦辞的前几句相同，只是在“笑言哑哑”前多了一个“后”字，说明“笑言哑哑”是在“震来虩虩”之后，两者有前后因果关系。“震来虩虩”是震惊袭来令人恐惧不安，“后笑言哑哑”是因恐惧不安而知戒，然后言笑就不会过分放纵而有节度伦叙，由此可以获吉。“震来虩虩”取象于震为雷，“笑言哑哑”取象于临变震。“后”取象于爻位，一卦之中，在上为前为首，在下为后为尾。象辞说“震来虩虩，恐致福也”，讲明了这种因果关系。“笑言哑哑，后有则也”，又讲明了这种前后关系。“哑哑”与家人卦的“妇子嘻嘻”不同，“嘻嘻”是没有节制，“哑哑”是有节制。

六二：震来厉，亿丧贝。跻于九陵，勿逐，七日得。

【译文】

震惊袭来有危厉，大量丧失钱币。登上九重高陵，不要追赶，七天后会失而复得。

象曰：震来厉，乘刚也。

【译文】

震惊袭来有危厉，是因为凌驾在刚爻之上。

【精解导读】

“亿”字有歧解。郑玄作数词讲，十万为亿；虞翻本作“噫”，认为是“惜辞”；干宝解为“叹辞”；程传讲成“臆度”。六五爻辞“亿无丧”，象辞讲作“大无丧”。依据象辞，郑玄的说法近是。“亿”是大量的意思，“贝”是古代的货币，“跻”是登上，“九陵”是九重的山陵，言山陵之高。爻辞的意思是：震惊袭来，有危厉令人惊恐，丧失了很多钱币。劫去钱币的人登上了九重高的山陵，不要去追赶，七天之内丧失的钱币会失而复得。从象上看，六二是与九四换位的一爻，在临变震的过程中，从四位来到二位，下卦变震，震为雷，又在刚爻初九之上，如同坐在火山口上，故言“震来厉”。临的上卦为坤，坤为朋（见坤卦），朋是两串贝币，变震之后坤象消失，故为“亿丧贝”。临卦的九二上升到四位，与二三爻互为艮卦(九四 六二 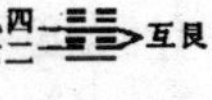 互艮)，艮为山，如同与六二换位的九四登上高山，故言“跻于九陵”。上震为足为行，下震为足为行，前后同行追不上，故言“勿追”。“七日得”取象于复卦。震是小复卦，复卦卦辞说“七日来复”，故言“七日得”。象辞说：“震来厉，乘刚也。”主要指出六二乘驾在刚爻初九之上，位置不安，故有危厉。总之，这一爻是有危险和大的损失，静待其复，七天可失而复得，如果孜孜追寻则会徒劳无功。

六三：震苏苏，震行无眚。

【译文】

震得苏苏颤抖，行动没有灾眚。

象曰：震苏苏，位不当也。

【译文】

震得苏苏颤抖，是因为位置不当。

【精解导读】

“苏苏”也作“愬愬”，前人讲得不尽相同。其实“虩虩”“苏苏”与上六的“索索”都是形容性的叠字尾，意为吓得震颤发抖的样子。从卦爻辞中分析，稍有程度不同。

“虩虩”抖得最轻，其次是“苏苏”，“索索”抖得最重。从发音上讲，“虩虩”开口度最小，“苏苏”次之，“索索”开口度稍大。开口度越大，抖的响声就越大，抖得也就最厉害。其实，象声而已，没有本质的区别。取象都在于上下都是震，上震为动，下震为动，反复动就是抖。“眚”与“灾”笼统地说没有区别，六三在互坎之中（六三→䷲>互坎），坎为灾眚，但又在震里，震为行，能行可以脱离灾眚，故言“震行无眚”。意思是说震惊得哆哆嗦嗦，走开就没有灾难。象辞说：“震苏苏，位不当也。”主要是指六三处在一个进退皆震的位置，前后都有震惊，所以才发抖。

九四：震遂泥。

【译文】

震得掉到泥里去。

象曰：震遂泥，未光也。

【译文】

震得掉到泥里去，是因为还未光大。

【精解导读】

震卦由临变来，九四是卦变中的主爻，从二位升到四位，临的上卦、互卦都是坤（临坤<䷒>互坤），坤为土，临的九二正应在六五，应当升进到五位，五位是尊位，而在推移时，却升往四位，使上互变为坎卦（九四→䷲>互坎），坎为水，水入土中为泥。故九四如同震落到泥地上去。“遂”在古文里与队、隧、坠互有通假，“遂泥”就是“坠泥”。象辞说“震遂泥，未光也”，指九四如推移到五位，居中得正，就变得光大，差了一位，成为坠泥之象。如果进位到五，就不能取“遂泥”之象，因为还有中正的因素。

六五：震往来厉，亿无丧，有事。

【译文】

震来震往都是危厉。没有大量丧失，有事故发生。

象曰：震往来厉，危行也。其事在中，大无丧也。

【译文】

震来震往都是危厉，这是危险的行程。有事故但因为居中，不会有大的丧失。

【精解导读】

震卦由临变来，临卦的九二升往四位，成为主爻，而在临卦里六五是九二的正应(临六五/九二→䷒>正应)，九二未与六五换位，却与六四换了位置。对六五来讲，九二的上往、六四的下来，都变出的是震卦，自己却处在互坎里(六五→䷲>互坎)，坎为险，故言“震往来厉”。从取义上讲，“震往来厉”是受震惊，来往都有危险。临的上卦坤，形似串贝，卦变之后，六五还居其中，故言“亿无丧”，是说没有大量的丧失。但损失还是有的，故言“有事”，“有事”是有事故发生的意思。象辞说“震往来厉，危行也”，指出震为行，“震往来厉”是来往行动都有危险。危解释“厉”。“其事在中，大无丧也”，指出六五在中位，虽有损失不会太大。“丧”是失，“亿”是大，“事”指的就是丧失。

上六：震索索，视矍矍，征凶。震不于其躬，于其邻，无咎，婚媾有言。

【译文】

震得嗦嗦发抖，吓得惊慌张望，征进凶。震惊不在自己身上，而在邻居那里，没有咎害，婚配会有言语争执。

象曰：震索索，中未得也。虽凶无咎，畏邻戒也。

【译文】

震得嗦嗦发抖，是因为没占据中位。虽有凶险但无咎害，是从邻居那里感受到惊畏而自己也懂得戒惧。

【精解导读】

“索索”是发抖声，同“嗦嗦”。“矍矍”是鸟在高处双目惊慌四顾的样子。上六在全卦的最高位，受震最烈，抖动最大，故言“震索索”。从二至上爻是个缩小一点的小过卦(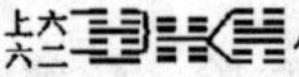

小过)，小过是飞鸟之象（见小过卦），鸟在高处，故言“视矍矍”。上位是穷途末路，故“征凶”。“躬”是自身，坤为母，怀孕就是有身，故坤为躬。临变震，上坤变去，故言“震不于其躬”。“邻”指相比邻的六五，六五“往来皆厉”，故言“于其邻”。从邻爻六五受震吸取教训而知戒惧，故“无咎”。“婚媾”看应爻，上六的应位是六三，都是柔爻不应，成对不成偶。六三在卦变前是在临卦下兑里，兑为言。卦变后兑变为震，“言”变了，对方变了卦，故为“婚媾有言”。象辞说“中未得也”，指未能占据中位。虞氏说“四未之五，故中未得也”，指九四在卦变中该到上卦中位的五位而未到，影响了上六无所依归。“畏邻戒也”，意为从邻居那里感受到惊畏，自己知道有所戒惧。

【提示】

“匕鬯”不仅是祭祀用品，还有祭祀程式的意思。古代祭祀的礼仪很复杂。用匕献牲和用鬯酒灌地这两项，必须是主祭人亲自来做的，是祭礼中表示对神诚敬的重要程式。《正义》里讲：“陆绩云：‘匕者，棘匕，桡鼎之器’。先儒皆云匕形似毕，但不两歧耳。以棘木为之，长三尺，刊柄与末。《诗》云‘有捄棘匕’是也。用棘者，取其赤心之义。祭祀之礼，先烹牢于镬，既纳诸鼎而加幂焉。将荐乃举幂而以匕出之，升于俎上。故曰‘匕所以载鼎食’。”译述出来，大意为：陆绩说，匕是祭祀中用的棘木匙，从鼎里往外扠东西的器具。先儒都说，匕的形状与毕相似，只不过是前面不分叉罢了。用棘木制成，有三尺长，要砍削柄和头。祭祀的礼仪，是先在锅里把牺牲煮好，然后捞出放在鼎里盖上。荐祭时揭起盖子，用匕匙把牺牲取出来放在俎上。所以说匕是用来从鼎中捞取牺牲的器具。牺牲都是整个的牛、羊、猪，持匕的人要稳当，不能惊慌，不然牺牲掉在地上就不能献祭。鬯是古代的香酒，用黑黍酿制，再把郁金香蒸煮之后捣碎，掺进去，称作秬鬯，古人认为用这种酒祭祀可以降神。祭祀之前鬯放在卣里，祭祀时要盛在彝器中。主祭人把秬鬯从卣中盛到彝器，然后浇地求神享用，也要稳稳当当，不能惊慌。“不丧匕鬯”是指主祭人在献牲灌酒这两步祭仪中都做得从容镇定，突然受到震惊，也没有失手把匕鬯失落在地上。

另外讨论一下爻的乘承比应关系。《周易》里爻与爻之间讲究乘承比应。“乘”是在某爻之上，“承”是在某爻之下，“比”是两爻相邻，“应”是初爻与四爻、二爻与五爻、三爻与上爻的关系，在相应的位置上，如果是一刚一柔为相应。如果是两刚或两柔为敌而不应。但这种关系不能看死，而要从爻的推移中去看，比如这一卦的六二，象辞说“震来厉，乘刚也”，是因为震卦从临卦变来，六二原在临卦的四位，来到二位才乘驾在刚爻初九之上，没有推移的变化就不能说“乘刚”。比如“六五”在刚爻九四之上，就不是乘刚。其他如“承”与“比”都是指在推移中的变化而形成的爻与爻之间的关系。关于爻的阴阳位当与不当也不能看死。一般地说，初、三、五位为阳位、刚位，二、四、上位为阴位、柔位。这是因为奇数为阳，偶数为阴，但并不能绝对化地以此看待当位。比如本卦六三象辞说“震苏苏，位不当也”。“位不当”主要指六三处在一个上下皆震的位置上，前进后退都会受到震惊，正如坎卦的六三是

“来之坎坎”一般，这才是象辞要说明的内容。义理派不顾卦象，仅用阴阳位讲“位不当”，说六三是柔爻居刚位不当，这就把象辞的意思理解错了。

五十二　艮——山止不动

䷳

艮卦的卦画组合为艮（☶）下艮（☶）上，传统称作艮为山。《序卦》云："物不可以终动，止之。故受之以艮。艮者，止也。"意为：事物不可以老是震动，要让它停止下来。所以在震卦之后接着是艮卦。艮是止的意思。《杂卦》云："震，起也；艮，止也。"震是振起，艮是停止。古文中自动词的用法往往是施受同词。"止"既是制止，又可以是停止。《说文》："艮，很也。从匕、目，匕目犹目相比，不相下也。《周易》曰：'艮其限。'""艮"是什么意思？《说文》："艮，不听从也。一曰行难也。"《段注》："'艮者，不听从也，一曰行难也，一曰盭也。'《周易》传曰：'艮，止也。'止可兼艮三义。许不依孔子训止者，'止，下基也，足也'。孔子取其引申之义，许说字之书，嫌云止则义不可明审，故易之。此字书与说经有不同，实无二义也。《方言》曰：'艮，坚也。'《释名》曰：'艮，限也。''目相匕'

犹‘目相比’，谓若怒目相视也。”《广韵》说：“艮，很之俗字。”把这些意思归纳一下，艮的本义是不服气、不服从。字形取怒目相向、互不相让为义。谁也不服谁，相互造成阻力，各自受到限制，行动上就困难，所以又引申出乖戾睽绝、限止、行动困难的意思。《说文》是讲字本义的书，不取引申义。《易传》是解经的书，随文释义，就得按《周易》的意思去讲，所以取引申义。那么《周易》里的“艮”要讲成限止。《说文》独独把“艮其限”引为例证，也说明许慎认为《周易》里的“艮”是限制的意思。可见卦名艮的意思是制止、限止、停止的意思。

艮是震的覆卦，观卦又是临的覆卦，震由临变来，艮应当由观变来。虞翻说：“观五之三也。”意思是说：观卦的九五来到六三位就变成艮卦，即：观九五六三䷓五与三换位，变䷳艮。

艮其背，不获其身。行其庭，不见其人，无咎。

【译文】

止住背部，不能获得其身体。在庭院中行走，见不到人。没有咎害。

彖曰：艮，止也。时止则止，时行则行，动静不失其

时，其道光明。艮其止，止其所也。上下敌应，不相与也，是以不获其身。行其庭不见其人，无咎也。

【译文】

艮是止的意思。该停止的时候就停止，该行动的时候就行动，动静都不失时，其道就光明。艮卦是讲止的，而止要止得其所。六爻上下敌应，不能相互应与，因此不能获得其身。在庭院中行走见不到人，故无咎害。

象曰：兼山，艮。君子以思不出其位。

【译文】

两山相并就是艮卦。君子从中得到启示，思考问题不超越自己的地位。

【精解导读】

虞翻说：“观五之三也。艮为多节，故称背。观坤为身，观五之三，折坤为背，故艮其背。坤象不见，故不获其身。震为行人，艮为庭，坎为隐伏，故行其庭不见其人”。意思是说：《说卦》里讲“艮为坚多节木”，背脊骨也多节，所以艮也为背。观卦的下坤为身（观䷓>坤），观变艮卦，九五下来到了六三位，把下坤折断变成艮背，故言“艮其背”。坤象退去，故言“不获其身”。互震为行人（䷳>互震），艮为门庭，坎为隐伏，故言“行其庭，不见其人”。李鼎祚补充说：“按艮为门阙，今重艮，重其门阙，两门之间，庭中之象也。”意思是说，艮为门阙，艮卦是两艮相重，两道门，两门之间就是庭院中的象。虞翻补充了艮为背、坤为身的逸象，说得比较近情理。“身”原有怀孕的意思，如《诗·大雅·大明》：“大任有身，生此文王。”坤为母，故可为身。“获”是获得，如明夷六四“获明夷之心”。卦辞的意思是说止住了他的背，但得不到他的身体。在他的庭院行走，见不到他们家的人，没有咎害。

彖辞从四个方面说明艮卦。（一）“艮，止也”，先说明卦名的含义是止。（二）阐明动静顺时的意义。“时止则止，时行则行，动静不失其时，其道光明”，这是联系震卦讲的，震是行，艮是止，该行动的时候要行动，该停止的时候要停止。行是动，止是静，动与静是辩证的统一。天是动的，地是静的，人要效法天地，能动也能静，要顺应客观时势，处理好自己的动与静。动有动的意义，静有静的意义，动要不失其时，静也要不失其时，那么他的道就光明。关键是要顺应时势，而不能随心所欲。（三）阐明止得其所的意义。“艮其止，止其所也”，意思是说：艮卦是单讲止的，止要止得其所。“艮其止”的“其”是语气词，“艮其止”，意为艮卦正是讲止的。“止其所也”的“其”是代词，意思是止要止在他该止的地方。这两句强调了动与静不仅要顺应时势，还要注意处所的条件。指出人的动静要受到时与地两个条件的制约。（四）从应位上说明卦辞。“上下敌应，不相与也”，是指全卦六爻，在相应的位置上，初六与六四、六二与六五，都是柔爻与柔爻的对应，柔爻与柔爻同性相敌；九三与上九是刚爻与刚爻对应，也是同性相敌，没有任何一爻能得到应合。“是以不获其身。行其庭不见其人，无咎也。”意为：谁都得不到应合，因此才不能得到他的身体。行走在他的庭院里，见不到他们家的人。人与人之间了无相干，所以也就谈不上咎害。按彖辞的讲法，艮卦虽然没有咎害，但也有没人应合的意思。

象辞从上下卦象的组合上说明艮卦。“兼山，艮”，“兼”是并、重的意思，与坎卦的“习”、震卦的“洊”义近，因为都是纯卦。上卦艮为山，下卦艮还是山，两山并列就是艮卦。前面是山，后面也是山，人被挡在两山之间，与外界隔绝，所以有受阻而止的意思。“君子以思不出其位”，意思是说：君子见到这样的卦象，应该看到自己被限制在某一个地位上，行动上难以超越，从中得到启示，思考问题就不要超出自己的地位，也就是想你自己该想的事情，不该你想的事情想也没用。越过这个范围就是想入非非，君子不为。孔子说“不在其位，不谋其政”，这里反映了儒家的思想（见《论语·泰伯》）。

初六：艮其趾，无咎。利永贞。

【译文】

止住脚趾，没有咎害。利于永守正固。

象曰：艮其趾，未失正也。

【译文】

止住脚趾，未失去正道。

【精解导读】

艮卦的取象与咸卦相似，都是从人体部位与爻的上下位序对应取象。可对比一下观察：

艮	咸
上九敦艮	上六咸其辅颊舌（头）
六五艮其辅（头）	九五咸其脢（背肉）
六四艮其身（身）	九四朋从尔思（心）
九三艮其限（腰）	九三咸其股（大腿）
六二艮其腓（腿肚）	六二咸其腓（腿肚）
初六艮其趾（脚趾）	初六咸其拇（脚拇指）

两卦大同小异。显然，除各爻的具体象之外，主要是取象于爻位的高低。艮的初六在全卦的最低下处，对应人体就

是脚趾部位，故言“艮其趾”。身体靠脚趾来行走，能把脚趾止住不动，全身就不会行走，这一爻是止得其所，故无咎。初爻是事之初始，开始就能止，可保长久不动，故言“利永贞”。象辞说：“艮其趾，未失正也。”“正”是解释“贞”的，不是指阴阳位正不正。主要指初六位在最下，又是柔爻，在下能柔顺服从刚健，没有离开正道。下从上、柔从刚就是正道。

六二：艮其腓，不拯其随。其心不快。

【译文】

止住小腿，不抬起来随着动，心里不痛快。

象曰：不拯其随，未退听也。

【译文】

不抬起来随着动，未退后听从。

【精解导读】

趾上是小腿部位，腓是腿肚子，就是小腿。“艮其腓”是止住小腿，“拯”是抬举，《释文》作“承”，引马融的讲法说“举也”。京房本作“抍”，也解作“举”。“不拯”意为不举，就是不抬起来。“随”是随着动。“不拯其随”是不抬起来随着动。走路的时候，小腿也要随着大腿抬起来，才能行走得力。小腿止住不动，随着动而不抬起来，走起来很不便利。“其心不快”是说心里不痛快。艮从观变来，在观卦里，九五是六二的正应（

），卦变中九五与六三换位，故“其心不快”。爻辞的意思是说六二动止不能自主，随着人家动，心里不痛快，也就没有积极性，懒得抬起来。象辞说：“不拯其随，未退听也。”意思是小腿不抬起来随着拉拖地动，是未能退后听从。也是讲六二心里不愿意听从。“退”是指从主动的地位退出来，象上指九五退居三位，六二因为九五不与自己换位，所以不愿听从。

九三：艮其限，列其夤，厉，熏心。

【译文】

止住腰，撕裂脊肉，危厉，心疼如焚。

象曰：艮其限，危熏心也。

【译文】

止住腰，危厉使人心疼如焚。

【精解导读】

九三来自观的九五，是卦变中换位的一爻，来到卦的中间部位，上下皆艮，卦象对称，故为“艮其限”。“限”是腰的部位。虞翻说：“限，腰带处也。”从取义上讲，“限”是限制，“艮其限”是止住加以限制。“列”与“裂”是古今字，分裂的意思。“夤”郑玄本作“膑”。《说文》引《周易》作“胂”，荀爽本作“肾”，但解释都相同，皆说为夹脊肉，指脊柱两边的肉。九三在互坎里（九三→䷳>互坎），坎为美脊，故为“夤”。腰是横的中间部位，脊是竖的中间部位，坤为身，九三折断坤卦，故为“裂其夤”。坎为险，故为“厉”。坎为心病，故“熏心”，“熏心”是心如熏烤一般难受，是揪心如焚的意思。象辞说：“艮其限，危薰心也。”以“危”释“厉”，是危厉而使其心如焚。这一爻是受限制不能动，有危险，揪心如焚，脊腰受伤。

六四：艮其身，无咎。

【译文】

止住身子，没有咎害。

象曰：艮其身，止诸躬也。

【译文】

艮其身，是止住身子。

【精解导读】

从爻位上讲，腰的上部就是人的上身。从卦象说，互坤为身，九三插入互坤，故为“艮其身”。止住身，动不了而已，但没有咎害。象辞说“艮其身，止诸躬也”。以“躬”释“身”。“躬”是自身，“诸”是之乎的合音，相当于“之于”，是说“艮其身”就是止住自身。这一爻身体受到限止，但无咎害。

六五：艮其辅，言有序，悔亡。

【译文】

止住上牙床，说话有伦序，忧悔消亡。

象曰：艮其辅，以中正也。

【译文】

止住上牙床，是因为位置中正。

【精解导读】

“辅车”指上下牙床，分开讲“辅”是上牙床，“车”是下牙床，所以虞翻说辅是“上颊车也”。“艮其辅”是止住上牙床不动。人的嘴说话、吃东西都是下牙骨动，上牙骨不动。上牙骨止而不动是理所当然的事，止到该止之处。如果上下牙骨都晃动起来，那就是说话没了章程而胡说八道。上牙骨不动说话才有伦序，故为“言有序”。说话有伦序，就不会招惹是非，故“悔亡”。从象上讲，艮从三爻至上爻是个小颐卦（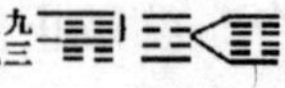
），六五在小颐的上部（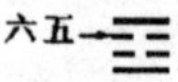
），故为上牙床。小颐卦是艮震互对（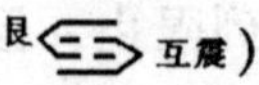
），艮为止，震为动，能动又能止，故“言有序”。象辞说：“艮其辅，以中正也。”实际上是解释全爻，意思是说，六五所以要取“艮其辅，言有序，悔亡”的意思，是因为六五在上卦中位，中正不歪。如果没有中位这个条件，那就可能取别的象。六五是卦变中的主爻，获得中正的地位，是全卦中较好的一爻，受限制也取止不止都无所谓的地方为象。

上九：敦艮，吉。

【译文】

敦厚而止，吉祥。

象曰：敦艮之吉，以厚终也。

【译文】

敦厚而止的吉祥，是以厚重终止。

【精解导读】

下卦艮为山，上卦艮又为山，山与山相重，厚重无比，上九正处在两山之上，故为“敦艮”。“敦艮”是厚重地止住，相当稳固，不可动摇，故吉祥。象辞解释说“敦艮之吉，以厚终也”。以“厚”释“敦”，指出上九在全卦之终的爻象，突出兼山厚止的内容。最终能厚厚实实地止住，是一种善终。

【提示】

在这一卦里讨论一下《周易》里的“正”，顺便发掘一下象辞的体例。《周易》里经常提到“中正”的术语。王弼把“中”解为中位，“正”解为“当位”，所谓“当位”指的是柔爻居柔位、刚爻居刚位，但这个说法与《易传》的许多地方不合。比如本卦，初六是柔居刚位（王弼认为初、上无定位），象辞说“未失正也”。六五也是柔居刚位，象辞说“以中正也”。既然不当位而言“正”，王弼显然是讲错了。为了自圆其说，王弼在恒卦九二的注里说：“虽失其位，恒位于中，可以消悔也。”程传据此而发挥，认为“能恒久于中，则不失正矣。中重于正，中则正矣，正不必中也”。又在注震六五爻辞说：“不失中则不违于正矣，所以中为贵也。诸卦二五虽不当位，多以中为美。三四虽当位，或以不中为过，中常重于正也。”提出“中”重于“正”的观点，其实是为了弥补王弼提出的当位为正的说法。从《周易》的经传中去验证，“正”并不是单指当位，凡中都可言正，中正往往是一回事。此外，只要符合易理就可言正，也并不一定是当位、失位的问题。这一卦的初六所以“正”，是因为符合下从上、柔顺刚的易理；六五所以“正”，就是因为在中位，中当然正，不当位也正。当位只是正的因素之一，不能全包括正。

象辞在说明卦爻辞时有自己的体例。关于大象的体例，已在前面讲过。爻象的体例，一般是点出不易被人注意的地方，或解释不易懂的爻辞，点到为止，不作详细说明。在标明所解爻辞的起止处时，常常省略，读的时候应当补充进去，比如九三象辞“艮其限，危熏心也”，显然是说“艮其限，列其夤，厉，熏心，危熏心也”。是引用爻辞省略了一部分，而不独是以“危熏心”来解释“艮其限”。关于点到为止，可参见对六五象辞的说明，只要搞清象辞要说明的要点，就能对象辞有进一步的了解。

五十三　渐——循序渐进

䷴

渐卦的卦画组合为艮（☶）下巽（☴）上，传统称作风山渐。《序卦》云：“物不可以终止，故受之以渐。渐者，进也。”意为：事物不可总是停止不前，所以在表示止的艮卦之后接着是渐卦。渐是进的意思。《杂卦》云：“渐，女归待男行也。”意为：渐卦是女子出嫁等待男的行聘。《杂卦》认为“渐”有等待的意思，《序卦》认为是进，等待而进就是渐进，不是突飞猛进。“渐”有逐渐的意思。

渐的覆卦就是归妹，即：渐䷴卦整个倒置，为䷵归妹。“归”是女子出嫁，“归妹”就是嫁妹，所以《杂卦》说渐是女子等待出嫁。虞翻说：“否三之四。”意为：渐卦是由否卦变来，否卦的六三上升到四位就变为渐卦，即：否九四六三䷋→三爻与四爻换位，变䷴渐。彖辞提示说“进得位”，指的是六四柔爻进居四的柔位，得位。虞氏的说法与彖传合。

渐，女归吉。利贞。

【译文】

渐卦，女子出嫁吉祥。利于正固。

彖曰：渐之进也，女归吉也。进得位，往有功也。进以正，可以正邦也。其位刚得中也。止而巽，动不穷也。

【译文】

逐渐而进，女子出嫁吉祥。进而取得正位，前往有功。按正道前进，可以正邦国。渐卦的位是刚爻居中。能停下并随顺地等待，行动起来就没有困穷。

象曰：山上有木，渐。君子以居贤德善俗。

【译文】

山上长有树木就是渐卦。君子从中得到启示，要居于贤德，改善风俗。

【精解导读】

女子出嫁称“归”，卦辞说“渐，女归吉”，意思是说：一步步地循序渐进把女儿嫁出去，吉祥。古代嫁女要经过六步（见提示），要一步一步来。渐卦由否卦变来，否卦是上乾下坤，乾男坤女，男上女下，坤女的六三向上推移了一位，是一步一步渐进，变渐之后男女结合，各得正位，故言“女归吉。利贞”。

彖辞从五个方面作了解释。（一）“渐之进也”解释卦名，指否变渐，六三向四位推移了一位，呈现的卦象是一位一位地逐渐前进，不是跳跃性的，而是一步一步来，渐是逐渐。逐渐进展也是“女归吉也”的条件。女子成熟等待出嫁，情急如火，但不能草率，逐渐进展才会吉祥。（二）“进得位，往有功也”，进一步说明卦辞“吉”的理由。从卦变中看象，否变渐的过程是否的六三进位成为六四，否的九四下来成为九三，换位之后六四柔爻居柔位，九三刚爻居刚位，都获得正位。对六四这个柔爻讲是“进得位”。爻向上推移称“往”。否卦原是乾男坤女各自分离，因为六四的上往，乾男坤女相交，婚事成了，这就是“往有功”。“功”指成功。（三）“进以正，可以正邦也”，是推广到社会意义上说明渐卦的作用。六四上进得到正位，引申来讲是按正道而进，影响所及，就可以使国家的风俗民情正过来。“邦”就是国。古人特别看重男女风化的影响，《诗经》里大量讲男女爱情的诗歌，都要与风化联系起来。卦讲女归，故强调它的正邦化俗作用。（四）“其位刚得中也”，是讲渐卦的爻位，九五占据着上卦的中位，又是全卦的尊位，既中又正，下面又有六二正应，这就决定了全卦基本上合乎正常秩序。（五）“止而巽，动不穷也”，是从上下卦特性的组合上说明渐卦。下卦艮为止，上卦巽为顺，能停下来随顺地等待条件成熟，逐步进展，所以行动起来就不会遇到困境。“穷”是困的意思。

象辞说“山上有木，渐”，是从上下卦象上讲渐。下卦艮为山，上卦巽为木，山上长有树木就是渐卦。树木生长先得有好地，有好的地方才能长好，长在山上最理想。因此君子从中得到启示，也要居于好地，君子的好地就是贤德。树木的生长是“始于毫末，终于合抱”，渐渐长成，君子的贤德修养也要逐渐积累。移风易俗也不是一下子可以办到的事情，要靠贤德的逐渐影响，像树在山上的生长一样。树成山美，蔚然可观。象辞是在这些联系方面提示人们要观象进德。

初六：鸿渐于干，小子厉。有言，无咎。

【译文】

鸿雁渐进到水边，小子有危厉。言语不合，没有咎害。

象曰：小子之厉，义无咎也。

【译文】

小子的危厉，从道义上说不应当有咎害。

【精解导读】

“鸿”是鸿雁，也就是大雁。“干”是水的岸边。《诗·魏风·伐檀》：“坎坎伐檀兮，置之河之干兮。”“干”指河边。全卦的基本卦象是爻位，从初爻至五爻，鸿雁渐进而高，初六是“鸿渐于干”（水边），六二是“鸿渐于磐”（大石），九三是“鸿渐于陆（高平之地），六四是“鸿渐于木”（树），九五是“鸿渐于陵”（高山），上九返回又是“鸿渐于陆”。命辞的方法与需卦相似。需初九是“需于郊”，九二“需于沙”，九三“需于泥”，六四“需于血，出自穴”，九五“需于酒食”，上六又返回“入于穴”。需卦是渐次靠近坎险，渐卦是逐步升高。可对照起来分析，渐卦六爻都讲到“鸿”，这里有古人对“鸿”所赋予的特殊意义（见提示），鸿可以象征秩序、守信和知时等意义，渐卦讲男女爱情，故以鸿起兴。从象上说，初六是渐进的初始，位处最下，前临互坎（初六→䷴>互坎），坎为水，位在水边，故言“鸿渐于干”。艮为少男，故为小子，坎为险，故言“小子厉”。“小子”与“小人”不同，“小人”是社会地位低，“小子”是年纪小。“厉”是危厉。《说卦》里讲：“说言乎兑”“成言乎艮”。兑是悦言，艮是成言。初六在下卦艮里（初六→☶>艮），故“有言”。“成言”是指形成定见的言论。“有言”就是受到这种定见的指责。从取义上说，“有言”都是指言语不合，有争执。“无咎”是没有咎害。象辞说：“小子之厉，义无咎也。”“义”是道理、道义。这句意思是说，小孩子还没有长成，有危厉，受到指责，属正常现象，从道理上讲不应当有咎害。

六二：鸿渐于磐，饮食衎衎（kàn），吉。

【译文】

鸿雁渐进到磐石上，饮食和乐，吉祥。

象曰：饮食衎衎，不素饱也。

【译文】

饮食和乐，不是白吃饱饭。

【精解导读】

艮为石，六二在下卦艮中，故言“鸿渐于磐”。虞翻说“聚石称磐”，这是因为《说卦》里讲“艮为小石”，磐石是大石，是小石聚为大石，“磐”是乱石滩。从取义上讲，

“磐”有盘旋游乐的意思，所以“渐于磐”并不是坏事。“衎衎”是和乐的样子。坎为水、为酒，六二在互坎里，又居下卦之中，上应九五，故言“饮食衎衎”。象辞说“饮食衎衎，不素饱也”，意为饮食和乐，不是白吃饱饭。《诗·魏风·伐檀》：“彼君子兮，不素餐兮。”意为那个君子可不是白吃饭的人啊！《伐檀》是反话正说，反唇相讥。但“素餐”是白吃饭。象辞是正话正说，“不素饱”是不白吃饱饭的意思，也就是有贡献。象上指六二与九五正应，九五是天子，六二以中道与之应合，并不是白吃饱饭的人，强调的是六二位中守正。

九三：鸿渐于陆。夫征不复，妇孕不育，凶。利御寇。

【译文】

鸿雁渐进到高平的大陆。丈夫出征不回来，妇女怀孕不生育，凶。抵御寇盗有利。

象曰：夫征不复，离群丑也。妇孕不育，失其道也。利用御寇，顺相保也。

【译文】

丈夫出征不回，是离开自己的群类。妇女怀孕不生育，是丧失了正道。抵御寇盗有利，是顺守相保。

【精解导读】

《尔雅·释地》：“高平曰陆。”现在说的“大陆”，指的也是高出水位的板块地形。艮为山故高，坎为水故平，高平之象故为陆。九三在互坎和下艮之上，故言“鸿渐于陆”。初六在水边，六二在石滩，九三到了高平的陆地上，又升高了一步。“夫征不复”指九三从否的上乾三个刚爻中下到三位，阳穷于上返下为复，九三没有返下，这是征而不复。刚爻为男，故言“夫征不复”。取义是丈夫出征不回来。“妇孕不育”指与九三换位的六四，九三上互离卦（九三→䷴>互离），离为大腹为孕。上卦巽为长女、为妇，巽又为不果，肚子大不结果，故言“妇孕不育”。又在互坎中，坎为寇盗，又为弓，离为矢，故言“利御寇”。“凶”是断词。象辞说：“夫征不复，离群丑也。”“丑”是类，指九三离开否卦上乾中三个刚爻的同类，来到下坤的柔爻里。“妇孕不育，失其道也”，是指否卦乾上的三个刚爻的正常推移是返下而复，九四的正应又在初位，应当推移到初位，在卦变中却来到三位，失去正道，因此“妇孕不育”。“利用御寇，顺相保也”，是指否变渐，上卦成巽，巽为随顺，又改变了否卦柔长逼刚的发展趋势，保住了刚爻的地位，所以“利用御寇”。这都是从九三与六四换位上做出的说明。

六四：鸿渐于木，或得其桷（jué），无咎。

【译文】

鸿雁渐进到树上，或许会得到屋椽一样的树枝，没有咎害。

象曰：或得其桷，顺以巽也。

【译文】

或得屋椽，是坤顺变巽顺。

【精解导读】

六四又高出九三一位，上卦巽为木，故为陆地上长出的树木。《说文》："榱（cuī），秦名为屋椽，周谓之榱，齐鲁谓之桷。"又云："桷，榱也，椽方曰桷。"桷是屋顶上的椽子，齐鲁方言称桷，细加区别就是方形椽子。六四在上卦巽里，巽为木，又在下艮之上，艮为门阙，门阙上的木就是椽子，故言"或得其桷"。前人讲这一爻辨析说，鸿雁是蹼足飞禽，不能握木，飞到树上难以栖息，落在椽子上安稳一些。"或"取象于四位。三、四位为上下卦之际，可上可下故言"或"。乾九四"或跃在渊"可证。象辞说"或得其桷，顺以巽也”，意为所以能得到椽子，是因为在上卦巽里，巽是随顺。六四正是象辞讲的“进得位，往有功也”从坤上来那一爻，故可“无咎”。

九五：鸿渐于陵，妇三岁不孕。终莫之胜，吉。

【译文】

鸿雁渐进到山陵上，妇女三年不怀孕。最终无人能胜过她，吉祥。

象曰：终莫之胜，吉，得所愿也。

【译文】

最终无人能胜过她，吉祥，是因为愿望能够实现。

【精解导读】

九五互离（九五→䷴>互离），离为附丽，在下艮之上，艮为山，附丽于山上，故为鸿渐于陵。在上卦巽里，巽为长女为妇，又为不果，故言“妇不孕”。九五正应在六二，中隔三爻，故言“三岁”。正应在下卦艮里，艮为果，三年之后可孕。九五在上卦中位，六二在下卦中位，中道相应，故言“终莫之胜，吉”。“胜”是就应与比的关系而言。九三推移之后下比六二，九五是六二的正应，最终还是应的力量大于比。

象辞说：“终莫之胜，吉，得所愿也。”“愿”与“志”都指应，“得所愿”指最后能得到应合，愿望实现。这一爻婚姻吉祥，受到点阻碍，得子晚一些。

上九：鸿渐于陆，其羽可用为仪，吉。

【译文】

鸿雁渐进到高平的大陆，羽毛可用在礼仪中，吉祥。

象曰：其羽可用为仪，吉，不可乱也。

【译文】

羽毛可用在礼仪中，吉祥，是因为礼仪不可乱。

【精解导读】

这一爻的“陆”与九三的“陆”相重，胡瑗提出质疑，认为“陆”当为“逵”，把“逵”解为云路。程、朱沿用。清朝的江永、王引之、俞樾又觉得“逵”不如“阿”，因为《尔雅·释地》讲：“高平曰陆，大陆曰阜，大阜曰陵，大陵曰阿。”阿比陵还要高。阿与仪也合韵。可备一说。但没有实据，古本都作“陆”，没有作“逵”或“阿”的。孔颖达讲：“上九与三皆处卦上，故并称陆。”意为：上九在上卦的上位，九三在下卦的上位，所以都称作“陆”。“鸿渐于陆”还是鸿雁渐进到高平的陆地上。九五已“鸿渐于陵”，上九“渐于陆”是返下到陆地上。从象上看，上卦巽为进退，退到陆地上可通。“其羽可用为仪”中，“仪”是礼仪，主要是指婚礼的礼仪。巽为进退，进退有序就是礼仪。互离为雉，故言“其羽”。这句意思是说，鸿雁的羽毛可以用在礼仪中。

象辞说“其羽可用为仪，吉，不可乱也”，指礼仪是尊卑有序，不能乱序。鸿雁的羽毛可表示一种有序的意义。

【提示】

这一卦涉及古代的婚俗，做些简单介绍。古代的婚嫁，据《周礼》的记载，要经过六步。第一步是纳采，男方向女方提亲，送上一只雁作为礼物。第二步是问名，相当于后来的换帖，送八字合婚。要问清楚对方的姓名、氏族等。回去占卜一下，看是不是吉祥。后来就变成请算命先生给算一算，能不能合婚。第三步是纳吉，就是把占卜的结果告诉对方，吉的就相当于报喜。第四步是纳征，实际上就是订婚。当然要送一些聘礼。第五步是请期，也就是双方商定完婚的日子，男方选择好，去征求女方同意。第六步是亲迎，就是把姑娘迎来成亲。六步合称作六礼。这个风俗直到现在还在一些地区保留着。在六礼中问名（合婚）、纳征（订婚）、亲迎（完婚）最关键。《诗·大雅·大明》：“文定厥祥，亲迎于谓。”说的就是周文王占卜之兆吉祥，订婚之后到渭滨亲迎太姒而成亲。在这六步之中，女子要耐心等待男方一步步的进展，所以《杂卦》讲“女归待男行也”。婚礼中为什么要用雁做礼物？这是古人的一种文化意识。前人的解释总括起来提到三点：（一）鸿雁知时有信。大雁是候鸟，春天飞回北方，冬天飞到南方，非常准时，不愆期，有准信。（二）鸿雁有序。在天上飞翔还要排起队来，组成雁字。落在地上有警卫守候，秩序井然。任何一种鸟都不会这样有秩序。所以上九的象辞说“不可乱也”。（三）鸿雁坚贞不渝。配偶遇难，不去另找新欢，孤雁哀鸣，为爱情深深忧伤。这三个特点正是男女情爱中弥足珍贵的地方，故提亲求婚要送一只雁作为礼物。古人称新婚之喜为“鸿喜”，新郎的帽子上要插上两支雁翎等等。扩展一点讲，古代许多礼仪都取鸿雁有序的意思。比如朝班有序可称“鸿序”。唐人李群玉《送唐侍御福建觐兄》：“世事纶言传大笔，官分鸿序厌霜台。”有时称“鸿鹭”，《魏书·李谐传》述身赋：“缀鸿鹭之末行。”《周官·大行人》有“鸿胪”（即秦汉初的典客），都是指朝班有序。至于说鸿象在哪里，前人讲的不大统一。从六爻皆有“鸿”

上分析，应当指全卦的主爻六四所在的互离。离为雉，雉羽也常用为仪，故取以为象。全卦也只有六四向上进了一位。

前人讲解渐卦，较多强调士人官职的晋升，由下而上，逐爻升进。这方面的内容不能否认，但从全卦的内在联系上分析，主要是讲婚事的逐步进展。

五十四　归妹——少女婚配

䷵

归妹的卦画组合为兑（☱）下震（☳）上，传统称作雷泽归妹。《序卦》云：“进必有所归，故受之以归妹。”意为：渐进必定要有个归宿，所以在渐卦之后接着是归妹卦。从词义上分析，“归”是归来，回到家。但“归妹”却是妹妹嫁人。女以男为家，妹妹嫁人，是妹妹有了归宿，也算有家可归。《杂卦》云：“归妹，女之终也。”意为，归妹是女子的最后归宿，这是以女子出嫁为归。

关于卦变，虞翻说是“泰三之四”。意思是说归妹从泰卦变来，泰卦的九三升往四位就变为归妹。即：泰六四九三䷊九三与六四换位，变䷵归妹。后人多从其说，从卦爻辞中看，泰卦六五爻辞有“帝乙归妹，以祉，元吉”。两卦存在卦变的痕迹。归妹是渐的覆卦。即：渐䷴整个卦倒覆过来，为䷵归妹。渐卦卦辞有“女归吉”，两卦存在着联系。

归妹，征凶，无攸利。

【译文】

归妹卦，征进凶，无所利。

彖曰：归妹，天地之大义也。天地不交，而万物不兴。归妹，人之终始也。说以动，所归妹也。征凶，位不当也。无攸利，柔乘刚也。

【译文】

归妹是天地的大道理。天气与地气不交，万物就不会出现。归妹是人伦的归宿和开始。喜悦而动，所嫁的是妹妹。征进凶，是因为位置不当。无所利，是因为柔爻乘驾刚爻。

象曰：泽上有雷，归妹。君子以永终知敝。

【译文】

泽上有雷就是归妹。君子从中得到启示，要长久至终，知道有始无终的弊端。

【精解导读】

归妹从泰变来，泰卦的九三是刚爻占据刚位，六四是柔爻占据柔位，都得位。九三与六四交换位置变为归妹，九四是刚爻占据柔位，六三是柔爻占据刚位，都失位。爻的征进并不吉利，故言“征凶”。卦变之后六三乘凌在九二之上，六五乘凌在九四之上，《周易》例称作柔乘刚。柔爻应当顺承刚爻，而今凌驾在刚爻之上，故言“无攸利”。这在彖辞中都有说明。

彖辞从五个方面说明归妹卦。（一）“归妹，天地之大义也。天地不交，而万物不兴”，是说天是阳气，地是阴气，阴阳二气的交通，这是天地运动的大道理。如果天与地不相互交通，就不可能有万物的产生，这是《周易》最基本的哲学思想，也是《周易》提出的宇宙发生论。没有阴阳二气的交感流通，宇宙什么东西也不会有。所谓“天地之大义”，指的就是阴阳二气的交通。“大义”是大道理，最基本的道理。这是从归妹来自泰卦讲的，泰卦是下乾天，上坤地，变归妹是天地相交。（二）推及到人伦大义上说明归妹卦。“归妹，人之终始也”，意思是说：阴阳相交是天地的大义，男女相交是人伦的大义，归妹就是男女的婚配结合。没有这种结合，人就会绝种灭迹。男女结合才有人类的衍生，人由男女结合开始。《杂卦》说：“归妹，女之终也。”这里又说“人之终始”，还是说男女结合是人的最后归宿。扩展一下说，男女结合是人类产生的开始，也是人类永久至终不断衍生的关键。（三）从上下卦特性的组合说明归妹卦。“说以动”指下卦兑为悦，上卦震为动，上下卦组合起来是喜悦而动。“所归妹也”，是说所要嫁出去的是妹妹。妹是少女，少女的初恋婚嫁当然是喜悦而动。从象上看，震为长男，兑为少女，也是少女出嫁。（四）从位上说明卦辞“征凶”。“征凶，位不当也”，初三五为刚位，二四上为柔位，柔爻占据柔位为得位，刚爻占据刚位为得位。泰变归妹，三四爻交换位之后是六三柔爻居刚位，九四刚爻居柔位，位置不当，所以征进凶。（五）从柔爻与刚爻的正常顺序上说明卦辞“无攸利”的原因。“无攸利，柔乘刚也”，指爻位推移之后，六三下来乘驾在刚爻九二之上，九四上往又被六五所乘，成为柔乘刚的状态。按刚柔爻的正常顺序却应当是刚爻在上、柔爻在下顺承，因为秩序错乱，所以无所利。

象辞从上下卦象的组合上解释归妹卦。“泽上有雷，归妹”，指的是下卦兑为泽，上卦震为雷，大泽之上有震雷就是归妹卦。“君子以永终知敝”，是说归妹是人之终始，君子从归妹卦得到启示，应当在自己的道德修养或事业的建树上有始有终，要防止半途而废的弊端。“永终”是坚持长久直到最终。“知敝”是懂得事情常常会出现有始无终的弊病。“敝”同“弊”。泽上有雷是春天之象，春天适合婚配。

初九：归妹以娣。跛能履，征吉。

【译文】

用娣来随嫁嫁妹。拐子能走路，征进吉。

象曰：归妹以娣，以恒也。跛能履，吉相承也。

【译文】

用娣来随嫁嫁妹，是为了恒久。拐子能走路，是因为吉祥相承。

【精解导读】

“娣”（dì）是随嫁的妹妹。古代诸侯一娶九女。正室夫人一名，随嫁侄娣二人为媵（yìng），或称介妇。正室与媵又各有二侄娣陪嫁。《公羊传·庄公十九年》：“媵者何？诸侯娶一国，则二国往媵之，以侄娣从。”娣是随嫁的妹妹，侄是随嫁的兄弟之女，也就是侄女。只要是同姓就可，不一定是亲的。妹妹和侄女要随姐姐嫁给一个丈夫。侄娣的地位不同于妾，姐姐死了，侄娣可以继为正室，姻亲不断。有时侄娣不到成婚年龄，还可以在娘家待年，等长大之后再陪送过去。“归妹以娣”是说用娣来随嫁把妹妹嫁出去。妹妹做正室夫人，还有娣随嫁。嫁的妹妹很尊贵，为了保持与丈夫的姻亲关系久远，还准备了一个接班的人。“跛”是腿脚有残疾的人，也就是俗话说的拐子。拐子走路不利落。“履”是走路，“跛能履”是说拐子还可以走路。“征吉”是征进吉祥。从象上分析，全卦是归妹，初九在下卦兑里，兑为少女、为妹，故言“归妹以娣”。归妹由泰卦变来，初九在泰卦有正应在六四，本应与六四往来，而卦变中却是六四与九三换位，使下卦成兑，兑为毁折，初九在下位为足，足受毁折为“跛”，然而应位的九四在上震里，震为行，故言“跛能履”。拐子还能走路，故征吉。象辞说：“归妹以娣，以恒也。”意思是说带着娣嫁妹是为了保持姻亲关系恒久。“跛能履，吉相承也”，是说妹妹之后还有娣来继承，婚姻的吉祥可以连续不断。正如拐子虽受到损伤，但还可以继续走路。

九二：眇能视，利幽人之贞。

【译文】

眼偏盲的人能看得见，利于幽暗之人的正固。

象曰：利幽人之贞，未变常也。

【译文】

利于幽暗之人的正固，是因为未变恒常。

【精解导读】

《说文》："眇，一目小也。"一只眼大，一只眼小称作眇。眼睛长得有残疾，但还能看得见就是"眇能视"。"幽人"指幽暗之人，其本义是指瞎子。扩展一点说，处于幽暗，不逐繁华世态的人都可算幽人。这句爻辞在履卦的九二、六三里出现过一次。九二"履道坦坦，幽人贞吉"，六三"眇能视，跛能履"，爻象相同。履九二、六三也在互离下兑里（履互离九二六三兑），离为目、为明，兑为毁折，目受毁折为"眇"，有明可见，故为"眇能视"。目受毁折成为瞎子，位在下卦中位，能正，故言"利幽人之贞"。象辞说："利幽人之贞，未变常也。"指九二在中能正，可保持恒久，又是幽人，所以说幽人正固有利。

六三：归妹以须，反归以娣。

【译文】

原本以妾随嫁嫁妹，最终反而以娣随嫁。

象曰：归妹以须，未当也。

【译文】

以妾随嫁嫁妹，不算适当。

【精解导读】

“须”，《释文》：“荀作嬬，陆云妾也。”苏轼说：“古者谓贱妾为须，故天文有须女。”须女是天上的一个星座，又称婺女，常现于织女星之南，是北方七宿“斗、牛、女、宿、危、室、壁”中的第三个星座。《搜神记》卷四，汉武帝时的张宽说，须女是“天星主祭祀者，斋戒不洁则见”。引《天官书》说：“须女四星，贱妾之称。”《史记·天官书》正义：“须女，贱妾之称，妇职之卑者，主布帛裁制嫁娶。”王弼等不顾爻辞的内在联系，把“须”讲成等待，偏离了作者的原意，也与象辞不合。“归妹以须”是说用妾来陪妹妹出嫁。“反归以娣”是说反而成为用娣来陪妹妹出嫁。这是由不适当变得适当。以娣随嫁是为了婚姻的永久，以妾随嫁则易于引起妻妾的不合。情况大不相同。从象上分析，六三是全卦的主爻，从上坤来到下兑。兑为妾，又为少女、为妹。因为是在归妹卦里，所以是形似“归妹以须”，实为“反归以娣”。象辞说：“归妹以须，未当也。”指明用妾陪嫁妹妹不适当，所以才取“反归以娣”为象。这一爻并不坏。所以要言“反”，是因为六三原在泰的上卦，柔爻本然秩序在下，六三又返回下卦。

九四：归妹愆（qiān）期，迟归有时。

【译文】

嫁妹延误了婚期，需要再等待一段时间。

象曰：愆期之志，有待而行也。

【译文】

延误婚期的原因，是想等个好配偶。

【精解导读】

“愆期”是延误了婚期。《诗·卫风·氓》：“匪我愆期，子无良媒。”意为不是我延误婚期，是你没有好媒人来说和。“迟”是等待。“有时”是会有嫁出去的时候。显然是想等待一个合适的丈夫，等得有些延误，但最后还是等着了。从象上看，九四在互离（九四→䷵>互离）、互坎（九四→䷵>互坎）里，离日坎月，日子比较长，故“愆期”。但九四又在上卦震里，震为行，又为春，古代嫁女以春为时，故有时可行，而言“迟归有时”。象辞说：“愆期之志，有待而行也。”“志”是心愿，象上都指的是应爻，九四是从泰的九三升上来的，原与上六正应，与六四换位并不合自己的心愿，故有待而行。“待”是解释“迟”的意思。从取义上说，就是所以迟迟还不出嫁，是想等个好配偶。

六五：帝乙归妹，其君之袂（mèi）不如其娣之袂良。月几望，吉。

【译文】

帝乙下嫁御妹，小君的衣袂反而比不上娣的衣袂好。月亮快圆的时候，吉祥。

象曰：帝乙归妹，不如其娣之袂良也。其位在中，以贵行也。

【译文】

帝乙下嫁御妹，比不上娣的衣袂好。但她是正妃，是以尊贵的身份出聘。

【精解导读】

殷商的天子称乙的有开国的商汤，还有十三世的祖乙、二十一世的小乙、二十七世的武乙、二十九世的帝乙。《子夏传》说帝乙指商汤，后人多认为是指二十九世的帝乙，也就是殷商末代皇帝商纣王的父亲。泰卦六五也提到“帝乙归妹”，详细情况不可考，看来“帝乙归妹”是确有其事。“君”是小君，也就是出嫁的御妹。《尔雅义疏》：“其嫡夫人则礼称女君。”诸侯的正室夫人称女君。“袂”是衣袖，这里指衣着。“月几望”，荀爽本作“月既望”。月望是月圆。“几”是接近，“月几望”是月亮快圆的时候。“既”是已经，“既望”是月亮圆了之后，指农历的十六。从象上看，应当是“月几望”。坎为月，兑为“月几望”（见本书纳甲说明）。六五在全卦尊位，故为帝。按纳甲原理，坤纳乙，六五原在泰的上坤，故为“帝乙归妹”。乾为衣、为良；坤为裳、为吝啬。泰变归妹，下卦乾变为兑，兑为妹、为娣，六五原在上卦坤里，故言“其君之袂不如其娣之袂良”。六五在互坎里，坎为月，故言“月几望”。六五位尊贵盛，故吉祥。象辞说：“帝乙归妹，不如其娣之袂良也。”意为帝乙下嫁御妹，穿的衣服没有随嫁的侄娣好。其实这不是坏事，前引《公羊传》里讲：“诸侯娶一国，则二国往媵之。”侄娣大多是同姓之国的女孩子，随女君出嫁，穿的衣服比小君还好，说明对随嫁相当重视，陪嫁丰盛，并不是要把小君比下去。“其位在中，以贵行也”，是说六五在上卦中位，以尊贵的身份出嫁，别人是比不上的。

上六：女承筐无实，士刲（kuī）羊无血，无攸利。

【译文】

女子捧着空筐，士人宰割羊没有血，无所利。

象曰：上六无实，承虚筐也。

【译文】

上六无实，是因为捧着空筐。

【精解导读】

“筐”是竹器，《诗·采蘋》传：“方曰筐，圆曰莒（jǔ）。”“刲”是刺杀宰割。女的捧着空筐，男的刺杀羊无血，这是古代的一种血祭。《诗·小雅·信南山》：“祭以清酒，从以骍牡，享于祖考。执其鸾刀，以启其毛，取其血膋（liáo）。”说的是男子杀牛祭祖的血祭。《诗·召南·采蘋》：“于以盛之，维筐及莒……于以奠之，宗室牖（yǒu）下。谁其尸之，有齐季女。”写的是“教成之祭”，也即女子出嫁前学习祭祀的礼仪，先实习一下，预备婚后使用。《仪礼·士昏礼》：“妇人三月，然后祭行。”“妇人三月乃奠菜。”《少牢·馈食礼》：“主妇设黍稷，祭则司马刲羊，司士击豕。”根据这些记载，女子成婚后要祭祖，新婚祭祖的时候女子捧着一只空筐，无所奉献。男子杀羊又取不出血来。祭祀不成，祖先不佑，不祥之兆，故“无攸利”。从象上分析，震为筐，坤为虚，上震由泰的上坤变来，故为空筐。兑为羊，坎为血，坎在兑上，血不下流(䷵互坎兑)，故无血。象辞说：“上六无实，承虚筐也。”“虚”解释无实。《左传》僖公十五年：“初，晋献公筮嫁伯姬于秦，遇归妹䷵之睽䷥。史苏占之曰：‘不吉，其繇曰：士刲羊，亦无衁（huāng）也；女承筐，亦无贶（kuàng）。西邻责言，不可偿也。归妹之睽，犹无相也。’”意思是说：晋献公为把伯姬嫁给秦国占了一卦，遇到归妹的上六爻动，称作归妹之睽。史苏预测说：“不吉利。繇辞的意思是男人宰羊，不见血浆；女人捧筐，空空荡荡；西邻责怪，无以报偿；归妹之睽，没人相帮。”“衁”就是血，“贶”是送给，“无贶”是没什么东西可送，也是指虚筐。后来这次婚事对晋国不利。史苏的话可以用来印证一下爻辞的意思，但史苏依据占筮内容对爻辞有发挥。

【提示】

归妹卦的初九象辞有“归妹以娣，以恒也”。前人在解释卦象时另有两种取象的方法。一种是一变、二变、三变之说。比如朱震的卦变图，认为泰一变为恒䷟，二变为丰䷶，三变为归妹䷵。所以他在讲初九爻辞时说：“三兑者，震所归之妹也。初在三后，无应。三以巽下之初九自卑而进，说以从之，归妹以娣也。三下初成巽，初九应震，有雷风相与之象，恒也。”意思是说：如果泰卦的六四与初九换位变出的就是恒卦，（泰六四、初九䷊）两爻换位，变䷟恒），恒卦的初六上到三位就成归妹，是从下一步步随进到三位，所以初九才说“归妹以娣”。另一种取象的方法是用半覆卦，半覆卦指的是本卦中的内外两个三爻卦，其中有一个变成覆卦，这个覆卦与另一半不变的三爻卦组成一个新的六爻卦。比如归妹的上卦震不变，下卦倒覆过来（上卦震不动<䷵>下卦兑上下翻倒过来变䷟恒），恒与归妹就是半覆卦的关系，所以象辞才有“以恒也”的说法。以上两种取象方法，我们没有采纳，只作一般知识介绍。因为从“以恒也”的意思去分析，显然是与大象辞的“永终知敝”，彖辞讲的“人之终始”，《杂卦》讲的“女之终也”，以及九二象辞说的“未变常”等意思贯通。都是强调女子出嫁就是终身归宿，要与丈夫始终相守，白头到老，不能中途离异。“归妹以娣”正是为了把这种关系维系到永久，杜绝有始无终的现象。如果没有娣随嫁，很容易出现俗语讲的“两姨亲，不算亲，死了姨娘断了根”的事情。卦里讲的是女子归嫁诸侯，姻亲断了，还会影响到两国之间的互助关系，因此特别看重要永久恒常。从象辞中看不出有什么取象的暗示。

五十五　丰——羽毛丰满

䷶

丰卦的卦画组合为离（☲）下震（☳）上，传统称作雷火丰。《序卦》云："得其所归者必大，故受之以丰。丰者，大也。"意为：得到人们归附一定会盛大起来，所以在归妹卦之后接着是丰卦。丰是大的意思。《杂卦》云："丰，多故也；亲寡，旅也。"意为：丰卦是故旧多，旅卦是亲友少。"多故"有人讲成事故多，要是把"多故"与"亲寡"对比起来看，"亲"与"故"同义，"多"与"寡"反义，"故"是亲戚故旧，"多故"是亲故多、关系众，也是丰大之义。讲成事故多与《杂卦》的用语方式不合。彖辞也说："丰，大也。"

丰卦从泰卦变来。虞翻说："此卦三阴三阳之例，当从泰二之四。"意思是说：三阴三阳的卦都应当从泰否变来，此卦按卦变的体例是由泰变来，是泰卦的九二升到四位，即：泰（六四⇄九二）䷊→九二与六四换位，变䷶丰。丰的覆卦就是下一卦旅。

丰，亨。王假之，勿忧，宜日中。

【译文】

丰卦亨通。君王使天下丰大，不必忧虑，适宜日中时间。

彖曰：丰，大也。明以动，故丰。王假之，尚大也。勿忧，宜日中，宜照天下也。日中则昃（zè），月盈则食，天地盈虚，与时消息，而况于人乎！况于鬼神乎！

【译文】

丰是大的意思。光明而行动，故能丰大。君王使天下丰大，也使天下崇尚丰大。不必忧虑，适宜日在正午，适宜普照天下。日过中午就会西斜，月到圆满就会亏蚀。天地的盈虚，伴随时间的推移而消长，更何况是人！何况是鬼神！

象曰：雷电皆至，丰。君子以折狱致刑。

【译文】

惊雷闪电一起来到就是丰卦。君子从中得到启示，断狱执刑。

【精解导读】

丰卦从泰变来，泰卦下乾上坤，泰的九二上升为九四，六四下降为六二，乾坤流动交通之象，天地阴阳相交故能亨通畅达。“假”读为“格”，是“至”的意思。“王假之”是说君王使天下的丰大来到。因为丰卦是从泰变来，泰的九二从下乾升到四位，成为丰卦，乾为君王，《乾文言》说：“乾始能以美利利天下。”意思是君王使天下财富丰足，人民众多，国家盛大。“勿忧”是不必忧虑。从象上看，九四互兑（九四→䷶>互兑），兑为悦。“宜日中”指六二的推移。泰卦六四来到下乾的中位，变为离日，柔得位，故“宜”。取义是说，日在中天，阳光普照，无过无不及，最得宜。

彖辞从五个方面对丰卦作了阐释。（一）解释卦名的含义。“丰，大也”，是说卦名“丰”是大的意思，这与《序卦》的讲法一致。丰是丰盛众多，“多”“大”义近，丰就是丰大的意思，也就是多而大。《说文》：“丰，豆之丰满者也。”本义就是丰盛。（二）从上下卦特性的组合上说明丰卦。“明以动，故丰”，指的是下卦离为明，上卦震为动，组合起来是光明地行动，所以能发展盛大。（三）从卦变上说明卦辞“王假之”。“王假之，尚大也”，指的是在泰变丰中，九二从下乾上升成为九四，乾为王，刚爻为大，是大的刚爻向上推移，“尚”是“上”的意思。从取义上说，是德业盛大的人受到推尚。（四）从六二的推移说明卦辞“宜日中”。“勿忧，宜日中，宜照天下也”，指泰卦下为乾，乾为天，所以称“天下”。六二推移到乾中，下卦成离，离为日，日照天下。日要普照天下最好是位在中天，故云“宜日中”。从取义上说，是指办事最好选择中午的时间。（五）推阐丰卦的哲理意义。丰卦是日在中天，普照万物，最为圆满。但圆满中潜伏着残缺，这是好与坏的辩证关系。彖辞总是在好的时候要指出它坏的一面，在坏的时候要指出它好的一面，防止人们片面地看问题，因此在圆满中强调残缺。“昃”是太阳过午而西斜。“日中则昃”是说日过了在中天的位置，就要向西偏斜。“食”同“蚀”，这里是亏缺的意思，“月盈则食”，意为月亮在十五圆满之后就会亏缺。“天地盈虚，与时消息”，是说大自然的规律无不如此，随着时间的推移，盛极转衰，衰极变盛，总是变动不居。比如夏天到了最热的时候就要开始变凉，冬天到了最冷的时候就要开始变热。其次如明与暗、潮与汐、旱与涝等，无不如此。整个天地都是按照这个规律运动的，概括起来就是天地的盈虚消长都是伴随着时序推移而发生的。“而况于人乎！况于鬼神乎！”是说既然天地都这样运动，更何况是天地中的人和鬼神，当然都要受到这个规律的支配去运动。规律就是“与时消息”。《周易》揭示自然与社会规律的目的，主要是为了确定人行动的正确途径。“与时消息”主要是对人讲的。人要随着你个人所处的特定时势或消退或生长地去运动，规律不会变。如果不愿消退就得守中，保持谦下，不居骄盈，不为太过，可保常盛不衰。所谓“宜日中”，就是要守中不过。

象辞从上下卦象的组合解释丰卦。“雷电皆至，丰”，指的是上卦震为雷，下卦离为闪电，雷与电组合在一起就是丰卦。“君子以折狱致刑”，“折”是决断，“狱”是案件，“折狱”是断案的意思。“致”是使来到，“刑”是刑罚，“致刑”是执行刑罚。君子从雷与电的卦象中得到启示，要像闪电那样无邪不照，作出明正判断；要像惊雷那样无恶不惩，执行刑罚。《周易》震离组合的卦都要提到法制。噬嗑震下离上，卦辞讲“利用狱”，象辞说“先王以明罚敕法”。这是作者的意象，雷取其震慑之威，电取其无隐之明。

初九：遇其配主，虽旬无咎，往有尚。

【译文】

遇到匹配之主，十天内无咎害，前往有嘉尚。

象曰：虽旬无咎，过旬灾也。

【译文】

十天以内无咎灾，十天以后有灾祸。

【精解导读】

“配”，郑玄本作“妃”，虞翻讲为妃嫔，王弼之后讲成对等，都不外乎匹配的意思。关键是要看“配主”指什么。“遇”是不期而遇。从象上分析，初九的“配主”是六二，因为初九只能与六二相遇。丰卦从泰卦变来，在泰卦里，初九的正应在六四（

），六四为初九的匹配。变丰之后，泰的六四下到二位与初九相遇，故言“遇其配主”。初九在卦变中未动，是六二的推移才使初九能与配主不期而遇。取义是说，能与自己相配的主子遇合。六二来自上卦坤，坤数十，下卦变离，离为日，十日为旬，故言“虽旬无咎”。初九原是六二的正应，六二动，初九不来应合而动，配合不默契，如能主动上往与正应换位，则会有益，故言“往有尚”。从取义上讲，“往有尚”是前往会得到嘉尚。从取象上说，“往有尚”是前往得到上位。象辞说：“虽旬无咎，过旬灾也。”以“灾”释“咎”。初九该动不动，只能得到六二所带来的一段益处，超过六二的范围，不动的灾害会显示出来，六二带来的只有十日，所以是超过十天会有灾。这一爻是告诉人们要行动，不动只能保证十天无害。

六二：丰其蔀，日中见斗。往得疑疾。有孚发若，吉。

【译文】

遮蔽很大，中午见到星斗，前往会得到怀疑与嫉恨，有诚而发，吉祥。

象曰：有孚发若，信以发志也。

【译文】

有诚而发，是因为诚信可启发心志。

【精解导读】

蔀的名物没有定论。郑玄认为是“小席”，后人有解为蘼棚或草的，但都认为是遮蔽之物。虞翻解为“日蔽云中”。上六爻辞有“蔀其家”。程传讲成“用障蔽之物掩晦明者”。总之，“丰其蔀”就是遮蔽很大，“日中”是正午，“斗”是北斗星，“日中见斗”是天空非常黑暗，中午见到了北斗星。“往得疑疾”是前往受到猜疑、嫉恨。“孚”是信，“发”是开启，“若”是形容词词尾，义同“然”。“有孚发若”是说有诚信表现出来。从象上分析，“日中”指的是下卦离，离为日，六二在离的中位，故言“日中”。斗指上卦震，六二是卦变中与九四换位的一爻，九四在上卦震里，震仰盂如斗（朱震）。“丰其蔀”取象于六二来自泰的上坤，坤为布。“疑疾”取象于六五。九四原在泰的二位，与六五正应，六二推移，与六五敌而不应，故言“往得疑疾”。但六二上下孚于二刚，又在离中，离为见，故言“有孚发若”。象辞说：“有孚发若，信以发志也。”意为有诚信而发，可启发心志。指六二受到六五的疑忌，因有诚信发出，可感动别人，消除疑忌，精诚所至，金石为开，故“吉祥”。

九三：丰其沛，日中见沫。折其右肱，无咎。

【译文】

黑暗很大，正午见到小星。折断右臂，没有咎害。

象曰：丰其沛，不可大事也。折其右肱，终不可用也。

【译文】

黑暗很大，不可以干大事。折断右臂，最终不能有所作为。

【精解导读】

《九家易》说：“大暗谓之沛。”“沬，斗柄后小星。”“沛”是大，如“油然作云，沛然为雨”。这里指遮蔽大而形成大片黑暗。“沬”与“昧”通，指昏暗的小星。正午起黑暗是一种不常见的怪异天象。这一爻比上一爻还要黑暗，连小星都可见到。“丰其沛，日中见沬”与六二取象相同，明入于下，斗见于上，只是九三位稍高于六二，故愈显黑暗。九三又在互兑、互巽（九三互兑 互巽）里，巽为股，股为下肢之肱；兑为毁折，位西方，左东右西，故为右，所以为“折其右肱”。象辞说：“丰其沛，不可大事也。”是说黑暗太大，不可以干大事。“折其右肱，终不可用也”，是说右臂最得力，右臂折断，最终不可使用。“右肱”的取义是右臂。

九四：丰其蔀，日中见斗。遇其夷主，吉。

【译文】

遮蔽很大，正午见到星斗。遇到夷主，吉祥。

象曰：丰其蔀，位不当也。日中见斗，幽不明也。遇其夷主，吉行也。

【译文】

遮蔽很大，是因为不当位。正午见到星斗，是幽暗不明。遇到夷主，是吉祥的征行。

【精解导读】

九四是与六二换位的一爻，两爻取同象，故也为“丰其蔀，日中见斗”。白天见到星斗，天色幽暗。“夷主”是少数民族首领。中国古代称中原四周的少数民族，细加分别是北狄南蛮，东夷西羌，不加分别可以混称为夷。从象上看，九四原是泰卦的九二，与六五正应（泰

），变为丰卦，九二升进成为九四，与六五比邻相遇，六五在外卦，又是柔爻，故为“遇其夷主”，与六二“遇其配主”的取象一致。象辞说“丰其蔀，位不当也”，指九四应当与六五换位，换到四位不适当，故取“丰其蔀”为象。“日中见斗，幽不明也”，说明正午见到星斗是天色幽暗不明。这两句可以兼释六二爻辞，六四应当与初九换位，换到二位也是位不适当。“遇其夷主，吉行也”，指九四的推移能与六五比邻相遇，是吉祥的征行。九四是卦变中的主爻，又是上行，故吉。

六五：来章，有庆誉，吉。

【译文】

来到并得到文采，有喜庆美誉，吉祥。

象曰：六五之吉，有庆也。

【译文】

六五的吉祥，是因为有喜庆。

【精解导读】

爻向下推移为“来”。“来章”，指六五在泰卦里本来与九二正应，九二上往，六五应当下来，与九二换位，下卦成离，离为文明，章是文采，故言“来章”。六五没有推移，保持上卦中位，又在互兑里（六五→䷹>互兑），兑为悦，故有喜庆；兑为口，故有美誉。主要是因为五是尊位，故为吉祥之象。象辞说：“六五之吉，有庆也。”就是指出六五在中位而有喜庆。

上六：丰其屋，蔀其家。窥（kuī）其户，阒（qù）其无人，三岁不觌（dí），凶。

【译文】

房屋高大，遮蔽其家。从门中窥视，静无人迹。三年不能见面，凶。

象曰：丰其屋，天际翔也。窥其户，阒其无人，自藏也。

【译文】

房屋高大，阔及天边。从门中窥视，静无人迹，是自己隐藏了起来。

【精解导读】

扬雄讲这一爻说："炎炎者灭，隆隆者绝，观雷观火，为盈为实。天收其声，地藏其热。高明之家，鬼瞰其室。"意为：火烧得太盛，就要熄灭；雷震得太响，就会断绝其声。看看震雷和大火，声势多么盛大而雄壮。结果雷声消失在天际，光热收藏到地下。高敞明亮的宅第，鬼就来窥视他的屋子。总的来说，是太显赫盛大就要走向灭绝，凡事不可太过，太过必然衰亡。"丰其屋"是宅第建造得宽大。"蔀其家"是屋子遮蔽黑暗。原文"闚"即今"窥"字，是偷看，"户"是门，"窥其户"是从门中窥视。"阒"

是空寂无声，“阒其无人”是说死寂一片像无人居住一般冷清。“觌”是见面，“三年不觌”是三年见不到面。象辞说：“丰其屋，天际翔也。”李鼎祚本作“天降祥也”。“天降祥”是上天降下征兆。王弼本作“天际翔”，是飞到天边。从爻位看“天际翔”近是，扬雄也说是“天收其声”，指上卦震雷。“窥其户，阒其无人，自藏也”，意为家里死寂一片，是自己隐藏起来。关于取象，没有太好的解释。《系辞·下》说：“上古穴居而野处，后世圣人易之以宫室，上栋下宇，以待风雨，盖取诸大壮。”大壮是宫室之象。泰卦刚爻向上长一位即为大壮，而卦变中却没有上长，而是二、四爻换位。丰与大壮只差六二一爻（丰六二→䷶、大壮䷡），宫室加离目，见栋宇不见人，故为“窥其户，阒其无人”。上六位处穷极，与应爻九三悬隔三位，九三在下卦离中，离为见，故“三年不觌”。位高，故“丰其屋”；明在下，故“蔀其家”。象辞的“天际翔”指出上六位太高，“自藏也”指出穷极自退。

【提示】

丰卦的卦辞与爻辞显著不同，卦辞是盛大日中，爻辞却是一片黑暗。作者如此取象，显然是受到盛极而衰、丰大易暗道理的支配。另外，象辞提到“鬼神”，程传解释说：“鬼神谓造化之迹，万物盛衰可见其消息也。”意思是说：鬼神是大自然变化莫测的奥秘，这些奥秘通过自然变化的轨迹也可以认知。比如怎样消退与生长，怎样盛衰迭代等，这些诡秘神奥的地方，通过对世界根本规律的认识，也可以逐渐发现，这就与后人讲的鬼神不完全相同，主要指的是自然与社会中鲜为人知的神秘莫测的现象与变化。《周易》正是为了认识这些内容才写出来的。所以《系辞·上》里讲：“易与天地准，故能弥纶天地之道。仰以观于天文，俯以察于地理，是故知幽明之故。原始反终，故知死生之说；精气为物，游魂为变，是故知鬼神之情状。”意思是说：《周易》以天地为模拟对象，所以能包络天地的大道，上观天体中日月星辰等天文变化，下察大地万物变化的道理，因此能知道明与暗的缘故，推原本始，返到终结，所以知道死与生的学说。精气凝聚起来就是物，精气游离出来就是变，因此知道鬼神的情状。鬼神就是事物的精气游离变化状态，也就是游魂。气是《周易》讲的阴阳二气，精是元气积聚的具体化。《周易》认为阳气赋予万物精，阴气使万物生出形体。从形体中游离出来的精气就是鬼神，这种变化在幽暗中进行，触见不及，所以才显得神秘。当人们揭示了阴阳运动的基本规律，这种神秘的变化，也可以了解。这是《周易》中的鬼神可知论。要而言之，鬼神主要是指大自然变化中的一种隐秘形态。但《周易》确是有鬼神论，不能不承认这个事实。不过这里讲的鬼神与后人讲的鬼神偶像不是一回事，也不能把这些东西强加到《周易》里去。

五十六　旅——萍踪浪迹

䷷

旅卦的卦画组合为艮（☶）下离（☲）上，传统称作火山旅。《序卦》云：“穷大者必失其居，故受之以旅。”意为：穷极奢大的人必然会失去寄身之地，所以在丰卦之后接着是旅卦。是说“旅”是无家可归，在外流浪客旅。《杂卦》云：“亲寡，旅也。”意为亲友少就是旅。抛家舍业，羁旅于外，自然亲友少。综合《序卦》《杂卦》的讲法，旅的基本意思就是客旅于外。古人认为客旅于外是件苦事，远不如现在人们出门那样觉得轻松。古典文学作品里咏叹羁旅之苦的比比皆是。《鹖冠子》里说：“离为五脏刀斧。”读这一卦，要与古代人的意识联系起来去理解。

旅与丰是覆的关系，丰䷶整个卦画上下倒覆就是䷷旅。丰卦是家太大、亲故太多，旅卦反过来，“失其居”而“亲寡”。丰卦从泰变来，旅卦从泰的覆卦否变来。彖辞提示说“柔得中乎外”。汉人大多认为是指旅卦六五从三位升进到外卦中位，如姚信说："此本否卦，三五交易，去其本体，故曰客旅。"意思是说：旅卦由否卦变来，否卦䷋六三与九五换位，变成䷷旅卦。

交换的两爻，原来分别在否卦的下坤上乾里，卦变中从乾坤的本体中游离出来，所以才称作客旅于外。这种讲法准确地揭示了彖传的内容，应当遵循。

旅，小亨。旅贞吉。

【译文】

旅卦，小亨通。行旅守正吉祥。

彖曰：旅小亨。柔得中乎外而顺乎刚，止而丽乎明，是以小亨。旅贞吉也。旅之时义大矣哉！

【译文】

旅卦小亨通。柔爻在内柔顺居中，在外又能顺应刚健，停止下来能依附于光明，因此小亨通。行旅守正就会吉祥。旅卦的时势意义太重大了。

象曰：山上有火，旅。君子以明慎用刑而不留狱。

【译文】

山上有火就是旅卦。君子从中得到启示，要明察审慎地施用刑罚，而不滞留案件。

【精解导读】

旅卦从否卦变来，否卦的柔爻六三上升到全卦的尊位，顺利升进，柔爻为小，故卦辞说“旅，小亨”。从取义上讲“小亨”是小有亨通。“六五”在推移中取得了上卦的中位，中正不偏，故言“旅贞吉”。“贞”是正的意思，指六五的中位。取义是说，客旅于外，守正履中吉祥。

彖辞从三个方面说明旅卦。（一）说明卦辞“旅，小亨”的理由，可分五个层次。一是先提出要说明的内容，“旅，小亨”。二是说明“小亨”的第一个理由：“柔得中乎外”，指的是尊位的六五是从否卦的六三升上来。是柔爻，柔爻取得外卦的中位，柔爻为小，故为“小亨”。这是从卦变中说明卦辞“小亨”。三是说明“小亨”的第二个理由：“而顺乎刚”，指六五虽居于尊位，却与九二正应，能顺应刚健的九二，这是从主爻六五有正应说明卦辞“小亨”。四是说明“小亨”的第三个理由：“止而丽乎明”，这是指旅卦上下卦特性的组合，下卦艮为止，上卦离为附丽、为明，组合在一起是停止而附丽于光明。五是得出“是以小亨”

的结论。“是以”义同“因此”，因为有以上三条理由，所以旅卦“小亨”。（二）说明卦辞“旅贞吉”。“旅贞吉也”，虽然只加了一个“也”字，但原话变成了因果判断句，意思是旅卦主爻中正，所以能吉祥。取义是说，客旅于外能守正就会吉祥。（三）强调旅卦的时势意义，“旅之时义大矣哉”，意为旅卦所显示的时势意义很重大。旅是一种逆境，但逆境有逆境的时势意义。它能使人学会怎样处逆的道理，人能顺逆皆宜，就不失为君子。

象辞从上下卦象的组合解释旅卦。“山上有火，旅”，指的是下卦艮为山象，上卦离为火象，山上有火就是旅卦。“君子以明慎用刑而不留狱”，是说君子看到火在山上、高明下照的卦象，要学习它的光明能见，明察秋毫，慎重地处理案件，及时做出决断，不要让当事人长时间拘留在案件的纠缠里。象辞作者能提出这样的看法很不简单，这是一种负责态度。处理案件不及时有损君子形象，如果是有案不办，等着当事人送礼行贿，那就更为卑污不齿。

初六：旅琐琐，斯其所取灾。

【译文】

羁旅卑琐，这是自取其灾。

象曰：旅琐琐，志穷灾也。

【译文】

羁旅卑琐，是志穷导致的灾祸。

【精解导读】

郑玄说："琐琐犹小小。"虞翻云："琐琐，最蔽之貌。"《诗·小雅·节南山》："琐琐姻亚，则无膴仕。"意为：尹氏那一伙卑污的姻亲，不要让他们做大官。《正义》说"琐琐"是"计谋褊浅之貌"。琐琐是状私党小人卑污的样子，含有依附于人、浅薄无识、卑污小器等意思。"旅琐琐"是在外客旅卑污猥琐。"斯其所取灾"，应当连读。"斯"是指示代词，相当于"这"；"其"是代词，相当于"他"；"所取灾"是个所字结构，相当于"所自取的灾害"。全句意为：这是他所自取的灾害。象辞说："旅琐琐，志穷灾也。""志"一般指与应爻的关系，"穷"是困。初六有正应在九四，但在下卦艮里，艮为阻止，志受困阻。从取义上说，"志穷"是自己没有志气，所以行为卑琐。初六显然是取爻位卑下之象。柔爻处在最为卑下的位置，又在下艮里，艮为少男、僮仆，故有是象。

六二：旅即次，怀其资，得童仆贞。

【译文】

行旅就舍，怀有旅资，得到忠贞僮仆。

象曰：得童仆贞，终无尤也。

【译文】

得到忠贞僮仆，最终不会有怨尤。

【精解导读】

“即”是就。“次”是住下。古人称行旅于外，住一夜为“舍”，住两夜称“信”，住三夜以上称“次”。“旅即次”是说行旅就宿于馆舍。“怀”是身上带着，“资”是旅费、旅资，“怀其资”是身上带着旅资。“童仆”即僮仆，“贞”是忠贞不渝，“得童仆贞”是得到忠贞的僮仆。旅居于外，有馆舍可栖，旅资不乏，又有可靠僮仆为伴，可以说是最美满的行旅。这主要是因为六二在下卦艮里，艮为止。但它与初六不同，是柔爻居柔位，位正，又在下卦中位，止也是止得其位，故为“旅即次”。又在互巽里，巽为近利市三倍，故为“怀其资”。艮为少男，为僮仆，故言“得童仆”。“贞”指六二位中为正。

象辞说：“得童仆贞，终无尤也。”指六二在否卦与九五正应，九五推移本应六二上到五位，六三却与九五换了位，但六二在卦变中不动而受益，所以最终不会有怨尤。

九三：旅焚其次，丧其童仆贞，厉。

【译文】

行旅中，大火烧了馆舍，丧失了忠贞的僮仆，危厉。

象曰：旅焚其次，亦以伤矣。以旅与下，其义丧也。

【译文】

行旅中被火烧了馆舍，也够可悲的了。以行旅的态度对待下人，道义上要丧失僮仆。

【精解导读】

九三在互巽里，巽为木，上临离卦，离为火。下五爻是一个缩小了一点的小过卦（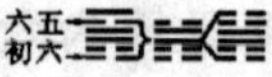

小过）。小过为飞鸟，形成树上鸟巢被焚之象，因为在旅卦，故为“旅焚其次”。在下卦艮里，艮为僮仆，又在互兑里，兑为毁折，僮仆毁折，故为“丧其童仆”。象辞说：“旅焚其次，亦以伤矣。”“伤”是可伤，意思是说也够可怜的了。“以旅与下，其义丧也”，象上指九三从五位下来与原来的正应六二在一起，

“与下”是与在下的六二“相与”。从取义上说，是以对待旅人的态度对待下人，既然自己对下人形同路人，从道义上讲，下人也就会失去对自己的忠贞。

九四：旅于处，得其资斧，我心不快。

【译文】

客旅于他处，得到资财器用，我心里仍不快活。

象曰：旅于处，未得位也。得其资斧，心未快也。

【译文】

客旅于他处，是还未得位。得到了资财器用，可心中还未快活。

【精解导读】

“处”是处所，“旅于处”是行旅于某个处所。“资斧”中，“资”是旅资；“斧”，王弼注：“斧所以斫除荆棘，以安其舍者也。”把“斧”讲成斧头。《释文》：“子夏传及众家并作‘齐斧’。张轨云‘齐斧盖黄钺斧也’。张晏云‘整齐也’。应邵云‘齐利也’。虞喜《志林》云‘齐当为斋，斋戒入庙而受斧’。”程颐认为是“货财之资，器用之利”。

后人更简化，认为资斧就是旅费和行李。程颐的讲法与旅卦的主题合，资斧就是行旅中所用的资财器物。从象上分析，九四刚爻居柔位，不得位，住不下来，还得往前走，不能说“旅于次”，故言“旅于处”。但九四在互巽里，巽为近利市三倍，可以得到旅资，又在上离里，离为戈兵武器，可以得斧，故为“得其资斧”。有正应在初六，为下艮所阻，故“我心不快”。象辞说：“旅于处，未得位也。”象上指九四不在中位。义取还未结束行旅，仍在某处客旅，尚未到位。“得其资斧，心未快也”，意为虽然得到行旅用的资财器物，但心里并不快活。

六五：射雉，一矢亡，终以誉命。

【译文】

射雉鸡，丢失一支箭，最终会有美誉和爵命。

象曰：终以誉命，上逮也。

【译文】

最终会有美誉和爵命，是因为逮达于上。

【精解导读】

“雉”是野鸡，“矢”是箭，“亡”是丢失，“射雉，一矢亡”，意为射野鸡丧失了一支箭。“誉”是令闻美誉，“命”是爵命，“终以誉命”是以誉命告终。换言之，就是最终会得到美誉，受到任命。

象辞说：“终以誉命，上逮也。”“逮”是到达，“上逮”是到达在上的位置。

从象上说，六五是全卦的主爻，彖辞所谓“柔得中乎外而顺乎刚”的一爻。在卦变中是从否下坤的六三升上来的一个柔爻，到上卦成离，离为雉，由下及上，故言“射雉”。离又为矢，下坤失去一个柔爻变为离，故言“一矢亡”。互为兑、巽(
)，兑为口，故有誉；巽为命，故言“终以誉命”。显然，这一爻进升而尊，小有损失，终受晋封，主要是因为位中。

上九：鸟焚其巢，旅人先笑后号咷。丧牛于易，凶。

【译文】

鸟的巢被火烧掉，旅人先笑后哭。在边界丢失了牛，凶。

象曰：以旅在上，其义焚也。丧牛于易，终莫之闻也。

【译文】

客旅在外而居于上位，道义上会被焚烧。在边界上丢了牛，最终不会得到消息。

【精解导读】

巢是鸟在树上搭的窝。鸟的巢穴被大火烧掉，无所栖身。“号咷”是大哭，“先笑后号咷”是先喜后悲。“易”同“埸”，晁说之说：“易，古文埸字。”埸是疆界，泛指地边疆界。“丧牛于易”是牛跑到边界之外丢失了。象辞说：“以旅在上，其义焚也。”强调上九爻位太高，处在全卦的极上处。从取义上说是客旅于外还要高高在上，从道义上说该被烧了巢穴。“丧牛于易，终莫之闻也。”强调上九在全卦的外界终位。牛跑出边界而走失，没有任何可以寻找的消息传来，意为失不可再得。从象上分析，离为雉，为鸟，互巽为木（离<䷷>互巽），上九在全卦最高处，下五爻又是一个小的小过卦，有鸟象，鸟在树上，鸟巢之象。上离为火，故“鸟焚其巢”。互兑为悦，故笑，互巽为号（互兑<䷷>互巽）；上为前，下为后，兑在巽前，故“先笑后号咷”。坤为牛，上九原是否卦下坤六三的正应，六三上到五位，下坤象不见，故言“丧牛于易”。这一爻最不吉祥，巢穴烧毁，先喜后悲，丢了牛找不回来，惶惶如丧家之犬，凶。

【提示】

这一卦介绍一下毛奇龄的推易法，毛奇龄在《仲氏易》《推易始末》中，提出《周易》里有五种推易方法。第一种是变易，所谓变易“谓阳变阴、阴变阳也”。指的是刚爻与柔爻的反性变化，如乾卦六爻全变为坤，坎卦六爻全变为离，这种变法与虞翻讲的旁通类似。第二种是交易。所谓交易“谓阴交乎阳、阳交乎阴也”。指的是上下卦的相重，如乾坤交为泰、否；坎离交为既济、未济等。他认为变易用以画卦，交易用以重卦，这是伏羲创制《周易》所使用的两种方法。另有三易是反易、对易、移易。所谓反易，“谓相其顺逆，审其向背，而反见之”，指的是覆卦，如屯六爻上下反转为蒙，咸反转为恒等，所以又称转易，他认为反易是排列卦序所用的方法。所谓对易，“谓比其阴阳，絜其刚柔而对观之”。毛奇龄认为对易是《周易》用以分为上下经的方法。如上经的需、讼与下经的晋、明夷为对易（需䷄、讼䷅；晋䷢、明夷䷣），上经用乾天坎水，下经用坤地离火，天对地，火对水。再如上经的同人、大有与下经的夬、姤为对易（同人䷌、大有䷍；夬䷪、姤䷫），以五刚对五刚，以一柔对一柔。最重要的是移易。所谓移易，“审其分聚，计其往来，而推移而上下之”。实际上指的是卦变。为了形成系统，毛奇龄又分出聚卦与分卦的概念。他说的聚卦，指的是刚柔爻各聚一方交错较少的卦。而分卦则是刚柔爻交错开了的卦。如泰卦䷊下卦三刚聚于一方，上卦柔爻聚于一方，就是聚卦。而既济䷾则是刚爻与柔爻相互交叉，就是分卦。毛奇龄认为卦变不都是来自十二消息卦，分卦是从聚卦中变来。要从聚卦变为分卦的过程看爻的推移，从而分析卦象。比如旅卦，毛奇龄认为是从三个聚卦变来，即否、咸、恒。否䷋刚柔爻各聚一方比较严整，咸䷞、恒䷟两卦三刚集中，也是聚卦。这样就可从否、咸或恒变旅的推移中取卦象。毛氏的做法无疑可以扩大取象范围，但这样讲卦变没有什么依据。但他特别重视从推移中辨象，这与彖辞的提示一致，不失为精华所在。毛奇龄把以上“五易”合称为《周易》中的推易方法，我们应当取其精华，对于那些自创的一整套做法，只作知识性的了解就可以了。

五十七　巽——风伏而入

䷸

巽卦的卦画组合为巽（☴）下巽（☴）上，巽为风。《序卦》云：“旅而无所容，故受之以巽。巽者，入也。”意为：行旅在外，无所容身，所以在旅卦之后接着是巽卦。巽是进入的意思。《杂卦》云：“兑见而巽伏也。”意为：兑卦是表现于外，巽卦是隐伏于内。《系辞·下》里也说“巽称而隐”。综合《序卦》《杂卦》的说明，巽是进入隐伏的意思。《说卦》里讲“坎为隐伏”，这里又说巽为隐伏。坎的隐伏是坎为水，水下可以有所隐伏，巽的隐伏是巽为风，风无迹，看不见，摸不着，消隐无迹。

巽是八纯卦之一，上下单卦都是巽，两卦相重构成一个六爻的巽卦。它与下一卦兑是覆的关系，即巽䷸上下翻倒过来，为䷹兑。关于巽的卦变，虞翻说是“遁二之四”，意思是说巽卦由遁卦变来，是遁卦的六二上升到四位，即：遁（九四、六二）䷠六二与九四交换位置，亦䷸巽。彖辞提示说“刚巽乎中正而志行”，指九四下居二位，入于下卦中位。

巽，小亨，利有攸往，利见大人。

【译文】

巽卦，小亨通，有利于前往，有利于见大人。

彖曰：重巽以申命，刚巽乎中正而志行。柔皆顺乎刚，是以小亨，利有攸往，利见大人。

【译文】

两巽相重，用以反复宣告命令。刚健又随顺中正，心志得以大行。柔爻顺应刚爻，因此小亨通，有利于前往，有利于见大人。

象曰：随风，巽。君子以申命行事。

【译文】

风与风相随就是巽卦。君子从中得到启示，要反复宣告命令，推行自己的大事。

【精解导读】

巽卦从遁变来，遁六二升进到四位，是柔爻升进之象，柔爻为小，所以称“小亨”。六二与九四换位，刚爻来到下卦中位，又是刚爻得位。柔爻升进，刚爻得位，故“利有攸往”。刚爻得位为大人，九五本在上卦中位，九二又得位为大人，故“利见大人”。卦辞从爻的推移中取象，意思是小有亨通，前往有利，见大人有利。

彖辞从三个方面说明巽卦。（一）说明上下卦象组合所显示的意思。“重巽以申命”，指全卦是两个三爻的巽卦重合而成。巽为风，风如同上天的号令，上天阴阳的变化，靠八风传送到大地，风就是上天的传令官。风而又风，是上天把号令反复传送下来，君子效法天道，也要把自己的命令一次次反复地宣告于众。“申”是已经告诉过再申说一遍。《尚书·尧典》“申命羲和”，传：“申，重也。”“申”是重复。“申命”如同人们说的“三令五申”，是多次宣告。（二）从刚爻占据中位说明卦辞。“刚巽乎中正而志行”，指刚爻九二在卦变中进入下卦中位，这样就成为五位与二位都是刚爻，刚爻为君子，君子得中位为大人，大人得位，大志得以推行。从取义上讲，巽又为随顺，刚爻随顺中正，是刚健而不违背中正之道。彖辞认为，卦辞共有两条象上的主要理由，这是其中的第一条。

主要是大人得位，大人有位才“利见”。（三）从柔爻顺从刚爻说明卦辞。“柔皆顺乎刚”指两个柔爻都在巽里，巽为随顺，柔爻都来顺从刚爻，刚爻又随顺中正，全卦有正常秩序，所以才会“是以小亨，利有攸往，利见大人”。这是第二条象上的主要理由。程传从始至终把巽解为顺，从巽卦的彖辞中可以得到印证，彖辞“刚巽乎中正”，又说“柔皆顺乎刚”，“巽”与“顺”互文见义，彖辞认为“巽”与“顺”义同。《说卦》讲坤为顺，这里又是巽为顺，区别在于，坤的顺是柔顺，巽的顺是顺利。巽为风为令，风吹物随，令出众顺。

象辞从上下卦象的组合说明巽卦。巽为风，两巽相重，风后又随着风，故言“随风”，“随”与“习坎”的“习”、“洊雷震”的“洊”、“兼山艮”的“兼”、“明两作离”的“两”，都是相重的意思。“随风，巽”就是两风相重是巽卦。“君子以申命行事”是说君子从巽卦中得到启示而干自己的事业。君子要推行自己的事业，应当像上天那样，先把命令反复向民众说明，取得民众的支持，顺利推行下去。

初六：进退，利武人之贞。

【译文】

进退不决，利于武人正固。

象曰：进退，志疑也。利武人之贞，志治也。

【译文】

进退不决，是心志游移。利于武人正固，是心志应该得到正治。

【精解导读】

“进退”是优柔寡断。《说卦》讲巽“为进退”“为不果”，进退游移，行为不果决。初六在两巽之下，进退不决，举棋不定，故“利武人之贞”。“武人”是军人，“贞”是坚定，乾文言说“贞者，事之干也”，“正固足以干事”。君子有君子之道，武人有武人之道。武人之道就是坚定果决，敢打必胜。《左传》襄公十二年：“夫武，禁暴、戢兵、保大、定功、安民、和众、丰财者也。”《经籍纂诂》引《周书》谥法说：“刚强理直曰武，威强叡德曰武，克定祸乱曰武，保民犯难曰武，刑名克服曰武；戎昭果毅以听之之谓武。”武可补优柔的不足。从象上分析，巽卦从遁卦变来，遁卦下面的两个柔爻，六二上升到四位，互为兑卦（六四→䷸>互兑），兑为虎，故言“武人”。初六居下未动，故言“贞”。履卦六三说“武人为于大君”，可与这一爻联系起来看，兑为“武人”（履六三→䷉>兑）。象辞说：“进退，志疑也。”意思是说初六进退不定是心志游移。象上指，初六在遁卦原与九四正应，九四在卦变中换位，初六心志游移。又说“利武人之贞，志治也”，意思是说利于武人正固是心志得到正治。象上指自己的正应推移而初六坚定不动，心志稳定。

九二：巽在床下，用史巫纷若，吉，无咎。

【译文】

进入床下，用祝史巫觋祝告，意见纷纷扬扬，吉祥，没有咎害。

象曰：纷若之吉，得中也。

【译文】

意见纷纷扬扬而能吉祥，是取了中肯的意见。

【精解导读】

“巽”是进入隐伏，“巽在床下”是钻进床下隐伏起来。《周礼春官·大史》下疏：“案其职云：‘读礼书，祭之日，执书以次位常。’是礼事及鬼神之事也。”《司巫》下疏：“案其职云，若国大旱，则帅巫而舞雩，亦是事鬼神之事。”古代的太史、司巫都相当于神职人员，无非是祭祝祓祷、歌舞降神，用以祈福禳灾。“纷若”是多而纷乱的样子。爻辞的意思是说，自己钻到床下隐伏起来，让巫觋祝史乱纷纷地请神祓禳。最后没有什么了不得的事，吉祥而无咎害。从象上分析，虞翻说巽为木、为床。从剥卦中印证，虞氏的逸象可从，九二是卦变中从四位下来的一爻，进入下卦巽里，故言“巽在床下”。遁六二与九四换位，从初至四成为正反兑象(九二正兑反兑)，兑为口，口多而杂，故言“用史巫纷若”。在下卦中位，故“吉无咎”。象辞说“纷若之吉，得中也”，强调九二的中位，正是彖辞说的“刚巽乎中正”那一爻，有中正之道，可保吉而无咎害。

九三：频巽，吝。

【译文】

频频申命，有吝难。

象曰：频巽之吝，志穷也。

【译文】

频频申命的吝难，是因为心志困穷。

【精解导读】

“频巽”的基本意思是频繁地申命。如同说朝令夕改，政令多变。“频”，前人有讲成颦蹙不安的，这与象不合。坎卦的六三是“来之坎坎”，巽卦九三是“频巽”，象上指的是上巽下巽、频频而巽，“频”的基本义只能是频繁多次。巽可以是人，可以是伏，可以是风，但从取义上说，主要是申命。“申命”是把同一个命令三令五申，“频巽”则是频繁地更改政令而三令五申。象辞说：“频巽之吝，志穷也。”心志困穷才会频繁更改政令，心志坚定就会一令至终。象辞以“穷”释“吝”。

六四：悔亡，田获三品。

【译文】

忧悔消亡，田猎获得三种猎物。

象曰：田获三品，有功也。

【译文】

田猎获得三种猎物，是有功绩的表现。

【精解导读】

“三品”前人有两种讲法：其一认为“三品”是三种动物；其二认为“三品”是三等猎物，即比卦九五提到的射中心脏为上杀，射中腿的为中杀，射中腹的为下杀。比较起来，《周易》里的“品”多作种类解，讲成三种好一些。从象上看，虞翻说“田谓二也，地中称田”。意思是说九四从遁的六二升上去，二是田位（乾九二“见龙在田”），故称田。巽为鸡，互兑为羊（六四→☴>互兑），互离为牛(六四→☴>互离)，故言“田获三品”。象辞说“田获三品，有功也”，指九四推移是升进，又猎取得三种禽兽，是打猎有功绩。

九五：贞吉悔亡，无不利。无初有终。先庚三日，后庚三日，吉。

【译文】

正固吉祥，忧悔消亡，没有不利。没有善始，却有善终。庚日的前三天、后三天，吉祥。

象曰：九五之吉，位正中也。

【译文】

九五的吉祥，是因为位置中正。

【精解导读】

“贞吉悔亡，无不利”中，“吉”属于兆辞。九五在全卦的尊位，居中得正，故能“正固吉祥，忧悔消亡”，没有任何不利。“无初有终，先庚三日，后庚三日”，要与蛊卦的“终则有始”“先甲三日，后甲三日”对比起来分析。“无初有终”与“终则有始”相互发明。“甲乙丙丁戊己庚辛壬癸”十位天干纪日，甲是十干之首，故蛊卦说“终则有始”。“庚”不是十干之终，这里说“无初有终”，显然“终”指“后庚三日”的辛壬癸，癸是十干之终。先庚三日是己戊丁，不是始，这是就巽卦取象。巽的究卦是震，震的究卦是巽，按纳甲原理，震纳庚，震前变三爻是巽，震后变三爻还是巽，上下皆巽，故言“先庚三日，后庚三日”。从取义上说，是指庚前的丁戊己三天、庚后的辛壬癸三天吉祥。象辞说“九五之吉，位正中也”，是说九五的吉祥，是因为位置中正，主要强调九五的中位。

上九：巽在床下，丧其资斧，贞凶。

【译文】

进入床下，失去资财器用，正固有凶。

象曰：巽在床下，上穷也。丧其资斧，正乎凶也。

【译文】

进入床下，是因为处在上穷的位置。丧失资财器用，是正在凶中。

【精解导读】

“资斧”，前人有讲成“黄钺”的。毛奇龄说：“巽固无碍，恐旅人不宜有耳。”意思是说：“资斧”在旅卦的九四爻辞里也出现过（见旅卦），如果把资斧说成是黄钺，在巽卦可以说得通，但对于行旅的人就不合适，从《周易》的前后一致性上考虑，不应当把主要意思讲成黄钺。古代的大将手把黄钺，受命专征，“黄钺”是一种大斧、长兵器，表示代天征伐的信物，大将出征用作仪仗。行旅的人不应当有。毛氏的讲法有道理。但在毛氏之前的典籍中，也有把资斧当成黄钺来使用的。如《梁书·武帝纪》：“今资斧所加，止梅虫儿、茹法珍而已。”应当知道来自《周易》。从《周易》本身看，“资斧”的基本义应当是行旅在外所需的资财器用。如占筮带兵打仗，也可以理解为失去黄钺兵权。从象上分析，巽从遁变来，在遁卦里只有上九与九四不能正应（遁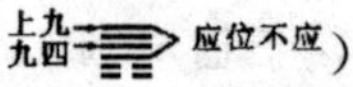

），卦变中九四与六二换位也只能牵动初六和九五，上九没有变动的条件，本无关系可言，它是随着别的爻推移而进入巽卦，正如兑卦的初九（见兑卦）是和兑一样。九二是卦变中的主爻，九二是“巽在床下”，上九是随着进入床下，故言“巽在床下”。上九在巽里，巽为富有，下有互离（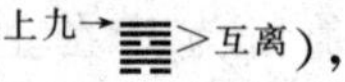

），离为戈兵，故为斧。拥有资斧，因为位处穷极保不住而“丧其资斧”。象辞说“巽在床下，上穷也”，指出上九孤立无援，穷处于上，前进无路。“丧其资斧，正乎凶也”，指出上九不知变通，正处在凶中。“贞”是正固不知变通。

【提示】

《说卦》里讲巽“其究为躁卦”，又说震“为决躁”，“其究为健、为蕃鲜”。虞翻说：“震究为蕃鲜、白，谓巽也。巽究为躁卦，躁卦谓震也。”考之《说卦》巽为“絜齐”，虞氏的讲法可从。“究”是终，指卦变到最后成为反象，震变到最后成为反象为巽（震☳三爻全变成巽☴），巽变到最后成为反象为震（巽☴三爻全变成震☳）。“究”指的是一步步变来变到终究。《说卦》讲“震为决躁”，又说巽“其究为躁卦”，指的是巽的究卦是决躁的震卦。又说“震其究为健、为蕃鲜”。健是乾卦，震的究卦不是乾，而是巽。那么震“其究为健、为蕃鲜”应当怎样理解呢？应当把“其究为健、为蕃鲜”看成是意思贯通的一句话，不要分开讲，指的是震向最后变的过程。震☳←第二爻变为☱兑，☱←第三爻又变为☰乾（健），☰←下爻再变为☴巽。巽是万物鲜絜整齐，“蕃鲜”指的是巽卦。“其究为健、为蕃鲜”的正确解释是：震卦的究卦是经过变成健卦再变成蕃鲜的巽卦。《说卦》是想提示一下向究变的过程，乾是震卦变到终究巽的最后一个环节，并不是乾是震的究卦。很多人在讲《说卦》时，没有把这句话连读下来，误会成两种意思，认为震的究卦是乾，震的特性是蕃鲜，这就无法说通。应当把它与巽“其究为躁卦”联系起来共同理解，不要脱离《说卦》的语言环境，孤立地去解释。总之，震的究卦是巽，巽的究卦是震，乾的究卦是坤，坤的究卦是乾。此外，坎与离、兑与艮也是互为究卦的关系。在这一卦的九五爻辞里说“无初有终，先庚三日，后庚三日”，从取象上说，指的是没有变成究卦的震作为初，却有变震为究的巽卦作为终。震纳庚，震的究卦巽是震前变三爻，又是震后变三爻，怎么变也是巽，所以是震的前三天、后三天。

五十八　兑——言谈喜悦

䷹

兑的卦画组合为兑（☱）下兑（☱）上，兑为泽。《序卦》云：“入而后说之，故受之以兑。兑者，说也。”意为：进入其中之后才会喜悦，所以在表示进入的巽卦之后接着是兑卦。兑是喜悦。古代“说”，既是言说的说，又是喜悦的悦。《说卦》云“说言乎兑”，说是言谈喜悦。所以象辞又提到“朋友讲习”。《论语》里讲：“有朋自远方来，不亦说乎!”朋友在一起讲习，把一些疑难讨论明白，心里畅快而喜悦。要把言说与喜悦联系在一起去理解“说”的词义。《杂卦》云：“兑见而巽伏。”意为兑卦是显现出来，巽卦是隐伏在内。综合《序卦》《杂卦》的说法，兑是言谈喜悦而表现于外。

兑是巽的覆卦，巽的卦画倒置就是兑卦。巽卦由遁变来，兑卦是由遁的覆卦大壮变来。虞翻说：“大壮五之三也。”意思是说大壮的六五下到三位就变成兑卦。实际上是大壮的六五与九三交换了位置，即：大壮$\text{六五}_{\text{九三}}$☳两爻换位，变☱兑。六三爻辞有“来兑”，可证六三确是由五位下来到了三位，虞翻的卦变之说有据可凭。

兑，亨利贞。

【译文】

兑卦，亨通，有利于正固。

彖曰：兑，说也。刚中而柔外，说以利贞。是以顺乎天而应乎人。说以先民，民忘其劳；说以犯难，民忘其死。说之大，民劝矣哉！

【译文】

兑是喜悦。内心刚健而外表柔顺，说通了并让人喜悦，所以利于正固，因此能顺应天道人心。先说服民众，民众才会忘却劳苦；心悦诚服地去涉难历险，民众才会舍生忘死。说服而喜悦的重大意义，是民众可以勉力去干啊！

象曰：丽泽兑，君子以朋友讲习。

【译文】

大泽与大泽附在一起就是兑卦。君子从中得到启示，朋友之间要相互讨论研习。

【精解导读】

“元亨利贞”是卦的四德，兑卦占了三德。“亨”是亨通，“利”是有利，“贞”是正固。比乾卦只差一个“元”，兑是一个比较好的卦。

彖辞从四个方面作了说明。（一）解释卦名。“兑，说也”，兑是喜悦，说通了心情畅快而喜悦。从彖辞后面的话分析，作者是在强调说服教育而使人心悦诚服，意为凡事不可勉强人家去干。（二）从卦象上说明兑卦。“刚中而柔外”，指的是三爻的兑卦☱，刚爻在中间，柔爻在上外。《周易》例是下内上外。两个兑卦都是如此。从取义上说，人能内心刚健外表柔和，与外强中干、色厉内荏相反，符合做人的道理。内心刚健，办事不屈不挠，待人接物柔和才能善与人处。兑卦具有这样的长处，这是“亨利贞”的原因之一。（三）从卦的特性上说明卦辞“利贞”。“说以利贞”，指兑的特性为说。说服了人，才能干事有效益；心悦诚服，人的意志才能坚定不移。有效益就是“利”，坚定不移就是“贞”。（四）推阐兑卦的意义。“是以顺乎天而应乎人”，意为这样才能顺应天道人心，所以才亨通利贞。要想使人心悦诚服就得符合天道，自己不违背真理。不合天道就不可能服人。要说服人就得顺应人心民意，不合人心民意也不能服人。顺应天道人心是使民众心悦诚服的前提。“说以先民，民忘其劳；说以犯难，民忘其死。说之大，民劝矣哉”，这是讲说服教育的重大意义。在办事之前，先向民众做好说服动员，民众心悦诚服，就会忘却劳苦，和你一道努力去完成。只要民众心悦诚服，再大的险难，民众也会冒着生命危险去干。兑卦所具有的重大意义，在于可使民众自我激励，自觉地下死力去干。“劝”是勉励的意思。“民劝矣哉”是民众会自己努力去干，不必强迫。

象辞说明上下卦象的组合，“丽泽兑”，“丽”是附丽。上卦兑为泽，下卦兑也是泽，大泽与大泽附丽在一起，相互连通，这就是兑卦。“君子以朋友讲习”，是说君子从两泽相连，流通互补中得到启示，也要相互滋益，朋友之间讨论研习，相互启发而不断提高。

初九：和兑，吉。

【译文】

和同喜悦，吉祥。

象曰：和兑之吉，行未疑也。

【译文】

和同喜悦，是因为一起行动而不疑忌。

【精解导读】

这一爻可与巽卦的上九联系起来分析。兑卦从大壮变来，大壮除初九与九四不能正应外，其他四爻皆有正应，大壮变为兑卦，六五与九三换位，也只能牵动九二和上六（大壮 九四刚 初九刚  两刚不应），与初九没有纠葛。初九是随着其他爻的推移进入兑卦，故言“和兑”。“和兑”是一同变成兑卦。“和”是相互唱和、鸣和。一唱一和，关系协调一致。成为兑卦，初九在下卦兑里，兑为口，可鸣可唱；上卦又是兑，也可唱可鸣。上唱下和，故言“和兑”。从取义上说，“和兑”是和同喜悦，所以“吉祥”。象辞说：“和兑之吉，行未疑也。”指初九与九四本有疑忌，爻变推移，全卦六爻都变得没有正应，初九的疑忌也随之消失。

九二：孚兑，吉。悔亡。

【译文】

诚孚的喜悦，吉祥。忧悔消亡。

象曰：孚兑之吉，信志也。

【译文】

诚孚喜悦的吉祥，是因为心志诚信。

【精解导读】

大壮卦九二与六五是正应关系（大壮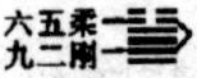

阴阳正应），大壮变兑，是九二的正应六五下来到了三位，与九二相比在一起，九二诚心希望六三的来临，故为“孚兑”。“孚”是诚信。从取义上说，“孚兑”是心悦诚服而喜，所以吉祥。“悔亡”指九二本可与六五换位升往五位，因六五主动下来应和自己，而没有上往的忧悔可以消亡。象辞说：“孚兑之吉，信志也。”以“信”释“孚”。“志”指正应相应和的心愿，正应六五下来应和，九二心志诚信，故能吉祥。

六三：来兑，凶。

【译文】

来求喜悦，凶。

象曰：来兑之凶，位不当也。

【译文】

来求喜悦凶，位置不当。

【精解导读】

兑从大壮变来，大壮的六五下到三位成为六三。爻从上向下推移称来，下来成为兑卦，故为“来兑”。从取义上说，来而求悦，是上门讨人家喜欢、巴结奉承之象。王宗传说：“左右逢迎，惟以容说为事，此小人之失正者，故于兑为凶。”象辞说：“来兑之凶，位不当也。”主要指六三下来凌驾在刚爻九二之上，用《周易》的术语说是乘刚。没有把自己的位置摆正，又离开了中正之道，故招致凶灾。

九四：商兑未宁，介疾有喜。

【译文】

和悦地协商还不安宁，隔去疾病会有喜庆。

象曰：九四之喜，有庆也。

【译文】

九四的喜，是因为有喜庆。

【精解导读】

九四在上下兑之间，上兑为口为言，下兑为口为言，是两方谈判协商之象，故为“商兑”。取义是商量而和悦。爻辞取象，在八纯卦里一般是在三位取上下相重之象。如乾的九三“终日乾乾”，巽的九三“频巽”，坎的六三“来之坎坎”。兑卦因为六三是卦变推移的一爻，故在九四取两兑相重之象。两兑相重，言说不定，故“未宁”。在大壮卦里，九四与初九不能正应，本有疑疾，变为兑卦，六爻均无正应，九四的疑疾也随之而去。“介”是隔开的意思。卦变为兑，兑为悦，故言“介疾有喜”。象辞说：“九四之喜，有庆也。”以“庆”释“喜”。九四从独自无应变得与全卦一同为兑悦，故有喜庆。

九五：孚于剥，有厉。

【译文】

诚孚于剥退，有危厉。

象曰：孚于剥，位正当也。

【译文】

诚孚于剥退，是因为位置正当。

【精解导读】

爻位处穷极称“剥”。如剥卦（䷖←上九）上九被五柔剥蚀，爻辞谓之“小人剥庐”。所以，“剥”指的是上六。卦由大壮变来，九五原是大壮的九三，与上六正应。卦变中升到五位，与上六比邻在一起，故言“孚于剥”。正如九二的“孚兑”，指六三“来兑”而孚。从取义上说，剥是被剥退、剥落、剥蚀，“孚于剥”是被衰退的人所信赖，故有危厉。象辞说：“孚于剥，位正当也。”指九五虽与上六比邻相孚，但刚爻占据上卦中位，又当尊位，位置正当，仅有危厉而不至于凶。

上六：引兑。

【译文】

引来喜悦。

象曰：上六引兑，未光也。

【译文】

上六引来喜悦，但还不够光大。

【精解导读】

兑卦由大壮变来，爻的推移运动是三爻与五爻置换，从而成为兑卦（大壮䷡九三与六五换位）。在大壮卦里上六与六五共同处于被刚爻剥退的地步，变成兑卦，上六之下是自己原来的正应九三升到五位，如同上六把九五拉上来一般，故九五是“孚于剥”，而上六是“引兑”。“引”是拉的意思。如果用人事关系比喻，上六如同是引荐接班人的离退官员，九五如同是接班的被引荐对象，因为原有正应关系才被拉了上来。从取义上讲，“引兑”则是引来喜悦。象辞说：“上六引兑，未光也。”“光”是光辉广大，上六引来的是自己的正应九三，所以其道还不足以称得上光辉广大。

【提示】

兑卦如果讲卦主，应当说六三是卦主。找出卦主是为了对全卦有一个整体统一的分析。卦主的观点是由王弼提出来的。王弼在《周易略例》里说：“夫少者，多之所贵也；寡者，众之所宗也。一卦五阳而一阴，则一阴为之主矣；五阴而一阳，则一阳为之主矣。夫阴之所求者阳也，阳之所求者阴也。阳苟一焉，五阴何得不同而归之。阴苟只焉，五阳何得不同而从之。故阴爻虽贱，而为一卦之主者，处其至少之地也。”意思是说：少数总是被多数视为珍贵，寡者总是被众者看作宗主。一卦之内如果有五个阳爻一个阴爻，那么阴爻就成为全卦的卦主，反之，如果有五个阴爻一个阳爻，阳爻就成为全卦的卦主。因为阴所追求的是阳，阳所追求的是阴，阳爻如果只有一个，五个阴爻怎么能不共同归附于它；阴爻只有一个，五个阳爻又如何能不共同来跟从它。所以说，阴爻虽然卑贱，而能成为全卦卦主的原因，是居于全卦最少的地位。王弼只是论述了五阴一阳或五阳一阴的卦里的卦主，而这样的卦在《周易》里只有十二个，其余的五十二卦里有没有卦主，他没有提及，我们也不好把一些推想出来的意思强加给他。然而，王弼之后的一些易学家却往往要在六十四卦里每卦都找出一个卦主，这就不必再看成是王弼的主张。后人说的卦主往往指的是全卦中最关键的一爻。这一爻有的在彖传中有所提示，有的在彖传中找不出依据。这就往往会因为各人理解的不同而把卦主找得不一致。从《周易》内部分析，称为卦主未必合适，但各卦确可以有一个主要的一爻。王弼只注意了数量的多少，没有顾及卦变，其实主爻常常出现在推移的那一爻上，是因为爻的推移才使该卦出现，所以各爻往往会表现出与主爻的某种关系。其次才可考虑数量多少、位置的尊卑、是不是在中位等因素。比如这一卦是从大壮变来，是大壮的九三与六五换位变成兑卦的六三和九五，主爻只能在这两爻中去找，六三在全卦的刚柔爻中属少数的柔爻，所以六三是全卦的主爻。六三的推移必然要涉及应位的上六；因为原在五位，又必然会涉及五的应位九二，这样即可看出全卦四爻之间的错综关系，对全卦有一个统一的认识。

另外，兑卦是八纯卦之一，属六十四卦里八个基础卦之一，对它应当有一个比较深入的认识。兑卦主要讲“说服”工作的重要性，用我们今天的话讲，就是政治思想工作的巨大作用。《周易》里讲刑狱，也讲说服；有强制，也有引导。后人讲的恩威并用，或仁政、力政，王道、霸道等统治术，《周易》里已经明确认识到了。此外，说服是靠语言的，有了正确的道，语言会变成巨大的物质力量，所以孔子一再强调“辞”的重要。

五十九　涣——坚冰消融

䷺

涣卦的卦画组合为坎（☵）下巽（☴）上，传统称作风水涣。《序卦》云：“说而后散之，故受之以涣。涣者，离也。”意为：说通而喜悦之后疑惑消散，所以在兑卦之后接着是涣卦。涣是离散的意思。《杂卦》云：“涣，离也。”与《序卦》说法相同，涣是离散。《说文》：“涣，流散也。”《诗·郑风·溱洧》：“溱与洧，方涣涣兮。”传：“涣涣，春水盛也。”笺云：“仲春之时，冰以释水，则涣涣然。”“涣”是涣然冰释、解冻的意思，所以字从水。象辞说“风行水上”，看来主要指春风解冻。兑卦与涣卦是在什么样的意义上联系在一起的？是说开了，心中的壅滞消散。《正义》在解释《序卦》时说：“涣者，发畅而无所壅滞，则殊趣各肆而不反，则遂乖离也。”显然，前半句是涣的原有意思，后半句是引申出来的意思。前人一概把离散讲成是团结的反义词，这不大全面，涣的卦名含有坚冰解冻、化解壅滞、离散分披等几层意思。

虞翻说："否四之二。"意思是说，涣卦是在否卦的基础上变化而来，是否卦的九四来到二位，即：否䷋九四与六二交换位置，变䷺涣。涣卦与下一卦节是正覆象，即：涣䷺整卦上下倒置，为䷻节卦。

涣，亨。王假有庙。利涉大川，利贞。

【译文】

涣卦亨通。君王来到宗庙。有利于渡过大川险阻，利于正固。

彖曰：涣亨，刚来而不穷，柔得位乎外而上同。王假有庙，王乃在中也。利涉大川，乘木有功也。

【译文】

涣卦亨通，刚爻下来而不穷困，柔爻得到适当的位置与上面的刚爻和同。君王来到宗庙，是说君王在中位。有利于涉过大川险阻，是乘着木舟济渡之功。

象曰：风行水上，涣。先王以享于帝，立庙。

【译文】

春风吹行到水面上，这就是涣卦。先王从中得到启示，享祭天帝，设立宗庙。

【精解导读】

涣卦是在否卦的基础上变化而来，否卦天在上、地在下，天地悬隔互无往来，变涣，九四、六二刚柔爻对流，故亨通。从否变来之卦都可言“亨”。其具体理由，彖辞里有说明。“王假有庙”是说君王到了宗庙，“假”读如“格”，义同“至”。到宗庙是祭祀天地祖先，主要是因为涣卦是观卦的下卦中位，从上乾中来了一个刚爻（涣九二→䷺、观䷓），观是大艮☶，艮是门阙，观是宗庙之象（见观卦）。“利涉大川”是说有利于涉过艰难险阻。大川犹如天堑，形成阻隔。“利涉大川”是形势有利，可以渡过这样的天堑。“利贞”是利于正固，因为中位都是刚爻。

彖辞从三个方面做了说明。（一）说明涣卦为什么亨通。“涣亨，刚来而不穷，柔得位乎外而上同”，指否卦变涣卦是否卦的刚爻九四与柔爻六二交换了位置，涣卦的九二原是否的九四。在否卦的上乾里，如果柔爻在下边生长，上乾的刚爻处在被剥退的境地，趋势是上穷。卦变中下来到了二位，缓解了上穷的趋势，故说是“刚来而不穷”。

“不穷”是从困境中走出来。“柔得位乎外而上同”指六四的推移，六四把下卦的中位让给刚爻九二，上往四位，柔爻居柔位是得位，由内卦上往外卦，故为“柔得位乎外”。否卦本来是柔长刚退的卦，涣卦的柔爻六四上往与上面的刚爻组成一体，同命运共患难，故言“上同”。刚爻与柔爻的推移各得其所，故卦能亨通。这是从卦变上说明卦辞“亨”。（二）“王乃在中也”，解释卦辞“王假有庙”。否卦的上乾为君王，变涣之后乾的九五占据上卦中位，乾分出一个刚爻到了下卦中位，故言“王乃在中也”。两中成为正反震相对之象（

），是对称的二簋之象，故为“王假有庙”。（三）“乘木有功也”，从上下卦象的组合说明卦辞“利涉大川”。指下卦坎为水，上卦巽为木，木在水的上边，是乘着木船渡水。因为有船可凭，所以很容易成功地渡过大川。

象辞换了一个角度说明上下卦象的组合。“风行水上，涣”，指上卦巽为风，下卦坎为水，春风吹行在水面上，坚冻消融，涣然冰释，所以才称涣卦。“先王以享于帝，立庙”，是说先王看到这样的卦象，从春风解冻中受到启示，给人们树立一种信仰，消除人们心中的壅滞，要设立宗庙，祭祀天帝。古人认为，对天帝宗庙的服从是人们政治上的信仰。要说我们国产的宗教，最古老的是对天帝祖先的崇拜，其次才轮得上孔教、道教等。

初六：用拯马壮，吉。

【译文】

用以拯救的马强壮，吉祥。

象曰：初六之吉，顺也。

【译文】

初六吉祥，是因为初爻柔顺。

【精解导读】

“拯”，《子夏传》作“抍”。这句爻辞在明夷六二的爻辞中出现过，“夷于左股，用拯马壮，吉”。是说左大腿受了伤，用马来拯救，马强壮而获吉。这里也是用马来拯救急难，马很强壮，吉祥。明夷六二（六二→䷣>坎）与此爻同处在坎卦的下位，取象相同。初六在坎下，坎为险难，又为美脊马，可以骑出去脱离险难。从取义上来讲，是说能化险为夷，获得吉祥。象辞说：“初六之吉，顺也。”直接讲，初六是柔爻，故柔顺。从卦变上说，初六原在否的下坤，坤为顺，九二下居中位，初六顺从。明夷六二的象辞说“六二之吉，顺以则也”，是顺从法则，指坎为水，水平，故可为法则。两爻可对比起来分析。

九二：涣奔其机，悔亡。

【译文】

离散后奔向几案，忧悔消亡。

象曰：涣奔其机，得愿也。

【译文】

离散后奔向几案，得其所愿。

【精解导读】

“机”虞翻解为“凭机”，是古人席地而坐所用的矮脚长条桌子，也称作“案”。古人的日常起居，常把手臂靠在几上，把头托住，用以小憩。《十三经注疏》沿用这个讲法。“机”是凭依之物，字可通“几”。《周礼》的“五几”，都作“机”。“涣奔其机”是说离散之后奔向几案，找到了依托。“悔亡”是忧悔消亡。从象上分析，九二是否卦的九四从上乾中分离出来奔向二位，故言“涣奔”。来到下坤中位，坤顺可依，上互艮手（九二→䷺>互艮），故为“机”。

象辞说“涣奔其机，得愿也”，指否的九四原与初六正应，来到二位与初六相比，心愿得到满足。爻辞的意思是说，在分奔离散之中自己找到了依托，身处忧患，而忧患消亡。

六三：涣其躬，无悔。

【译文】

涣散自身，没有忧悔。

象曰：涣其躬，志在外也。

【译文】

涣散自身，心志在外。

【精解导读】

“躬”是自己本身，“涣其躬”是涣散了自己。从象上说，六三原在否卦的下坤，坤为母，故为身，在涣卦，故言“涣其躬”。“无悔”是没有忧悔。从取义上讲，“涣其躬”是自己涣散，不是有人施加外力才致使涣散。前人讲这一爻联想到很多，有说是疏财济时的，有说是自动解散自己那个小团体的，等等，联想没有违背爻辞的基本意思，但爻辞只提供了自我涣散的意思。

象辞说："涣其躬，志在外也。""外"指外卦，从应的关系上看，全卦只有六三与上九正应，六三是志在外卦的上九。六三自己希望离开内卦到外卦去。

六四：涣其群，元吉。涣有丘，匪夷所思。

【译文】

涣散群类，大吉大利。涣散后聚为大丘，不是常人能想到的。

象曰：涣其群，元吉，光大也。

【译文】

涣散群类，大吉大利，也更加光辉广大。

【精解导读】

丘是高大的山丘。多聚才能高大如丘。"丘"是众聚。程传说："丘，聚之大也。"再如"師（师）"字从"自"，意为众，就是取"自"有高丘的意思。"涣其群"是解散了群类，"涣有丘"是涣散而又有大聚。朱鉴《朱文公易说》记朱熹的话说："涣其群乃取老苏（见下）之说，是散了小小的群队，并作一个。东坡所谓合小以谋大。"意思是把小团体解散，组成了一个大的群体。“涣其群”是解散小团体，“涣有丘”是解散小团体后聚成一个大的社会群体，故言“元吉”。“匪夷所思”中，“夷”是平常，意为不是平常所想象的那样。因为其中有聚与散相互依存的辩证关系，道理深奥，按一般的思维方式想不到此。从象上分析，涣卦是从否卦变来，否卦上乾下坤，刚爻聚在上，柔爻聚在下，是分开的两个群体。涣卦的六四原是否卦下坤的中爻，上到四位，把柔爻群体的中心抽取出来，如同解散了柔爻的小群。这是“涣其群”。上到四位，彖辞说是“上同”，互卦成艮（九二→>互艮），艮为山丘，这又是“涣有丘”。六四爻位的推移，促成全卦阴阳的交流，故为“元吉”。分离了小团体而使全卦聚为一个刚柔相错的大团体，故云“匪夷所思”。象辞说“涣其群，元吉，光大也”，意思是经过“刚来而不穷，柔得位乎外而上同”的变化，全卦由否塞变为“涣亨”，光大了，故大吉大利。

九五：涣汗，其大号涣，王居，无咎。

【译文】

命令发布得很广，君王居于正位，无咎害。

象曰：王居无咎，正位也。

【译文】

君王居位没有咎害，因为位在中正。

【精解导读】

“涣汗”是叠韵连绵词，连绵词往往是一个词素构成的词，前人常常把它拆开讲，所以经常出问题。比如把“涣汗”讲成人出汗，汗出来后不再返回体内。其实，“涣汗”是水浩瀚无涯际的盛大样子，不能拆开讲。“大号”是大的号令，“其大号涣”如同说“其大号涣汗”，是说号令发布面广。“王居”是“君王居位”，旧读以“涣王居”断句，象辞就不这样读，象辞是“王居无咎”。从象上看，全卦是“风行水上”，水面平广，散布无际，故言“涣汗”。九五在尊位为天子。卦变前上卦是乾，乾为君；卦变之后上卦成巽，巽为号令，是君王的号令，故言“大号”。天子的号令传布天下，故言“其大号涣”。九五始终占据尊位，故言“王居无咎”。象辞说：“王居无咎，正位也。”指出九五在中正的位置上，不会有咎害。要而言之，这一爻不是讲出汗，也不是“涣王居”，而是君王的号令散布广大，君王居于正位，没有咎害。

上九：涣其血，去逖出，无咎。

【译文】

涣散其血害，离去远出，没有咎害。

象曰：涣其血，远害也。

【译文】

涣散其血害，是指远离伤害。

【精解导读】

象辞用“害”来解释“血”，可见“血”是流血受伤。“去”是离开，“逖”象辞解为远。爻辞意为，散去伤害，远离而去，没有咎害，是说离伤害很远，不会有血灾。从象上看，下卦坎为血、为险，上九与坎的六三正应，与血、险有关系，只是因为上九在全卦的外上，与坎卦距离较远，又在涣卦之中，所以才脱离了血、险，涣离而去。这一爻是从血光坎险中脱身，高去远走，受不到伤害。象辞说“涣其血，远害也”，指出上九从血害中远离而去。

【提示】

前人对涣卦的整体解释比较混杂，有人讲成是天下离乱，人心溃散；有人又讲成是焕然光辉，文采斑斓；还有人讲成洪水泛滥，怀山襄陵，等等。但从卦爻辞中看不出一定有这些意思。讲得平实一些，删去那些与卦爻辞没有必然联系的内容，更符合《周易》的广泛适用意义。另外，《系辞·下》里说："刳木为舟，剡木为楫，舟楫之利，以济不通，致远以利天下，盖取诸涣。"意思是说：古人挖空大树做成船，砍削木头做成楫，有船有楫，渡过大水的阻隔，可到达远方，方便天下之人，大概是从涣卦中取象。这些话可以帮助我们理解卦辞的"利涉大川"。彖辞讲的"乘木有功"，"木"正指的是"舟楫"。那么，有些卦提到的"利涉大川"，不一定取象于坎为水，也可能取象于巽，巽为木、为风，风吹船行就可"利涉大川"。比如益䷩卦卦辞说"利涉大川"，就是因为下震为行，上巽为风和船。中孚䷼卦卦辞说"利涉大川"，则是因为下兑为泽，泽也是大水，上巽为风和船等。有的人一见到"利涉大川"，就一定要找出坎的象来，在辨象上就陷于被动。

六十　节——信约节止

䷻

节卦的卦画组合为兑（☱）下坎（☵）上，传统称作水泽节。《序卦》云：“物不可以终离，故受之以节。”意为：事物不可以长久离散下去，所以在表示离散的涣卦之后接着是节卦。这是把节当成节止讲的。《杂卦》云：“涣，离也；节，止也。”意为：涣是离散，节是节止。

节是涣的覆卦，涣由否变来，节由否的覆卦泰变来。虞翻说“泰三之五，天地交也”，意思是说：节卦是在泰卦的基础上变化了的形态，是泰卦的九三上升到五位，也就是泰卦下乾天、上坤地的交流，即：泰䷊九三与六五交换位置，变䷻节。彖辞说“刚柔分而刚得中”，证明虞氏的说法可从。

节，亨。苦节不可贞。

【译文】

节卦亨通。苦苦节止，不可以正固。

彖曰：节亨，刚柔分而刚得中。苦节不可贞，其道穷也。说以行险，当位以节，中正以通。天地节而四时成。节以制度，不伤财，不害民。

【译文】

节卦亨通，刚爻与柔爻分离而且刚爻取得了中位。苦苦节止不可以，因为道处穷困。喜悦而能行险，当位而能节止，中正而能通顺。天地有节止才形成四季。用制度来节止，就可以不损伤财物，不祸害百姓。

象曰：泽上有水，节。君子以制数度，议德行。

【译文】

大泽上有水就是节卦。君子从中得到启示，要制定数量上的限度，评议人的道德行为。

【精解导读】

《系辞·下》里说：“《周易》，穷则变，变则通，通则久。是以自天佑之，吉无不利。”彖辞又说“苦节不可贞，其道穷也”，“中正以通”。可见，“苦节”就是“道穷”，“不可贞”就是要变，变得中正就亨通。节卦亨通就是因为从泰卦变来。否卦是阳气上浮，阴气下降，越离越远，故为否塞。泰卦是阳气下流，阴气上流，故为通泰。通泰是因为阴阳的交流。然而，泰卦是下乾天、上坤地，阳气全部流下，阴气全部上浮，又失去了交流的意义，走到了另一个极端，又须重新变化取得交流，才能通达。节卦由泰变来，泰卦的刚爻九三返而上行，柔爻六五返而下行，由泰极而变，穷极而通，故言“节亨”。如果泰极而不能重新交流，也会在另一个极端上与否卦一样道穷，故云：“苦节不可贞。”“苦节”是穷极而节止太过，苦守不变。“不可贞”是说不可以这样固执不通。太过不是正道。

彖辞从六个方面作了提示性的说明。（一）“节亨，刚柔分而刚得中”，说明节卦为什么亨通。在泰卦（䷊）里，三个刚爻聚于下，三个柔爻聚于上，各自成为小小的群体。变为节卦，三个刚爻中分出九三上到五位，与柔爻交流在一起；三个柔爻中分出六五下到三位，与刚爻交流在一起。这是刚柔爻各自分离出一部分，称作“刚柔分”。形成节卦后，刚爻九二保持下卦中位，九五取得上卦中位，称作“刚得中”。刚柔阴阳交流，中位又都是刚健之爻，所以节卦亨通。（二）说明为什么“苦节不可贞”。“苦节不可贞，其道穷也”，指泰卦已到了刚下柔上的极限，守住不变必然道穷。虽然刚爻要下交，柔爻要上交，但上下到了极处，就必须变通，苦苦守住“刚下柔上”而不变，违背物极必反的规律，所以才讲“苦节不可贞”。“贞”是固守而正。“不可贞”是固守不变不可谓正。“其道穷”指泰卦“刚下柔上”达到极限。以上两点，都是从卦变上说明节卦。（三）从上下卦特性的组合说明节卦。“说以行险”，指下卦兑为悦，上卦坎为险，组合在一起是“悦以行险”。“行险”与“犯难”义同，正如巽卦彖辞讲的：“说以犯难，民忘其死。”心情舒畅，乐于去干，可以冒死去战胜险难。能顺民意，得人心，遇险可行，这也是节卦亨通的原因之一。（四）从九五占据中位说明节卦。“当位以节，中正以通”，指泰卦的九三上升到尊位成为九五，是大人得位，刚爻居刚位，又在上卦之中，具有刚健的品德，又能以中正之道进行节制，所以卦可亨通。这是“亨”的另一条理由。（五）指出节是自然的正道。“天地节而四时成”，是说天与地的运动因为有所节止，而不是极而不反，才能形成一年的四季。一直热下去没有节止，就不会有冬天；一直冷下去没有节止，就不会有夏天。没有寒暑交替，就不会有春秋。赵彦肃推阐说：“天地之节，播阴阳五行于四时。是故阳复于子、长于巳，而阴节之。阴遇于午、极于亥，而阳节之。二之分也。春木气盛而传之夏，夏火气盛而传之秋，秋金气盛而传之冬，冬水气盛而传之春。四季之月，土气时至，五之化也。故历有章部纪元，岁有春夏秋冬，月有晦朔弦望，日月晨昏昼夜，何莫非节！推而言之，金石丝竹，乐声以和；醯醢盐梅，滋味以适；黼黻丹青，彩色以章；万物尽然，而况于四时乎！”他讲节止才能调节，调节才能和谐，这是自然之理，万物皆然，道理是对的。(六) 推阐节卦的社会意义。“节以制度，不伤财，不害民”，这是把自然辩证法推广到社会中来，天地都要有节止，人类社会也应当有节止。人类社会的节止就是要有制度规定。用制度规定对人的无厌欲望或超越本分的行为进行节制，不浪费财物，不伤害民力。

象辞从上下卦象的组合解释节卦。“泽上有水，节”，是指下卦兑为泽，上卦坎为水，大泽上有水就是节卦。大泽中的水，少的时候就不停地蓄聚，满了的时候就流出去。君子从中得到启示，要制定出数量多少的规定，对各种等级的规格有数量上的限制。比如我们今天讲的“四菜一汤”等，就是数度的规定。这就是“君子以制数度”。“议德行”是说要按有没有节止来评议人的道德行为。“在诸中为德，发于外为行”，道德是内心的修养，行为是道德的外在表现，对这两方面都要看知不知节止。我们在哲学上讲“度”，讲量变质变规律，看来象辞作者对这方面的哲理认识已相当深刻。

初九：不出户庭，无咎。

【译文】

不走出门户庭院，没有咎害。

象曰：不出户庭，知通塞也。

【译文】

不走出门户庭院，是知道闭塞与通达的时势。

【精解导读】

节卦从泰变来，泰卦六爻都有正应。卦变中泰卦九二的正应六五与上六的正应九三交换了位置，牵动了以上四爻的关系（泰六五九二正应，六五动牵动九二，上六九三正应，九三动牵动上六）。初九与六四正应（泰六四初九正应），两爻都没有动，无从牵动，所以六四是“安节”，初六是“不出户庭”。初九没有推移的条件，位在最下，内卦为家，与九二共同前临互艮（九二初九互艮），艮为门阙，故言“不出户庭”。没有推移的条件而不推移，所以“无咎”。象辞说：“不出户庭，知通塞也。”是指初九的正应六四没动，初九处在闭塞在下的境地，不能走出门户庭院，初九知道自己处在这样的时势中，能明白通塞之理，所以没有咎害。这主要指的是行动，有以下几爻爻辞可以互证。《系辞·上》里讲过这一句说：“不出户庭，无咎。”子曰：“乱之所生也，则言语以为阶。君不密则失臣，臣不密则失身，几事不密则害成，是以君子慎密而不出也。”意思是说：《周易》里说“不出户庭，无咎”。孔子解释说：“祸乱的产生，常常以言语为阶梯。君王不能保密就会失去臣子，臣子不能保密就会招来杀身之祸。事前几微之中不能保密，就会造成失败，因此君子总是谨慎保密而不出。”孔子把这句爻辞，主要讲成是机密的话不出门庭之外，这样就不会招致咎害。可见爻辞理解起来比较灵活。总之，这一爻是守在家里不出去，没有咎害。也可以引申为能保守秘密，不把话传到门外，没有咎害。

九二：不出门庭，凶。

【译文】

不走出门户庭院，凶。

象曰：不出门庭凶，失时极也。

【译文】

不走出门户庭院却凶，是因为极端失时。

【精解导读】

节卦由泰变来，九二在泰卦中有正应在六五（泰六五九二→䷊正应），卦变中六五让出全卦的尊位，与九三交换了位置，九二却没有及时上往五位，已被六五牵动，具备动的条件而不动，所以有凶。从象上分析，九二在内卦，内卦为家；前临互艮，艮为门阙，是死守在家而不走出庭院门户，故言“不出门庭”。“门”与“户”笼统讲没有差别，细分起来，单扇的门称户，双扇的门称门，在字形上有区别（户艮，门門），户是小门，门是大门。九二是该出大门而不出。象辞说：“不出门庭凶，失时极也。”指九二在正应六五牵动了的时势下，还大门不出、二门不迈地死待在家里，所以会“凶”。凶是因为它自己一再丧失动的时机。与上一爻的“知通塞”对比起来分析，九二是太不知通塞。初九是身处闭塞可以不动，九二是身处通达而未动，所以初九无咎，九二有凶。吉凶祸福主要取决于时势的通塞以及个人面对通塞的时势应当采取的行动。

六三：不节若，则嗟若，无咎。

【译文】

不知节止，就会嗟叹，无所归咎。

象曰：不节之嗟，又谁咎也。

【译文】

不知节止造成的嗟叹，又能归咎于谁呢？

【精解导读】

“若”是形容性词尾，义同“然”，相当于“……的样子”。“不节若”是不知节止或没有节操的样子。“嗟”是嗟叹，指后悔而悲叹。从象上分析，六三是从泰卦的五位下到三位，五位是上卦的中位，正应在九二，如果一定要动，应当与九二交换，来到下卦中位，保持中道而行。可惜的是换到三位，失去中正。在节卦里失去中正之道，就是不能以中正之道节止自己，故言“不节若”。来到三位下卦成兑，兑为口，故“则嗟若”。

象辞说：“不节之嗟，又谁咎也。”“咎”是责怪，意思是自己不知节止，从而悲叹，又能怨谁呢？指的正是六三自己推移的位置不对。

六四：安节，亨。

【译文】

安于守节，亨通。

象曰：安节之亨，承上道也。

【译文】

安于守节的亨通，是因为上承九五。

【精解导读】

在泰变节刚柔爻流动的过程中，六四无所牵动，安然不动。又在互艮（六四→䷻>互艮）里，艮为止，故言“安节”。六四柔爻居柔位，九五刚爻取得尊位，六四柔顺相承，故能亨通。象辞说：“安节之亨，承上道也。”从爻的性质讲，六四本身是柔爻，能柔顺相从。从卦变上讲，上卦本来是泰的坤卦，六四在坤卦里，九五刚爻得位，坤性柔顺能从。九五居上，六四在下相承，均为顺承于上的象。“上”指六四之上的九五。从取义上说，“安节”是安于守节，也就是安心保持自己的节操。“承上道”是能顺应上级的政令教化。

九五：甘节，吉。往有尚。

【译文】

甘美的节操，吉祥。前往会受到崇尚。

象曰：甘节之吉，居位中也。

【译文】

甘节的吉祥，是因为居于中位。

【精解导读】

九五是全卦的主爻，从泰的三位升到五位，它的推移，正是彖辞说的“刚柔分而刚得中”“当位以节，中正以通”，是最美好的节。按五行的说法，“土爰稼穑”“稼穑作甘”（见《尚书·洪范》）。九五推移到泰的上坤中，坤为土，故言“甘节”。“甘”是甘美的意思。取得尊位，故吉祥。从下向上推进故为“往有尚”。爻从下向上推移称“往”，“尚”是“上”。从取义上说，九五是向上进升，“尚”是受到崇尚。象辞说“甘节之吉，居位中也”，指出九五推移到上卦的中位，节而能中，无过无不及，故能称为“甘节”而吉祥。

上六：苦节，贞凶。悔亡。

【译文】

苦苦守节，正固不动凶。忧悔消亡。

象曰：苦节贞凶，其道穷也。

【译文】

苦苦守节，正固不动凶，是因为穷极其道。

【精解导读】

“苦”与九五的“甘”互文见义，不能曲解。“甘”的本义是口中有甘甜的美味，“苦”是味苦。“甘”引申为一般的甘美，“苦”就是苦难。从象上分析，上六在上卦坎里，坎为险难，有苦难，故言“苦节”。在泰卦里，上六本来与九三是正应，而卦变中九三却与六五换位，上六守住穷极之位不动，因此“贞凶”。意思是正固不动有凶。“贞”主要是不动的意思，“悔亡”是说如果知悔而变，凶可消亡。上六主要是不知变通，受到九三的牵动而死守不动，所以有凶。象辞说“苦节贞凶，其道穷也”，指上六处在全卦的最上位，道穷路极，仍不知通塞的时势，苦苦守节，所以有凶。

【提示】

节卦提出“苦节不可贞”，不主张苦苦守节，与后人“守节”的封建伦理观念有天壤之别。《周易》主张人要有所节止，也应当有自己的节操，但同时也反对违背天道人心的人为苦节，这种思想十分可贵。封建社会让女子为丈夫守节，臣子为君王守节，儿子为父亲守节，等等，把这种伦理道德提高到不近人情的地步，背离了《周易》的主旨。在两千余年的封建社会里，人们把《周易》当成经典，却没有人能提出“苦节”来加以批判，反而把“饿死事小，失节事大”等教条奉为圣训，这是一种怪现象。时至今日，大家都来声讨封建伦理观念，却又有人把《周易》当成封建伦理来批判，这不得不说又是一种怪现象。比如《周易》提到的“中”，与孔子的“中庸”思想，原本是一脉相承，“中”无非是要“无过，无不及”，要正确，不要左倾右斜，而前些年我们却大批了一通中庸之道，不知道正确还有什么好批的，难道后人愿意自立于不正确的地位？这些颠来倒去的怪现象，能不能在认真读一下《周易》之后，在我们这样一个具有文明传统的泱泱大国里少出现一些！

节卦较明显地表现出《周易》取象的两大方法：一是卦变，二是爻在推移中的关系。全卦由泰变来，是泰卦的九三与六五交换了位置。九三与上六原是正应关系，九三应当与上六换位，而上六却守住上穷的位置未动，所以上六是“苦节”，象辞说它是“其道穷也”。九三升到上卦中位，成为全卦尊贵的九五，爻辞是“甘节，吉。往有尚（上）”，象辞说它是“居位中”。六五原与九二正应，六五应当与九二换位，六五动，九二不动，爻辞说九二是“不出门庭”，象辞就说它是“失时极也”。六五离开上卦中位，推移到下卦成为六三，爻辞认为它没有下到二位，说它是“不节若”，象辞说它是“又谁咎也”。六四与初九是正应，两爻在卦变中没有发生位的推移，所以爻辞说六四是“安节”，象辞说它是“承上道”，也就是顺承升上去的九五。初九没有六四的牵动，没有上往的条件，又位处最下，爻辞是“不出户庭”，象辞就说它是“知通塞”。全卦六爻的爻象辞表现得如此严整而有规律，毫无例外，这就不能不承认作者是抓住卦变和卦变中爻的关系两个方面来取象。虽然不能说《周易》里每卦都如此取象，但至少可以证明，这是作者观象系辞的重要方法之一。在分析其他各卦时，也必须考虑作者是否采用了同样的方法。除以上的重点外，我们还可以得出一个结论，《周易》也是我国最早的一本关系学著作。

六十一　中孚——如合符契

䷼

中孚的卦画组合为兑（☱）下巽（☴）上，传统称作风泽中孚。《序卦》云："节而信之，故受之以中孚。"意为：有符节而后取信于人，所以在节卦之后接着是中孚卦。这里取"节"的符节义。《说文》云："节，竹约也。"古人把竹板剖开，各持一半为据，合以取信，这种用竹制成的合同契约就是节。"节"是凭据，而"孚"是信。《杂卦》云："中孚，信也。"与《序卦》讲法一致。要而言之，中孚是符节对合，显然取上下卦对合之象。中间的两个柔爻是符节上的齿，上下卦各为符节的一半，两半的齿相合，故可相信。"中孚"就是中间对合得上而可信。从取义上说，中可讲成内心，中孚是内心诚信。

中孚与下一卦小过是一组变卦，即中孚六爻全部反性变化为小过，即：中孚䷼六爻全变，为䷽小过。虞翻讲中孚的卦变时说："讼四之初也。""此当从四阳二阴之例，遁阴未及三，而大壮阳已至四，故从讼来。”意思是说：按卦变的体例，凡是四阳二阴的卦都应当从遁或大壮变来，而遁卦䷠的两个柔爻还未到三位，大壮的刚爻又越过了四位，都无法直接变成中孚，所以应当在卦变的体例上灵活一些，是遁卦先变成讼卦，即：遁九三六二䷠。九三与六二换位，成䷅讼卦。再由讼卦变出中孚，即：讼九四初六䷅九四与初六换位，变䷼中孚。

中孚，豚鱼，吉，利涉大川，利贞。

【译文】

中孚卦，猪与鱼，吉祥，有利于涉过大川险阻，利于正固。

彖曰：中孚，柔在内而刚得中。说而巽，孚乃化邦也。豚鱼，吉，信及豚鱼也。利涉大川，乘木舟虚也。中孚以利贞，乃应乎天也。

【译文】

中孚卦，柔顺在内，刚健得到中位。喜悦而巽顺，用诚信感化国家的民众。猪与鱼，吉祥，是说诚信感化到了猪与鱼。有利于涉过大川险阻，是因为乘坐着木船，船中空。中孚卦利于正固，以顺应上天。

象曰：泽上有风，中孚。君子以议狱缓死。

【译文】

泽上有风就是中孚卦。君子从中得到启示，复议狱案，缓处死囚。

【精解导读】

中孚是心中诚信。“豚鱼，吉”从字面上讲，“豚”是小猪，就是猪、鱼吉祥。按彖辞“信及豚鱼”的说法，是诚信达到了感化猪与鱼的程度，所以才会吉祥。在动物里，猪最蠢，鱼最傻，当然也就最不易感化。猪、鱼都受到感化而信任，那是精诚所至，金石为开，化彻天地。“利涉大川”是有利于涉过大川险阻，“利贞”是利于正固。从象上分析，虞翻说“巽为鱼”，《说卦》讲“坎为豕”，卦从遁变讼，再变为中孚，遁下有互巽（遁☰>巽）、讼下有坎（讼☰>坎），变成中孚，故言“豚鱼，吉”。中孚卦下兑为大泽，上巽为木，大泽之上有木舟，故“利涉大川”。下卦中位是刚爻九二，上卦中位是刚爻九五，故“利贞”。

彖辞有进一步说明，可分为五个方面。（一）从卦画上说明卦名。“中孚，柔在内而刚得中”，指全卦六爻，外围是四个刚爻，内部是两个柔爻，是“柔在内”。上下卦的中位都是刚爻，是“而刚得中”。从取义上说，是内心谦虚柔顺，但守中正固却很刚健，所以才称作“中孚”。程传说：“内外皆实而中虚，为中孚之象。又二五皆阳，中实，亦为孚义。在二体则中实，在全体则中虚。中虚信之本，中实信之质。”虚是虚己待人，不存己私，诚意待人；实是实心实意，没有伪诈，不事欺骗；故能取得人们的信任。虚实皆得其宜，均有中孚之义。（二）从上下卦特性组合上说明中孚卦的感化意义。“说而巽，孚乃化邦也”中，“邦”是邦国，就是国家的人民。“化”是感化。这句指的是下卦兑为说，上卦巽为巽顺，上下卦组合在一起是喜悦而巽顺，百姓所以会喜悦地随顺，是因为统治者心怀诚信，感化了国民。（三）解释卦辞“豚鱼，吉”。“豚鱼，吉，信及豚鱼也”，意为豚鱼吉祥是诚信感化到了豚鱼。蠢猪傻鱼都受到感化而表现出信任，说明万物都受到感化，故能吉祥。（四）“乘木舟虚也”解释卦辞“利涉大川”。指上卦巽为木，下卦兑为泽水，木舟漂在水上。全卦中间又是两个柔爻，中虚之象，是一条中空的大船，所以可乘坐而涉过大川。（五）“中孚以利贞，乃应乎天也”说明卦辞“利贞”。“贞”是正固，天的运行是正而无爽，永恒不变，准确无误，既正又固。人能正固是顺应天的运行法则，因此有利。联系前面提到的“刚得中”，指的是中孚上下卦中位都是刚爻，位置中正，所以才“利贞”。

象辞从上下卦象的组合上说明中孚卦。“泽上有风，中孚”，指下卦兑为泽，上卦巽为风，组合在一起是大泽上有风，这就是中孚卦。古人认为风是最能感物的，无孔不入，无幽不至，无物不起。春风吹来的时候，连地下的草虫都会蠢动起来。大泽又是极易受感化的。春风一吹，涣然冰释，泽上有风是感化之象。君子从中要学会感化人心。感化人心最要紧的是自己的诚信，不要伪诈，以至诚的真心去关怀那些最难感化的人，整个社会就会全部受到感化。最难感化的人就是犯了大罪成为死囚的犯人，这就是要“君子以议狱缓死”。“议”是要复议，断了的案子要重新复查，“狱”是案件。叛决的死囚要缓一缓执行。总之，是要消除冤屈，令死囚心里诚服。这是把刑狱问题提高到取信于民这种政治影响的高度来认识。

初九：虞吉，有它不燕。

【译文】

不变如初吉祥，有其他则不安。

象曰：初九虞吉，志未变也。

【译文】

初九不变如初吉祥，是因为心志未变。

【精解导读】

“虞”，虞翻解为“安”，程传解为“度”，王弼解为“专”。从词义上分析，“虞”是料度，如当初料度的那样去做不要更变，也就有了“专”和“安”的意思。并不是“虞”有三义。“虞吉”是不变如初吉祥。从象上说，“虞”是古代的猎官，是贵族打猎的向导。象上要有正应才有虞。初九有正应在六四，故为“虞吉”。下卦兑为泽，互震为雷，雷入大泽。古人认为是收声燕息之象，“有它不燕”，“它”是其他，“燕”是安，意为有了另外的一套就不安宁。因为卦是中孚，内心要诚信如一，不能变来变去，让人难以相信。初九在一卦之初，孚信刚刚开始，尤其不能忽东忽西，失去准头。象辞说“初九虞吉，志未变也”，指初九与六四是正应，卦变中与六四换位，正应换位，心志不变。

九二：鸣鹤在阴，其子和之。我有好爵，吾与尔靡之。

【译文】

鹤在树荫下鸣叫，它的小鹤也叫着应和。我有好酒，我与你共享。

象曰：其子和之，中心愿也。

【译文】

它的小鹤叫着应和，是发自内心的愿望。

【精解导读】

“阴”同“荫”。“爵”是鸟形酒杯，这里代指酒。“靡”是共享的意思。这一爻是讲人与人的关系真诚相待，亲密无间。用大鹤与小鹤父子和鸣起兴，说明关系的天然融洽，没有丝毫虚伪造作，引出朋友之间不分彼此，真心相待，有好酒愿与人同享。本性天然，没有任何自私与勉强，是人与人之间弥足珍贵的真情实感。《系辞·上》说：“‘鸣鹤在阴，其子和之。我有好爵，吾与尔靡之。’子曰：‘君子居其室，出其言善，则千里之外应之，况其迩者乎？居其室，出其言不善，则千里之外违之，况其迩者乎？言出乎身，加乎民；行发乎迩，见乎远。言行，君子之枢机。枢机之发，荣辱之主也。言行，君子之所以动天地也，可不慎乎！”意思是说：君子居于室内，说出的话诚实善良，千里之外也会得到应合，更何况是近处！说出的话不诚实善良，千里之外也会违背不从，更何况是近处！话从自己嘴里说出，听在大众的耳里；行为在近处发出，远处就会看见。言与行是君子的枢纽机关，枢纽机关发动，是人受到羞辱或得到荣耀的关键。言与行，是君子感天动地的所在，可以不谨慎小心吗？据此可知，爻辞的意思是诚善之言得到应和。象辞说“其子和之，中心愿也”，中心信实，坦诚无欺，自然和应，完全出自心愿。爻象见提示。

六三：得敌。或鼓或罢，或泣或歌。

【译文】

遇到对头，或擂鼓，或休战，或哭泣，或歌唱。

象曰：或鼓或罢，位不当也。

【译文】

或擂鼓，或休战，是说位置不当。

【精解导读】

爻取对象，敌就是对，“得敌”是遇到敌人、对头，卦上下对称相敌，六三在上下卦之际，故为“得敌”。震为雷，故为击鼓。二震相对，各擂战鼓（反震六三正震），擂鼓是对垒激战。二艮相对，故为“或罢”（反艮<>正艮），艮

为止，“罢”是罢战，不能讲成疲。对峙不下，只能是打打停停，故言“或鼓或罢”。正反巽相对，巽为号、为哭，故“或泣”（正巽<䷼>反巽）。正反兑相对，兑为口、为悦，以口表悦，故“或歌”（反兑<䷼>正兑）。象辞说“或鼓或罢，位不当也”，“位不当”主要指三位在上下卦之际，上下不稳定，故言“或”。全书只在三爻与四爻才言“或”。另外指处在上下相对的位置上，势均力敌，只能是或打或停，不可能把对方吃掉。

六四：月既望，马匹亡。无咎。

【译文】

月过十五，马匹丢失，没有咎害。

象曰：马匹亡，绝类上也。

【译文】

马匹丢失，与同类断绝，顺应了上爻。

【精解导读】

十五满月为“望”，“既望”是满月已过的十六以后。依纳甲说法，巽为十六的月亮，六四在上巽，故为“月既望”。卦变中，六四是从遁的初六升到四位，遁的上卦原为乾，乾为马，六四到了上卦乾象消失，故言“马匹亡”。卦成中孚，六四柔爻居四位，得位，故“无咎”。象辞说“马匹亡，绝类上也”，“绝”是断，“类”是同类，“绝类”指与自己的同类分离，“上”指到了上卦。指六四爻位发生了推移，遁卦下面是两个柔爻为类（遁䷠二柔为类），变为中孚，初六升为六四，六二升为六三，分别在上下卦里。

九五：有孚挛如，无咎。

【译文】

有诚信，能系恋，没有咎害。

象曰：有孚挛如，位正当也。

【译文】

有诚信，能系恋，是因为位置正当。

【精解导读】

九五在上卦中位，又是全卦的尊位，是上下的核心，全卦紧抱如一，故九五是“有孚挛如”。“挛”是卷曲抽紧。程传说是“团结如拘挛”，犹如绳子捆在一起般的结实。虞翻说“巽绳艮手故挛”，指九五在上卦巽与互艮里(九五→䷼>互艮)，巽为绳，艮为手，手用绳子捆紧。象未必如此，取义是对的。卦是中孚，九五是卦的核心，诚信相交，团结紧固，把全卦凝固在一起，具有诚信感化的力量。象辞说“有孚挛如，位正当也”，正是强调九五作为全卦的尊位，成为核心，位置既中又正。在中孚卦里，是有诚信，把民众系恋在一起，团结如一。

上九：翰音登于天，贞凶。

【译文】

鸡叫声冲天，正固不动凶。

象曰：翰音登于天，何可长也。

【译文】

鸡叫声冲天，怎么可能长久。

【精解导读】

《礼记·曲礼下》：“凡祭宗庙之礼……羊曰柔毛，鸡曰翰音。”意思是祭祀用的鸡叫翰音。虞翻说“巽为鸡……《礼》荐牲，鸡称翰音也”，指的就是《曲礼》。《说文》作

“鹁”，释为“雉肥”，指肥鸡。鸡称“翰音”，是雄鸡善鸣，“翰音”指鸡的叫声，“登”是升的意思。爻辞的意思是说，鸡叫的声音升到天上，正固不动有凶。从象上辨析，巽为鸡，兑为口、为鸣，上下卦正反巽，正反兑，有鸡鸣上下回应之象。上九在最高位，位在天上，故言“翰音登于天”。位处穷极，故“贞凶”。象辞说：“翰音登于天，何可长也。”主要是解释“贞凶”，叫声高出天上，名声太大，又处在穷途末路，不可能长久。正固不变就会有凶。“穷则变，变则通，通则久”，穷就不能“贞”，故言贞凶。

【提示】

这一卦较多地取了正反对象，有人在解象时全在应爻上绕来绕去，故难以贴切自然。取对象最明显的是六三，“得敌”就是“得对”，正反震为“鼓”，正反艮为“罢”，正反巽为“泣”，正反兑为“歌”，注意不到取对象，爻辞的意思往往讲错。比如有人把“得敌”讲成战胜了敌人，把“或罢”讲成疲乏不堪等，就是不顾观象系辞。九二这一爻取对象也十分明显。朱震说“震为鹄，鹄，古鹤字也。《穆天子传》《列子》皆以鹄为鹤”。鹄、鹤古代读音相近，故有时通用。《说卦》没有提及震为鹤，但提到震为善鸣，鹤也善鸣，朱震的说法可从。九二前临正反震（反震<䷼>正震），两鹤相对。中孚卦从遁变来，遁卦上乾下艮

（遁䷠>乾 >艮），乾为父，艮为少男，少男就是小儿子，故有父子两鹤之象。正反兑相对（反兑<䷼>正兑），兑为口，两口上下相对，故有对鸣相和之象。正反巽相对（正巽<䷼>反巽），巽为木，正巽为树，反巽是树的倒影，故有树荫之象。“爵”是雀形或雕有雀形图案的酒杯，有鹤故称爵，上下卦图对口相向，故有共享之象。内卦为贞卦，外卦为悔卦，贞是我，悔是彼，内外卦对称，故言“你我”、言“共”。因为取以上的对象，爻辞才说“鸣鹤在阴，其子和之。我有好爵，吾与尔靡之”。这些象在卦画中反映得贴切自然，符合实际。看来《周易》里确实有时会取反象。反象又称覆象，尤其是在上下对称的卦里，这种取象的方法使用得还比较多。

六十二 小过——矫枉过正

䷽

小过的卦画组合为艮（☶）下震（☳）上，传统称作雷山小过。《序卦》云："有其信者必行之，故受之以小过。"意为：有证件凭信的人一定能通行，所以在中孚卦之后接着是小过卦。符节的作用犹如我们现在使用的护照，出国过关要有证件，有证件就可以过，没有证件过不去。《序卦》的意思还是说，节是符节，是凭信；中孚是符节相合对得上；小过是放行，可以通过。"过"就是通过。《杂卦》云："小过，过也。"也是说小过就是通过。与小过卦对应的还有一个大过卦。"过"分大小，就不再是一个简单的通行问题。从卦爻辞中看，"过"的义项较多，还可以讲成超过、经过、过分等义，这是因为"过"在古代是一个多义词，词汇发展才分化出许多词来。在作《周易》的时代，"过"就有那么多义项。但要说它的基本义，就是通过。小过就是小通过。

关于小过的卦变，虞翻说："晋上之三，当从四阴二阳临观之例。临阳未至三，而观四已消也。又有飞鸟之象，故知从晋来。"意思是说：小过是在晋卦的基础上变化了的形态，是晋卦的上九下来与六三换位，即：晋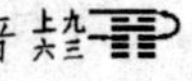

上九与六三换位，变小过。按卦变的体例四阴二阳的卦都应当从临卦或观卦变来，但临卦的刚爻还未到三位（

），而观卦的刚爻已从四位消退（

），况且又有飞鸟之象（虞翻认为离为飞鸟，有飞鸟之象必须卦中有离），所以推知是从晋卦变来。也就是说，小过卦，按卦变的体例讲，应当从观卦变来，但观卦不能一下子直接变出小过，观卦要先变成晋卦，即：观

九五与六四换位，变晋。再由晋变为小过。朱震则认为是从临卦先变为明夷，由明夷再变为小过。所谓"小过自临来，明夷变也"。考之彖辞"小者过而亨也"，还是虞翻讲得有理。"小"指柔爻，"过"是前往，"小者过"是柔爻向上推移。如果从临变来，柔爻只能向下推移。小过既是中孚的覆卦，又是中孚的变卦，所以两卦比邻相次。

小过，亨，利贞。可小事，不可大事。飞鸟遗之音。不宜上，宜下，大吉。

【译文】

小过卦，亨通，利于正固。可以做小事，不可以做大事。鸟飞过去了，只留下鸟叫的声音。不适宜上，应当下，大吉。

彖曰：小过，小者过而亨也。过以利贞，与时行也。柔得中，是以小事吉也。刚失位而不中，是以不可大事也。有飞鸟之象焉，飞鸟遗之音。不宜上，宜下，大吉，上逆而下顺也。

【译文】

小过卦，是小的方面通过而且亨通。通过了还要正固，是与天时一同运行。柔爻占据中位，所以小事吉祥。刚爻失去地位而不在中位，所以不可以做大事。卦有飞鸟之象，所以说鸟飞过去了只留下了声音。不适宜向上而适宜向下，大吉利，是因为向上为逆，向下为顺。

象曰：山上有雷，小过。君子以行过乎恭，丧过乎哀，用过乎俭。

【译文】

山上有雷就是小过卦。君子从中得到启示，行为要格外谦恭一些，丧事要格外悲哀一些，用费要格外节俭一些。

【精解导读】

依据彖辞的解释，“小过，亨”是“小者过而亨”，指柔爻为小，柔爻能通过而亨通，就是小的方面能顺利通过。“利贞”是利于正固。“可小事，不可大事”，是说可以办小事，不可以办大事。“飞鸟遗之音”，是鸟过留声的意思。“不宜上，宜下，大吉”，是说不适宜往上，而适宜往下，往下大吉。象上指柔爻的推移应当来到刚爻的下面。

彖辞从五个方面说明卦辞。（一）说明卦辞“亨”。“小过，小者过而亨也”，刚大柔小，卦变中是柔爻过去占据了上卦中位，所以是小过，是小的方面、小的事情能通过而亨通。这是从卦变上解释卦名和卦辞。（二）说明卦辞“利贞”。“过以利贞，与时行也”，意为超过而利于正固，是伴随时序运行（见提示）。（三）说明卦辞“可小事，不可大事”。“柔得中，是以小事吉也”，指柔爻在上下卦的中位，柔爻为小，所以小事吉祥。“刚失位而不中，是以不可大事也”，从“刚失位”“柔得中”可以看出，卦从观变来，观卦刚爻九五在上卦的中位，变为小过，刚爻失去了中位而不在中，柔爻取得了中位，所以不可以做大事。（四）说明卦辞“飞鸟遗之音”。“有飞鸟之象焉，飞鸟遗之音”，意为小过卦有飞鸟的象，所以才会有“飞鸟遗之音”的命辞。宋衷说：“二阳在内，上下各阴，有似飞鸟舒翮之象，故曰飞鸟。”意思是说：小过卦的六爻全象，中间的两个刚爻如同是鸟的躯干，上下各两个柔爻，如同是鸟展开的翅膀，卦画像一只飞鸟（即：小过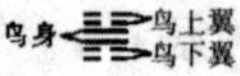

）。宋衷讲的与彖辞一致。虞翻说：“俗说或以卦象二阳在内，四阴在外，有似飞鸟之象，妄矣。”指斥是俗说、虚妄，这是虞翻曲解了彖辞，正确的东西否定不了。（五）说明卦辞“不宜上宜下”。“不宜上，宜下，大吉，上逆而下顺也”，意为不该向上，应当向下，是因为向上是逆，向下是顺，顺才获吉，逆不能获吉。象上指观变小过，两个柔爻到了刚爻之上。柔爻在刚爻之下为顺，乘刚爻之上为逆。

象辞先说明卦象组合。“山上有雷，小过。”指下卦艮为山，上卦震为雷，上下卦象组合在一起是山上有震雷，这就是小过卦。程传讲：“雷震于山上，其声过常，故为小过。”意思是说：山头上的雷声比平地的雷声震响更大，所以才说它是小过。君子从中要学习些什么？“君子以行过乎恭，丧过乎哀，用过乎俭。”在行为上也要超常一些。“过”是超过，行为要比一般的谦恭再超过一点，办丧事要比平常人更悲哀一些，自己的用度要比正常的节俭再节俭一些。

因为人们往往在这些方面显得不足，君子矫世励俗，不妨矫枉过正一些，给常人做个榜样，以小过而补不足，使社会风气纯正，小过是为了正。

初六：飞鸟以凶。

【译文】

飞鸟带来了凶。

象曰：飞鸟以凶，不可如何也。

【译文】

飞鸟带来了凶，是无可奈何的。

【精解导读】

李镜池先生认为“飞鸟以凶”是上古时的鸟占遗迹，犹如人们说的夜猫子叫有凶。“以”是因，因飞鸟的不祥而有凶。小过“有飞鸟之象焉”，初六取飞鸟之象。初六柔爻居刚位不正；上有九四正应，九四刚爻居柔位不正；以不正应不正有凶。全卦是小者过，柔爻要越过刚爻，而柔爻“不宜上宜下”，初六有九四援引要上，故取凶象。象辞说：“飞鸟以凶，不可如何也。”“不可如何”指无法挽救，人无能为力。

六二：过其祖，遇其妣。不及其君，遇其臣。无咎。

【译文】

越过了祖父，遇到祖母。没赶上君王，遇到了臣子。没有咎害。

象曰：不及其君，臣不可过也。

【译文】

没赶上君王，是因为臣子不可超过君王。

【精解导读】

“过”与“不及”前后互文，“不及”是没赶上，“过”就是超过、越过。《尔雅》里说“父为考，母为妣”。从象上说，中孚卦九二是取父子和鸣之象，小过是中孚的变卦，故取“妣”“臣”之象。卦从观变来，观的下卦是坤卦（观☷>坤），坤为母、为臣。六二柔爻在下卦中位，柔爻居柔位，中正为臣又在小过卦里，故言“过其祖，遇其妣，不及其君，遇其臣”。因为卦里没有乾。从取义上说，“妣”与“祖”互文，“妣”指祖母。爻辞的意思是说：越过了祖父，没遇上，遇到了祖母；没有赶上君王，也没遇上，但遇到了臣子，没有咎害。总之，这一爻虽遇不上主要人物，还有遇上相当人物的机会，不如愿望中那么顺利，但也没有咎害。

九三：弗过防之，从或戕之，凶。

【译文】

没有越过，应加以防范，随从别人会受到戕害，凶。

象曰：从或戕之，凶如何也。

【译文】

随从别人而受到戕害，有凶时又怎么办呢？

【精解导读】

“弗”是不。“过”是超越。“从”是随从。“戕”是杀害。“弗过”是不超越。“防之”是要提防，做好防范。“从或戕之，凶”，是随从别人会受到戕害，招致凶的后果。从象上说，九三原是观卦的上九，在卦变中与六三换位成为九三，不但没有越过，反而被两个柔爻越过去了，不设防之象，故为“弗过防之”。卦变后仍与上六正应，随从上六越过刚爻的行为，自己却处在互兑里，兑为毁折，故为“从或戕之，凶”。象辞说：“从或戕之，凶如何也。”意思是说，随从别人从而受到戕害，有凶该怎么办？

九四：无咎。弗过遇之，往厉必戒。勿用，永贞。

【译文】

没有咎害，不越过却能遇到。前往有危厉，一定要警戒。不可用，要长久正固。

象曰：弗过遇之，位不当也。往厉必戒，终不可长也。

【译文】

不越过却能遇到，是因为位置不当。前往有危厉，一定要警戒，最终不能长久。

【精解导读】

九四原是观卦的九五，在观变小过卦时与六四换位成为九四，在小过卦里，自己没有越过，反而被两个柔爻越过去了，故为“弗过”。原与六五比邻，换位后仍与六五比邻，故言“遇之”。大势是柔爻越过刚爻，故言“往厉必戒”。取义是说前往会有危厉，一定要告诫自己不要前往。

“勿用”是不能使用，也就是不能动。“永贞”是永守正固。象辞说：“弗过遇之，位不当也。”“位不当”主要指处在上下相敌的位置上，中孚的六三象辞也说“位不当”，上下卦对称相敌，三、四位在上下卦的交接处，都是位置不当，其次才是刚爻占柔位，中孚六三是柔爻占刚位。“往厉必戒，终不可长也”中，“长”解释“永贞”的“永”。全卦是小者过，刚爻坚守不可能长久。

六五：密云不雨，自我西郊。公弋取彼在穴。

【译文】

浓云密布而不下雨，从我所在的西郊飘过。王公缴射，猎取穴中之物。

象曰：密云不雨，已上也。

【译文】

浓云密布而不下雨，是因为云已经向上去了。

【精解导读】

小畜卦辞说“密云不雨，自我西郊”，彖辞说“密云不雨，尚往也；自我西郊，施未行也”。“尚往”即“上往”，指爻向上推移，这里说“已上也”，也是已经推移到了上边，取义是说云向上飘去就不下雨。从西郊飘走是有雨而不能施行、有云无雨，是恩泽不能下施。“弋”是系着绳子的箭，用这种箭去射称弋矰缴射。“公弋”是王公缴射，“取彼在穴”，是射取穴中的猎物。从象上辨析，六五在互兑里（六五→䷽>互兑），兑为泽，泽水上天为云，五位是天位，六五从观的四位向上推移，故言“密云不雨”。兑为西，故云“自我西郊”。震为公侯（六五→䷽>震），故言“公”，互巽为绳（六五→䷽>互巽），坎为弓、离为矢，六五在卦变中，先与九四换位变晋，在上离互坎里（晋互坎<䷢>上离），再变为小过，下有巽绳，故言“公弋”。坎为穴，故言“取彼在穴”。象辞说“密云不雨，已上也”，指出六五是推移向上。云向上飘，故无雨。

上六：弗遇过之。飞鸟离之，凶，是谓灾眚。

【译文】

不相遇，超越过去了。飞鸟被网住，凶，这叫作天灾人祸。

象曰：弗遇过之，已亢也。

【译文】

不相遇，超越过去了，已经太高了。

【精解导读】

小过从观变来，上六来自观的四位，越过两个刚爻到了最上位，故言“弗遇过之”。小过“有飞鸟之象焉”，故言“飞鸟”。观变晋，六四先在离下(晋上九六四离)，与离的上爻换位，故言“离之”。从取义上讲，“弗遇过之”，是超过去没有遇到。“飞鸟离之”，是飞鸟落入网罟。“离”是附着、落入。孔颖达《正义》：“过而不知限，身过而弗遇，必遭罗网。”朱震：“鸟飞过甚，自离于网罗。”虞翻也说是落于死地。程传把“离”讲成远离，与爻辞义不合。从象上说，《系辞·下》云：“作结绳而为网罟，以佃以渔，盖取诸离。”离是网罟之象。帛书《周易》“离”作“罗”，也是罗网。爻辞有“凶”、有“灾眚”，六五爻辞有“取彼在穴”，上六不可能离走，上六有落入罗网之凶。“灾”是天灾，“眚”是人为造成的祸。上六位处太高，天道必然，是天灾。从四位升上来是自寻绝地，故为“眚”。“是谓灾眚”，意为这就叫作天灾人祸。象辞说：“弗遇过之，已亢也。”“亢”是高极，指上六是自己升得太高，已到了绝高的境地，超过而不能遇到。

【提示】

关于小过卦的哲理意义，历来认为讲的是“过”与“正”的关系。如程传说：“过者，过其常也。若矫枉而过正，过所以就正也。”象辞提出：“行过乎恭，丧过乎哀，用过乎俭。”卦辞提到：“小过，亨，利贞。”彖辞说：“过以利贞，与时行也。”小过是为了取中得正，与天道相符，达到主客观的一致。天道是客观真理，人对天道的认识是相对正确的，有时会出现差误，小过是为了纠正人们行为上的差误，把过与正统一起来，这就有了对客观真理认识的相对与绝对性问题。彖辞说：“过以利贞，与时行也。”“时”是天时，天时中正，无过无不及。有小过就不中，为什么还“利贞”？这里可能有古代历法中置闰现象给人们的启示。日月的运行都不能用整天数来计算，月不都是整三十天，年也不都是三百六十天，因此在历法的制定时，常常会有提前或错后的几天。提前或错后都是为了取得与天时的适合。小过如同是置闰超前几天，以纠正历法中岁时的误差，从而达到与天时运行的一致。不仅是天时，人类在认识客观真理时，在许多方面都会因为认识上的误差，出现一些似中非中的现象，都需要有小的超过来纠正偏差。《周易》特别重视中，中才能正，因为人对中的认识常常是相对的，未必与绝对的中适合，这就需要做一些矫枉过正的工作，以取得与客观上的一致性。小过正是为了弥补这种相对认识上的误差，故言“过以利贞”。小过是为了正，不是为了过。关于“飞鸟遗之音”，历来没有太好的解释，程传说：“飞鸟遗之音，谓过之不远也。”这似乎也有认识上的误差问题。光的传导速度与音的传导速度不同，人在认识上就容易出现误差。当听到鸟的叫声之后，再按发音的方向去寻找飞鸟，鸟已经飞过去了，所以才是小过，出现了主客观上的不一致。古人可能注意到了这些现象，才提出“飞鸟遗之音”的问题。音速的滞后现象，启示人们要有那么一点提前量，才能循声找到飞鸟，小过一点才正确，没有小过反而不中不正。在人的社会实践中，类似的情况不少，都需要小过来补正，所以“矫枉过正”也就成了一条救正的法则。

象辞所云行为不妨过分谦恭一些，举丧不妨过分哀伤一些，费用不妨过分节俭一些，虽然超过了正常的限度，但可矫世励俗，就仍不失为正。当然类似的种种现象都需要小过来救正。

六十三　既济——圆满成功

䷾

既济的卦画组合为离（☲）下坎（☵）上，传统称作水火既济。《序卦》云：“有过物者必济，故受之以既济。”意为：具有超过其他事物的地方，必定会成功，所以在小过之后接着是既济卦。这是把“济”讲成功。但《序卦》又说“物不可穷也，故受之以未济”。可见“未济”是没有终尽，“既济”是已经成功到头。合而观之，“既济”是已经到头、成功的意思。《杂卦》说：“既济，定也；归妹，女之终也；未济，男之穷也。”意为：“既济”是得到稳定，“归妹”是女子的归宿，“未济”是男子的困穷。关于“未济”的说明见下卦。“既济”是阴阳相对的稳定。从词义上讲，“既”是已经。《说文》：“渡，济也。”“济”是渡过，古人称渡水为涉，渡过去为济。“既济”就是已经渡过去，成功了，可以告一段落稳定下来。主要意思是成功、完成。完成、成功往往是人们追求的目的，但从《易》理上讲，事物发展不可能有穷尽的时候，一个阶段的完成，往往又是一个新阶段的开始，所以既济卦之后又是未济。

既济的卦变，虞翻说："泰五之二。"意思是说：既济是在泰卦的基础上变化了的形态，是泰卦的九五下来到了二位，即：泰六五九二䷊六五与九二交换位置，变䷾既济。另外既济与未济既是覆的关系，又是变的关系，即：既济六爻全变为未济（既济䷾六爻全变，为䷿未济），这是变的关系。既济䷾全卦上下翻倒过来，也是䷿未济，这又是覆的关系。

既济，亨小，利贞。初吉终乱。

【译文】

既济卦，小的方面亨通，利于正固。开初吉祥，最终会乱。

彖曰：既济亨，小者亨也。利贞，刚柔正而位当也。初吉，柔得中也。终止则乱，其道穷也。

【译文】

既济卦亨通，是小的方面亨通。利于正固，是因为刚爻与柔爻位置正而得当。开初吉祥，是柔爻取得中位。终止则会乱，是道路穷尽的原因。

象曰：水在火上，既济。君子以思患而豫防之。

【译文】

水在火的上边就是既济卦。君子从中得到启示，要虑及忧患，早做预防。

【精解导读】

按彖辞的讲法，卦辞应断成“既济，亨小”。意思是说既济卦是在小的方面、小的事情上亨通。这在象上指的是柔爻为小，全卦三个柔爻分别居于三个刚爻的上面，柔爻顺利，故为“亨小”。“利贞”指的是全卦六爻都居于正位，三个柔爻都占据柔位，三个刚爻都占据刚位，故“利贞”。“初吉”是因为既济卦是成功，取得成功之初即稳定下来，故可吉祥。“终乱”是因为成功之后还会有新的目标摆在面前，稳定的局面会在向新阶段的推进中被打乱。

彖辞从四个方面说明既济卦。（一）解释卦辞“亨小”。“既济亨，小者亨也”，指的是既济卦亨通，主要是柔爻亨通，说的是小的方面顺当。彖辞没有把“小”与“利贞”连读。（二）解释卦辞“利贞”。“利贞，刚柔正而位当也”，指的是全卦六爻里六二、六四、上六三个柔爻都在柔位上，初九、九三、九五三个刚爻都在刚位上，位置正当，只要正固就有利。（三）解释卦辞“初吉”。“初吉，柔得中也”，指的是在泰变既济的卦变中，六二从五位来到下卦的二位，居于下卦之中。五与二都是中位，六二是在中道行进。刚尊柔卑，五尊二卑，六二能以卑居卑，也是初吉的原因之一。这是从主爻的推移上说明卦辞。（四）解释卦辞“终乱”。“终止则乱，其道穷也”，意为终止就会乱，是道路穷尽。因为“既济”是已经取得成功、相对稳定下来，但万事万物是发展变化的，不可能到头，而“既济”却是一个阶段的终尽，所以向前发展就会由稳定而变乱。乱是新阶段的开始。

象辞从上下卦象的组合上做了说明。“水在火上，既济”，指的是下卦离为火，上卦坎为水，水在火上就是既济卦。古人认为，火炎上，水润下。在既济卦里，火从下向上燃烧，水从上向下浸润，是水火相交之象。水火相交才能济天地之用，比如人的生存一天都离不开水火，水火相互调济才能得到生活的和谐。水与火是互补的关系。从天地运行上讲，日为火，月为水，日与月要相互调济。夏为火，冬为水，冬夏要互补。水火相交是一种正常和谐的状态。水火相济为用，故卦称“既济”。但水与火并不总是处于平衡状态，一旦失去平衡，水火都可造成灾患。“君子以思患而豫防之”，就是说，君子从中得到启示，要考虑灾患的可能产生，而及早做好预防工作。象辞强调的正是这种事物的平衡与打破平衡的哲理。

初九：曳其轮，濡其尾，无咎。

【译文】

拉住车轮，沾湿车尾，没有咎害。

象曰：曳其轮，义无咎也。

【译文】

拉住车轮，道理上没有咎害。

【精解导读】

“曳”是拉，“濡”是沾湿。《说卦》讲：坎为弓轮、为曳马、为水。初九前临两坎（

），在卦下为尾，故言“曳其轮，濡其尾”。“曳轮”是为了济渡。古代的大车很简陋，车轴与车厢的连接也不坚固，有时还要把车轮卸下来（见“舆说輹”），车轮与车厢很容易脱开。渡河时被水一冲，经常会因车轮脱钩而车覆人翻，所以要在车轴上拴上绳子拉住车轮，稳定车身。“曳其轮”是为了克服水的冲击力量，保持车身中正不斜。“濡其尾”是渡河时湿了车的尾部。象辞说："曳其轮，义无咎也。""义"是宜，就是道理上应当怎么办。"义无咎"是说从道理上讲就该如此，不应当有咎害。总之，这一爻济渡成功，有点小的不利，但没什么关系。

六二：妇丧其茀，勿逐，七日得。

【译文】

妇人丢失了头饰，不必追寻，七日后会失而复得。

象曰：七日得，以中道也。

【译文】

七日后会失而复得，是因为此爻守持中道。

【精解导读】

"茀"（fú），《释文》："首饰也。马同。干云'马髴也'。郑云'车蔽也'。子夏作'髴'，荀作'绂'，董作'髢'。"帛书易作"发"。虞翻说："茀发谓鬓发也。"看来"茀"是古代妇女头上戴的一种假发套。自从郑玄讲成车帘子后，出了分歧。从象上辨析，六二从泰的六五下来，泰卦是下乾上坤，坤为妇，乾为首，六二与九五换位乾坤皆变，故有妇首更换之象，是妇人头上的首饰换了，互坎为盗（䷾>互坎），故云“妇丧其茀”。取义是说妇人把假发套丢了。六二是来到下乾中位，乾阳是“七日来复”，故言“勿逐，七日得”。象辞说“七日得，以中道也”，意为七日失而复得是因为六二占据下卦中位，能行中道，不会有损失。象上指到了下卦乾中，乾阳是“七日来复”（见复卦）。

九三：高宗伐鬼方，三年克之。小人勿用。

【译文】

殷高宗征伐鬼方，三年才征服。小人不能用。

象曰：三年克之，惫也。

【译文】

三年才征服，太疲惫了。

【精解导读】

按历史记载考察，高宗是商朝的中兴之主武丁。鬼方是西羌的某一个国家，位在我国西北部。《汉书·匡张孔马传》中，匡衡疏云：“此成汤所以建至治、保子孙、化异俗而怀鬼方也。”《后汉书·西羌传》：“及殷室中衰，诸夷皆叛，至于武丁，征西戎鬼方，三年乃克。故其诗曰：‘自彼氐羌，莫敢不来王。’”所谓鬼方，是对侵略民族的一种贬称，就如后人说的洋鬼子之类。很难确指是哪一个国家，大约是在西羌一带，是殷商的一个附属国。后人有说是匈奴的，与《后汉书》的讲法不一致。高宗伐鬼方实有其事，但史书没有详细记载，《周易》里记录了这一条，对考史有用。爻辞的意思是说：殷高宗武丁去征伐鬼方，三年苦战才征服，小人不能用。从象上分析，泰卦下乾为君，上坤为国，下乾的九二升到九五成为既济，是君王征伐属国获得成功。九三互为离坎（九三—互离 互坎），坎弓离矢，有征伐之象。九二经三爻上升到五位，故云“三年克之”。“小人勿用”，是说小人不能妄用。象辞说“三年克之，惫也”，意思是说天子去征伐属国，尚历经三年苦战，民力凋疲，小人就更不可以妄用。乾卦初九爻辞“潜龙勿用”，“勿用”是发挥不了作用，不要妄动。

六四：繻（xū）有衣袽（rú），终日戒。

【译文】

采缯变为败衣，成天警戒。

象曰：终日戒，有所疑也。

【译文】

成天警戒，是因为有所疑惧。

【精解导读】

“繻有衣袽”有三种讲法：（一）虞翻说是“衣服皆败”。（二）北朝卢景裕说：“繻者，布帛端末之织也。袽者，残币帛，可拂拭器物也。繻有为衣袽之道也。四处明暗之间，贵贱无恒，犹或为衣，或为袽也。”以为“繻”是布头帛尾之类的衣料，“袽”是抹布，布头帛尾可以做衣服，也可以做抹布。（三）王弼说：“繻宜曰濡，衣袽所以塞舟漏也。”认为是济渡时用破衣乱絮堵塞船的破漏处。以上各家都认为“袽”是败衣敝絮之类的废料。“繻”的讲法不一致，王弼主张把“繻”改成“濡”才恰当。考之《说文》：“繻，缯采色。从糸，需声。读若《周易》‘繻有衣’。”“絮”下曰：“絮缊也。一曰敝絮。从糸，奴声。《周易》曰‘繻有衣絮。’”按《说文》所依据的孟氏本作“繻有衣絮”。“繻”是带颜色的帛缯，“袽”是敝絮，“衣袽”就是败衣，“繻有衣袽”是采缯也会变成败衣。“有”是说明这种变化的可能。至于是用来做抹布还是塞漏船，从爻辞中看不出来。我们只讲它的基本义，“繻有衣袽”就是很好的衣料也会变成破衣服。“终日戒”是从早到晚地警戒。从象上辨析，虞翻说：“乾为衣，故称繻。袽，败衣也。乾二之五，衣象裂坏，故繻有衣袽。”意思是说：既济从泰卦变来，泰卦下乾为衣，所以称繻衣，袽是破衣。泰卦下乾的九二升往五位变既济，衣象破裂，所以是衣服破了。显然还应当看到，坤为布帛，所以才言“繻”；乾为衣，所以才言“衣”。六四处泰卦的乾坤之间，卦变中没有推移，而变为既济，上坤下乾都有裂坏之象，六四是受了卦变的影响才“繻有衣袽”。坎为盗，为加忧，六四在两坎之间（
），所以“终日戒”。乾是白昼，坤是黑夜，一天十二时不得安宁。

象辞说：“终日戒，有所疑也。”意思就是说成天警戒是因为有所疑惧。

九五：东邻杀牛，不如西邻之禴祭，实受其福。

【译文】

东邻杀牛举行盛大祭祀，反而不如西邻的薄祭，西邻会实实在在地受到福佑。

象曰：东邻杀牛，不如西邻之时也。实受其福，吉大来也。

【译文】

东邻杀牛，不如西邻按时祭享。西邻会实实在在地受到福佑，大的吉祥会来到。

【精解导读】

“不如”表比较。“杀牛”是用太牢祭祀，规模盛大。“禴祭”也作“礿（yuè）祭”，是商朝时的春祭或周朝的夏祭。都是五谷未登、青黄不接时的一种比较简单的祭祀。盛大的祭祀反而不如简单的祭祀，说明上天保佑不是因为祭品多。正如《左传》僖公五年引《周书》云：“皇天无亲，唯德是辅。”“黍稷非馨，明德唯馨。”意为天帝不会因为谁的祭品丰盛就亲近保佑谁，而是要赐福给有明德的人。上天并不是接受祭品的香气，而是接受明德的香气。“东邻杀牛，不如西邻之禴祭，实受其福”，是说东邻的道德不明，杀牛宰羊举行盛大祭祀，上天也不会赐福。西邻道德高尚，做些简单的薄祭也会受到上天实实在在的福佑。前人说东邻指的是商纣王，西邻指的是周文王，纣王在朝歌位东，文王在岐山位西。这样讲符合史实。但爻辞具有广应性，基本义东邻就是东邻家，西邻就是西邻家。从象上辨析，《说卦》已确切指出震为东，兑为西，坤为牛，坎为水。既济从泰变来，泰卦互兑、互震（泰互震<䷊>互兑），上卦是坤，变为既济，上卦折坤变坎。“禴祭”是用蔬菜作祭品的一种薄祭。《左传》讲：“沼沚之毛，蘋蘩之菜，可羞于鬼神。”坎就是禴祭之象。所以震就是“东邻”，折坤就是“杀牛”，兑就是“西邻”，变坎就是“禴祭”。九五是卦变推移的爻，升到全卦尊位，又是刚爻，刚爻为实，故言“实受其福”。象辞说“东邻杀牛，不如西邻之时也”，指九五位正中得时，取义是说，祭祀要按时进行，九五是该祭祀的时候就祭祀，信守祭时。又说“实受其福，吉大来也”，意为实实在在受到福佑，是吉祥大来。当然指的是九五得到了天命，成为九五之尊的天子，吉莫大焉。

上六：濡其首，厉。

【译文】

浸湿了头，危厉。

象曰：濡其首厉，何可久也。

【译文】

浸湿了头这样的危厉，怎么可以长久！

【精解导读】

朱震《汉上易传》在未济卦里说："以成卦言之，上为首、为前，初为尾、为后。以画卦言之，初为始、为本，上为终、为末。"意思是说：首尾终末是从不同的角度来看，要从画成的卦看，上爻是头，又是前，初爻是尾、是后；要是从画卦的过程看，初爻是本、是始，上爻是终、是末。上六在全卦上位，故为首，又在上卦坎里，坎为水，水升到头顶，故为"濡其首，厉"。"濡"是浸湿，头在水中被浸湿，有灭顶之灾。象辞说："濡其首厉，何可久也。"指上六在全卦的穷极之位，走上绝路，怎么会长得了！可见上六是灭顶之象，像一个被水淹没的人，无可救药，生命不长了。

【提示】

既济卦反映了作者对宇宙矛盾绝对性的认识。从卦画上分析，经过乾坤的矛盾运动，直到第六十三卦才达到三个刚爻居刚位，三个柔爻居柔位，走向和谐统一。这在刚柔的推移中应当是最为理想的境界。然而就是在最为和谐的统一之中，同时也可以看出，三个柔爻的每一爻之下都乘着一个刚爻，这种柔上刚下的状态，并不符合刚上柔下的本然秩序。显示出在和谐统一中潜伏的矛盾，说明宇宙的运动并不会到此结束。世界上没有绝对的完美统一，矛盾运动才是绝对的。从卦名上看，既济是一个大阶段循环的完成，是运动臻于完美的阶段。但这个完美并不是事物运动的终结，而只是运动变化相对的稳定，既济之后接着是未济，一个大的新周期正在稳定中埋伏下重新变化的条件。卦辞明确指出“初吉终乱”，正是要告诉人们，一个阶段的完成与统一就是下一个阶段矛盾运动的开始，正是矛盾的绝对性才造成世界变化运动的无限性。宇宙没有一劳永逸的事情，也没有绝对的完美，人类应该认识这种规律，使自己的行动永远保持与天道的一致性，向更加完美不断靠近。《周易》的作者虽然没有明确提出“矛盾绝对性”这个术语，但他认识到了世界运动的这种规律，并把这种规律通过自己特殊的表达方式描述了出来。

六十四　未济——新的起点

䷿

未济的卦画组合为坎（☵）下离（☲）上，传统称作火水未济。

《序卦》云："物不可穷也，故受之以未济。终焉。"意为：事物不能穷尽，故在既济之后接着是未济，六十四卦终结。这是把未济讲成未穷，也就是没有到头完结。只是六十四卦这个周期运动的阶段性终结。

《杂卦》云："未济，男之穷也。"意为未济是男子的困穷。这是就三个刚爻分别处在三个柔爻之上，刚爻为男，柔爻为女，刚爻在上的秩序到头了，肯定还要变化。与既济卦对比起来分析，既济是已经渡过，是完成、成功，未济就是还未渡过，未完成或未成功。

从卦画上看，未济是既济的覆卦，又是变卦，即：未济䷿上下倒置，为既济䷾，或未济䷿六爻全变，为既济䷾。从卦变上说，虞翻云："否二之五也。"意思是说：未济卦是在否卦的基础上变化了的形态，是否卦的六二上升到了五位，即：否䷋（九五、六二）六二与九五换位，变䷿未济。

未济，亨。小狐汔济，濡其尾，无攸利。

【译文】

未济卦，亨通。小狐狸快渡过水时湿了尾巴，无所利。

彖曰：未济亨，柔得中也。小狐汔济，未出中也。濡其尾，无攸利，不续终也。虽不当位，刚柔应也。

【译文】

未济卦亨通，是因为柔爻取得中位。小狐狸快要渡过水去，还未游出水中。湿了尾巴，无所利，不能继续游到终点。虽然六爻位置不当，但刚柔相应。

象曰：火在水上，未济。君子以慎辨物居方。

【译文】

火在水的上边就是未济卦。君子从中得到启示，慎重分辨物类，使它们各居其方。

【精解导读】

既济是事物发展完成而形成的平衡与稳定，未济是打破这种平衡稳定，向更高层次的平衡稳定发展，故卦辞说未济亨通。“小狐汔济，濡其尾”中，“汔”通“迄”，是到的意思，旧注作几乎讲，是快要到达的意思。

小狐快要渡过水去到达彼岸的时候，湿了尾巴。狐狸渡水要把尾巴抬起来，露出水外，湿了尾巴是济渡不太成功。狐狸渡水很有经验，过冰时要听一听冰面是否结实，小狐狸经验力量不足，渡水湿了尾巴很危险。“无攸利”是无所利。干宝说“坎为狐”，虞翻与《九家易》则认为是“艮为狐”，考之解卦（解九二爻辞“田获三狐”九二→䷧>坎），干宝的说法较为近理。未济卦连坎在下（未济䷿>互坎 坎），接近上爻而未能达上，是一群小狐狸在渡水还未到岸，故言“小狐汔济”。坎又为水，初爻为尾，上爻为首，上爻已出水，初爻在水中，故言“濡其尾”。卦辞总的意思是说，亨通，但功败垂成，无利。

彖辞分四个方面说明未济卦。（一）说明未济卦为什么亨通。“未济亨，柔得中也”，这是从卦变中讲六五得到了上卦中位。六五是柔爻，故言“柔得中”。柔顺上进又符合中道，有亨通之理。（二）说明卦辞“小狐汔济”。“小狐汔济，未出中也”，象上指六五在否变未济时，从下卦中位推移到上卦中位，没有从中走出。在其他卦是不离中道，在未济卦则是在济渡之中，没有走出济渡之中就是还在济渡，所以才是“小狐汔济”，“汔”是将到未到。（三）说明卦辞“濡其尾，无攸利”。“濡其尾，无攸利，不续终也”中，“续”是接续，这句意为没有继续顺利地到达彼岸的终点，所以小狐狸湿了尾巴。没有利可言。（四）补充说明未济卦好的一面。“虽不当位，刚柔应也”，指全卦六爻没有一爻当位，初六、六三、六五三个柔爻处在刚位，九二、九四、上九三个刚爻处在柔位，位置不当。但从应的角度看，初六与九四刚柔正应，九二与六五刚柔正应，六三与上九刚柔正应，六爻全都刚柔相应，能够互补相济，未济卦也有好的一面。从彖辞的话里可以看出，初上也有阴阳位。“刚柔应也”，显然是对全卦六爻讲的。如不包括初上两爻，那就只有六五与九二正应，这就不足以成为未济卦的特点。“刚柔应”与“不当位”是对比而言，“刚柔应”指一卦六爻，“不当位”当然也是针对全卦六爻讲的。王弼说“初上无位”是臆度之词。

象辞从上下卦象的组合说明未济。“火在水上，未济”，指上卦离为火，下卦坎为水，火在水上就是未济卦。火性炎上，水性润下，这是一种上下分离之象。君子从这种分离状态中受到什么启示呢？就是“君子以慎辨物居方”。何楷说：“慎辨物者，物以群分也；慎居方者，方以类聚也。”

他把“慎辨物居方”与《系辞·上》讲的“方以类聚，物以群分”联系起来考虑，讲得令人心服口服。“慎”是慎重小心。“辨物”是分辨物的群类。“居”是处，“方”是居处的地方。这句意思是说：君子从水火分离的卦象中学会慎重地分辨事物的群类，让它们各自居于应处的方位上，也就是不要把事物搞乱。世界万物有分有合，合是为了相济为用，发挥它们的互补作用，这是水火既济给人们的启示。分是为了避免它们的冲突或抵销作用，各自为用，这是火水未济给人们的启示。分与合各有各的用处，未济强调的是分的作用。

初六：濡其尾，吝。

【译文】

湿了尾巴，有吝难。

象曰：濡其尾，亦不知极也。

【译文】

湿了尾巴，也不知道终点在哪里。

【精解导读】

初六与卦辞“小狐汔济，濡其尾”取象相同。在一卦最下，故为尾，前临重坎(䷜坎坎)，坎为水，故言“濡其尾”。象辞说：“濡其尾，亦不知极也。”象上指，否变未济是柔爻上往，柔爻最适当的位置在四位，初六有正应在四位，却没有上往，故为“不知极”，正如节卦的九二是“失时极也”。九四象辞说“志行也”，而初六未行。两爻可对比起来辨析。取义是说也不知道到达终点，极是“终”的意思。象辞说：“濡其尾，无攸利，不续终也。”“亦不知极也”与“不续终”义同，指不继续努力到达终点，才湿了尾巴。因为卦在未济里，所以没有渡成功。

九二：曳其轮，贞吉。

【译文】

拉住车轮，正固吉祥。

象曰：九二贞吉，中以行正也。

【译文】

九二正固吉祥，是能以中道行其正事。

【精解导读】

九二与既济的初九取象相同，也在坎下（九二→䷿>坎），坎为弓轮，故言“曳其轮”。拉住车轮是为了克服水的冲击力量，使车子不致翻，保持车身稳定，帮助济渡。九二在下卦中位，能保持中正，故言“贞吉”。象辞说“九二贞吉，中以行正也”，指九二是在卦变中从上卦中位来到下卦中位，始终保持中正，所以才能获吉。

六三：未济，征凶。利涉大川。

【译文】

未能渡过，征进凶。有利于涉过大川险阻。

象曰：未济，征凶，位不当也。

【译文】

未能渡过，征进凶，是位置不当。

【精解导读】

六三在下坎与互坎之中（六三→䷿>互坎 下坎），坎为水，处在前后都是水的位置上，所以是“未济”，还未渡过水去。坎为险，前后皆险，故征进凶险。但六三有正应在上九，上九是终位，有险可渡，故言“利涉大川”。

象辞说：“未济，征凶，位不当也。”“位不当”主要指在前后坎中，上不着天，下不着地，与坎六三“来之坎坎”相似。宋人一味用阴阳位解释“当位”，很容易忽视主要方面。

九四：贞吉，悔亡，震用伐鬼方。三年，有赏于大国。

【译文】

正固吉祥，忧悔消亡。振奋起来讨伐鬼方，三年征服，受到大国奖赏。

象曰：贞吉，悔亡，志行也。

【译文】

正固吉祥，忧悔消亡，是心志得行。

【精解导读】

九四与既济的九三取象相同，坤为方国、为阴，故为鬼方，未济从否变来，否下坤为鬼方，上乾为君，上乾九五下来到二位成未济，故为“震用伐鬼方”。九四互为离坎(九四→䷿坎离)，坎弓离矢，故有征伐之象。未济是既济的覆卦，既济的九三上下倒覆就是未济的九四，即既济（䷾←九三）覆为未济（䷿←九四），九三就翻到九四的位置上，所以两爻同象。所不同的是既济的九三是“高宗伐鬼方”，未济的九四是“震用伐鬼方”。高宗是天子，“震”在卦象上是诸侯。四位也是诸侯位。前人说这一爻是西周协助商王朝讨伐鬼方，胜利后获得殷王朝的奖赏。《后汉书·西羌传》说：“及武乙暴虐，犬戎寇边。周古公逾梁山而避于岐下。及子季历，遂伐西落鬼戎。”“武乙”是高宗武丁之后的第五世商王，《后汉书注》说他“无道。为偶人像，谓之天神，与之博，令人代之行，天神不胜，而谬辱之。又为革囊盛血，仰而射之，命曰‘射天’。遂被雷震而死”。意思是说：武乙无道，制作出一个偶像，称为天神，武乙与天神搏斗，找一个人代替天神，天神输了，就戮辱偶像。又用皮口袋装上血浆，挂起来仰身去射，称作是“射天”，于是被雷震死。武乙暴虐无道，招致犬戎不时来骚扰，古公亶父为了避开犬戎的侵扰，越过梁山，把周部落迁移到岐山脚下。到周文王之父季历时，去讨伐过西方部落的鬼戎。西周征伐过鬼方，也是实有其事。按爻辞考史，这次征伐获得胜利，也历经三年，最后得到商天子的奖赏。既济的九三是殷高宗躬行征伐，未济九四是周季历去征伐。

象辞说："贞吉，悔亡，志行也。"象上指九四有初六为正应，心志可行。义上取心志得以推行而实现。因为有正应，所以"贞吉"，因为"志行"，所以"悔亡"。

六五：贞吉，无悔，君子之光。有孚，吉。

【译文】

正固吉祥，没有忧悔，君子的光耀。有孚信，吉祥。

象曰：君子之光，其晖吉也。

【译文】

君子的光耀，光辉闪射而吉祥。

【精解导读】

六五由否卦的二位升到全卦的尊位，彖辞称它是"未济亨，柔得中"。这一爻最顺利，居中守正就吉祥，不会有忧悔。

因为在上卦中位，故言"贞吉，无悔"。君子指否的上乾，光指乾变离，离为光明，故言"君子之光"。

"有孚"是有孚信，与九二换位，九二原在五位是它的正应，让出尊位给六五，又到下卦正应，可见信赖之深，故吉。

象辞说："君子之光，其晖吉也。""晖"解释光。"晖"是光辉。有如离日在天，光辉闪射，故能获吉。

上九：有孚于饮酒，无咎。濡其首，有孚失是。

【译文】

有孚信而饮酒，没有咎害。酒淋湿了头，有孚信也会失去。

象曰：饮酒濡首，亦不知节也。

【译文】

饮酒淋湿了头，也太不知节制了。

【精解导读】

这一爻与既济上六取象有相同之处。上九有正应在六三，也是"有孚"，在重坎之上，坎为酒，故为"有孚于饮酒"而"无咎"。上九处全卦上位，上为首，坎为水，水淋首之象，故言"濡其首"。"有孚失是"的"是"是指示代词，相当于这，指的是前面提到的"有孚于饮酒，无咎"。意思是说：如果没有节制，到了酒淋湿头的地步，有孚信也会失去没有咎害这种好兆。也就是说，那就会有咎害。象辞说："饮酒濡首，亦不知节也。"解释"濡首"是饮酒时把头也淋湿了，太不知道节制自己。可见"饮酒濡首"是纵欲酗酒到了没样的程度。

【提示】

《周易》六十四卦，到未济终结。作者不用既济而用未济作结尾，表现了运动无限性的哲理。《序卦》说："物不可穷也，故受之以未济终焉。"明确提出宇宙运动的无限性。六十四卦完了，事物的发展运动却是无限的，运动永远不会停止。程传讲："既济矣，物之穷也。物穷而不变，则无不已之理。《周易》者，变易而不穷也。故既济之后受之以未济而终焉。未济则未穷也，未穷则有生生之义。"

《周易》用六十四卦的方式向人们描述了一个大的运动周期，以后的运动还会按这种周期的方式出现，这样就概括了无穷永恒的哲理。但这不能看作是循环论，而是向人们揭示宇宙运动的周期性特征。宇宙的发展运动是无穷的，而运动方式却是周期性的。正如我们在哲学里讲的：宇宙运动是呈螺旋式上升的规律而发展的。有周期性就会形成螺旋，有无穷性就会上升。《周易》里讲"日新"，在原轨迹上循环就不可能日新。循环论是有穷的，只能在原来的轨迹中循环。宋朝人程颐都看到“未穷则有生生之义”，我们再说《周易》是循环论，那就是妄侮古人。比较起来，《周易》比那些侈言世界末日之类的哲学观要高明得多。